중국 CCTV 백가강단百家講壇, 논어 특강

논어 강의로 익히는

고급 중국어 독해와 청취

최남규 · 진명호 · 박용진 편저

論語心得 논어심득/논어의 체득

論語感悟 논어감오/ 논어의 깨달음

신아사

머리말

본 편저서는 명사名士 우단于丹 교수[1]가 CCTV 백가강단百家講壇에서 2006년에 '논어의 체득(논어심득論語心得)'과 2008년에 '논어의 깨달음(논어감오論語感悟)'이라는 제목으로 강연한 내용을 '고급중국어 독해와 청취'용 교재로 다시 편집한 것이다.

우단 교수의 논어 강의 내용을 '고급중국어 독해와 청취' 교재로 편집한 이유는 몇 가지가 있다.

첫째, 고급 중국어 '독해' 교재로 적절하다. 논어는 본래 쉽지 않은 내용이지만, 중국 뿐만 아니라 우리나라에서도 적지 않게 읽히고 있다. 논어의 유학사상은 우리나라의 중요한 정신적 중심 사상이기 때문에 우리나라 문화에 적지 않은 영향을 끼치고 있다.

본 논어 강의는 논어의 내용을 각각의 주제로 분류하였다. 논어의 내용을 설명할 때, 각종 고전의 내용을 인용하고, 또한 이해를 돕기 위하여 일상생활과 연결하여 설명하고 있다. 다양한 내용을 설명하기 위하여 풍부한 어휘를 사용하고 있기 때문에 중국어 어휘 습득 향상에 많은 도움이 될 것이다. 따라서 고급 중국어 '독해' 교재로 적절하다.

둘째, 중국어 '청취' 교재로 적합하다. 우단 교수는 방송과 관련된 일을 종사하고 있기 때문에 잘 훈련된 발음과 훌륭한 문장 구사 능력을 지니고 있다. 우단 교수의 정확하고 또렷한 중국어 발음은 중국어 청취에 많은 도움이 될 것이다. 또한 논어 강연은 고대의 경전와 현대의 다양한 삶의 이야기를 포함하고 있어 내용적으로도 청취 능력 향상에 큰 도움이 된다.

셋째, 본 교재를 통하여 논어의 사상을 이해할 수 있다. 논어는 본래 오랜 역사를 지닌 경전이기 때문에 이해가 쉽지 않은 높은 수준의 내용을 포함하고 있다. 논어는 공자가 제자들과 유학의 중심사상인 '인의예지仁義禮智'를 중심으로 하여 우리가 살

---

1) 여, 1965 생. 현재 북경사범대학 예술 · 미디어대학 교수. 영상미디어 기획자, 작가. CCTV 뉴스 및 과학교육 채널의 총 고문. 베이징 TV 수석기획고문.

아가야 할 다양한 삶을 이야기 하고 있다. 공자는 맞춤형 교육을 하고 있어, 같은 내용의 물음이라 할지라도 공자의 대답을 각각 다르다.

자공이 '백성들에게 널리 은혜를 베풀어 주고 많은 사람을 환난에서 건져내줄 수 있는 사람이 있다면(博施於民而能濟衆)', '仁'을 실행했다고 할 수 있는가는 물음에, '인仁'이란 '이른바 자기를 세우고자 하면 다른 사람을 세워 주고, 자신이 목표를 달성하고자 하면 다른 사람이 이루어질 수 있도록 하는 것'(己欲立而立人, 己欲達而達人)이라 하였다. 이는 위정자와 백성의 관계로 보아도 좋을 것이다. 여기서 '기己'는 집정자이고 '인人'은 일반 백성이다. 집정자가 자신의 목적을 달성하고자 하면 먼저 백성이 원하는 것을 이루어지게 하고, 백성의 질고와 고통이 무엇인가를 백성의 입장이 되어 생각하게 된다면 '仁'의 정치는 행해지는 것이다.

안연顔淵에게는 '극기복례克己復禮'가 인이라 하였다. '자기를 극복한다'는 것은 자신의 개인적인 욕구인 사욕을 억제하고, 예禮로 돌아가는 것이다. 예는 겸손하고 양보인 예양禮讓이다. 그래서 '복례'는 대인관계에 있어 겸양하다는 것은 자신의 사리사욕을 억제하고 남의 이익과 욕구를 충족시켜 주는 방향으로 나아가는 것이다. 집정자가 만약에 백성을 위하여 극기복례하면 백성 역시 집정자를 위하여 극기복례하는 것이다. 결국 '극기복례'는 '자기를 세우고자 하면 다른 사람을 세워 주고, 달성하고자 하면 다른 사람이 먼저 이루어지도록 하는(己欲立而立人, 己欲達而達人)' 것과 같은 맥락이다.

중궁仲弓이 '인仁'에 대하여 묻자 '자신이 원하지 않으면 남에게도 시키지 마라(己所不欲, 勿施於人.)'고 하였다. 번지樊遲가 '인'에 대하여 묻자, '애인愛人(타인을 사랑하는 것)'이며, '집에 거처할 때에는 항상 공손히 사람을 맞이하고, 공사를 처리할 때는 조심스럽게 신중히 하고, 남과 사귀는 데 충실하게 하는 것(居處恭, 執事敬, 與人忠.)'이라 하였다.

자공子貢이 묻자, '공인工人이 그 일을 잘 하려고 하면 먼저 그 연장을 날카롭게 해야 하듯 먼저 자신을 잘 닦아야 하며, 그 나라의 현량한 대부를 섬기고 선비 중에서 인자한 자를 벗으로 삼는 것'이라 했다. 자장子張이 묻자, 다섯 가지 '공손恭遜' · '관대寬大' · '신용信用' · '민첩敏捷' · '은혜恩惠'(恭寬信敏惠)를 실행하는 것이라 하였다.

이와 같이 본 교재를 통하여 논어의 다양한 사상을 이해할 수 있다.

넷째, 우단 교수는 쉽지 않은 논어 내용을 대중이 쉽게 접근할 수 있도록 우리의 일상생활과 연결하여 설명하고 있다. 우리의 삶을 되돌아 볼 수 있고, 삶을 더욱 풍성하게 할 수 있는 반성의 자리가 될 수 있다. 예를 들어, '心靈之道심령(정신)의 도'를 설명하면서 사람에게 중요한 것은 마음, 즉 정신이 가장 중요하다며, '영국의 유명한 테니스 스타 질 길버트'의 이야기를 들려주고 있다. '길버트는 어렸을 때, 어머니를 따라 치과에 갔다가, 어머니가 치과 의자에서 심장마비로 돌아가시는 것을 목격하게 되었고, 그 후 이 사건이 그녀에게는 계속해서 트라우마가 되었다. 후에 자신도 치아 치료를 받다가 옆에서 의사가 정리하는 수술도구 소리를 듣고 그녀 역시 쇼크사를 하게 되었다.' 치료를 하기도 전에 이유 없이 죽었는데, 이를 두고 당시 런던의 각 신문사들은 이 사건을 '그녀의 사망 원인은 수년 동안 오래된 심리적 스트레스가 그녀를 죽음으로 내몰았다.'라고 보도하였다.

중국어를 잘 한다는 것은 풍부한 어휘력 갖추고, 좋은 발음을 해야 한다. 이와 더불어 중요한 것은 중국에 대한 지식이다. 논어는 이천여 년 동안 중국 문화의 중심에 서 있다. 논어를 이해하지 못하면 중국 문화를 이해할 수 없고, 중국어를 잘 할 수 없다.

논어에서 나오는 사자성어가 약 400여 개가 넘을 정도로 매우 많다. '불치하문不恥下問', '송백후조松柏後凋', '과유불급過猶不及' 등 그 예가 많다.

본 교재는 상세하게 주석을 추가하여 중국어 고급 어휘를 충분히 습득하도록 하였다. 또한 우리말 해석은 중국어 독해와 전체적인 내용 이해에 도움이 되도록 하였다. 상세한 주석은 어휘의 학습에 적지 않은 도움이 될 것이고, 우리말 해석은 단독적인 한 권의 논어 이해 길잡이 전문 교양서가 될 것이다.

그동안 본 편저서가 나오기까지 많은 사람들이 고생하였다. 원효붕, 전명순 박사들이 특히 교정에 많은 신경을 써 주었다. 이 자리를 빌어 특별히 감사드린다.

편집자 일동

2016년 세모

目 次

원문 부분

论语心得
논어심득 / 논어의 체득

论语感悟
논어감오 / 논어의 깨달음

해석 부분

論語心得
논어심득 / 논어의 체득

論語感悟
논어감오 / 논어의 깨달음

원문 부분

论语心得

논어심득 / 논어의 체득

1. 君子之道

【画外音】[1]

孔子曰：君子坦荡荡，小人长戚戚。(《述而》7.37)[2] 孔夫子[3]在教育他的弟子时常以君子和小人之分来明辨是非[4]。那么，何为君子？何为小人？我们如何来分辨君子与小人？于丹教授又是如何解释《论语》中对君子与小人的界定[5]？……

大家读《论语》会发现，这里面做人最经常出现的一个标准就是两个字'君子'。其实这是我们在今天也经常说到的一个标准，说某某人非常君子，但是究竟什么是君子？我们今天就说说《论语》中的《君子之道》。

【画外音】

'君子'是孔夫子心目中理想的人格标准，一部短短的两万多字的《论语》，其中君子两个字就出现了一百多次。[6] 即便[7]是今天人们还是希望自己能做君子，我们怎样才能做一名君子呢？北京师范大学于丹教授将为我们讲授于丹《论语心得》之《君子之道》。

---

1) 画外音(huàwàiyīn)：내레이션(narration). 영화·방송극·연극 등에서, 장면에 나타나지 않으면서 장면의 진행에 따라 그 내용이나 줄거리를 장외場外에서 해설하는 일.
괄호 안의 숫자 중 앞 숫자는 《논어》 총 20편의 순서이고, 뒤 숫자는 각 편의 문장 순서이다. 《논어》의 각 편명과 그 순서는 〈学而 01〉, 〈为政 02〉, 〈八佾 03〉, 〈里仁 04〉, 〈公冶長 05〉, 〈雍也 06〉, 〈述而 07〉, 〈泰伯 08〉, 〈子罕 09〉, 〈鄉黨 10〉, 〈先进 11〉, 〈顏淵 12〉, 〈子路 13〉, 〈憲問 14〉, 〈衛霊公 15〉, 〈季氏 16〉, 〈陽貨 17〉, 〈微子 18〉, 〈子张 19〉, 〈堯曰 20〉이다.

2) 胸怀坦蕩(xiōnghuáitǎndàng)：마음에 거리낌이 없다. 坦：드넓은 모양. 长(cháng)：항상, 언제나, 영원히, 常과 통한다. 戚戚(qīqī)：서로 친밀한 모양, 근심하고 두려워하는 모양, 마음이 움직이는 모양.

3) 夫子(fūzǐ)：선생님, 학자나 연장자에 대한 존칭, 제자의 스승에 대한 호칭. 공자를 가리키기도 함.

4) 明辨是非(míngbiànshìfēi)：시비를 분명히 가리다, 옳고 그름을 똑똑히 가리다.

5) 界定(jièdìng)：범주의 확정, 사물 혹은 개념의 한계나 범주를 확정하다, 정의를 내리다.

6) 楊伯峻의 《論语譯註》(241쪽)에 의하면, '君子'는 모두 '107 차례' 출현하고 있다.

7) 即便(jíbiàn)：설사 …하더라도(할지라도, 일지라도). 곧. 즉시.

其实我们把孔子对于君子所有的言语、界定、描述总结在一起，会发现大概做一个君子要有几个层次上的要求。首先一个标准，君子都是那些内心完满富足[1]，先自我修缮[2]了修养，而后才表现出来一种从容不迫[3]的人。也就是说，君子的力量始自于人格和内心。大家知道人格和风格永远都是相关的，当我们说一个人在风格上表现为：

‘文质彬彬、然后君子’(《雍也》6.18)[4]

有那么一副与世不争·与人恭敬的气度[5]，这种风格的力量一定来自于人格。孔子有一个学生司马牛曾经问老师：

【画外音】

老师, 什么叫君子呀?
君子就是心中没有担忧[6], 没有恐惧[7]。
哦, 没有担忧没有恐惧就是君子啦? 这也太简单了……

学生很不以为然[8]，一下子没听明白，觉得这么简单就又追问了[9]一句说：

‘不忧不惧, 斯谓之君子已(矣)乎?’(《颜渊》12.4)

这就能叫君子啦？老师还是淡淡地跟他说：

---

1) 完满(wánmǎn)：결점이 없다, 완전무결하다, 원만하다. 富足(fùzú)：풍족하다, 넉넉하다.
2) 修缮(xiūshàn)：① 고치다. ② 수리하다. ③ 복구하다.
3) 从容不迫(cóngróngbùpò)：① 태연자약하다. ② 침착하다. ③ 매우 침착하다.
4) 彬彬(bīnbīn)：사물이 서로 융합되어 적당히 균일한 모양. ‘彬’자는 ‘斌’과 통한다.
5) 气度(qìdù)：① 기개. ② 도량. ③ 의기.
6) 担忧(dānyōu)：① 근심하다. ② 걱정하다. ③ 우려하다.
7) 恐惧(kǒngjù)：① 겁먹다. ② 두려워하다. ③ 황송해 하다.
8) 不以为然(bùyǐwéirán)：그렇다고는 생각하지 않다.(경시하는 뜻을 내포함.)
9) 追问(zhuīwèn)：① 캐묻다. ② 추궁하다.

'内省不疚, 夫何忧何惧.' (《颜渊》12.4)

也就是说，我们老百姓的语言系统说，半夜敲门心不惊。一个人夜里面睡得踏实[1]这就叫'内省不疚'。一个人内心反省自己的行为、反省自己在这个社会上所作的一切的时候没有愧疚[2]，这就可以做到不担忧不恐惧。在孔子看来，一个人'内省不疚，夫何忧何惧'，这就是一个君子的标准。那么，这个标准说低也低，我们每个人可以做到；说高这也是一个至高无上[3] 的标准。

孔子在给学生讲课的时候曾经很认真地跟他们谈过这个问题。孔子一上来先很谦虚，他说我们今天来说说君子，说'君子道者三'，做一个君子有三点是要做到的。然后他很客气的先谦虚了一下说'我无能焉'，我反正是做不到，是哪三点呢？叫做：

'仁者不忧, 知者不惑, 勇者不惧.' (《宪问》14.28)

也就是说在这个世界上，一个人每天行于世间百态之中，真正要做到内心的坦然[4]，要做到一种仁义的大胸怀，让自己没有那么多的忧伤、忧思、忧恐、担忧,[5] 全都没有。这一切来自于什么呢？来自于你内心的仁厚[6]，由于你宽和所以你可以忽略了很多细节[7]不计较；由于你心怀大志所以你可以不纠缠[8]于这个世界给你小的得失。

---

1) 踏实(tāshi) : ① 착실하다. ② 성실하다. ③ 알뜰하다.
2) 愧疚(kuìjiù) : ① 꺼림칙한 일. ② 양심의 가책을 느끼는 일. ③ 양심의 가책을 느껴 부끄러워하다.
3) 至高无上(zhìgāowúshàng) : ① 더할 수 없이 높다. ② 지고지상이다.
4) 坦然(tǎnrán) : ① 마음이 편안한 모양. ② 마음이 안정되어 있는 모양. ③ 마음에 거리낄 것이 없다.
5) 忧伤(yōushāng)① 근심으로 괴로워하다. ② 근심하고 슬퍼하다. ③ 슬프다. 忧思(yōusī) : ① 우려. ② 근심. ③ 우수가 깃든 마음. 忧恐(yōukǒng) : 걱정하고 두려워하다.
6) 仁厚(rénhòu) : 어질고 너그럽다. 인후하다.
7) 细节(xìjié) : ① 자세한 사정. ② 세부. ③ 세목.
8) 纠缠(jiūchán) : ① 뒤얽히다. ② 뒤엉키다. ③ 치근거리다.

第二点就是要做到‘智者不惑’。其实我们看汉字的构成很有意思，这个‘惑’字[1]啊，迷惑的惑是上面一个或者的或，下面一个心字底，对吧？其实或者，数学上叫或然率[2]，什么意思呢？就是可以这样也可以那样，此为或者。那么当世界面临众多的抉择[3]，你可以这样走，也可以那样走的时候，就要看你这个心字底托得是不是足够大？如果你心中有判断、有定力、你明确，你就不至于被世界上诸多的选择压垮[4]。对于我们当下[5]人来讲，我们的痛苦不是没有选择，而是选择太多，这也是孔子所谓的：

‘过犹不及.’(《先进》11.16)

在过去，比如说区区[6]半个世纪之前，每一个人从职业上一生可能就在一个单位；从婚姻上一生不会有任何变动；从居住上一生就是一个大杂院[7]的邻居，但是在今天选择太多，视野广阔，这是一个繁荣时代给我们带来的迷惑。怎么办呢？我们不能去左右[8]外在的世界，我们能够让自己内心的选择能力更强大，这就是让自己成为一个智者。

那么，第三点就是‘勇者不惧’。当这个世界上有了太多的畏惧、恐惧、惧怕[9]，这一切压来的时候，我们记得老百姓的一个说法叫做‘两强相遇勇者胜’[10]。也就是说，当你自己的心足够勇敢、足够开阔，你自己知道有一种勇往直前的力量，那么你自然而然就不再害怕了。

---

1) 《说文》：“惑(惑)，乱也。从心，或声。”(‘惑’은 ‘정신이 혼란스럽다’는 뜻. 의미부 ‘心’과 소리부 ‘或’으로 이루어진 자이다.)

2) 或然率(huòránlǜ)：① 확률. ② ‘概率’의 구칭.

3) 抉择(juézé)：① 선택. ② 채택. ③ 뽑다.

4) 压垮(yākuǎ)：① 억눌러 쓰러뜨리다. ② 압박하여 좌절시키다. ③ 붕괴시키다.

5) 当下(dāngxià)：① 즉각. ② 바로. ③ 바로 그때.

6) 区区(qūqū)：작다. 사소하다. 보잘것없다. 시시하다. 얼마 되지 않다.

7) 大杂院(儿)(dàzáyuàn(r))：① 여러 집이 한 마당에 모여 사는 한 뜨락. ② 한 울안.

8) 左右(zuǒyòu)：(동사) 좌우하다. 좌지우지하다. 지배하다. 例：左右大局：대국을 좌우하다.

9) 畏惧(wèijù)：① 외구하다. ② 무서워하고 두려워하다. ③ 두려워하다. 恐惧(kǒngjù)：① 겁먹다. ② 두려워하다. ③ 황송해 하다. 惧怕(jùpà)：① 두려워하다. ② 겁내다. ③ 무서워하다.

10) 혹은 ‘两勇相遇，智者胜’. (두 강자가 만나면 지혜로운 자가 승리한다)라고 쓰기도 한다.

所以孔夫子说，我认为一个真君子就是要做到内心的仁、智、勇，所以就少了世界上很多的忧、惑、惧。他说就这么个道理我做不到。他的学生子贡就笑了，说'夫子自道尔'，您说的这三个标准就是你自己啊。也只有你这样的人真正身体力行了[1]，所以可以把这样的感受说出来。其实这就是他所说的君子。其实孔子给我们做人的标准是什么呢？他没有说你要追缅[2]古圣先贤[3]，你要流芳后世，他所说的就在现世，就在此际[4]就从自我修养做起，做一个真君子。

【于丹心语】

就在此际, 从自我修养做起, 做一个真君子

所以什么人是君子？君子不去更多地苛责[5]外在世界，而把更多有限的时间、精力、修养用来苛责内心，这就是孔子所谓的：

'躬[6]自厚而薄[7]责于人, 则远怨矣'.《卫灵公》15.15)

一个人内心对自己要求更严格一点，对别人相对会厚道[8]一点。我们今天老说做人要厚道。什么人厚道？厚道不是窝囊，[9] 而是他的人格可以包容和悲悯[10]

---

1) 身体力行(shēntǐlìxíng) : 몸소 체험하고 힘써 실천하다.
2) 追缅(zhuīmiǎn) : 追忆缅怀(zhuīyìmiǎnhuái), 추억. 회상하다. 추상하다.
3) 古圣先贤(gǔshèngxiānxián) : 고대의 성인과 현인.
4) '此际' : 이때, 이 순간. 순이 가는 대로.
5) 苛责(kēzé) : 통렬히 책망하다. 심하게 비난(책망)하다. 지나치게 꾸짖다. 혹독하게 꾸짖다.
6) 躬(gōng) : 자기자신. 躬親(gōngqīn) : 몸소하다. 스스로 하다.
7) 薄(bó) : (형용사)경미하다. 사소하다. 근소하다. 변변치 못하다. 하찮다. 약하다. (동사) (báo) 얇다.
8) 厚道(hòudao) : ① 너그럽다. ② 친절하다. ③ 관대하다.
9) 窝囊(wōnang) (억울한 일을 당해) 분하다. 억울하다. 무능하다. 겁약하다. 칠칠치 못하다. 야무지지 못하다.
10) 悲悯(bēimǐn) : ① 가엾이 여기다. ② 불쌍히 여기다.

别人很多的过错，可以设身处地[1]站在别人立场上能够自内心厚道而去薄责于人，少苛责于人这就是君子。一个真君子，他那种坦荡情怀是一种由内而外洋溢[2]出来的人格力量，所以君子从来不抱怨、哭天抢地[3]，这就是孔子所说的：

'不怨天, 不尤人.'（《宪问》14.35）[4]

既不抱怨说老天爷不给我机会，也不抱怨这个世界没有人了解我，人能做到这样吗？不容易啊。

【画外音】

其实, 我们经常会听到身边有人抱怨社会的不公、抱怨自己的怀才不遇.[5] 于丹教授认为,《论语》中对于学习的论述很有意思, 她认为学习者有两个目的：一种是为君子学；一种是为小人学. 难道在学习的问题上也有君子与小人之分吗?

孔子说：

'古之学者为己, 今之学者为人.'（《宪问》14.24）

其实这个观点后来在儒家的一个大师荀子《劝学篇》中又得到了发挥和整个的解读。[6] 什么叫古之学问为己呢？说真正尊崇学问的人，远古的遗风是学术为

---

1) 设身处地(shèshēnchǔdì)：입장을 바꾸어 생각하다.
2) 洋溢(yángyì)：① 충만하다. ② 양일하다. ③ 가득 넘쳐흐르다.
3) 哭天抢地(kūtiānqiāngdì)：너무 비통한 나머지 울부짖다.
4) 尤(yóu)：비난하다, 탓하다, 원망하다. 怨天尤人：하늘을 원망하고 남을 탓하다.
5) 怀才不遇：재능과 학문을 가지고 있지만 사회나 국가로부터 기용이 되지 못함.
6) 荀子《劝学篇》："君子之学也，入乎耳，着乎心，布乎四体，形乎动静。端而言，蝡而动，一可以为法则。小人之学也，入乎耳，出乎口；口耳之间，则四寸耳，曷足以美七尺之躯哉！古之学者为己，今之学者为人。君子之学也，以美其身；小人之学也，以为禽犊。故不问而告谓之傲，问一而告二谓之囋。傲、非也，囋、非也；君子如向矣。"(군자의 학문은 귀로 들어와 마음에 붙어서 온몸으로 펴져 행동으로 나타난다. 소근소근 말하고 점잖이 움직여 모두가 법도가 될만하다. 소인의 학문은 귀로 들어와 입으로 나온다. 입과 귀 사이는 네치 밖

了人心灵的建树。真正人去做学问是为什么？ 就像今天的读书，从小读到大，无非是学会一种把握幸福的能力，学会让自己成为一个有知识有教养，而且有内心忠诚的公民，再让自己能够在这个社会上安身立命[1]。学习就是为了完成这么一个自我角色的建立和提升。

那么，那种为人之学又是什么呢？ 就是学了一点知识以后把它当工具，比如说去写文章啊、评职称啊，去作为一种技能啊谋一份职业呀，用这样的知识和学问来取悦他人，在社会上为自己谋得一份福利，这就是被孔子所说的那种为人之学。所以孔子呢曾经直接了当跟他的学生说：

'汝为君子学，不为小人学'。[2]

何谓'君子学'？ 就是让我们更超乎功利一点，让我们所学的一切更多的不要想着实用，而要想着修养。因为一个人只有你内心修养真正有了一种从容淡定[3]，了解自己在这个坐标系上的[4]位置以后，你才不能够有那样一种起起伏伏的欢喜或者沮丧[5]。应该说这是孔子对于标准一个明确的界定。什么是君子？君子永远着眼[6]于当下；君子永远要做自己内心一个完善的人；君子的目标从来不好高骛远[7]。

에 안되니, 어찌 일곱 자나 되는 몸을 아름답게 할 수 있을 것인가? 옛날의 학자들은 자기 자신을 위하여 학문을 하였고, 지금의 학자들은 남에게 보이기 위해 학문을 한다. 군자가 학문을 하는 것은 그 자신을 아름답게 하기 위해서 이고 소인이 학문을 하는 것은 남에게 내놓아 이용하기 위해서다. 그러므로 묻지도 않았는데 얘기하는 것을 시끄러움이라 하고, 하나를 물었는데 둘을 얘기하는 것을 뽐냄이라 한다. 시끄러움도 그르고 뽐냄도 그른 것이니, 군자는 소리가 울리듯 일에 따라 적절히 행동하는 것이다.)

1) 安身立命(ānshēnlìmìng) : 근심없이 생활하다.
2) 子谓子夏曰："女为君子儒！ 无为小人儒！"(《雍也》6. 13)(공자는 자하에게 말하였다. 너는 군자다운 선비가 되지 소인다운 선비가 되지 말라.)
3) 从容淡定(cóngróngdàndìng) : 침착하고 여유가 있다.
4) 坐标系(zuòbiāojì) : 좌표계.
5) 沮丧(jǔsàng) : ① 실망하다. ② 기를 꺾다. ③ 실망시키다.
6) 着眼(zhuóyǎn) : ① 착안하다. ② 고려하다. ③ 눈을 돌리다.
7) 好高骛远(hǎogāowùyuǎn) : 실제와 맞지 않게 턱없이 높고 먼 것을 추구하다.

我们看到了吗，孔子从来不说君子就要象谁谁谁一样，孔子这里提出的君子永远是做一个最好的你自己。按照你自己的坐标系，从眼前做起，从今天开始学习，让自己成为心目中完善的自我。

其实，这让我想起一个小故事。说在一条小街上开了三家裁缝[1]店，每一家呢都在想我一定要招到最多的客人，所以就力图把自己说得非常非常大。第一家店呢一想说我是本省最好的裁缝，把这个大牌子挂出去了；第二家一看，觉得我要比他更高一点儿啊，所以做了一块更大的牌子，说我是全国最好的裁缝；第三家想了想说我难道还能做全世界最好的裁缝吗？想了半天，最后他做了一块很小的牌子摆在那儿，结果这条街上的客人都来了第三家，前两家变得冷冷清清[2]。这第三家牌子写的是什么呢？他写的是我是这条街上最好的裁缝。也就是说，他把这个视线放回到眼前，从当下做起。

【画外音】

做好自己的事，当一个善良的人，这是《论语》对于君子的第一条界定。但是不是做一个善良的人就可以称之为君子呢？于丹教授认为光做一个善良的人是远远不够的，君子还要有第二个标准，这是一个什么标准呢？

也就是说第一个标准他只是一个善良的人，但是第二个标准他是一个伟大和高尚的人。他必须得[3]是胸有大志，是宏阔的[4]。那么，这种宏阔之志可以要求一个人呢不是太顾及眼前的生活。

孔子曾经说：

'士而怀居，不足以为士'（《宪问》14.2）

一个人如果成天想的都是他自己住的房子怎么样？自己过的日子怎么样？那

---

1) 裁缝(cáiféng)：재봉사，재봉하다.

2) 冷冷清清(lěnglengqīngqīng)：① 활기가 없다. ② 냉담하다. ③ 몹시 쓸쓸하다.

3) 必须得(bìxūděi)：모름지기 …해야 한다，필요로 한다，꼭 …해야 하다.

4) 宏阔(hóngkuò)：광활하다，넓고 넓다.

么这个人他就不能够成为一个真正的君子，君子应该是胸怀天下的。

孔子的学生曾子[1]曾经说：

‘士不可不弘毅，任重而道远。仁以为己任，不亦重乎？死而后已，不亦远乎。’（《泰伯》8.7）。

这样的一份担当，就演化[2]成了中国儒家人格中所谓‘天下兴亡匹夫[3]有责’。其实我们想一想，中国人的人格理想很有意思，儒家和道家从来不是彻底分立的，甚至是针锋相对[4]的两个流派，它其实是人格理想的两端。

用林语堂先生的话来讲：中国每一个人的社会理想都是儒家，而每一个人的自然人格理想都是道家。这就是我们经常的一种表述，叫做：

‘达则兼济天下，而穷则独善其身’。（《孟子 · 尽心章句上》）[5]

一个人在发达的时候就要想到天下己任，而一个人在穷途末路[6]困窘[7]于一个不堪境地[8]的时候还要不放弃个人修养，这就是君子了。一个君子只有在困境中不断的完善、磨砺[9]自己，然后他走到真正发达的时候，他才有可能去帮助别人。

所以我们看中国古代，在孔子之后，经过唐宋我们能看到诸多名士他们都是

---

1) 曾子(BC505年-BC435年)의 성은 曾이고, 이름은 參이며, 子輿이다. 일반적으로 《大學》과 《孝經》을 지은 것으로 알려져 있다. 유가에서는 증자를 ‘종성宗聖’이라 부른다. 향년 70세이다.

2) 演化(yǎnhuà) : ① 진화. ② 진화하다.

3) 匹夫(pǐfū) : ① 필부. ② 학식과 지혜가 없는 사람. ③ 한 사람의 남자.

4) 针锋相对(zhēnfēngxiāngduì) : ① 바늘끝과 바늘끝이 마주 대하다. ② 날카롭게 맞서다. ③ 첨예하게 대립하다.

5) ‘达则兼济天下，穷则独善其身’.（《孟子 · 尽心章句上》）(출세했을 때는 세상을 구하기 위해 노력하고, 곤궁할 때는 자기수양을 게을리하지 않는다.)

6) 穷途末路(qióngtúmòlù) : 궁지에 빠지다. 막다른 골목에 처하다.

7) 困窘(kùnjiǒng) : ① 난처하다. ② 딱하다. ③ 곤궁하다.

8) 不堪境地(búkānjìngdì) : 견딜 수 없는 입장이나 경우, 참을 수 없는 입장.

9) 磨砺(mólì) : ① 날카롭게 갈다. ② 연마하다. ③ 예리하게 갈다.

在自己极其穷困潦倒[1]的时候还能做到胸怀天下，这点其实你想来是不可思议的。比如说杜甫，他有一首著名的《茅屋为秋风所破歌》，对吧？他说自己的家里面：

'八月秋高风怒号，卷我屋上三重茅。'(《茅屋为秋风所破歌》)

那样一片穷困潦倒的时候，他心中想的是什么呢？是：

'安得广厦千万间，大庇天下寒士俱欢颜。'(《茅屋为秋风所破歌》)[2]

想到的是有更多好房子让所有人都住上。

那再比如说范仲淹[3]，范仲淹说一个人他即使是处江湖之远的[4]时候，他不可能居庙堂之高的[5]时候，他要求自己仍然是：

'先天下之忧而忧，后天下之乐而乐。'(《岳阳楼记》)[6]

---

1) 穷困潦倒(qióngkùnliáodǎo)：곤궁에 처하고 초라하게 되다.

2) 《茅屋为秋风所破歌》："安得广厦千万间，大庇天下寒士俱欢颜，风雨不动安如山！呜呼，何时眼前突兀见此屋，吾庐独破受冻死亦足！"(어찌하면 넓은 집 천만 칸을 얻어 천차의 가난한 선비들을 크게 감싸 모두 기쁜 얼굴로 비바람에도 요동하지 않고 산처럼 편안케 할 수 있으랴. 오호라. 어느 때인가 눈앞에 이런 저택이 우뚝하다면야. 내집이야 홀로 부서져 얼어 죽어도 족하련만.)

3) 范仲淹(fànzhòngyān, 989～1052年)，字는 希文이다.

4) 江湖之远：권력이나 권세 및 관직으로부터 멀리 처해 있다는 의미.

5) 庙堂之高：지위나 명성이 높음을 의미.

6) 齐宣公问孟子："贤者亦有此乐乎?"孟子对曰："乐民之乐者，民亦乐其乐；忧民之忧者，民亦忧其忧。乐以天下，忧以天下，然而不王者，未之有也"(《孟子·梁惠王下》)(제나라 선왕이 공자에게 물었다. 현자도 또한 이러한 즐거움이 있습니까? 맹자가 답하였다. 백성의 즐거움을 즐거워하는 자는 백성들 또한 그 군주의 즐거움을 즐거워하고, 백성들 근심을 근심하는 자는 백성들 또한 그 군주의 근심을 근심합니다. 온천하의 입장에서 즐거워하며 온천하의 입장에서 근심하고서 그러고서도 왕도정치를 하지 못하는 자는 아직 있지 아니합니다.)"居庙堂之高则忧其民，处(chǔ)江湖之远则忧其君. 是进亦忧，退亦忧. 然则何时而乐耶(yé)? 其必曰：'先天下之忧而忧，后天下之乐而乐'欤. 噫(yī)！微斯人，吾谁与归?"(范仲淹《岳阳楼记》)(조정에서 높은 관직에 있으면 백성을 걱정하고, 은둔생활을 하면 임금을 걱정한다. 벼슬길에 나가도 걱정이고 물러나도 걱정이었다. 그러니 어느때 즐겁겠는가? 그 분들이 이르기를 "천하 사람들이 걱정하기 전에 걱정하고, 천하 사람들이 즐거워한 후에야 비로소 즐거워한다."고 했다. 아, 이 분들이 안계시면 내가 누구를 따르겠는가?)

那么这样一些情怀都是什么呢？就是君子大志。其实一个人有如此的一个志向，有如此一种宏阔的眼界，这在《论语》中是一直得到鼓励的[1]。孔子说：

'君子怀德，小人怀土，君子怀刑，小人怀惠.' (《里仁》4.11)

这是什么意思呢？说君子和小人每天心中惦记[2]的事情是不同的。君子每天在牵挂[3]的就是自己的道德，我的道德又修缮的怎么样了；而小人怀土呢？每天就惦记自己家的房子，他不会想到'大蔽天下寒士'，他想的都是说我怎么样能够多买一套房啊，我怎么样能够再利用一下福利分房[4]，另外我商品房[5]自己还可以再多得一点啊，每天就在算计着衣食居住，所有的物质生活这些人，这被孔子或者说被整个儒家学派称为是小人的心思。当然这也没有太大的过错，但是如果人心就居囿在这么一点点利益上，而没有道德的话他就很危险了。它会导致什么结果呢？这就是下一句，所谓'君子怀刑，而小人怀惠'。君子从来是尊重法制的，这个刑就是刑法。也就是说一个国家的规矩、尺度，所以君子怀刑就是因为他心中始终有一份规矩、法度，不得超越。他尊重这个社会的制度，就像我们每一个人走路过过街天桥[6]、走人行横道[7]、等待红灯，这些看起来都会给我们生活多多少少呢带来一点限制，但是这点限制让你在一种尊重制约的前提下可以形成一种社会默契[8]，尊重他人保障自己的安全，这就是君子怀刑。但是小人是干吗呢？怀惠。这个惠是小恩小惠[9]，小便宜的意思。也就是说钻小空子[10]、占

---

1) 鼓励(gǔlì) : ① 격려하다. ② 북돋우다. ③ 장려하다.
2) 惦记(diànjì) : ① 염려하다. ② 늘 생각하다. ③ 걱정하다.
3) 牵挂(qiānguà) : ① 걱정. ② 근심. ③ 근심하다.
4) 福利分房 : 복지아파트.
5) 商品房(shāngpǐnfáng) : ① 매매용 주택. ② 거래용 주택.
6) 过街天桥(guòjiētiānqiáo) : ① 도시의 교통 요로에 건설된 육교. ② 육교.
7) 人行横道(rénxínghéngdào) : 횡단보도.
8) 默契(mòqì) : ① 묵계. ② 묵약. ③ 비밀 약속.
9) 小恩小惠(xiǎoēnxiǎohuì) : 작은 선심.
10) 钻小空子(zuānkòngzi) : ① 기회를 타다. ② 약점을 노리다. ③ 틈을 뚫다.

小便宜，一次两次，这里面潜藏[1]的危机肯定要吃大亏。一看说红灯跟绿灯中间闪着黄灯呢，可以跑过去，赶紧跑过去吧，一看说车赶紧刹车了等着我过去了，觉得这件事情占了个小便宜。久而久之，这里面有多大的隐患[2]大家都心知肚明。所以什么是小人呢？就是没有大眼界，抢占[3]眼前小便宜的人。

【于丹心语】

小人就是没有大眼界，抢占眼前小便宜的人。

那么，说回到君子，今天要做一个君子不妨从倡导[4]的恒心开始。恒心二字不容易啊，我们现在这个社会由于有了多元选择，所以我们是兴奋的、我们是欢喜的、我们是激情的、我们是在众多选择中跳来跳去寻找众多价值的。在今天我们都是一个聪明人，但是我们缺少的是什么呢？是在浮华选择中真正的恒心，而恒心是成为君子的前提。让我们多一点恒心与定力，这就让我们接近了君子的标准。

其实每一个人当他走向这个社会的时候都会怀抱一番志向，希望建宏图伟业[5]、希望能够在社会上有一番作为。但是很快这个幻影会象肥皂泡[6]一样一一破灭，为什么呢？因为我们恒心的那个光环[7]没有足以支撑我们做下去，所以做一个君子我们不见得都能够做到'无恒产，有恒心'那么高的境界，[8] 但是如果我们真正有一番定力、有一个宏阔的境界那么离君子已经不远了，这是第二个标准。

---

1) 潜藏(qiáncáng) : ① 숨다. ② 감추다.
2) 隐患(yǐnhuàn) : ① 잠복해 있는 병. ② 겉에 드러나지 않은 폐해 또는 재난. ③ 재난의 위험
3) 抢占(qiǎngzhàn) : ① 불법으로 점유하다. ② 탈취 점검하다. ③ 앞을 다투어 점령하다
4) 倡导(chàngdǎo) : 제창(提唱)(하다). 창도(唱導)(하다). 발기(하다). 발의(하다). 수창(首唱)(하다).
5) 宏图伟业(hóngtúwěiyè) : 원대한 계획과 업적.
6) 肥皂泡(féizàopāo) : 비누방울.
7) 光环(guānghuán) : ① 밝은 빛의 고리. ② 빛나는 고리. ③ 원광.
8) '民之为道也，有恒产者有恒心，无恒产者无恒心'.(《孟子 · 滕文公上》) (백성들이 살아가는 방법은 일정한 재산이 있는 자는 일정한 마음을 가지지만, 일정한 재산을 가지지 아니한 자는 일정한 마음을 가지지 못한다.)

孔子还有第三个标准。

【画外音】

于丹教授认为,《论语》中所说的君子并不是高山仰止[1], 可望不可及的。君子其实永远是我们的邻居, 我们的朋友。而君子的第三个标准恰恰能使我们在同事之中、在朋友圈里辨别出君子与小人的不同。这第三个标准到底是什么呢?

一个真君子的第三个标准就是好处事, 他的人际关系一定是融洽的[2]、友善的, 而这个人最终在团队的合作中有所作为。

所以孔子曾经说君子跟小人有一个很大的区别, 就是君子啊

'矜而不争, 群而不党.' (《卫灵公》15.22)

君子是合群的, 他在一大群人里面他从来是不争的, 不跟别人有太多的纠纷争执[3]啊, 他一个人内心可以是骄傲[4]的, 可以是矜持的[5], 但他决不结党营私[6]。

什么是党, 我们今天有一个词叫做党同而伐异[7], 就是结党营私。君子从来不结党营私。这就是孔子所说的

'君子和而不同, 小人同而不和.' (《子路》13.23)

这是什么标准呢? '和而不同', 这么多人大家在一起我们的观点肯定不一样, 当我们说出自己观点的时候, 一个真君子会认真地倾听他人, 然后他能够理解

1) 仰止(yǎngzhǐ) : ① 우러러 사모하다. ② 경모해 마지않다.
2) 融洽(róngqià) : 사이가 좋다. 조화롭다. 융화하다.
3) 争执(zhēngzhí) : 고집을 부리며 양보하지 않다, 논쟁, 의견의 충돌.
4) 骄傲(jiāo'ào) : ① 거만하다. ② 자랑스럽다. ③ 뽐내다.
5) 矜持(jīnchí) : ① 어색하다. ② 스스로 억제하고 조심하다. ③ 진중하게 행동하다.
6) 结党营私(jiédǎngyíngsī) : 작당(결탁)하여 사리사욕을 꾀하다.
7) 党同伐异(dǎngtóngfáyì) : 같은 파끼리는 한 패가 되고 다른 파는 배척하다, 집단 간의 투쟁을 지칭.

每一个人观点的合理性，但他仍然能够坚持自己的标准，这叫'和而不同'。

孔子有一个表述，说：

'君子周而不比，小人比而不周。'[1]（《为政》2.14）

什么概念呢？'周'就是这么多人在一起，大家是周全的、周到的。一个真君子他有多少朋友，他都会象空气里的氧气一样让朋友们感觉到很欢欣，但是他不张扬自己，他让所有的人都受到照应；但是小人是什么？是'比'，我们看比这个像形字是两个相似的匕放在一起[2]，也就是说，小人聚小圈子[3]，他不会照顾大家的情绪。比如说开一个聚会(party)，一个君子会让这里面远近亲疏所有人都觉得很舒服，但是那些道德标准稍微低点的人呢，他就会来了以后找他最意气相投的人，然后到一个角落去嘀嘀咕咕[4]，他会觉得说我跟你好的不得了，但是不顧他人的感受。所以这就叫'君子周而不比'。而这种人的前提就是我们说的'君子坦荡荡，小人长戚戚'。为什么会出现那种比啊？会出现结党营私啊？就是因为他自己心里嘀嘀咕咕，他老希望也有人跟他一起嘀嘀咕咕，而君子不屑与此[5]。'坦荡荡'的人就是要目光看到所有人的眼睛，想到所有人是不是都是欢欣的快乐的，这就是一个坦然的人[6]。

其实中国一直所倡导的古典美是一种和谐[7]为美，而和谐是在坚持不同声音不同观点的前提下对于他人的一种宽容与一种融注[8]。其实这就是一个君子之道，

---

1) 周(zhōu)：두루 친하다. 比(bǐ)：사사로운 이익을 추구하는 무리를 이루다. 朱熹曰："周，普徧也。比，偏党也"('周'는 '두루 보편적이다'의 의미이다. '比'는 '서로 편당을 이루다'의 의미이다.)

2) 《说文》："比，密也。二人为从，反从为比。夶，古文比。"('比'는 '조밀하다'는 뜻. 두 사람이 나란히 서 있는 것이 '从'이고 반대로 서 있는 것이 '比'를 '夶'로 쓴다.)

3) 小圈子(xiǎoquānzi)：좁은 생활 범위, 좁은 울타리, 좁은 테두리.

4) 嘀嘀咕咕(dídigūgū)：수군거리다. 수근대다. 중얼거리다.

5) 不屑(búxiè)：① …상대할 가치가 없다고 여기다. ② 하찮게 여기다. ③ 경시하다.

6) 坦然(tǎnrán)：① 마음이 편안한 모양. ② 마음이 안정되어 있는 모양. ③ 마음에 거리낄 것이 없다.

7) 和谐(héxié)：① 화목하다. ② 잘 어울리다. ③ 조화하다.

8) 融注(róngzhù)：융합하다. 조화를 이루다.

君子从来都是好处事的。所以孔夫子曾经有这样一段很生动地描述。他说:

'君子易事而难说(悦)也,小人难事而易说(悦)也。'(《子路》13.25)

一个君子他容易处事,但是你难以取悦他。大家能够在一起做事,做得很好,但是这中间他喜怒不形于色,不会说轻易你给他一个小恩小惠他就给你大开绿灯大开后门。

'说(悦)之不以道,不说(悦)也。'(《子路》13.25)

你想取悦他,但是你不合乎道理,你给他一点贿赂[1],你给他一点个人私利,他是不会高兴的。

'及其使人也,器[2]之。'(《子路》13.25)

等到这个君子真正使用你的时候,他会把你量身订做[3]安排在一个位子上。我们知道每个人能力都术有专攻,一个人尺有所短,寸有所长[4],一定有他自己能力不及的地方。真君子用人从不勉强别人,而是审时度势[5],根据这个人的材料去放他的一个功能,这就叫器之。把你自己放在最合适的岗位上[6]不刁难[7]你。这种人就是很容易处事,但是你很难取悦他的人,这就叫君子。

好,再看相反的例子。《论语》的这种叙事方式特别容易懂,就是因为它老是把君子和小人放在一起。换一个相反的角度你就知道什么叫小人了。'小人难事

1) 贿赂(huìlù) : ① 뇌물. ② 뇌물을 주다.
2) 器(qì) : 각 사람의 재능에 따라 임용하다.
3) 量身定做(liàngshēndìngzuò) : 자로 재어 몸에 딱 맞게 하다. 맞추다.
4) 尺有所短,寸有所长(chǐyǒusuǒduǎn, cùnyǒusuǒcháng) : 尺短寸长(사람은 저마다 장단점이 있다).
5) 审时度势(shěnshíduóshì) : ① 시기와 형세를 판단하다. ② 시세를 잘 살피다.
6) 岗位(gǎngwèi) : ① 경관 · 보초가 보초 서는 곳. ② 직책. ③ 본분.
7) 刁难(diāonàn) : ① 못살게 굴다. ② 괴롭히다. ③ 난처하게 하다.

而易说也’小人就是那些特别容易高兴，能取悦他，但是你很难处事的人。我们想想就这个‘难事而易说’这五个字勾勒[1]出来的多生动。我们周围有很多这样的人吧！比如说你给他施一个小恩小惠、你帮他一个小忙、你投其所好[2]，哪怕[3]你请他喝一顿酒，或者说请他去桑拿，去按摩，这个人很快他就高兴了。一个真正这么容易被收买[4]的人就能够好合作吗？这个人是不容易共事的，为什么呢？因为你取悦他的这种方式是不合乎道的。这就是孔子所说的，‘说之虽不以道，说也’。你取悦他的虽然不合乎道德但他也高兴。那么你取得了一时的欢心，你以为他以后就会非常忠诚地一路给你开绿灯吗？等到真用人的时候‘及其使人也，求备焉’。‘备’是完备的备，什么意思呢？就是求全而责备，你这个时候费了很多力气，花了很多钱财打通了关节[5]，接上了关系，终于有一天他来为你办事了，你觉得他会为你铺开一条坦途[6]了吧？这个时候他该求全责备了[7]。他开始觉得你这儿不够格了，那儿不达标了[8]，你为什么不怎么怎么样，你还可以更好一点么！当提出所有这些要求的时候，会被对方觉得很尴尬[9]，很为难。这就是君子和小人的区别。

【画外音】

《论语》中为我们描述的君子必须是一个善良的人，一个高尚的人，一个很好相处的人。于丹教授认为君子还有一个重要的标准，那就是一个人的言行，也就是说话和做事的标准。一个君子的言行应该是怎样的呢？

---

1) 勾勒(gōulè) : ① 윤곽을 그리다. ② 묘사하다. ③ 그리다.
2) 投其所好(tóuqísuǒhào) : ① 남의 비위를 맞추다. ② 영합하다.
3) 哪怕(nǎpà) : ① 설령. ② 가령. ③ 비록.
4) 收买(shōumǎi) : ① 수매하다. ② 사들이다. ③ 구입하다.
5) 通关节(tōngguānjié) : 안팎에서 남몰래 암호로 서로 내통하다, 뇌물을 먹여서 융통성 있도록 하다.
6) 坦途(tǎntú) : ① 평탄한 도로. ② 탄탄대로. ③ 순조로운 형세.
7) 求全责备(qiúquánzébèi) : ① 다른 사람에게 심하게 요구하다. ② 완전무결을 강요하다.
8) 达标(dábiāo) : ① 도달하다. ② 기준에 달하다. ③ 이르다.
9) 尴尬(gāngà) : ① 난처하다. ② 곤란하다. ③ 부자연스럽다.

这就是孔子所说的君子是：

‘先行其言，而后从之。’(《为政》2.13)。

一个君子不要把自己的话先说出来，是你想说什么吗，先去做。这叫‘先行其言’，把事都做完了而后从之，淡淡地再说出来，我无非[1]是想做一件什么事，现在就做完了。对孔子来讲，那些夸夸其谈[2]，能够描述得天花乱坠[3]的人被他说成：

‘巧言令色，[4] 鲜[5]以仁。’(《学而》1.3, 17.17)。

一个人说得如此光鲜，那么他内心真正仁义的含量就很少很少了。

什么人是仁义的？什么人是君子？孔子说：

‘刚毅、木讷、近仁’。(《子路》13.27)[6]

一个人内心是坚定的、刚毅的，而表面上可能是木讷的。他可能没有那么多的言谈，这就是所谓的君子要：

‘敏于行而讷于言。’(《里仁》4.24)[7]

---

1) 无非(wúfēi)：① 단지 …에 지나지 않다 …밖에 없다. …에 불과하다. …뿐이다. ② 반드시 …이다. ③ …가 아닌 것이 없다.

2) 夸夸其谈(kuākuāqítán)：① 호언장담하다. ② 큰소리치다.

3) 天花乱坠(tiānhuāluànzhuì)：① 말이 허황되다. ② 입담이 좋고 과장을 잘하다. ③ 말만 번지르르하다.

4) 巧言令色：巧言은 남이 좋아하는 말을 하다. 令色은 남이 좋아하는 안색을 짓다.

5) 鲜(xiǎn)：적다.

6) 刚毅木讷(gāngyìmùnè)：刚毅，의지가 굳다. 木讷，소박하고 말주변이 없다.

7) 子曰："君子欲讷於言而敏於行。"(4.24)（공자가 말하였다. 군자는 말하는데 있어 더듬거리고 행동하는데 있어 민첩하고자 한다.）子曰："君子食无求飽，居无求安，敏於事而愼於言，就有道而正焉，可谓好学也已。"(1.14)（공자가 말하였다. 군자는 식사함에 있어서 배불리

就是一个君子行为上要格外[1]敏捷，但是在语言上宁可慎重。

大家知道在西方在《圣经》里面有一种说法，说这个世界上最追不会来的有三件事，就是射出的箭、说出的话和失去的机会。其实说出去的这些话有的时候就像覆水难收[2]，你是收不回来的。所以一个真君子宁可[3]先把自己的事情做到。所以这就是孔子的标准，君子：

'耻其言而过其行.' (《宪问》14.27)

这留在今天是一个成语，叫'言过其行'。一个人说的比他做得要多的话，那么是君子之耻。所以做一个君子，一定是与他人和谐的、好处事的、保持着对这个世界和对于每一个个体的尊重，在此前提下让自己的事情从容不迫地做完。君子的力量永远是行动的力量，而不是语言的力量，但是一个真正的君子其实在融会贯通[4]之后还有一个很高的标准，就是君子从来不是作为一个固定的职业，一个小角色被摆在那里的。他们是变通的、他是与时俱进的；是在这个社会整个的大变革里面随时调整；由于他不断进步而能够有一个更好的地位的。这就是孔子所说的四个字，叫做'君子不器'。

君子在这个世界上不是作为一个器皿存在的，君子不是个容器。其实，容器是什么呢？就是你合格的，中[5]规矩的摆在那儿做一份职业而已。也就是说，比职业主义更高一层的境界是理想主义。一个君子重要的不在于他的所为，而在于他的所为背后的动机。其实人很奇怪，我们是思维决定行动的动物，也就是说态度决定一切。我们在这个社会上，每天所做的事情大体相同，但为什么做

먹기를 바라지 않고, 거주함에 있어서 편안하기를 바라지 않으며, 일을 함에 있어서는 민첩하고 말을 함에 있어서는 신중하며, 도덕이 있는 사람에게 나아가 자신의 잘못을 바로 잡으니, 이렇게 되면 배우기를 좋아한다고 할 수 있다.)

1) 格外(géwài) : ① 유달리. ② 각별히. ③ 특별히.
2) 覆水难收(fùshuǐnánshōu) : ① 한번 엎지른 물은 다시 담지 못한다. ② 저지른 일은 만회하기 어렵다.
3) 宁可(nìngkě) : 차라리. 오히려.
4) 融会贯通(rónghuìguàntōng) : 여러 가지 도리와 사리에 통달하다.
5) 中(zhòng) : 맞히다. 명중하다. 들어맞다. 당첨되다. 합격하다.

这样的事情解释各有不同。

我曾经看到十五世纪一个宗教改革学家他写的一本书，在这里面他讲了自己青年时代的一个小故事，这个故事改变了他的一生。他说有一天，他路过一个烈日炎炎下[1]巨大的工地。所有人都在那儿汗流浃背地[2]搬砖。他不知道他们在干什么，他去了以后就问第一个人，他说你在干什么呢？那个人特别没好气地[3]回答他，你看不见啊，我这不是服苦役搬砖呢。他想了想还是不知道是为什么？就去问第二个人。他说你在干什么？这个人态度比第一个人要平和很多，他把手里的砖先给码齐[4]，看了看跟他说，我砌[5]这堵墙[6]；后来他又去问了第三个人，他说你在干什么呢？那个人脸上一直有一种祥和[7]的光彩，他把手里的砖放下，抬头擦了一把汗，很骄傲地跟这个人说，他说你是问我吗？我在盖一座教堂(啊)。

其实大家可以看一看，这三个人手中做的事情是一模一样的，但是他们给出来的解读是三个层次。第一个层次我把他称为悲观主义者。也就是说我们今天所做的每一件事情你都有理由认为这是生活给你的一份苦役，对吧！我们总要付出吗，你当然可以看到当下的辛苦，它是确实存在的；第二种人的态度，我把他称为职业主义的态度。你知道砌一堵墙，它是一个局部的成品，这就像是你的一份薪水，你的一个职务和职称。你知道你要对得起[8]今天的岗位，所以呢你不低于职业化的底线，但是你没有更高的追求。这个境界是什么？这就是孔子所说的'器'的境界。作为一个容器存在你合格了；而第三个层次，我把他称为理想主义者的境界。也就是说，你眼前的每一块砖、每一滴汗，你都知道它通

1) 烈日(lièrì)，열일，강하게 내리쬐는 태양. 炎炎(yányán)，이글거리다，염염하다，찌는 듯하다.

2) 汗流浃背(hànliújiābèi)：땀이 등에 배다，땀이 철철 흐르다，매우 두려워하거나 수치스러워 하는 모양.

3) 没好气地说(méihǎoqìdeshuō)：퉁명스럽게 말하다.

4) 码齐(mǎqí)：码齐 가지런하게 쌓아 올리다.

5) 砌(qì)：(벽돌이나 돌을) 쌓다.

6) 堵墙(dǔqiáng)；① 울타리. ② 담.

7) 祥和(xiánghé)：상서롭고 화목하다，자상하다，인자하다.

8) 对得起(duìdeqǐ)：면목이 서다. 떳떳하다. 볼 낯이 있다.

往一座圣殿和教堂。你知道，你最终会有一个梦想，你是为了梦想在走着从脚下到达梦想的历程，你的每一步路都是有价值的，你的这种付出一定会有最终的成全。走在这样一条路上，你所做的事情绝不仅仅作为一个器皿[1]。

其实，'君子不器'这是简简单单的四个字。但是这四个字深刻的内涵就在于我们融注了前面几个层次的君子要求之后，当我们真正把自己投入到使用中的时候，不要满足于眼前所作的当下的事情，而要看到这个事情背后的诠释[2]。他相关于我们的生命、相关于我们的梦想、相关于我自己在整个这个社会坐标中能不能够建筑起来一座教堂。可能由于一个人自己的努力成全了这个教堂，而也因为有一个教堂梦想的笼罩[3]而成全了一个个体。

【于丹心语】

你是为了一个梦想，在走着从脚下达到梦想的历程。

大家都知道，曾子所谓：'日三省乎己'(1.4)[4]之说，每天反省自己好多遍。他都反省什么呢，有这么几件事：

第一是'为人谋而不忠乎'。也就是说作为一个社会角色，他去做事，他是不是真正忠于职守做到了他的岗位了？

第二一个是'与朋友交不信乎'。就是他作为一个社交角色，跟朋友之间的相处，他是不是真正做到是忠诚的、守然诺的[5]？

曾子的第三个标准很可爱，叫做'传不习乎'。你所学的这些个知识，你又温习了吗？这是一个学习的标准。就是一个人你是不是又在今天进步了一层？你自己的内心是不是又拓展了一个新的心灵境界？你能不能又有所提升了？这其实

---

1) 器皿(qìmǐn)：① 그릇. ② 식기.

2) 诠释(quánshì)：1. 설명(하다). 해석(하다). 2. 방언 표현(하다). 연기(하다).

3) 笼罩(lǒngzhào)：① 뒤덮다. ② 덮어씌우다. ③ 휩싸이다.

4) 〈学而〉편에 "曾子曰：吾日三省吾身，为人谋而不忠乎？与朋友交而不信乎？传不习乎？"(01.04)(증자가 말하였다. 나는 매일 나 자신을 세 가지 측면에서 반성한다. 즉 남을 위하여 일을 도모하면서 충성을 다하지 않았는지? 벗들과 사귀는데 있어 미덥지 않았는지? 가르쳐 받은 것을 복습하지 않았는지?)라 하였다.

5) 然诺(ránnuò)：승낙하다, 허락하다, 약속했던 말.

就是君子日三省乎己的一种标准。

由此可见，君子这在《论语》中是出现得最多的一个字眼。那么在这个字眼的背后，它的道理永远是朴素的、是温暖的、是和谐的。它不存在两千多年前的古圣先贤的典籍里面，它其实就存在当下，在我们眼前的选择中，也存在我们每一个人的内心世界。所以从这个意义上来讲，每一个人可以成为一个真君子。

2. 心灵之道

【画外音】

每个人的一生中都难免有一些缺憾[1]和不如意的事情，如果你放大这个缺憾和不如意，那你将永远生活在阴影[2]之中。也许我们无力改变生活中的缺憾；也许我们无法避免[3]人生中的苦难，但是于丹教授认为，《论语》的精华[4]之一就是告诉我们心灵[5]的力量是无穷的。如果你用不同的心态来对待生活中的缺憾和苦难，你就会拥有完全不同的人生。两千多年前的《论语》真的能够开解现代人的心结[6]吗？请收看于丹《论语心得》之《心灵之道》

今天我们说一个话题，人生百年孰能无撼呢？人这一生中遗憾的事情谁都在所难免。《论语》中有没有遗憾的事呢？也有很多人，想想孔夫子弟子三千，七十二贤人，这么多学生，家家都有自己烦心[7]的事情，那么他们之间是怎么样来讨论关于人生遗憾的呢？有一个学生司马牛，他的遗憾是什么？

【FLASH】

唉，我家只有我一个儿子。

我们家有哥儿仨[8]。

我们家有五兄弟。

我们家有八个兄弟，号称八大金刚呢。

为什么人家有那么多兄弟，为什么我就一个都没有呢？哪怕[9]有一个也好啊，为什么

1) 缺憾(quēhàn) : ① 유감스러운 점. ② 불충분한 점.
2) 阴影(儿)(yīnyǐng(r)) : ① 음영. ② 그림자. ③ 그늘.
3) 避免(bìmiǎn) : ① 피하다. ② 모면하다.
4) 精华(jīnghuá) : ① 정화. ② 정수. ③ 광채.
5) 心灵(xīnlíng) : 1. 심령. 정신. 영혼. 마음. 2. 예지. 슬기. 3. 영리(명석)하다.
6) 心结(xīnjié) 마음의 끈. 마음의 응어리. 스크레스. 옹이. 엉킨 마음. 매듭.
7) 烦心(fánxīn) : ① 귀찮게 굴다. ② 성가시게 하다. ③ 짜증나다.
8) 仨(sā) : '仨'는 수사 '三'과 양사 '个'로 구성된 수량구의 준말이어서 뒤에 '个' 또는 기타 양사(量詞)를 붙이지 않음.
9) 哪怕(nǎpà) : ① 설령. ② 가령. ③ 비록. ④ 통상 뒤에 也가 오며, "설령……하더라도,

呀? 为什么呀? 太郁闷了[1]。

他的一个同学子夏就开始劝他，子夏自称自己的名字，商，他说，我听说：

(司馬牛[2]憂曰: '人皆有兄弟, 我獨亡.') 子夏曰: '商闻之矣: '生死有命, 富贵在天.' 君子敬而无失, 与人恭而有礼, 四海之内, 皆兄弟也。君子何患乎, 无兄弟也?' (《颜渊》12.5)[3]

尽管[4]这段话不是出自孔子之口，但是它也代表了《论语》所倡导的一种价值观，就是人首先要能够正确地面对人生的遗憾。当你面对一件想不通的事情的时候，你怎么样避免最大的伤害呢，就是不要纠缠[5]在里面一遍一遍地[6]问为什么呀，为什么呀，偏偏[7]这倒霉[8]事怎么就落在我头上呢?

其实化解遗憾第一个前提是先认可这个遗憾的存在。就是你在最短的时间内

……도"의 의미이다.

1) 郁闷(yùmèn) : ① 마음이 답답하고 괴롭다. ② 거북하다. ③ 불편하다.

2) 司馬牛: 사마우는 춘추시대의 宋나라 사람으며, 이름은 이(犂), 자는 자우(子牛)이다.

3) 王勃《送杜少府之任蜀州》: "城阙辅三秦，风烟望五津。与君离别意，同是宦游人。海内存知己，天涯若比邻。无为在歧路，儿女共沾巾。" (성곽은 삼진에 둘러쌓여 있는데, 바람과 안개 속에 오진을 바라보고 있네. 그대와 더불어 이별할 생각을 하니 안타깝지만, 우리는 모두 지방의 벼슬아치 신세 아닌가. 세상에 나를 알아주는 친구가 있으니, 하늘 저 끝에 있어도 가까운 이웃과 같다네. 이별의 갈림길에서 아녀자처럼 수건에 눈물을 적시지는 마세.) ① '少府' : 官名이다. ② '之' : '이르다', '가다'. ③ 城闕(què) : 장안. ④ '三秦' : 일반적으로 진령의 진령秦嶺의 이북과 함곡관函谷關의 서쪽에 해당되는 지역. ⑤ '五津' : 사천四川 민강岷江의 백화진白華津 · 만리진萬里津 · 강수진江首津 · 섭두진涉头津 · 강남진江南津 등 다섯 개의 나루터를 가리킨다. 본 시에서는 '四川'을 가리킨다. ⑥ '宦游' : 외부에 파견 근무하다. ⑦ 歧路 : 이별하는 장소. ⑧ 沾巾 : 눈물을 흘리며 이별하다는 뜻이다.
王勃(약650—676年)은 唐代의 시인으로 字는 子安이다. 王勃은 양형杨炯, 노조린盧照鄰, 낙빈왕駱賓王 등과 함께 "초당사걸初唐四杰"이라 불리운다.

4) 尽管(jǐnguǎn) : ① 얼마든지. ② 마음 놓고. ③ 늘. ④ 비록(설령) …라 하더라도. …에도 불구하고. (주로 '但(是)' '可是' '然而' '还' '也' 따위와 호응하여 쓰임.)

5) 纠缠(jiūchán) : ① 뒤얽히다. ② 뒤엉키다. 치근거리다. ③ 분쟁을 일으키다.

6) 一遍一遍地(yībiànyībiàndi) : 재차. 하나 하나. 또 다시. 매번. 자주.

7) 偏偏(儿)(piānpiān(r)) : ① 기어코 일부러. 굳이. ② 마침. 공교롭게. 뜻밖에. (공교롭게도 기대에 어긋날 경우에 쓰임). ③ 유달리. 유독. 하필.

8) 倒霉(dǎoméi) : ① 재수 없다. ② 운수 사납다. ③ 불운하다.

把这件事接受下来，说好了[1]，这就是一种安排，我已经知道有这个遗憾了。

那么第二个态度是什么呢？是尽可能的做所可以做的事情去补足这个遗憾，这就是子夏告诉他同学的两句话：'君子敬而无失，与人恭而有礼。'敬，是指内心的一种端庄[2]、一种正直所表现出来的一种态度，使大家都可以尊敬你，那么你再去做事情尽可能让自己少一点失误。

另外一点就是真正跟别人公事的时候要恭而有礼，内心保持着一种恭敬、彬彬有礼[3]，真正能够对人有一份尊重。如果你能做到这样，少一点过失，多一份尊重，那你能够达到的是'四海之内皆兄弟'。所以一个真正的君子，你还真正会内心忧患没有兄弟吗？

【画外音】

于丹教授告诉我们，承认现实生活中的不足之处，并通过自己的努力去改变这种不足，这就是《论语》告诉我们如何对待生活缺憾的态度。但对我们现代人来说，没有兄弟已经不是什么缺憾，因为这是一个独生子女的时代，但生活中各种各样的遗憾总是存在的。如果一个人不能接受生活带来的遗憾将会导致什么样的后果呢？

而这样的一种遗憾，其实如果我们放大的话，那可能它会被放得很大很大。

印度诗人泰戈尔[4]曾经说过一句著名的话，他说如果你因为失去月亮而哭泣，那么你也将失去星星了。也就是说，你总看着自己人生的遗憾，你总在念道着这个遗憾，这个遗憾能被放大到多大呀？甚至这个遗憾有可能变为你生命中的一个阴影，这个阴影在你的内心极而言之[5]它对你的生命质量是会有所损害的。

我曾经看到过一个报刊的转载[6]，说英国曾经有一个著名的网球明星叫做吉

1) 说好(shuōhǎo) : 말의 매듭을 짓다. 이야기를 마무리 짓다. 이야기를 끝내다.

2) 端庄(duānzhuāng) : 단정하고 장중하다.

3) 彬彬有礼(bīnbīnyǒulǐ) : ① 예절이 밝아 점잖다. ② 점잖고 예절이 밝다.

4) 泰戈尔(tàigē'ěr) : 인도의 詩聖, 라빈드라나드 타고르(Rabindranath Tagorem, 1861-1941). 1915년 노벨 문학상 수상자. 1929년 '동방의 등불'을 한국민에게 써줌.

5) 极而言之(jíéryánzhī) : 극단적인 경우에는.

6) 转载(zhuǎnzǎi) : ① 옮겨 싣다. ② 전재하다.

姆 · 吉尔波特[1]。这个女孩子在小的时候经历了一次意外，就是她跟着她的妈妈去看牙医。这本来是一个很小的事情，但是一般我们知道牙病是会引发心脏病的，可能她妈妈没有检查出来有这种隐忧[2]，所以孩子蹦蹦跳跳去了，以为跟妈妈一会儿回家了，结果她就面临了她生命中令人惊诧[3]的一幕，她看见她的妈妈就死在了牙科的手术椅上。

这个阴影在这个孩子的心中被放大到多大？也许她没有经历心理医生的调整;也许她这一辈子没有想过怎么去根治这个伤痛，她能作的就是回避！回避！永远回避！所以她牙痛的时候从来不敢去看，直至她成为了著名的明星，她已经拥有了富足的生活，有一天她被她疼痛[4]的牙齿折磨[5]的实在受不了了，家人都安慰她说牙医请到家来，咱们不去诊所[6]，在家呢还有你的私人律师、有你的私人医生，有所有亲人陪着你，咱们就把牙治了不行吗？结果就在她海滨豪华的寓所，在牙医在旁边整理手术器械[7]的时候，一回头看到这个人死了。还没有开始，这个人就莫名其妙[8]地死了。

所以当时记载这件事情的报纸-伦敦的报纸，用了这样一句评价，说她是被自己四十年来的一个念头杀死的。这个念头有多重呢？这就是一个人心里面暗示的力量。这就是她生命中一个至极的遗憾，这个遗憾以令人惊诧的方式放大，能够结束一个人的生命。

其实我们不见得会面临这种极端的例子，但我们每一个人都会面临生命的缺憾。那么这个缺憾有的时候会变成我们自己的一种暗示。

大家听说过这种说法吧？说人在愤怒的时候和忧郁的时候，如果用一个测量

---

1) 吉姆 · 吉尔波特 : 짐 · 길버트(Jim Gilbert).
2) 隐忧(yǐnyōu) ① 은우. ② 남모르는 근심. ③ 남모르게 걱정하다.
3) 惊诧(jīngchà) : 놀라며 의아하게 여기다.
4) 疼痛(téngtòng) : ① 아프다. ② 너무너무 아끼고 사랑하다. ③ 굉장히 애지중지하다.
5) 折磨(zhémo) : ① 고통스럽게 하다. ② 구박하다. ③ 학대하다.
6) 诊所(zhěnsuǒ) : 진료소.
7) 器械(qìxiè) : ① 기계. ② 기구. ③ 무기.
8) 莫名其妙(mòmíngqímiào) : ① 영문을 모르다. ② 아무도 그 오묘함을 설명할 수 없다. ③ 이유를 모르다.

仪[1]会看到你测出来呼出的空气它都是灰色的，它的二氧化碳[2]会特别多，这个人会有一种抑郁能够改变你的内分泌[3]，这一定会影响到我们生命的质量。但是你可以怎么样去补足它呢？就是你如何用一种方式正视你内心的遗憾并且改变它。这种改变有可能也是惊人的。

【画外音】

于丹教授认为，如果说生活中的缺憾是不能避免的，那么用什么样的心态来对待这种缺憾就非常重要了。用不同的心态来对待生活就会带来完全不同的生活质量，每个人心中都有一个美好的愿望。也许一个不经意的点化[4]会改变你的心态，同时也就完全改变了你的生活。

我还看到过一个寓言，它说在一个小镇上有一个非常穷困的女孩子，她家里没有父亲，她跟自己的妈妈相依为命[5]，做手工品，然后这样长到了18岁。18年来她过着太贫寒[6]的生活，所以她从来没有自己漂亮的衣服和首饰，因此她也很自卑很自卑，这就是她生命里的缺憾。

后来在她18岁那年的圣诞节，妈妈破天荒[7]给了她20美元，跟她说，这是你的劳动所得，你用这个给自己买个圣诞的礼品吧！她简直是大喜过望[8]，但是她还没有勇气从这个小镇上堂而皇之地[9]走过。

---

1) 测量仪(cèliángyí) : 测量仪器(cèliángyíqì), 측량 기구. 측량기.
2) 二氧化碳(èryǎnghuàtàn) : 이산화탄소(CO_2).
3) 内分泌(nèifēnmì) : 내분비.
4) 经意(jīngyì) 조심하다. 주의하다. 点化(diǎnhuà) : 점화하다. 도교에서 말하는 신선이 법술을 사용하여 사물을 변화시키다. 교화하다.
5) 相依为命(xiāngyīwéimìng) : ① 서로 굳게 의지하며 살아가다. ② 운명을 같이하다. ③ 생사를 같이하다.
6) 贫寒(pínhán) : 빈곤하다. 곤궁하다. 빈한하다. 가난하다.
7) 破天荒(pòtiānhuāng) : 파천황. 미증유. 전대 미문. 당대唐代에 형주荊州에서 과거의 합격자가 나오지 않자, '天荒'(황무지)이라 일컬었는데, 후에 유태劉蛻가 처음으로 급제하여 '天荒'을 개척하였다는 고사에서 유래한 것이다.
8) 大喜过望(dàxǐguòwàng) : 기대 이상의(뜻밖의) 성과에 매우 기뻐하다.
9) 堂而皇之(tángérhuángzhī) 떳떳하다. 당당하다. 기백이 대단하다.

她捏[1]着这个钱绕开[2]人群，贴着墙角，走在路边上，一路上她看着所有人，都认为这些人的生活比她美好。她心中不无遗憾地想说，我是这个小镇上最抬不起头来的一个寒碜[3]的女孩子。路上她看到了自己特别心仪[4]的小伙子，她就酸溜溜地[5]想：今天晚上有个盛大的舞会，不知道谁是他舞会上的新娘[6]，谁能够有这个荣耀呢?

她就这样一路嘀嘀咕咕[7]躲着人群，来到了那个商店。一进门她就觉得自己的视线被刺痛了[8]，她看到那个柜台上摆着一批特别漂亮的缎子[9]做的头花[10]、发饰。

那么她呆呆地[11]在那的时候售货员就叫她：小姑娘，你过来，你的亚麻色[12]的头发那么漂亮，我挑一个淡绿色的发花给你戴上。她一眼看到价签[13]，写着16美元，她先说我肯定买不起，我不试了。这个时候那个售货员已经把头花给她别上了，拿起镜子跟她说你看一眼。就在她看一眼的时候，她突然就惊呆了。她觉得这一朵头花改变了她整个人的容颜，突然之间她变得像一个天使一样容光焕发[14]，她从来没看到过自己这个样子。她就特别惊讶地想说，有如此神奇的力量，那我买了吧。所以她就飘飘欲仙地[15]掏出钱来说我买了。人家找给她

---

1) 捏(niē) : 손가락으로 집다(쥐다).
2) 绕开(ràokāi) : 돌아서 피하다.
3) 寒碜(hánchen) : ① 망신스럽다. ② 초라하다. ③ 누추하다.
4) 心仪(xīnyí) : 마음 속으로 흠모하다.
5) 酸溜溜(suānliūliū) : 시큼하다. 시큰시큰하다. 시샘.
6) 新娘子(xīnniángzi) : 신부. 新郎(xīnláng) 신랑.
7) 嘀嘀咕咕(dídigūgū) : ① '嘀咕'의 중첩형. ② 수근거리다. ③ 수근대다.
8) 刺痛(cìtòng) : ① (가시 · 바늘로 찌르듯이) 쿡쿡 쑤시다. ② (가시 · 침 따위로) 쿡쿡 쏘다(찌르다). ③ (듣는 사람의 마음이 뜨끔하도록) 쏘다(말하다).
9) 缎子(duànzi) : ① 단자. ② 새틴. ③ 다마스크.
10) 头花(tóuhuā) : ① 꽃 장식이 있는 비녀. ② 머리를 장식하는 꽃 모양의 장식품.
11) 呆呆地(dāidāide) : 멍청히.
12) 亚麻色(yàmásè) : flax, linen. 金棕色(zōngsè, 갈색, 다갈색)의 일종.
13) 价签(jiàqiān) : ① 정찰. ② 값 쪽지.
14) 容光焕发(róngguānghuànfā) : 얼굴에 윤이 나고 혈색이 좋다. 얼굴이 환하다.
15) 飘然欲仙(piāorányùxiān) : 득의양양하게. 경쾌하게.

四美元的时候，她仍然像飘着一样转身就往外飞跑，然后咣[1]一下撞在一个刚刚推门进来的老绅士的身上，然后她隐隐约约[2]听到那个老人叫她，她就飘飘忽忽地[3]跑了。

一路上她就在想，我怎么会有了如此的改变？她不知不觉地就跑在了小镇最中间的大路上，她看见所有人迎向她都是惊讶[4]的目光，她听到人们在议论说，这个镇子上还有这么漂亮的女孩子，她是谁家的女孩子？我们怎么从来不认识她？就在这个时候，她又一次碰到了她暗暗喜欢的那个男孩。那个男孩也很惊讶，叫住她说，我有没有荣幸请你做我今天晚上圣诞舞会的舞伴？这个女孩子简直心花怒放[5]，她想了想，说我索性[6]就奢侈一回，我手里这四块钱我回去再给自己买点东西。所以她又这样一路飘飘然地回到了小店。

她一进门，就看到那个老绅士微笑着站在那。这个老人跟她说，孩子，我就知道你会回来的，你刚才撞到我的时候这个头花就掉下来了，我一直在等着你回来取回它。

这个故事到这儿就停止了。这像是个寓言，这个女孩子生命中的遗憾真的是被一个头花改变的吗？其实是被她自己的自信心驱除[7]的。也许我们没有这样一个灵异[8]的时刻，我们不是所有的生命都有幸遇到寓言一样的机缘[9]，但是这些东西会启迪[10]我们的心智[11]。

这些个故事里面其实也有很多跟孔子在《论语》中的观点不谋而合。

---

1) 咣(guāng) : 꽝. 쾅. (부딪쳐 나는 소리)
2) 隐隐(yǐnyǐnyuēyuē) : 은은히. 어슴푸레. 분명하지 않게.
3) 飘飘忽忽(piāohū) : 가볍게 흐르듯이. 흔들리듯. 요동하듯.
4) 惊讶(jīngyà) : ① 놀랍고 의아하다. ② 경아하다. ③ 의아해하다.
5) 心花怒放(xīnhuānùfàng) : ① 마음의 꽃이 활짝 피다. ② 기쁨이 넘치다. ③ 대단히 기쁘다.
6) 索性(suǒxìng) : ① 차라리. ② 아예. ③ 마음껏.
7) 驱除(qūchú) : ① 제거하다. ② 구제하다. ③ 쫓아내다.
8) 灵异(língyì) : ① 신령스럽다. ② 신기하고 괴이하다. ③ 영험하다. ④ 뛰어난 재주.
9) 机缘(jīyuán) : ① 기회와 인연. ② 기연.
10) 启迪(qǐdí) : ① 계발하다. ② 깨우치다. ③ 인도하다.
11) 心智(xīnzhì) : ① 마음의 지혜. ② 사고 능력. ③ 지혜.

其实孔子说一个人内心的在乎与不在乎，他的悟性[1]能够让他明白这个世界很多很多的事理。也就是说，一个真正的君子，他内心的坦然[2]与淡定[3]是可以让他化解生命中很多很多遗憾的。

【于丹心语】

做一个勇敢的人，用自己生命的力量去化解[4]缺憾。

这前提是什么？就是要求一个人在心中，不要把现实中很多的阴影看得过重，不要自己认同[5]在阴影之下。

就像泰戈尔还说过一句话，他说，'乌云自己遮住[6]了太阳，但是它却怨天气不明朗。'有很多时候是我们自己的心遮住了阳光，我们太在乎得与失，而在乎得失的人，在孔子的价值判断体系中被指责为鄙夫！就是一个不上台面[7]的比较低级的人。鄙夫是什么呢？几乎意义等同于小人。孔子曾经说：

'鄙夫可与事君也与哉。'(《阳货》17.15)

像这样一个小人，你能跟他共事，去谋国家大事侍奉[8]国君吗？不能。人没有得到无所谓，但得到以后你再拿走，这个受不了。就是说已经过不了简朴[9]的日子。所以为了让自己的得之更久，为了让自己不失之，就会无所不至。[10]

---

1) 悟性(wùxìng)：① 오성. ② 이해.
2) 坦然(tǎnrán)：① 마음이 편안한 모양. ② 마음이 안정되어 있는 모양. ③ 마음에 거리낄 것이 없다.
3) 淡定(dàndìng)：① 냉정하다. ② 침착하다.
4) 化解(huàjiě)：녹다. 풀리다. 누그러지다. 풀다.
5) 认同(rèntóng)：동일시(同一視)(하다). 공동체 의식(을 갖다). 친밀감(을 느끼다).
6) 遮住(zhēzhù)：① 막다. ② 가리다.
7) 台面(táimiàn)：① 공개 석상. ② 연회석의 식탁 위에 놓인 그릇·수저 따위 기물에 대한 총칭. ③ 탁자 윗면.
8) 侍奉(shìfèng)：① 부모를 섬기다. ② 정성껏 힘을 다하다. ③ 모시다.
9) 简朴(jiǎnpǔ)：① 간소하다. ② 소박하다. ③ 간결하고 질박하다.
10) 子曰："鄙夫可与事君也与哉？其未得之也，患得之。既得之，患失之。苟患失之，无所不至其实让我们回到本初，谁的生命没有遗憾？如果你能够用一种内心的富足和饱满，能够用一种内心鲜活[1]的力量去弥补[2]这些遗憾，那你会成为一个坦荡[3]、磊落[4]而勇敢的人。孔子所提倡的境界：

'仁者不忧, 智者不惑, 勇者不惧.'(《宪问》14.28)

说的就是这样的境界。当所有这些忧烦、迷惑或畏惧压在眼前的时候，让自己变得更加宽厚仁达、变得更加智慧聪颖、变得更加勇敢无畏，那么外在的一切不也就[5]没有了吗?

所以做一个勇敢的人，用自己生命的力量去化解那些遗憾，而不要借助外在物质的得与失让自己拥有一份浅薄的骄傲，这就是《论语》里所倡导的一种人生观。

【画外音】

说到勇敢, 有人会说, 大仁大智恐怕不容易做到, 但做一个勇敢的人总不难吧? 那么, 于丹教授在这里所说的勇敢到底指的是什么? 是不是仅仅[6]用匹夫之勇就可以使自己有能力化解生命中的遗憾?《论语》中对于勇敢的定义又是怎么说的呢?

我们知道，孔子有一个大弟子，就是特别率性[7]勇敢的子路，他对于勇敢的

矣。"(《阳货篇》, 17. 15) (공자가 말하였다. 비루한 사람과 함께 군주를 섬길 수 있겠는가? 그는 아직 얻지 못하였을 때는 얻어려고 걱정하고 얻고나서는 잃어버릴까봐 걱정한다. 진실로 잃어버릴까봐 걱정하면 못하는 것이 없게 될 것이다.) 无所不至(wúsuǒbúzhì) : 이르지(가보지) 않는 곳이 없다. 어느 곳이나 다 가 보다. 어디에나 미치다. 이르다.

1) 鲜活(xiānhuó) : 선명하고 윤기 있다. 싱싱하다. 신선하다.
2) 弥补(míbǔ) : ① 메우다. ② 보충하다. ③ 보완하다.
3) 坦荡(tǎndàng) : 평탄하다, 거리낌이 없다, 사리에 밝다.
4) 磊落(lěiluò) : 많다, 복잡하다, 용모가 준수하다.
5) 也就(yějiù) : …도 곧. 즉시. 꽤.
6) 仅仅(jǐnjǐn) : 단지. 다만. 겨우. 간신히. …만. …뿐.
7) 率性(shuàixìng) : 하늘이 정한 본성(本性)을 따르다(따라서 행동하다). 양심이 시키는 대로 하다.

事情老是特别在乎。因为他老师曾经还调侃[1]过，说过一句话，说这个世界要是有一天道不行我的道理真推行不了的话，我就要自己泛舟江海去了。到那天，我就带着子路。子路特别高兴，他说老师到那个时候就想带我一个人。结果老师后面还有一句解释，说就是因为子路这个人除了勇敢别的什么都没有，我也就把他带在我身边吧。[2] 所以子路呢，是很勇敢，但是呢他勇敢又缺点内涵[3]。他偏偏有这么一天，找老师问勇敢的事去了。

'子路曰：君子尚勇乎?' (《阳货》17.23)

说老师你说，君子应该不应该崇尚勇敢？老师就给了他一个明确的界定。

子曰：'君子义以为上，君子有勇而无义为乱，小人有勇而无义为盗。' (《阳货》17.23)[4]

老师告诉他说，君子崇尚勇敢这没错，但是君子的勇敢是有约制的，是有前提的。这个前提只有一个字，就是'义'。一个君子只要有了这个义字当先的勇敢，他才是一种仁义之勇，如果没有这个字的话，他会以勇去犯乱，因为勇敢可能会搅动[5]起来大乱。而这种情形如果发生在一个小人身上，就更麻烦了。

---

1) 调侃(儿)(diàokǎn(r))：① 비웃다. ② 희롱하다. ③ 조소하다.

2) 子曰："道不行，乘桴浮于海。从我者，其由与?"子路闻之喜。子曰："由也好勇过我，无所取材。"(5.7) (공자가 말하였다. 도가 행해지지 않아서 뗏목을 타고 바다로 나간다면 나를 따라 갈 사람은 아마 자로이리라. 자로가 이 말을 듣고 기뻐하였다. 이에 공자가 말하였다. 유(자로)는 용맹을 좋아함이 나를 능가하건만 달리 취할 바는 없구나.)「材」는 '哉'자의 용법으로 쓰인다.

3) 内涵(nèihán)：① 내포. ② 교양. ③ 수양.

4) 子曰："恭而无禮则勞，慎而无禮则葸，勇而无禮则乱，直而无禮则絞。君子篤於親，则民興於仁；故舊不遺，则民不偷。"(8.2) (공자가 말하였다. 공손하면서도 지나쳐서 예의에 벗어나면 노고스러워지고, 조심스러움이 지나쳐서 예의를 벗어나면 두려워지며, 용맹스러움이 지나쳐서 예의를 벗어나면 난폭해지고, 강직함이 지나쳐서 예의를 벗어나면 야박해진다. 윗자리에서 다스리는 사람이 친척에게 돈독하면 백성들 사이에 어진 기풍이 흥성하고 옛날 친구를 버리지 않으면 백성들이 각박해지지 않는다.)「葸(xǐ, sǎi)」, 두려워하다.

5) 搅动(jiǎodòng)：뒤섞다, 휘젓다, 교란하다. 방해하다. 훼방 놓다. 어지럽게 하다.

如果他心中没有义字的话，那他就会直接成了小偷、劫匪[1)]，就为盗了。我们想想今天，真正小偷劫匪你不能说他不勇敢，他穿门打户，甚至可能越货[2)]杀人，你说他不勇敢吗？也就是说，没有道德约束的勇敢是这个世界上最大的灾害。

【于丹心语】

没有道德约束[3)]的勇敢是世界上最大的灾害。

那么道义是什么呢？君子之勇真正崇尚的是什么呢？就是这种内心的制约，所以《论语》中还有这样著名的一句话。

子曰：'以约[4)]失[5)]之者，鲜矣。'（《里仁》4.23）

内心有所约制，而在社会上还经常有过失的人我见得不多。也就是说，一个人内心要经常对自己有日三省[6)]乎己的反躬自问[7)]，问问我今天有什么事做得好，做得不好？看看周围的人所谓见贤思齐[8)]，见不肖[9)]则内自省。反省一下我可不可能这样？这就是约制。也就是说，我们刚才说人生有遗憾，人的行为也有遗憾，但是你做错了以后，如果你自己这样去纠正的话，这就是一种真正的儒者所倡导的勇敢。这种勇敢就是君子之勇。

关于君子之勇，后来苏轼[10)]在《留侯论》[11)]中曾经有这样的论述：

---

1) 劫匪(jiéfěi) : ① 노상강도. ② 떼강도. ③ 강도.
2) 越货(yuèhuò) : 재물을 약탈하다.
3) 约束(yuēshù) : 구속하다. 제한하다.
4) 约 : 구속하다.
5) 失 : 과실. 잘못.
6) 省(xǐng) : 반성하다. 성찰하다.
7) 反躬自问(fǎngōngzìwèn) : ① 자신을 돌이켜 보다. ② 스스로 묻다.
8) 见贤思齐(jiànxiánsīqí) : 재능과 덕을 겸비한 사람을 보면 본받으려고 열심히 노력하다.
9) 不肖(búxiào) : ① 불초하다. ② 품행이 나쁘다. ③ 아버지를 닮지 않다.
10) 苏轼(1037年1月8日－1101年8月24日)의 字는 자첨子瞻 · 화중和仲이고, 호는 "동파거사東坡居士"이다. 일반적으로 "소동파蘇東坡"라 부른다.
11) 이 문장은 소식이 1061年(宋 仁宗 嘉祐六年)에 쓴 작품이다. 《史記 · 留侯世家》의 내용을 근거로 하여 쓴 작품이다.

'古之所谓豪杰之士者, 必有过人之节, 人情有所不能忍者, 匹夫见辱, 拔剑而起, 挺身而斗, 此不足为勇也。天下有大勇者, 卒然临之而不惊, 无故加之而不怒, 此其所挟持者[1]甚大, 而其志甚远哉也。'(苏轼《留侯论》)

这是什么意思呢? 他解释了真正的豪杰志士心灵之勇是何等[2]境界。这种过人之节能够忍受人情有所不能忍者的人, 这是一种胸怀。所以什么人是勇敢的? 像韩信那样, 可以受胯下之辱[3]的人, 最后他可以为刘邦决胜千里之外。他不会像一般的人, 所谓匹夫见辱, 拔剑而起, 一瞬间就绷不住了, 这样的人是做不了大事的。也就是说, 你自己真知道你是谁的话, 这种勇敢有时候表现为气度, 有的时候表现为一种理性约制下内心的自信与镇定。

这就是一种力量。

【于丹心语】

勇敢有时候是一種理性约制下内心自信与镇定。

所以苏轼在论述的这种勇敢中, 他说真正的大勇是那种突然面临一件事, 所谓泰山崩于前而不瞬, 卒然临之你不要惊恐。你能够每临大事有静气[4], 去先面对这个格局。而无故加之不怒, 这可不容易。我们想想, 生活里面我们可以要求自己是一个道德君子, 我们努力不去冒犯别人, 但你时不常就被别人冒犯了[5]。你经常无缘无故地就遭受了一个事情的伤害, 你能做到不`吗?

其实当我们遭致[6]这种意外的甚至无聊[7]的伤害时候, 你可能有两种态度。

---

1) 挟持(xiéchí) : '① 협박하다. ② 양 옆에서 끼어 잡다. ③ 위협하다.'의 의미가 있으나, 본 문장에서는 ②의 의미로 쓰인다.

2) 何等(héděng) : ① 어떤. 어떠한. ② 얼마나. 어쩌면 그토록.

3) 胯下之辱(kuàxiàzhīrǔ) : 가랑이 지나가는 모욕. 심한 모욕.

4) 平心静气(píngxīnjìngqì) : 침착하다, 마음을 가라앉히고 감정에 사로잡히지 않다.

5) 冒犯(màofàn) : (상대에게) 무례하다. 실례하다. 기분(감정)을 상하게 하다. 불쾌하게 하다. 비위를 거스르다.

6) 遭致(zāozhì) : ① 당하다. ② 이르다. ③ 입다.

7) 无聊(wúliáo) : ① 무료하다. ② 지루하다. 황당하다. ③ 심심하다.

一个人可能星期一莫名其妙地遭了一顿暴打[1)]，然后他可能星期二就开始给各个朋友打电话。他要复述这件事，他跟十个人以上复述这件事，每复述一次他可能又挨了一回打[2)]。到星期三的时候，他已经郁闷[3)]地说我不上班了，这事太郁闷了。所以要找派出所[4)]，去给我通缉[5)]这个人，然后再找朋友，为什么会这样？然后到星期四，就情绪更抑郁[6)]，开始跟家人吵架[7)]了，你说我为什么挨这顿打？这一个星期有可能就这样过去了。其实这意味着什么呢？意味着你每天还在继续挨打。

当然你也可以一件事情发生了，你可以把这个伤害缩到最小，那就是让它尽快过得去，找一个更为积极的事情去抵消[8)]负面的意义。这样做的话会腾出[9)]你更有用的生命、更有价值的时间，和一种更美好的心情，让你去做更多的事情。也就是说，一个有德有仁的人，才能够真正做到心灵的勇敢。是因为你的内心有美好的东西，所以你看到外在的世界，才能气定神闲。

【于丹心语】

一个有德有仁的人，才能够真正做到心灵的勇敢。

【画外音】

于丹教授用这样一个小故事告诉我们，我们生存的环境会有许多不如意甚至不合理。虽然我们凭借[10)]个人的力量不能改变社会，但我们能凭借我们勇敢的心灵去改变自己的

---

1) 暴打(bàodǎ) : 죽도록 때리다.
2) 挨打(áidǎ) : ① 매 맞다. ② 구타당하다. ③ 두들겨 맞다.
3) 郁闷(yùmèn) : ① 마음이 답답하고 괴롭다. ② 거북하다. ③ 불편하다.
4) 派出所(pàichūsuǒ) : '公安局派出所'의 준말.
5) 通缉(tōngjī) : (경찰 · 사법 기관 등에서) 지명 수배하다.
6) 抑郁(yìyù) : ① 우울하다. ② 울적하다. ③ 번민하다.
7) 吵架(chǎojià) : ① 말다툼하다. ② 다투다. ③ 언쟁하다.
8) 抵消(dǐxiāo) : 상쇄하다, 에끼다, …와 맞비기다. 중화中和하다. 효력이(효과가) 없게 하다.
9) 腾出(téngchū) : ① 비우다. ② 내다.
10) 凭借(píngjiè) : ① …에 의하다. ② …를 통하다. ③ …을 믿다.

心情和态度。于丹教授认为, 一个人外在的表现与他内心的世界是相辅相成[1]的。一个人心中有什么, 他看到的就是什么。

大家知道宋代的笔记小文中记载过一个特别有意思的事。就是著名的苏东坡他有个好朋友叫佛印,[2] 他经常跟佛印在一起两个人参禅打坐[3]。佛印老实, 老受他欺负。[4]

【画外音】

苏东坡 : 你睁眼好好看看我, 你觉得我坐在这儿像什么呀?

佛印 : 我看你坐在那儿就像尊佛[5]。

苏东坡 : 哈哈。你知道我看你坐在那儿像什么吗? 你坐在那儿就像一堆牛粪[6]。哈哈 . . . . .

占了便宜[7]以后就很高兴。回了家以后, 就跟他那个旷世才女[8]的妹妹苏小妹说, '佛印今天又吃亏[9]了。我们俩打坐, 在那参禅. 我就问他, 说你看看我像个什么呀? 佛印呢就老老实实地说, 我看你就像尊佛.'他说, '我就大笑着说, 你知道我看你像什么? 我看你坐在那就像摊牛粪[10]。'他说完了以后他妹妹就冷笑。

苏小妹说, '哥哥, 就你这个悟性, 你还参禅? 你知道参禅的人最讲究的是什

---

1) 相辅相成(xiāngfǔxiāngchéng) : ① 서로 보완하고 도와서 일을 완성하다. ② 서로 도와서 일이 잘 되어 나가도록 하다.

2) 佛印 : 북송의 佛印禪師, 이름이 子元, 자가 覺老이다. 廬山에서 소식과 교류하였고,《續傳燈錄》에 그의 전이 있다.

3) 参禅(cānchán) : 불교 참선하다. 打坐(dǎzuò) : 좌선하다.

4) 欺负(qīfu) : ① 괴롭히다. ② 업신여기다. ③ 얕보다.

5) 尊佛(zūnfó) : 불상.

6) 牛粪(niúfèn) : 소똥.

7) 占便宜(zhànpiányi) : ① 정당치 못한 방법으로 가외의 이익을 보다. ② 잇속을 차리다. ③ 유리한 조건을 가지다.

8) 旷世才女(kuàngshìcáinǚ) : 당대에 견줄 만한 바가 없는 경험많은 다재다능한 여자.

9) 吃亏(chīkuī) : ① 손해를 보다. ② 불리하게 되다. ③ 애석하게도.

10) 摊(tān) : 웅덩이. 무더기. (액체가 괴어 있는 것이나 진흙 · 똥 따위가 질펀하게 깔린 것을 세는데 쓰임.)

么？是见心见性。就是你心中有眼中就有，佛印要是说看你像佛，那说明他心中有尊佛；你说佛印像牛粪，你回头想想，你心里有什么吧？'

其实，这个故事可以适用于我们每个人。大家想想，一样的生活，对吧？大千世界[11]，相差无几[12]。为什么有些人活得欢欣而温暖[13]；有些人整天指责抱怨[14]，指责抱怨的人生活就真的那么差吗？其实就像同样的一瓶酒放在那，半瓶子酒，悲观主义者说，唉呀，这么好的酒就剩半瓶了。乐观主义者说，这么好的酒还有半瓶呢。(这个)表述不同，心态不同。就在于你看见了什么？而这种看见，是一种由德，由仁，而生发出来的旷达[15]的勇气。所以在今天这个时代，我们这种心灵的勇敢可能比历史上任何一个时间更加重要。这样的一种心态，在《论语》中被表述为：

'君子泰而不骄，小人骄而不泰。'(《子路》13.26)

其实这是孔子习惯的一种句式。就是把君子跟小人他的表现两者这么来参照。

所谓'泰而不骄'，就是一个人心有大志，心有定力，有心灵的勇敢，他可以泰然自若[16]，但是他没有一种骄矜[17]之气。那小人是什么？就是一个人张扬，[18]一个人表现出来处处骄傲，甚至处处攻击，他少了一种气定神闲[19]。关于这种骄傲，我们要分清[20]一个人一生不可无傲骨[21]，但不可有傲气。小人之骄，骄傲的是他外在

---

11) 大千世界(dàqiānshì jiè) : 불교 대천세계. 대천계. 끝없이 광활한 세계.

12) 相差(xiāngchà) : 서로 차이가 나다. 서로 다르다. 차이. 无几(wújǐ) : 얼마 되지 않다. 매우 적다. 곧.

13) 欢欣(huānxīn) : 기뻐하다. 温暖(wēnnuǎn) 따뜻하다. 따뜻하게 하다. 따스하다.

14) 指责(zhǐzé) : 지적, 지탄, 질책. 抱怨(bàoyuàn) : 원망을 품다. 원망하다. 불평하다.

15) 旷达(kuàngdá) : ① 활달하다. ② 마음이 활달하여 구애받지 않다. ③ 구애되지 않다.

16) 泰然自若(tàiránzìruò) : ① 태연하다. ② 자약하다. ③ 착착.

17) 骄矜(jiāojīn) : ① 교만하다. ② 자고자대하다. ③ 오만하다.

18) 张扬(zhāngyáng) : (비밀이나 알릴 필요가 없는 일을) 떠벌리다. 퍼뜨리다. 소문을 내다.

19) '气定神闲'는 원기가 충만하면서도 유유작작한 상태를 가리킨다.

20) 分清(fēnqīng) : ① 분명하게 가리다. ② 분명히 하다.

21) 傲骨(àogǔ) : ① 강직한 성격. ② 강골. ③ 대쪽같은 성격.

的气，而君子之骄，骄傲的是内心风骨[1]。

【于丹心语】

君子之骄，骄傲的是内心风骨。

一个有风骨的骄傲，在外在一定不是张扬的，这就是所谓'泰而不骄'。那么这样一种笃定[2]的生命力量，其实在东方文化中一直是被倡导的。

我曾经看到过铃木大拙[3]在他的书中记载了一个日本江户时期[4]的故事。大家知道日本参禅过程中提倡的是茶禅一体，人喝茶，茶道本身就是参悟[5]的过程。那么他写道，当时有一个著名的茶师，他跟随着他一个显赫[6]的主人。有一天主人要去京城里办事，舍不得离开他这么多天，说你跟我去吧，每天好给我泡茶[7]。那个时候是一个浪人[8]、武士很纷乱[9]的时候，所以这个茶师就很害怕，他说你看我又没有武艺，咱们路上遇到点事可怎么办？他主人说没关系，你打扮[10]成武士的样子，你挎[11]一把剑不就完了吗？你跟着我走吧。那茶师呢就哆哆嗦嗦地[12]换上了武士的衣服跟着主人走了。

等到了京城主人去办事了，茶师自己在外面溜达[13]，一出门，就真碰上了一个

---

1) 风骨(fēnggǔ) : ① 웅건하고 힘있는 풍격. ② 불굴의 기개.
2) 笃定(dǔdìng) : ① 틀림없다. ② 확실하다. ③ 확정적이다. ④ 매우 침착하다. 허둥대지 않다. 태연자약하다.
3) 鈴木大拙(すずき だいせつ、D. T. Suzuki, 1870～1966), 日本의 불교 학자이다. 원래의 이름은 貞太郎(ていたろう)이다.
4) 江户时代(1603年—1867年)는 혹은 덕천시대德川时代라고도 말한다.
5) 参悟(cānwù) : ① 깨닫다. ② 깨치다.
6) 显赫(xiǎnhè) : ① 찬란하다. ② 빛나다. ③ 혁혁하다.
7) 泡茶(pàochá) : ① 뜨거운 물을 부어 차를 우리다. ② 차에 끓인 물을 붓다.
8) 浪人(làngrén) : ① 유민. ② 낭인. ③ 떠돌이.
9) 纷乱(fēnluàn) : ① 뒤섞여 어지럽다. ② 혼잡하고 어수선하다. ③ 난잡하다.
10) 打扮(dǎban) : ① 단장하다. ② 분장. ③ 단장.
11) 挎(kuà) : 어깨(목)에 메다. 허리에 차다.
12) 哆嗦(duōsuō) : 부들부들 떨다. 떨다.
13) 溜达(liūda) : ① 산책하다. ② 어슬렁거리다. ③ 산보하다.

浪人。浪人上去就挑衅[1]，说你也是武士？那咱俩比比剑。这茶师只好老老实实地说我就是个茶师，我不懂武功。这个浪人就得寸进尺[2]，说你既不是一个武士，你穿着武士的衣服，你就有辱尊严，那我就更应该跟你比，你就更应该死在我的剑下了。茶师一想，也是啊。就跟他讲，你看我主人给我的事还没办完，你容[3]我几小时时间，今天下午我跟你还约在这个池塘边见。那个浪人想想就答应了，说那你一定来。

这个茶师就走了，他直奔京城里面最著名的大武馆，去了一看，所有学剑的人在门前都排着大队。他来不及等，分开人群就冲进[4]去，直接到大武师的面前跟他说，求你教给我一种作为武士最体面的死法。武馆的主人当时就惊诧了[5]，他说来我这儿所有的人都是为了求生，你是第一个求死的，你是为什么？

他说我是个茶匠，我就只会泡茶，但是我今天遇到了这么个情形，我不能不跟人家决斗了，我想死得有尊严一点。

武馆的主人说，你是这么著名的一个茶师，那好吧，你再为我泡一遍茶。

茶师想了想，很伤感，说这可能是我在世界上泡的最后一遍茶了。所以他就做得很用心，他很从容地看着山泉水在小炉上烧开，很从容地把茶叶放在里面，洗茶、滤[6]茶、然后一点一点地把茶倒出来，捧给这个武馆的主人。

这主人就一直看着他这个过程，看完了以后他喝了一口茶，他说:这是我一生中能喝到的最好的茶。但是在这个时刻，我可以告诉你，你已经不必死了。

茶师说:哦？你要教给我什么吗？

他说:我不教你，你只记住，你用泡茶的心去面对那个浪人，我就告诉你这一句。

---

1) 挑衅(tiǎoxìn) : (생트집을 잡아) 도전(하다). 도발(하다).

2) 得寸进尺(décùnjìnchǐ) : 得陇望蜀(농 땅을 얻으면 촉나라까지 갖고 싶다). 하나를 얻으면 다른 하나를 가지고 싶다는 뜻. 욕심이 한도 끝도 없다.

3) 容(róng) : 받아들이다. 포함하다. 넣다. 담다. 관용하다. 용서하다. 너그럽게 대하다.

4) 冲进(chōngjìn) : 돌진하다.

5) 惊诧(jīngchà) : 놀라며 의아하게 여기다.

6) 滤(lǜ) : 거르다. 여과하다.

这茶师就回去了。回去他看见那个浪人已经在那等他了。浪人很嚣张[1]，当时就拔出剑来说：你回来了，那我们来开始比武吧。

茶师就老在想着那句话，说我以心泡茶的心面对他。所以他就不着急，他笑笑地看定了对方，然后从容地把自己头上的帽子取下来，端端正正放在旁边，然后解开身上宽松的外衣，一点一点叠好，压在帽子下面。他还笑笑地看着对方，拿出绑带把自己里面的衣服袖口[2]扎紧[3]，再拿出绑带[4]把裤腿[5]也扎紧。他从头到脚，一点一点地在装束[6]自己，一直气定神闲[7]。对面这个浪人就越看越惶恐[8]，越看越惶恐，因为不知道他武功有多深，就被他的眼神和笑容给吓得内心心虚[9]起来。

等到这个茶师全都装束停当[10]，最后一个举动就是拔出他的剑来，'欻'[11]就挥向了半空，然后棒喝[12]一声，停在了那里。因为他也不知道再往下该怎么用了。

他停在那以后，这个浪人噗通[13]就给他跪下了，说我求你饶命[14]，你是我这一辈子见过最有武功的人。

---

1) 嚣张(xiāozhāng) : ① 날뛰다. ② 판을 치다. ③ 방자하고 오만하게 굴다.
2) 袖口(xiùkǒu(r)) : 소맷부리.
3) 扎紧(zājǐn) : 단단히 매다. 꼭 묶다.
4) 绑带(儿)(bǎngdài(r)) : 붕대 각반 행전.
5) 裤腿(儿, 子)(kùtuǐ(r, zi)) : 바짓가랑이.
6) 装束(zhuāngshù) : ① 옷차림. ② 여장을 꾸리다.
7) 气定神闲 : 기운이 안정되고 정신이 한가롭다.
8) 惶恐(huángkǒng) : ① 황공하다. ② 부끄럽고 황송하다. ③ 황공해하다.
9) 心虚(xīnxū) : ① 켕기다. ② 제 발 저리다. ③ 자신이 없다.
10) 停当(tíngdang) : ① 적절하다. ② 타당하다. ③ 처리하다.
11) 欻(chuā) : 돌연. 갑자기. 느닷없이. 척척. 쿵쿵. (바닥 따위를 여럿이서 함께 구를 때 울리는 소리) 欻拉(chuālā) : 촥. 치익.
12) 棒喝(bànghè) : ① 선승이 경책으로 때려 대갈하고 오도로 인도하다. ② 미망을 깨닫게 하다. ③ 통봉을 가하다.
13) 噗通(pūtōng) : ① 풍덩. ② 퐁당.
14) 饶命(ráomìng) : 목숨을 살려 주다.

【画外音】

于丹教授通过这个小故事再次告诉我们, 心灵的力量是无穷的。面对复杂多变的社会环境, 面对各种各样不同的人, 我们往往感到无力应对。[1] 其实只要我们自己有一颗从容镇静[2]的内心, 有一种心灵的勇敢, 我们就可以变得坚强, 就可以表现出勇敢。所以毫无武功的茶师凭借内心的定力能够战胜嚣张的日本浪人。

其实在这里是什么样的武功致胜呢? 这就是那种心灵的勇敢, 是那种从容、笃定, 是一种气势。所以武功永远不是最重要的, 武功无非是一种技巧, 而武功这样的东西, 包括我们的知识系统, 所有这些东西的得到都是可以由你自己一种真诚[3]去感悟的。你都可以把它化入生命, 就看我们自己是不是这样一个人。如果你的心很敞亮[4], 你有一种仁厚、你有一种坦率、你有一种心灵的勇敢, 那么外在你遇到的人都是机缘[5], 每个人都愿意把美好的东西告诉你。但是如果你不是这样的人, 包括称'有教无类'的孔子, 他也不见得见到不可教之材一定追着赶着告诉你道理。所以孔子在《论语》中有这么一句话:

子曰: '可与言而不与言, 失人; 不可与言而与之言, 失言。知者不失人亦不失言。' (《卫灵公》15.8)

就是这个人可以讲道理, 但是你没去跟他讲, 你就把这个人错过了。相反, 不可与言而与之言, 失言。那也不好, 如果你见到一个没悟性, 或者这人太差, 你追着赶着跟他说话, 那对不起, 你话多了。所以他说, 智者不失人, 亦不失言。一个聪明的人他不会错过那些可教之人, 但是他也不会对牛弹琴[6], 追着不

---

1) '应对(yìngduì) : 应付(yìngfu). ① (일 · 사람에) 대응하다. 대처하다. ② 대강대강 하다. 얼버무리다. 어물쩍하다. 적당히 하다. ③ 아쉬운 대로 하다. 아쉬운 대로 참고 견디다. 그럭저럭 때우다.

2) 从容(cóngróng) : 침착하다, 여유가 있다, 넉넉하다. 镇静(zhènjìng) : 차분하다, 침착하다, 냉정하다.

3) 真诚(zhēnchéng) : ① 진실하다. ② 성실하다. ③ 참되다.

4) 敞亮(chǎngliang) : ① 넓고 환하다. ② 탁 트이고 환하다. ③ 탁 트이다.

5) 机缘(jīyuán) : ① 기회와 인연. ② 기연.

6) 对牛弹琴(duìniútánqín) : ① 쇠귀에 거문고 뜯기. ② 쇠귀에 경읽기.

可教之才多话，所以也不失人也不失言是对的。这也就是说，机遇总是垂青[1]有准备之人。当自己是一种面对世界，有敞亮[2]的心怀，那么可以说，这个世界上所有的事情它都是要教育你的，所有的东西都会是弥补你这种遗憾的。这就是我们所说的，《论语》中所提倡的坦荡荡的心境。

其实《论语》给我们的永远是一个人生动态的系统，我们不可以断章取义，截取[3]任何一个横断面[4]我们不可以僵死[5]的去理解，所有古典、圣贤思想的精华无非要化入我们每一个生命，当它在你的血液中流动起来的时候，你那种欢欣的态度本身就是我们今人对于古典最高的致敬。

1) 垂青(chuíqīng) : ① 특별히 애호하시다. ② 호의를 보이시다. ③ 중시하다. 永垂青史(yǒngchuíqīngshǐ) : 이름이 역사에 전해지다. 청사에 이름을 남기다.
2) 敞亮(chǎngliàng) : ① (실내가) 넓고 환하다. ② (마음이) 탁 트이다.
3) 截取(jiéqǔ) : ① 일부분을 취하다. ② 절취하다.
4) 横断面(héngduànmiàn) : 횡단면.
5) 僵死(jiāngsǐ) : ① 죽어 경직되다. ② 경직되어 생명력을 잃다. ③ 유연성을 잃어 붕괴하다.

3. 处世之道

【画外音】

《论语》之所以流传两千多年而不衰，就在于它对于人内心最本性的理解。现代社会人与人的关系可以说更近了，也可说更远了，但无论如何，人际关系是每一个人必须面对的问题。那么在现代生活中，我们该如何把握为人处事[1)]的分寸[2)]？请听于丹《论语心得》之《处世之道》

现代社会人与人的关系可以说更近了，也可说更远了，但无论如何，人际关系是每一个人必须面对的问题。孔老夫子说：过犹不及。

在孔子看来，事情做得过头了，和没有做到位[3)]是一样的效果。那么，在现代生活里，我们该如何把握为人处事的分寸？当遇到不公正的待遇时，我们该保持什么样的心态？面对自己亲近的人，我们又该掌握什么样的原则？在纷繁复杂[4)]的社会环境中，我们怎样才能保持一个良好的人际关系？请听北京师范大学于丹教授讲于丹《论语心得》之《处世之道》。

在《论语》中，其实教给我们很多处世的办法、做人的规矩，这些道理有时候很朴素。《论语》不是板着面孔[5)]的一部书，它教给我们的办法有时候透着一些变通，它告诉我们一种做事的原则和把握原则里的分寸。其实我们今天总在说任何任何事情是该做的不该做的，什么事情是好是坏？有很多时候一个事情的判定不简单是好坏之分，只是你是什么时间做这件事，或者把这件事做到什

1) 为人(wéirén)：사람 됨됨이, 위인, 인품. 处事(chǔshì)：일을 처리하다, 그 일에 몸소 뛰어들어 대응하다.

2) 分寸(fēncùn)：① 한도. ② 분수. ③ 조금.

3) 到位(dàowèi)：①(예정 위치에) 이르다. 도달하다. ②(계획이나 요구를) 실현하다. 달성하다.

4) 纷繁(fēnfán)：많고 복잡하다, 번잡하다. 繁复(fánfù)：번잡하다, 복잡하다, 많고 복잡하다.

5) 板面孔(bǎnmiànkǒng)：정색을 하다.

么程度。其实有很多事情应该是有尺度的，孔夫子不是一个提倡一味[1]丧失原则，一味要以一种仁爱之心去宽宥[2]一切的人。

曾经(呢)有他的学生问他，有一个人说：

'或曰：以德抱怨何如?' (《宪问》14.34)

以德抱怨这个词我们不陌生[3]，我们经常说生活里头有这样的人，说你看别人那么对不起他，他还对别人那么好。我们觉得，这样的人格应该在孔子这里是得到赞赏的。没想到呢，孔子反问了他一句：

'子曰：何以报德?' (《宪问》14.34)

孔子说一个人他已经用德去报怨了，那他还留下什么去报别人的恩德呢？当别人对他好的时候，他又该怎么做呢？问完了这一句孔子给出了他自己的答案。叫做：

'以直报怨，以德报德' (《宪问》14.34)。

说一个人如果有他人有负于你，对不起你了，你可用你的正直、耿介[4]去对待这件事。但是你要用你的恩德，用你的慈悲、去真正回饋[5]那些也给你恩德和慈悲的人。其实这个道理我们要是一听觉得好象跟我们理解中的孔子的哲学不一样啊，孔子也是有原则的。孔子不是提倡'以德抱怨'的，他给的分寸就是以直抱怨，用你的正直去面对这一切。

---

1) 一味(yīwèi)：① 덮어놓고. ② 그저. ③ 줄곧.

2) 宽宥(kuānyòu)：① 관대히 봐주다. ② 관용하다.

3) 陌生(mòshēng)：① 생소하다. ② 낯설다.

4) 耿介(gěngjiè)：① 강직하다. ② 바르고 곧다. ③ 정직하다.

5) 回馈(huíkuì)：귀환. 반응. 보답.

【于丹心语】

孔子不提倡以德报怨, 他給的分寸是以直报怨。

其实孔夫子在这里给了我们一种人生的效率，和人格的尊严。他当然不提倡以怨报怨，冤冤相报[1]何时了啊。

如果永远以一种恶意、以一种仇杀[2]去面对另外的不道德，那么这个世界的循环将是一种恶性的，将是无止无休的。我们付出的不是自己的代价，还有子孙的幸福，所以'以德抱怨'同样不可取。也就是说，你搭上[3]了太多的恩德，你搭上了太多的慈悲，你用不值得的那种仁厚去面对已经有负于你的事情，这也是一种人生的浪费。

在两者之间，其实还有第三种态度。就是用你的公正、用你的率直[4]，用你耿介和磊落[5]的人格坦然面对这一切，既不是德也不是怨。

其实孔夫子的这种态度可以举一反三，推及到我们生活中很多很多的事情。就是人生有限，生也有涯。[6] 把我们有限的情感，有限的才华留在最应该使用的地方。

【于丹心语】

人生有限, 把有限的情感, 留在最应该使用的地方。

在今天我们都在说，避免资源的浪费，避免能源的浪费。这个地球上被浪费的资源已经太多了。但是当我们关注环保的时候，我们其实没有关注一点，就是心灵环境的荒芜[7]，和我们自身生命能量浪费。应该说今天物质是繁荣了，但

---

1) 冤冤相报(yuānyuānxiāngbào) : 서로 원한을 갚다. 서로 보복하다.
2) 仇杀(chóushā) : ① 원한으로 인해 살해하다. ② 원한에 의한 살해.
3) 搭上(dāshang) : ① 보태다. ② 첨가하다. ③ 입을 열다.
4) 率直(shuàizhí) : 솔직하다.
5) 光明磊落(guāngmínglěiluò) : ① 정정당당하다. ② 공명정대하다. ③ 떳떳하다.
6) "吾生也有涯，而知也无涯，以有涯随无涯，殆已."(우리의 삶은 유한하지만, 지식은 무한한 것이다. 유한한 것으로 무한한 것을 추구한다는 것은 피곤하고 위태롭다.)(《庄子 · 养生主》)
7) 荒芜(huāngwú) : (논밭이) 황폐해지다.

是心灵的生态未必随之改变[1]，变得欣欣向荣[2]。也不意味着今天那种仇恨、那种报复，种种的，甚至高科技的犯罪是停止了吗？有的时候会越演越烈了。在这样的情况下，怎么样避免心灵资源的浪费呢？就是我们面对一件事情，迅速地做出判断，选择自己最有价值的方式。

【画外音】

'老师, 如果一个特别仁义的人掉进井里去了, 您会跟着跳下去吗?'
'为什么要跟着跳井呢? 做什么事情都是要用脑子想想的.'

曾经有学生宰我去问他的老师，说：

'老师啊, 仁者, 虽告曰,『井有仁焉』, 其从之也?' (《雍也》6.26)

你看给他老师出的难题。说问您个问题，如果是一个特别仁义的人，现在有人跑来跟他说，有一个仁者在井里，他掉井里了，你跟着去吗？这叫井有仁焉。井里头有一个更贤德的人，你跟着下去吗？

那么这怎么办呢？老师问他：

子曰 : '何为其然也? 君子可逝也, 不可陷也 ; 可欺也, 不可罔也.' (《雍也》6.26)

这话说得好。孔夫子说，那干嘛要这么做呢？为什么仁者在井里你也要跟着毫无原则地就跳到井里去？这是一个君子所为吗？君子也许不能避免很多的伤害，他可以被人欺骗了，但是他自己的心不能迷惘[3]。也就是说，人不能被自己欺骗了。不能被自己一时智力上的糊涂，一种冲动之下做出来人生没有效率的傻事。这是孔夫子所不耻的。他并没有拘泥地说仁者在井里你就一定要

---

1) 随之改变(suízhīgǎibiàn) : 이에 따라 변하다.
2) 欣欣向荣(xīnxīnxiàngróng) : ① 무럭무럭 자라다. ② 초목이 무성하다. ③ 활기에 차 발전하다.
3) 迷惘(míwǎng) : ① 곤란하여 어쩔 줄 모르다. ② 어수선하여 갈피를 잡지 못하다.

跟着下去。他很不解说为什么要这么做?

所以其实我们可以看到，孔夫子告诉我们，人的行为一定要有分寸，要有原则，要把握尺度。这在今天是非常难的一件事。

【画外音】

我们在生活中常常有这样的困惑，父母对孩子关爱得无微不至[1]为什么孩子会反感?亲密无间的好朋友为什么会彼此伤害? 费尽心机[2]和领导、同事套近乎[3]，为什么总是好心不得好报?

什么样是好呢? 孔夫子老在强调'过犹不及'这四个字。这四个字可以说有机地[4]渗透[5]在他举的很多例子中。

你说你去做工作，面对你的领导，那我们每一个下属面对领导肯定应该是忠诚的，也应该是有热爱的。大家私交好，公职好，把事情做好，这没错。

另外，我们每个人都有朋友，大家对朋友都应该是将心比心[6]的，甚至有人说是可以两肋插刀的[7]。那么，这些个关系里面，不管是对领导还是对朋友，有我们的分寸吗?

孔夫子曾经跟他的学生探讨过，最后由他的学生子游说出了这样一句话。

子游曰：'事君数[8]，斯辱矣；朋友数，斯疏[9]矣。'[10]（《里仁》4.26）

---

1) 无微不至(wúwēibúzhì) : ① 미세한 것까지 이르지 않음이 없다. ② 매우 세밀하고 두루 미치다. ③ 매우 세심하다.

2) 费尽心机(fèijìnxīnjī) : ① 머리를 짜서 생각하다. ② 생각을 해내려고 애쓰다.

3) 套近乎(tàojìn(hu)) : 친한 듯 꾸며대다, 잘 모르는 사람에게 친한 것처럼 말을 걸다, 허물없이 굴다.

4) 有机地(yǒujīde)유기적으로, 유기적인. 생물체와 같이 조직이나 구성 요소 등이 서로 긴밀하게 연관되어 떼어 낼 수 없는.

5) 渗透(shèntòu) : ① 침투하다. ② 삼투하다. ③ 스며들다.

6) 将心比心(jiāngxīnbǐxīn) : ① 자기 마음으로 남의 마음을 헤아리다. ② 처지를 바꾸어 생각하다.

7) 两肋插刀(liǎnglèichādāo) : 两肋扎刀(양 옆구리를 칼에 찔리다).

8) 数(shuò) : 누차. 여러번. 자주.

9) 疏(shū) : 소원하여 친하지 않다.

10) 「数」은 '삭shuò'으로 읽을 수 있다. '매우 가깝다', '번거롭게 하다'는 뜻. "子贡问友。子曰：

什么意思? 就是过于密集。他说你跟你的领导关系要是过于密集的话，离你自己招致羞辱就不远了。你跟你朋友的过从[1]要是过密的话，离你们俩疏远也就不远了。

其实这是什么呢?《论语》里面无所不在有哲学。这其实就是哲学关系。

我不知道大家知道不知道有一个哲学寓言，叫'豪猪[2]的哲学'。说有一群豪猪，就是野猪啊，身上长刺的那种野猪，大家挤在一起过冬。它们老有一个困惑，就是不知道大家在一起以什么样的距离最好。离得稍微远点(吧)，冬天就冷，互相借不着[3]热气，大家就往一起凑凑[4];结果一旦凑近了，彼此的刺都扎着对方了，就又开始远离。但是再远的话大家又觉得寒冷，又想借助别人的温暖，就再凑，凑着凑着又受伤了，然后再拉远。多少次磨合[5]以后豪猪们终于找到了一种最恰如其分[6]的距离，那就是在彼此不伤害的前提下，保持着群体的温暖。

【于丹心语】

最恰當的距离是彼此互不伤害又能保持温暖。

其实我们今天这个社会，我们看一看，原来的大杂院现在都改成了单元楼[7]，已经没有了这院里头一家包饺子十家全挨排儿[8]去送，没有这样的事了。没有大家过年，大人一桌，小孩一桌在一起的情形了。经常是一个单元里边住了

'忠告而善道之，不可则止，无自辱焉。'"(颜渊 12.23)(자공이 벗에 관해서 묻자 공자가 말하였다. 성실하게 일러주어서 잘 이끌어 주되, 그것이 잘 안 될 것 같으면 그만두고 자기가 욕을 보도록 까지는 하지 말 것이다.)의 내용을 참고할 수 있다.

1) 过从(guòcóng) : ① 왕래하다. ② 교제하다. ③ 사이좋게 지내다.

2) 豪猪(háozhū) : 响铃猪，箭猪，刺猪，毫猪. 고슴도치.

3) 借不着(jièbuzháo) : 빌지지 못하다.

4) 凑凑(còucòu) : 모이다.

5) 磨合 : (돌을) 갈아서 알맞게 하다. 시행착오를 하다.

6) 恰如其分(qiàrúqífèn) : ① 정도에 맞다. ② 꼭 적합하다. ③ 분수에 꼭 맞다.

7) 单元楼(dānyuánlóu) : 계단식 아파트.

8) 挨排(āipái) : 차례대로，순서대로 배열하다，하나씩 하나씩.

三四年人都认不全[1]，不知道你的邻居是谁。

其实今天的社会，随着整个物质的发达，人际之间的障碍[2]越来越多了。这种(障碍)多了以后会怎么样呢？我们所依赖[3]的几个朋友身上的负担[4]更重了。因为你觉得周围人际普遍冷漠[5]，所以(对)你的好朋友，你就会觉得他应该对我多好一点，我对他多好啊，我应该跟他要过从再密一点。他们家有什么私事，两口子打架了为什么不告诉我？我可以跟他们去调停[6]啊。其实我们今天有很多人，都有这样的想法。有这种想法的人应该听听子游的这句话，'事君数，斯辱矣；朋友数，斯疏矣。'太密集就是疏远的开始。这就是豪猪的刺必然要伤及他人。

子贡曾经问过他老师说'什么叫好朋友啊？'老师告诉他说：

'忠告而善道之, 不可则止, 无自辱焉.'(《颜渊》12.23)

这就是好朋友。你看到他有不对的事，你好好地去告诉他，把忠告告诉他，'不可则止'，他不听你的那就算了，别再说了，再说下去，属于自取其辱。所以，好朋友也有度，不要什么样的事情大包大揽[7]，说包在我的身上，我给你一个幸福的未来，没有任何人可以对他人这样许诺[8]。

【画外音】

《论语》告诫我们, 无论对朋友还是对领导都要保持一定的距离, 掌握好亲疏的分寸。那么对待自己最亲近的家人是不是就可以亲密无间[9]了呢？父母和子女之间, 丈夫与妻

1) 认不全(rènbuquán) : ① 완전히 다 알 수는 없다. ② 다는 알 수 없다. ③ 다는 모르겠다.
2) 障碍(zhàng'ài) : ① 장애. ② 방해. ③ 가로막다.
3) 依赖(yīlài) : ① 의지하다. ② 기대다. ③ 의존하다.
4) 负担(fùdān) : ① 부담. ② 책임. ③ 부담하다.
5) 冷漠(lěngmò) : ① 냉담하다. ② 무관심하다.
6) 调停(tiáotíng) : ① 조정하다. ② 중재하다. ③ 돌보다.
7) 大包大揽(dàbāodàlǎn) : ① 모든 일을 도맡아 하다. ② 모든 책임을 떠맡다.
8) 许诺(xǔnuò) : ① 허락하다. ② 허가하다. ③ 승낙하다.
9) 亲密无间(qīnmìwújiàn) : 매우 친밀하여 조금의 격의도 없다.

子之间也需要保持适当的距离吗?

我曾经看到心理学上有一种界定，说现代人的交往中有一种叫做'非爱行为'。什么叫'非爱行为'呢? 就是以爱的名义对最亲近的人进行的这种非爱性掠夺[1]。

这行为往往发生在夫妻之间、恋人之间、母子之间、父女之间，也就是世界上最亲近的人。夫妻和恋人之间经常会有人说，你看看，我就为了爱你，我放弃了什么什么；我就为了这个家，我今天怎么怎么样，所以你必需要对我如何如何。父母对孩子经常说，你看看，我自从生了你以后，我工作也不好了、我人也变丑了、我一切都牺牲了，就是为了你，你为什么不好好地念书呢。所有的这些，其实通通称为'非爱行为'。因为它是以一种爱的名义所进行的一种强制性的控制[2]。让他人按照自己的意愿去做。

我曾经看到有一本写父母的书，一个英国的心理学的女博士写的一本书。

她在开头说了非常好的一段话，她说：'这个世界上所有的爱都以聚合为最终的目的。所有的爱大家都想最后到一起。这世界上只有一种爱以分离为目的，那就是父母对孩子的爱。'她说'父母真正成功的爱，就是越早让孩子作为一个独立的个体从你的生命中分离出去，你就越成功。' 所以从这个意义上来讲，明白距离和独立是一种人格的尊重，这种尊重在最亲近人的中间也应该保有。

【于丹心语】

距离和独立是对人格的尊重, 最亲近的人之间也该保有。

无論[3]父母对孩子还是多年的夫妻，一旦没有了这种尊重，越过了这个尺度，就会到《论语》中说的，到了'数'这个阶段。一切过于密集，密集得彼此已经不独立了，这就潜藏[4]着隐患。这就离疏远甚至离崩溃[5]都不远了。

---

1) 掠夺(lüèduó) : ① 약탈. ② 수탈. ③ 약탈하다.

2) 控制(kòngzhì) : ① 제압하다. ② 제어하다. ③ 규제하다.

3) 无论(wúlùn) : ① …에도 불구하고. ② …에 관계없이. ③ …도 상관없이.

4) 潜藏(qiáncáng) : 숨다. 감추다.

5) 崩溃(bēngkuì) : 붕괴하다. 파산하다. 무너지다.

其实，《论语》里面所教给我们的这种仁爱之心是什么呢？是从一开始就去本着平等和理性的态度尊重每一个人。稍微留一点分寸，有一点余地，这一点非常像禅宗[1]里面所说的一个境界。禅宗说这个人间最好的境界是什么？叫做花未全开月未圆[2]，就是这样七个字。也就是说花一旦全开马上就要凋谢[3]了。月一旦全圆，马上就要缺损[4]了。而未全开未全圆，就是你内心有所期待。朋友之道、亲人之道，皆是如此。稍微留一点分寸，海阔天空[5]。

【画外音】

于丹教授认为，无论是对朋友还是对亲人都应该把握一个分寸，适度为最好。那么，对待工作是不是应该越热情越好呢？无论是份内的工作还是份外[6]工作，我们是不是都应该做得越多越好呢？对待工作，也有分寸需要把握吗？

子曰：'不在其位，不谋其政。'(《宪问》14.26)

我们把这句话还原放在我们这个体系中去看，你就会懂得。也就是说，一个人不要越俎代庖[7]，你在什么位置上做好本分，不要越过你的职位，去做不该你做的事。不在其位，就不要谋其政，这就是一个前提。先告诉你在其位，谋其政，把你自己应该做的那个岗[8]先做好了，先不要操心别人的事。所以其实我们这个社会，很多时候不缺少锦上添花[9]，但我们缺少雪中送炭[10]。有很多人为

---

1) 禅宗(chánzōng) : 선종.

2) "花未全开月未圆，寻花待月思依然。明知花月无情物，若是多情更可怜。"(꽃 아직 만개하지 않고 달 아직 차지 않았을 적에 꽃 만개하고 달 차기를 여전히 기대하거늘. 꽃과 달 사람같이 감정있는 것 아니거늘 정 많아 더욱더 애달픈 건 자신 뿐이라네.)

3) 凋谢(diāoxiè) : ① 시들어 떨어지다. ② 죽다. ③ 죽음.

4) 缺损(quēsǔn) : ① 결손 나다. ② 축나다. ③ 결손.

5) 海阔天空(hǎikuòtiānkōng) : ① 끝없이 넓다. ② 끝이 없다. ③ 그칠 줄 모르다.

6) 份内(fènfèn) : 본분. 份外(fènwài) : 본분 이외의.

7) 越俎代庖(yuèzǔdàipáo) : ① 월권행위를 하다. ② 주제넘게 나서서 남의 일을 대신 해주다.

8) 岗(gǎng). 岗位(gǎngwèi) : ① 경관 · 보초가 보초 서는 곳. ② 직책. ③ 본분.

9) 锦上添花(jǐnshàngtiānhuā) : 금상첨화.

10) 雪中送炭(xuězhōngsòngtàn) : ① 눈 속에 탄을 보내다. ② 다른 사람이 급할 때 도움을 주다.

别人操心，那都是锦上添花的事情。但你的本职对你的这个岗来讲，对你这个链条[1]来讲，这个环节永远是雪中送炭。所以有很多话，你站在积极的立场上去解读，就能得出积极的价值，你就会知道什么是位，什么是政，怎么做才好。

而在其位要怎么谋其政呢?

子曰：'君子之于天下也, 无适也, 无莫也, 义之与比。'(《里仁》4.10)

这是一个多么坦荡、磊落的态度。君子临天下，做任何一件事，没有薄、厚、亲、疏，自已心里定的那些个标准只有一个标准在前，就是一个字'义'。

什么叫做义之与比？就用义做为比照，做为法则。无适也，无莫也，没有薄，没有厚，没有远没有近，没有亲没有疏，这些东西都不重要。就是按照你的标准去做事。

【画外音】

处世之道的首要问题是要把握好一个度, 否则将'过犹不及'。但是于丹教授认为, 为人处世更重要的一点就在于把握我们自己言谈举止之中的度。我们每天都要说话, 我们每天都要做事,《论语》中对于言行的适度, 又有些什么样的劝导呢?

我们以前曾经多次说过, 孔夫子一向不鼓励[2]那些巧言令色的人。特别能说, 夸夸其谈[3], 孔夫子说：'鲜矣仁。'(《阳货》17.17)

子曰：'巧言令色, 鲜矣仁。[4](《学而》1.3)(《阳货》17.17)

这种人有仁义心肠[5]的少，找不着真正的仁者。他鼓励的是什么呢？他一定

---

1) 链条(liàntiáo)：① 체인. ② 전동 체인. ③ 쇠사슬.

2) 鼓励(gǔlì)：① 격려하다. ② 북돋우다. ③ 장려하다.

3) 夸夸其谈(kuākuāqítán)：① 호언장담하다. ② 큰소리치다.

4) 令色(lìngsè)：아양 떠는 표정, 아첨하는 태도. 鄭玄은 "善颜色(아첨하는 안색)"라 하고 包咸은 "令色, 善其颜色('令色'은 아첨하는 모양이다)"라 하였다.

5) 心肠(xīncháng)：① 마음씨. ② 기분. ③ 인정.

要积极地去做事。做事要敏锐[1]，要做到，要有效，但是说话要小心。一定要慎于言，不要去说自己做不到的事。在这里面，非常重要的一点就是孔夫子为什么提出慎言。慎于言，说话也要小心，这也是一个分寸。用老百姓的话来说，叫祸从口出[2]，没那么严重的话，也起码[3]有人说叫言多语失[4]。说话多了的话，总有不得当处[5]。这一点，在你为人处事中，就要小心。

【画外音】

'老师，我要去做官了。您说，我得注意什么?'

'你呀，带着耳朵闭上嘴，少说话，少抱怨。做事多用脑子少后悔，你这官也就做稳当了。'

他有个学生，孔子的学生子张。子张学干禄，什么是干禄[6]呢？就是做官，到社会上，担当点社会上的职务。去请教老师，说我得怎么样啊？

子曰：'多闻阙疑[7]，慎言其余，则寡尤[8]；多见阙殆，慎行其余，则寡悔[9]。言寡尤，行寡悔，禄在其中矣。'(《为政》2.18)

我们慢慢来看很有意思。多聞阙疑，说你多听。你先少说多听，带着耳朵去，先别带着嘴，你多听了，听多了，你心中的疑问就少了。你听听别人的经验，这就是我们说，一个人身体力行那叫直接经验，但听别人走的弯路，他经历的坎坷，那是间接经验。说你多听点间接经验，你心里头疑问就越来越少了。你就

---

1) 敏锐(mǐnruì)：① 예민하다. ② 날카롭다. ③ 빠르다.

2) 祸从口出(huòcóngkǒuchū)：① 화는 입에서 나온다. ② 말을 신중히 하지 않으면 재앙을 불러들인다.

3) 起码(qǐmǎ)：① 최저한도. ② 최저한도의. ③ 최소한도의.

4) 言多必失(yánduōbìshī)：言多语失(말이 많으면 실수하기 쉽다).

5) 得当处(dédàngchǔ)：타당하지 않는 것(곳). 알맞지 않는 것.

6) 干禄(gānlù)：干은 求이고 禄은 지위와 봉록.

7) 阙疑(quēyí)：의문스러운 것을 당분간 보류하여 두다. 阙은 空의 의미로 놓아두다는 뜻이다.

8) 寡尤(guǎyóu)：① 허물이 적다. ② 잘못을 적게 범하다.

9) 寡悔(guǎhuǐ)：후회가 적다. 뉘우칠 일이 적다.

算是听完了以后，也要慎言其余，你明白了这些，其它的还是少说，尽量少说，则寡尤。

'怨天尤人'嗎?（《宪问》14.35）

尤也是一种抱怨指责[1]。他说如果你多听，自己少说话，这就会让你少了很多抱怨。再有一条，叫多见阙殆。光是想，思而不学则怠，人不就迷惑了吗？你见得多了，这种迷惑就少了。迷惑多是因为眼界不够大，你还见识太少。如果是井底之蛙[2]，就看见圆圆的一小片天，那你怎么能知道什么叫海阔而天空呢？所认你就出去看，多看，看得越多心中的迷惑越少，然后你做事要慎行其余，仍然要小心。这个小心在《论语》中被概括叫做如临深渊[3]、如履薄冰[4]。一个人那种小心翼翼[5]在做一件事情之前要像站在深渊旁边，要像走在薄冰之上一样小心翼翼，这叫慎行其余。

就是多思、多想、多看、多见，但是落实到语言层面和行为层面上'三思后行'（《公冶长》5.20）。这么做有什么好处呢？则寡悔。让你自己的心少一点后悔。

世上没有卖后悔药的[6]。人一旦后悔的时候，一切皆成定局[7]。所以他告诉这个学生，说现在你还没做官呢，我告诉你出去多闻、多见、慎言、慎行，能做到这些吗？做完以后呢，'言寡尤，行寡悔，禄在其中矣。'一个人如果在他说话里面少了很多的指责、抱怨；在他行为中少了很多让自己后悔的经验，这个人出去做官做事，禄在其中，他就能成功了，就这么简单。

---

1) 抱怨(bàoyuàn) : 원망을 품다, 원망하다, 불평하다. 指责(zhǐzé) : 지적, 지탄, 질책.
2) 井底之蛙(jǐngdǐzhīwā) : ① 우물 안 개구리. ② 견문이 좁고 세상 물정에 어두운 사람.
3) 如临深渊(rúlínshēnyuān) : ① 깊은 연못가에 다다른 듯, 살얼음을 밟는 듯하다. ② 대단히 위험한 상황이다.
4) 如履薄冰(rúlǚbóbīng) : 살얼음을 밟는 듯하다.
5) 小心翼翼(xiǎoxīnyìyì) : ① 매우 조심스럽다. ② 엄숙하고 경건하다. ③ 거동이 신중하고 소홀함이 없다.
6) 没有卖后悔药儿的(méiyǒumàihòuhuǐyàorde) : 후회에 쓰는 약을 파는 사람은 없다, 나중에 후회하지 말고 사전에 신중해야 한다.
7) 定局(dìngjú) : ① 결정을 하다. ② 정해진 국면.

【于丹心语】

多思、多想、多看；少指责、少抱怨、少後悔。

我们想想这段话多实用啊，这告诉我们的不就是在指导我们今天的事吗？我们要做的不就是言寡尤，行寡悔，能做到这六个字不容易啊。

我在网上看到一个小故事，说有一个坏脾气的小男孩，一天到晚在家里发脾气，特别的任性[1]，跟家人经常摔摔打打[2]。有一天他爸爸就想要给他找一个办法，就把这个孩子拉在了他们家后院的篱笆旁边，说'儿子，你这样，你以后每跟家人发一次脾气，你就往篱笆[3]上敲一颗钉子，你看看你发多少脾气。'这孩子想，那怕什么？我就看看吧。他就嚷嚷一通[4]，梆，自己敲一颗钉子，他就嚷嚷一通，梆，敲一颗钉子。然后一天下来，自己一看，说'唉呀，一堆钉子。'自己也觉得有点不好意思。就按他父亲所说的做了。没有过多久，篱笆上就钉满了钉子，孩子也觉得有点不好意思。他爸爸说'你看，你要克制了吧。你这一天说了多少错话？跟大家发了多少火？'那怎么克制呢？父亲说'你克制，你就一天争取不发脾气，你要能做到一整天没发一次脾气，那你把原来敲的钉子可以拔下来一根。'然后这孩子本来已经密密麻麻[5]的发脾气钉了那么多钉子，后来一想，发一次就钉一根，这得一天不发脾气才能拔一根，多难啊！就学会了克制。不断地克制，觉得真难。但他想把钉子拔光，就克制克制，等到他把篱笆上所有的钉子终于都拔光的时候，他忽然觉得我已经学会克制了。我可以不发脾气了。所以他就真正是发自内心非常欣喜地去找他爸爸。他说爸爸你去看看，篱笆上的钉子都拔光了，我现在不发脾气了。

那么他爸爸跟他来到了篱笆旁边，爸爸又对他说了一句话，他说'孩子，你看

---

1) 任性(rènxìng)：① 제멋대로 하다. ② 제 마음대로 하다. ③ 마음 내키는 대로 하다.

2) 摔打(shuāidǎ)：摔打砸拉(shuāidǎzálā)：① 파괴하다. ② 난폭한 짓을 하다. ③ 어떠한 어려움도 이겨내다.

3) 篱笆(líba)：(대나무나 나뭇가지 따위로 된) 울타리. 바자.

4) 嚷嚷一通(rāngrangyītōng)：한 바탕 다투다. 跟他嚷了一通(gēntārāngleyītōng)：그와 한 바탕 말다툼했다.

5) 密密麻麻(的)(mìmimámá(de))：① 촘촘하다. ② 총총하다. ③ 빽빽하다.

一看，篱笆上的钉子都已经拔光了，但是那些洞永远地留在了这里。其实你每向你的亲人朋友发一次脾气，就是往他的心打一个洞。钉子拔了，你可以道歉，但是那个洞永远不能消除。'

这是一个什么样的寓言呢？其实这是一个可以用来解读《论语》的寓言。什么叫做言寡尤，行寡悔？就是我们在做这件事之前你想一想，钉子敲下去再拔掉，篱笆已经不会平复。你怎么样能够在此刻的这种隐忍[1]中，去消(除)你以后的伤害。这就是孔夫子所说的，

'人无远虑，必有近忧.' (《卫灵公》15.12)

人在做当下一件事，哪怕是凭冲动做的一件事，都先想一想，再往远会怎么样呢？所以这就是他跟学生子贡说的，一个君子：

'先行其言而后从之.' (《为政》2.13)

我们还是悄悄地多做一点事，不要把很多空话说在头里吧！

【画外音】

说话要用脑子，做事要考虑后果，这是为人处事更重要的一点。但于丹教授认为，要想在纷繁复杂[2]的现代社会中，处理好各种各样的人际关系，更重要的是自己本身要懂礼节。中国素有[3]礼仪之邦的美称，那么，在孔子看来，什么叫做礼节呢？

孔夫子的礼节(呀)往往是不一定要别人看得到的，他就那样做了。比如说他路过当官的人面前、穿丧服的人面前，还有盲人面前，不管这是一个年龄多轻的人，他也一定要站起来，如果他一定要过，他就一定小步快跑着跑过去。也就是说，他面对这些人都有着他的一种尊敬。也就是说这些人有些是有官位，

---

1) 隐忍(yǐnrěn)：① 은인하다. ② 꾹 참다. ③ 견디다.

2) 纷繁(fēnfán)：많고 복잡하다, 번잡하다. 复杂(fùzá)：복잡하다.

3) 素有(sùyǒu)：원래. 평소. 전부터.

你需要表示尊敬，但有些像身上有孝[1]和盲人，这属于什么？用我们今天的话来说叫弱势群体。人家或者是家里有事，或者是自己不健全，面对弱势群体你要抱有对于官员一样的尊敬。你不要在他们身边叨扰[2]太久。不要惊扰[3]了他的伤痛，你要悄悄地过去，这就是一种礼仪了。孔夫子是能这么做的。所以《论语》上面还记载：

'乡人饮酒，杖者出，斯[4]出矣。'(《乡党》10.13)

大伙在一块喝酒，喝酒的时候多高兴啊，百无禁忌[5]，热热闹闹。人都进进出出，孔夫子偏偏[6]做到所有扶手杖[7]的人，什么人？老人，只有扶手杖的人都出去以后，他自己才出去。只要还有老人没出去，他就要在后面。他绝不与老人抢行[8]。这是什么？其实这是一些最小最小的礼节。所以我觉得《论语》记载的也挺可爱的。大家可能会觉得一个圣人这点事还用记吗？这还不是应该的？谁都懂的道理，这是夸圣人吗？为什么还把这点事给记下来呢？其实所谓圣贤言谈举止[9]就是这么朴素。

【画外音】

'老师，我想成为一个君子。就是一个优秀的人，一个对社会有贡献的人，我应该做些什么事呢？'

'你就好好修炼你自己就行了'

---

1) 有孝(yǒuxiào)：상복을 입다.
2) 叨扰(tāorǎo)：상투어 ① 폐를 끼쳤습니다. ② 후대에 감사합니다. ③ 잘 먹었습니다.
3) 惊扰(jīngrǎo)：① 소란을 피우다. ② 방해하다. ③ 괴롭히다.
4) 斯(sī)：접속사로 즉. 이에. 그래서.
5) 百无禁忌(bǎiwújìnjì)：조금도 거리낄 것이 없다.
6) 偏偏(儿)(piānpiān(r))：① 기어코. ② 일부러. ③ 굳이.
7) 扶手杖(fúshǒuzhàng)：지팡이 짚다.
8) 抢行(qiǎngháng)：① 동업끼리 경쟁하다. ② 남의 자리를 빼앗다. ③ 남을 밀어 젖히고 그 지위를 차지하다.
9) 举止(jǔzhǐ)：행동거지. 거동. 거지.

'啊? 我修炼我自己就能对社会有贡献呀? 怎么可能?'
'你把自己修炼好, 自然就可以帮助别人, 有益于社会了' (《宪问》14.42)

这就是子路问什么是君子? 当然他有不同学生问君子, 老师不同的时候给不同的答案。这一次他对子路说:很简单, 四个字, 叫'修己以敬'。修炼自己, 怀着这么一种恬静[1)]的心, 保持着严肃恭敬的态度—修己以敬。子路就听傻了, 说就这四个字就当君子了? 然后就追问:'曰:如斯而已乎?'子路特别不屑[2)]。就这样就行了啊? 老师又多补充了一点叫'修己以安人'。这话说得好。修炼自己不是为了自私啊, 是为了可以安顿别人。也就是说, 我自己好了以后, 推己及人, 我有能量[3)]帮别人。这行了吧? 子路觉得还不行。子路又说, '如斯而已乎?' 这就够了啊? 这回老师就要正式跟他理论理论。老师觉得这还不够? 你还想干嘛? 所以老师跟他说:

'修己以安百姓, 修己以安百姓, 尧舜[4)]其犹病诸[5)]。' (《宪问》14.41)

就是说尧舜在这件事情上还没做好呢! 说你能够修炼自己\调养内心, 让你的道德情操, 可以去安抚天下百姓, 去帮助别人, 就这件事, 连尧和舜还发愁呢! '病之乎', 还在这件事上发愁不知道怎么办呢, 你觉得这还不够吗?

【画外音】

我们常常会听到有人抱怨社会不公, 抱怨处世艰难。于丹教授认为, 与其怨天忧人[6)], 不如躬身自省[7)], 如果我们真的能够做到, 把握分寸、谨言慎行[8)]、礼行天下、修身养

---

1) 恬静(tiánjìng) : ① 평안하고 고요하다. ② 고요하다. ③ 조용하다.
2) 不屑(búxiè) : ① …할 가치가 없다. ② 하찮게 여기다. ③ 경시하다.
3) 能量(néngliàng) : ① 에너지. ② 수용력. ③ 용량.
4) 尧舜(YáoShùn) : ① 요와 순. ② 성인.
5) 病诸: 病은 부족함을 탓하다. 诸는 어조사로 의미가 없다.
6) 怨天尤人(yuàntiānyóurén) : '怨'과 '尤'은 모두 '원망하다'는 뜻이다.
7) 恭身自省(gōngshēnzìxǐng) : 겸허하게 자신의 잘못을 반성하다.
8) 谨言慎行(jǐnyánshènxíng) : 말과 행동을 각별히 조심하다.

性[1], 我们会少很多烦恼[2], 自然就会懂得为人处世之道。

回过头来看我们每个人，为什么《论语》中充满了这些温暖的、新鲜的、朴素的、身边一样的小故事呢？他告诉我们的首先不是如何安天下，首先是如何修自身。也就是说，让自己修炼好，是对社会、家国负责的第一前提。而在这个修炼的过程中，不是苦行僧[3]的心态，而是一种乐观、光明、抱有未来希望(这样)的态度。这就是，

子曰：'发奋忘食，乐以忘忧，不知老之将至。'(《述而》7.19)

他说当我发奋图强[4]的时候，我可以忘了吃饭；那当我自己看到有大欢乐的时候，当我能够做一些事情的时候，我会忘记忧伤和忧愁。那么就在这样一种发奋图强创造大快乐、大幸福的过程中，我并不知道生命已经垂垂老矣[5]。其实这就是中国士阶层的一个写照[6]。

所以儒家学派说到底是一种见道者，也就是说，他们所培养出来的这些人，是一种担当着文化使命的特殊阶层。这就是范仲淹所说的'先天下之忧而忧，后天下之乐而乐。'[7]

他有一种社会担当[8]，但是这个前提又是素朴[9]的，是始自于脚下的。也就是

---

1) 修身(xiūshēn) : 수신, 수신하다. 养性(yǎngxìng) : 천성을 함양하다. 수양하다.
2) 烦恼(fánnǎo) : ① 번뇌하다. ② 걱정하다. ③ 마음을 졸이다.
3) 苦行僧(kǔxíngsēng) : ① 고행하는 승려. ② 금욕주의자. ③ 과분하게 금욕하는 사람.
4) 发奋(fāfèn) : 분발하다. 진작하다. 图强(túqiáng) : 향상을 도모하다. 강대해지려 하다.
5) 垂老(chuílǎo) : 노경에 이르다. 늙어 가다. 나이를 먹다. 垂垂(chuíchuí) : 점차. 서서히. 점점.
6) 写照(xiězhào) : ① 인물의 형상을 그리다. ② 모습. ③ 모양.
7) 宋·范仲淹《岳阳楼记》. "先天下之忧而忧，后天下之乐而乐(xiān tiān xiàzhīyōu ér yōu, hòu tiān xiàzhīlèér lè)"(고생스러운 일에는 자기가 앞장서고 즐거운 일에는 남보다 뒤에 선다.)
8) 担当(dāndāng) : ① 담당하다. ② 맡다.
9) 素朴(sùpǔ) : ① 소박하다. ② 수수하다. ③ 순박하다. 朴素(pǔsù) : ① 화려하지 않다. ② 소박하다. ③ 초기의.

说一切由修身养性开始，怀着乐观和积极的心态，去把握生活中的每一点分寸，让自己成为一个使他人快乐的人。让自己快乐的心成为一种阳光的能源，去普照世界，辐射[1]他人，让周边从家人朋友乃至于更广阔的社会，从自己身上获得一点欣慰[2]的理由。这，我想不仅仅是《论语》里面的一种道德理想，它同样适用于二十一世纪，它同样是我们一种人格的大欢乐所在。因为他人的欢乐、世界的欢乐，与我们自己修身养性的智慧可以融二为一[3]。这大概就是《论语》可以给我们今人最大的借鉴和经验[4]所得。

【画外音】

孔子曰：君子坦荡荡，小人常戚戚。(7.37) 孔夫子在教育他的弟子时，常以小人和君子之分来明辨是非。那么，何为君子？何为小人？我们如何来分辨君子和小人，于丹教授又是如何解释《论语》中对君子和小人的界定，请收看于丹《论语》心得之君子之道。

---

1) 辐射(fúshè)：① 방사. ② 복사. ③ 복사하다.

2) 欣慰(xīnwèi)：① 기쁘고 안심되다. ② 기쁘고 위안이 되다.

3) 融二为一. 合二为一(róngèrwéiyī)：두 개를 하나로 합하다. 융합하다.

4) 借鉴(jièjiàn)：① 참고로 하다. ② 거울로 삼다. ③ 본보기로 삼다.

4. 理想之道

【画外音】

修身、齐家[1]、治国、平天下，这是中国人传统的道德理想。而《论语》中孔子与他的学生们谈到理想时，孔子并不认为志向越高远就越好，真正重要的是一个人内心的定力[2]与信念。

于丹教授认为，无论你的理想是大是小，实现所有理想的基础在于找到内心的真正感受。一个人内心的感受，永远比他外在的业绩更加重要。那么我们今天该如何理解理想的含义呢？在竞争激烈[3]的现代社会里，孔老夫子的观点与现代人对理想的追求是不是有矛盾呢？请听北京师范大学于丹教授为我们讲《论语心得》之《理想之道》

其实翻开《论语》，所有朴素的字句里面全都闪耀着[4]一种隐约[5]的理想。

孔夫子说：

'匹夫不可以夺志[6]，哪怕是三军可以夺帅。'[7] (《子罕》9.26)

这句话在中国的民间流传得很广。也就是说一个人的志向决定了他一生的发展和努力。但是在今天看起来，最重要的不在于我们终极[8]的理想有多么高尚，而在于眼前拥有一个什么样的起点[9]。

---

1) 齐家：齐는 정돈하다. 다스리다의 의미.
2) 定力(dìnglì)：결과를 이루어내는 능력.
3) 激烈(jīliè)：① 격렬하다. ② 치열하다. ③ 격하다.
4) 闪耀(shǎnyào)：① 빛을 뿌리다. ② 반짝이며 빛나다.
5) 隐约(yǐnyuē)：① 분명하지 않다. ② 은은하다. ③ 은약하다.
6) 夺志(duózhì)：① 뜻을 빼앗다. ② 지조를 굽히게 하다.
7) 원래 《论语》의 원문은 "三军可夺帅也，匹夫不可夺志也". (《论语 · 子罕 9.26》)
8) 终极(zhōngjí)：① 최종. ② 최후. ③ 마지막.
9) 起点(qǐdiǎn)：① 기점. ② 스타트 라인. ③ 출발점.

往往我们不缺乏宏图伟志[1]，但是我们缺乏到达那个志愿之前一步一步积累起来的那条切实的道路。所以孔子在教学生的时候，在课堂上也经常跟学生聊天，聊天的话题就是说，你们随便说说自己的理想。

在《论语》里面有一个比较长的段落，这在《论语》中是比较罕见[2]的，完整的段落叫做《侍坐》。(11.26) 就是孔子跟学生在一起随意地畅谈[3]理想。那么有一天，他的四个学生，子路[4]、曾皙[5]、冉有[6]、公西华[7]侍坐，坐在老师旁边。然后孔子很随意地跟他们讲，说：

'以吾一日长乎尔，毋吾以也。'(《先进》11.26)

你们不要觉得我比你们年长几岁大家就很拘束[8]，今天随便聊聊。平时我老

---

1) 宏图伟志(hóngtúwěizhì) : 원대한 계획, 원대한 생각, 위대한 포부.

2) 罕见(hǎnjiàn) : ① 보기 드물다. ② 희한하다. ③ 보기 힘들다.

3) 畅谈(chàngtán) : ① 흉금을 털어놓고 이야기하다. ② 마음껏 이야기하다. ③ 즐겁게 이야기하다.

4) 子路(BC543년-BC480년)의 이름은 중유仲由 또는 계로季路이다. 성격이 강직하고 용맹했다. 공자보다 9년 연하여서 제자 가운데는 가장 연장자로 중심적인 인물이었다. 공자가 노나라의 사구(司寇)가 되었을 때 그를 계손씨(季孫氏)의 가신(家臣)으로 보냈다. 뒷날 위(衛)나라의 출공(出公) 아래에서 벼슬을 했는데, 출공이 괴외(蒯聵, 출공의 아버지)에 의해 쫓겨나고 그가 장공(莊公)으로 들어서는 정변이 일어났다. 이때 자로는 소식을 듣고 달려갔는데, 친구 자고(子羔)가 이미 끝난 상황이니 자리를 피하라고 충고했지만, 그는 "출공의 녹을 먹었다면 그가 어려움에 처했을 때 피해서는 안 된다."고 하면서 성안으로 들어가 장공에게 역적 공회(孔悝)를 내달라고 요구했다. 장공이 거절하자 그들이 있던 대를 불태우려고 했는데, 그 때 장공의 부하에 의해 죽임을 당하고 말았다. 적군의 칼에 갓끈이 끊어지자 "군자(君子)는 죽더라도 관은 벗지 않는다."면서 갓끈을 다시 매고는 죽었다. (네이버 지식백과)

5) 曾点(曾蒧、曾晳)의 자는 석晳이다. 종성宗聖인 증삼曾参의 부친이다. 이름은 점蒧으로도 쓴다. 송나라 진종眞宗 대중상부大中祥符 2년(1009) 내무후萊蕪侯에 추봉되었다. (네이버 지식백과)

6) 冉有는 冉求를 가리킨다. 冉求(BC522-BC489年)는 자가 子有이고, 일반적으로 冉有라 부른다. 공문십철의 한 사람으로, 정사(政事)에 뛰어났다.

7) 公西华(BC509～?)는 公西赤이다. 공자의 제자로 공문孔門 칠십이현七十二贤 중의 한 명이다. 공서적은 우수한 외교적 수완을 지니고 있었다. 일찍이 맹무백孟武伯이 공자에게 그에 대해 물으니 공자는 이렇게 대답했다. "공손적은 띠를 두르고 조정에 서서 빈객과 더불어 말하게 할 수 있다. 그러나 그가 어진 지에 대해서 알지 못하겠다."(네이버 지식백과)

8) 拘束(jūshù) : ① 구속하다. ② 속박하다. ③ 어색하다.

听见你们说'居则曰不吾知也'，随便待着的时候说没有人了解我。其实这也很像我们今天在课堂上看到的学生，经常说别人都不了解我有鸿鹄之志[1]，我心中的想法，谁真正能够了解呢？那老师说了，今天你们都随便说一说，'如或知尔，则何以哉'，今天假如我想听听你们的志向，你们会说什么呢？听老师这么一说，他的大弟子子路，这是一个性格特别急躁、率直[2]的人，所以《论语》上写的叫：'子路率尔而对曰'，非常着急地起来就说：

'老师我的理想是这样的，给我一个大大的国家，这个国家有着外来侵略的忧患和粮食不足的危机，但只要给我三年的时间我就能把这个国家治理得富强起来，使老百姓不仅丰衣足食[3]，而且人人有信念懂礼仪。'

这几句话一出，我们想一想，对于那么看重礼乐治国的孔子来讲，学生有如此业绩，可以转危为安[4]去拯救[5]这样一个国度会受到什么评价呢？谁也没有想到孔子的反映不仅是淡淡的，而且稍稍有点不屑[6]，叫做'夫子哂[7]之'。冷笑了一下，然后就开始问第二个学生：'求[8]尔如何。'问冉有这个学生，叫着他的名字，说冉求你怎么样呢？冉有的态度比起子路显然要谦逊[9]很多，没有敢说那么大的国家那么多的事。

【画外音】

我的理想是，给我一个小国我去治理。我也只用三年，可以让老百姓丰衣足食，但要

---

1) 鸿鹄(hónghúzhīzhì) : 큰기러기와 고니 같은 큰 뜻.
2) 急躁(jízào) : 조급하게 서두르다, 조급하다, 조바심하다. 躁率(zàoshuài) : 조급하고 경솔하다. 率直(shuàizhí) : 솔직하다.
3) 丰衣足食(fēngyīzúshí) : ① 먹고 입는 것이 다 풍족하다. ② 살림이 넉넉하다.
4) 转危为安(zhuǎnwēiwéiān) : 위험한 상태를 벗어나 안전하게 되다.
5) 拯救(zhěngjiù) : ① 구하다. ② 구제하다. ③ 구조하다.
6) 不屑(búxiè) : ① …할 가치가 없다. ② 하찮게 여기다. ③ 경시하다.
7) 哂(shěn) : 미소짓다. 빙그레 웃다.
8) '求'는 염구冉求 즉 염유冉有를 가리킨다.
9) 谦逊(qiānxùn) : ① 겸손하다. ② 남에게 양보하다. ③ 공손하다.

让人民都有信念懂礼仪, 恐怕要由比我更高明的君子来做了。

我去治理，也给我三年，比及[1]三年我可以让它做到什么呢？‘可使足民’，也就是做到老百姓衣食富足而已。至于礼仪的事情，冉有说我可不敢做，‘如其礼乐，以俟[2]君子’。想要让大家在整个的民心上变得整齐；对国家有信念，做到礼乐兴邦这样一件事情等着比我更高明的君子来吧，我好像做不到。那么他的话说完了，老师未置可否[3]。

接着问第三个人，赤，尔何如？叫着公西华的名字公西赤，你有什么样的理想呢？那么这个徒弟就更谦逊了一层，‘对曰，非曰能之，愿学焉’。先亮出自己的态度，我可不敢说我能干什么事，现在在老师这儿，我只敢说我愿意学习什么事。

【画外音】

我的理想就是, 希望自己在一个礼仪中能够担任一个小小的角色。辅助着主持人做一点我力所能及的事情就行了, 至于治理国家管理人民这些事我可不敢说。

大家会看到，这三个弟子的态度一个比一个要谦逊，一个比一个要平和。每一个理想都更接近自己人生的起点，而不是一个终端[4]的愿望，所以大家会看到这个幅度是逐渐[5]收回来的。

那么到此为止，还有一个人没有说话。所以老师又问了：点，尔何如？曾点你还没说呢，你觉得怎么样？这个时候曾点没有说话，《论语》写得惟妙惟肖[6]，值[7])此一刻大家听到的先是一阵音乐的声音逐渐希落了下来，叫做鼓瑟希。原

1) 比及(bǐjí) : ① …의 때에 이르다. ② …의 때가 되다.

2) 俟(sì) : 기다리다.

3) 未置可否(wèizhìkěfǒu) : ① 좋다 나쁘다 말하지 않다.

4) 终端(zhōngduān) : ①최종. 마지막. ② 단자. ③ 터미널. ④ 단말.

5) 逐渐(zhújiàn) : ① 점점. ② 점차. ③ 차츰차츰.

6) 惟妙惟肖(wéimiàowéixiào) : 모방이나 묘사를 매우 잘해서 진짜와 꼭 같다.

7) 值(zhí) : …의 때에.

来刚才曾点一直在专心致志地[1)]弹着琴。听到老师说，这个声音逐渐逐渐缓和下来，缓和到最后一声，'铿尔'[2)]，当一声把整个曲子收住。象《琵琶行》[3)]所说的'曲中收拨当心画'[4)]，有一个完完整整的结束，不慌不忙[5)]，舍瑟而作[6)]。什么是作呢，过去学生听老师讲课或者大家聊天，在席子上古人都是这样跪坐在自己的脚后跟[7)]上。那么老师发问，要表示恭敬，立起在自己的膝盖上，这叫作。所以把琴放在一边，毕恭毕敬[8)]直起身来答对老师说话。这样的几个字描写能够看出来什么呢？就是曾点的内心是一个从容不迫的人，他是一个成竹在胸[9)]的人。他不会率尔而对[10)]，他会娓娓道来[11)]，所以他一上来呢还要先说一句，征求一下老师的意见：

【画外音】

老师, 我的想法跟三个同学有点不一样, 能说吗?
那有什么关系, 人各有志, 但说无妨。

这个时候曾皙才从容地开始了他的描述：'曰莫春者'，就是到了大概三四月末的时候，就是春深似海[12)]的时候；'莫春者，春服既成'，穿上新做的春装；'冠

---

1) 专心致志(zhuānxīnzhìzhì) : ① 온 마음을 다 기울이다. ② 전심전력으로 몰두하다. ③ 열심이다.
2) 铿尔(kēngěr) : 금속이 서로 부딪혀 나는 소리.
3) 琵琶行(pípáxíng) : 비파행.
4) '一曲终了她对准琴弦中心划拨'.(곡조를 마치며 비파의 네줄 가운데 현을 가로 그었네.)
5) 不慌不忙(búhuāngbúmáng) : ① 침착하다. ② 당황하지 않고 서두르지 않다. ③ 느긋하다
6) '作' : '일어서다'는 뜻이다.
7) 脚后跟(jiǎohòugen) : 발꿈치, 발뒤축, 뒤꿈치.
8) 毕恭毕敬(bìgōngbìjìng) : 必恭必敬(매우 공손한 태도를 취하다).
9) 成竹在胸(chéngzhúzàixiōng) : 胸有成竹(대나무를 그리기 전에 마음 속에는 이미 대나무의 형상이 있다).
10) 率尔而对(shuài'ěrérduì) : 잘 생각하지도 않고 (무심코) 대답하다.
11) 娓娓道來(wěiwěidàolái) : 유유자적하게 거침없이 많다. 흥미진진하게 말하다. 감칠맛이 있게 말하다. 감동적으로 말하다.
12) 春深似海(chūnshēnsìhǎi) : 봄날이 아름다운 풍광이 마치 큰 바다와 같이 넓다라는 뜻이다.

者[1]五六人，童子六七人，浴乎沂[2]，风乎舞雩[3]，咏而归'，他说这就是我的理想。在一个春深似海的季节，穿上整齐干净的新衣裳，带上几个好朋友，再邀请上一批学生弟子，带上一批孩子，大家一起去刚刚开动的沂水中趁着春水把自己洗涤[4]得干干净净。然后到鼓乐台，舞雩台之上，沐着春风，唱着歌谣，让自己有一场心灵的仪式。在一个万物开化、大地复苏[5]春风萌动[6]的季节，把自己融汇进去，与天地在一起共同迎来一个蓬勃[7]的时候，当你这样一个仪式完成的时候，我们大家就高高兴兴唱着歌回去了。他说这就是我的理想，我只想做这样一件事。

那么他的话说完了，一直没有表态的老师，夫子喟然[8]叹曰:「吾与点也!」。老师长长的感叹了一声说，我的理想也就和曾点[9]是一样的。

那么这是四个人在谈自己理想过程中老师唯一发表的一句话。然后他们就下去了，走了。三子者出，曾皙后。三个同学都走了，曾皙在最后去问他老师：

'夫三子者之言何如?'(《先进》11.26)

老师你觉得他们仨[10]说得怎么样呢？老师也很微妙，他挡了一下先不想做评价，子曰：

---

1) 冠者(guànzhě) : 고대 남자가 20세가 되면 관모를 쓰기 시작한다. 이는 곧 성인이 됨을 말한다.
2) 沂(yí) : 강 이름. 中国 山东省에서 江苏省을 걸쳐 바다로 흘러들어가는 강.
3) 风乎舞雩 : 《论语 · 先进》에 나오는 구절이다. 무우(舞雩)는 기우제를 지내는 곳이다. 옛날 하늘에 제사를 지낼 때 음악과 춤이 있었다.
4) 洗涤(xǐdí) : ① 세탁하다. ② 세정하다. ③ 세척하다.
5) 复苏(fùsū) : 재생(하다). 회복(하다). 소생(하다). 회생(하다).
6) 萌动(méngdòng) : ① (식물의 싹이) 트다. 돋다. ② 시작하다. 발생하다.
7) 蓬勃(péngbó) : ① 왕성한 모양. ② 활기 있는 모양. ③ 왕성하다.
8) 喟然(kuìrán) : 탄식하는 모양, 한숨 쉬는 모양, 한탄하는 모양.
9) 曾点 : 증점은 증석(曾皙)이라고도 하며, 이름은 點이다. 아버지가 曾參이고 공자의 제자이다.
10) 仨(sā) : 세 사람. '仨'는 수사 '三'과 양사 '个'로 구성된 수량구의 준말이어서 뒤에 '个' 또는 기타 양사(量詞)를 붙이지 않음.

'亦各言其志也已矣。'(《先进》11.26)

无非是每个人说说自己的想法。然后曾点不依不饶[1]还要继续问老师,

'夫子何哂由也?'[2](《先进》11.26)

老师, 为什么子路说完话以后你冷笑了一下呢? 问到了这个问题, 老师不能不说话了, 曰

'为国以礼, 其言不让, 是故哂之。'(《先进》11.26)

老师说, 这个秘密就是一个人你真的想要治理一个国家吗? 那么最核心的东西是用礼仪去治理, 而不是说用一种强硬的措施[3]。你心中真正有一种温、良、恭、简、让, 这是《论语》上所提倡的人生之道。有了这样一种内涵, 表现出来的所有措施都是可以变通的, 这就是一个人的起点。那么他说你看, 子路说话的时候那么草率, 抢在大家之前就说出一个宏大理想, 其言不让, 没有一点辞让之心, 所以我就哂笑他, 因为他从内心缺乏这样一种恭敬啊。

【于丹心语】

我们不缺宏大理想, 但缺乏到达的切实道路。

那么接下来评价另外两个学生,

'唯求则非邦也与, 安见方六七十, 如五六十而非邦也与。'(《先进》11.26)

---

1) 不依不饶(búyībúráo) : ① 용서하지 않다. ② 듣지 않다. ③ 몹시 귀찮게 굴다. 트집을 잡다.

2) 哂(shěn) 미소를 짓다. 由는 仲由를 지칭하며, 자는 子路, 또는 季路이다. 노나라 사람으로 공자의 제자이다.

3) 措施(cuòshī) : ① 조치. ② 대책. ③ 시책.

说冉求[1]说的那个就不是个国家吗? 难道说方圆六七十里或者五六十里甚至更小一点那就不叫国吗? 也就是说麻雀虽小, 五脏具全[2]。不在于国土的疆域大与小, 只要你出言说我去治国, 那么请你首先心里面有一面镜子, 反躬自省[3]。看一看我的学养, 我的为人, 我能够做这件事吗? 但是他的学生少了这个步骤[4]。所以老师说难道他那不是治国吗?

接着又说第三个人, 愿意学礼仪的这个人—公西华。这件事情他应该说得很谦虚了吧, 但老师说:

'唯赤则非邦也与, 宗庙会同, 非诸侯而何, 赤也为之小, 孰能为之大.' (《先进》11.26)

他说的这种礼仪的事情还算小啊, 他做的要是小事, 那还有谁做的叫大事? 那么礼仪应该是最重要的, 不仅是贯穿[5]在每个人生活从始至终的, 也是一个国家最重要的事情。从孔子对他三个学生隐约的否定和对于曾点的支持中能看出什么呢? 其实他给了我们一个人生脚下的起点。也就是说让我们手中每一天的生活方式跟你最终治国祭祀的理想终于有了一个勾连[6]的桥梁。

【画外音】

《论语》告诉我们, 理想无论大小高低, 最重要的是你自己内心的感悟。我们每个人都有自己的理想, 但当我们在繁忙的工作中去追求自己的理想时常常会忽略了我们自己内心的感受。而一个人内心的感受和自己所追求的理想又有什么关系呢?

我们每个人就在这样一个匆匆忙忙、周而复始[7]的工作节奏中, 还有多少时

---

1) 冉求 : 노나라 사람으로 자는 子由, 또는 冉由 및 由子라고 하며, 공자의 제자이다.
2) 麻雀虽小, 五脏俱全(máquèsuīxiǎo, wǔzàngjùquán) : 비록 작지만 모든 것을 갖추고 있음을 말한다.
3) 反躬自省(fǎngōngzìxǐng) : 자신의 언행을 반성하다.
4) 步骤(bùzhòu) : ① 순서. ② 절차. ③ 차례.
5) 贯穿(guànchuān) : ① 관통하다. ② 꿰뚫다. ③ 연결되다.
6) 勾连(gōulián) : ① 결탁하다. ② 공모하다. ③ 관련.
7) 周而复始(zhōuérfùshǐ) : 한 바퀴 돌고 다시 시작하다, 계속 순환하다.

间，有多少空间能让你真正看见自己心底的愿望呢？往往我们被遮蔽[1)]的是心里真正隐秘的心灵的声音。但我们所看到的只是一个社会的角色。

我曾经看到过这样一个小故事，讲到有一个人他自己觉得有抑郁症[2)]的前兆，每天很不开心，然后去看心理医生。他跟医生讲，他说我们每天就是害怕下班，我在工作的时候没关系，但是我只要回到家里我就会感到惶惑[3)]。我不知道我心里真正的愿望是什么？我无所適从[4)]，我不知道我在生活里面该选择什么不该选择什么。然后越到晚上心里面越会恐惧越会压抑，所以夜里头会整夜失眠。长此以往[5)]我就很害怕，怕我会有抑郁症。我这样的症状[6)]只有经过一夜的煎熬[7)]，到了第二天早上上班，进入我的工作状态我就好了，他说这怎么办呢。这个医生一直听他倾诉，然后想先给他一个建议，说你看我们这个城市里啊有一个非常著名的喜剧演员，他每天都有表演，他的喜剧演的好极了，所有去看了以后都会开怀大笑[8)]、忘怀得失[9)]。他说你是不是先去看看他演出，你看上一段时间回来我们再聊一聊，看一看你这种抑郁前兆的状态是不是有所调整，那个时候我们再来商量方案。

医生说完以后，这个人很久很久没有说话。他抬起头来望着医生的时候，医生看见他已经是满面泪水。很久他对医生说了一句话，他说我就是那个演员。

其实这好像是一个寓言，但这样的故事很容易发生在我们今天的生活中。大家可以想一想，当每一个人已经习惯于自己的角色，在角色中欢欣地表演，认为这就是自己的理想，这是成功的职业，在这个时候还有多少心灵的愿望受到

---

1) 遮蔽(zhēbì) : ① 가리다. ② 덮다. ③ 감추다.
2) 抑郁症(yìyùzhēng) : 우울증.
3) 惶惑(huánghuò) : 두렵고 당혹해하다.
4) 无所适从(wúsuǒshìcóng) : ① 어떤 말을 들어야 할지 모르다. ② 어찌 할 바를 모르다.
5) 长此以往(chángcǐyǐwǎng) : ① 늘 이대로 나아가다. ② 이 식으로 가다. ③ 이대로 간다면.
6) 症状(zhèngzhuàng) : 증상, 증세.
7) 煎熬(jiān'áo) : ① 바싹 졸이다. ② 안타까워하다. ③ 시달리다.
8) 开怀(kāihuái) : 흉금을 털어 놓다, 마음을 열다, 마음을 터놓다. 大笑(dàxiào) : 큰 웃음, 크게 웃다.
9) 忘怀(wànghuái) : 잊어버리다, 잊다, 까먹다. 得失(déshī) : 얻은 것과 잃은 것, 성공과 실패, 좋은 점과 나쁜 점.

尊重呢？我们在角色之外还留有多大的空间真正认识自己的内心呢？所以这就是为什么会有很多人离开职业角色之后反而觉得仓皇[1]。

【于丹心语】

成功的職业不一定就是你心中的理想。

我曾经看到过一个有意思的小故事，说在隆冬[2]来临之前，在深秋的田埂[3]上，有三只小田鼠忙忙碌碌地[4]为过冬做准备。

第一只田鼠就拼命地去找粮食，把各种谷穗[5]、稻穗一趟一趟地搬进田鼠洞。

第二只田鼠就拼命地[6]去找御寒[7]的东西，把很多的稻草[8]棉絮[9]都拖到他的洞里。

而第三只田鼠呢就一直在田埂上游游荡荡[10]，一会儿抬头看看天，一会儿低头看看地，一会儿躺一会儿。弄得它那两个伙伴一边在忙活，一边在指责它，说你看你这么懒惰[11]，你也不为我们的御寒过冬做准备，那真到了冬天怎么办呢？你看看你这么游手好闲[12]。这只田鼠也不辩解。

后来冬天真的来了，三只小田鼠在一个非常狭窄[13]的小耗子[14]洞里面在过冬的

---

1) 仓皇(cānghuáng)：① 황급하다. ② 당황하다.
2) 隆冬(lóngdōng)：엄동, 한 겨울. 来临(láilín)：이르다. 도래하다. 다가오다.
3) 田埂(tiángěng)：① 논두렁. ② 밭두렁.
4) 忙忙碌碌(mángmanglùlù)：매우 분주한 모양. 대단히 바쁜 모양.
5) 谷穗(gǔsuì)：조이삭. 벼이삭.
6) 拼命(pīnmìng)：필사적으로 하다. 목숨을 내던지다. 목숨을 버리다.
7) 御寒(yùhán)：① 방한. ② 추위를 막다. ③ 방한하다.
8) 稻草(dàocǎo)：볏짚.
9) 棉絮(miánxù)：① 목화 섬유. ② 무명실. ③ 면사.
10) 游游荡荡(yōuyōudàngdàng)：① 흔들흔들하다. ② 정처없이 떠돌다. ③ 흔들거리다.
11) 懒惰(lǎnduò)：① 게으르다. ② 나태하다.
12) 游手好闲(yóushǒuhàoxián)：① 하는 일이 없이 빈둥거리다. ② 빈둥거리며 게으름만 부리다. ③ 일하지 않고 놀고 먹다.
13) 狭窄(xiázhǎi)：① 비좁다. ② 편협하다. ③ 좁고 한정되다.
14) 小耗子(xiǎohàozi)：생쥐.

时候，发现吃的东西不愁了，御寒的东西也都齐备了，然后每天在这里无所事事[1]，终于大家就百无聊赖了[2]。当大家开始难受得要命的时候，第三只田鼠开始给那两只田鼠讲故事，他说就在那样一个秋天的下午，我在田埂上遇到了一个孩子，他在做什么；又在那样一个秋天的早晨，我在水池边看到一个老人，他在做什么；我曾经听到人们的对话，我曾经听到鸟儿在说什么样的一种歌谣，所有的这些我当时都记录下来了。其实到这个时候，那两个伙伴才知道这只田鼠在为大家储备了[3]过冬的阳光。也就是说，这种表面看起来毫无意义和价值的东西在这个时候会给人心一个淡定的起点。

【于丹心语】

表面看来毫无价值的东西，会给人心一个淡定的起点。

所有外在的仪式不过是为了一个内心的安顿[4]，那么这种安顿是需要我们去敏锐地感知世界节序变化、感知四时、感知山水、感知风月。

这一点可能对我们今天的人来讲是特别的奢侈了。因为今天这种现代化，反季节的事情太多了，到了盛夏的时候屋子里有空调，凉风习习[5]；到了寒冬的时候屋子里有暖气，温暖如春；到了春节的时候有夏天那种大棚里[6]的蔬菜，摆在桌子上五颜六色。也就是说，当生活一切变得如此简约[7]的时候我们还有遗憾吗?

这种遗憾就是四季走过，在我们的心上已经变得模糊[8]。我们已经感受不到说在这样的一个世界上，由于四季分明带来节序如流在我们心中还能激起什么

---

1) 无所事事(wúsuǒshìshì)：① 아무 일도 하지 않다. ② 아무 일도 하는 것이 없다.
2) 百无聊赖(bǎiwúliáolài)：① 마음을 의탁할 만한 일이 아무것도 없다. ② 마음이 허전하고 무료하다.
3) 储备(chǔbèi)：① 비축하다. ② 비축한 물건. ③ 저장하다.
4) 安顿(āndùn)：① 안정시키다. ② 편안하다. ③ 평온하다.
5) 凉风习习(liángfēngxíxí)：시원한 바람이 살랑살랑 불다.
6) 大棚里(dàwōpenglǐ)：비닐하우스.
7) 简约(jiǎnyuē)：① 간략하다. ② 검소하다. ③ 검약하다.
8) 模糊(móhu)：① 모호하다. ② 분명하지 않다. ③ 똑똑치 않다.

样的反响？也就是说在自然生活中，在认知内心中，你越淡定越从容，越舍弃那样一些激烈的，宏阔的张扬的外在的形式，而尊重安静的，内心的声音，也许你就会有了更多的依据。这一切是为了让你走到社会角色中的时候，可以有担当，能够胜任[1]，能够做到最好。

【画外音】

在竞争激烈的现代生活中，我们是否还能关注自己的内心？于丹教授认为，一个人是否能够成就一番事业，并不在于他给自己定了多高的目标，而在于他内心是否能有一种淡定的理念，是否能把握自我。但是淡定的理念就能够让我们实现人生的理想吗？

其实看到《侍坐》这样一篇小短文，在《论语》中会使很多人感到惊讶[2]。因为他违背了我们传统对于《论语》那种立志的判读[3]，它不同于曾子所说的'士不可不宏义，任重而道远'这样的话。

但是想一想，它是所有那种人生大道、社会理想内在的一个根本基础。一个人如果没有内心的这种从容和对于自我的把握，在职业角色中我们只能是任职业[4]摆布[5]，而不会有一种内心认同以后对这个职业的提升。在《论语》中有这么一段意味深长的对话，学生子贡[6]去问老师

【画外音】

'老师，您说什么样的人才叫知识分子呢？是不是读了大学就算知识分子了。'

'有文凭不等于有文化，一个知识分子一定是知道礼仪廉耻[7]行为有所约束的人。'

---

1) 胜任(shèngrèn) : ① 능히 감당하다. ② 감당할 수 있다. ③ 맡을 수 있다.

2) 惊讶(jīngyà) : ① 놀랍고 의아하다. ② 경아하다. ③ 의아해하다.

3) 判读(pàndú) : 판독하다.

4) 任职业(rènzhíyè) : 직무를 맡다. 재직하다, 보직.

5) 摆布(bǎibù) : ① 진열하다. ② 배치하다. ③ 지배하다.

6) 子贡 : 성은 단목(端木), 이름은 사(賜)이며 자가 바로 자공이다. 위나라 사람으로 공자의 제자이다.

7) 礼仪廉耻(lǐyíliánchǐ) :예의, 예절과 의식.

我们知道士这个阶层是中国的知识分子阶层，这应该是一个很崇高的名誉，是那种无恒产有恒心[1]，天下己任的一个阶层。所以子贡说老师你告诉我，怎么样才叫做一个士呢？那么老师说：

'行己有耻, 使于四方, 不辱君命, 可谓士矣.' (《子路》13.20)

他说的最高的标准就是一个人他的行动之间，自己知道什么是礼仪廉耻。也就是行为有所制约、有内心坚决[2]的、做人不妥协[3]的标准。而这个人要有用，就是你要为社会做事，孔子讲的并不是说一个人有了内心的修养就可以每天光陶醉[4]在自我世界，一定要出去，不管你拿到的是什么样的使命，做到不辱君命。这可不容易，因为你不知道你所拿到的是一个什么样的令箭[5]，什么样的金牌[6]，让你去做说什么事情都能做到吗？所以孔子说最高的标准就是你出去可以做到不辱君命，这就叫做士了。

学生觉得这个标准太高了就又问他：'敢问其次'。您给我说再低一级的标准，比这差一等的，曰：

'宗族称孝焉, 乡党称弟焉.' (《子路》13.20)

就是孝悌之义。在宗族里面大家认为你是一个孝子；而在乡党邻里之间大家以你为兄弟。你能够对所有人都是亲和的，你能够把你那种人伦的光芒[7]放射出来，用一种爱的力量去整合周边，不辱祖先。其实《论语》就是一个以人伦为

---

1) "백성들이 살아가는 방도를 볼 때, 일정한 생업이 있는 자는 恒心(항상 변치 않는 마음)이 있고, 일정한 생업이 없는 자는 항심이 없는데, 진실로 항심이 없으면 방탕하고 편벽되고 간사하고 사치한 짓을 하지 않는 사람이 없습니다('民之为道也, 有恒产者有恒心, 无恒产者无恒心. 苟无恒心, 放辟邪侈, 无不为已'). 《맹자 · 등문공상(《孟子 · 滕文公上》)》에 보임.
2) 坚决(jiānjué) : ① 단호하다. ② 결연하다.
3) 妥协(tuǒxié) : ① 타협하다. ② 상담이 성립되다. ③ 의견이 맞다.
4) 陶醉(táozuì) : ① 도취하다. ② 취하다. ③ 넋을 빼앗기다.
5) 令箭(lìngjiàn) : ① 옛날, 군중에서 명령 전달의 증거로 사용한 화살 모양의 수기. ② 옛날.
6) 金牌(jīnpái) : ① 금메달. ② 옛날, 군령을 처리할 때 쓰이던 금패.
7) 光芒(guāngmáng) : ① 빛. ② 광망. ③ 빛발.

基本出发点这样的一个道德文章，所以呢它把次一等定为这样的人。子贡又接着问：'敢问其次'，第三等。咱们再下一等说还有什么人勉强够着边[1]，能够叫做士呢？结果孔子说出这个话，说了我们一句非常熟悉的话，大家听了以后会瞠目结舌[2]说这么高的标准才是第三等啊。

曰：'言必信，行必果，硁硁然[3]小人哉！抑亦可以为次矣。'(《子路》13.20)

说那种言必信，行必果，一言既出驷马难追，我一定把这事给你做到，这种他说叫硁硁然小人哉。什么叫硁硁然？就是表现出来剑拔弩张[4]，言语很急切，这样的一种样子。说我不计后果，不计方法，我把事给你做成，他说这种人勉强算第三等，就是能够实践自己的诺言。

其实大家今天想想说，这第三等也挺高啊，这个标准，言必信，行必果，今天有几个人能做到啊？他学生也是这么想的，子贡也觉得这仨标准太高了。所以又追问一句说：'今之从政者何如？'老师你觉得现在从政的人能够上这三等吗？结果老师曰：

'噫！斗筲之人[5]，何足算也。'(《子路》13.20)

也就是说，老师把当时诸侯各国的从政者都没有放在眼里，认为他们离这样一个士的标准还太远太远。

其实在这里所提出来的详细的不同的标准，这是孔子对一个成熟的在社会职业岗位上有所担承的人他的质量描述。

我们来说说这个最高的标准'不辱君命'四个字。我们又想一想那个最低的标

1) 够不着(gòubuzháo)：미치지 못하다. 힘에 부치다. 닿지 못하다.
2) 瞠目结舌(chēngmùjiéshé)：눈만 크게 뜬 채 말을 못하다. (난처하거나 놀라서 멍한 모양)
3) 硁硁(kēngkēng)：경박하고 고집스러운 모양.
4) 剑拔弩张(jiànbánǔzhāng)：① 칼은 뽑혔고 활은 당겨졌다. ② 형세가 매우 긴박하다. ③ 일촉즉발의 형세다.
5) 斗筲(shāo)之人：斗筲(dǒushāo)：좀생원, 좀스런 사람, 그릇.

准，硁硁然是不可取的。也就是说要做到不辱君命是在变通中没有条件的把一件事情完成好，这需要调动我们多少人生的积累，这需要一个人有多大的勇气，智慧和仁义之心。其实这样一种不辱君命往往容易让我们想起来战国时候赵国的一个人，就是蔺相如。[1]

大家看《史记·廉蔺列传》经常会看到这样的故事。蔺相如这个人无论是完璧归赵[2]还是沔池会[3]都做到了不辱君命。其实这是不容易的，当赵王得到价值连城[4]和氏璧[5]的时候，秦王想要夺这块璧，所以就告诉他说，哎呀，我给你十五座城池把这块璧给我们拿过来，我们看一看。赵王当时就知道说虎狼[6]之秦，这块璧一旦进入将没有办法拿回来。蔺相如说，那这样，我们不去的话是自己理亏[7]，我带着这块璧去如果不能换回城池，我的命和璧拴[8]在一起，有我在就有这块璧在。去了，看到秦王很随便地在他的行宫里面设酒宴[9]宴请[10]他，然后旁边有大臣，有美人，大家嘻嘻哈哈在这儿很高兴。然后说拿过这块璧来我们看一看，看了以后说这个天下美玉指给大臣看，指给美人看，大家传着看。蔺相如一看就明白了，说这块玉在这里不受尊敬，就像赵国不受尊敬一样，要拿

1) 蔺相如(lìnxiāngrú, BC329年—BC259年): 전국시대 조나라 조나라의 명신이자 책략가였던 인물이다. 혜문왕(惠文王)시기에 천하의 보물인 화씨벽(和氏璧)으로 인해, 진나라에 곤란한 협박을 당했을 때 진나라에 가서 지혜와 용기로 진나라 왕에 슬기롭게 맞섰다. 염파(廉頗)장군과 문경지교를 맺어 고금을 대표하는 깊은 우정으로 널리 회자되었다.

2) 完璧归赵(wánbìguīZhào) : 빌려 온 원래의 물건을 손상 없이 온전하게 되돌려 주다. 전국시대, 인상여(藺相如)가 화씨벽(和氏璧)을 온전하게 진(秦)나라로부터 조(趙)나라에 돌려보낸 고사에서 나온 내용이다.

3) 沔池会(Miǎnchíhuì) : 기원 전 279년, 진나라(秦)와 조나라(赵)가 민지(渑池, 지금의 하남성 민지현)땅 서쪽에서 회맹을 맺기로 하였다. 당시 조나라 상대부였던 인상여는 연회에서 진나라 군왕과 신하들에게 도리에 맞고 조리 있는 의론을 펼친다. 치열한 의론 끝에 진나라와 조나라 양국은 맹약에 성공하여 잠시 동안 휴전하게 된다.

4) 价值连城(jiàzhíliánchéng) : 매우 소중한 가치를 지니다.

5) 和氏璧(héshìbì) : ① 화씨벽. ② 보옥. ③ 미옥.

6) 虎狼(hǔláng) : 잔인한 사람. 범과 이리. 잔악무도한 사람.

7) 理亏(lǐkuī) : ① 도리에 어긋나다. ② 이유가 성립하지 않다. ③ 이유가 불충분하다.

8) 拴(shuān) : (새끼 따위로) 비끄러매다. 붙들어 매다. 묶다.

9) 酒宴(jiǔyàn) : ① 주연. ② 주석. ③ 술자리.

10) 宴请(yànqǐng) : 잔치를 베풀어 손님을 초대하다.

回来也是很难的事情。所以他就上去跟他说，唉，这个美玉是有瑕疵[1]的，你给我我指给你看，秦王就把这块玉还到他手里。蔺相如拿到这块璧以后，退后几步靠在柱子[2]上，怒发上冲冠[3]，持璧而立跟秦王说，他说你在这样一个地方迎接这块玉，你知道我们来之前，焚香顶礼[4]、斋戒[5]十五天，以示对秦国的尊重。我奉玉而来，而你随便把这块玉传与大臣美人，这样的一个懈慢[6]的态度就让我知道，你们是没有真正想要用城池相换的。那么现在好，如果你真要这块玉，你也要这样持戒[7]焚香十五天，而且你先把城池划给我们，我才能够再把这玉给你。如果不然的话，我现在的人头和这块玉同时撞在你的金殿的大柱上。然后秦王就害怕了，说那好吧，赶紧[8]按照他要的这个礼仪。但即使按照他的这个礼仪，蔺相如觉得他一定不会真正完成他的诺言的，所以蔺相如决定连夜让他自己的家人带着这块美玉逃回了赵国。他自己留在这儿最后做一个交代，最后他跟秦王讲说我知道你没有真正给我们城池之心，这个完璧已经归赵了，已经回去了。其实这是他的不辱君命。渑池会也是一样。

其实这样的故事在中国的仁人志士中，在古典记载的典籍中，不缺少这种例子。也就是说，在一个突变的情形下一个人怎么样能够有所担当，这其实是一个成熟的人在职业角色中所要得到的一种考评。

其实这样的故事我们不一一地列举。回头看一看会发现，人怎么样可以变得无畏，可以变得淡定而不仓皇[9]，这是需要每个人在心中找到一个符号的寄托[10]。这个寄托不见得是大家共同认可的一个宏大理想，也不见得是大家都共同认

1) 瑕疵(xiácī) : ① 흠. ② 흠집. ③ 결점.
2) 柱子(zhùzi) : 기둥.
3) 怒发冲冠(nùfàchōngguān) : ① 화가 머리끝까지 치밀어 오르다. ② 노발대발하다.
4) 焚香顶礼(fénxiāngdǐnglǐ) : 향을 피워 예를 행하다.
5) 斋戒(zhāijiè) : ① 재계. ② 종교 (이슬람교의) 사움(아 ṣaum). ③ 단식하다.
6) 懈慢(xièmàn) : ① 해만하다. ② 게으르고 거만하다. ③ 게으르다.
7) 持戒(chíjiè) : 중이 계율을 지키다.
8) 赶紧(gǎnjǐn) : ① 서둘러. ② 급히. ③ 재빨리.
9) 仓皇(cānghuáng) : ① 황급하다. ② 당황하다.
10) 寄托(jìtuō) : ① 위탁하다. 부탁하다. 맡기다. ② (기대 · 희망 · 감정 따위를) 걸다. 두다. 담다. 의탁하다. 기탁하다.

可的说是一种权势、一种金钱、一种情感。可以说每一个人都有自己的达芬奇密码[1]，每一个人的生命链条[2]中一定有他最在乎的东西，但凡找到这样一个寄托，会给你这一生找到一个依凭，会找到自己的一个内心根据地。

【画外音】

于丹教授认为，理想不一定是大家共同认可的一种权势或者金钱，而是一个人一生中最在乎的东西是一种心灵的寄托。但是为什么人们总要追求一个理想？理想之道又能给我们的生活带来什么样的影响呢？

在《论语》中要说到有多么远的这种理想， 其实它一切都在一个朴素的起点上。我们要相信思想的力量是这个世界上最巨大的力量之一。也就是说，孔子经常所说的那种士而怀居不足以为士[3]。一个人总在想着自己的衣食，这是不足以担当一个君子一个士的资格。中国的知识分子所要的并不是一种生活的奢侈，但他们一定要心灵悠游上的奢侈。

所以有一次孔子要出远门，

'子欲居九夷。'[4](《子罕》9.14)

因为我们知道他要把他的美政理想布化天下， 所以要去未发达地区。临走的时候，学生就劝他，曰，陋如之何，学生说，那么一个简陋的地方，破地方，你上那儿干嘛去？那么孔子怎么回答？孔子淡淡地说，君子居之，何陋之有。那

1) 《达芬奇密码》(The Da Vinci Code)는 美国 作家 단 포랑이 지은 소설. 다빈치 코드(The Da Vinci Code), 미국 작가 댄 브라운의 소설이다. 2003년 3월 18일 출간된 이 소설은 미국에서 750만권이 팔리면서 베스트셀러 기록을 깼으며, 전 세계적으로 6000만부의 판매고를 올렸다.

2) 链条(liàntiáo) : ① 체인. ② 전동 체인. ③ 쇠사슬.

3) 子曰："士而怀居，不足以为士矣。"(《论语 · 宪问》)(공자가 말하였다. 선비로서 편안히 있기만을 생각한다면 선비랄 게 못된다.) 子曰："士而怀居，不足以为士矣。"《论语 · 宪问》

4) "子欲居九夷。或曰：'陋，如之何？'子曰：'君子居之，何陋之有？'"(공자께서 동방의 여러 종족 사이에서 사시기를 원하였다. 어떤 사람이 '누추할 터인데 어떻게 하시렵니까?'라고 하자, 공자는 '군자가 사는데 무슨 누추한 게 있겠는가?'라고 대답했다.)

么这个何陋之有就流传下来，一直到唐代刘禹锡[1]写了《陋室[2]铭》。这是大家都熟悉的，那么《陋室铭》又怎么样形容呢?

‘山不在高，有仙则名;水不在深，有龙则灵。斯是陋室，惟吾德馨。苔痕上阶绿，草色入帘青。谈笑有鸿儒，往来无白丁。可以调素琴、阅金经。无丝竹之乱耳、无案牍之劳形。南阳诸葛庐，西蜀子云亭。孔子曰：何陋之有?’

在这样短短一篇《陋室铭》里面，把古往今来的名士对于简易的朴素居住环境的这种判读[3]全都呈现出来了。大家在一起谈论的是不是共同的志向和共同的寄托? 如果大家能够在这样一种丝竹之间，在大家的交流里面可以有了那种心心相通，可以在你共同寄托的大事上有共同的理想，那么这种简陋，它就显得一点都不重要了。所以其实什么是真正的理想? 理想之道就是给我们一个起点，给我们储备一点心灵快乐的资源。其实当我们回到《论语》，真正解读了侍坐篇，看到了吾与点也这句喟叹[4]，知道了这样一位万世师表的圣人心中对于那种沐乎沂水、风乎舞雩;在暮春时节咏而归，快乐回来的生活方式心存向往[5]的时候，我们就知道，这种阐述跟庄子所说的独与天地精神共往来是如出一辙的[6]。也就是说所有古圣先贤首先是站在个人的价值坐标系上，了解了自己心灵

---

1) 劉禹錫： 유우석(772－842)은 자字가 몽득梦得이고, 호는 여산인廬山人이며 팽성彭城사람이다. 당唐나라 때의 문학가이자 철학가이다. 정원貞元 9년(793)의 진사进士 출신으로 회남절도사淮南節度使 두우杜佑 막부幕府의 기실記室이 되었는데, 두우에게 총애를 받아 감찰어사監察禦史로 발탁되었으며, 뒤에 왕숙문王叔文과 친분이 깊어 왕숙문파에 들어가게 되었다. 유우석은 유종원, 백거이白居易와 더불어 각각 ‘유유劉柳’, ‘유백劉白’으로 일컬어졌다. 저서로는 《유빈객집劉賓客集》이 있다. 유명한 시로는 “朱雀桥边野草花，乌衣巷口夕阳斜。旧时王谢堂前燕，飞入寻常百姓家。”(《乌衣巷》)(주작교 주변에는 이름모를 꽃들이 피어 있고, 오의항 골목에 접어드니 해가 지는데. 그 옛날 정승과 재상의 집에 살던 제비들 이제는 예사롭게 백성집을 드나드네.)가 있다.

2) 陋室(lòushì) : 누추한 집. 나의 집.

3) 判读(pàndú) : 판독(判讀)하다.

4) 喟叹(kuìtàn) : ① 감개가 깊어 탄식하다.

5) 心向往之(xīnxiàngwǎngzhī) : 그리워하다. 갈망하다. 동경하다.

6) 如出一辙(rúchūyìzhé) : 두 가지 일이 아주 비슷하다. 꼭 같다. 수레바퀴가 밟고 지나간 흔적들이 마치 하나의 수레가 지나간 것과 유사함을 형용한 것으로, 두 가지 일이 매우 유사함

的愿望，然后才会有宏图大志，走到这个世界上有所建树。我们都想要一生建立一个大的坐标，对于前方的远景让我们找到一个起点，让我们从自知之明去建立心灵的智慧；让我们从《论语》里面，也做孔子席前一个安静的学生。跨越这个千古的沧桑[1]，在今天看一看他那种淡定的容颜，想一想他让我们去到自然中的这种鼓励，在我们每一天，真正忙碌的间隙[2]里面哪怕说给自己一点点心灵的仪式，不至于让自己像那样一个人格分裂的演员那样不敢面对自己的内心。

其实在今天这么一个后工业[3]文明的社会里，如果能够调整这样一套坐标系统，我想《论语》会从千古之前传递[4]出来一种温柔的思想的力量。它传递出来一种淡定的清明的理念；它鼓励了我们每个人内心的关照；它让我们有理由相信，我们的理想是有根的。

을 비유한 것이다.

1) 沧桑(cāngsāng) : 세상의 온갖 풍파.

2) 间隙(jiànxì) : ① 틈. ② 사이. ③ 겨를.

3) "后工业化时代"는 과학기술산업이 주를 이루는 시대를 가리킨다. 다니엘 벨(Daniel Bell)이 제시한 용어로 고도의 신기술 산업이 주를 이루는 시대를 가리킨다. 1960년 출판된 저서, 〈이데올로기의 종언〉은 사회주의 이념이 주도하는 세계가 조만간 막을 내릴 것이라는 포스트 맑시즘을 예측해 주목을 받았으며, 1973년 저술한 〈후기산업사회의 도래〉를 통해, '탈산업화 사회', 다시 말해 정보기술과 과학의 가치가 중요시 되는 '정보사회'를 설명하기로 했다.

4) 传递(chuándì) : ① 전달하다. ② 패스하다. ③ 시험장에서 종이쪽지 따위를 건네다.

5. 人生之道

【画外音】

孔夫子将他的一生概括为'吾十有五, 而治于学；三十而立, 四十而不惑；五十而知天命；六十而耳顺；七十从心所欲, 不逾矩[1]。'(《为政》2.4)

北京师范大学于丹教授认为，这种人生的坐标是有代表性的，但也不是绝对的。其实人生有生理年龄、有心理年龄、有社会年龄，真正有效率的生命是让我们也许在二三十岁就能够提前感悟到四五十岁的境界。那么'三十而立'，立的是什么？'四十不惑'又不惑在何处？'五十知天命'中的天命指的是什么？什么又叫做'六十而耳顺'呢？所谓的'七十从心所欲，不逾矩'，是不是就到了人生的最高境界了呢？孔子对人生境界的划分对我们现代人的意义何在？我们真正能够理解这其中的含义吗？请听北京师范大学于丹教授为我们讲《论语心得》之《人生之道》。

古往今来，其实光阴[2]之叹是我们看到最多的感慨。这种感慨在《论语》中也不列外。

子在川上曰：'逝者如斯夫。'(《子罕》9.17)[3]

这是大家都熟悉的一句话，这句话很含蓄[4]。但是这里面有多少沧桑[5]？刘禹锡(772-842)说：

---

1) 逾矩(yújǔ)：법도를 뛰어넘다.

2) 光阴(guāngyīn)：시간. 생활. 생계.

3) "逝者如斯夫，不舍昼夜(shìzhěrúsīfú, búshězhòuyè)"(《子罕》). (공자가 냇가에 서서 말하였다. 지나가는 것은 이와 같은 것이라, 밤낮없이 멎지 않는다.)

4) 含蓄(hánxù)：① 쉽게 드러내지 않다. ② 포함. ③ 함축.

5) 沧桑(cāngsāng)："沧海桑田"의 축약. (온갖 세상일을 겪어) 노련하고 침착하다. 세월의 변화. 인생이나 세월의 변고. 《于丹论语心得》은 "但是其中又包含着多少沧桑之感?"으로 쓴다.

'人世几回伤往事, 山形依旧枕寒流。'[1]

也就是苍山不老，但是人心中很多悲怆[2]古往今来'川流不息'[3]。这就像是著名的《春江花月夜》(张若虚)所发出的这种无端[4]之问：

'江畔何人初见月, 江月何年初照人。人生代代无穷已, 江月年年只相似。不知江月待何人, 但见长江送流水。'[5]

---

1) "王濬楼船下益州，金陵王气黯然收。千寻铁锁沉江底，一片降幡出石头。人世几回伤往事，山形依旧枕寒流。今逢四海为家日，故垒萧萧芦荻秋。"(《西塞山怀古》). (왕준이 거느린 다락선이 익주를 떠나매, 금릉의 동오왕 기세조차 암담히 걷히고, 팔천자 쇠사슬이 강 밑에 빠져버리자, 투항기 석두성에 일제히 펄럭이었네. 인간세상 기왕지사 속상함도 몇번인고? 산 모습은 예와 같이 찬강 베고 누웠구나. 지금은 온 나라가 한 집처럼 보내는 날. 옛 보루 쓸쓸한데 갈대꽃이 설레이네.)

2) 悲怆(bēichuàng) : ① 비창하다. ② 슬프고 마음 아프다.

3) 川流不息(chuānliúbúxī) : (사람과 차들이) 냇물처럼 끊임없이 오가다. "川流不息，渊澄取映(yuānchéngqǔyìng)."(南朝 · 梁 · 周兴嗣《千字文》).

4) 无端(wúduān) : ① 이유 없이. ② 까닭 없이. ③ 실없이.

5) 张若虚(唐，生卒年不详，约 660—720). "春江潮水连海平，海上明月共潮生。滟滟随波千万里，何处春江无月明? 江流宛转绕芳甸，月照花林皆似霰。空里流霜不觉飞，汀上白沙看不见。江天一色无纤，皎空中孤月轮。江畔何人初见月? 江月何年初照人? 人生代代无穷已，江月年年只相似。不知江月待何人，但见长江送流水。白云一片去悠悠，青枫浦上不胜愁。谁家今夜扁舟子? 何处相思明月楼? 可怜楼上月徘徊，应照离人妆镜台。玉户帘中卷不去，捣衣砧上拂还来。此时相望不相闻，愿逐月华流照君。鸿雁长飞光不度，鱼龙潜跃水成文。昨夜闲潭梦落花，可怜春半不还家。江水流春去欲尽，江潭落月复西斜。斜月沉沉藏海雾，碣石潇湘无限路。不知乘月几人归? 落花摇情满江树."(乐府《春江花月夜》)(봄 강은 밀물에 바다와 평평하고, 밀물에 바다 위 밝은 달도 돋아. 잔잔한 물결은 천리만리 흐르니, 어느 봄 강엔들 달 아니 밝으리. 강물은 꽃이 핀 들을 에워 돌고, 달빛에 꽃 숲은 싸락눈 내린 듯. 서리가 허공에 내리는지 모르고, 강가 흰모래도 분간 할 수 없네. 강 하늘 한 색으로 티끌도 없이. 밝은 허공 저 외론 달만 두둥실, 강둑에 누가 처음 저 달 보았나, 강의 달 언제 처음 사람 비췄나, 인생은 끝없이 대이어 변해가도, 달은 해가 바뀌어도 그대로이네. 강에 뜬 저 달은 누굴 기다리나, 장강은 그저 물만 흘려보낼 뿐. 하얀 구름 한 점 유유히 흐르고, 물가의 푸른 단풍 시름에 겨운데. 이 밤 조각배 젓는 이는 누군가, 그리는 명월루가 어디에 있기에. 가련하다 누대에는 달빛만 비추니. 아내의 경대도 비추이고 있겠지. 달빛은 발 걷어도 걷히지 않고, 다듬이네 떨어도 다시 돌아오네. 그리나 서로 소리 들을 수 없어, 달빛을 따라가 그대 비추었으면. 기러기 떼 길게 날아 빛을 가리고, 물고기 뛰어서 물결무늬 만드네. 간밤에 꾼 연못에 꽃이 지는 꿈, 반 넘어 봄이 가도 못 돌아가네. 강물은 봄을 모두 흘려보내고, 기우는 달빛은 서쪽으로 비끼네. 달 기우니 침침한 안개에 싸

就在这样一种天地幽幽[1]，江山有情这样的一种物序[2]流转中，每一个人，一个渺小[3]的人，一个转瞬即逝[4]的生命，我们能够有一种什么样的人生规划呢？很多时候是苍茫[5]的。有些一旦规划了，就会觉得舍弃了许多，会留下很多的遗憾。

就在孔子看着流水兴叹的同时，他又给他自己、给他的学生、给千年万代的后人提出了这样的一种描述。他说自己是：

'吾十有五而治于学，三十而立，四十而不惑，五十而知天命，六十而耳顺，七十从心所欲，不逾矩[6]。'（《为政》2.4）

这是一个粗略[7]的人生坐标。在这样一个坐标上会有几个阶段，人要做的事情被特别地强调出来。今天讓我们从头翻阅进去，看一看圣人所描绘[8]的这条人生之道，对我们到底有多大的借鉴[9]的价值。

其实人的一生不过是从光阴中借来的这么一段时光。岁月流淌过去[10]，我们自己的这一段生命镌刻[11]成什么样的模样，成为我们的不朽[12]，成为我们的墓志铭[13]。每个人都有理由去描述他的一种理想，但是一切从人的社会化进程开始，

여, 갈석에서 소상까지 멀고도 먼 길, 달빛 밟아 고향에 간 이 몇인가, 지는 달만 강가의 숲을 적시네.)

1) 幽幽(yōuyōu) : 유유하다.

2) 物序流转(wùxùliúzhuǎn) : 자연질서의 변화.

3) 渺小(miǎoxiǎo) : ① 매우 작다. ② 미미하다. ③ 보잘 것 없다.

4) 转瞬即逝(zhuǎnshùnjíshì) : 눈깜빡일 사이에 세월이 흐르다. 转瞬(zhuǎnshùn) : 눈을 깜빡이다.

5) 苍茫(cāngmáng) : ① 넓고 멀어서 아득하다. ② 창망하다. ③ 망망하다.

6) 逾矩(yújǔ): 逾는 踰와 통한다. 넘다. 뛰어넘다. 矩는 고대에 직선 혹은 사각형을 그릴때 사용하는 공구인데, 후에는 어의가 확장되어 법도 · 행위의 준칙 등의 의미로 사용된다.

7) 粗略(cūlüè) : ① 대략적인. ② 대충의. ③ 대강의.

8) 描绘(miáohuì) : ① 묘사하다. ② 그려내다. ③ 투사.

9) 借鉴(jièjiàn) : ① 참고로 하다. ② 거울로 삼다. ③ 본보기로 삼다.

10) 流淌过去(liútǎngguòqù) : 흘러 지나가다. 유동하다.

11) 镌刻(juānkè) : ① 조각하다. ② 새기다.

12) 不朽(búxiǔ) : ① 불후하다. ② 영구하다.

13) 墓志铭(mùzhìmíng) : 묘지명.

从一个自然人转化为一个有社会规则制约的人，这就是学习的起点。

孔子的'十五治于学'，这可以说是他自己的一个起点，也是他给自己学生的一种要求。孔子自己经常说：

'我非生而知之者，好古，敏以[1]求之者也'。(《述而》7.20)[2]

他说没有人是生来就会了解很多事情的，我只不过就是对古人所有经历的事情非常感兴趣，而且我能够孜孜[3]以求，一直认真地学习而已。所以孔夫子说像我这样的人呢，像我这样有仁义之心的人，并不缺少。但是像我这么好学习的人确实很少见。[4] 这就是他十五开始向学时候的心情。

今天我们知道是一个学习型的社会了[5]，关于学习国际上有一个通行的标准说得好，什么样的学习是好的学习？是导致行为改变的学习。其实这颠覆[6]了我们过去的标准，大家过去认为导致思维改变就是好的学习。比如说，一个观点、一个理论、哪怕一个道听途说[7]的见闻，'入乎耳，发乎口'[8] 可以再去讲给别人，

---

1) '敏以'：민첩함으로써. 전치사와 목적어가 도치.

2) "生而知之者上也，学而知之者次也."(《季氏》)

3) 孜孜(zīzī)：부지런하다. 근면하다. 주시하다.

4) "子曰：'十室之邑，必有忠信如丘者焉，不如丘之好学也。'"(《公冶長》5. 28)(공자가 말하였다. 10호 정도의 작은 마을에도 반드시 충성되고 신용있기가 나 같은 사람이 있을 것이나, 내가 배우기를 좋아하는 것만은 못할 것이다.) "太宰问於子贡曰：'夫子聖者与? 何其多能也? '子贡曰：'固天縱之將聖，又多能也.'子聞之，曰：'太宰知我乎！吾少也賤，故多能鄙事。君子多乎哉? 不多也。'"(《子罕》9. 6)(태재가 자공에게 물었다. 당신의 선생님이 성인이시오. 그렇다면 어찌 그리할 줄 아는 것이 많으시오. 자공이 말하였다. 정말 하늘이 내놓은 큰 성인이시고 또 할줄 아는 것이 많으십니다. 공자가 이 이야기를 듣고 말하였다. 태재가 나를 바로 보는가 보다. 내가 젊었을 때에 곤궁했기에 비천한 기예를 많이 배웠다. 군자가 할줄 아는 것이 많겠는가? 아마 많지 않을 것이다.)

5) '学习型的社会'：학습사회.

6) 颠覆(diānfù)：① 전복하다. ② 뒤집히다. ③ 전복시키다.

7) 道听途说(dàotīngtúshuō)：① 길에서 주워들은 말. ② 근거 없는 풍문. ③ 뜬소문.

8) "山渊平，天地比，齐、秦袭，入乎耳，出乎口，鉤有须，卵有毛，是说之难持者也."《荀子 · 不苟》.(산과 연못은 다같이 평평하고 하늘과 땅은 다 비슷하며, 제나라와 진나라는 같은 곳에 있고 귀로 들어가서는 입으로 나오며, 낚시 바늘에 수염이 달렸고, 계란에도 털이 있다는 것은 논리를 유지하기가 어려운 이론이다.)

这就是一种学习。但是在今天只有导致一个人整个价值体系的重塑[1]，行为方式变得更有效率、更便捷[2]、更合乎社会要求，这才是一个好的学习。所以孔子的这种学习要求，早在2000多年前，他所提出的就是一个简单的标准，'学以致用'。[3]

其实我们今天这个信息[4]时代，可学的东西太多了。现在的孩子已经不只是'十五向学'，比五岁还要早就开始学习了，但是都学了什么呢？有很多孩子会背圆周率[5]，能够背很多很多位[6]，有很多孩子在客人面前能够背长长的古诗。但是背圆周率对他的这一生真的就有用吗？今天的向学还有多少是孔子所说的那种'为己之学'(14.23)[7]能够'学以致用'？

所以在一个信息时代，我们面临的悲哀是信息的'过犹不及'(11.16)。[8] '过犹不及'这四个字也出自《论语》，《论语》其实认为所有好的东西都有它的度。与其贪多嚼不烂[9]，把自己的脑子复制成一个电脑的内存，还不如把有限的知识融会贯通[10]，溶入自己的生命。

我们现在可以说，学院的那种教育它是有一个规范长度[11]，但是长度是确定的，宽度[12]是不定的。每个人在有限的时光里学到什么，也许孔子这样的一种学

1) 重塑(chóngsù) : 다시 빚다.
2) 便捷(biànjié) : ① 간편하다. ② 민첩하다. ③ 경쾌하다
3) 学以致用(xuéyǐzhìyòng) : 知行合一. 실질적인 학문을 하다.
4) 信息(xìnxī) : ① 메스컴. 소식. ② 기별. ③ 뉴스.
5) 圆周率(yuánzhōulǜ) : 원주율. 파이(pi). 3. 1415926535……
6) 位(wèi) : ① 수학 (숫자의) 자리. ② 수학 (숫자의) 자리.
7) "古之学者为己，今之学者为人。"(《宪问》)(옛날 사람은 자신을 위해 배웠지만, 지금 사람은 남을 위하여 배운다.)
8) "子贡问：'师与商也孰贤?' 子曰：'师也过，商也不及。' 曰：'然则师愈与?' 子曰：'过犹不及。'"(《先进》)(자공이 물었다. 사(자강)과 상(자하)은 누가 더 낫습니까? 공자가 말하였다. 사는 지나치고 상은 좀 못미친다. 자공이 물었다. 그러면 사가 낫습니까? 공자가 말하였다. 지나친 것은 못미치는 것과 같다.)
9) 嚼不烂(jiáobulàn) : 잘게 씹을 수 없다.
10) 融会贯通(rónghuìguàntōng) : 여러 가지 도리道理와 사리에 통달하다(정통하다).
11) 长度(chángdù) : ① 길이. ② 장도.
12) 宽度(kuāndù) : ① 폭. ② 너비. ③ 광.

与思结合的方式会给我们一个非常好的启发。只有走过这样的一个光阴，这样的一个历练[1]，逐渐逐渐地[2]提升，有所感悟，才能够抵达[3]他所说的三十而立。

【画外音】

'三十而立'是我们耳熟能详[4]的一句话，几乎每个年轻人到了'而立'之年，都会问问自己，我立起来了吗？那么怎样才算'立'起来了，是否要有车，有房，或者有了一个什么样的职位就算立起来了呢？而立之年对于人的一生又有着什么重要的作用呢？

我们就来说说三十而立。三十这个年纪，在今天可能在都市里，在一个心理断乳期[5]大大错后[6]的时代，三十岁还被很多人称为叫男孩、女孩。[7] 那么人能在这个世界上有什么样的'而立'呢？这一个'立'字是什么样的担当呢？

其实大家知道在哲学上，黑格尔[8]曾经提出过一种'正、反、和'三个阶段，人最早所接受的教育，人的信念都是'正'的。人在刚刚读小学的时候，甚至在小学以前，看了很多的童话，相信太阳是明亮的，花朵是鲜红的，人心是善意的，世界是充满光芒的，王子和公主最终是可以在一起的，这个世界上没有忧伤。其实这就是'正'的阶段。

但是长到十几岁时候就会出现我们经常说的小愤青[9]。二十多岁刚刚步入社会，就会觉得这个世界上一切都不尽如人意，会觉得成人世界对自己欺骗[10]了，

---

1) 历练(lìliàn) : ① 경험과 수련. ② 경험을 쌓다. ③ 실지 단련하다.

2) 逐渐(zhújiàn) : ① 점점. ② 점차. ③ 차츰차츰.

3) 抵达(dǐdá) : ① 도달. ② 도착. ③ 도착하다.

4) 耳熟能详(ěrshúnéngxiáng) : 여러 번 들어 귀에 익어 자세하게 말할 수 있다.

5) 断乳期(duànrǔqī) : 青春期 전후 시기의 青少年을 가리킨다. 心理学적으로 이 시기를 "심리단유기心理断乳期"라 한다.

6) 错后(cuòhòu) : '(예정된 시간이나 기한을) 앞당기다'라는 뜻 '提前'의 반대말.

7) '三十岁还被很多人称为叫男孩、女孩'는 '아직 결혼을 하지 않아 가정을 이루지 않은 남자와 여자를 가리킨다'.

8) 黑格尔(Hēigé'ěr) : ① 헤겔. ② 독일의 철학자.

9) 小愤青(xiǎofènqīng) : "愤怒青年", 격정의 청소년 시기.

10) 欺骗(qīpiàn) : ① 기만하다. ② 속이다. ③ 기망하다.

这个世界充满了丑陋[1]、猥琐[2]，充满了很多卑鄙[3]和欺诈[4]。这个时候青春的成长有它特有的苍凉[5]，到了这个时候，人必然表现出一种反弹[6]，就是我们经常说的逆反心理[7]。

那么走到三十岁，其实三十岁应该是人生'和'的阶段。就是既不像十几岁时候觉得一片光明，也不像二十多岁时候觉得是一切惨淡[8]。三十岁而立，这个'立'字首先是内在的立，然后才是外在社会坐标给自己的一个符号。[9] 从内在的心灵独立上来讲，什么是好的学习？就是把一切学习用于自我，这是中国文化中要求的一种学习方式。人如何达到这样一种融合境界呢？

中国人的学习有两种方式，一种是我注六经[10]，另外一种是六经注我[11]。我注'六经'的方式读得很苦，需要皓首[12]而穷经[13]呢，把头发都读白了，把所有的书读完了，可以去批注[14]了，了解了这一切。但是更高的一个境界叫做《六经》注我，就是真正好的学习是融会了所有典籍以后，用来它诠释[15]自己的生命。也就是说三十岁这个年纪，真正在中国古人的文化坐标中，他是一个心灵建立自信的年纪。

【于丹心语】

三十而立就是建立心灵的自信。

---

1) 丑陋(chǒulòu) : ① 용모나 모양이 추하다. ② 추하다. ③ 못생기다.
2) 猥琐(wěisuǒ) : ① 자질구레하다. ② 사소한 일에 구애되다. ③ 얽매이다.
3) 卑鄙(bēibǐ) : ① 비열하다. ② 졸렬하다. ③ 신분이 비천하다.
4) 欺诈(qīzhà) : ① 사기하다. ② 속여먹다. ③ 속이다.
5) 苍凉(cāngliáng) : ① 처량하다. ② 황량하다.
6) 反弹(fǎntán) : ① 내렸다가 다시 오르다. ② 튕기다. ③ 반등하다.
7) 逆反心理(nìfǎnxīnlǐ) : 반항 심리.
8) 惨淡(cǎndàn) : ① 처량하다. ② 어둠침침하고 쓸쓸하다. ③ 암담하다.
9) 《于丹论语心得》은 "然后才是外在社会坐标找到自己的位置."로 쓴다.
10) 六经 : 《詩經》, 《書經》, 《易經》, 《禮記》, 《樂記》, 《春秋》의 6가지 경서를 가리킨다.
11) 我注六經과 六經我注의 말은 남송의 陸九淵의 말로 《象山全集》의 《語錄》에 나온다.
12) 皓首(hàoshǒu) : ① 흰 머리. ② 노인. ③ 백발.
13) 穷经(qióngjīng) : 경서(经书)를 연구하다.
14) 批注(pīzhù) : ① 평어와 주해를 달다. ② 평어와 주해.
15) 诠释(quánshì) : ① 설명. ② 해석. ③ 표현.

它不再与很多外在事物形成对立，而形成一种融合与提升[1)]。就像泰山上的一幅[2)]楹联[3)]，叫做'海到尽头天做岸，山登绝顶我为峰'。[4)] 这是中国人对于山川的一种感受，它讲的永远不是征服，而是山川对自我的提升。就像大海到了尽头，苍天[5)]为岸，没有边界；人生走到山峦[6)]的顶峰，并不是一种夸张地说我把高山踩在脚下，而是我自己成为山顶上的一座峰峦[7)]。其实这就是'六经'注我的一种境界。

所以三十而立，应该说孔子一直在教学生一种朴素的、简约的生活方式。很多东西不该操心[8)]的不去操心，把眼前做好。我们知道，孔子其实他对于神、鬼的东西是不大提及的，这就是所谓：

'子不语怪 · 力 · 乱 · 神[9)]。'(《述而》7.21)

学生问到这种事情的时候，他也都采取一种回避的态度。曾经有他的学生去问鬼神，

【画外音】

'老师, 天上有鬼神吗? 那些鬼啊神啊, 究竟是怎么回事?'
'人间的事你还没有做好, 为什么要考虑鬼神的事?'

---

1) 提升(tíshēng) : ① 진급시키다. ② 등용하다. ③ 높은 곳으로 운반하다.
2) 一幅(yīfú) : 한 폭.
3) 楹联(yínglián) : 대련.
4) "海到尽头天做岸，山登绝顶我为峰." 노력하여 바다 끝에 닿아야 만이 해안에 오를 수 있고, 산봉우리에 올라서야 만이 정상에 우뚝 설 수 있다는 뜻.
5) 苍天(cāngtiān) : ① 하늘. ② 푸른 하늘. ③ 봄.
6) 山峦(shānluán) : 연산. 줄 이어져 있는 산.
7) 峰峦(fēngluán) : ① 연봉. ② 죽 이어져 있는 산봉우리.
8) 操心(cāoxīn) : ① 마음을 쓰다. ② 걱정하다. ③ 애태우다.
9) 怪 · 力 · 乱 · 神 : 怪는 보편적이지 않는 괴이함. 力은 덕으로 하지 않는 힘. 乱은 다스려지지 않는 배반혼란. 神은 사람을 얘기하고 귀신을 말하지 않음.

那么老师淡淡地告诉他说：

'未能事人, 焉[1]能事鬼?' (《先进》11.12)

人间的事你侍奉好了吗？你这种学习还是先朴素一点，从眼前开始，学会人际关系，别去考虑鬼神。后来又问了一个很玄的问题。

【画外音】

'老师, 人总会死的, 那么死亡是怎么回事呢?'
'生的事你还没有弄明白, 干嘛要想知道死呢?'

老师又淡淡地告诉他：

'未知生, 焉知死?'. (《先进》11.12)

其实'未知生，焉知死?'这六个字对我们都是一个启发。就是在你初期学习的时候，先把我们生命中能够把握的东西尽可能学习并且建立，不用超越年龄去考虑那些遥不可及[2]或悬而又悬[3]的东西。只有这样一点一点学起来，到了该立的年龄，才真正可以立起来。

所以'三十而立'，我的理解并不是一个外在的社会坐标衡量你已经如何成功，而是内在的心灵标准，衡定你的生命是否开始有了一种清明的内省，并且从容不迫。开始对你做的事情有了一种自信和一种坚定[4]。

我知道中国很多文人做的事情是不求功利目的的，柳宗元[5]的诗说的好，叫做：

---

1) 焉(yān)：어떻게. 어찌. 반문의 문장에서 주로 사용한다.
2) 遥不可及(yáobúkějí)：너무 멀어서 미치지 못하다. '触手可及'(chùshǒukějí)(손을 뻗으면 닿을 수 있다.)의 반대말.
3) 悬而又悬(xuányòuxuán)：玄之又玄(매우 현묘하여 이해하기 어렵다).
4) 坚定(jiāndìng)：① 확고히 하다. ② 확고하다. ③ 굳다.
5) 柳宗元, BC773年—BC819年, 子厚.

‘独钓寒江雪’[1]。

我们想一想，在这样一个清冷的冬季，我们视野中的那个孤独的蓑立翁[2]，他钓的是什么呢？没有人在冬天能够钓上鱼来，但是他是为了钓雪而去。这就是魏晋人所说，你去访朋问友，可以一夜跨越山溪，翻山越水[3]到了朋友的门前不敲门转身走了。为什么？说我想念这个朋友，我乘兴而来，我到了，兴尽而返。[4] 也就是说超乎功利去做一件内心真正认定的事情，这大概是一种‘立’的标准，就是自己认可了，我一生的所为有什么样的准则。当这样的准则再流失過去，再走过十年，‘四十而不惑’。

【画外音】

于丹教授认为，并不是每个人到四十岁时都能够做到不惑。现代社会充满了变数，四十岁的人上有老，下有小，工作压力又非常大。在这样的环境中，我们怎样才能做到内心不惶惑[5]呢？

其实关于惑这个概念，我们在《论语》的不同场合看见过阐述。所谓‘仁者不忧，智者不惑，勇者不惧’。(《宪问》14.28) 内心怎么样才能够真正不惶惑这需要大智慧。从‘而立’到‘不惑’，这是人生最好的光阴。其实人在三十岁以前是用加法生活的，就是不断地从这个世界上收集他的资格、他的学习经验、财富、情感、名誉这一切都是在用加法的，其实物质的东西越多，人是越容易迷惑的。

---

1) “千山鸟飞绝，万径人踪灭。孤舟蓑笠翁，独钓寒江雪。”(《江雪》，唐 柳宗元)(온 산엔 새들 나는 게 끊어지고，모든 길에는 사람 흔적 없어라. 조각배 탄 도롱이 삿갓 노인만이，홀로 눈덮인 강위에서 낚싯대 드리우네.)

2) 蓑立翁(suōlìwēng)：도롱삿갓을 쓴 노인.

3) 翻山越水(fānshānyuèshuǐ)：산 넘어 물 건너.

4) ‘雪夜访戴’.(눈 오는 날에 대안도를 방문하다)《晋书 · 王徽之传》，“徽之曰：本乘兴而来，兴尽而返，何必见安道耶?”(왕휘지가 말하였다. 나는 본래 흥이 나서 왔고，지금은 흥이 사라져 돌아간다. 어찌 꼭 대안도를 만날 필요가 있겠는가?)

5) 惶惑(huánghuò)：두렵고 당혹해하다.

【于丹心语】

物质的东西越多人就越容易迷惑。

怎么样能到四十不惑呢？这就是三十岁以后就开始要用减法[1]生活了，就是不是你心灵真正需要的东西学会舍弃。其实我们的内心就像一栋新房子，人刚刚搬进去的时候，都想着要把所有的家具和装饰摆在里面，到最后这个家摆的像胡同[2]一样，发现没有地方放自己了，这就被东西奴役了[3]。而学会减法，就是把那些不想交的朋友舍掉了，不想做的事情可以拒绝了，甚至不想挣的钱[4]你可以不受那个委屈了[5]。当敢于舍弃的时候，人才真正接近不惑的状态。

什么叫做不惑？就是人面对很多世界给你的不公正啊、打击啊、缺憾啊、不再孜孜以求[6]追问[7]为什么不公平？而是在这样一个坐标上迅速建立自己应有的位置。

现代的哲学家冯友兰[8]先生有这样一句话，叫做：'阐旧邦以辅新命，极高明而道中庸'。[9] 中庸之道其实是极尽高明之后，也就是中国古人所说的'绚烂[10]之极而归于平淡'。真正有过极尽璀璨[11]，在你二十的时候，三十岁的时候，曾经风发扬

---

1) 减法(jiǎnfǎ) : ① 감법. ② 뺄셈. ③ 감산.
2) 胡同(儿)(hútòng(r)) : ① 골목. ② 작은 거리. ③ 뒷골목.
3) 奴役(núyì) : ① 노예로 부리다. ② 노예화하다. ③ 고역살이하다.
4) 挣钱(zhēngqián) : 돈을 벌다.
5) 委屈(wěiqu) : ① 억울하다. ② 억울하게 하다. ③ 억울한 일을 당하게 하다. ④ 몸을 굽혀 남에게 복종(服从)함.
6) 孜孜(zīzīyǐqiú) : 부지런히 구하다.
7) 追问(zhuīwèn) : ① 캐묻다. ② 추궁하다.
8) 冯友兰(1895年～1990年), 자는 芝生이고, 河南 唐河縣 사람이다. 中國 현대 哲學家로, 《中國哲學簡史》라는 저서가 유명하다.
9) "阐旧邦以辅新命"(옛 전통을 상세히 밝혀내고, 새로운 학설을 덧붙이다.)은《诗经 · 大雅 · 文王》의 "周雖舊邦, 其命維新"(주나라는 오래된 나라라 하지만 그 명은 새롭기만 하네.)에서 나온 말이고, "极高明而道中庸"은《中庸》(27章) "故君子尊德性而道学问, 致广大而尽精微, 极高明而道中庸, 温故而知新, 敦厚以崇礼。"(그러므로 군자는 덕성을 존중하여 묻고 배우는 길을 따라가며, 넓고 큰 것을 파악하여 정밀하고 미세한 것을 남김없이 탐구하며, 높고 맑은 것을 철저히 규명하여 중용을 따르며, 배운 것을 복습하여 새것을 알며 돈독하고 후하게 굴어 예를 숭상한다.)에서 나온 말이다.
10) 绚烂(xuànlàn) : ① 눈부시다. ② 찬란하다. ③ 현란하다.
11) 极尽璀璨(jíjǐncuǐcàn) : 매우 찬란하고 화려하다.

历过[1]，那么走过'不惑'的时候才表现为这样一种淡定而从容。

其实人在三四十岁，刚好是要用在为社会所用的时候。那么再接下来走到五十岁，有一个意味深长的词叫做'知天命'。

【画外音】

孔子所说的知天命指的是什么呢? 是人们常说命运, 命运。'命中有时终须有, 命中无时莫强求'[2]。难道孔子认为到了五十岁就应该听天由命[3]了吗? 于丹教授认为, 五十而知天命绝不是听天由命的意思, 那么孔子所说的天命到底是什么意思呢?

什么是天命呢? 孔子自己其实曾经说过，他说人生走到一定的时候，走到你自己求学呀、学习呀，到了一定时候的这么一个境界上，人是应该要'下学而上达'[4](《宪问》14.35)。也就是说要能够了解什么是自己的天命。

刚才我们已经说到了，在孔子的这种经典思想里面，一向是不主张谈'怪 · 力 · 乱 · 神'的。那么他又是怎样看待天命呢?

'不怨天, 不尤人, 下学而上达, 知我者其天乎。'(《宪问》14.35)

他说我从来不怨天也不尤人，即不抱怨说天命让我就这样了，也不往别人身上推卸[5]责任，说是别人导致我这样的。我要学习的就是要达到'上达'[6]，达到通

---

1) 风发(fēngfā)：분발하다, 바람같이 빠르다, 득의양양하다. 扬厉(yánglì)：용감하게 매진하다, 정신이 분발되고 의기가 양양되다, 떨쳐 일으키다.

2) "命中有时终需有，命中无时莫强求，得放手时须放手，眼前无路早回头。"(가질 수 있는 운명이라면 결국은 얻을 수 있을 것이요, 가질 수 없는 운명이라면 억지로 가지려 하지 말라. 버려야 한다면 곧 버려야 할 것이요, 눈 앞에 길이 아니라면 바로 돌아서라.)《增广贤文》 작자미상의 명대 아동계몽서에서 나오는 말이다.

3) 听天由命(tīngtiānyóumìng)：① 운명을 하늘에 맡기다. ② 천명에 따르다. ③ 되어 가는 대로 내버려두다. '听'은 '任凭'의 뜻, '由'는 '顺随'의 뜻. 동의어는 '听其自然' '听之任之'이고, 반대말은 '改天换地'이다.

4) 아래로는 人事를 배우고, 위로는 天理에 도달한다.

5) 推卸(tuīxiè)：① 전가하다. ② 회피하다. ③ 남에게 덮어씌우다.

6) 上达(shàngdá)：덕의를 통달하다.

天的道理，这里‘知我者其天乎’。(《宪问》14.35) 是指一种天地大道的规则，让自己如何能够合乎大道。

其实‘不怨天、不尤人’是我们今天经常说的话。就这样区区[1]六个字容易吗? 一个人如果做到这样的话，那就是硬生生[2]把很多你可以宣泄出[3]去的抱怨、苛责[4]都压在了自己的心里。因为你不再向他人推卸的时候，就意味着给自己少了很多开脱的理由。

那么孔子说为什么可以做到这样呢? 就是因为自己一个人内心的完善，自我的解读，合乎大道的追求，比你在这个社会上跟别人的要求、对别人的这种苛责都要重要得多。

孔子说:

‘君子上达, 小人下达’, (《宪问》14.23)

只有小人才会在人际纠纷[5]中不断地蜚短流长[6];只有小人总在琢磨[7]说别人如何不利自己，而君子宁可能在自己的内心建立一个大道之约。[8] 那么这种大道就是他所说是‘天命’，不见得要去做很多很多的技巧。这就是孔子所说的

‘不知命, 无以为君子也；不知礼, 无以立也；不知言, 无以知人也。’ (《尧曰》20.3)

在这里说了‘知命、知理、知言’三个境界。其实人生的成长是倒着的[9]，我们都是最先‘知言’，在与人言和读书中了解这个社会，这能够做到知人，知道他

1) 区区(qūqū) : 작다. 사소하다. 보잘것없다. 시시하다. 얼마 되지 않다.

2) 硬生生(的)(yìngshēngshēng(de)) : ① 딱딱하다. ② 어색하다. ③ 틀에 박히다.

3) 宣泄(xuānxiè) : ① 누설하다. ② 물길을 트다. ③ 물을 빼다.

4) 苛责(kēzé) : 통렬히 책망하다.

5) 纠纷(jiūfēn) : ① 다툼. ② 분쟁. ③ 분규.

6) 蜚短流长(fēiduǎnliúcháng) : 飞短流长(이러쿵저러쿵하다).

7) 琢磨(zhuómó) : ① 갈다. ② 사색하다. ③ 닦다.

8) 《于丹论语心得》는 "大道之约"를 "大道的信仰和追求"로 쓴다.

9) 倒着(dǎozhāo) : 거꾸로 입다.

人怎么样。但是知人之后不能够担保[1]你不尤人，你也会抱怨别人。因为每个人'尺有所短，寸有所长'[2]长短之间就会出现磕磕碰碰[3]。再下一个层次是'知理'，知理之后人就能做到'立'了。也就是说人自我建立之后，这种抱怨会少得多。更高的一个层次是'知命'，这个知命就是孔子所说的作为君子建立了一个自循环[4]的系统，他内心会有一种淡定的力量去对抗外界，这就是知命。

【于丹心语】

知天命就是内心有一种定力去对抗[5]外界。

所以五十才能够知天命，也就是说到这个时候，基本上可以做到不怨天、不尤人了。达到孔子这个境界，这是一种内心的定力。

其实这在庄子《逍遥游》中也有这样的一个表述。《逍遥游》中说，做到：

'举世而誉之而[6]不加劝[7]，举世而非之而不加沮，定乎内外之分，辩乎荣辱之竟，斯已矣。'

这就够了。什么意思呢？'举世而誉之'全世界都在夸你的时候、在劝你的时候、让你往前走一步的时候，而不加劝，这个劝是劝勉[8]的劝，就是自己再多走一步，在别人的鼓励和怂恿[9]下再多做一点，他说我不会。

那么'举世而非之'就是全社会都在苛责你、都在非难你、都在说你做错了的

---

1) 担保(dānbǎo)：① 보증하다. ② 담보하다.
2) 한 자라 해도 짧은 바가 있고, 한 치라 해도 긴 바가 있다(자가 치보다 길다.)《楚辭》의 〈卜居〉에 나오는 말로, 어떤 일이나 물건이라도 일장일단이 있는 이유로 한 자가 짧을 경우가 있고, 한 치라도 길게 여길 때가 있으니 함부로 속단하지 말라는 의미이다. 尺短寸長이라는 성어로 쓰인다.
3) 磕磕碰碰(kēkēpèngpèng)：충돌하다, 물건이 서로 부딪치다, 사람과 물건이 서로 부딪치다.
4) 循环(xúnhuán)：① 순환. ② 사이클. ③ 루핑 작업.
5) 对抗(duìkàng)：대항(하다). 반항(하다).
6) 而：而은 만약의 뜻
7) 劝(quàn)：노력하다.
8) 劝勉(quànmiǎn)：① 권면. ② 장려. ③ 격려.
9) 怂恿(zǒngróng)：① 방임하다. ② 내버려 두다. ③ 용인하다.

时候，而内心可以保持不沮丧[1)]，不加沮，这样才叫做定乎内外之分。

其实走到知天命的时候，就会让我们想起来金庸[2)]在武侠小说中写到的独孤求败[3)]的境界。也就是说在中国的武侠小说表述中经常我们会看到，一个少侠初出道之时[4)]，用着一口[5)]天下无双，锋利无比的青锋宝剑，在这个时候，所有那种萧萧剑气、那种张扬的光彩就是一个人的绚烂[6)]之极。[7)]

等到他武艺精进、人到三十来岁真正安身立命成为一个门派、一个掌门人[8)]，或者江湖上有名的一个侠客[9)]的时候，这个人可能会用一口不开刃的钝剑[10)]。因为锋利现在对他来讲已经不重要了，他的内功开始变得沉浑雄厚[11)]。

等到这个人四十来岁已经成为名动江湖的这么一个大侠，他已经超越了一个一个的流派，而成为一种道义化身的时候，这人可能只用一根木棍。也就说金属那样的一种锋利跟那种质地[12)]对他来讲也不重要了，有这么样一个外在的东西就可以了。

而等到他真正走到至高的境界，什么是独孤求败的境界？但求一败而不得。因为这个时候人手中是没有兵器的，这个时候十八般武艺[13)]全都内化了。也就

---

1) 沮丧(jǔsàng)：① 실망하다. ② 기를 꺾다. ③ 실망시키다.

2) 金庸(1924年3月10日)은 원래의 이름이 사량용查良镛이고, 유명한 무협소설 작가이다.

3) ‘独孤求败’는 金庸 武侠小说 人物 중 한 사람이다. 《신조협려神雕侠侣》에서 주인공 양과楊過는 독고구패獨孤求敗의 지도를 받았다.

4) 出道(chūdào)：스승에게서 학업을 다 배우고 스스로 일을 하다, 성취, 성과.

5) 一口(yīkǒu)：(～儿) (사람, 아가리가 있는 물건과 가축이나 기물을 셀 때) 한 마리. 한 자루. 한 개.

6) 绚烂(xuànlàn)：눈부시다, 찬란하다, 현란하다.

7) “那种张扬的光彩, 就是一个人的绚烂之极”을 《于丹论语心得》은 “舞动的風彩眞是绚烂之极”로 쓴다.

8) 掌门(zhǎngmén)：무림방파武林帮派의 우두머리. 책임자.

9) 侠客(xiákè) :① 협객. ② 의협심이 있는 사람.

10) 开刃儿(kāirènr)：날을 갈다, 날을 세우다, 날카롭게 하다. 钝剑(dùnjiàn), 무딘 칼. (펜싱의) 플뢰레(프랑스어 fleuret).

11) 沉浑雄厚(chénhúnxiónghòu)：깊고 심오하며 웅장하다.

12) 质地(zhìdì)：① 속성. ② 품질. ③ 재질.

13) 十八般武艺(shíbābānwǔyì)：십팔반무예. ‘창槍·극戟·곤棍·월鉞·차叉·구鉤·삭槊·환環·도刀·검劒·괴拐·편鞭·부斧·방棒·저杵·추錘·간鐧·당鎲’ 등 열여덟 가지 무기를 사용하는

是说他双手一出可能就能啸出[1]剑气;双拳一抡可能就能成为铜锤[2]，所有的武艺全都在这个人的内心里，全在他的肢体上。所以敌人为什么不能接这种招，不能破解呢？就是因为你不知道他熔铸了[3]多少武功，所以融会贯通的境界这一直是中国文化所崇尚的最高的境界。所谓知天命，其实就是把人间百态，人间学习的道理，最后达到了一种熔铸的提升。到了这个境界以后孔子说，六十而耳顺。

【画外音】

顾名思义[4]，耳顺就是什么样的话都能够听得进去! 但在现实生活中，我们常常会遇到不顺心的事，听到不好听的话，甚至看到不合理的事。即使六十多岁的老人之间也难免会发生争执[5]，我们如何才能真正做到耳顺呢?

孔子说:六十而耳顺，再听什么样的话，听人家说什么都觉得人家有道理，这一定是自己的天命了解了。[6] 在这个前提下，才能够做到最大地尊重他人。

什么是'耳顺'呢？就是任何一个事情，你会觉得有他存在的道理;听任何一种话，你会站在他的出发起点上去了解他为什么这样说。其实'耳顺'的境界，用中国文化的一个词来表述就是悲天悯人[7]。其实就是一种悲悯[8]之心，也就是说真正可以了解和理解所有人的出发点与利益，这是一种包容，这是一种体会。

무예.

1) 啸出(xiàochū) : 뿜어내다.

2) 铜锤(tóngchuí) : 구리로 만든 옛날 병기.

3) 熔铸(róngzhù) : ① 만들어 내다. ② 주조하다. ③ 창조해 내다. ④ 녹아나다.

4) 顾名思义(gùmíngsīyì) : ① 글자 그대로. ② 이름을 보고 그 뜻을 생각하다. ③ 이름 그대로.

5) 争执(zhēngzhí) : ① 고집을 부리며 양보하지 않다. ② 논쟁. ③ 의견의 충돌.

6) 于丹《论语心得》은 "对天命有了透徹的了释"로 쓴다.

7) 悲天悯人(bēitiānmǐnrén) : 세상(시대상)을 비탄하고 백성의 질고를 불쌍히 여기다.

8) 悲悯(bēimǐn) : 가엾이 여기다. 불쌍히 여기다.

【于丹心语】

耳顺就是悲天悯人[1]，理解与包容。

也就是说当你见到那么多人的时候，每个人以他的生活方式呈现的时候，我们是有理由惊讶[2]的，但是如果你的这个体系能够体谅[3]到他的体系，如果你知道他带着什么样生活历程走到今天，也许就会多了一番谅解。孔子为什么面对那么多学生都能够做到'因材施教'呢？其实这是一种高度。

有一个谚语[4]说得好，两朵云只有在同一高度相遇才能生成雨。高了也不行，低了也不行，其实'耳顺'之人是什么呢？就是不管这个云在五千米还是五百米，他总能体谅到在他这个高度、他的位置和他的想法。

其实一个人要想做到耳顺，是让自己先要做到自己无比辽阔[5]，可以愈合[6]不同的高度，而不是刻舟求剑[7]、守株待兔[8]，让自己的标准坚持在某一个地方。

其实用这样的观点来解释《中庸》也许更为恰当[9]。《中庸》其实是学习了所有外在知识之后，得到的内心的陶冶与熔铸[10]。这种陶冶熔铸就好象是我们说的小学、中学的时候经常做的一个物理实验。老师给一支铅笔，一个圆画成七等份，涂上[11]七

---

1) 悲天悯人(bēitiānmǐnrén)：성서로，혼란한 세상을 비탄하고 백성의 고통을 불쌍히 여긴다.

2) 惊讶(jīngyà)：① 놀랍고 의아하다. ② 경아하다. ③ 의아해하다.

3) 体谅(tǐliàng)：① 알아주다. ② 양해하다. ③ 이해하다.

4) 谚语(yànyǔ)：① 속어. ② 속담. ③ 이언.

5) 无比辽阔(wúbǐliáokuò)：비할 바 없이 아득히 멀고 광활하다.

6) 愈合(yùhé)：① 유합. ② 아물다. ③ 유합하다.

7) 刻舟求剑(kèzhōuqiújiàn)：① 각주구검. ② 미련해서 사태의 변화를 무시하는 어리석은 행동을 하다.

8) 守株待兔(shǒuzhūdàitù)：① 요행만을 바라다. ② 나무 그루터기를 지키며 토끼를 기다리다. ③ 융통성이 없다.

9) 恰当(qiàdàng)：① 알맞다. ② 적절하다. ③ 적당하다.

10) 陶冶(táoyě)：질그릇을 굽거나 쇠붙이를 불리다，훈육하다，연마. 熔铸(róngzhù)：만들어내다，주조하다，창조해 내다.(① 훌륭한 사람이 되도록 몸과 마음을 다스려서 바르게 함을 비유적으로 이르는 말. ② 도기를 만들고 쇠를 주조하다).

11) 涂上(túshang)：바르다.

种颜色，戳[1]在那个笔上一转[2]，出现的是白色，这种白就是绚烂之极之后。[3] 其实这就是一种外在的天地之理在自己内心的融合，达到这样的一个境界以后，才能达到孔子所说的年到七十‘从心所欲而不逾矩’。

【画外音】

每个人到了七十岁是不是都可能做到'从心所欲而不逾矩'呢? 我们是不是一定要等到七十岁才能达到这样一个生命个体所追求的最高境界呢? 于丹教授认为, 人生苦短, 等到七十岁就太晚了。那么, 我们怎么做才能早日达到人生的最高境界呢?

我曾经看到这样一个故事，说在有一座佛寺里那么供着[4]一个花岗岩[5]雕刻得非常精致的佛像，每天有很多人到这里膜拜[6]。但是通往这座佛像的台阶是跟它采自同一块山石的很多花岗岩。终于有一天，这些台阶变的不服气了[7]，他们对那个佛像提出抗议，说你看我们本是兄弟，我们来自于同一个山体，凭什么人们都踩着我去膜拜你呢？你有什么了不起啊？那个佛像就淡淡地对这些台阶们说了一句话，他说因为你们只经过了四刀就走上了今天的这个岗位，而我是千刀万剐[8]终以成佛。

所以我们看到的孔子所描述的人生的境界，越到后来越强调内心；越到后来越从容和缓。在这从容之前，其实要经历多少千锤百炼[9]，甚至于千刀万剐，只有了解一个外在过程，才能够稳健地[10]建树自己的内心。

---

1) 戳(chuō) : (끝이 뾰족한 것으로) 찌르다. 찔러서 구멍을 뚫다.
2) “戳在那个笔上一转”을 《于丹论语心得》은 “然後戳在笔尖上快速旋轉”으로 쓴다.
3) “这种白就是绚烂之极之后”를 《于丹论语心得》은 “这种白就是绚烂之极之后融合而成的一种颜色”로 쓴다.
4) 供着(gōngzhāo) : 모시다. 받들다.
5) 花岗岩(huāgāngyán) : ① 화강암. ② 돌대가리. ③ 고집불통.
6) 膜拜(móbài) : 부복하여 절하다.
7) 不服气(儿)(búfúqì(r)) : 복종(승복)하지 않다. 불만이 가라앉지 않다. 지려 하지 않다. 수그러들지 않다.
8) 千刀万剐(qiāndāowànguǎ) :① 갈래갈래 자르다. ② 갈기갈기 찢다.
9) 千锤百炼(qiānchuíbǎiliàn) : ① 많은 투쟁과 시련을 겪다. ② 세련되다. ③ 단련되다
10) 稳健(wěnjiàn) : 믿음직하다. 침착하다. 침착하고 힘이 있다.

孔子所说的这样一个人生历程的描述，也许对于我们今天来讲也是不同里程碑[1]上的一面镜子，照一照自己的心灵，是否已经立起来了；是否少了一些迷思[2]；是否已经通了天地大道；是否以包容悲悯去体谅他人；是否终于做到从心所欲？仅仅有这种关照还不够，因为人生苦短，在这样一个加速度的社会里让我们都等到七十年太晚了。其实人生有生理年龄、有心理年龄、有社会年龄，我们是有着多纬度[3]的年龄。真正有效率的生命是让我们也许在二十岁，也许在三十岁，能够提前感悟到四十岁、五十岁的境界，也许当我们四十岁的时候已经可以做到从心所欲那样的一种既定[4]从容了。今天的社会给大家的压力太大了，但是只有一个人有效地建立内心价值系统，才能把这种压力变成一种生命反张力。

【于丹心语】

只有建立内心的价值系统，才能把压力变成生命的张力。

英国的科学家公布过一个实验，这不是寓言，是一个真实存在的实验。他们为了试一试南瓜这样普普通通的一种廉价[5]的植物生命力能有多强？就做了一个实验。在很多很多同时生长的小南瓜上加砝码[6]，加的前提呢就是它承受的最大极限。既不要把它压碎了，也不要压得它不再成长，就在确保它在还能长的前提下压最多的砝码。那么不同的南瓜压不同的砝码，只有一个南瓜压得最多。从一天几克、一天几十克、几百克，到一天几千克，直到这个南瓜跟别的南瓜毫无二致地[7]长大，长成熟的时候，这个南瓜上面已经是压着几百斤的份量。最后的实验就是把这个南瓜和其他南瓜放在一起，大家试一试一刀剖下

1) 里程碑(lǐchéngbēi) : ① 이정표. ② 역사상 이정표가 되는 사건. ③ 획기적인 사건.
2) 迷思(mísī) : ① 음역의 'miss'. ② 갈피를 잡지 못하다. 판단력을 잃다.
3) 纬度(wěidù) : 위도.
4) 既定(jìdìng) : 기정의. 이미 정한. 기정. 《论语心得》은 '淡定'으로 쓰고 있다.
5) 廉价(liánjià) : 헐값(이다). 싼 값(이다). 염가(이다). 저렴(하다).
6) 砝码儿(fǎmǎr) : ① 저울추. ② 분동. ③ 방법.
7) 毫无二致(háowúèrzhì) : 조금도 다르지 않다.

去[1]是什么样的质地[2]? 当别的南瓜都手起刀落噗噗地[3]打开的时候，这个南瓜刀下去弹开了，斧子下去也弹开了。最后这个南瓜是用电锯[4]吱吱嘎嘎地[5]锯开的，南瓜果肉的强度已经相当于一棵成年的树干。

这是一个什么样的实验呢? 其实这就是我们今天的一个生命实验。这就是我们现代人所处的外在环境跟我们内在反张力最好的写照。在这样的压力下我们有理由不提前成熟吗?

其实"只争朝夕"[6]这句话用在今天是再合适不过了。一万年太久，七十年也太久。学习《论语》，学习经典，所有古圣先贤的经验最终只有一个真谛[7]，就是使我们的生命在这些智慧光芒的照耀下提升效率，缩短历程;让我们建立一个君子仁爱情怀，能够符合社会道义标准。不论是对自己的心，还是对于社会的岗位，都作出来一种无愧的交代，让我们越早提前实现那种最高的人生境界就越好。

我想圣贤的意义就在于千古之前以他简约的语言点出人生大道。看着后世子孙，[8]或蒙昧地、[9]或自觉地、或痛楚地[10]、或欢欣地，一一去实践，建立起来自己的效率，整合起来一个民族的灵魂;让我们那种古典的精神力量，在现代的规则下，圆润地融合成为一种有效的成份。然后让我们每一个人真正建立起来有用的人生。大概这就是《论语》给我们的终极[11]意义。

---

1) 剖下去(pōuxiàqù) : 刨下去(bàoxiàqù) : 깎다. 자르다.
2) 质地(zhìdì) : ① 바탕. 재질. 속성. ② 자질. 인품.
3) 噗噗(pūpū) : 칙칙폭폭. 푸석푸석.
4) 电(动)锯(diàn(dòng)jù) : 전기톱.
5) 吱吱嘎嘎地(zhīzhīgāgāde) : (톱질소리)슬슬. (수레바퀴소리)덜덜 .
6) 只争朝夕(zhǐzhēngzhāoxī) : 촌음을 아끼다, 분초를 다투다.
7) 真谛(zhēndì) : ① 진리. ② 도리. ③ 참뜻.
8) 《于丹论语心得》은 "看着后世子孙"를 "看着后世子孙"을 "而後世的子孫"으로 쓴다.
9) 蒙昧(méngmèi) : ① 우매하다. ② 미개하다. ③ 몽매하다.
10) 痛楚(tòngchǔ) : 고통. 비통. 아픔.
11) 终极(zhōngjí) : ① 최종. ② 최후. ③ 마지막.

孤舟蓑笠翁, 独钓寒江雪.

6. 交友之道

【画外音】

我们都知道这样一句话物以类聚[1], 人以群分。《论语》中对交友有非常明确的标准。谓之, 益者三友, 损者三友。那麽我们如何来分辨好朋友和坏朋友呢? 朋友对我们生活和事业又会产生什么样的影响呢。请收看北京师范大学于丹教授为我们讲《论语心得》。

人们常说, 在家靠父母, 出门靠朋友。社会环境中朋友是最重要的。物以类聚, 人以群分。从你的朋友身上可以照见自己的影子。于丹教授告诉我们《论语》中对交友有非常明确的标准, 谓之, 益者三友, 损者三友。也就是说, 好朋友有三种;坏朋友也有三种。这三种好朋友的标准是什么? 会给我们的生活事业带来什么样的帮助呢? 而那三种坏朋友又是什么样的呢? 会给我们的人生带来怎样的影响? 我们又如何来分辨好朋友和壞朋友呢? 请听北京师范大学于丹教授为我们讲《论语心得》之《交友之道》。

今天我们说一个话题, 关于《论语》中的交友之道。其实人这一生有什么样的朋友直接反映他是一个什么样的为人。好朋友就是一本书, 他可以打开整个你的世界, 也就是我们经常说的'物以类聚, 人以群分'。什么样的人你只要观察他的社交圈子, 从这样一个外在环境是可以看到他自已内心价值取向的。那么《论语》中鼓励交什么样的朋友呢? 很简单。

孔子说:在这个世界上, 交朋友有益者三友, 损者三友;益者三友是友直、友谅[2]、友多闻;他说還有三種壞朋友, 叫做友便辟[3]、友善柔、友便

---

1) 物以类聚(wùyǐlèijù) : 끼리끼리 어울리다. (주로 나쁜 사람들이 의기투합하여 한데 어울리는 것을 가리킴). 人以群分(rényǐqúnfēn), 사람은 같은 무리끼리 모이는 법이다, 유유상종, 끼리끼리 모이다.

2) 谅(liàng), 형성자形声字이다。《说文》은 "諒, 信也. 从言, 京声。"라 하였다. 성실하고 믿음이 있음을 말한다.

3) 偏辟(piānpì) : '偏僻', '便辟', '便僻'으로 쓸 수 있다. 谄媚逢迎(chǎnmèiféngyíng), '남에게 알랑거려 비위를 잘 맞춤' 혹은 또는 그런 사람을 지칭하기도 한다. 그런데 본문에서는 '성격

佞[1]。这三種損矣。

益者三友, 损者三友。
友直、友谅、友多闻, 益矣。友便辟、友善柔、友便佞, 损矣。(《季氏》16.4)[2]

先说三种好朋友，所谓益者三友就是友直、友谅、友多闻。也就是第一这个朋友为人要正值、要坦荡、要刚正不阿[3]。一个人不能有谄媚[4]之色，要有一种朗朗人格，在这个世界上顶天立地[5]，这是一种好朋友。因为他的人格可以映校你的人格，他可以在你怯懦[6]的时候给你勇气;他可以在你犹豫不前的时候给你一种果决，这是一种好朋友。

第二种是友谅，也就是宽容的朋友。其实宽容有的时候是一种美德，他是这个世界上最深沉的美德之一。我们会发现，当我们不小心犯了过错或者对他人造成伤害的时候，有时候过分的苛责[7]还有一种批评，都不如宽容的力量来得[8]恒久。

【于丹心语】
过分的苛责不如宽容的力量更恒久。

이 사나운 사람'으로 해석하고 있다.

1) 便佞(piánnìng) : 말 주변(花言巧语)은 좋으나 마음이 사악하다. 아첨하여 영합(阿谀逢迎 ēyúféngyíng)하는 사람. 何晏《集釋》는 鄭玄의 말을 인용하여 "便, 辩也。谓佞而辨."이라 하였다.

2) 佞(㑁, nìng)에 대하여 《說文》은 "巧讇高材也。从女, 信省。臣铉等曰 : 女子之信近於佞也."('아첨하다', '재능'이라는 뜻이다. 의미부 '女'와 '信'자의 생략형으로 이루어진 자이다. 서현이 말하였다. 여자는 아첨을 좋아하고 가까이 한다.)라 하였다. 아첨하다.

3) 刚正不阿(gāngzhèngbúē) : 강직하여 아첨하지 않다. '坚强不屈'의 반대말은 '阿谀奉承(ēyúfèngchéng)'가 있다.

4) 谄媚(chǎnmèi) : 아첨하다. 알랑거리다. 빌붙다. 奉承(fèngcheng).

5) 顶天立地(dǐngtiānlìdì) : 하늘을 떠받치고 땅 위에 우뚝 서다. (영웅적 기개를 형용하는 말)

6) 怯懦(qiènuò) : 겁이 많고 나약하다. 비겁하다.

7) 苛责(kēzé) : 통렬히 책망(비난)하다.

8) 来得(láide) : 할 수 있다. 잘하다. (동사 대신 사용되어 능력 · 방법 · 수단을 나타냄)

其实有时候最让我们内心受不了的是一个人在忏悔[1]的时候没有得到他人的怨气反而得到淡淡的一种包容，所以有一个好朋友，他会给我们内心增加一种自省的力量。

宽容的朋友不会使我们堕落或者更多地放纵[2]自己，反而会让我们从他人的内心包容上找到自己的弊病，[3]找到自己的缺失。所以有一个宽容的好朋友，他是一种做人的情怀、[4] 他是一种悲悯[5]、他是在这个世界上对于一花一叶、一草一木关怀中所折射出来[6]的光芒，这是第二种好朋友。

第三种叫做友多闻。在先秦那个时代，不像我们有电脑，有这么发达的资讯，[7] 有铺天盖地[8]的媒体。那个时候人要想广视听怎么办呢。最简单的一个办法交个好朋友。让你朋友所读的书，那些间接经验转化成你自己的直接经验系统。当你在这个社会上感到犹豫彷徨[9]有所踌躇[10]的时候，到朋友那里以他的广见博识为你做一个参考，来帮助自己做出选择。所以结交一个多闻的朋友就像翻开了一本辞典一样。我们总能从他人的经验里面得到自己的一个借鉴[11]系统。所以，这就是孔夫子所说的三种好朋友，叫友直、友谅、友多闻。

【画外音】

《论语》中的益者三友就是正直的朋友、宽容的朋友、广见博识的朋友。这就是孔老夫

---

1) 忏悔(chànhuǐ) : 참회하다.
2) 放纵(fàngzòng) : 내버려두다. 방임하다. 방종하다. 방심하다.
3) 弊病(bìbìng) : ① 폐해. ② 폐단. ③ 결함.
4) 情怀(qínghuái) : ① 심경. ② 심사. ③ 기분.
5) 悲悯(bēimǐn) : 연민. ① 가엾이 여기다. ② 불쌍히 여기다.
6) 折射(zhéshè) : ① 굴절. ② 표현하다. ③ 굴절하다.
7) 资讯(zīxùn) : 정보.
8) 铺天盖地(pūtiāngàidì) : 천지를 뒤덮다, 기세가 대단히 맹렬함을 형용.
9) 犹豫彷徨(yóuyùpánghuáng) : 주저하다. 망설이다. 머뭇거리다. 방황하다. 배회하다. 망설이다.
10) 踌躇(chóuchú) : ① 주저하다. ② 망설이다. ③ 머물다.
11) 借鉴(jièjiàn) : ① 참고로 하다. ② 거울로 삼다. ③ 본보기로 삼다.

子[1]所称道[2]的三种好朋友。那孔老夫子所说的三种坏朋友又是些什么样的人呢?

同时，他说还有三种坏朋友。叫做友便辟、友善柔、友便佞，这三者损矣。这是损者三友。这是三种什么人呢?

首先，什么是友便辟。就是性情暴躁[3]的朋友。那当然，每一个人的生活不一样，遇到的情况也不一样。很有可能遇到一件事，你还迷茫[4]的时候你的朋友先怒了，先告诉你这件事情不能这么做。咱们现在经常会看到，社会上说青少年犯罪有好多都是打群架[5]，打群架一不小心打出人命[6]了，这个孩子就判劳教了[7]。其实打出人命这件事情很少是一个孩子去单个所为，往往是一群孩子裹挟[8]在一起。

我在评全国法制节目奖的时候,[9] 有很多次都看到一个孩子当他打伤对方，甚至是误杀[10]了对方的时候，他还不知道对方是个什么人。他为什么要去呢?就是哥们儿[11]义气啊，就觉得我朋友说了大家要去打一架，所以一定要去。

其实这就说明你遇到这种暴躁的朋友，他一个人就像是一个炮仗捻[12]，他可以把一群朋友心中的一种义愤点燃,[13] 而这个义愤往往是没有理由的，往往是一种盲目义气。作为成年世界不见得说我们都要付出这种打群架的代价，但是

---

1) 老夫子(lǎofūzǐ) : ① 옛날, 가정 · 사숙의 교사. ② 옛날의 막료. ③ 오활한 지식인.
2) 称道(chēngdào) : ① 칭찬하다. ② 찬양하다.
3) 暴躁(bàozào) : ① 거칠고 급하다. ② 노하다. ③ 성내다.
4) 迷茫(mímáng) : ① 망망하다. ② 아득하다. ③ 멍하다.
5) 打群架(dǎqúnjià) : ① 패싸움을 하다. ② 패싸움하다.
6) 出人命(chūrénmìng) : 사상자가 생기다. 인명에 사고가 생기다.
7) "劳动教养"의 간칭. 노동 교도. (18세에서 25세까지의 문제 청소년을 수용하여 생산 노동과 정치 교육을 통해 갱생시키는 제도)
8) 裹挟(guǒxié) : ① 휩쓸어 가다. ② 사람을 말려들게 하다. ③ 형세.
9) 法制(fǎzhì) : 벌률법제.
10) 误杀(wùshā) : 법률 과실치사过失致死하다. 반대말은 '故死'이다.
11) 哥们儿(gēmenr) : ① 형제들. ② 동년배의 친구.
12) 炮仗捻(pàozhangniǎn) : 导火线(dǎohuǒxiàn) 도화선, 사건을 유발하는 직접 원인. 引火线(yǐnhuǒxiàn). 药捻儿(yàoniǎnr) : ① 도화선. ② 심지. ③ 심.
13) 义愤(yìfèn) : 의분. 点燃(diǎnrán) : 불을 붙이다. 점화하다.

一个人燃烧了一场愤怒，这对我们来讲也只有坏处，没有多少益处。

坏朋友为什么把便(偏)辟这种情绪暴躁作为第一位呢？因为盲目的激情有可能会出现永远无法追回的后果。好朋友之间应该以理性为先，告诉他怎么样去过上一种没有危险的生活。

我曾经看到说也是国外的一个故事：一位富孀，这个老太太家财万贯[1]，她自己想要招一个司机，她就在全国发出招聘广告，说我要看看哪个司机的驾驶技术最好。

千挑万选从众多的应聘者里面最后选出了三个人站在她面前，她给他们出了同一道题。她说如果我车子前方是个悬崖，我考考你们的技术，你能把车停在离悬崖多远的地方。第一个司机说我技术好，我能把车子停在离悬崖一米的地方，稳稳地刹住[2]；第二个司机很不服气[3]，说我技术比他好，我能把车停在离悬崖十公分的地方，我还能停住；第三个司机说，那我不像他们俩，我远远看见悬崖我就停住了。

后来老太太就录取了第三个人。因为在这个世界上，技术永远不是最终的保障。人规避风险[4]的理智才是他根本性的前提。

也就是说，这第三个人之所以被录取，不是靠他自己逞能[5]，而是靠他明智。

第二种叫做友善柔。

这个正好反着，这倒不是脾气特别暴躁的朋友，是脾气特别优柔寡断[6]的朋友。友善柔就是优柔寡断的朋友。我们发现，过分优柔寡断其实他在浪费你的生命能源。也可能你要去辞职了，你说有一个机会我要下海[7]或者我要跳槽[8]，

---

1) 万贯(wànguàn) : ① 1만 관의 동전. ② 만금. ③ 거액의 재산.

2) 刹住(chàzhù) : 차를 멈추다.

3) 不服气(儿)(búfúqì(r)) : ① 복종하지 않다. ② 불만이 가라앉지 않다. ③ 지려 하지 않다.

4) 规避风险(guībìfēngxiǎn) : 위험을 교묘하게 회피하다. 계획적으로 피하다. 피하다.

5) 逞能(chěngnéng) : ① 뽐내다. ② 거드럭거리다. ③ 무리하다.

6) 优柔寡断(yōuróuguǎduàn) : 우유부단하다. 주저하고 결단성이 없다.

7) 下海 : ① 바다에 나가다. ② 배를 띄우다. ③ 진수하다 ④ 옛날, 비직업 배우가 직업 배우로 되다. 비전문가가 프로가 되다. ⑤ (장사와는 무관하던 사람이) 장사에 뛰어들다. 장삿길에 나서다.

8) 跳槽(tiàocáo) : ① 원래의 구유를 버리고 다른 구유에 뛰어들다. ② 직업을 바꾸다.

你去问朋友。朋友说，啊呀，想想吧，你现在的地方也不错呀，你要是万一走了你什么什么就丢掉了。

我们有很多朋友都会在这种关键的时候给你一种制约的力量，让你觉得说我还是退一步吧，我还是慎重一点吧。

韩国人有个[1]形象的描述，说在这个世界上有这么一种东西它很怪，它前脸长头发，但是后边是一个秃脑勺，[2]这个东西迎着你面走过来的时候，由于它满脸头发，所以它面目不清，你不知道它是什么，你琢磨琢磨[3]等到它从身边走过去，你突然看清它了，你伸手去一抓，发现它后脑勺[4]上没有头发，它已经彻底走过了。[5]

这个东西叫什么呢？它的名字就是机遇。这个世界上机遇就是这么个怪物，它迎面走来的时候你永远心存疑虑，但是等它要走的时候你永远也抓它不着。善柔的朋友往往耽误[6]了你身边的机遇。我们发现在这个世界上有很多事情不在于你做与不做，而在于你什么时间做是有用的。其实生活中有很多事情是有保质期的。

你说一个罐头、一块糖，这个东西是不是好东西呢？没有说搁上[7]十年八年还是好东西的。过了保质期它就变成了毒药。我们这一生要做的很多事情，不要被过分优柔寡断的朋友干扰[8]了你的思维。这种朋友太多，也是一种危害。

---

1) 非常(fēicháng)：예사롭지 않은. 비상한. 비정상적인. 특별한.

2) 秃头秃脑(tūtóutūnǎo)：대머리. 까까머리. 까가머리. 脑勺子(nǎosháozi)：① 후두부. ② 뒤통수. '秃脑勺(tūnǎosháo)'는 '秃脑勺子'의 준말.

3) 琢磨琢磨(zhuómózhuómó)：생각하다. 사색하다.

4) 后脑勺子(hòunǎosháozi)：뒤통수. 후두부의 돌출 부분.

5) 그리스 신화에서 카이로스는 제우스의 막내아들이다. 순식간에 휙 지나가는 '순간의 신' 혹은 '기회의 신'으로 불린다. 젊고 아름다운 청년 카이로스는 용모가 특이하다. 풍성한 머리카락 한 타래가 이마를 덮을 뿐 뒤통수는 완전 대머리이고 알몸으로 다닌다. 아울러 양발에는 날개가 달려 있어 쏜살같이 사라진다. 그를 붙잡는 길은 이마의 머리타래를 부여잡는 길밖에 없다. '기회'는 다가올 때 잡아야지 일단 지나가고 나면 잡을 수가 없다는 의미이다.

6) 耽误(dānwu)：지체하다. 일을 그르치다. 시간을 허비하다.

7) 搁上(gēshang)：간격을 두다. 놓다.

8) 干扰(gānrǎo) 방해하다, 방해, 교란시키다.

至于第三种，所谓友便佞。这是最坏的一种朋友。大家都知道佞臣之说。佞，就是那种心怀鬼胎[1]的，有心计的，要以一种不择手段的方法去谋取个人利益的这种小人。

友便佞就是心怀鬼胎的朋友。

他们是真正的小人，是那种心理阴暗[2]的人。但是这种人往往会打扮出来一副善良面孔[3]。由于他内心有所企图[4]所以他对人的热情比那些没有企图的人可能要高好几十倍。所以你一不小心要是被这种人利用的话，那么这一生你就给自己套上了枷锁[5]。如果你不付出惨痛的代价，这个朋友是不会放过你的。这其实在考验我们自己的眼光和知人论事[6]的能力。

损者三友，益者三友。它告诉你，你在这一辈子里面所做的所有事情，内心是应该以朋友作为一个坐标的。这种标准有可能是防微杜渐的[7]。不见得这个朋友做出多么伤大雅[8]的事情来，哪怕就是一个苗头[9]，他可能就觉得说这个人做我的朋友，以后有可能是我的危险。

【画外音】

《论语》中的损者三友就是脾气暴躁的朋友、优柔寡断的朋友, 还有那些心怀鬼胎的朋友。这样的朋友可千万不能交, 否则我们将付出惨重的代价。但是好人坏人都不会写在脸上, 我们怎么样才能交到好朋友而远离坏朋友呢?

---

1) 心怀鬼胎(xīnhuáiguǐtāi) : 마음 속으로 꿍꿍이를 품다.
2) 阴暗(yīn'àn) : ① 어둡다. ② 음침하다. ③ 어둠침침하다.
3) 面孔(miànkǒng) : ① 낯. ② 얼굴. ③ 표정.
4) 企图(qǐtú) : ① 의도. ② 기도. ③ 꾀하다.
5) 枷锁(jiāsuǒ) : 칼과 족쇄. 멍에. 가쇄.
6) 知人论世(zhīrénlùnshì) : 역사상의 인물을 이해하기 위해 그 시대 배경을 연구하다.
7) 防微杜渐(fángwēidùjiàn): 나쁜 일이 아직 경미할 때 더 이상 커지지 못하게 방지하다.
8) 无伤大雅(wúshāngdàyǎ) : 영향을 받지만 결정적인 일에는 방애를 받지 않다.
9) 苗头(miáotou(r)): 조짐. 전조. 실마리.

孔子所有伦理的核心就是一个字，是仁[1]。那么究竟什么是仁呢?

他的学生樊迟[2]曾经问过老师，说老师，什么是仁? 老师只回答了两个字，叫爱人。真正爱他人就是仁。

他学生又问，什么叫智慧? 问智的时候，老师又回答了两个字，叫做知人。了解他人就是智慧。所以其实我们怎么样能够交到好朋友需要有仁有智。

我们心中对他人要有爱，你能去有交朋友的意愿[3]。我们有辨别他人的能力，能够交到有品质好朋友，这是一种交友的能力。所以真正交朋友需要两个前提:一是意愿，二是能力。意愿就是我们有仁，那么能力就是我们有智。这是我们一种保障交朋友质量[4]的最好的底线[5]。所以从这个意义上来讲，交到一个好朋友其实就开创了一份好生活。

其实我们的朋友有的时候会是我们的一面镜子，你从他的生活里面能看见自己的影子，但是也有些人是无心[6]之人，你老跟朋友在一起，自己反而不自省，你不知道什么是好坏。

大家知道，在史记里面写道≪晏子列传≫。说晏子[7]有一个车夫，这个车夫很有意思，他觉得自己给齐国的宰相驾车，这多么风光[8]啊。

这个车夫人长得特别帅，个子高高的，相貌堂堂。而齐国的名相晏婴，大家知道是一个五短身材，其貌不扬，看起来还有点猥琐[9]就这样一个人。所以这个车夫每天觉得说我这个位置好，我坐在前面，晏子坐在我后面，我驾着高

---

1) 《说文解字》에서는 "仁，親也. 从人从二. 忎古文仁从千 心. 𡰥古文仁或从尸. ('仁'은 '친하다'의 의미. '人'과 '二'로 이루어진 회의자. 고문은 '千'과 '心'자를 써서 '忎'로 쓴다. 혹은 '尸'를 써서 '𡰥'로 쓰기도 한다.")라 하였다.

2) 樊迟(前515--?) : 이름은 '수須', 자는 '자지子遲', 공자의 학생.

3) 意愿(yìyuàn) : ① 소원. ② 염원. ③ 바람.

4) 质量(zhìliàng) : ① 질량. ② 질. ③ 품질.

5) 底线(dǐxiàn) : ① 골라인. ② 풋라인. ③ 밀정.

6) 无心(wúxīn) : ① 생각이 없다. ② …을 하고 싶지 않다. ③ …할 기분이 안 나다.

7) 晏婴(BC578年-BC500年), 자는 중仲이고, 시호謚號는 평平이다. 일반적으로 평중平仲이라고 부르기도 하고 안자晏子라고도 한다. 부친인 안약晏弱이 제齊나라 영공靈公 26년에 병사하고, 안영晏婴이 상대부上大夫를 이어받았다.

8) 风光(fēngguāng) : ① 풍경. ② 경치. ③ 영광스럽다.

9) 猥琐(wěisuǒ) : ① 옹졸하다. ② 쩨쩨하다. ③ 용속하다.

头大马[1]，我在外面风风光光[2]，晏子在车棚里面坐着，觉得我这个职业太好了，每天都无比风光。[3]

后来终于有一天，回到家的时候发现他夫人在家哭哭啼啼的，自己收拾了东西要回娘家。他特别惊讶，他说你要干什么，他夫人说，我实在忍受不了，我打算离开你，我觉得我跟你在一起我挺耻辱的。

这个车夫大惊，说，你看，你不觉得我风光吗？他夫人说，你以为什么叫做风光？说象晏婴那样一个人，以他那样一个治世之才，他自己如此谦恭，坐在后面毫不张扬，而你不过就是一个车夫而已。你那样觉得风光无限，你的趾高气扬[4]全在脸上，这就是我人生最大的耻辱了。因为你跟晏子这样的人每天在一起，还不能用这个人作为你生命的坐标，这就是我对你的绝望。

其实这个故事传出来以后，后来晏婴跟这个车夫说，你有这样一个夫人，就冲[5]你有这个夫人我就应该给你一个更好的职位，反而提拔了这个车夫。

这是一个什么故事呢？这就是说，我们周围有很多人他们的生活方式和他们每天的处事态度都成为我们的镜子。所以《论语》中提倡交那种平和的、谦逊的、团结他人的朋友，这是一个原则。

【画外音】

俗话说，物以类聚，人以群分。朋友就像是我们自己的一面镜子。你自己是一个什么样的人你就会交到什么样的朋友。于丹教授认为，《论语》中除益者三友、损者三友外还有一些交友原则，这些原则又是什么呢？

《论语》中从来不主张你去结交富豪、有权势的人。大家知道中国有一个诗派叫做田园山水诗派。陶渊明开创了我们的田园诗派。陶渊明[6]的生活是什么样的

---

1) 高头大马 : ① 커다란 말. ② 몸집이 큰 사람. ③ 덩치가 큰 말.
2) 风风光光(fēngfengguāngguāng) : 아주 영예로운. 체면이 서는.
3) 无比(wúbǐ) : 더 비할 바가 없다. 아주 뛰어나다. (주로 좋은 방면에 쓰임)
4) 趾高气扬(zhǐgāoqìyáng) : 의기양양하다. 득의양양하다. 우쭐거리다. 잘난 체하다.
5) 冲(chōng) : ① (끓는 물 등을) 붓다. 뿌리다. 물에 풀다. ② (물로) 씻어 내다. 가시다. 쓸어 내리다. ③ 충돌하다. 부딪치다. (주로 저촉되는 사상·감정 등에 쓰임)
6) 陶渊明(약 365年-427年) : 자는 원량元亮, 오류선생五柳先生이라고도 부르고, 정절선생靖節先

呢? 他是那种极其简陋但极其欢乐的。

《南史[1]隐逸[2]传》里面记载说陶渊明自己不解音律, 他根本不懂音乐, 但是他要蓄素琴一张。自己有一张琴叫做素琴, 也就是没有琴弦的一段木头。

这么一段木头连弦都没有他怎么弹呢? 他就是只要有朋友来的时候, 自己每每有会意就开始抚弄[3]这段木头。把这个琴弹得绘声绘色[4], 经常弹得自己痛哭失声, 觉得自己所有内心的悲怆全都寄予其中。而真正听得懂的朋友是会为之动容的[5]。

陶渊明自己守着这么一段无弦琴, 弹奏他心灵的音乐, 弹得高兴就开始跟朋友们说自己喝多了, 说我醉欲眠, 卿可去。

我已经喝高了你们走吧, 朋友们也都不计较他的得失就走了而已。这是一种快乐的日子, 但是这只可为智者会不可为小人道。

我曾经看到台湾著名的散文家林清玄写的一篇散文, 他说他的一个朋友跟他讲说你给我写一副字我挂在书房里, 你要写非常简单的让我每天看了以后就有用的一句话。

他想了半天就信手[6]写了一个叫'常想一二'。那个朋友不懂, 说为什么是这么四个字? 林清玄就给他解释。他说大家都说这个世上不如意事常八九, 可与言者无二三。那么我们就算认可这个世上不如意事常八九吧, 但是起码还有一二如意事。我帮不了你太多, 但是我只可以告诉你, 就常想一二吧, 想一想那些快乐的事情, 去放大快乐的光芒, 去抑制心底的不快, 这就是一个朋友能够为你做的最好的事情。

生이라고도 한다. 후에 이름을 잠潛이라 고쳐 불렀다. 동진東晋 말기에서 송宋나라 초기初期의 시인詩人이자 문학가文學家이다. 작품으로는《음주飮酒》·《귀원전거歸園田居》·《도화원기桃花源記》·《오류선생전五柳先生傳》·《귀거래혜사歸去來兮辭》·《도화원시桃花源詩》 등이 있다.

1)《南史》는 唐나라 李延壽 등이 편찬한 역사서. 二十四史 중의 하나.

2) 隐逸(yǐnyì) : 은일하다. 세상을 피해 숨어 살다.

3) 抚弄(fǔnòng) : 어루만지다. 쓰다듬다. 만지작거리다.

4) 绘声绘色(huìshēnghuìsè) : (묘사나 서술이) 생생하다(핍진하다).

5) 动容(dòngróng) : (얼굴에) 감동의 빛이 어리다(돌다 · 띠다). 감동된 표정을 짓다.

6) 信手(xìnshǒu) : 손가는 대로 가져오다. 문장을 쓸 때, 낱말이나 재료가 풍부하여 자유자재로 전고典故를 이용하는 것을 형용하는 말이다.

【于丹心语】

结交那些快乐的，能够享受生命的，安贫乐道的朋友。

我们知道有这样一个寓言，一个来自西方的寓言。说有一个国王，他每天都不快乐，他过着锦衣玉食[1)]的日子，他仍然不快乐。天下所有至极的宝物、美色、声色犬马[2)]都满足他了，他还不快乐，他说怎么办呢?

后来御医看了半天，给他开了一个方子，说让你大臣去全国找，必须找到一个最最快乐的人，然后把他的衬衫给拿回来，你穿上就快乐了。

然后呢大臣们就去找了。到最终终于找到了一个不可救药[3)]的快乐的人，但是最后跟国王说没办法我们拿不回来。国王说你怎么能不给拿回来，我就想快乐，你必须把他的衬衫给我拿回来。最后大臣们跟他说，那特别快乐的人他是个穷光蛋[4)]，他一件衬衫都没有，他从来就是光着膀子的[5)]。

其实这个寓言也是一个诠释[6)]。也就是说，生活中真正心灵的快乐跟外在的物质生活不见得有紧密相关的联系。《论语》是个什么时代？那是一个物质生活极其贫匮[7)]的时代。在那个时代真正快乐的力量来自于什么地方，其实也就来自于一种心灵、来自于一种教养、来自于一种憧憬[8)]。

【画外音】

我们每一个人都想交到快乐的好朋友。但是于丹教授认为和朋友交往是要有三个心理原则的，如果你违背了这些原则你就将会成为一个不受欢迎的人，谁都不会愿意与你

---

1) 锦衣玉食(jǐnyīyùshí)：호사스러운 생활. 玉食锦衣，锦衣肉食，锦衣美食.
2) 声色犬马(shēngsèquǎnmǎ)：'声'은 음악 소리，'色'은 미색을 말하는 것으로 사치스런 생활을 가리킨다. "声色狗马"。가무 · 여색 · 개 사육 · 승마 (옛날，지배 계층의 부패하고 음탕한 생활을 가리킴)
3) 不可救药(búkějiùyào)：① 병이 심해서 치료할 방법이 없다. ② (사람이나 사물이) 만회할 수 없는 지경에 이르다.
4) 穷光蛋(qióngguāngdàn)：① 빈털터리. ② 알거지.
5) 光着膀子(guāngzhāobǎngzi)：상반신을 드러내다.
6) 诠释(quánshì)：설명(하다). 해석(하다). 메시지.
7) 贫匮(pínkuì)：가난하다. 모자라다. 부족하다.
8) 憧憬(chōngjǐng)：① 동경. ② 동경하다 때묻지 않은 천진난만함.

交朋友。那么, 这三个重要的原则是什么呢?

那么除了交这种快乐的朋友以外, 孔夫子还交给大家一个道理。就是在交友之中的尊敬和尺度[1)]。好朋友是不是就意味着打成一片? [2)]我们现在经常说谁跟谁好得穿一条裤子[3)], 这是好朋友吗? 其实在这个世界上, 所有没有分寸[4)]没有尺度的事情都会做到过犹不及。

这过犹不及是《论语》中一个重要的哲学思想。它不仅仅表现在交友之道上, 它表现在一切原则上。所以真正的好朋友一定是应该有分寸的。这就是孔子所说的。

'侍于君子有三愆[5)], 言未及之而言谓之躁 ; 言及之而不言谓之隐 ; 未见颜色而言谓之瞽.' (《季氏》 16.6)

你真正跟一个君子交朋友的时候, 你心里是要有三个原则。什么时候说话, 什么时候不说话, 自己要有尺度。第一, 言未及之而言谓之躁。话还没说到那儿你就出来说话了, 这叫毛毛躁躁[6)]。这是反映一个人的急躁, 这不好。

【交友原则之一】

不要抢话[7)]说

大家有大家的公共话题, 一定要听到众望所归[8)], 大家期待一个话题的时候, 你徐徐道来, 这个时候才是合适的。

---

1) 尺度(chǐdù) : ① 척도. ② 표준. ③ 제한.
2) 打成一片(dǎchéngyípiàn) : (주로 생각 · 감정이) 하나가 되다. 한 덩어리가 되다. 한데 뭉치다.
3) 两个人穿一条裤子(liǎnggerénchuānyītiáokùzi) : 두 사람이 바지 하나를 입다. (축자적인 뜻) 두 사람의 사이가 매우 좋다. 두 사람이 한통속이 되다.
4) 分寸(fēncun) : (일이나 말의) 분별. 분수. 주제. 한계. 한도.
5) 愆(qiān) : 과실
6) 毛躁(máozao) : ① 조급하다. ② 세심하지 못하다. ③ 침착하지 못하다.
7) 抢话(qiǎnghuà) : ① 말을 가로채다. ② 앞다투어 말하다. ③ 말참견하다.
8) 众望所归(zhòngwàngsuǒguī) : 뭇사람이 기대하는 바이다, 뭇사람의 촉망이 쏠리다. 인망이 높다.

那么我们每个人其实都有一些内心的东西想要给整个世界看，要不然怎么现在会有博客呢[1]？其实博客就是一种个人愿望急切地要展现给别人看，在过去没有博客大家就靠说话，所以大家在一起总有一些抢话的人。现在大家也会发现，朋友聚起来的时候，总有一些人跳出来，比如我最近去打猎了，我最近升职了。或者有一些女朋友聚会，上来就会说我男朋友怎么样，或者我的孩子怎么样，这都是她特别想说的话题。

但是这些话题是不是大家一定关心的呢，也就意味着一个人说话的时候就剥夺[2]了其他人话题的权利。因为这种谈话在一个时段里面总会有一个人占主导[3]，所以言未及之跳出来说这是不好的。但是还有另外一个极端。[4]

第二种情况，言及之而不言谓之隐。也就是说话题已经说到这了，你要自然而然地往下说，反而你吞吞吐吐[5]、遮遮掩掩[6]、意犹未尽，[7]不跟大家说心里话，这种朋友让大家心里也会存有隔膜[8]。

【交友原则之二】

不要有话不说

话题已经自然而然到这，你干嘛不说呢？一个人会觉得我这个时候说出来会不会被他们当作谈资。[9] 我要保护我自己或者我故作矜持[10]或者我要吊大家的胃

---

1) 博客 : Blog 혹은 blogger의 음역. '博'은 '广博'의 의미이고, '客'은 'Blog'을 보는 사람의 의미를 포함하고 있다. 혹은 '部落格'(部落阁)나 '部落客'라고 칭하기도 한다.

2) 剥夺(bōduó) : ① 박탈하다. ② 빼앗다.

3) 占主导(zhànzhǔdǎo) : 주도적 지위를 차지하다.

4) 极端(jíduān) : 극단. 아주. (지)극히. 몹시. 매우. 대단히. 극도로.

5) 吞吞吐吐(tūntūntǔtǔ) : ① 우물쭈물하다. ② 횡설수설하다. ③ 떠듬거리다.

6) 遮掩(zhēyǎn) : ① 숨기다. ② 덮어 가리다. ③ 막다.

7) 意犹未尽(yìyóuwèijìn) : 아직 흥이 남아 있다. 아직 모두를 말하지 않다. 아직 모두 마치지 않다.

8) 隔膜(gémó) : ① 격막. ② 거리. ③ 간격.

9) 谈资(tánzī) : ① 이야깃거리. ② 화제.

10) 矜持(jīnchí) : ① 어색하다. ② 스스로 억제하고 조심하다. ③ 진중하게 행동하다. 자부하다. 자기가 잘났다고 여기다. 긍지를 갖다.

口。[1]总而言之，我们在聚会上也经常会发现这种人。该他说话这个话题不说了，这种情况也不好。然后第三种情况，就是今天我们老百姓所说的没眼色。孔子说：未见颜色而言谓之瞽。这个瞽说得很严厉。这个字什么意思？就是瞎子。就是一个人不看别人的脸色上来就说话，这就叫瞎子。

【交友原则之三】

不要闭眼瞎说[2]

你看看别人希望说什么，你能不能够说出来最合适的话。你还需要自己有心理准备，你要对对方了解。其实朋友之间永远是有尊敬有顾忌的[3]。不只是朋友，包括更亲的亲人，夫妻之间、父子之间难道就没有顾忌吗?

其实每一个成年人都有他生命中的光荣与隐痛，真正的好朋友是不断的放大他的光荣而永远不去触及他的隐痛，这就需要你有眼色。你就要知道他喜欢听什么，不喜欢什么。当然这跟投其所好[4]不同，这在于你是不是给朋友一个宽和与友好的气场，让他跟你沟通下去。

在世界采访历史上，有这么一个著名的段子。

说美国好莱坞拍了《乱世佳人》之后[5]，费雯丽[6]一举成名。这部电影获得了十一项奥斯卡[7]提名。当这个电影风光无限首次去欧洲巡演的时候，费雯丽的班机降落在伦敦停机坪上，成千上万的记者在下面围着。

有这么一个没有眼色的记者冲在了最前面，他冲上去非常热烈的第一个问题

---

1) 吊胃口(diàowèikǒu) : ① 상대방의 비위를 맞추다. ② 맛있는 음식으로 식욕을 돋구다. ③ 흥미나 바람을 야기시키다.

2) 闭眼瞎说(bìyǎnxiāshuō) 눈이 멀어(모르고), 허튼소리를 하다.

3) 顾忌(gùjì) : ① 꺼리다. ② 망설이다. ③ 주저하다.

4) 投其所好(tóuqísuǒhào) : ① 남의 비위를 맞추다. ② 영합하다.

5) 《乱世佳人》은 한국어로 《바람과 함께 사라지다》이다.

6) 费雯丽는 비비안리(Vivien Leigh)이다.

7) 奥斯卡(àosīkǎ): 오스카상(Oscar賞). '바람과 함께 사라지다'는 제 12회 아카데미 오스카상(1939년)에서 여덟 항목에서 대상을 받았다.

就是问刚刚走出旋梯[1)]的费雯丽说：请问你在这个电影里扮演什么角色[2)]？ 这一句话费雯丽转身就进了机舱[3)]再也不肯下来。

这属于什么呢？ 这就属于你对于对方毫无了解。在毫无了解的情况下说的这句话，这就像瞎子一样。其实，我们都希望人生过得更有效率，我们希望跟朋友在一起会更好，那怎么样会更好？ 就是更多一点沉默的关爱去了解别人的心。这就是孔子所谓的知人才谓之智。你了解别人的内心你才能够真正把好的东西、他最有效的东西发挥出来。所以呢，他的学生子贡曾经去问过老师，子贡问友。

【画外音】

老师, 您说什么叫朋友啊? 你要好好地跟他说出你忠实的劝告, 如果他不喜欢听, 那你就不要再说了, 不要自取其辱。

老师就告诉他说，'忠告而善道之，不可则止，勿自辱也。'（《颜渊》）说一个好朋友就是对你要说出来那些个忠告，但是忠告良药一定苦口吗，一定要当头棒喝[4)]吗？ 你可以娓娓道来[5)]，这叫善道之。不见得要声色俱厉，你好好跟他说，但是不可则止，一定要知道说得不投机就停下来，不要自取其辱。所以这就是朋友之间的分寸把握。朋友之间也不能说你揪[6)]着对方，你必须要怎么怎么样。

其实在今天这个社会里，包括父母对孩子都不能提出要求，我让你报哪个志愿你非报不可。每一个个体都是值得尊敬的，朋友之间的这种尊敬，好好地说出你的忠告尽你的一份责任，这就是好朋友了。所以好朋友从不做过分的事。不要对朋友的态度过分，也永远不要鼓动朋友去做过分的事情。

---

1) 旋梯(xuántī) : ① 회전 사닥다리. ② 나선계단. ③ 나선층계.
2) 角色(juésè) : ① 배역. ② 인물. ③ 명사.
3) 机舱(jīcāng) : ① 기관실. ② 객실 및 화물을 적재하는 곳. ③ 기내.
4) 棒喝(bànghē) : ① 선승이 경책으로 때려 대갈하고 오도로 인도하다. ② 미망을 깨닫게 하다. ③ 통봉을 가하다.
5) 娓娓而语(wěiwěiéryǔ) : 흥미진진하게 말하다. 감칠맛 나게 줄줄 이야기하다.
6) 揪(jiū) : 꼭 붙잡다. 틀어쥐다. 잡아당기다. 끌어당기다.

这其实就是孔子所说的什么是好朋友？ 好朋友是在我们的身边永远让我们以清明理性远离危险的人，同时又是用一种快乐之心鼓励我们坦荡而欢乐去面对生活的人。

【画外音】

人们常说，在家靠父母，出门靠朋友。可见朋友在人的一生中是非常重要的。而人在一生中不同的年龄阶段所交的朋友是不一样的。我们如何在不同的年龄阶段都交到有益于我们的好朋友呢？ 于丹教授认为，人生有三个很大的坎[1]，这三个大坎是什么？ 我们又该如何平安度过呢？

孔夫子说，人这一辈子，其实说起来七八十年好像很长。但是划分一下阶段，每一段上会有一个坎。人这一生也就是三个很大的坎。如果你越过去了的话你一生就无大碍。 这三道坎是什么呢？ 在少年的时候血气未定，戒之在色。及至中年血气方刚，戒之在斗。那么到晚年呢，血气既衰，戒之在得。

'君子有三戒。少之时血气未定，戒之在色。及其壯也，血气方刚，戒之在斗。及其老也，血气既衰[2]，戒之在得.'（《季氏》16.7）

人在少年的时候是他血气未定之时，一个人容易冲动，什么样的想法都不成熟的时候，这个时候戒之在色。

少年戒之在色

那么在这个时候，朋友之间大概往往都是在情感问题上会出现一些相同的或

1) 坎(kǎn) : 감괘. 팔괘(八卦)의 하나. (～儿)(논밭의) 두둑. 두렁. (～儿) 위기의 순간. 고비. 고개. 난제. 요점. 급소. 핵심. 정곡.

2) '(气)'자에 대하여, 《說文》은 "气, 饋客芻米也。从米, 气声."('손님을 대접하는 사료와 양식'이라는 뜻이다. 의미부 '米'와 소리부 '气'로 이루어진 자이다)이라 하고, '(衰)'자에 대하여 "艸雨衣。秦谓之草。从衣象形. , 古文衰."('풀로 만든 비옷', 진나라는 '草'라 한다. 의미부 '衣'는 비옷의 모양이다. 고문은 로 쓴다.)라 하였다. '衰'자는 '蓑(도롱이 사, suō)'로도 쓴다.

者相左[1]的意见。也就是我们经常看到的大学里面学生出问题，很多都是在恋爱问题上。所以说血气未定的时候要在心里把情感问题作为大事处理好。

过了这个坎到了中年，及至中年，就是我们说的血气方刚。一个人家庭稳定了，职业稳定了，社会圈层、朋友，包括你的薪酬[2]待遇基本上到了稳定的时候。想的是什么呢？想的是与人争斗而谋求更好的空间。

所以孔子的提醒就一个字，叫做戒之在斗。

中年戒之在斗

人在中年的时候，最大的警戒就是不要跟人争斗。这个时候与其与人争不如反观要求自己。

印度的大诗人泰戈尔有一句话说得很好，他说我不能选择最好的，我只能选择最好的来选择我。他选择的是一种等待的态度。其实这是一种什么样的观念？也就是说你与其与他人斗，不如跟自己的能力斗。

【于丹心语】

与其与他人斗, 不如跟自己的能力斗

如果你觉得说一个更好的薪水、更好的职位、更好的学校，为什么你没有进去呢？那你想一想是不是自己还不够好。如果通过你的修炼让自己更好一点，那个机遇也许会选择你。所以戒之在斗的时候交朋友最当慎重。我们会经常发现有一些朋友他老鼓动你，他会说你觉得谁谁谁就比你强啊，为什么他就有那个位子，你觉得谁谁谁是不是就是你最大的障碍啊，你现在就应该要搬掉他。所以在中年的时候交朋友要交那种平常心的朋友。

为什么中国人有一句话叫做君子之交淡如水。[3]如果中年能够交到那种淡淡的

---

1) 相左(xiāngzuǒ)：① 어긋나다. ② 일치하지 않다. ③ 길이 어긋나다.

2) 薪酬(xīnchóu)：① 봉급. ② 보수.

3) “君子之交淡若水，小人之交甘若醴。”(《庄子 · 山木》). (군자의 사귐은 물과 같이 담백하고, 소인의 사귐은 단술같이 달다.)

而超乎功利的朋友。他永远都会是你身边的一个抚慰[1]、一个栖息地，但是他不是鼓动你去争斗的人，这就已经是人之大幸了。

那么到晚年呢？晚年的时候按孔子的说法叫血气既衰。人年老了，从你整个的生命体征[2]，到你的心理状态都已经开始走向了平缓[3]。

像罗素[4]所说的那种湍急[5]的河流冲过山峦终于到了入海的时候，表现出来一种平缓和辽阔。在这个时候人还有所戒吗？孔子说还有一个字，叫做戒之在得。就是你的得到。

老年戒之在得

这里面其实是大有深意的。

人这一生都是在用加法生活，但是到一定层次的时候要开始用减法生活。因为人在年青的时候你要收获友谊、收获金钱、收获情感、收获你的功勋，你收获了很多很多之后，如果我们不学会抛弃。那么，就像是一个新家，被东西堆得满满当当[6]一样。你自己的心灵会被所得而堆满，最后会累于得。也就是说你的所得是你生命中最大的拖累。[7]

所以我们也经常看到老年朋友在一起互相的交流都是什么呢？往往都是抱怨，抱怨的其实都是他们的所得。比如说怨儿女，说小的时候一把屎一把尿[8]把你拉扯[9]大了，到现在你们都去忙了不孝顺，不回来看了，很伤心。

再有就是抱怨说你看现在社会发展的多不合理啊！我们当年干革命的时候，

---

1) 抚慰(fǔwèi)：① 위안하다. ② 위로하다.

2) 体征(tǐzhēng)：신체적인 증상. 병증. 병의 증상.

3) 平缓(pínghuǎn)：(지면이) 평탄하다. (마음·말씨 등이) 온화하다. (속도 등이) 완만하다. 느리다.

4) 罗素(luósù)：버트런드 러셀. 분석철학의 창시자. 노벨 문학상.

5) 湍急(tuānjí) ① 물살이 세다. ② 세다. ③ 급하다.

6) 满满当当(mǎnmǎndāngdāng)：① 가득가득하다. ② 그득그득하다. ③ 가득하다.

7) 拖累(tuōlěi)：연루되다. 번거롭다. 누를 끼치다.

8) 一把屎一把尿(yìbǎshǐyìbǎniào)：부모가 매우 고생스럽게 자녀를 양육하는 것을 나타냄.

9) 拉扯(lāchě)：힘들게 부양하다. ① 돕다. ② 결탁하다. ③ 끌다.

我们一个月才拿几十块钱，你看看我孙女现在一去外企，她进去就是三四千块钱，你觉得这对我们老干部公平吗?

如果老在说着这些东西的话，那么你的所得就变成你生命的一种隐痛。因为人有得就会患所失。人有得以后就会在得上有所抱怨。其实纵观下来[1]，《论语》里面真正专门说到交友之道的言论并不多。但是它交给我们一种智慧，选择一个朋友是选择一种生活方式。而能够选择什么样的朋友，先要看自己配交什么样的朋友? 自己站在一个什么样的人生坐标上[2]，自己有什么样的心智，自己有什么样的风采[3]，自己在朋友圈子里面究竟是一个良性元素还是一个惰性元素[4]，究竟自己是有害的还是有益的?

所以一个好人他可以是一粒种子，他可以激化[5]整个朋友圈层[6]。也就是说自己修身养性是交到好朋友的前提，而交到好朋友等于给自己打开一个最友善的世界，能够让自己具有光芒[7]的一生。

---

1) 纵观(zòngguān) : ① 공관하다. ② 마음대로 보다. ③ 종람하다.

2) 坐标(zuòbiāo) : 좌표.

3) 风采(fēngcǎi) : ① 풍모. 풍채. ② 문채(文采).

4) 惰性(duòxìng) : ① 타성. 오래되어 굳어진 버릇. ② 물리 타성(惰性). 관성(慣性). ③ 화학 불활성(不活性).

5) 激化(jīhuà) : 격화되다. 격화시키다.

6) 圈层(juāncéng) : 계층. 그룹, 단체.

7) 光芒(guāngmáng) : ① 빛. ② 광망. ③ 빛발.

7. 天地人之道

【画外音】

《论语》所记载的，是孔夫子从生活中演绎[1]出来的为人处世[2]的经验和他对弟子的教导。宋代开国宰相赵普[3]曾经标榜[4]说，自己是用半部《论语》治天下[5]，可见古人对《论语》的推崇之极。其实《论语》中许多经典的词句，是我们许多人都耳熟能详的[6]，但是我们真正理解其中的含义吗？这部曾被古人誉为治国之本的《论语》，对我们现代人来说，还具有什么实际意义吗？北京师范大学于丹教授认为，这部曾经统治中国社会思想两千多年的儒家经典仍然能为我们现代人构建和谐社会，建立良好的人际关系，提供一份温馨[7]的劝导。敬请关注于丹《论语心得》之《天地人之道》。

大家别以为说孔夫子的《论语》现在我们必须得仰望[8]它，我们觉得它是高深的，它是一种高不可及的。这里面有多少奥秘[9]吗？这个世界上真正的真理永远都是朴素[10]的。就好像太阳每天从东边升起[11]一样，就好像是春天要播

---

1) 演绎(yǎnyì)：연역하다.

2) 为人(wéirén)：사람 됨됨이, 위인, 인품. 处世(chǔshì)：사회에서 활동하며 사람들과 왕래하다, 처세하다.

3) 赵普(922年－992年)의 字는 则平이며, 北宋 때 宰相을 지냈다.

4) 标榜(biāobǎng)：① 표방하다. ② 치켜세우다. ③ 찬양하다.

5) 半部论语治天下(bànbùlúnyǔzhìtiānxià)：송宋 나대경羅大經의 《학림옥로鶴林玉露》(捲七)에 출처. 송宋나라 재상宰相이었던 조보趙普를 사람들이 학문이 깊지 않음을 조롱하면서《論語》만 읽은 사람이라고 하자, 이를 듣고 태종太宗 조광의趙光義가 묻자 "臣平生所知，诚不出此，昔以其半辅太祖(赵匡胤)定天下，今欲以其半辅陛下致太平。(신의 평생 지식은 확실히《논어》를 벗어나지 못했습니다. 과거에는 반절《논어》로 태조太祖 조광윤趙匡胤를 도와 천하를 평정하였고, 지금은 또한 반절《論語》로 폐하를 도와 태평천하로 만들고자 합니다)"라고 조보趙普가 대답한 말에서 유래됨. 유가儒家 경전經典의 중요성을 강조한 말.

6) 耳熟能详(ěrshúnéngxiáng)：여러 번 들어 귀에 익어 자세하게 말할 수 있다.

7) 温馨(wēnxīn)：① 온화하고 향기롭다. ② 따스하다. ③ 따뜻하다.

8) 仰望(yǎngwàng)：① 바라보다. ② 존경하다. ③ 삼가 바라다.

9) 奥秘(àomì)：① 오의. ② 오지. ③ 매우 깊은 뜻.

10) 朴素(pǔsù)：① 화려하지 않다. ② 소박하다. ③ 초기의.

11) 升起(shēngqǐ)：뜨다. 솟아오르다. 떠오르다.

种[1]、秋天要收获一样,《论语》告诉大家的东西，永远是最简单的。

《论语》真正的道理就是告诉大家怎么样才能过上[2]我们心灵所需要的那种快乐的生活。其实说白[3]了，我认为《论语》在我们今天的观点去看过去，它是一本非常朴素的、能够相关于以人伦为起点，教给每一个人在现代生活中获得心灵快乐，能够熟悉现代这种日常秩序[4]找到个人坐标[5]，就是这么一本语录。

其实《论语》很简单，两千五百年以前《论语》是孔子在教学生的时候片片断断[6]留下来的课堂笔记。他的学生把这些给编纂[7]起来，后来就成了《论语》。所以在《汉书·艺文志》上有这么一段界定[8]：

> 《论语》者, 孔子应答弟子、时人及弟子相与[9]言而接闻[10]于夫子之语也。当时弟子各有所记, 夫子既卒, 门人相与辑[11]而论纂[12], 故谓之《论语》。(《汉书 · 艺文志》)

就是弟子们在提问，他回答的时候'时人及弟子相与言而接闻于夫子之语也'。大家有问有答、有来有往。就是这种提问和回答之间，只言片语[13]这样流传下来的。那到后来当时'弟子各有所记，夫子既卒，门人相与辑而论纂，故谓之《论

---

1) 播种(bōzhǒng) : ① 파종하다. ② 씨를 뿌리다. ③ 발전성이나 전망이 있는 새 사상 · 새 이론을 전파하다.
2) 过上(guōshǎng) : (생활을)하다. (길을)지나다. (경험이)있다.
3) 说白(shuōbái) : ① 대사. ② 억측하여 말하다. ③ 제멋대로 짐작하여 말하다.
4) 秩序(zhìxù) : 질서. 순서.
5) 坐标(zuòbiāo) : 좌표. 목표. 표준.
6) 片断(piànduàn) : 자질구레하다. 불완전하다. 단편적이다.
7) 编篡(biāncuàn) : 편찬하다.
8) 界定(jièdìng) : ① 범주의 확정. ② 사물 혹은 개념의 한계나 범주를 확정하다. ③ 정의를 내리다.
9) 相与(xiāngyǔ) : ① 서로. ② 사귀다. ③ 교제하다.
10) 接闻(jiēwén) : 본인이 직접 듣다.
11) 辑(jí) : 모으다. 편집하다. 수집하다. 집록하다.
12) 论纂(lúnzuǎn) : 편찬编纂하다.
13) 只言片语(zhīyánpiànyǔ) : 일언반구(一言半句). 한 마디의 말.

语》。’大家把这些言论给集结在一起就成了一本《论语》。所以今天看到的《论语》，我们会觉得没有什么太深的逻辑[1]性，在《论语》里面也很少有长篇大论的故事、一个严谨[2]的阐述[3]，《论语》都是很简短很简短的那些个言辞。

【画外音】

学生：‘老师您再多说几句行不行？您总是那么三言两语[4]的，我们怎么作课堂笔记呀？’
孔子：‘我本来就什么都不想说。’
学生：‘老师，您要是什么都不说，我们记什么呀？’(17.19)

那么他老师怎么回答他呢？子曰：

‘天何言哉。四时行焉，百物生焉，天何言哉？’(17.19)

其实这就是一种教育。他老师跟他说：‘你看，苍天[5]在上，亘古已然[6]，它说话吗？它不说话，不是春夏秋冬四季照样[7]风调雨顺[8]吗？大地上不是万物生长吗？你去看天说话！’所以其实《论语》的态度是什么呢？就是以一种朴素的、温暖的，言传身教[9]的生活态度去影响他的弟子。大家都知道，孔夫子这一生号称[10]弟子三千，其中成就七十二贤人。这些人每个人都是一粒[11]种子，他们是把

1) 逻辑(luójí)：논리. 로직. 객관적 법칙성.
2) 严谨(yánjǐn)：엄밀하다. 빈틈없다. 엄격하다.
3) 阐述(chǎnshù)：명백히 논술하다. 논술하다.
4) 三言两语(sānyánliǎngyǔ)：① 몇 마디 말. ② 두세 마디 말. ③ 언변이 능란하다.
5) 苍天(cāngtiān)：① 하늘. ② 푸른 하늘. ③ 봄.
6) 亘古(gèngǔ)：① 옛날. ② 오랜 옛날. ③ 아득한 옛날.
7) 照样(儿)(zhàoyàng(r))：① 양식에 따르다. ② 예전대로 하다. ③ 그대로 따르다.
8) 风调雨顺(fēngtiáoyǔshùn)：비바람이 순조롭다. 날씨가 매우 좋다. (풍년의 징조)
9) 言传身教(yánchuánshēnjiào)：말과 행동으로 모범을 보이다. 말과 행동으로 가르치다. 言传身带.
10) 号称(hàochēng)：① …라고 불리다. ② …로 유명하다. ③ 명목상으로 불리다.
11) 粒(lì)：(양사) 낟알.

那种生活的智慧广为传播[1]，但是不依赖[2]那些连篇累牍[3]、宏观[4]的那种大的言论。

我们说《论语》它终极的传递[5]是传递了一种态度。其实在《论语》中我们会发现，孔夫子他教育学生的时候，讲世间道理的时候，从来没有过声色俱厉[6]。他一定是和缓的、因循诱导[7]的，跟人商榷[8]的这种口气。其实这样一个态度不是代表他个人，而是反映了中国人的一种哲学观。

为什么我们说孔夫子是圣人？圣人的意义就是在这片土地上，他是那些最有行动能力的、有人格魅力[9]的这样一些人。

【于丹心语】

孔子带給我们的是一種大地上生长的信念。

这样的人一定是从我们的生活里面自然生长脱胎[10]出来而不是从空而降的。所以说起整个这种天地开辟[11]造世的故事。我们可以想一想最早的时候，中国最早的创世纪[12]怎么来的呢？是由盘古[13]开天辟地[14]。但是这个开辟不像西方神

---

1) 广为(guǎngwéi)：광범하게. 폭넓게. 传播(chuánbō)：흩뿌리다. 널리 퍼뜨리다. 전파하다.
2) 依赖(yīlài)：① 의지하다. ② 기대다. ③ 의존하다.
3) 连篇累牍(liánpiānlěidú)：① 연편누독. ② 쓸데없이 문장이 장황하다.
4) 宏观(hóngguān)：① 거시적인. ② 매크로. ③ 거시적.
5) 传递(chuándì)：① 전달하다. ② 패스하다. ③ 시험장에서 종이쪽지 따위를 건네다.
6) 声色俱厉(shēngsèjùlì)：① 목소리와 얼굴빛이 몹시 엄하다. ② 큰소리치며 낯빛이 달라지다. ③ 노발대발하다.
7) 因循诱导(yīnxúnyòudǎo)：답습하여 유도(하다). 구습에 따라 교도(教導)(하다). 권유(하다).
8) 商榷(shāngquè)：협의 검토하다. 토의하다. 의견을 교환하다. 상론하다.
9) 魅力(mèilì)：매력.
10) 脱胎(tuōtāi)：① 탈태하다. ② 모방하여 다시 만들다. ③ 남의 것을 바탕으로 하여 변화하다.
11) 开辟(kāipì)：열다. 개척하다. 창립하다.
12) 创世纪(chuàngshì jì)：창세기.
13) 盘古(pángǔ)：① 반고. ② 중국의 신화에서, 천지개벽의 시조로 전해지는 인물.
14) 开天辟地(kāitiānpìdì)：천지개벽(天地開闢). 유사(有史) 이래.

话讲的那种突变，比如说拿一把大斧子，啪[1]，辟开，然后金光四射，出现一个什么样的天地万物，这不是中国人的叙事情感。中国人习惯的叙事象《三五历纪》[2]里面描述那样，是一个从容和缓[3]而值得憧憬的漫长[4]的过程。它说：

天地混沌[5]如鸡子，盘古生其中，万八千岁，天地开辟，阳清为天，阴浊为地，盘古在其中，一日九变；神于天，圣于地。天日高一丈[6]，地日厚一丈，盘古日长一丈，如此万八千岁，天数极高，地数极深，盘古极长。(徐整，《三五历纪 · 五运历年纪》)

它说天地混沌如鸡子，很大在那里安安静静。盘古生其中，一共呆了多久呢？万八千岁，天地开辟，一万八千年过去了，天地开了，但是它不是一个固体[7]啪的裂开[8]，而是两股[9]气分开了。阳清为天，阴浊为地，就是阳气上升变成了我们蔚蓝[10]的天空；浊气下降变成了我们脚下的土地，盘古在其中。这是不是开天辟地就完了呢，其实，这种成长刚刚开始。中国人是讲究变化的，所以叫做一日九变，每天都在微妙[11]地变化着，像一个新生的婴儿一样，这种变化最终达到了一个境界，这六个字其实是中国人的人格理想，叫做'神于天，圣于地'。

---

1) 啪(pā)：(의성어, 의태어)(～儿) 땅땅. 짝짝. 딱딱. (총소리 · 박수소리 · 물건이 부딪치며 나는 소리)
2) 《三五歷纪》는 《三五歷》라고도 한다. 삼국시대三國时代 오吳나라 사람 서정徐整이 지은 작품이다. 이 저서에서 처음으로 '반고개천전설盘古開天傳說'을 서술하고 있다. 이 작품은 현재 보이지 않으나, 《태평어람太平御覽》과 《예문류취藝文類聚》에서 이 작품에 대하여 언급하고 있다.
3) 从容(cóngróng)：침착하다, 여유가 있다, 넉넉하다. 和缓(héhuǎn)：부드럽다, 온화하다, 완화시키다.
4) 憧憬(chōngjǐng)：① 동경. ② 동경하다. 漫长(màncháng)：① 멀다. ② 길다. ③ 지루하다.
5) 混沌(hùndùn)：① 혼돈. ② 혼돈하다. ③ 천지개벽 초에 아직 만물이 확실히 구별되지 않은 상태.
6) 丈(zhàng)：1척도 길이의 단위. '一尺'의 10배. 3.33미터.
7) 固体(gùtǐ)：고체.
8) 裂开(lièkāi)：찢어지다. 갈라지다. 터지다.
9) 股(gǔ)：(양사)(～儿) 한 줄기를 이룬 물건을 세는 단위. 맛 · 기체 · 냄새 · 힘 따위를 세는 단위.
10) 蔚蓝(wèilán)：① 쪽빛. ② 짙은 남색. ③ 쪽빛의.
11) 微妙(wēimiào)：미묘하다.

一个好的人格应该是有一种理想主义的天空，让你可以有飞翔的翅膀[1]，不妥协于世界上很多的规则与障碍；但另一方面，要有脚踏实地[2]的能力，要能够在这个大地上去进行他行为的拓展[3]。只有理想而没有土地的人那是梦想主义者不是理想主义者；如果只有土地而没有天空的人，那是务实主义[4]者而不是现实主义者。其实理想主义与现实主义就是我们的天和地。

孔夫子这个圣人就像盘古一样。

【于丹心语】

理想主义與现实主义就是我们的天与地。

所以这个故事接着讲，说后来天地还在走，天日高一丈，地日厚一丈。盘古呢？日长一丈，他跟着天地一块长，所以长到最后的时候，如此万八千，又长了一万八千年。最后是天数极高，地数极深(厚)，盘古极长。这就是中国人为什么认为叫天地人是三才。人的意义跟天和地是一样的。大家也熟悉西方神话，你会发现他们往往是强调一种激情[5]、感性、神秘这样的一些印象；而中国呢是强调了一种庄严[6]·理性和一种温柔敦厚之美，这就是孔夫子这个圣人的姿态。

应该说孔夫子在后世流传的这个形象有很多是学生们用自己的爱戴[7]给他加上的东西。但是更多的是他传导[8]出来的内心有一种饱和[9]的力量。这就是后来

---

1) 飞翔(fēixiáng) : 비상하다, 하늘을 빙빙 돌며 날다, 날다. 翅膀(chìbǎng) : 날개, 물체의 모양이나 작용이 날개와 같은 부분.
2) 脚踏实地(jiǎotàshídì) : ① 일 하는 것이 견실하다. ② 착실하다. ③ 성실하다.
3) 拓展(tuòzhǎn) : ① 넓히다. ② 확장하다. ③ 개척하다.
4) 务实主义(wùshízhǔyì) : 실질주의. 실무주의.
5) 激情(jīqíng) : ① 격정. ② 열정. ③ 정열.
6) 庄严(zhuāngyán) : ① 장엄하다. ② 엄숙하다. ③ 장중하다.
7) 爱戴(àidài) : 추대(하다). 받들어 모시다. 우러러 모시다.
8) 传导(chuándǎo) : ① 전도. ② 전도하다. ③ 전달.
9) 饱和(bǎohé) : ① 포화. ② 최대한도에 이르다. ③ 잔뜩 함유하다.

孟夫子所说我善养我浩然之气,[1] 就是天地之气凝聚[2]在一个人心中的时候，他才能够如此的强大。

【画外音】

于丹教授認为《论语》的精髓[3]就在于把天之大、地之厚的精华融化于人的内心。天、地、人就会成为一个完美的整体, 人的力量就变的无比强大。即使在当今社会中我们中国人也常常会说, 天时、地利、人和是国家兴旺[4], 事业成功的基础。这是不是《论语》的思想精华对我们现代人的启发呢?

也就是说作为一个中国人，什么叫天人合一？我们永远也不要忘记了天地给我们的力量。就是一个人在自然中的和谐。现在我们正在倡导创建和谐社会，真正的和谐是什么？决不仅仅是一个小区邻里[5]之间的和谐，它一定有你跟生物之间，跟动物之间你有一种敬畏、有一种顺应、有一种默契[6]，有大地上万物和谐而快乐的共同成长这样一种力量。这种力量我们如果学会了提取锻造[7]，我们就能够获得孔夫子那样的心胸。所以孔夫子在《论语》里面流露出来的更多的东西是颜色上非常和缓，交给你日常的道理，但是他内心非常庄严，他的内心里面有一种强大的力量，是什么力量呢？那就是信念的力量。

孔夫子是一个特别讲究信念的人，曾经他的学生子贡问老师：

子贡: '老师, 我们跟您学了这么多, 就是为了以后能够当大官。您说具备什么样的条件才能治理国家呢?'

---

1) 浩然之气(hàoránzhīqì): 호연지기는 윤리도덕으로 충만된 기상을 일컫는다.
2) 凝聚(níngjù) : ① 응집하다. ② 맺히다. ③ 모으다.
3) 精髓(jīngsuǐ) : ① 정수. ② 진수. ③ 정화.
4) 兴旺(xīngwàng) : ① 번창하다. ② 왕성하다. ③ 흥성하다.
5) 小区邻里(xiǎoqūlínlǐ) : (작은 구역)동네, 동네 사람, 마을.
6) 默契(mòqì) : ① 묵계. ② 묵약. ③ 비밀 약속.
7) 提取(tíqǔ) : 찾다. 추출하다. 뽑아내다. 锻造(duànzào) : 단조. 단조하다.

学生A: '呀[1]! 这可是个重要的大问题, 快拿本來记.'

学生B: '我带了三个大厚本, 一定能记得全.'

孔子 : '只要三条就足矣。第一, 强大的军队 ; 第二, 足够的粮食 ; 第三, 人民对国家的信仰.' (《颜渊》12.7)

这叫'子贡问政'。从政[2]需要什么, 一个国家想要安定, 政治平稳需要哪几条呢? 大家一般想, 还不得[3]洋洋万言[4]啊, 老师说得很简单。

'足兵足食, 民信之矣'(《颜渊》12.7)。

说我告诉你就三条, 第一叫国家机器[5], 必须得有强大的兵力做保障;第二足够的粮食, 丰衣足食[6];第三条就是老百姓要对国家有信仰。他说有三条就够了, 挺简单吧。这学生矫情[7], 说三条不行, 说太多了。

子贡曰 : '必不得已而去, 于斯三者何先?'

如果我非得[8]去一条这三样您说去什么? 老师也不急, 说去兵, 哪咱就不要兵力了, 人总得吃饭, 但还得有信仰。子贡还不干, 非得要再问, 说 :

'必不得已而去, 于斯二者何先?'

这两条您再给我去一个。老师非常认真告诉他, 曰'去食'。我们宁可不要粮

---

1) 哦(ó) : (감탄사) 어! 어머! 어허! (놀람 · 찬탄 따위를 나타냄.)
2) 从政(cóngzhèng) : ① 정치에 참여하다. ② 관리가 되다. ③ 참정하다.
3) 还不得(háibúděi) : 오히려 ~해야만 하지 않은가.
4) 洋洋万言(yángyángwànyán) : 천언만어. 수없이 많은 말.
5) 国家机器(guójiājīqì) : 국가기구.
6) 丰衣足食(fēng yīzúshí) : ① 먹고 입는 것이 다 풍족하다. ② 살림이 넉넉하다.
7) 矫情(jiáoqing) : ① 투정을 부리다. ② 억지부리다. ③ 생떼를 쓰며 말썽을 부리다.
8) 非得(fēiděi) : …하지 않으면 안 된다. 반드시 …해야 한다. (보통 뒤에 '不行' '不成' '不可'가 붙음)

食了。然后老师说了一句结论，叫做：

'自古皆有死, 民无信不立'。

他说没有粮食无非[1]就是一死，自古而今谁不死啊？死亡不是最可怕的，最可怕的是一个国家没有信仰以后的崩溃和涣散[2]。

其实，什么是政治？政治并不一定让大家都过上一种物质文明上的发达生活，它仅仅是一个指标[3]。真正来自于内心的那种安定和对于一种政权的认可，这些是来源于信仰。这就是孔夫子的一种理念。他认为信仰的力量足以把一个国家凝聚[4]起来。

【于丹心语】

信仰的力量足以把一个国家凝聚起来。

前几天呢，我在《读者文摘》[5]上看到一个说法，说评估[6]二十一世纪我们各个国家生活好与不好，已经不简简单单是过去一个标准。大家都知道是GDP[7]。GDP我们国家增长一直都很快，年年都在提升，现在又出现了一个新的概念叫GNH[8]，是什么呢？就是GROSS NATIONAL HAPPINESS，国民幸福指数。评估一个

---

1) 无非(wúfēi)：① 단지 …에 지나지 않다. ② 반드시 …이다. ③ …가 아닌 것이 없다.

2) 崩溃(bēngkuì)：붕괴하다. 파산하다. 무너지다. 涣散(huànsàn)：풀어지다. 풀리다. 뿔뿔이 흩어지다.

3) 指标(zhǐbiāo)：标志(biāozhì). ① 표지. ② 상징. ③ 지표.

4) 凝聚(níngjù)：① 응집하다. ② 맺히다. ③ 모으다.

5) 读者文摘(Dúzhě Wénzhāi)：리더스 다이제스트(Reader's Digest).

6) 评估(pínggū)：① 평가하다. ② 감정하다.

7) 국내 총생산(國內總生産, 영어：Gross Domestic Product; GDP)은 일정 기간 동안 한 국가에서 생산된 재화와 용역의 시장 가치를 합한 것을 의미하며 보통 1년을 기준으로 측정한다.

8) 국민총행복지수(GNH, Gross National Happiness)는 부탄에서 1970년대에 만들어낸 행복 개념이다. 점차 관심이 높아져 2007년 4월, OECD는 국민총행복을 목적에 따라 평균행복(Average Happiness), 행복수명(Happy Life Years), 행복불평등(Inequality of Happiness), 불평등조정행복(Inequality-Adjusted Happiness)의 4개의 세부 행복지수로 구

国家是不是真正的富强，不单纯看国民生产总值的增长，而看每一个老百姓他内心的安宁与幸福感。他在这个社会中觉得安全吗？他快乐吗？他对他的生活真正有认同吗？他满意吗？而这个指数在中国很有意思，我们曾经在上个世纪八十年代末的时候参加过一次国际的调查，当时显示我们国家的幸福指数是不太高的，大概是百分之六十四点多。到了91年的时候再参加调查发现随着整个物质文明提升，当时也是进行了很多改革，这个幸福指数提升了。当时到了百分之七十三左右；但是等到了96年再参加调查的时候发现这个指数下跌[1]到68%了，这是一个很令人困惑的事情。也就是说，当一个社会物质文明极大繁盛[2]的时候，我们现代人有可能会遭遇[3]更为复杂的心灵困惑。

【画外音】

客人A: '啊! 这幾天煩死了。老婆天天和我吵。'

老板B: '你们不是要搬遷[4]了吗? 馬上要住新房了。高興都來不及, 吵什么呀?'

客人A: '就是为了新房唄。我说買北邊的房, 上風上水空氣好； 她非要買南邊的房。说房價便宜交通方便。'

老板B: '你们要是住在舊房子里是不是就不吵了。'

大家肯定会有同感，今天我们的困惑是选择太多了。我们可以选择这个，可以选择那个，所以大家困顿[5]。其实谁都不愿意过苦日子，但是在相对，比如说不太满意的情况下，我们能够享受到今天的快乐吗？我们每一个人追问内心，我们会有一种安顿吗？这一点让我们回到《论语》看一看两千五百多年以前那个时候的物质生活多么贫匮呀！那是一个什么样的年代啊？但是孔夫子评价过他的一个学生，就是他自己最喜欢的一个学生，大家都知道，他最喜欢的弟子

분하고 각 국가의 GNH 정도를 측정하였다.

1) 下跌(xiàdiē) : ① 하락하다. ② 떨어지다.

2) 繁盛(fánshèng) : ① 번성하다. ② 번창하다. ③ 무성하다.

3) 遭遇(zāoyù) : ① 만나다. ② 부닥치다. ③ 경우.

4) 搬迁(bānqiān) : 이전하다. 이사하다. 옮기다.

5) 困顿(kùndùn) : ① 곤궁하다. ② 견딜 수 없을 정도로 피곤하다. ③ 몹시 고달프다.

是颜回[1]。他说：

‘贤者回也，一箪食，一瓢饮，[2]在陋巷[3]；人不堪[4]其忧，回也不改其乐。’（《雍也》6.11）

这话什么意思呢？一箪食，就是家里头粮食很少，不能是满仓满斗[5]的，可能刚刚够煮饭就那么一小笸箩[6]；一瓢饮，一个水瓢[7]里头够喝的水就完了；住在什么地方呢，住在陋巷，非常破烂[8]的小地方。这一切，可能很多人说，那我们没办法选择，生活就是这样。难的不是说他生活在这种境遇中捱[9]过来，难的是他的生活态度，叫做‘回也不改其乐’。而别人怎么样呢，孔夫子说‘人不堪其忧’，所有人都会被此困扰[10]，在抱怨的时候而颜回从来不改变他那种乐观的态度。所以他说‘贤者回也’，又感叹一声这才是真正的贤德。就是在什么样的物质环境下都不改变心境的那种坦然[11]和安宁。

其实我们想一想，在今天听到这样的言论对我们来讲心里是挺温暖的。因为我们受的困顿太多了。我们的物质生活显然在提高，但是人会越来越不满了。因为你总会看到周围还有乍富[12]的阶层，总会有一些人让你感到心里不平衡，这是为什么呢？因为我们的眼睛看外界太多，看心灵太少。

---

1) 颜回(BC521～BC481年)는 자가 자연子淵이고 이름은 회回이다. 단명한 제자 중의 한 명으로 향년 39세라고 주장하기도 한다.
2) 箪食瓢饮(dānshípiáoyǐn)：한 그릇의 밥과 한 표주박의 물.
3) 陋巷(lòuxiàng)：좁은 골목. 뒷골목.
4) 不堪(bùkān)：견딜 수 없다. 참을 수 없다. …할 수 없다.
5) 满仓满斗(mǎncāngmǎndǒu)：곡식이 창고에 가득하다.
6) 笸箩(pǒluo)：소쿠리. (곡물이나 바느질 도구를 넣어 두는 대나 버드나무의 가지로 엮어 만든 원형 또는 장방형의 그릇)
7) 水瓢(儿，子)(shuǐpiáo(r, zi))：물바가지.
8) 破烂(pòlàn)：해져 너덜너덜하다. 낡아 빠지다. 남루하다.
9) 捱(挨，ái)：(세월을) 고생스럽게 보내다. 견디다.
10) 困扰(kùnrǎo)：① 괴롭힘. ② 성가심. ③ 혼란.
11) 坦然(tǎnrán)：① 마음이 편안한 모양. ② 마음이 안정되어 있는 모양. ③ 마음에 거리낄 것이 없다.
12) 乍富(zhàfù)：① 갑자기 부유해지다. ② 벼락부자가 되다.

【于丹心语】

我们的眼睛看外界太多，看心灵太少。

其实一个人的视力是有两种功能的，一个是向外去无限宽广地[1]拓展[2]世界；另外是向内无限深刻地去发现内心。孔夫子能够交给我们快乐的秘诀[3]就是去找到你内心的安宁。所以在今天，恒心与定力对人来讲是什么呢？它是让我们在这么一个苍茫[4]大千世界[5]里面能够做成一点点事情，最后心里的那么一个依据和底线[6]。有些奇迹其实就在坚持中完成，有些奇迹永远不是那些最机灵[7]和最聪明的人能做完的。

我曾经在网上看到一个小故事：

说有一大群小青蛙[8]，有一天在外面玩着玩着，看见一个高耸[9]入云的铁塔。小青蛙们就在一起忽发奇想[10]说我们能不能爬到塔尖上[11]？

然后大家都很受这个理想感召[12]，说爬呀爬呀，呼朋唤友[13]就开始爬了。爬着爬着呢被太阳晒得气喘吁吁[14]，就开始有人怀疑，有人质疑说我们傻不傻，咱们干嘛去啊？为什么要爬啊？这谁说的啊？

真是的，说着说着有一个停下来就有三个停下来，就有五个停下来，就有十

---

1) 无限宽广(wúxiànkuānguǎng)：끝없이 넓다，끝없이 크다.
2) 拓展(tuòzhǎn)：① 넓히다. ② 확장하다. ③ 개척하다.
3) 秘诀(mìjué)：비결.
4) 苍茫(cāngmáng)：넓고 멀어서 아득하다. 창망하다. 망망하다.
5) 大千世界(dàqiānshìjiè)：대천세계. 끝없이 광활한 세계. 대천계.
6) 底线(dǐxiàn)：최대 한계. 골라인.
7) 机灵(jīling)：① 영리하다. ② 약다. ③ 약삭빠르다.
8) 青蛙(qīngwā)：개구리.
9) 高耸(gāosǒng)：높이 솟다. 우뚝 솟다.
10) 忽发奇想(hūfājīxiǎng)：문득 기발한 생각을 해내다.
11) 塔(tǎjiānshǎng)：탑 꼭대기. 탑의 정상.
12) 感召(gǎnzhào)：① 감화. ② 감화시키다.
13) 呼朋唤友(hūpénghuànyǒu)：친구를 불러 모으다.
14) 气喘吁吁(qìchuǎnxūxu)：숨이 가빠서 식식거리는 모양.

个停下来。逐渐[1]逐渐，大家不仅停下来了而且都在嘲笑[2]自己的想法，说真是挺傻的，干吗呀，这个时候大家发现很奇怪呀，有一只最小的青蛙它还在爬，它的速度也不快，就一点一点地往上爬，一点点爬。后来大家瞠目结舌[3]，后来都不说话就看着它。

终于看见它以缓慢[4]的速度最终自己到达了塔尖。等到它下来以后呢，大家都敬佩得不得了。就上去问它说，到底是一种什么样的力量，为什么你自己上去了？然后大家恍然大悟[5]，这个答案大家听了也许是出乎意外的:这只小青蛙是个聋子[6]。

它当时只看到了所有人都开始行动，但是当大家议论的时候它没听见，所以它以为大家都在爬，它就一个人晃晃悠悠[7]在那爬，最后就成了一个奇迹，它爬上去了。

现在家长都在说希望孩子聪明，什么叫聪明呢？就是耳聪而目明，耳朵灵眼睛好。但实际上，在这个世界上，有时候做一个有信念而不太聪明的人也许是一种选择。我们现在就是因为太聪明了，所以聪明反被聪明误[8]。我们为什么会听信他人的鼓噪[9]呢？为什么爬着爬着对自己怀疑了呢?是因为我们心里头没有一个信念，没有认为说什么样的事情我一定能做成。所以你会受到他人蛊惑[10]，这对于儒家来讲是一个大忌。

---

1) 逐渐(zhújiàn) : ① 점점. ② 점차. ③ 차츰차츰.
2) 嘲笑(cháoxiào) : ① 조소하다. ② 비웃다.
3) 瞠目结舌(chēngmùjiéshé) : 눈만 크게 뜬 채 말을 못하다. (난처하거나 놀라서 멍한 모양)
4) 缓慢(huǎnmàn) : ① 완만하다. ② 느리다. ③ 더디다.
5) 恍然大悟(huǎngrándàwù) : ① 문득 모든 것을 깨치다. ② 갑자기 모두 알게 되다. ③ 마음이 탁 트이다.
6) 聋子(lóngzi) : ① 귀머거리. ② 농자.
7) 晃晃悠悠(huànghuangyōuyōu) : ① 흔들흔들하는 모양. ② 왔다갔다하는 모양
8) 聪明反被聪明误(cōngmingfǎnbèicōngmingwù) : 속담. 너무 똑똑해 실수하다. 책사(모사)가 술책에 빠지다.
9) 鼓噪(gǔzào) : ① 옛날 출진할 때 북을 치고 함성을 질러서 기세를 올리다. ② 떠들어 대다.
10) 蛊惑(gǔhuò) : 고혹하다. 미혹시키다. 꾀어 속이다.

【画外音】

人人都希望过上快乐幸福的生活。于丹教授认为, 幸福快乐只是一种感觉, 与贫富[1]无关与内心相连。在《论语》中孔夫子以他天地人合一的宽广胸怀 告诉他的学生们应该如何去寻找生活中的快乐。而孔子的这种儒家思想传承[2]下来对历史上许多著名的文人诗人都产生了巨大的影响。

那么这样一种儒家思想一脉相承[3]传承下来, 后来我们历史上出现很多这样的文人。大家知道到了东晋的时候中国出现了田园诗派[4], 出现了一个大诗人, 就是大家都熟悉[5]的陶渊明[6]。这个人的意义和价值是什么呢? 陶渊明的价值不在于诗中构置[7]了一个虚拟[8]的田园, 更重要的是他让每一个人心里都能开出来了一片乐土, 就是他日子过得很乐呵。

他经常说, 我归园田居, 他本来也做过小官, 当了八十三天这个彭泽令[9]。后来觉得说不行, 有一件小事让他不快乐, 他在那干着干着, 有一天说上面来检查工作了, 说督邮[10]要到此, 告诉他说你穿正装出场, 叫做'应束带见之', 你把必须要把腰带端上, 穿正装去见一见。无非象今天要求你穿正装, 扎上[11]领带去见见领导, 就这件事, 陶渊明不干了。

他说我不能为五斗米向乡里小儿折腰[12], 所以就解佩印[13]而去。自己把印一

1) 贫富(pínfù) : 빈부. 가난과 부유.
2) 传承(chuánchéng) : ① 전수와 계승. ② 전승하다. ③ 전통.
3) 一脉相承(yīmàixiāngchéng) : 한 계통으로 이어 내려오다.
4) 田园诗派(tiányuánshīpài) : 전원시인.
5) 熟悉(shúxī) : ① 숙지하다. ② 익히 알다. ③ 충분히 알다.
6) 陶淵明(약 365年—427年)은 자字가 원량元亮이고, 이름이 潜이며, 혹은 자가 연명淵明이다. 호는 오류선생五柳先生이다. 주요 작품으로는《飲酒》、《歸園田居》、《桃花源記》、《五柳先生傳》、《歸去來兮辭》 등이 있다.
7) 构置(gòuzhì) : 짜다. 설치하다.
8) 虚拟(xūnǐ) : ① 가상적인. ② 가설적인. ③ 가정하다.
9) '彭泽县' : 팽택현. 지금의 江西省에 해당된다.
10) 督邮(dūyóu) : 官名. '독유서연督邮书掾' 혹은 '독유조연督邮曹掾'의 간칭이다.
11) 扎上(zāshàng) : 매다. 묶다.
12) 折腰(zhéyāo) : ① 허리를 굽히다. ② 굽실거리다.
13) 佩印(pèiyìn) : 관인을 달다(佩挂官印). 관직에 임명되다.

扔[1]，我回家了。回家的时候，他自己写了《归去来兮辞》[2]。他说过去的这种日子：

‘既自以心为形役，奚[3]惆怅[4]而独悲’。[5]

这话说得好。什么叫‘以心为形役’？就是让我这个身体成了我心灵的主人。它去奴役[6]我的心灵，也就是说我让心灵受了好多委屈[7]、去低三下四啊[8]、去阿谀奉承[9]啊，为的无非是我吃点好的、住点好的，就让我的身体享一享福，但我让心灵受了这么大的委屈啊。所以他说：

‘悟已往之不谏[10]，知来者犹可追’。[11]

知道我过去的这事做错了，但是未来还长，所以我就归去了，所以我就回到自己的田园了。

---

1) 扔(rēng)：내버리다. 포기하다.

2) “归去来兮，田园将芜胡不归？既自以心为形役，奚惆怅而独悲？悟已往之不谏，知来者之可追。实迷途其未远，觉今是而昨非。舟遥遥以轻飏，风飘飘而吹衣。问征夫以前路，恨晨光之熹微。……”(돌아가리라. 전원이 장차 거칠어져 가는데 어찌 돌아가지 않겠는가? 이미 스스로의 마음을 육체에 부림받게 하였으나, 어찌 근심하며 홀로 슬퍼만 하겠는가. 이미 지나간 것은 따질 것 없음을 깨달았고 앞으로 올 일은 제대로 따를 만함을 알겠다. 진실로 길을 잃은 것이 그렇게 멀리 가지는 않았으니 지금이 옳고 지난날이 잘못 되었음을 깨달았다. 배는 흔들흔들 가벼이 떠가고 바람은 살랑살랑 옷자락 분다. 길가는 나그네에게 앞길을 물으면서 새벽빛이 희미한 것을 한스러워 한다.)

3) 奚(xī)：왜. 어찌. 어떻게. 무엇. 어느. 어디에서.

4) 惆怅(chóuchàng)：① 실망 · 낙담하는 모양. ② 슬퍼하는 모양. ③ 실의하다.

5) “既然自己使心灵受形体的奴役，为什么还要独自惆怅伤悲?”(이미 스스로의 마음을 육체에 부림받게 되었으나, 어찌 근심하며 홀로 슬퍼만 하겠는가)

6) 奴役(núyì)：① 노예로 부리다. ② 노예화하다. ③ 고역살이하다.

7) 委屈(wěiqu)：① 억울하다. ② 억울하게 하다. ③ 억울한 일을 당하게 하다.

8) 低三下四(dīsānxiàsì)：① 비굴하다. ② 천하다. ③ 비천하다.

9) 阿谀奉承(ēyúfèngcheng)：아첨하다. 알랑거리다. 비위를 맞추다.

10) 谏(jiàn)：(임금 · 윗사람 · 친구 등에게) 잘못을 고치도록 말하다. 간언하다.

11) “认识到过去的错误已经不可挽回，知道未来的事还来得及补救。”(이미 지나간 것은 따질 것 없음을 깨달았고, 앞으로 올 일은 제대로 따를만함을 알겠다.)

【画外音】

子貢: '老师, 如果一个人很贫贱, 但他不谄媚[1]; 一个人很富贵, 但是他不骄傲。您说这怎么样啊?'

孔夫子: '嗯, 还可以。但是最高的境界在于一个人能够安于贫贱, 并且能够乐在其中。'

他的学生, 还是那个子贡曾经问过他, 子贡说: 老师啊:

'贫而不谄, 富而不骄, 何如?' (《学而》1.15)

如果一个人很贫贱, 但是他不谄媚; 一个人很富贵, 但是他不骄傲。您说这怎么样啊? 这是逼着老师说这好啊, 老师也很宽和, '子曰: 可也', 老师说这也不错。但是还有一个更高的境界。老师说:

'未若贫而乐, 富而好礼者也。'

老师说: 最高的那个境界就是一个人'安于贫贱', 不仅不谄媚求人而且没有抱怨。他内心有一种清亮的欢乐, 这种欢乐仍然不能从他的生命中被剥夺[2]。大家想想, 这是一个多高的骄傲啊, 一个人在贫贱之中还能保持着把他的日子过得觉得很有尊严, 有他自己的快乐。其实这说的就是象陶渊明这样的隐士。

【画外音】

孔夫子教导他的学生们要安贫乐道。但是现代社会竞争如此激烈[3], 每个人都在努力发展着自己的事业。收入的多少似乎就成为了一个人是否成功的标志, 安贫乐道在现代人眼中颇有些不思进取[4]的味道。那么我们在这样一个社会环境中应该如何为人呢? 能不能有一个很简单的、在我们现代社会中也能起作用的为人之道呢? 其实, 两千多年前孔子的学生就提出过类似的问题。希望有一个字就可以受用一生, 这个字是什么? 孔子

1) 谄媚(chǎnmèi) : ① 아첨하다. ② 알랑거리다. ③ 빌붙다.
2) 剥夺(bōduó) : ① 박탈하다. ② 빼앗다.
3) 激烈(jīliè) : ① 격렬하다. ② 치열하다. ③ 격하다.
4) 进取(jìnqǔ) : ① 진취하다. ② 향상하려 노력하다.

又是如何回答的呢?

这就是孔夫子他跟学生在交流中，学生非得要苛刻[1]地问他。子贡，老是这个子贡'刁难'[2]他的老师，说:老师您就跟我说，这一辈子您就告诉我一个字，我就可以终身受益。问他老师说:

'有一言, 而可以终身行之者乎.'(《卫灵公》15.24)

您告诉我一个字，让我一辈子就遵守它。你说什么教育能缩成[3]一个字？老师呢也能说出来，老师还特宽和，商量的口气说:

'其恕乎.'

恕，就是宽恕的恕。他说，如果有这么个字，那这个字就是'恕'字。然后老师又为这个'恕'字加了八个字的解释。这八个字，我一说大家人人都知道，其实这是圣人说的。

'己所不欲, 勿施于人'。

什么叫忠恕？什么叫宽容？就是你自个儿觉得不想干的事，你就别强迫[4]别人干。你一辈子做到这一点就够了，就这一个经验够你活一辈子。这就是老师告诉他学生的话。所以什么叫'半部《论语》治天下'，有时候学几个字就够你一辈子用了。所以真正圣人不会说让你去背《千字文》，记住那么多你才能活明白吗？记住一个字有时候就够了，就是宽容一点。所以他的学生曾子也曾经说过:

'夫子之道, 忠恕而已矣.'(《里仁》4.15)

---

1) 苛刻(kēkè) : (조건 · 요구 등이) 너무 지나치다. 가혹하다. 모질다.

2) 刁难(diāonàn) : ① 못살게 굴다. ② 괴롭히다. ③ 난처하게 하다.

3) 缩成(suōchéng) : 압축하다. 오므리다.

4) 强迫(qiǎngpò) : ① 강박하다. ② 강요하다. ③ 핍박하다.

说我老师这一辈子，真正的道理也就是忠恕而已。就这么简单。

但是宽容有时候多不容易啊！我们这个社会上现在有多少事情，就是事情已经过去了，但是在你的心头过不去。我们每个人的心灵困顿，有多少都是自我的折磨[1)]。有多少时候是一个事情过去了以后我们老在那里想，觉得这个事情深深的伤害了我。然后我就不断地在自我咀嚼[2)]中一次一次再受伤害，总想着说这么可恶的事我怎么能原谅它呢？我每天早上醒来想的都是复仇[3)]。其实当你一次一次玩味这个痛苦的时候你被折磨得就太深了。

佛家有一个有意思的小故事：

一个小和尚一个老和尚，两个人出去下山化缘[4)]。走着走着到了河边，这个小和尚因为刚入道，什么事情都必恭必敬看着他师父。一看那有个姑娘要过河，他师父就过去问她，说姑娘你想过河呀？那你过来我把你背过去吧，就背过去了。小和尚就瞠目结舌[5)]看着，然后被过去就放下了，姑娘谢谢老和尚，他师父领着他接着走。

这个小和尚也不敢问，说我师父怎么这样呢？走啊走啊走了20里地，太憋得慌[6)]了，终于就问了，说师父啊我们是出家人，你怎么能背着那个姑娘过河呢？他师父就淡淡地告诉他：你看我把她背过河就把她放下了，你背了她20里地还没放下。

这个道理其实和孔夫子教给大家的一样，就是该放下时且放下。你宽容一点，其实给自己留下了一片海阔天空[7)]。

---

1) 折磨(zhémo)：① 고통스럽게 하다. ② 구박하다. ③ 학대하다.
2) 咀嚼(jǔjué)：씹다. 음미하다. 자꾸 생각하다.
3) 复仇(fùchóu)：① 복수하다. ② 원수를 갚다.
4) 化缘(huàyuán)：(중이나 도사가) 동냥하다. 탁발하다.
5) 瞠目结舌(chēngmùjiéshé)：눈만 크게 뜬 채 말을 못하다. (난처하거나 놀라서 멍한 모양) '结舌瞠目'.
6) 憋得慌(biēdehuāng)：답답해 못 견딜 지경이다. 울적하다. 몹시 답답하다.
7) 海阔天空(hǎikuòtiānkōng)：① 끝없이 넓다. ② 끝이 없다. ③ 그칠 줄 모르다.

【于丹心语】

宽容一点, 其实给自己留下一片海阔天空。

有什么事老搁[1]在心里過不去? 所以什么叫'仁者不忧'呢? 就是让你的胸怀无限大, 很多事情自然就小了。就像我们客观的生活中, 你说一个人要是遭遇失业呀婚变[2]呀, 朋友背叛[3]哪亲人离去哪[4], 这些事情我们每个人都有可能遇到, 它对你算大事还是小事, 这个没有客观标准。

这就像说一寸长的口子[5]算是一个大伤还是小伤呢? 如果在一个娇滴滴[6]的小姑娘身上那肯定是个大伤, 她能邪乎[7]一星期, 她老疼老上药老看着;如果是一粗粗邋邋[8]大小伙子不小心踢球腿碰破了, 他可能从伤到伤好一直就不知道, 这也是个伤口就完了。所以其实我们的内心究竟是一个娇滴滴的小姑娘还是一个粗粗邋邋的大小伙子, 这件事情靠我们的修炼能做到。这就是孔夫子的意义, 他告诉你你可以做得到。无非[9]是自己不愿意的事情不要去强加别人, 自己快乐的事情自己就更多做一点。能够在这个社会上更多地去帮助别人。

【画外音】

《论语》告诉我们, 为人不仅要拿得起放得下, 还应该尽自己的能力去帮助那些需要得到帮助的人。我们常说'予人玫瑰, 手留余香'[10], 其实给予比获取更能使我们内心充满幸福感。

---

1) 搁(gē) : 놓다. 두다. 넣다. 내버려두다. 방치하다.
2) 婚变(hūnbiàn) : ① 혼인 관계의 변화. ② 이혼.
3) 背叛(bèipàn) : ① 배반하다. ② 모반하다. ③ 배신하다.
4) 哪: ① na는 어기조사로써 앞의 글자가 n으로 끝나면 원래의 啊가 哪로 바뀐다. ② ne의 경성발음은 呢와 같은 용법으로 서술문의 끝에서 사실을 확인하는 어기로 쓰인다.
5) 口子(kǒuzi) : 명. (물건의) 흠. 깨어진(갈라진) 곳. 상처.
6) 娇滴滴(jiāodīdī) : ① 여리고 귀여운 모양. ② 애교가 넘치는 모양. ③ 지나치게 나약한 모양.
7) 邪乎(xiéhū) : ① 대단하다. ② 이상하다. ③ 정도가 심하다.
8) '粗粗邋邋(cūcūlālā) : 걸치다. 편평하지 않다. 매끄럽지 않다.
9) 无非(wúfēi) : ① 단지 …에 지나지 않다. ② 반드시 …이다. ③ …가 아닌 것이 없다.
10) "是把玫瑰花送给他人, 自己的手上也会很香. 比喻帮助他人, 自己也会很快乐."(장미꽃을 선사한 사람의 손은 장미의 향기가 향기로운 것이다. 다른 사람을 도와주면 자신 역시 기쁨

仁恕为核心，这是孔夫子儒家理论最最精髓的东西。除了'恕'字以外还有一个字就是'仁'。那么他的学生樊迟[1]曾经必恭必敬[2]去问他说：老师，什么叫'仁'？老师淡淡地回答他，就两个字说'爱人'，爱别人就叫'仁'。然后樊迟想想又问：什么叫'智'？老师又淡淡地说'知人'，了解别人就叫智慧。所以我们想想多简单，去关爱别人就是仁慈[3]；去了解别人就是智慧，就这么简单。[4]

【于丹心语】

关爱别人就是仁慈，了解别人就是智慧。

所以孔夫子解释这个仁，说夫仁者真正有仁爱之心的人：

'己欲立而立人，己欲达而达人，能近取譬，可谓仁之方也。'(《雍也》6.30)

说每个人我们自己都想让自己树立起来，你要是想在这个世界上能够安身立命，那你也去立别人，你也努力帮着别人立起来，每个人我们都想发达吧！我们自己想发达你让别人也发达。你这么做了的话，叫做'能近取譬'[5]。就是在你最近的地方，你眼前看见这个人，他在街上有点事，你弯弯腰举举手就帮了他了，可谓仁之方也。这就是仁义的方法，就是仁义的秘诀。仁真正核心的就是在身边做这件事。

这让我想起来我读大学的时候，在英语课文上看到过一则[6]据说[7]是托尔斯

으로 충만하게 된다는 것을 비유한 말이다.)

1) '樊迟'는 이름이 須이고, 孔子 七十二 弟子 중의 중요인물.

2) 必恭必敬(bìgōngbìjìng) : 매우 공손한 태도를 취하다.

3) 仁慈(réncí) : ① 인자. ② 인자하다.

4) 樊迟问仁。子曰："爱人。" 问知。子曰："知人。"(《顏淵》12. 22)(번지가 인에 대하여 묻자, 공자는 '사람을 사랑하는 것이다'라 했다. 지혜에 대하여 묻자 '사람을 아는 것이다'라 했다.)

5) 能近取譬(néngjìnqǔpì) : 자기 주위의 사실로 미루어 남의 입장을 잘 고려하다.

6) 则(zé) : 조항. 문제. 편. 토막. (조목으로 나누어진 것이나 단락을 이루는 문장의 수를 표시하는 데 씀.)

7) 据说(jùshuō) : ① 말하는 바에 의하면. ② 듣건대. ③ 말을 근거하다.

泰[1)]写的一个小寓言。

那里面说，有一个国王，他每天都在思考三个最最终极的哲学问题：就是这个世界上，什么人是最重要的？什么事是最重要的？什么时间做事是最重要的？然后觉得这样的三个终极问题，冥思苦想[2)]，举朝大臣没人能够回答得出来。后来有一天他很苦闷，他就微服私访[3)]，自己就下去逛去了。走到底下很偏远[4)]的地方，结果就投宿到了一个陌生的老汉家[5)]，一敲门就说你进来吧，他就去了。到了半夜他忽然被一阵喧闹声[6)]吵醒了。然后就发现有一个浑身[7)]是血的人闯[8)]进来了，那个老头就像收留他一样也淡淡地说，那个人就说后面有人追我，老头说那你就在我这儿避一避，就给他藏起来了。这国王吓得不敢睡，一会儿就看见追兵来了，追兵就问有没有一个人跑过来，老头说不知道，我家里没有别人，后来那些人闹闹[9)]就跑了，然后那个人洗净[10)]了血迹感恩戴德地[11)]也就走了，老头关上门继续睡觉。

第二天国王就惴惴不安地[12)]问他说，你就不怕惹上杀身之祸[13)]？你为什么敢收留那个人，而且你就那么放他走了，你怎么不问他是谁呢？老头淡淡地跟他说，这个世界上其实最重要的人就是眼下需要你帮助，离你最近的那个人；最重要的事就是马上去做，马上把这件事给做掉；最重要的时间就是当下，一点

---

1) '托尔斯泰' : 레프 톨스토이. 러시아 작가.《전쟁과 평화》·《부활》 등이 있다.
2) 冥思苦想(míngsīkǔxiǎng) : 冥思苦索(심사숙고하다).
3) 微服(wēifú) : 미복하다. 평복하다. 私访(sīfǎng) : 개인적 방문. 미행. 미행하다.
4) 偏远(piānyuǎn) : ① 궁벽지다. ② 외지다.
5) 老汉家(lǎohànjiā) : 노인이 사는 집.
6) 喧闹(xuānnào)떠들썩하다. 왁자지껄하다. 왁자하다.
7) 浑身(húnshēn) : 온몸. 전신.
8) 闯(chuǎng) : 갑자기 뛰어 들다. 돌입(突入)하다.
9) 闹闹(rènàonào(de)) : 떠들썩하다, 왁자지껄하다, 벅적벅적하다.
10) 洗净(xǐjìng) : ① 깨끗이 씻다. ② 세정하다. ③ 씻어 내다.
11) 感恩戴德(gǎnēndàidé) : 감지덕지하다. 베풀어 준 은덕에 감격하다. 감사무지하다.
12) 惴惴不安(zhuìzhuìbúān) : 벌벌 떨며 불안해하다.
13) 杀身之祸(shāshēnzhīhuò) : 목숨을 잃을 정도의 재앙.

不能拖延[1]。

那个国王恍然大悟[2]，他把我三个终极问题都解决了。

其实这个故事又做了《论语》的注脚。实际上，孔子也罢，庄子也罢，陶渊明、苏东坡，直至泰戈尔，古今中外圣贤的意义是什么呢？就是用他们生活的历练[3]总结出来一些对我们每个人都有用的道理。

圣贤永远都不是那个砖头[4]一样的典籍，让你要拿着放大镜，翻着辞海非常费劲诘屈聱牙[5]说他到底说什么呢。如果端着架子[6]，那不是真正的圣贤。其实圣贤的价值就在于在千古之前他们那些有价值的生活经验可以穿越[7]沧桑[8]，走到今天，让我们仍然觉得温暖；而他在千古之前缄默地[9]微笑着，注视着我们仍然在他的言论中受益而已。

---

1) 拖延(tuōyán) : ① 끌다. ② 연기하다. ③ 지연하다.
2) 恍然大悟(huǎngrándàwù) : ① 문득 모든 것을 깨치다. ② 갑자기 모두 알게 되다. ③ 마음이 탁 트이다.
3) 历练(lìliàn) : ① 경험과 수련. ② 경험을 쌓다. ③ 실지 단련하다.
4) 砖头(zhuāntóu) : 벽돌. 벽돌조각.
5) 佶屈聱牙(jíqūáoyá) : 诘屈聱牙, 말이나 문장이 난삽하여 읽기가 거북하다.
6) 端架子(duānjiàzi) : '摆架子(bǎijiàzi), ① 거드름 피우다. ② 뽐내다. ③ 허세를 부리다.
7) 穿越(chuānyuè) : 통과하다. 넘다. 지나가다.
8) 沧桑(cāngsāng) : (온갖 세상일을 겪어) 노련하고 침착하다. 沧海桑田(cānghǎisāngtián) : 창해가 변하여 뽕나무밭이 되다. 창상지변滄桑之變. 상전벽해桑田碧海. 세상의 변천이 몹시 심하다. '沧桑岁月' : 세상의 온갖 풍파 세월.
9) 缄默(jiānmò) : ① 침묵을 지키다. ② 입을 다물다.

论语感悟

논어감오 / 논어의 깨달음

8. 孝敬之道

【画外音】

孝敬是中华民族的美德之一。孔子认为孝，是做人的根本道德。所以人们常说:百善孝为先。[1] 那么，一个孝字为什么如此重要？在现代社会中,传统的孝道还能够适用吗？当儿女和父母发生矛盾时，我们该如何处理？又该如何理解这个'孝'字？敬请关注北京师范大学于丹教授继续为我们讲《论语感悟》之《孝敬之道》。

在中国儒家文化中，特别提倡孝道。孔子认为，孝，是做人的根本道德，所以中国的传统文化提倡:百善孝为先。但是从父父子子，君君臣臣的封建社会发展出来的孝道，在两千多年后的今天，是否还是那么重要？在日新月异[2]的现代社会里，儿女和父母之间，由于生活环境的不同，认知事物的不同，不可避免地会产生代沟[3]、发生矛盾和冲突是难免的。在这种情况下，我们该如何做才为孝？孔老夫子毕竟生活在两千多年以前，他有关孝道的准则[4]，在我们现代社会中还能够适用吗？我们现代人又该如何理解孝道呢？

敬请[5]关注北京师范大学于丹教授继续为我们讲《论语感悟》之《孝敬之道》。

大家好！我们都在说我们这个民族有一种美德是孝敬。但是，什么是真正的孝？可能每一个儿女都有自己的做法。中国民间有个说法，叫做百善孝为先。

一切从孝开始做起，因为这是自己最深刻的亲情，我们人人不可回避。而在孝顺这件事，民间还有一个说法叫做'论心不论迹[6]'。因为不一定每一个孝子都

---

1) '百善孝为先，万恶淫为源'：청清나라 왕영빈王永彬의《위로야화圍爐夜話》에서 나오는 말이다.

2) 日新月异(rìxīnyuèyì)：① 나날이 새로워지다. ② 발전이 매우 빠르다. ③ 진보가 빠르다.

3) 代沟(dàigōu)：세대 차이.

4) 准则(zhǔnzé)：① 준칙. ② 규범.

5) 敬请(jìngqǐng)：삼가……하세요.

6) 论心不论迹：'百善孝为先，论心不论迹，论迹天下无孝子.'천하에서 가장 착한 일 중의 하나는 먼저 효도하는 일이다. 그러나 효도는 마음 씀씀이를 봐야지 그 사람의 행적을 봐서는 안 된다. 그 사람의 행적으로 논한다면 이 세상 효자란 없을 것이다.

有充分的钱财[1]、很高的地位、能够按照他的梦想把他的爱折合[2]成一种物质条件给他的父母。有的时候可能是一个很深刻的心愿，但是做出来是一件朴朴素素的小事，小到微乎其微[3]。很多学生曾经问过孔子，什么叫做孝？子游问孝。

子曰：'是谓能养，至于犬马皆能有养，不敬何以别乎。'(《为政》2.7)

子游去问老师，什么叫孝啊？老师说是谓有养，有很多人说能养着自己的老人，我们今天经常说赡养[4]自己的老人。这是孝吗？孔子接着反问：至于犬马，你看动物皆有本心。我们知道羊羔[5]是跪乳的[6]；乌鸦是反哺[7]的。也就是说，所有的动物都有这样的心。犬马也知道养它的长者，那这就叫做孝吗？所以孔子提出一个很深的命题[8]，他说不敬何以别乎？如果你只是让父母做到衣食无忧了，你如果心中对他没有那种的深刻的尊敬、没有你的心在里面，这能叫做孝吗？所以中国人一说起来叫做孝敬孝敬。孝为行，敬为心。

关键是我们的心中对父母有这份深深的敬吗？不同的学生问过孝，子夏问孝。

子曰：'有事，弟子服其劳，有酒食先生馔[9]，曾是以为孝乎。'(《为政》2.8)

---

1) 钱财(qiáncái)：① 금전. ② 재화. ③ 돈.
2) 折合(zhéhé)：① 환산하다. ② 맞먹다. ③ 상당하다.
3) 微乎其微(wēihūqíwēi)：① 미미하고도 미미하다. ② 매우 적어 보잘것없다. ③ 매우 하찮다.
4) 赡养(shànyǎng)：① 부양하다. ② 먹여 살리다. ③ 생활을 돌보다.
5) 羊羔(yánggāo)：① 어린 양. ② 뱃속에 든 양의 새끼. ③ 기독교 신자.
6) 羊有跪乳之恩(yángyǒuguìrǔzhīēn)：(새끼 양이 무릎을 꿇고 젖을 먹는 것은 부모님의 은혜에 감사를 표시하기 위한 것이라는 뜻에서)양도 젖먹던 은혜를 안다，양도 어미의 은혜를 안다.
7) 《本草纲目 · 禽部》："慈乌：此鸟初生，母哺六十日，长则反哺六十日。"(은혜로운 새. 이 새는 새끼를 까면 60일 동안 먹이를 물어다 먹이는데，그 까마귀가 자라나면 역시 60일 동안 어미에게 먹이를 물어다 준다.)
8) 命题(mìngtí)：① 출제하다. ② 명제. ③ 제목을 내다.
9) 馔(zhuàn)：먹고 마시다.

子夏问老师什么叫孝？孔子又说了一种现象。他说：‘有事，弟子服其劳’。凡是有一些要做的事情、杂物、外在的能干的事情，孩子们都会抢着去干，晚辈们去做了。‘有酒食’在一个物质条件不是很丰富的情况下，那有吃的也是一个很重要的标准；‘先生馔’你的长者比你年长的人，先请他们去吃，说这样算孝吗？曾是以为孝乎，又反问一句你觉得这是孝吗？我们看子游问孝、子夏问孝，老师都铺陈[1]了一些大家普遍认为是孝的行迹，去好好的做事养着父母。有什么事礼让[2]父母先做，有什么劳顿[3]的自己可以去先担当。这些事情大家都认为是孝了，但是孔子都要问一句这是孝吗？

我很喜欢《论语》里面孔子用的这几个反问句，也就是说做到的这些真的叫孝吗？孔子是个宽和的人，他不是特别的要求所有人必须怎么做，包括他最看重的那些礼仪。有一次宰我去问他，说老师呀，守丧[4]一守就是三年，好像太长了吧。你想想一个君子难道他三年不为礼乐，他不出去干点事儿吗？孔子就问他，说如果你服丧一年之后，你就吃精米白面[5]、你就穿绫罗锦缎[6]，你自己觉得心安吗？宰我说我心安，没什么不安。孔子就告诉他六个字：

‘今汝安, 则为之.’（《阳货》17.21）

你自己觉得心安的话，你就可以这么去做，没有什么不必特别的刻意[7]。宰我就走了。他出去以后老师就很感慨。孔子说：一个孩子他出生以后要三年才能免于父母之怀，对吧？一个小孩子出生以后，我们都手里头抱着，抱到三岁的时候，还有些父母很惆怅[8]，说孩子要长大了，以后我就抱不着他了。很少有父

---

1) 铺陈(pūchén) : ① 자세히 진술하다. ② 벌여놓다. ③ 배열하다.
2) 礼让(lǐràng) : 예의를 차려 권하다.
3) 劳顿(láodùn) : ① 피로하다. ② 지치다.
4) 守丧(shǒusāng) : ① 경야하다. ② 영전을 지키다.
5) 精米(jīngmǐ) : 흰 쌀. polished rice. 白面(báimiàn) : 흰 밀가루.
6) 绫罗(língluó) : ① 능라. ② 능단. ③ 두꺼운 비단과 얇은 비단. 锦缎(jǐnduàn) : ① 무늬 비단. ② 수단. ③ 문직.
7) 刻意(kèyì) : ① 진력하다. ② 고심하다. ③ 진력하여.
8) 惆怅(chóuchàng) : ① 실망 · 낙담하는 모양. ② 슬퍼하는 모양. ③ 실의하다.

母说抱到孩子一周岁就烦了。说我抱你什么时候到头[1]，我还要抱你三年，那太烦了吧。这种父母亲很少，都是抱不够。所以孔子说这个天下通丧[2]都是三年，它也是有一定道理的。因为孩子要三年才能难免于父母怀抱。

【画外音】

在中国古代时期，父亲或母亲在世时要孝敬，去世后还要服丧[3]三年。这三年里要清心寡欲[4]，粗茶淡饭[5]，不能嫁娶、不能为官、不能做生意，此为孝道。虽然这种服丧三年的规定并不适用于现代社会。但由此可见，中国古时对孝道的重视。那么在中国的传统文化中为什么如此注重孝道？又为什么说百善孝为先呢？

我们今天总在说孝敬是一种美德，但是，它不是一种本能。但是我们反过来说一个命题，就是父母对孩子的爱，有人说过那是美德吗？那是本能。

有这样一个故事，说有一个小男孩，他从小就在一棵大树旁边玩儿。这大树长得很高，硕果累累[6]，是一颗大苹果树。又漂亮，又有很多甜美的果子。这孩子天天围着树，有时候爬到树上摘果子吃；有时候在树底下睡觉；有时候捡树叶；有时候他也拿着什么刀片、瓦片在树身上乱刻乱划。这大树特别爱这孩子，从来也不埋怨[7]他，就天天陪他玩儿。

玩儿着玩儿着孩子长大了，有一段他就不来了。过了很久他再来的时候已经是一个少年了。大树很想他，说孩子你怎么不跟我玩儿了？这孩子的表情里面就开始有忧伤，而且很冷漠[8]，他有点不耐烦了[9]，他说我已经长大了，我不想

---

1) 到头(儿)(dàotóu(r))：① 정점에 이르다. ② 맨 끝에 이르다. ③ 결국.
2) 通丧(tōngsàng)：일반적인 상례(丧禮). "夫三年之丧，天下之通丧也."(《论语 · 阳货》)(삼년의 상은 온 천하에 공통되는 상례이다.)
3) 服丧(fúsāng)：① 상복을 입다. ② 복상하다.
4) 清心寡欲(qīngxīnguǎyù)：마음을 깨끗하게 하고 욕심을 제거하다.
5) 粗茶淡饭(cūchádànfàn)：① 변변치 않은 음식. ② 소박하다.
6) 硕果(shuòguǒ)：큰 과실, 훌륭한 성적, 큰 업적. 累累(léiléi)：지쳐서 초라한 모양, 실망한 모양, 새끼로 잇달아 꿴 모양.
7) 埋怨(mányuàn)：① 불평하다. ② 원망하다.
8) 冷漠(lěngmò)：① 냉담하다. ② 무관심하다.
9) 耐烦(儿)(nàifán(r))：① 번거로움을 견디다. ② 인내하다. ③ 잘 참다.

跟你玩了，我现在需要很多高级的玩具，我还得去念书，我还得要学费呢。

大树说：'孩子真对不起，你看我也变不出玩具。这样吧，你可以把我所有的果子都摘了，然后你去卖了，你就有玩具有学上了。' 这孩子一听就高兴了，他就把果子都摘了，然后他就欢欢喜喜地走了。这样的话每年他匆匆忙忙的，就是在摘果子的时候来，平时都没有时间来玩儿。这样的话等到他读完书以后，他又有很长时间不来了。

再过一些年，这孩子已经长成了一个青年，他再来到树下的时候，大树就更老了。大树说：哎呀，你这么长时间不来，你愿意在这儿玩会儿吗？孩子说：我现在要安家立业了[1]，我哪有心思玩儿啊？我连我安家的房子还没有呢，我也没有钱盖房子呀。大树说：'孩子，你千万不要不高兴，你把我所有的树枝都砍了，就够你盖房子了。' 这孩子就高兴起来了。他把树枝都砍了，自己就去成家了。

这样的话又过了很多年，这孩子再来的时候，心事重重[2]徘徊在树下。这孩子说：我得在世界上做大事，可是这世界的海洋这么浩瀚[3]，我要去到远方，我连个船都没有，我能去哪儿啊？大树说：孩子你别着急，你把我树干砍了，你就可以做船了，这孩子一下就高兴了。所以他砍了树干，做了一条大船就出海去了。

又过了很多很多年，这颗大树就剩下快要枯死[4]的树根了。这个时候这个孩子回来了，孩子这个时候年纪也大了，他回到这个树底下的时候，大树跟他说：孩子啊，真对不起，你看我现在也没有果子给你吃了，也没有树干给你爬了，你就更不愿意在这儿跟我玩儿了。

这孩子跟大树说：'其实我现在也老了，有果子我也啃不动了[5]；有树干我也不能爬了；我从世界上回来了，我现在就是想找个树根守着[6]歇一歇，我累了。他

1) 安家立业(ānjiālìyè) : ① 가정을 이루고 사업을 일으키다. ② 한 지방에서 오랫동안 거주하며 일하다.

2) 心事重重(xīnshìchóngchóng) : 걱정이 가득하다. 시름에 겨워하다.

3) 浩瀚(hàohàn) : ① 광대하다. ② 물이 질펀하다. ③ 무수히 많다.

4) 枯死(kūsǐ) : 말라죽다.

5) 啃不动(kěnbudòng) : ① 씹을 수 없다. ② 벅차서 감당하지 못하다. ③ 이가 들어가지 않다.

6) 守着(shǒuzhe) : 함께 지내다. 바로 곁에 있다. 가까이 하다.

说我就是回来跟你玩儿的.' 这个老树根那个高兴, 这个时候它又看见孩子小的时候。其实这个故事我们想一想这就是我们的父母和我们自己的一生。(啊, 对不起。我要停一下)

【画外音】

父母对于孩子的爱,就像这棵老树一样是无私的、是全部的、是永远的、是不计回报的。天下有多少父母为孩子耗尽了[1]毕生[2]的心血, 而孩子们是否能够理解父母的这一片心呢?

这个故事听起来好像很残酷[3], 但其实儿女的一生不就是从父母身上获得了那么多的机会吗? 父母付出的就是他用生命的提携[4]。

【于丹心语】

父母付出的就是用自己的生命对子女的提携。

有一个美国的小故事很有意思, 说有一个小男孩, 他从小是得了脊髓灰质炎[5]。所以他很小的时候腿就瘸了[6], 而且这个病还导致他长了一口参差不齐[7]的牙齿, 也不好看。所以这孩子从小就备受[8]冷落, 小伙伴们都觉得他又瘸长得又不好, 所以就都不跟他在一起。他的父亲呢, 有一天拿了一把小树苗[9]回来, 跟他很多个儿女说, 你们一个人拿一颗树苗, 然后看看你们谁的树能种得最好, 谁的最好我就给他买礼物, 这小男孩就跟他的哥哥姐姐一起都拿了树苗种

---

1) 耗尽(hàojìn) : ① 다 소비하다. ② 다 써버리다.
2) 毕生(bìshēng) : ① 일생. ② 전 생애. ③ 필생.
3) 残酷(cánkù) : ① 잔혹하다. ② 참혹하다. ③ 잔인하다.
4) 提携(tíxié) : ① 손잡고 가다. ② 데리다. ③ 돌보다.
5) 脊髓灰质炎(jǐsuǐhuīzhìyán) : ① 척수회백질염. ② 폴리오.
6) 腿瘸(tuǐqué) : 다리 절름발이.
7) 参差不齐(cēncībùqí) : 가지런하지 못하다.
8) 备受(bèishòu) : ① 실컷 받다. ② 빠짐없이 받다. ③ 받다.
9) 树苗(shùmiáo) : ① 묘목. ② 나무모.

下去。

这个孩子呢，由于老受冷落，心里就有一种自暴自弃[1]，所以他给那个树苗浇了一两回水[2]以后，他心里就有一种很阴冷的想法。他想，嗨，我不管了，还不如让我那棵树早早死了，就像我反正是不受人喜欢的，我再想要礼物,我那个树也不会替我办到的。所以他就再也不给那个树浇水了。可是后来他就发现一天一天的，他那颗树就是长得比别人好，那个树长得特别快，树叶长得特别鲜亮[3]，就是一颗特别茁壮[4]的小树。所以他父亲就不断地说:天啊，儿子你长到会成为一个植物学家的。说儿子你真是天才，你的树怎么这么好呢？所以到了一定的时候，父亲说大家都看见了在这些棵树苗中，只有这个孩子种得最好，我的礼物得买给他，就给他买了一个他特别喜欢的礼物。

这孩子后来就越来越受到鼓励，他就想这是天意。所以有一天半夜他睡不着觉[5]，他想书上说植物都是在半夜生长的，我夜里就给我的树再浇点水。他跑出来的时候他惊讶地发现，他父亲在那个树底下正在一勺一勺地[6]浇那个树，他突然明白他的父亲在每天夜里，都在悄悄地为他养着这棵小树。这棵小树就是父亲在他心里种下的一个意象，让这个孩子信任自己。

看见这一幕以后，这个孩子的生命态度就改变了。后来他没有成为植物学家，他成了美国总统，他就是富兰克林·罗斯福。[7]

其实我们想一想，这是父母对儿女的爱。我曾经看到有一个杂志上说:'当天神把每一个小孩子派到人间的时候，总是给他们很多祝福，总是跟孩子说:

你们去吧，到这个世界上创造吧！你们在这个世界上可以享受生命的成长。可以有着一生成长中无数的奇迹，你们可以去为这个社会创造辉煌[8]，多好的

---

1) 自暴自弃(zìbàozìqì)：자포자기하다.
2) 浇水(jiāoshuǐ)：① 물을 끼얹다. ② 뿌리다.
3) 鲜亮(xiānliang)：① 선명하다. ② 산뜻하다. ③ 환하다.
4) 茁壮(zhuózhuàng)：① 건장하다. ② 튼튼하다. ③ 실하다.
5) 睡不着觉(shuìbuzháojiào)：잠들 수 없다. 잠들지 못하다.
6) 一勺一勺(yīsháoyīsháo)：한 바가지 한 바가지.
7) 富兰克林·罗斯福(Franklin Delano Roosevelt, 1882年1月30日－1945年4月12日)：프랭클린 루스벨트. 미국 제 31대 대통령.
8) 辉煌(huīhuáng)：① 휘황찬란하다. ② 눈부시다.

人间，你们去吧！这些小生命就很忐忑[1]，他说：

哎呀！都跟我们说世界这么好，那我们也听说人间有很多的丑陋[2]、有很多的竞争、有很多的挣扎[3]。我们真到了人间，在成长过程中遭遇这一切的时候，不是在天上了，没有天神保护了，怎么办呢？然后天神说：

'放心吧，每一个小生命在下到人间之前，我们早早地已经都派下去了天使，每个小生命都有一个特定的天使在等着他。这个天使会终其一生，忠诚地对待这个孩子。在最黑暗的时候，也会给他光明；在最寒冷的时候，也会给他温暖；在所有风险来临的时候，这个天使最后会拼着[4]她的生命保护孩子.'

孩子们一听就很放心了说：我们怎么才能找到我自己的那个天使呢？那个天神说：很简单，你只要叫一声妈妈，她就出现了。

【画外音】

父母对孩子的爱，是说不完道不尽[5]的。这也许就是中国传统文化如此注重孝道的原因。那么作为儿女又应该如何对待给予我们生命、呵护[6]我们成长的父母呢？

其实这个世界上，没有一种孤立的现象、孤立的标准。我们都用自己的心去揣测[7]它，如果我们能够这样换位去想，那么与其等到父母身后我们去说尽[8]一年之孝、三年之孝，都不如父母在的时候我们再多做一分一毫。其实父母跟孩子这种关系，只要父母在一天，孩子不会不挂在他心里。但是孩子跟父母经常说的话，就是妈我最近没回来看你，实在是太忙了。

忙，有时候是可以忙忘的；有时候忙是可以有取舍，取重而舍次。那么什么是重呢？在人权重的时候会觉得事业是重的，然后自己朋友的快乐是重的。在这

---

1) 忐忑(tǎntè)：① 마음이 불안하다. ② 안절부절 못하다.

2) 丑陋(chǒulòu)：① 용모나 모양이 추하다. ② 추하다. ③ 못생기다.

3) 挣扎(zhēngzhá)：① 힘써 버티다. ② 발버둥치다. ③ 발악하다.

4) 拼着(pīnzhe)：붙어있다. 가까이 있다.

5) 说不完(shuōbúwán)：말로 다할 수 없다. 道不尽(dàobújǐn)：말로 다 못하다.

6) 呵护(hēhù)：① 가호. ② 애호. ③ 보호.

7) 揣测(chuǎicè)：① 추측하다. ② 짐작하다. ③ 헤아리다.

8) 说尽(shuōjìn)：말로 다하다.

种时候，父母往往是被忽略的。因为我们老是能听见父母对我们说一句话，说你去忙吧，要是太忙了就不一定着急回家来，打个电话就行了，让我知道你挺好就行了。而孩子们往往就真把这个话当成是真的，就真的会觉得父母只要他在家，我知道他身体挺好就行了。

其实对父母应该是什么态度呢？有的时候这一生的成长中，孩子也会长大。孩子长大了以后，也跟父母有矛盾、有冲突。孩子跟父母从小就有逆反[1]心，他有代沟[2]，而长大以后作为做人标准也不是天下父母都正确。当父母做得不对的时候、孩子真跟他有冲突的时候，应该怎么做呢？

孔子有这样的建议：

子曰：'事父母几谏[3]，见志不从，又敬不违，劳而不怨。'(《里仁》4.18)

事父母，作为儿女辈对待他父母的时候，如果有意见相左[4]，不和，甚至你觉得父母有什么错的地方，你可以去提建议，要说这个话，但是叫做'几谏'。就是'几乎'[5]的这个几，什么意思呢？就是你一定要有克制的、很轻微的、能够用一种柔和的方式去进谏[6]。我们去说一个道理，道理本身是什么样不重要，但是表达方式很重要。

【于丹心语】

道理本身是什么不重要；但是表达方式很重要。

我们怎么样用一种最好的表达方式把一个很好的道理说得通。这件事情可

1) 逆反(nìfǎn)：① 상반. ② 반대. ③ 상반되다.

2) 代沟(dàigōu)：세대차.

3) 几谏(jījiàn)：자식이 부모 혹은 아랫 사람이 윗 사람에게 부드러운 말과 태도로 간언하거나 권하다.

4) 左(zuǒ)：맞지 않다. 어긋나다.

5) 几乎(jīhū)：① 거의. ② 하마터면.

6) 进谏(jìnjiàn)：① 진언하다. ② 간하다. ③ 간언을 드리다.

能我们经常看人际交往准则的时候会说，你跟同事要怎么说话?你跟朋友要怎么说话?几乎没有一本社交宝典上会教你跟父母怎么说话。因为大家都觉得父母是亲人，跟父母说话还需要方式吗？孩子们老想着说我在外面受了气、有了埋怨，人在受到惊吓或者劳苦的时候，往往就喊'哎呀妈呀'，这个时候就想，我跟我妈怎么不行，所以回家跟我妈还不能发发脾气吗？跟我妈还不能撒撒[1]怨气吗？但是其实，往往就是自己最亲的人就成了自己情绪垃圾筒[2]，有的时候还会受伤。

其实孔子就说了一个简单的道理，说你最亲的人是最伤不得的。

'最亲的人，最伤不得。'

好话能不能好好说呢？'几谏'轻微地柔和地跟他说出来。这个结果有的父母会听，有的父母可能就没听，在坚持自己的想法，那就叫'见志不从'。没听你的怎么办呢？'又敬不违'！做孩子的还要心存尊敬。很多事情，你就不一定要违背他，你心中可能对这事继续担心，甚至还有点怨恨，这就叫'劳而不怨'。你对这事情可以继续有忧思、有担心，但是孔子劝你不要有很深的怨恨，对父母没有什么怨的。你可以心有忧思谓之劳，但劳而不怨。这就是儿女辈跟父母发生意见相左的时候，圣人所提供的一种建议。

其实大家放心，他从来不要求必须怎么做。宰我不愿意守三年，他也说一年你心安则为之也没什么，他更不会要求我们两千多年以后的人你必须怎么做，他只是提这么一个建议。但是这个建议对很多儿女来讲意味深长。

【画外音】

儿女和父母之间无论在生活习惯上，还是在对待事物的看法上，肯定有很多不同之处，发生矛盾和冲突是在所难免的。有的时候儿女出于好心为父母做了一些事，而父母却非常不高兴，在这种情况下，我们应该怎么办呢？

1) 撒(sā) : 풀어주다. 방출하다. 뿌리다. 펴다. 넓히다.

2) 垃圾筒(lājītǒng) : 쓰레기 통.

中国民间有个说法叫孝顺，孝顺孝顺，顺者为孝。

很多时候我们的孝心就在于不违背。当然,也有些儿女跟父母的冲突属于大是大非[1]，但是我们每个人现在心里都做个统计，真正父母儿女之间所产生的冲突[2]，有多少是大是大非？关乎道德、关乎家国大义，这种事情毕竟是少。绝大多数的冲突，用我们老百姓的话讲都为了鸡毛蒜皮[3]，而且有很多冲突父母觉得心里头不高兴，儿女心里头也委屈[4]，因为他就是出自孝心。

我们做儿女很容易跟父母形成的冲突，就是愿意他生活好。比如说经常指着老妈说，你看看你攒[5]的这瓶瓶罐罐[6]；你看看你这剩菜剩饭都舍不得倒；看看你去买的全都是处理的菜、处理[7]的水果。咱们家生活不至于这样，现在日子已经过好了，你还是过去日子过得不好时候的习惯，你就不能把日子过好吗？不能改掉吗？这种话我们都经常会说。我们有时候也会指着老爸说你看现在我带你去吃西餐，我带你外边去下馆子[8]，你老舍不得吃，还老说吃不饱，非要回家来蹲[9]在墙角吃你那碗面条，这都是你原来在农村时候的生活习惯，你现在就不能改改？不能适应现在的生活吗？这也是我们经常数落[10]老人的话。

能说儿女不孝吗？其实这是我们自己的心，但是孔子说了一句话叫：

'又敬不违'

就是我们能顺着他吗？能不违吗？每一个人走到今天，都带着他所有历史

1) 大是大非(dàshìdàfēi) : ① 근본적인 시비 · 선악. ② 정치 원칙에 있어서의 시비.
2) 冲突(chōngtū) : ① 충돌. ② 모순되다. ③ 겹치다.
3) 鸡毛蒜皮(jīmáosuànpí) : ① 닭털과 마늘 껍질. ② 사소하고 보잘것없는 일. ③ 뒷거래를 할 때 증정하는 물건.
4) 委屈(wěiqu) : ① 억울하다. ② 억울하게 하다. ③ 억울한 일을 당하게 하다.
5) 攒(cuán) : 모으다.
6) 瓶罐(píngguàn) : 병과 둥근 용기.
7) 处理(chǔlǐ) : 내린 가격으로 혹은 시가(時價)로 처분하다.
8) 下馆子(xiàguǎnzi) : 음식점에 식사하러 가다. 요릿집에 가서 요리를 먹다.
9) 蹲(dūn) : 쪼그리고 앉다. 웅크려 앉다.
10) 数落(shǔluo) : ① 남의 잘못을 열거하며 꾸짖다. ② 잔소리하다. ③ 나무라다.

的烙印[1]，每一个人都是自己的习惯铸就的[2]。如果没有老太太攒瓶瓶罐罐那段岁月，也许就没有今天儿女的生活；没有老爸蹲在墙角吃面条的那种节俭，不从那个村庄走出来，是没有今天的楼房的。所以有的时候，真正爱自己的父母就意味着包容和尊敬他所有的习惯。

【于丹心语】

真正爱父母就要包容和尊敬他所有的习惯

我们不是说大是大非的问题都一定要做儿女的放弃原则，但是非大是大非，可以不计较的时候，儿女心对父母多一点懂得，多一点让他按照自己的方式去过一种快乐的日子，也许就是最好的。

【画外音】

无论是'劳而不怨'，还是'又敬不违'，都是孔夫子关于孝道德的准则。但是孔老夫子毕竟生活在两千多年以前，他有关孝道的全部准则在我们今天的现代社会中都能够适用吗？

其实今天我们想想《论语》里面关于孝的很多描述，不见得它都符合今天的标准，因为它说的那个时代生活环境与我们不同，更重要的是社会基础、宗法制度不同。大家知道在《论语》里面曾经还提倡一种行为叫做：

'子为父隐，父为子隐'.（《子路》13.18）

就是家里人如果要是做了错事，小到偷只羊，甚至比这更大的事，觉得要瞒着，不能说出来。这种态度在今天就不值得提倡，但是要从事情推断背后的道理，有些道理对我们今天是仍然适用的。孔子说：

'父母在，不远游，游必有方.'（《里仁》4.19）

1）烙印(làoyìn)：① 낙인. ② 깊은 인상을 남기다. ③ 지워지지 않는 흔적.

2）铸就的(zhùjiùde)：주조한 것이다.

今天的孩子都要少年壮志[1]漂洋[2]过海出去留学了，父母在的时候怎么能不远游呢？当然那个时候也说了这句话叫'游必有方'。你真正有自己的志向，有自己要去做的大事，是可以走的，但是走了之后，要对父母有一个交待。也就是说不是守在父母身边，就是真正的大志。

大家都知道太史公司马迁[3]，他这一生用了很长很长的时间是在天下游历[4]，但是在他父亲司马谈[5]病重的时候他在外漂泊[6]十年，终于回来，回来是为了接下这个史官之志。所以当司马谈跟他讲现在这样的一个时代，发愁没有一个史官能够把历史真正传承下来，能够去体会那些哲学的义理，真正的把这样的一些事迹记载下来的时候，司马迁说：

'小子何敢让焉?'

这个使命就落在了我的身上。所以其实司马迁之所以能够去写这样一部大作，他之所以能够完成，'亦欲以究天人之际[7]，通古今之变[8]，成一家之言[9][10]'，这样一部《史记》。这是打通了文史哲啊。这里面不单纯是他对于家国使命的担当，也有上一代史官司马谈的托付。所谓游必有方，这样的游历是一种人生

1) 壮志(zhuàngzhì)：① 웅대한 뜻. ② 장지. ③ 웅대한 포부.

2) 漂洋(piāoyáng)：① 표류하다. ② 항행하다.

3) 司马迁：사마 천. 중국 전한前漢의 역사가(?BC 145～?BC 86). 자는 자장子長. 《史記》의 저자. 기원전 104년에 공손경公孫卿과 함께 태초력太初曆을 제정하여 후세 역법의 기초를 세움.

4) 游历(yóulì)：두루 돌아다니다.

5) 司马谈：사마 담, 중국 전한 때의 사상가. 《史記》의 저자 사마천의 부친. 사마담은 전한에서 천문과 역법을 주관하고 황실의 전적을 관장하였다. 무제 때 한나라 황실의 봉선 의식에 참여하지 못해 화를 이기지 못하고 죽었는데, 아들에게 자신이 쓰던 史籍을 완성해 달라고 유언을 함.

6) 漂泊(piāobó)：① 표박하다. ② 유랑하다. ③ 방황하다.

7) 究天人之际(jiūtiānrénzhījì)：자연과 인간의 상호 관계를 탐구하다.

8) 通古今之变(tōnggǔjīnzhībiàn)：현대와 고대를 관통하다.

9) 成一家之言(chéngyījiāzhīyán)：일가를 이루다.

10) "亦欲以究天人之际，通古今之变，成一家之言."(司马迁，《报任少卿书》)(저는 또한 하늘과 인간의 관계를 탐구하고 고금의 변화를 통달하여 일가의 말을 이루고자 하였습니다.)

见识的成长，这对于他父亲的交待可以说是最大的欣慰[1]。

【画外音】

'游必有方' 就是说远时必须要有一个明确的目的和方向。在家侍奉父母是孝敬，但外出游历增加知识和本领，也是对父母最大的安慰。司马迁正是因为在外游历十年，对社会有了深刻的认知和理解，才能够继承父亲司马谈的遗志，完成了千古不朽的《史记》。

所以在《论语》里面，其实也说到了这些。什么叫真正孝敬的儿女？儿女不简单是侍奉父母、供养父母，更重要的是弘扬父母之志。

【于丹心语】

真正的孝敬，更重要的是弘扬父母之志。

能够把他的志向真正在天下行于大道，能够为社会去担当责任，做一些有用的事。其实我想古圣先贤的很多教诲[2]可以让我们从远方让自己的灵魂漂泊而归，回到一个温暖朴素的地方，就是不忘记这些基础道理。其实这些道理为什么重要？为什么孝就这么重要呢？孔子说

'君子务本，本立而道生。孝弟也者，其为仁之本与。'(《学而》1.2)

孔子说：'君子务本'，什么是本呢？大家看这个中国字，木头的木，底下打这一点这是本吧。这个只是打的点是什么位置？就是树根，所以什么叫本？就是大树的根。人生可以长成枝繁叶茂的大树，但是一切源自于这个根系[3]。所以很多东西要务本。本要是牢固[4]的话，树就可以长得好。孝在孔子的语录里就是作为这样一种根本的道德而存在。我们今天已经远离了那样的一种宗法封建的社

1) 欣慰(xīnwèi)：① 기쁘고 안심되다. ② 기쁘고 위안이 되다.
2) 教诲(jiàohuì)：① 가르치다. ② 깨우치다. ③ 타이르다.
3) 根系(gēnxì)：뿌리. 근계.
4) 牢固(láogù)：① 견고하다. ② 확고하다. ③ 섬서성 영강현의 서남쪽에 있는 관의 이름.

会。在今天的社会中，父子这样的一种关系，已经不存在着跟君臣的对应，但是不是孝就过时了？是不是在今天这样一种法律平等公允[1]的社会里孝就不是做人的根本了呢？

【画外音】

孔子认为：'孝'为人生的根本道德，所以儒教文化提倡百善孝为先。但儒教文化的基础是封建制度，从父父子子，君君臣臣的封建社会发展出来的孝道，在我们今天的社会里，是否还能够成为做人的根本道德？我们现代人又该如何理解孝道呢？

其实走到今天，我们回过头来，静心而思[2]，来考虑什么是我们的核心道德？一个人真正在自己跟亲人的处理上做好的话，也许对整个的社会不经意间[3]可以辐射[4]出来一种强大的力量。所以走到今天也许社会制度在变，但'孝',在今天就不是为人之本吗？也许这个理念可以不变。孔子说：'君子务本'。一个人永远去伪存真[5]，能够在最朴素的地方，见出做人的核心价值。那么，在一片迷惑之中，或许他不会走得太乱。我们可以在这个世界上，建立很多的辉煌，但是永远不能忘了脚下的起点。

父母对儿女的心永远是'儿行千里母担忧'[6]。对于孩子在今天这个世界上，父母一会儿牵挂[7]他念书念得不好了，或者是为人做得不够正直了、惦记[8]他没有钱买房子了、惦记他的车不好被同事笑话了、惦记孩子的孩子再去受什么教育了。父母之心对儿女的牵挂不一而足[9]，我们可以举出理由太多了。但是做儿女

1) 公允(gōngyǔn)：공평타당하다.
2) 静心而思(jìngxīnérsī)：마음을 가라앉히고 생각하다. 평정한 마음으로 생각하다.
3) 不经意间(bújīngyìjiān)：주의하지 않는 사이. 자신도 모르는 사이에.
4) 辐射(fúshè)：① 방사. ② 복사. ③ 복사하다.
5) 去伪存真(qùwěicúnzhēn)：① 가짜를 버리고 진짜를 남기다. ② 진위를 가려내다. ③ 진위를 밝히다.
6) 儿行千里母担忧(érxíngqiānlǐmǔdānyōu)：타향 밖에 있는 자식을 부모는 항상 걱정하지만, 부모가 밖에 있으면 자식은 부모 걱정하지 않는다.('母行千里儿不愁.')
7) 牵挂(qiānguà)：① 걱정. ② 근심. ③ 근심하다.
8) 惦记(diànjì)：① 염려하다. ② 늘 생각하다. ③ 걱정하다.
9) 不一而足(búyīérzú)：① 하나뿐이 아니다. ② 적지 않다. ③ 아주 많다.

的问问自己，该让父母操这么多心吗?

《论语》的微言大义[1]往往就是用一句最简单的话，告诉我们至深的道理。所以我们都知道这一生步步行来[2]，点点滴滴[3]，父母能做的往往是一些背后的小事，一生相伴。父母从来不会为儿女说嫌烦[4]，父母也从来不在儿女面前表功。翻翻《论语》，有那么多关于'孝'的说法，其实说到最后，我觉得有一句话是需要我们每个人记住的，那就是：

'父母之年不可不知也, 一则以喜, 一则以惧.' (《里仁》4.21)

其实就在这个时候，我们为人儿女者都在心里问一句，我们父母哪天生日?他今年多大了？不见得每个人都能说得很准确。我们有时候会说老人不像孩子爱过生日，他觉得长一岁也没有什么好的，这就叫做'一则以喜，一则以惧'。喜的是父母高寿，得享天年，做儿女的现在还有机会孝敬他，但'一则以惧'是年事又高了一岁，又到了生命流光往前走的这个时刻，所以我们还有多少时间能够陪在父母身边尽孝呢？我们还能够有多少心愿真正来得及完成呢？可以说'父母之年'，在我们的心里可能永远是惧大于喜[5]的。因为我们能做的太少；父母能给的太多。所以这个世界上，有一种至深的悲怆叫做'子欲养而亲不待'[6]。

【于丹心语】

有一种至深的悲怆, 叫子欲养而亲不待。

---

1) 微言大义(wēiyándàyì) : 간단하지만 심오한 말로 대의를 이야기하다.
2) 步步行來(bùbùxínglái) : 한 걸음 한 걸음 걸어오다.
3) 点点滴滴(diǎndiǎndīdī) : 낱낱의 물방울, 사소하게, 약간씩.
4) 嫌烦(xiánfán) : ① 진절머리가 나다. ② 싫증이 나다. ③ 싫증 나다.
5) 惧大于喜(jùdàyúxǐ) : 기쁨보다 두려움이 크다.
6) "树欲静而风不止, 子欲养而亲不待." (《孔子家语》卷二, 〈致思〉第八, 《韩诗外传》卷九). '风树之悲'의 의미와 같다. ('나무가 고요하고자 하나 바람이 그치지 않고, 자식이 봉양하려 하나 어버이가 기다려 주지 않는다'하여 돌아가신 어버이를 생각하는 마음을 나타내는 말. 혹은 풍수지탄 풍수지탄風樹之嘆이라고도 한다.)

如果真正是到了那一天的话，那我们就是捶胸顿足[1]、我们就是涕泗滂沱[2]，再追悔，父母在的时候少顶一句嘴多好[3]，多做一件事就来得及，但一切都过去了。所以其实只要有父母高堂[4]还在，就是儿女的福分[5]。天下儿女心就是在这个时刻想一想父母之年，以及在来得及的年限[6]中，我们的心还来得及做什么？'一则以喜，一则以惧'，天下儿女心，我们都记住这一点，也许从今天开始我们的父母就快乐了，我们自己的心就安慰了。

谢谢大家。

1) 捶胸顿足(chuíxiōngdùnzú)：가슴을 치고 발을 동동 구르다.
2) 涕泗滂沱(tìsìpāngtuó)：눈물이 세차게 내리는 모양, 눈물이 줄줄 흐르는 모양.
3) 顶嘴(dǐngzuǐ)：① 말대답하다. ② 말대꾸하다.
4) 高堂(gāotáng)：① 부모. ② 높은 집. ③ 양당.
5) 福分(fúfen)：① 타고난 복. ② 행운. ③ 복.
6) 年限(niánxiàn)：연한.

9. 智慧之道

【画外音】

人世间有大智慧也有小聪明，人人都希望自己能够掌握人生的大智慧，而不仅仅是一些小聪明。那么真正的智慧是什么呢？在《论语》这部儒家经典中，智慧无处不在。而《论语》能告诉我们，为什么要拥有智慧呢？人们获得智慧的方法和途径还有哪些呢？请听北京师范大学于丹教授为我们讲《论语》感悟之《智慧之道》。

千百年来，《论语》被公认为是一座丰富的智慧宝库，只要掌握了打开大门的钥匙[1]，人们就会从中获得无穷的智慧和力量。其实，在《论语》中孔子和他的弟子们不但从历史和现实中思考总结出智慧的硕果[2]，同时也在不断地探究获得智慧的途径[3]和方法。于丹教授认为《论语》不但告诉了我们什么是终极智慧，也告诉了我们获得智慧的方法。那么，什么才是真正的智慧？人们拥有[4]智慧的目的又是什么？而我们怎样才能拥有真正的人生智慧呢？

请听北京师范大学于丹教授为我们讲《论语感悟》之《智慧之道》。

今天，我们来聊一聊关于《论语》中智慧的话题。其实在《论语》里面从始至终[5]充满着智慧。智慧是洋溢[6]在字里行间[7]的，它不见得就是拎出来[8]的一句两句的警句，更多的时候它是一种思维的方式。所以《论语》里面总是用最朴素的

---

1) 钥匙(yàoshi) : ① 열쇠. ② 방법.
2) 硕果(shuòguǒ) : ① 큰 과실. ② 훌륭한 성적. ③ 큰 업적.
3) 途径(tújìng) : ① 경로. ② 절차. ③ 순서.
4) 拥有(yōngyǒu) : ① 보유하다. ② 가지다. ③ 소유하다.
5) 从始至终(cóngshǐzhìzhōng) : 처음부터 끝까지.
6) 洋溢(yángyì) : ① 충만하다. ② 양일하다. ③ 가득 넘쳐흐르다.
7) 字里行间(zìlǐhángjiān) :① 구절구절. ② 문장의 여기저기. ③ 행간.
8) 拎(līn) : 손에 들다. (손으로 물건을) 들다.

话去点明[1]那个至极[2]的真理。

樊迟[3]在问老师什么是'知'(智)的时候，老师就说了两个字，叫做'知人'。

'知人。'(《颜渊》12.22)

也就是说，这个世界上 放在我们今天来看如果你懂得天体物理[4]，懂得生物化学，或许你都不是大智慧，那你只是拥有了知识；真正的智慧只有一个标准，就是面对人心，你拥有什么样的判断力？

【于丹心语】

真正的智慧是你拥有对人心的判断力。

在一个充满迷思[5]的世界里，真正深沉[6]的智慧永远是我们能够沉静[7]下来，面对每一个人以及他背后的历史，能够顺着他心灵上的每一条纹路[8]走进他深处的隐秘[9]的那些欢喜忧伤，那些心灵的愿望。所以什么是知人呢？

学生在问老师说，知了人以后要做什么呢？老师说：

'举直错诸枉[10]，能使枉者直。'(《颜渊》12.22)

就是这样十个字，我们知了人以后要干什么？'举直'，是把那些正直的、有才

1) 点明(diǎnmíng)：일일이 지적하여 명확하게 밝히다.
2) 至极(zhìjí)：지극하다.
3) 樊迟(fánchí)：BC 515∽?，공자의 학생. 이름은 수须，자字는 자지子遲. 춘추春秋 말기 노魯나라 사람. 혹은 제齊나라 사람이라도 함. 공자가 노魯나라 돌아온 후에 공자를 스승으로 모심.
4) 天体物理学(tiāntǐwùlǐxué)：천체 물리학.
5) 迷思(mísī)：사물에 대한 불확실성. 혹은 애매모호함. mythicalm, 상상의, 가공의; 사실무근.
6) 深沉(shēnchén)：① 깊다. ② 심하다. ③ 낮고 둔탁하다.
7) 沉静(chénjìng)：① 고요하다. ② 차분하다. ③ 잠잠하다.
8) 纹路儿(wénlur)：결，주름，무늬.
9) 隐秘(yǐnmì)：① 은비하다. ② 비밀로 하다. ③ 감추다.
10) 枉(wǎng)：굽다. 비뚤다. 바르지 못하다.

能的、善良的、符合[1]社会基本价值的人提拔[2]上来，给他们一个好的空间。'错'[3]是把他们安置在一个位置上。放在哪儿呢？放在'枉'的上面。'枉'，就是那些曲折的，不正直的、心思可能不是那么高尚的那些人。

也就是说，能够让贤达[4]的、善良的人，这些符合核心价值的人，在那些不怎么善良的、有一面之私[5]的人之上，这是一个标准。'能使枉者直'，这个标准更温暖。也就是说，人性中没有绝对的善与恶。我们不能说某一个人他就是一个十全十美[6]的大善人，也没有说一个人他从始至终就是一个十恶不赦[7]的歹毒[8]小人。人性中的各种元素，其实都是在不同的土壤、不同的温度、不同的环境、不同的空间中或善或恶，在一种环境作用下有所释放[9]。

一个人他自己的学习，他人给他的际遇[10]这些都在形成着力量。什么叫做'能使枉者直'呢？就是一个人他也许表现出来的不是那么高尚，也许他在做法上有一些促狭[11]，甚至有一些卑鄙[12]。但是你跟他在一起的时候，当你了解人心的时候，你有没有一种力量让他起码跟你合作的这一段，跟你在一起的这段空间，让一个曲折的人，也就是说心思可能有很多弯弯绕[13]的人，在这段表现得更正直坦荡一点？这叫'能使枉者直'。

---

1) 符合(fúhé) : ① 부합하다. ② 일치하다. ③ 맞다.
2) 提拔(tíbá) : ① 등용하다. ② 발탁하다.
3) 错(cuò) : '措(cuò)'의 동의어. 배치하다. 놓아두다. 안치하다. 처리하다. 처분하다.
4) 贤达(xiándá) : ① 현명하고 사리에 통달한 사람. ② 재능 · 덕행 · 성망을 겸비한 사람. ③ 현달
5) 一面之私(yīmiànzhīsī) : 一己之私(yījǐzhīsī), 一己之利(yījǐzhīlì). 자기 자신의 사사로운 잇속.
6) 十全十美(shíquánshíměi) : ① 완전무결하여 나무랄 데가 없다. ② 완전무결하다.
7) 十恶不赦(shíèbúshè) : ① 십악은 용서할 수 없다. ② 죄가 너무 커서 용서할 수 없다. ③ 중대한 죄.
8) 歹毒(dǎidú) : 악독하다, 악랄하다.
9) 释放(shìfàng) : ① 석방하다. ② 방출하다. ③ 릴리스.
10) 际遇(jìyù) : ① 기회를 만나다. ② 경우. ③ 처지.
11) 促狭(cùxiá) : ① 교활하다. ② 좀스럽다. ③ 야박하다.
12) 卑鄙(bēibǐ) : ① 비열하다. ② 졸렬하다. ③ 신분이 비천하다.
13) 弯绕(ràowān) : 빙빙 돌리다. 돌려 말하다.

所以有一句谚语[1]说得好，人生真正成功不在于你凭运气抓了一手好牌，而在于你抓了一手坏牌，但是你能把它打好。人生真正交往中的成功不在于你侥幸地[2]一路走来遇到的全是君子，而在于你遇到有些不能成为君子的人，当然不一定就是小人，能不能够因为你跟他的交往让他看到人性中的温暖、善良，看到你对他的体谅[3]、包容，而让他美好的一面更多地表现出来。为什么要知人呢？孔子说，就是这样一个目的。

【画外音】

《论语》告诉我们，真正的智慧是知人。是为了用正直的力量影响周围、影响社会。那么，怎样才能做到知人呢？观察了解一个人最有效的方法又是什么呢？

那么，怎么才能知人呢？孔子说，你看一个人，要：

'视其所以，观其所由，察其所安，人焉廋[4]哉。'（《为政》2.10）

真正看一个人做事，不看事件的物理过程而看他心理上的安顿[5]。这就是给我们一个起点'视其所以'；再给我们一个过程'观其所由'；最终给我们一个终点'察其所安，人焉廋哉'。人还往什么地方去藏呢？'廋'，就是藏匿[6]。这个人的心，当你经过这样一个过程的分析，你说这个人还怎么能藏起自己呢？

这就是孔子不光告诉你说'知道人'很重要，他还告诉你方法。就是你永远不要在静止的一点上考察一个人的言与行。不能断章取义[7]说谁谁谁说什么话了，所以他是个什么人。听其言还要观其行，而观其行不在于一个结果，而在于一

1) 谚语(yànyǔ)：속어，속담. 이언(俚諺).
2) 侥幸(jiǎoxìng)：① 운이 좋다. ② 요행. ③ 요행히.
3) 体谅(tǐliàng)：① 알아주다. ② 양해하다. ③ 이해하다.
4) 廋(sōu)：숨기다. 감추다.
5) 安顿(āndùn)：① 안정시키다. ② 편안하다. ③ 평온하다.
6) 藏匿(cángnì)：① 숨기다. ② 은닉하다. ③ 숨다.
7) 断章取义(duànzhāngqǔyì)：① 단장취의. ② 문장의 일부를 끊어 저자의 본의와는 달리 제멋대로 사용하는 일.

个动态的过程。

所以其实再说得进一步，孔子说，你如何观察一个人呢？你去看一个人的过错[1]，因为每个人的过错最终都是可以归类的。叫做：

‘人之过也，各于其党。观过，斯知仁矣。’(《里仁》4.7)

‘党’，就是结党营私[2]的‘党’，指归类，每个人的过错，都是可以归进哪一类的。所以孔子有一句话叫做‘观过，斯知仁矣’。你看一个人的过错，就知道他是不是一个仁义的人。这就教给我们更进一步的办法，不仅看我们每一件事的过程，还要去看看这个人的过错。

大家都知道托尔斯泰[3]那句名言，说幸福的家庭都是相似的，但不幸的家庭各有各的不幸。某种意义上来讲，我们在这个世界上做的很多善事差不多都是相同的，对吧？扶老携幼[4]、相互谦让能够有一些忠信之道，很多的社会基本价值是趋同[5]的。但你去看，人的过错千奇百怪[6]，不一而足[7]，在过错里最见人心。人这一生悠悠漫漫[8]，孰能无过？真君子不是没有过错，而是从过错中能洞察[9]他的人心。有人是因为软弱犯错；有人是因为轻信[10]犯错；很多人的过错是源自善良。

孔子说：‘观过’，你就可以知道他是不是一个仁义的人。这一点其实是一个看人的方法。所以这种观点很有意思，他可以超越这个时间，适用于不同的时代，让你完成一种解读。其实，人们面对过错的时候，怎么去观察？有两点很重要：

---

1) 过错(guòcuò) : ① 과실. ② 잘못. ③ 실수.
2) 结党营私(jiédǎngyíngsī) : 작당하여 사리사욕을 꾀하다.
3) 托尔斯泰(Tuō'ěrsītài) : 톨스토이(Tolstoy, 1828~1910). 러시아의 소설가, 사상가.
4) 扶老携幼(fúlǎoxiéyòu) : 늙은이를 부축하고 어린이를 이끌다.
5) 趋同(qūtóng) : 동일한 발전 방향. 동일한 추세.
6) 千奇百怪(qiānqíbǎiguài) : ① 기괴하다. ② 괴상하다. ③ 각양각색의 기괴한 모양.
7) 不一而足(búyīérzú) : ① 하나뿐이 아니다. ② 적지 않다. ③ 아주 많다.
8) 悠悠漫漫(yōuyōumànmàn) : 끝없이 유구하다. 요원하다. 유유하다.
9) 洞察(dòngchá) : ① 통찰하다. ② 꿰뚫어 보다.
10) 轻信(qīngxìn) : ① 경신하다. ② 경솔하게 믿다. ③ 쉽게 믿다.

第一就是过错之后的态度。用孔子的话说，叫做'君子过而勿惮改'(《学而》1.8)。[1] 错就错了，别怕改。过而不改，视为过。错了不改才叫过错。所以这是一点。错就错了，马上改。

第二点呢，真正的君子有三个字，叫'不贰过'(《雍也》6.3)。[2] 用今天话说就是不犯同样的错。人这一辈子是可以犯错，但是犯错误也要有点品质，也要高级一点，我们不能屡屡地犯同样一个错。不同的事情在不同的情景下可以有失误，但是你记住教训，不要在同样一个地方再次跌倒[3]。所以观察一个人的过错，不比观察一个人的好处要更深刻吗？更见人心吗？

【画外音】

于丹教授认为：孔子不但告诉我们真正的智慧是知人，并且还告诉我们知人的方法就是要通过完整的过程来观察人。而其中一个重要方法是看他犯了错误以后怎么做？这样会更有效，也更深刻。那么，我们观察人的目的是什么？我们掌握这个真正的智慧又是为什么呢？

而大智慧拿到以后是为了干什么的？不是为了我们在这里蜚短流长[4]品评人物的。真正大智慧的获得是为了有用。

【于丹心语】

真正大智慧的获得是为了有用。

大家都知道子路，子路是一个勇敢过人但是智谋稍稍欠缺[5]的人。有一次他问他老师，他说：

'子行三军，则谁与？'(《述而》7.11)

---

1) 惮(dàn)：꺼리다，기피하다，두려워하다.

2) 贰(èr)：중복하다，다시하다.

3) 跌倒(diēdǎo)：걸려 넘어지다.

4) 蜚短流长(fēiduǎnliúcháng)：飞短流长，이러쿵저러쿵하다.

5) 欠缺(qiànquē)：① 결점. ② 결함. ③ 부족.

老师如果现在让你带兵打仗，你会选择跟什么人同行呢？子路想你这样一介儒生，你带兵打仗肯定要选择很勇猛的人吧。结果，老师告诉他：

子路曰：'子行三军，则谁与？'
子曰：'暴虎冯河，死而无悔者，吾不与也。必也临事而惧，好谋而成者也。'（《述而》7.11）

什么叫暴虎冯河[1]？暴力的暴，老虎的虎。'冯'写出来就是二马冯。凭借[2]的意思，读如凭。河，就是大河。暴虎，就指赤手空拳[3]，没有任何的外在器械就敢搏击[4]老虎。像武松[5]那样去打白额吊睛大猛虎[6]，这叫暴虎。冯河，就指一条浩浩荡荡的大河在那里，河上没有桥、河下没有船，这个人只身就敢泅渡[7]游泳过大河。一个人敢这样做还不说，他还要拍着胸脯[8]说：死而无悔，我不怕，。因为我勇敢，我的勇气就足够支撑我这么去做，我用不着考虑后果。这是勇敢的人。如果一个人在三军阵前这样来表态，孔子说，我反正不选择跟他同行，我不用这样的人。他用什么人？他也说了八个字标准，他说：

'必也临事而惧，好谋而成者也。'（《述而》7.11）

这话什么意思？临事而惧[9]啊，一事当前心里得知道害怕。我们想一想，今天领导面对多少任务在下单[10]的时候要看下属的态度。你很可能面对两种人：第一

---

1) 暴虎冯河(bàohǔpínghé)：범을 맨손으로 때려잡고 황하(黃河)를 도보로 건너다. 만용으로 무모하고 위험한 모험을 하려 하다.
2) 凭借(píngjiè)：① …에 의하다. ② …를 통하다. ③ …을 믿다.
3) 赤手空拳(chìshǒukōngquán)：① 적수공권. ② 아무것도 가진 것이 없음.
4) 搏击(bójī)：① 박격하다. ② 후려치다. ③ 격투하다.
5) 武松(WǔSōng)：인명 무송. 수호전(水滸傳)에 나오는 인물로 영웅 호걸의 전형(典型).
6) 白额吊睛大猛虎(báiédiàojīngdàměnghǔ)：눈이 치켜 올라가고 이마가 흰 커다란 호랑이
7) 泅渡(qiúdù)：헤엄쳐 건너다.
8) 胸脯(儿)(xiōngpú(r))：가슴. 흉부.
9) 临事而惧(línshìérjù)：두려운 마음으로 일에 임하다. 신중하다.
10) 下单(xiàdān)：주문하다.

个人听个大概马上拍胸脯，说请领导放心，我二十四小时当四十二小时干，保证完成任务。我立下[1]军令状[2]，完不成拿我是问，都包在我身上了。第二个人在那儿听啊听啊，说您说的这件事太大了，您让我回去再搜集点数据[3]，我好好考虑一个可行性方案，我尽量把它完成。这样的两个态度摆在你面前，你会用谁？第二种人就叫做'临事而惧'，他真知道害怕啊！什么叫好谋而成？就是我真把它当回事接下来了，然后好好地运用自己的智慧，一步一步去谋划，直至完成。孔子说你问我用什么人吗？我用这样的人。

今天我们这个时代，很多时候我们都说外在喧嚣[4]。就是因为外面的声浪[5]一浪高过一浪。表决心的人、拍胸膛的人，声音都很大。我们还能够考虑到他心里真正如临深渊[6]、如履薄冰[7]的那点在乎吗？我们能考虑一件事的可行性吗？

法国曾经出过一个智力测验题。他说如果我们的卢浮宫[8]不幸失火，这个时候你只能从里面抢一幅名画，你将抢哪幅画？大家纷纷来这个答案，几乎90%以上都集中在《蒙娜丽莎》[9]上，我要抢肯定抢这幅画。但是最后这个大奖被法国当时的大作家凡尔纳[10]拿走了。凡尔纳的答案是什么呢？他说，我抢，离安全出口最近的那幅画。

去过卢浮宫的人都知道《蒙娜丽莎》在哪儿？在二楼的一个大厅里，而且是一幅不大的画。我们想想要真着火了，一片浓烟中，别人往外逃生，你逆着人流往二楼上跑，你去找《蒙娜丽莎》，那你还没摸到那幅画估计就已经烧死了。

---

1) 立下(lìxia)：세우다, 체결하다, 정하다.
2) 军令状(jūnlìngzhuàng)：옛날, 군령을 받은 다음에 쓰는 서약서.
3) 数据(shùjù)：데이터, 통계 수치, 실험·설계·계획 등에 필요한 자료.
4) 喧嚣(xuānxiāo)：① 시끄럽다. ② 소란스럽다. ③ 떠들어 대다.
5) 声浪(shēnglàng)：음파의 구칭, 많은 사람들의 함성 소리, 군중의 목소리.
6) 如临深渊(rúlínshēnyuān)：① 깊은 연못가에 다다른 듯, 살얼음을 밟는 듯하다. ② 대단히 위험한 상황이다.
7) 如履薄冰(rúlǚbóbīng)：如临深渊, 깊은 연못가에 다다른 듯, 살얼음을 밟는 듯하다.
8) 卢浮宫：프랑스 루부르 박물관. Musée du Louvre.
9) 蒙娜丽莎：모나리자(Mona Lisa)：1500년경 이탈리아의 화가 레오나르도 다빈치가 피렌체의 부호 프란체스코 데 조콘다의 부인 엘리자베타를 그린 초상화.
10) 儒勒·凡尔纳(1828. 2. 8.-1905. 3. 24.)：쥘 베른(Jules Verne, 1828년 2월 8일~1905년 3월 24일), 프랑스의 과학 소설 분야를 개척한 작가.

所以人在这种情况下，第一负责任的是找到安全出口。然后第二尽责任就是随手你能抢到哪幅画就抢哪幅画。这是大智慧！大智慧永远不是拍着胸脯一个高扬的声音就能够代表他的品质。其实大智慧跟小聪明的区别有时候是彰显[1]在一种态度上。

【于丹心语】

大智慧跟小聪明的区别有时候是彰显在一种态度上。

所以在这个世界上，什么是知人呢？我们是信任大智慧还是信任小聪明呢？

【画外音】

我们常说的一句话叫知人善任[2]。对于不同性格的人要区分对待，尽可能发挥他们各自的长处。在我们的生活中，不但有性格急躁[3]、有勇无谋的人，还有很多不怎么高尚的人。社会不是真空[4]，我们不可能不和这些人交往。那么，我们又该怎样和他们打交道[5]呢？

我们说到知人，毕竟这个世界上有大智慧者是少数啊，那小聪明的人都不要用了？小聪明的人就什么都不干了？就像大家整个翻完《论语》说，哎呀，这么好的君子之德，那那些小人你让他怎么办？小人是不是就一定要远离呢？真正的'知人'是把不同的人放在不同的地方。

【于丹心语】

真正的知人，是把不同的人放在不同的地方

1) 彰显(zhāngxiǎn)：나타나다. 두드러지다.
2) 知人善任(zhīrénshànRén)：사람을 알아보고 적재적소에 잘 쓰다. 知人善任，扬长避短(zhīrénshànRén, yángchángbìduǎn)：사람을 잘 알아보고 적재적소에 쓰며 장점을 발양시키고 결점을 피하게 한다.
3) 急躁(jízào)：① 조급하게 서두르다. ② 조급하다. ③ 조바심하다.
4) 真空(zhēnkōng)：① 진공. ② 일체의 색상을 초월한 참으로 공허한 경지.
5) 打交道(dǎjiāodao)：① 왕래하다. ② 교제하다. ③ 접촉하다.

就说大智慧与小聪明，就说君子与小人。孔子也有这样的说法，他说：

'君子不可小知，而可大受也；小人不可大受，而可小知也。'（《卫灵公》15.34）

这话什么意思呢?，说每一个人啊都各有其位。真君子是什么样呢？按孔子经常说的标准叫做：

'敏于行而讷于言。'（《里仁》4.24）

他认为君子都是话不太多的，不怎么唱高调[1]的人。所以他说：

'刚毅、木讷，近仁。'（《子路》13.27）

这个人不一定是很善言辞[2]，但是他内心非常地刚毅、果敢[3]。这种人可大受。就是你给他一个大任务，让他去担当承受，那么他会性命相受给你完成。

但是，这种人是不是就没缺点呢？他也有弱点'不可小知'。你别拿小聪明的事情去试探他。那我们今天这个社会上有好多事情是需要小聪明的。有很多商务的往来，有时候真是需要跟客户去沟通，他需要那种伶牙俐齿[4]的人，需要八面玲珑[5]，甚至必要的时候还给人家递[6]个红包，还要阿谀奉承[7]几句，这些事属于小聪明，真君子肯定给你干砸[8]了，他就做不了。但怎么办呢？也有人他会

---

1) 唱高调(儿)(chànggāodiào(r))：① 이상론만을 늘어놓다. ② 허풍 치다. ③ 큰소리치다.
2) 善言辭(shànyáncí)：말을 잘하다.
3) 果敢(guǒgǎn)：과감하다.
4) 伶牙俐齿(língyálìchǐ)：① 말주변이 뛰어나다. ② 말솜씨가 유창하다. ③ 말주변이 좋다.
5) 八面玲珑(bāmiànlínglóng)：① 누구에게나 두루 곱게 보이는 방법으로 처세하다. ② 팔방미인. ③ 팔방미인이다.
6) 递(dì)：넘겨주다. 전해 주다. 차례차례로 건네(넘겨)주다. 건네다.
7) 阿谀(ēyú)：아첨하다. 알랑거리다. 영합하다. 奉承(fèngcheng)：아첨하다. 알랑거리다. 비위를 맞추다.
8) 砸(zá)：실패하다. 망치다. 틀어지다. 干砸：일을 그르치다. 실패하다.

干这个。孔子说，‘小人可小知而不可大受’。他说你要真用好有一些人呢，他也是优点。他就是善于言辞，能逢迎[1]，看人脸色啊。他能够把这样一些事情做得很好，但你别认为他做好这件事你就能给他大事做。真正要担当的大事这样一种过于机巧、见风使舵[2]的人，尽管他有小知，但他不可大受。所以你看‘知人’是为什么？知人是为了用人。也就是说，知道人以后你就能把他摆对地方。

有一个实验很有意思：都用广口的玻璃瓶，一个里面放五只蜜蜂[3]，一个里面放五只苍蝇[4]，瓶底冲着[5]光亮方向，瓶口朝着黑暗方向，在那里放着，看它们做什么选择。

蜜蜂显然比苍蝇那个生活环境，它整个的品质要高级很多。因为它们要合作酿蜜[6]的，它是有组织有纪律的。它是有逻辑的。它坚持认为出口一定是光亮处。所以最后五只蜜蜂都撞死了，因为它不停往瓶底上飞，飞不出去也要这样飞。

什么叫无头[7]苍蝇？最后那五只苍蝇都活着飞出去了。因为它不一定非朝着光亮的方向，它误打误撞，哪儿能出去就出去了。

这个实验说明什么呢？就是我们不一定要以自己的判断说所有好的事情都一定是哪个很高级的人能够完成。‘知人’，从知道自己到了解他人到摆对位置，这是真正了解智慧之后的出路。

也就是说智慧它终究是要有用的，用在这个世界上去做什么？那取决于我们自己。

【画外音】

于丹教授认为《论语》还告诉我们，要想拥有真正的智慧必须掌握一套独特的方法。不管天赋如何？人们都不但要学，而且要悟。要把世界上的各种事物联系起来综合考察。

---

1) 逢迎(féngyíng)：① 아첨하다. ② 영합하다. ③ 접대하다.
2) 见风使舵(jiànfēngshǐduò)：① 바람을 보고 노를 젓다. ② 기회주의적 태도를 취하다. ③ 형편을 보아 일을 처리하다.
3) 蜜蜂(儿)(mìfēng(r))：꿀벌.
4) 苍蝇(cāngying)：파리.
5) 冲着(chōngzhāo)：맞추다. 향하다.
6) 酿蜜(niàngmì)：꿀을 만들다.
7) 无头(wútóu)：두서가 없다. 이름이 밝혀져 있지 않다. 짐작도 가지 않다.

还要善于把复杂的问题归结[1]成为简单的事情。

那么，这样的智慧由何而来呢？孔子还是教过我们一点儿方法论的。他说人的这个智慧首先你学是可以学来的。因为有好多人不学，都在那推测[2]。孔子说：

'盖有不知而作之者，我无是也。多闻，择其善者而从之；多见而识之；知之次也。'(《述而》7.28)

他说，有那种自己没有多少知识、没有大智慧，然后就凭空臆测[3]的人。他说反正我不做这样的事情，无非就是我多去听。听见好的我就跟着去学；我多去见，见到好的我就记下来。那这样的话呢，我就能够不断地长进了，尽管这样的智慧是次一等的智慧。为什么他说是次一等的？因为他认为人的智慧的得来，其实有四个等级。

第一叫：

'生而知之者'。(《季氏》16.9)

第二就他说的这种：

'学而知之者'。(《季氏》16.9)

通过学习了解。第三是：

'困而学'。(《季氏》16.9)

---

1) 归结(guī jié)：① 귀결. ② 결말. ③ 귀결하다.
2) 推测(tuīcè)：추측하다.
3) 凭空臆测(píngkōngyìcè)：근거 없이 예측하다. 터무니없이 예측하다.

就是遭遇[1]困顿了，有麻烦才临时应急[2]想学。最次一等就是：

'困而不学'。(《季氏》16.9)

就是都已经遭遇困境还不学，那你当然只能认命[3]了。这四个层次我们听起来容易划分，但是大家最容易质疑的就是第一个层次：什么叫'生而知之'？谁是天生就带着一个经验系统过来的？我在这里的理解什么叫'生而知之'呢？就是指那种悟性好的人。也就是说'学而知之'就是看见了什么举一反一，而他所谓的生而知之，凭着他的悟性可以举一反三[4]。就是很多事情他可以联系起来想，这个层次就比较高了。

在我们这个世界上，知识固然很重要。今天是个知识爆炸[5]时代，但是比知识更重要的是经验，比经验更重要的是智慧。其实在经验里面，悟性是最强的一点。

也就是说凭我们自己这种悟性，怎么样去提升我们的经验？让我们的经验中能够上升,能够在我们的生命体系里面提供起来一种别人不能替代的那种智慧。这就是一个人靠他自己的悟性的酝酿[6]，要想达到这么高的一个层次，怎么办呢？就是要把这个世界上的很多东西联系起来看。

1979年12月，洛仑兹[7]在华盛顿[8]美国知识学会的一个年会[9]上提出一个著名的观点：就是说这个世界的科学有哪些连带呢？一只蝴蝶[10]在巴西[11]振动翅

---

1) 遭遇(zāoyù) : ① 만나다. ② 부닥치다. ③ 경우.
2) 临时应急(línshíyìngjí) : 절박한 필요에 대응하다. 임시변통하다. 응급조치하다.
3) 认命(rènmìng) : 운명이라고 단념하다.
4) 举一反三(jǔyīfǎnsān) : 한 가지 일로부터 다른 것을 미루어 알다, 하나를 보고 열을 안다.
5) 爆炸(bàozhà) : ① 작렬. ② 폭발. ③ 급증.
6) 酝酿(yùnniàng) : ① 술을 담그다. ② 양조하다. ③ 미리 준비하다.
7) 洛仑兹(luòlúnzī) : 미국의 기상학자. 에드워드 로렌츠(Lorentz, E.).
8) 华盛顿(Huáshèngdùn) : 워싱턴.
9) 年会(niánhuì) : 연차 총회, 연례 회의.
10) 蝴蝶(húdié) : 나비.
11) 巴西(Bāxī) : 브라질(Brazil). 수도는 '巴西利亚'(브라질리아, Brasilia).

膀[1]，有可能带来美国得克萨斯州[2]的一场龙卷风[3]。这就是后来大家所说的蝴蝶振翅效应[4]。

为什么蝴蝶振翅能够引起那么远，隔山遍海的龙卷风呢？因为这个世界上气息相关，凡事之间都有着微妙的联系。如果看不到这些的话，那就是你的悟性不足。所以其实我们的经验有时候能够把一些复杂的问题教我们迎刃而解[5]。

我记得我看到过一个建国初期的一个事迹的介绍很有意思。说当时我们拿到一个苏联[6]产的非常复杂的机器。然后想要研究这个机器的时候，所有的工程师打机器就傻眼了。因为里面盘根错节[7]的有将近一百根管子。这一端[8]有那么多管子的入口，那一端那么多管子的出口，但中间管子跟管子是怎么结构的，谁跟谁是连在一起的，谁都不知道。不能再接着[9]拆了。这个机器到底怎么回事？所有的工程师就耗尽脑筋[10]在这里面对这台机器，不知道它的结构。

这个时候，这个研究所的一个看门的老人过来了，他就用了两样东西，就把这件事解决了。

一个是他自己手里捧着个大烟斗[11]；另外就是他手上拿一个随时在传达室[12]小黑板上记事的粉笔。他过来就吸足了一口烟，随便找一根管子吐进去，然后看

---

1) 翅膀(chìbǎng)：① 날개. ② 물체의 모양이나 작용이 날개와 같은 부분.

2) 得克萨斯州(dékèsàsīzhōu)：텍사스주.

3) 龙卷風(lóngjuǎnfēng)：회오리, 회오리바람.

4) 蝴蝶振翅效应(húdiézhènchìxiàoyìng)：나비효과. 어떤 일이 시작될 때 있었던 아주 작은 변화가 결과에서는 매우 큰 차이를 만들 수 있다는 이론. 미국의 기상학자 에드워드 로렌츠(Lorentz, E.)가 주장한 것으로, 브라질에 있는 나비의 날갯짓이 미국 텍사스에 토네이도를 발생시킬 수도 있다는 이론이다.

5) 迎刃而释(yíngrènérjiě)：주요한 문제를 해결하면 그와 관련된 기타 문제도 쉽게 해결할 수 있다.

6) 苏联(Sūlián)：구소련. 러시아.

7) 盘根错节(pángēncuòjié)：① 나무뿌리가 휘감기고 줄기가 뒤얽히다. ② 일이 복잡하여 해결하기 곤란하다.

8) 一端(yīduān)：① 한 쪽. ② 한 끝. ③ 한 면.

9) 接着(jiēzhe)：잇따라. 연이어. 계속하여. 이어서.

10) 耗尽脑筋(hàojìnnǎojīn)：머리를 짜내다. 머리를 쓰다. 골찌아프다.

11) 烟斗(yāndǒu)：담뱃대, 아편용 담뱃대의 대통.

12) 传达室(chuándáshì)：수위실.

见那边有一根管子烟冒出来，他就在这头写了个'1'，上那头也写了个'1'。他又吸一大口烟，再拿一根管子吐进去，又一根管子冒出烟来，他在这头写上'2'，那头写上'2'。最后他把这百十来根管子来龙去脉[1]都弄清楚了。

这是什么呢？这不是知识。其实这是我们在经验基础上夹杂[2]悟性才能够产生的一个实用的结果。所以什么是大智慧？知识是可能产生智慧的基础，但知识未必直接导致智慧。

真正有智慧的人，外在可以学，而内心要有他的酝酿。

【画外音】

于丹教授认为：要把知识转化成智慧需要深刻的思考和内心的酝酿。而这样一个过程就像把粮食变成酒，它需要严格的程序和规则。如果说全身心地[3]投入就像酿酒，必须保持的温度的话，那么，主观和唯心就是酿酒时的绝对禁忌。而2000多年前的孔子他又是怎么做的呢？

孔子能够做到一种境界很难得，叫做'子绝四'。他把四样东西在他这儿基本上做到杜绝[4]了。哪四样呢？叫做：

'毋意、毋必、毋固、毋我。'(《子罕》9.4)

'意'是主观臆断[5]，就是一件事情摆在那儿，没有什么真凭实据，拍脑袋[6]一想就说它是怎么回事。这件事他基本上不做。

第二件事是'毋必'，就是必须的必。也就是说他没有抱一种必然的期待，一件事情说它必须按照我的思路去走，它必然有个什么结果。

---

1) 来龙去脉(láilóngqùmài)：① 산의 지세가 용트림치며 뻗어 나가 이룬 맥. ② 사물의 경과 상태. ③ 경위.

2) 夹杂(jiāzá)：혼합하다. ② 뒤섞다. ③ 섞다.

3) 全身心地(quánshēnxīndi)：전심전력하다. 몰두하다.

4) 杜绝(dùjué)：① 두절하다. ② 끊다. ③ 철저히 막다.

5) 臆断(yìduàn)：억측. 억판. 억단하다. 억측으로 단정하다.

6) 拍脑袋(pāinǎodai)：① 머리를 쓰다. ② 지혜를 짜다. ③ 머리를 썩이다.

第三个字叫'固'，固执的固。'毋固'，也就是说不固执己见。要真正尊重这个事情的规律，尊重它的变化，然后去找它客观的那样一个走向，而不是固执于心。

那么，第四个字最难，就是'毋我'。最后能够把自己达到一个浑然忘我[1]的境界，然后去真正完成对客观事实的判断。那么有了外在的学习，又有了内心这样的一种彻悟[2]，内外合一的时候，其实还要有一些现实的方法摆在我们的生活里。所以孔子说：

'吾有知乎哉？无知也。有鄙夫问于我，空空如也，我叩其两端而竭焉。'（《子罕》9.8）

他说，你说我有智慧吗？我没什么大智慧。他说你要看我是什么事？有鄙夫，也就是说不管哪个行业有个大老粗，[3] 他来问我一些需要用体能的、用技能的这些活，我没干过啊，'空空如也'。我就回答不上来。也就是说没有一个人是全知全能的。他说但是我有个方法，就是我遇到任何事呢，会'叩其两端而竭焉'。也就是说，所有的事情一事当前，人要跳得出。也就是说不要沉浸[4]在这个事情的过程中纠缠[5]于细节。凡是在你眼前你就问问自己最好能怎么样？最坏能怎么样？对吧！一个结果需要你接受。比如说一个工作你一定是要去吗？还是要放弃吗？一个选择摆在眼前到底何去何从呢？无非是最好会怎么样？最坏会怎么样？这叫'叩其两端'，就是问它两端的极致，然后来统观[6]全局。

其实要说到一个有意思的小故事。就是德国一个小学的课堂上，有一个小男孩特别淘气[7]，他从来不认真听讲。老师实在太烦他了，然后就为了让他安静一会儿，惩罚他就给他出了道题，随口说：你坐那儿算，一加二、加三、加四、加五、加六，一直加到一百，你去算吧，最后得多少？

---

1) 浑然忘我(húnránwàngwǒ)：완전히 자신을 돌보지 않다，헌신하다，자신을 희생하다.
2) 彻悟(chèwù)：철저히 깨닫다.
3) 老粗(lǎocū)：① 거칠다. ② 교양이 없다. ③ 무식꾼.
4) 沉浸(chénjìn)：① 잠기다. ② 골몰하다. ③ 몰두하다.
5) 纠缠(jiūchán)：① 뒤얽히다. ② 뒤엉키다. ③ 치근거리다.
6) 统观(tǒngguān)：총체적으로 보다.
7) 淘气(táoqì)：① 장난이 심하다. ② 화를 내다. ③ 성내다.

老师转身接着讲课，没有几分钟，这小男孩站起来了，说五千零五十。老师大吃一惊，说你怎么算出来的？那小孩说，那一加一百是一百零一，二加九十九是一百零一，三加九十八还是一百零一，这样两头加，加到中间，五十加五十一还是一百零一。最后五十个一百零一不就是五千零五十吗？这个小孩就是后来的大数学家高斯[1]。

这是一个特别简单的叩其两端的方法。就是你找到一种最简练的方式。我们在生活里，人多容易按照既定的逻辑去走啊！我们能够跳得出来吗？人真正去问一问所谓的最好、最坏，也就跳开了。人有时候就在这样一种想法上，其实不至于在细节的纠缠[2]中耗费太多太多细腻[3]的心思。

所以什么是方法？关于智慧，每个人是要去彻悟，但是还是有方法可循。所以，以知识作为积淀[4]，以智慧作为我们提升的这样一种境界，每一个人循着自己的心往前走，都能够找到他的依体。做任何一个职业、学习任何一门学问，他最好的境界是什么呢？孔子说：

‘知之者不如好之者，好之者不如乐之者。’(《雍也》6.20)

这是三个不同的层次。

在今天，‘知之者’不难做到啊。我们去学一门知识、拿一个文凭、读一个专业多简单啊。拿到了这样一个文凭，就是你进入这个行业的敲门砖[5]。你拿着这个文凭就可以说我已经是‘知之者’，但这是最低的层次。比这个更高级的是‘好之者’，就是对这个行业，我有一种真正生命投入的爱好，我会孜孜以求[6]，我会在这个事情里面不断地灌注自己的热情、灵感，不断地探寻追问，最后把它

---

1) 高斯(gāosī) : 물리학자이자 수학자인 가우스(gauss). Carl Friedrich Gauss, 1777～1855.

2) 纠缠(jiūchán) : ① 뒤엉키다. ② 치근거리다. ③ 분쟁을 일으키다.

3) 细腻(xìnì) : ① 섬세하다. ② 보드랍고 매끄럽다. ③ 세밀하다.

4) 积淀(jīdiàn) : ① 오랫동안 누적되어 형성하다. ② 장기간 쌓이다.

5) 敲门砖(qiāoménzhuān) : ① 입신양명의 수단. ② 출세 수단.

6) 孜孜以求(zīzīyǐqiú) : 부지런히 탐구하다.

激活[1]，这叫'好之者'。一般的人会觉得'好之'已经不容易了，能够那么投入。'好之者'固然投入得深沉，但有时候会未免沉重。就是有人会把毕生的精力包括休闲的时间都用在上面。'好之者'，我们经常表扬他们的一个词叫做'呕心沥血'[2]。这是最高级吗?

用孔子的话说，最高的境界叫'好之者不如乐之者'。也就是说乐在其中。生命在这个职业中的穿越是莫大的享受，这个过程时时刻刻都是快乐于心的。他所得到的也许不是一份薪水，不是一个业绩，不是一个表扬，而是自己生命那种大欢欣。

也就是说，这种'乐之者'的境界，就是我学了一个知识，完成一份职业，终极穿越的过程,不仅是这个行业成全了我，而且由于我自己的心智成全了这个行业。在这种相互成全中，获得莫大的享受与欢乐。这是一个大境界。

【画外音】

《论语》中的很多智慧都来自于生活中常见的细节。虽然朴素却永恒久远。《论语》所描述的智慧之道需要我们用心灵去感悟、用生命去体验。那么, 在于丹教授的眼中智慧的最高境界又是什么呢?

所以我们今天从一开始就说到智慧，这个世界的智慧有些是可以去观察的，有些是可以去感悟的，循着圣贤(讲的)这么多道理走下来，最后我们会知道，智慧最大的境界在于自己心中通彻[3]的透悟而最终成就生命的欢欣。

【于丹心语】

智慧最大的境界在于自己心中通彻的透悟而最终成就生命的欢欣。

所以，只有有自己的心智在，智慧才能够从知识完成转化。有一个小故事说得好：

---

1) 激活(jīhuó)：① 활성화. ② 활성화하다. ③ 촉진시키다.

2) 呕心沥血(ǒuxīnlìxuè)：마음을 쓰다.

3) 通彻(tōngchè)：통달하다，꿰뚫다.

说有一个哲学家，他每天都在思考人跟世界之间的关系。那么正好他要做一次大的主题演讲，他就很困扰[1]，不知道怎么来把这个关系捋顺[2]。他准备演讲稿的时候，他几岁的小儿子在旁边不停地捣乱[3]。他也没法安抚住这个孩子，烦得不行，就随手翻杂志。忽然翻到杂志的这个封底是一个花花绿绿的世界地图，他就顺手把这一页撕下来，然后撕成了很多片扔在地上，跟孩子说，你现在(去)把它给拼上。给他一个塑料胶带[4]，说你要是能把地图都给拼好的话，我就给你5块钱。他想，这么点一个小孩，这个够他拼俩钟头的，可以安静了。结果他安静了还没有半小时，那小孩就拎着[5]用胶条拼好的破破烂烂的地图来了。说爸爸，我把它拼好了。他一看，大吃一惊，果然是拼对了。而这个孩子根本没有地理概念，他说你是怎么完成的?

那孩子就笑嘻嘻地把那个破图翻过来给他看乐一眼，说:‘爸爸，我发现这面是一个人的头像，我是按照这个人头拼的。我想，这个人如果正确了，那么那个世界大概也就正确了.’这个哲学家恍然大悟。他就知道了他第二天演讲的题目:一个人正确了，他的世界大概也就正确了。

明白这个态度，这是生活里面最高的智慧。这种智慧发乎心灵，止乎生命。

---

1) 困扰(kùnrǎo) : ① 괴롭힘. ② 성가심. ③ 혼란.
2) 捋顺(lǚshùn) : 정리하다. 정리정돈하다.
3) 捣乱(dǎoluàn) : ① 소란을 피우다. ② 교란하다. ③ 성가시게 굴다.
4) 塑料胶带(sùliàojiāodài) : 塑料胶布带, 비닐 테이프.
5) 拎着(līnzhe) : 들다.

10. 学习之道

【画外音】

俗话说'刀不磨要生銹, 人不学要落後', 在當近的社会可以说已經进入了一个終身学習的时代, 那么面对纷繁复杂[1]的信息我们该进行怎样的筛选[2]呢? 什么样的学習方法才是最有效的呢? 《论语》中所倡導的寻绎[3]之用, 到底如何才实現呢? 敬请关注, 北京师范大学于丹教授继续为我们讲于丹《论语》感悟之《学习之道》。

《论语》中有许多宝贵的人生智慧, 从修身、齐家, 到治国平天下。于丹教授认为, 这些智慧都是可以通过学习而获得的。但是学习的效果却是因人而异[4]的。《论语》不仅告诉我们怎么样学习才是最有效率的, 而且告诉了我们什么样的知识才是对生命有所提升的。在今天这个社会迅速发展和变化的时代, 我们只有不断地学习才能跟上这个时代的步伐[5]。那么, 怎样才能提高学习的效率呢? 面对纷繁复杂的信息我们该如何进行知识的筛选呢? 而学到的知识又应该如何运用才能实现我们自身的价值呢?

敬请关注, 北京师范大学于丹教授继续为我们讲于丹《论语感悟》之《学习之道》。

謝謝大家!

我们提到过, 《论语》里面有很多智慧。其实, 智慧在人心里怎么酝酿[6]起来的? 一个很重要的方法就是后天学习。但是每个人都有向学的心愿, 可学习质

1) 纷繁复杂(fēnfánfùzá) : 많고 복잡하고 번잡하다.
2) 筛选(shāixuǎn) : ① 선별하다. ② 체로 치다. ③ 치다.
3) 寻绎(xúnyì) : ① 되풀이하여 음미하고 연구하다. ② 곱씹어 따져보다. ③ 거듭 복습하다.
4) 因人而异(yīnrényì) : 사람에 따라 다르다.
5) 步伐(bùfá) : ① 보조. ② 발걸음. ③ 걸음걸이.
6) 酝酿(yùnniàng) : ① 술을 담그다. 양조하다. ② 내포하다. 배태하다. 품다. 성숙되어 가다. 양성(釀成)하다. ③ 미리 준비하다.

量不同。什么人能够真正学出效率来？这里面大有深意。

在这个世界上有很多概念都是一字之遥[1]。人有雄心是好事，要有野心就不大好了。人有理想没有错，但如果仅只停留在空想的话，那也就是一场空梦而已。怎么样能够想到一个理想的可行之境？那是要去学的。

所以孔子他曾经说过：

'群居终日，言不及义，好行小慧，难矣哉!'（《卫灵公》15.17）

他说有的时候一帮人在一起，'群居终日'，大家在一起熙熙攘攘[2]你看着也挺热闹，大家可能也能学点东西，也聊一聊，但是你觉得他老说不到点子[3]上，'言不及义'。然后这些人还逞[4]小聪明叫'好行小慧'，就是那些小智慧、小聪明、小技巧，都不是一种大的格局[5]怀抱。如果这样的话，孔子说，这些人就太难了。你要想让他们的生命境界再提升、再开阔，再能够有很高的层次，那也真是难了。

所以不在乎(说)人多，老在一起在那儿说、议，就一定有大智慧吗？人有的时候如果不反省，总在那儿议论的话，可能议论的东西完全是无用信息的浪费。

所以大家知道，苏格拉底[6]他是一个雄辩家、也是一个哲学家。有人去找他学演讲的技巧。有一个学生说：我的底子[7]很好。从进了苏格拉底的门就开始滔滔不绝[8]。他说你看我之所以有勇气到你这儿来，就因为我天生就有语言才能。

---

1) 一字之遥(yīzìzhīyáo)： 一字之差千里之遥(yízìzhīchāqiānlǐzhīyáo). 한 자의 표현으로 개념의 차이가 많이 난다.

2) 熙熙攘攘(xīxīrǎngrǎng)： 성어로 화목하고 흥성스러운 모양.

3) 点子(diǎnzi)： ① 방울. ② 작은 흔적. 점. ③ 요점. 포인트.

4) 逞(chěng)： (재능이나 기량을) 뽐내다. 과시하다. 우쭐대다. (나쁜 목적을) 마음먹은 대로 이루다. 달성하다.

5) 格局(géjú)： 구조와 장식, 짜임새와 격식, 방식.

6) 苏格拉底(Sūgélādǐ)： 소크라테스(Socrates)(469～399 B.C.).

7) 底子(dǐzi)： ① 밑. ② 바닥. ③ 기초.

8) 滔滔不绝(tāotāobújué)： ① 끊임없이 흐르다. ② 끊임없이 말하다.

我语言流利，思辨怎么样敏捷[1]，我能够知道哪些事情，我的基础有多好。

苏格拉底看看他说：你得交双份学费了。他说为什么啊？苏格拉底说，我在教会你怎么使用舌头之前得先教你怎么管住[2]舌头。所以你以为一个人滔滔不绝就一定意味着智慧吗？

有一个故事说得好：有一位哲人，素来沉默[3]。有一天，他的一个朋友飞奔着，满脸神采飞扬地跑过来跟他说：我要告诉你一个特别大的消息。我现在就告诉你。

他拦住[4]他说：你任何消息说出口之前过三个筛子[5]。第一，你确认你这个消息是真实的吗？那个朋友就打了个愣[6]，说我没这么想过，不一定。

这个哲人笑了笑说：第二个筛子，你确认这个消息是善意的吗？那个人又想了想。

接着这个哲人又问了他第三个问题：这个消息真的那么重要吗？这个人想了想说，好像也不是太重要。

这个哲人就说：那三个筛子过完了，你这个消息就不说出来，你自己也不会受它的困扰[7]了。

【画外音】

其实这三个筛子也就是我们选择知识的标准。只有真实的、善意的、重要的信息，才是值得我们耗费[8]生命去学习的。也只有这样的学习，才能对我们的生命有所提升。那么，这样宝贵的知识我们该向何处去学呢？

---

1) 敏捷(mǐnjié)：민첩하다.
2) 管不住(guǎnzhù)：관리하다，통제하다，구속하다.
3) 素来沉默(sùláichénmò)：천성적으로 과묵하다. 천성적으로 입이 무겁다.
4) 拦住(lánzhù)：① 꽉 막다. ② 차단하다.
5) 筛子(shāizi)：체. 粗筛子(cūshāizi)：어레미. 도드미.
6) 打愣儿(dǎlèngr)：멍청해 있다. 멍해 있다. 멍해지다.
7) 困扰(kùnrǎo)：① 괴롭힘. ② 성가심. ③ 혼란.
8) 耗费(hàofèi)：① 낭비하다. ② 소비하다. ③ 소모하다.

今天提起孔子，大家说他是至圣先师[1]、万世师表[2]。很多人都问过我这样一个问题：说孔子离我们今天这么远的时代，物质那么贫瘠[3]，孔子的思想体系怎么形成的？他从哪儿学的？

这个问题在他当时的人就曾经问过。不好问他，去问他的学生。

'卫公孙[4]朝问于子贡：'仲尼焉学?" (《子张》19.22)

问问你老师在哪儿学的这么多东西？子贡怎么回答呢？子贡曰：

'文武之道，未坠于地，在人。贤者识其大者，不贤者识其小者，莫不有文武之道焉。夫子焉不学？而亦何常师之有?' (《子张》19.22)

子贡是怎么回答的呢？他说，文王武王之道，古圣先贤传下来的，从治国治世的道理到这些经世致用的学问，未坠于地，并没有到今天失传了沦丧[5]了。在哪儿呢？都在人的身上，在人间的传承里。

也就是说，古往今来的学问，不仅是刻在竹简上、写在纸上、文字拿在手里，这叫学问。人的行事、价值观、判断、习惯、礼俗，这一切都是知识道统的传承，所以都在人的身上，只不过人表现的不一样。

'贤者识其大者'，有生命格局大的，贤达通透[6]的人，他表现出来就是道理里的大处。那也有格局小的，悟性差点的，你说他就不承载道理吗？无非他表现出来的是那些小处。那么，大处可以学，小处也可以学。所以人家问子贡说你们老师哪学的，'仲尼焉学'呀。子贡的回答是说'他焉不学，哪学不了啊'。一个人如果张开耳目，那处处皆是学问。

---

1) 至圣先师(Zhìshèngxiānshī)：공자. 지성과 지덕이 지극히 높은 성인. 전대의 현인.
2) 万世师表(wànshìshībiǎo)：만세의 사표. 매우 긴 세월의 모범.
3) 贫瘠(pínjí)：① 비옥하지 않다. ② 척박하다. ③ 메마르다.
4) 卫公孙：卫나라 대부이다.
5) 沦丧(lúnsàng)：없어지다, 소멸하다, 잃다.
6) 贤达(xiándá)：현명하고 사리에 통달한 사람, 재능·덕행·성망을 겸비한 사람, 현달. 通透(tōngtòu)：훤하게 꿰뚫다, 완전히 이해하다, 분명하다.

【于丹心语】

一个人如果张开耳目会发现处处皆是学问。

所以你说孔子的思想体系从何而来? 他是从人身上学到的。他简单的是学吗? 他是综合感悟, 最后形成自己的体系。所以真正这个世界上的道理, 法无定法[1], '师也未必有常师'[2]。也就是说一个人转益多师[3]是吾师, 你向不同的人去学道理。孔子说:

'三人行, 必有我师焉.'《述而》7.22)

无非是择其善者, 好的你就跟他学, 那个不善者你就在心中警戒自己一下, 去诫勉[4]了自己的行为, 他不也是老师吗?

所以向书本学, 不如向人世学。如果有这样一种学的悟性, 那么处处皆可学。怎么样去学呢? 向什么人去学呢? 孔子还曾经说过这样的话, 叫做:

'不耻下问' (《公冶长》5.15)

其实什么是'下'呢? 在今天有的时候我们换一个逻辑[5]起点, 未必要叫'高下', 不过是换一个思维的角度, 换一种思考的方式。我们不去说知识、地位、阶层。简单的'高'与'下'就是年龄。大人一定就有资格、有权力训诫小孩子吗? 孩子的视点不能给我们提供一个另外的坐标[6]吗?

---

1) 法无定法(fǎwénwúdìngfǎ) : 법에는 일정한 규칙이 없다. 文无定法.
2) 学无常师(xuéwúchángshī) : ① 배움에는 일정한 스승이 없다. ② 누구든 장점이 있으면 그로부터 배워야 한다.
3) 转益多师(zhuǎnyìduōshī) : 다양한 사람과 자연물을 스승으로 삼다.
4) 诫勉(jièmiǎn) : 경계하며 노력하다.
5) 逻辑(luójí) : 논리. 로직. 객관적 법칙성.
6) 坐标(zuòbiāo) : 좌표.

1978年的时候，曾经有诺贝尔奖金[1]的获得者七十多人大家聚集在一起，在巴黎有过一次盛大的聚会。因为有这么多诺贝尔奖的获得者一次盛会，所以呢就有很多媒体采访他们一个共同的问题，说：你们这些杰出的精英，到底是在哪一所大学、哪个实验室学到了人生最重要的东西？后来大家认为最有价值的一个答案是什么呢？他们的回答是幼儿园。

有一个科学家说，我是在幼儿园里学到了凡事要跟他人去分享，人要遵守制度和规则。饭前要洗手，到中午要睡觉，对人要谦逊礼让[2]，如果自己不小心做错了事情要学会道歉。他说这些道理都是我在幼儿园学到的。

其实，我们想一想在今天这个时代要学的东西很多，假如让我们回到幼儿园，有很多道理都会很简单，那不过是一种最朴素的思维方式。

一个孩子跑回家，兴高采烈地[3]跟他爸爸说：你知道吗？苹果里边藏着星星，你想要多少颗就能有好多好多颗。他爸爸想这又是童话，就支支吾吾[4]说我知道了我知道了。孩子说，不！我一定要让你看见。他就顺手拿过一个苹果，拦腰[5]切了一刀。那我们想象苹果就真的它的横断面是一颗星星。孩子横着就一片一片切下去，他爸爸瞠目结舌[6]看见他的眼前苹果里跳出了一颗又一颗的星星。而我们成人呢？吃苹果从来都是竖着把它剖开。我们不习惯于横断面，所以成人就不会想到苹果里藏着星星不是一个童话，是一个事实。

什么是不耻下问？有的时候我们法先世，有的时候我们法后世。有时候孩子的思维是成人世界的老师。所以不耻下问不见得一定说我们向那些比自己学历浅的、地位低的那些人去请教。很多时候转换一种思维的方式，也许我们就会学到更多。

---

1) 诺贝尔奖金(Nuòbèi'ěrjiǎngjīn)：노벨상.

2) 谦逊礼让(qiānxùnlǐràng)：겸손과 예의.

3) 兴高采烈地(xìnggāocǎiliède)：매우 기뻐하다.

4) 支支吾吾(zhīzhiwúwú)：얼버무리다. 어물어물하다. 발뺌하다. 둘러대다. 어물어물 넘기다.

5) 拦腰(lányāo)：허리를(중앙을) 겨냥하다. 중간에서 저지(절단)하다.

6) 瞠目结舌(chēngmùjiéshé)：눈만 휘둥그렇게 뜬 채 말을 못 하다. 넋이 나가다. 매우 난처해지다. 놀라서 어리둥절한 모양. 目瞪口呆(mùdèngkǒudāi)，呆若木鸡(dāiruòmùjī).

【画外音】

如果有着谦虚的学习态度和一双善于发现的眼睛, 就会发现知识是无所不在的。道家的代表人物庄子曾经说过'道在屎溺'[1]。也就是说, 即使最卑微[2]的事物中也是蕴含着[3]道理的。那么, 我们该怎样去学习这样一个道理呢? 有没有一个一成不变[4]的办法呢?

'道在屎溺。'(《庄子 · 知北游》)

那么可以学到这么多以后，还要问一个问题就是我们怎么样去学？学这个东西是不怕联想的。举一反三[5]，而且孔子的教育方法是因材施教[6]。所以同样的问题在他这儿得到的答案不一样。

子路[7]问 : '闻斯行诸?'
子曰: '有父兄在, 如之何其闻斯行之?' (《先进》11.22)

就是子路来问老师:'闻斯行诸'。听到一件事，我马上就要去做吗？老师说：'有父兄在，说你就敢贸然行动？你还有家长呢？有父兄在你不请教请教他们？你不过过脑子[8]？你不商量商量他们？你上来就做吗？好像不合适！子路就回去了，这时候冉有[9]又来了，

---

1) 道在屎溺(dàozàishǐnì) : 도는 똥과 오줌에(하찮은 곳에) 있다. 도란 어느 곳에나 있는 법이다.

2) 卑微(bēiwēi) : 비천하다, 낮다, 보잘것없다.

3) 蕴含(yùnhán) : 포함하다, …를 내포하다.

4) 一成不变(yīchéngbúbiàn) : 한번 정해지면 고치지 않는다, 고정불변하다, 변함 없다.

5) 举一反三(jǔyīfǎnsān) :① 한 가지 일로부터 다른 것을 미루어 알다. ② 하나를 보고 열을 안다.

6) 因材施教(yīncáishījiào) : ① 그 인물에 맞게 교육하다. ② 상대에 따라 설법하다.

7) 子路 : 기원전 542년~기원전 480년. 중국 춘추 시대 노나라의 정치가이자, 무인. 이름은 仲由, 季路. 자로는 공자孔子의 핵심 제자 중의 한 사람으로 공자의 천하유세 동안 고난을 끝까지 함께 하였다. 자로는 공자가 살아 있을 때 염구와 함께 노나라의 유력한 정치가였다. 공자와 14년의 천하주유, 망명생활을 함께 했으며 공자가 노나라로 돌아갈 때 위나라에 남아서 공씨의 가신이 되었으나 왕실 계승 분쟁에 휘말려 괴외의 난 때 전사하였다.

8) 过过脑子(guòguònǎozi) : 생각하다. 사고하다.

9) 冉有 : 염구(冉求, 기원전 522년~?)는 중국 춘추시대 노나라의 정치가이다. 字는 子有. 그

冉有问：'闻斯行诸?'
子曰：'闻斯行之.'（《先进》11.22）

说听到一件事就要做吗？还是同样问题，'闻斯行诸'。老师断然地说，听到了就要做'闻斯行之'。第三个学生公西华听见了，说这俩人问题一模一样啊，为什么一个人跟他说有父兄在不能这么做，另外一个说你马上就这么做？说我自己越听越迷惑，老师，为什么呢？老师的回答

子曰：'求也退，故进之。由也兼人，故退之。"（《先进》11.22）

他说冉有这个人生性就是怯懦[1]的、退缩[2]的。他做什么事呢都犹豫不决[3]，他老往后退着，所以他要听见一件事你就要鼓励他说就这么做吧，要鼓励他赶快去做，这叫进。给他一种前进的下决心的力量。他说子路这个人，从来就是勇猛过人，兼人[4]。就是什么事都过了别人，那这样的人呢，你就老要让他谨慎、思考，凡事掂量掂量[5]再去做，所以要给他一种往下撤[6]的力量。你看这是孔子的教育。

不同的人在这个世界上同一个问题可以获得不同的答案，这些因为人主体的不同。

는 공자의 제자로 자로와는 상반되는 성격으로 여겨진다. 그는 화술에도 능란하였고 유능한 행정가요 장군이기도 하였다. 그는 공자의 추천으로 노나라의 실세였던 계씨가의 가신으로 등용되었다. 공자의 가르침보다는 계씨의 정책을 추진하는 사람으로 자신의 위치를 설정하여 공자가 반대하는 중과세 정책을 실행하여 공자의 미움을 받았다. 자로는 위나라에서 충성스러워 목숨을 잃었고, 염구는 오랫동안 권력을 누렸다.

1) 怯懦(qiènuò) : ① 겁이 많고 나약하다. ② 비겁하다. ③ 겁이 많다.
2) 退缩(tuìsuō) : ① 뒷걸음질치다. ② 위축되다. ③ 움츠러들다.
3) 犹豫不决(yóuyùbújué) : ① 우유부단하다. ② 결단을 내리지 못하고 망설이다. ③ 주저주저하다.
4) 兼人(jiānrén) : ① 혼자서 두 사람 몫을 하다. ② 남보다 뛰어나다.
5) 掂量(diānliáng) : 손대중하다, 짐작하다, 고려하다.
6) 撤(chè) : 제거하다. 치우다. 없애다. (직위를) 면하다.

所以我们经常会遭遇一些终极追问[1]。比如说人生终极价值是什么？ 人为什么要活着？什么样的人生叫做成功？怎么样的生活叫做美好？其实某种意义上讲，这些终极的追问如果不和个人的生命相结合，它永远是伪问题。因为这个世界上一千个人有一千种幸福，每个人的态度都各有不同。

所以什么是真正的学？有一个秘诀，就是首先把自己的主体亮出来，用自己的主体去学习自己生命中最匮乏[2]的经验。

【于丹心语】

真正的学习，是用自己的主体学习生命中最匮乏的经验。

我们如果现在去做医学的测量[3]，那医生不会说一瓶维生素开给所有人。因为有人缺少这种元素，有人缺少那种元素，每一个人都是看他自己的缺少去进行有机的[4]补充才是生命的平衡。一个人的心智思想，都需要这样的平衡。先要看到自己是什么人，也许我们没有孔子这样的老师，但是这世界上哪有常师呢？如果我们自己的心里有这样一种斟酌[5]的话，自己就会完成这样的一种平衡。

有一个故事说得好：说有一个家里有两个截然不同[6]的孩子，一个没边[7]的乐观，一个没边的悲观。父亲很发愁，就决定用环境改变他们。他把那个没边乐观的孩子就自己关在马厩[8]里，锁上门，然后把这个特别悲观的孩子放在屋子里，买了特别多的新玩具把他团团围住。半天过去了，天擦黑[9]了，爸爸先来看

1) 终极追问(zhōngjízhuīwèn)：최종적인 물음. 최후의 문제. 마지막 추궁. 궁극적인 물음.
2) 匮乏(kuìfá)：부족하다, 결핍하다, 모자라다. 철수하다. 물러나다. 철회하다. (맛·분량 따위를) 줄이다. 덜다. 경감하다.
3) 测量(cèliáng)：① 측량. ② 측량하다. ③ 재다.
4) 有机的(yǒujīde)：유기적이다.
5) 斟酌(zhēnzhuó)：① 고려하다. ② 숙고하다. ③ 짐작하다.
6) 截然不同(jiéránbùtóng)：완전히 다르다. 전혀 같지 않다.
7) 没边(儿)(méibiān(r))：① 한이 없다. ② 근거 없다. ③ 종잡을 수 없다.
8) 马厩(mǎjiù)：구사, 마구, 마구간.
9) 擦黑儿(cāhēir)：해 질 무렵, 저녁 때.

看悲观的孩子高兴了没有。一看那孩子坐在玩具堆里哭得满脸是泪，一样玩具都没打开。他爸爸问他说为什么你不玩儿呢？那孩子说，这一下午我越想越伤心，任何一个玩具，只要玩了它就会坏的，所以我都不知道先打开哪个。然后他爸爸去马厩,一看那个乐观的孩子满身的马粪[1]，欢天喜地在马粪堆里还在那刨[2]呢。他爸爸说你找什么呢？孩子说，爸爸啊，我一直觉得这马粪堆里会藏着一只小马驹[3]，我都找了一下午了。

你想想这就是两种态度。一个人在这个世界上，不一定是他拥有的外在的一切决定了他生活的品质，而是他内心的一种取向。

不同的学生、不同的个人，在向世界学习的时候，都在扬长而避短。某种意义上来讲，我们没有完全可以被克服的缺点，我们所完成的是长与短的匹配[4]与制衡[5]。

【画外音】

学习的方法和内容总是因人而异的。只要我们不断地取长补短[6]完善自身，就是一个好的学习者。然而说到学习，我们不禁会想到一个'苦'字。所谓'学海无涯苦作舟'[7]，既然学习与苦相伴，我们为什么还要去学习呢？

那么就在这样一个学习过程中，学到了太多太多深深浅浅的知识和感悟。为什么要学？人这一生学这么多东西干什么的？孔子有一个说法：

'诵诗三百，授之以政，不达。使于四方，不能专对[8]。虽多，亦奚以为？'(《子路》13.5)

---

1) 马粪(mǎfèn)：① 마분. ② 말똥.
2) 刨(bào)：대패질하다. (대패 · 평삭반 따위로) 깎다.
3) 马驹子(mǎjūzi)：망아지, 새끼 말, 말의 새끼.
4) 匹配(pǐpèi)：① 결혼하다. ② 배필로 되다. ③ 정합.
5) 制衡(zhìhéng)：① 상호 제약하다. ② 상호 제어.
6) 取长补短(qǔchángbǔduǎn)：장점을 취하여 단점을 보충하다.
7) "书山有路勤为径，学海无涯苦作舟"：책에 길이 있지만 노력이 가장 지름길이고, 배움은 바다같이 멀고 넓지만 열심히 힘들게 노력하는 것만이 배를 만들어 저 쪽 해안에 닿을 수 있다. (《增廣贤文》)
8) 专对(zhuānduì)：① 임기응변하다. ② 기회에 맞게 대처하다.

这话什么意思呢? 过去大家知道,《诗经》是拿来做教科书的, 因为它可以认识草木鸟兽之名, 可以迩之事父, 远之事君。从这里面能学到很多的道理, 学完以后还可以出去应对诸侯。

孔子说如果有一个人, 他'诵诗三百', 把整个《诗经》熟悉得倒背如流[1]、烂熟于心[2]。但你今天给他一个政事让他去做, '授之以政, 不达', 让他处理点事吧, 他磕磕绊绊[3], 内心不能做到通达透彻[4], 什么事都完不成;而让他去使于四方, 出去办个外交谈判的事情, 不能专对, 不能很流利地跟人家对答, 最后把谈判给完成下来。那孔子说虽多, 就算他诗都背会了, 他有那么些的学问'亦奚以为', 这有什么用呢?

其实这段话表明了孔子的一个态度, 就是学以致用[5]。

学以致用

也就是说, 我们的世界一直在改变着, 知识分子在这个世界上的使命是什么? 就是在这种改变中去承诺[6]一些责任, 你能做点什么吗?

宋人张载[7]的话说得好, 他说:

---

1) 倒背如流(dàobèirúliú) : 시문을 끝에서부터 거꾸로 줄줄 외우다. 시문을 매우 잘 알다. 시문을 막힘없이 줄줄 외우다.

2) 烂熟于心(lànshúyúxīn) : 능숙능란하다. 매우 익숙하다.

3) 磕磕绊绊(kēkebànbàn) : ① 어기적어기적 걷는 모양. ② 말을 더듬거리는 모양.

4) 通达透彻(tōngdátòuchè) : 확실하게 정통하다, 막힘이 없이 철저철리하다.

5) 学以致用(xuéyǐzhìyòng) : 배운 것을 실제로 활용하다.

6) 承诺(chéngnuò) : ① 승낙하다. ② 대답하다. ③ 응낙하다.

7) 张載 : 북송北宋 봉상鳳翔 미현郿縣 사람. 자는 자후子厚, 호는 횡거선생橫渠先生, 시호는 공명明公. 인종仁宗 가우嘉祐 2년(1058)에 진사进士가 되고, 신종神宗 희녕熙寧 초에 숭문원교서崇文院校書에 올랐다. 송나라 이학理學을 창시한 오현五賢 중 한 사람. 관중關中에서 강학했기 때문에 학문을 관학關學이라 부른다. 정호程顥, 정이程頤 형제와 함께 《주역》을 강론했고, 이단을 버리고 《주역》과 《중용》을 정밀히 탐구하여 신유학의 기초를 세웠다. 기일원론氣一元論은 왕정상王廷相, 왕부지王夫之, 대진戴震 등에 의해 계승 발전되었고, 인성론人性論은 주희朱熹에 의해 계승 발전되었다. 저서로는 《정몽正蒙》과 《횡거역설橫渠易說》, 《경학리굴經學理窟》, 《장자전서張子全書》가 있다. (〈네이버 지식백과〉, 《중국역대인명사전》, 2010. 1. 20, 이회문화사)

'为天地立心、为生民立命、为往圣继绝学、为万世开太平.'

也就是说, 心在天地之间要立得辽阔壮大;'为生民立命'百姓民生给了你一种使命;'为往圣继绝学'那些绝世之学要传承, 你要把它发挥继承下来;然后为'万世开太平', 去铺路[1]、去做事。其实, 这就是学以致用的态度。

那么, 学到的这些东西真的都能这样用得上吗? 《诗经》里有那么多的知识, 那只是那个时代的课本。这么多古往今来的知识, 在孔子看来, 怎么样叫做真正有用呢? 就是你能够把它落在实处。

【于丹心语】

真正的学以致用, 就是把知识落在实处

其实现在有很多可能学富五车[2], 可能拿到了很高的文凭, 这种莘莘学子[3], 如果没有生活经验的话, 有时候这个学问那就是不能被激活[4]。

在爱迪生[5]的实验室里面, 曾经有过一个他的一个助手。这个助手毕业在名牌的大学, 拿着很好的文凭、学历, 来了以后就目中无人[6]。因为他觉得在一个门第观念很强的时代, 拿着名牌大学的文凭这件事情是很可炫耀[7]的。然后爱迪生做实验, 忙不过来的时候顺手拿了一个梨形的一个泡状的小容器给他说, 你把这个梨形玻璃泡的容积赶快给我计算出来。那么他这个助手就真是犯了大难了。因为他说这个梨形可怎么算? 这下半段是圆的, 上半段是长的, 也没有圆形的定理[8]符合它;也没有长形的定理符合它, 就是找不到一个定理从哪儿分割它。爱迪生手里头忙着做实验, 走来走去看见他还在那儿在那儿摆弄、在

1) 铺路(pūlù) : ① 길을 포장하다. ② 길을 내다. ③ 길을 마련하다.
2) 学富五车(xuéfùwǔchē) : 책을 널리 읽어 학식이 풍부하다.
3) 莘莘学子(shēnshēnxuézǐ) : 많은 학생. 莘莘(shēnshēn) : 많은 모양.
4) 激活(jīhuó) : ① 활성화. ② 활성화하다. ③ 촉진시키다.
5) 爱迪生(àidíshēng) : 에디슨.
6) 目中无人(mùzhōngwúrén) : 眼下无人.
7) 炫耀(xuànyào) :① 비치다. ② 자랑하다. ③ 뽐내다.
8) 定理(dìnglǐ) : (수학)정리(定理). 정해진 변함없는 도리(이치). 불변의 도리(진리).

那儿计算，拿着所有的仪器在那儿计算。爱迪生终于忍不住了，顺手拿过来在那个梨形泡里面灌满[1]了水，把水倒在一个量杯里，说这就是它的容积。

其实什么是学以致用呢？往往在最简单的地方。

【画外音】

如果有满肚子的学问，连一件小事都办不成，那么要那么多学问还有什么用呢？在当今这个时代不仅需要学历，更加需要工作的能力。那么我们该怎样避免成为书呆子？怎样才能够让自己学有所用呢？

真正的致用在今天这个时代，就不光在考核[2]你的智商[3]，还在考察你的情商[4]。你怎么样能够去变通？

有一个招聘的故事说得很有意思。说一个总经理他要招聘一个助理，有三个应聘的人：一个人有非常高的学历，是博士。另一个人有十年以上的工作经验。还有一个人呢，显然不如前两者，学历也不够高，工作经验也不够多，刚毕业不久一个普通的大学生。

他在自己的办公室里说叫他们都进来吧。秘书说你让他们坐哪儿？人家前头是空的。他说就这样吧。

第一个博士进来了，总经理笑着跟他说：'请坐'。那博士特别尴尬[5]，四处看看没椅子，说那我就站着吧。总经理又说，请坐。然后他说，我没有地方坐啊。那总经理看看他，笑了笑，问答了几个问题他就走了。

第二个人很有工作经验进来了，总经理又跟他说'请坐'。他就一脸的谄媚[6]，阿谀奉承[7]，很谦卑地说，不用不用我都站惯了，就根本不用坐咱们就这么聊

1) 灌满(guànmǎn)：물을 채우다.

2) 考核(kǎohé)：심사하다.

3) 智商(zhìshāng)：智力商数의 약칭. 智力商数(zhìlìshāngshù)，즉 IQ를 말한다.

4) 情商(qíngshāng)：(심리학)사람의 정서와 사회에 대한 적응 능력，즉 EQ를 말한다.

5) 尴尬(gāngà)：입장이 곤란하다(난처하다). (기색 · 태도 등이) 부자연스럽다. 어색하다. 쑥스럽다. 당혹스럽다. 난감하다.

6) 谄媚(chǎnmèi)：아첨하다. 빌붙다. 알랑거리다. 비굴하게 남의 비위를 맞추다.

7) 阿谀奉承(ēyúfèngchéng)：아첨하여 떠받들다. 아부하다.

吧。总经理聊了几句，他又走了。

第三个学生进来了，总经理说'请坐'。他四下看看说，那您能允许我上外面去搬一把椅子吗？总经理说可以啊。他就出去搬了把椅子坐下跟总经理聊起来。

这第三个学生就被留下来了。

其实这是什么寓意呢？第一个人可能知识很多，但是他不变通。第二人可能经验很多，但是他又受经验的局限。而这第三个人呢，就介乎知识和经验之间，他知道怎么样做在当下是合适的。

所以这里就又说到学问的一个概念，就是学以致用的时候，没有说哪一个准确的用法就是对的，这里面要有变通。变通在孔子看来，是一个很高的层次。他说：

'可与共学，未可与适道。可与适道，未可与立。可与立，未可与权。'《子罕》9.30)

大家看，这里面讲了不同的层次：

第一叫做'可与共学'。有些人你是可以跟他一起去学习的。这几乎是个零门槛[1]，很多人都想学习，那就一块儿学吧。再往上一个层次'未必可与适道'，不一定能够找到最合适的，通达道理的那个方法，那条必由之路，不一定都能找得到。'可与适道'就算找到了这个方法，知道思考的方式了，找到路径了。再往上一个层未必就'可与立'，不见得在这个方法学成之后能立得起来，有所坚持、有所树立。

大家觉得要能立起来这个层次已经够高了吧？这已经是第三个层次了吧。孔子说，就算这个人学问能立起来了，道理上都想明白，能做成了，比它再高一个层次，叫'未必可以权'。哪个权呢？就是权变[2]的权。就是当下一件什么事情，我们经常说'权宜之计'[3]，就是变通一下。一个人坚持容易，变通难。坚持之后还能通透，这个层次难，这是学到了一个很高的境界。所以怎么样才能够学到这么样一个境界呢？去在变通里面完成你的实现。

---

1) 零门槛(língménkǎn(r))：문턱이 없는 문. 누구나 들어갈 수 있는 문.

2) 权变(quánbiàn)：임기응변하다.

3) 权宜之计(quányízhī jì)：임시변통의 계책. 일시적인 대책.

曾经有一个故事说有两个商人，带着一船烧得极其精美的陶瓷罐子[1]，去到一个大城市、一个高消费的市场上去卖他们的手工陶艺。然后这兄弟俩一路颠簸[2]辛苦，就在船快要靠岸的时候，遇上了大风暴。一场惊涛骇浪[3]之后，两个人精疲力尽[4]，命是保住了。船一靠岸一看，这一船几百个瓷罐子一个完整的都没有了，全都打碎了。这个哥哥就坐在船头嚎啕大哭[5]，说这些罐子每一个都是精心的调制出来、精心烧出来的。这上面的纹路、图案都漂亮极了，我们所有的心血都白费了。到一个大城市、高消费的地方，碎罐子可怎么办呢？我们就是修修补补、粘粘贴贴[6]也卖不出去了。他在大哭的时候，他弟弟就上岸了。他到最近的集市上转了一圈，他发现这个大城市人们的审美艺术口味都很高。那么不管是咖啡馆、商场，到人的家庭，都特别重视装修。所以他就拎着[7]把斧子回来了。回来以后就叮叮咣咣把碎罐子全给砸得更碎。他哥哥特别错愕[8]说你干什么呢？他弟弟笑着说，我们改卖马赛克[9]了。所以就把所有的碎片卖到装修材料店。因为他那个罐子设计特别精美，所以做成碎片以后特别有艺术感。大家一看又不规则，又这么漂亮，结果它作为装修材料卖了一大笔钱。这是什么呢？这就是权变。也就是说当完整不复存在的时候，让破碎碎到极致，这不是另外一种思维方式吗？也就是说你可能买了很多面大镜子要来装修一个殿堂，但如果镜子不幸破碎了，那如果你把它敲得更碎，也许你会换一种钻石，碎钻的思路来装饰这个殿堂。

所以有的时候思路的转换，这是在一种学问做到极致以后才能够获得的智慧，这就是一种权变。

---

1) 陶瓷罐子(táocíguànzi) : 도자기 단지.

2) 颠簸(diānbǒ) : ① 흔들리다. ② 요동하다. ③ 들까부르다.

3) 惊涛骇浪(jīngtāohàilàng) : ① 거칠고 사나운 파도. ② 매우 위험한 처지. ③ 위험한 경험.

4) 精疲力尽(jīngpílìjìn) : 기진맥진하다.

5) 嚎啕大哭(háotáodàkū) : 큰 소리로 울다. 대성통곡하다.

6) 粘贴(zhāntiē) : 붙이다, 바르다.

7) 拎着(līnze) : 들다. 손에 쥐다.

8) 错愕(cuò'è) : 뜻밖의 일로 깜짝 놀라다. 허둥대며 놀라다. 대경실색하다.

9) 马赛克(mǎsàikè) : 모자이크 타일(tile). 모자이크(mosaic).

【画外音】

人只有在变通中才能根据环境的不同灵活地把知识运用出来, 从而适应社会的变化, 做一个真正有用的人。然而学习不仅是要学习知识, 更要学习智慧、学品德。那么品德该如何学习呢? 它的分寸是什么? 如果不好好学的话又会带来怎样的恶果呢?

学知識，学智慧，学品德。

孔子还提出一个特别有价值的观点，就是世界上一些好的品德也通过学习来进行提升，而且要进行制衡[1]。

我们说，仁爱好吧？仁爱是无边的吗？智慧好吧？智慧不用学习吗？信义好吧？正直好吧？勇敢好吧？刚强好吧？这六种道德都很好，还需要再学习吗？

孔子就曾经这样问过子路说：

'有六言六弊' 《阳货》17.8)

你听说过吗？子路说没有。孔子说:'居，吾语汝。'[2] 你坐下来听我慢慢跟你说。然后孔子就说：

'先说仁。好仁而不好学者, 其弊也愚'. 《阳货》17.8)

一个特别仁爱的人，他可以仁达天下对人好,但他如果不学习、不思考，有一种弊端就是会愚笨，也就是说容易受人愚弄[3]。比如说，总做'以德报怨'[4]的事情，就会被人愚弄。你能说这个人不仁爱吗？但是他没分寸。智慧好吧？孔子说：

'好智而不好学, 其弊也荡[5]'. 《阳货》17.8)

---

1) 制衡(zhìhéng) : 상호 제약하여 균형을 이루게 하다.

2) 《阳货》편에 나오는 말로, 居(jū)는 앉다, 语(yù)는 말하다, 알리다.

3) 愚弄(yúnòng) : 바보 취급하다, 놀리다.

4) 以德报怨(yǐdébàoyuàn) : 성어로, 덕으로 원한을 갚다.

5) 荡(dàng) : 높고 넓음이 끝이 없어 멈추지 않다. 즉 방탕하다.

他说一个人聪明啊，有智慧啊，但是他要老不学习的话，最后的弊端就是这个人会活得太飘忽不定[1]，没有根基。老在空想中逞他的小聪明，那他就老荡在半空沉不下来。信誉好吧？'笃诚守信'，像韦生抱柱[2]那样水上来了都不走，这人呢就未免就会迂阔[3]。如果不好学的话，

'好信者不好学, 其弊也贼'. (《阳货》17.8)

贼就是被人陷害。我们知道过于诚信而不权变的人有时候是容易被人陷害的。正直好吧？我们都喜欢正直的人，但正直的人有时候说话不好听，叫做：

'好直而不好学者, 其弊也绞'. (《阳货》17.8)

也就是说你说出的话啊就尖刻[4]的直刺人心，有时候就让人家心痛如绞。这个太正直如果不注意言辞的话，说话伤人。就好像鲁迅先生写的，给一个孩子做满月[5]，有人来说这个孩子长大能当官啊，有人说这个孩子长大能挣钱，有人进来说说这个孩子到老肯定会死的。那这个人说的是真话啊，你能说他不正直吗？但这个话不好听。再说品德勇敢好吧？孔子说：

'好直不好学, 共弊也絞[6]'. (《阳货》17.8)

'好勇而不好学者，到最后的弊端是什么呢？其弊也乱'。你容易被人利用去

---

1) 飘忽不定(piāohūbúdìng) : 정하지 않다, 확실하지 않다, 불안정하다.

2) 韦(尾)生抱柱(wěishēngbàozhù) : 《장자莊子 · 도척盜跖》 중 미생尾生이라는 남자가 한 여자와 다리 아래에서 만날 것을 약속했는데, 갑자기 강물이 불어났으나 다리 기둥을 부여잡고 도망가지 않다가 결국은 물에 빠져 죽었다는 고사에서 유래. 坚守信约.

3) 迂阔(yūkuò) : ① 세상 물정에 어둡다. ② 현실에 맞지 않다.

4) 尖刻(jiānkè) : ① 신랄하다. ② 날카롭고 사정없다. ③ 가혹하고 야박하다.

5) 做满月(zuòmǎnyuè) : 办满月, 아이가 태어난 지 30일째 날의 축하 잔치를 하다.

6) 絞(jiǎo): 급하다.

作乱。因为他勇敢呀，遇事不经过脑子、不问就里[1]，有时候处在误会之中直接就采取行动了，一个一个的乱子就起于这种有勇无谋者。最后说一个人刚强，刚强不好吗?

'好刚而不好学，其弊也狂'。(《阳货》17.8)

这个人就会极端狂妄[2]。因为他刚愎自用[3]，那就难免内心的这种狂妄自大。[4]

所以我们看这个世界上，很多东西过犹不及。人生不是说找到了一个好的基石，就会一成不变地好下去。我们所有美好的品德，他说的六言是这六种美好的品德，它为什么会带来六弊？因为在使用环境中。因为我们要经受社会的挑战、考验，要在人际的交往中去调试、去变通。所以人要通过不断地学习去了解自己跟世界建立有效的关系；所以即使是'仁'、'智'、'信'、'直'、'勇'、'刚'这样美好的品德都得在学习中完成你自己的一种定位和制衡。

【于丹心语】

美好的品德需要在不断的学习中获得定位与制衡

学习永远不是一件僵死[5]的事情。既然没有常师、既然无处不学，学到的学问既然不能是那样诵诗三百之后授之以政不达，出使四方又不能专对，那种学问的境界已经被孔子的时候抛弃了。

真正的学，在今天如果我们每一个普通人都用自己的心去完成一种激活[6]，都站在一种通达的大智慧上，那我相信，古往今来所有的知识都会活在我们的

---

1) 不问就里(búwènjiùlǐ) : 내막을 묻지 않다. 사정을 따지지 않다. 사정을 잘 알지 못하다.
2) 狂妄(kuángwàng) : ① 몹시 방자하고 오만하다. ② 시건방지다. ③ 분별없다.
3) 刚愎自用(gāngbì) : 외고집이다, 고집이 세다. 자기가 옳다고 믿다, 개인이 사용하다.
4) 狂妄自大(kuángwàngzìdà): 방자하고 오만하여 잘난 체 우쭐거리다.
5) 僵死(jiāngsǐ) : ① 죽어 경직되다. ② 경직되어 생명력을 잃다. ③ 유연성을 잃어 붕괴하다.
6) 激活(jīhuó): 활성화.

经验体系里，所有圣贤的智慧都不过成为点燃我们自己的一枚火把[1]。

서양 배

1) 火把(huǒbǎ)：횃불.

11. 诚信之道

【画外音】

孔夫子認为正直誠信的人才可以在社会上安身立命[1], 如果人與人之間沒有誠信, 社会治局就變得昏亂。那么衡量一个人是否誠信的標準是什么? 面对社会上種種物質利益的誘惑, 我们該怎样做才堅守誠信。面对社会上誠信的缺失, 我们又該做些什么?

孔老夫子认为诚信是做人的根本原则。诚信不仅是儒家伦理的重要内容, 也是中华民族的传统美德。诚信是健康人格的体现, 只有做到以诚待人、言而有信, 才会赢得别人的尊重和认可。因此, 在中华民族博大精深的文化传统中, 诚信二字也一直被世人广为传颂[2]。但是, 在现代社会中, 确实存在着背信弃义[3], 甚至以诈骗[4]的手段谋取个人利益的现象。难道讲求诚信的价值已经过时了吗? 面对社会上种种物质利益的诱惑, 我们该怎样做才能坚守诚信呢? 面对社会上诚信的缺失, 我们又该做些什么? 如何才能建立起一个人人讲诚信的良好社会环境呢?

请继续关注北京师范大学于丹教授讲《于丹论语感悟》之《诚信之道》。

大家好! 诚信呢, 是中国儒家思想中最核心的理念之一。在整个《论语》中我们可以看见很多关于诚信的论述, 而且是作为一个做人的前提, 人生的基础来提出一个信义。孔子曾经说过:'人而无信, 不知其可也。'

'人而无信, 不知其可也。'(《为政》2.22)

---

1) 安身立命(ānshēnlìmìng) : 근심없이 생활하다.
2) 广为传颂(guǎngwéichuánsòng) : 광범하게 전해 내려오며 칭송하다.
3) 背信弃义(bèixìnqìyì) : 신의(信義)를 저버리다.
4) 诈骗(zhàpiàn) : ① 사취하다. ② 편취하다. ③ 협잡하다.

说一个人要是没有信誉的话，那真不知道他在这个世界上怎么度过一生。这好比是：

'大车无輗[1]，小车无軏[2]，其何以行之哉。'(《为政》2.22)

什么意思呢？说这个輗和軏啊，都是那种小铆钉[3]，就是我们看大车小车都有车上的横梁，这横梁要怎么铆住[4]呢？就是这个车的两边跟着横梁上都有小孔，要用那个木的销钉[5]包了铁以后插在小孔里，才能用这横梁把车给连接上。如果车上没有这样的横梁，这车不就散架[6]了吗？它又怎么去行走呢？所以孔子说一个人如果没有信誉，就好像这个车有了横梁也是虚架上的，没有这个烧钉，那么它不是一行走就会散掉吗？所以信誉对人来讲是什么呢？是你行走于世最最基础的那个保障。

【于丹心语】

信誉是你行走于世最基础的保障。

也就是说靠这样一些信誉把人生这辆车能够牢牢地[7]铆在一起，能够让你颠扑不破[8]，不管穿越什么样的风险、坎坷[9]，或者在坦途[10]上一路前行的时候都能够保障你的速度、效率，就是因为你有信誉让你自己始终是一个整体，可以立得起来，所以叫做'人而无信，不知其可也'。要是没有信誉的话就缺少了安身立

1) 輗(ní) : 우차의 끌채 끝의 횡목과 멍에를 서로 고정시키는 쐐기.
2) 軏(yuè) : 마차의 끌채 끝의 굽은 멍에.
3) 铆钉(mǎodīng) : ① 리벳. ② 대갈못.
4) 铆住(mǎozhù) : 리벳을 박다. 힘을 넣다(들이다).
5) 销钉(xiāodīng) : 기계의 부품 사이를 연결하거나 고정시키는 고정핀, 또는 쐐기못.
6) 散架(子)(sǎnjià(zi)) : ① 무너지다. ② 흩어지다. ③ 허물어지다.
7) 牢牢(láoláodi) : 확실히, 뚜렷이, 견고히.
8) 颠扑不破(diānpūbúpò) : 절대로 뒤엎을 수 없다.
9) 坎坷(kǎnkě) : ① 울퉁불퉁하다. ② 뜻을 이루지 못하다. ③ 불우하다.
10) 坦途(tǎntú) : 평탄한 도로, 탄탄대로, 순조로운 형세.

命最最根本的条件。孔子有这样一句话:

'人之生也直, 罔之生也幸而免'.[1] (《雍也》6.19)

他说一个人生要想坦坦荡荡、规避[2]风险走下去，凭的是他为人的正直，这叫'人之生也直'。有正直去安身立命，这个人理所应当一生走得远。

'罔之生'，但是也有那些不正直的人啊，不守信的人啊，那些翻手为云，覆手为雨[3]，在世界上要要小聪明[4]去投机[5]的人，你看他不是也活得下来吗? 那这些罔之生是怎么回事呢? 孔子说这叫幸而免。他们是侥幸[6]逃脱了很多本应该遇上的灾难，才磕磕碰碰地[7]活下来的。所以人凭着正直去走，会避掉很多灾难风险，而凭着这样一些小聪明，靠机巧不守信誉去走的话，那你只是凭着侥幸。谁都希望人生能够走得坦然宽广[8]。这样的一种道德理念，中国儒家在那么久远的年代提出来，走到今天它还有价值吗? 走到今天在我们最普遍的中国百姓生活之中，我们把信誉看成什么?

【画外音】

孔夫子认为正直诚信的人才可以在社会上安身立命。但在现代社会中，确实存在着背信弃义，甚至以诈骗的手段谋取个人利益的现象。难道讲求诚信的价值过时了吗? 我们应该如何看待信誉呢?

21世纪是一个公民社会，我们今天的这个社会中，信誉对每一个人来讲是一

---

1) 罔(wǎng): 정직하지 않다.
2) 规避(guībì): 계획적으로 회피하다.
3) 翻手为云，覆手为雨(fānshǒuwéiyún, fùshǒuwéiyǔ) : 변화무쌍.
4) 小聪明(xiǎocōngming(r)) : 잔꾀, 잔재주, 약삭빠른 행위.
5) 投机(tóujī) : 배짱이 맞다. 의기투합하다. 투기.
6) 侥幸(jiǎoxìng) : ① 운이 좋다. ② 요행. ③ 요행히.
7) 磕碰(kēpèng) : 충돌하다. 물건이 서로 부딪치다. 사람과 물건이 서로 부딪치다.
8) 坦然宽广(tǎnránkuānguǎng) : 마음이 편안한 모양, 마음이 안정되어 있는 모양, 마음에 거리낄 것이 없다.

张无形的通行证。

【于丹心语】

信誉对每一个人来讲是一张无形的通行证

也许信誉并不写在你的档案典籍里，但是信誉是人的口碑[1]。社会是在不断地更迭[2]着制度，变化着环境，但是人性中一定有一些以不变应万变的核心价值传承下来，这在我们的心里头才是真正的火种[3]。可以说诚信它不光是作为一种道德经典提出来，它也作为普遍的民间信仰。

每一年的春节，中央电视台都会推出一个大型的特别节目《感动中国》，今年也不例外。我在拿到今年《感动中国》评选[4]材料的时候，我在里面看到了一些事例，其中有一些是普普通通，最草根阶层[5]的普通人的故事。

江西德兴县有一个小村子，就叫宗儒村，儒家的儒。这个村子里面有一个普通的农民叫王云林，在2007年的年初，村子里面一场山火，他帮助别人去救火的时候就牺牲了。结果他走了之后身下扔下了一笔糊涂账[6]，他曾经借过别人的钱，没有还债，那么这债务怎么办呢？他的身后扔下了他31岁年轻的遗孀[7]叫陈美丽，一个普通的农妇。陈美丽上有年迈[8]的婆婆，下面自己带着一个7岁的女儿，还抱着一个几个月大的女儿。丈夫走了，整个这个家压在她的肩上。陈美丽从悲痛中撑过来以后，做了一件事，就是在村子里面贴了一张还债告示。

她自己有一个淡淡的解释，她说云林生前在村子里口碑一直很好，他为欠

---

1) 口碑(kǒubēi)：① 구비. ② 구전. ③ 인구.
2) 更迭(gēngdié)：경질，교체，교체하다.
3) 火种(huǒzhǒng)：불씨.
4) 评选(píngxuǎn)：① 심사하여 뽑다. ② 선정하다. ③ 택정하다.
5) 草根阶层(cǎogēnjiēcéng)：평민 계층. 보통 민중.
6) 糊涂账(hútuzhàng)：① 엉망이 된 장부. ② 어리석은 사람. ③ 뒤범벅이 되어 분명치 않은 일.
7) 遗孀(yíshuāng)：과부.
8) 年迈(niánmài)：연로하다. 나이가 많다.

债[1]的事情一直心不能安，我不希望他走的心里头不踏实，所以我想要把这个债务还上。但是他欠了谁的债我都不知道，大家如果说他真的欠了你的债，你就来找我要吧。这个还债告示贴出去以后，来找陈美丽的前前后后加起来，一个月之内金额超过五万，而其中将近四万没有任何凭据[2]。陈美丽全都认了下来，她就自己替丈夫一点一点还着这些良心债。这个故事呢，引起很大的轰动[3]，我当时给陈美丽写评语的时候，我说了一句话，叫做'债务有凭，良知无价'。

债务有凭，良知无价。

其实陈美丽的这个还债告示[4]，就是一面镜子，它照出我们每个人心里的债务。我们心中或高尚或卑微或者是那些贪欲，每个人其实心里都是有债务的。我们用什么样的方式去完成这种诚信的建立？怎么样去看清自己的内心？我看到这个故事其实很感动，就是一个像追着别人讨债[5]一样去追着还债，而生活如此境遇[6]的一个农妇，什么力量让她这么做？按说她丈夫是为了去救别人救火而牺牲的，就算是他欠债，他的这条命已经把他的账还了，但是她一定要去还债。因为她不愿意让自己良知不安。

【画外音】

这位普通的农村妇女所追求的是自己良心上的安定，但同时赢得[7]了别人的尊重和认可。其实诚信不仅是儒家伦理的重要内容，也是中华民族的传统美德。那么在中国几千年的传统文化中，是如何评价诚信二字的呢？

其实我们去看比如说像《三国演义》这样的故事里面，包括三国历史上一些

---

1) 欠债(qiànzhài)：① 빚. ② 부채. ③ 빚지다.
2) 凭据(píngjù)：증거. 증거물. 근거.
3) 轰动(hōngdòng)：파문을 일으키다. 뒤흔들다. 진동시키다.
4) 告示(gàoshi)：① 포고. ② 게시. ③ 옛날의 표어.
5) 讨债(tǎozhài)：① 반제를 청구하다. ② 빚을 독촉하다.
6) 境遇(jìngyù)：형편. 상황. 경우.
7) 赢得(yíngdé)：① 얻다. ② 획득하다. ③ 이기다.

真实的人和故事，它被放大的都是什么价值呢？

公元200年这一年，司空[1]曹操从这个纷战[2]之中打败了刘备，得到了关羽。他对关羽惺惺相惜[3]，一直希望这样一个忠勇之人可以来辅佐曹魏[4]。但是他也从关羽身上、脸上看出他是不会久留的，所以他一方面诚意相待，另一方面派自己的大将张辽[5]去探听他的口风[6]。关羽跟张辽说：我知道曹公待我恩重如山[7]，但是呢我已经跟刘备有这种兄弟之约，我们约以生死[8]，我是对他的忠心绝不会改变。我一定不会留在这里，但是我一定要报答了曹操之后才会走。那么这个话正月说了，过了4个月之后终于机会来了。关羽斩杀了袁绍军中大将颜良[9]，这个时候曹操知道他已经报恩了，他非走不可。所以曹操对他厚加封赏[10]，那么关羽把他所有的封赏都封存起来，'封赐归汉'。他走的时候曹操的手下部将要去追，曹操把他们拦住了，说各为其主[11]，我知道他是会要走的。

为什么今天的舞台上关公永远是红脸的忠勇形象？就是因为他这种笃诚守信，这是不管从正史到小说一直在民间口碑传颂的。大家现在看三国戏，觉得热闹，但其实在那些政治纷争之中流传最久远的还是这种道德含量。

曹魏和刘蜀之间是如此，其实在东吴也是一样。大概比这个故事再早几年，

---

1) 司空(sīkōng)：관명 사공.
2) 纷战(fēnluàn)：전쟁. 난리.
3) 惺惺相惜(xīngxīngxiāngxī)：아끼다. 좋아하다. 지지하다.
4) 曹魏：曹丕가 한나라를 찬탈하여 魏나라를 세움. 220年12月10日—266年2月4日. 曹魏를 일반적으로 前魏라 하고, 北魏를 後魏라 한다.
5) 张遼：자는 문원文远. 한나라 때 흉노족을 함락시키는 임무를 맡았던 섭일聶壹의 자손. 후에 성을 張으로 바꿈. 하진, 동탁, 여포를 주군으로 섬기는 장수였으나, 하비 전투에서 여포가 조조에 패하자 조조에게 항복하였다. 합비 주둔시 오나라 손권의 공격을 받았으나 수적 열세에도 손권을 궁지에 몰아 정동장군으로 임명됨.
6) 口风(儿)(kǒufeng(r))：① 말 속에 나타나는 뜻. ② 말투. ③ 말뜻.
7) 恩重如山(ēnzhòngrúshān)：은혜가 산과 같다.
8) 约以生死(yuēyǐshēngsǐ)：생사고락을 약속하다.
9) 颜良：안량, ? －200年, 東漢 말년 원소의 部將.
10) 封赏(fēngshǎng)：① 고대에 왕이 토지나 작위, 칭호 및 재물 등을 신하에게 주다.
11) 各为其主(gèwèiqízhǔ)：각자 자신의 주인을 위하여 힘쓰다.

公元195年的时候，是孙策起兵去攻打刘繇[1]的时候。那么他去攻打的时候呢，刘繇的手下刚好有他的一个老乡太史慈[2]来投奔他。大家都在让他重用太史慈的时候，他没有任用他为大将。刘繇只是派他出去侦查侦查敌情，结果太史慈带着一个骑兵和带着13个精兵强将的孙策在神亭不期而遇，两个人就开始交手。那么太史慈也功夫了得[3]，他把孙策的头盔[4]都抢过来，而孙策呢把太史慈的战马一枪刺伤，并且夺了太史慈的手戟[5]。两个人打到难舍难分[6]的时候，双方的救兵到了，所以就分开了。

再接下来孙策的大军步步深入，那么终于他生擒[7]了太史慈。抓住太史慈之后，他也是上前给太史慈松绑，问他说：

'子义, 当年如果在神亭我要真是被你抓住会怎么样?'

太史慈说我不知道，孙策就朗声大笑，他说我知道你忠勇过人，你只不过是一直没有得于贤主。现在我们终于在一起了，我们就共同来建功立业，所以他迅速地给太史慈任命了官职。

那么这个时候呢，刘繇已经去世了。他的部将归谁去统领呢？大家推举的是当时的名士华歆[8]。但是华歆这个人是有道德而缺谋略，有些优柔寡断[9]，一直坚辞不受。在这样一个情况下，要不要去进兵兼并[10]豫章郡。孙策心中也犹豫

1) 刘繇(Liúyóu) : 유요(156年~198年). 자는 정례正禮.
2) 太史慈 : 자字는 자의子義이고, 동래군東萊郡 황현黃縣(지금의 산동성山東省 용구龍口) 출신이다. 신의가 있고 계책이 뛰어났을 뿐 아니라 활솜씨가 뛰어나 손책孫策과 손권孫權에게 모두 중용됨.
3) 了得(liǎode) : 훌륭하다. 굉장하다.
4) 头盔(tóukuī) : ① 투구. ② 철모. ③ 철갑모.
5) 手戟(shǒujǐ) : 창.
6) 难舍难分(nánshěnánfēn) :차마 떨어지지 못하다, 연연해하며 헤어지기 싫어하다.
7) 生擒(shēngqín) : 생포하다, 사로잡다.
8) 华歆(huàxīn) : 화흠.
9) 优柔寡断(yōuróuguǎduàn) : 우유부단하다.
10) 兼并(jiānbìng) : 병탄하다. 합병하다. 겸병하다.

不决，所以他就派太史慈去打探。几乎所有人都反对他这个决定，因为太史慈此去归旧地，那一定会不再回来。太史慈觉得孙策之所以派他去，也是在试探他的忠诚。他自己很感动，孙策问他说，你要带多少兵马？他说我不过去探听一下，几十个人就够了，不要带更多的兵马。说你多久回来？他说大概两个月，60天左右我就能够回来。那么孙策为他设下酒宴，就这样送他走了。手下人都说，这一走放虎归山[1]，他不会回来。孙策就笑一笑说，子义如果舍弃我，他还能去投靠谁？结果果不其然[2]两个月之后，太史慈如期归来[3]，而且探听出来说，华子鱼这个人虽然有仁德，但是的确不会治理国家。他是没有这个真正的政治韬略[4]，能够统领这个地方的。所以呢，他把这个真实的情报传递给孙策，孙策才起心去兼并豫章郡。

其实这个故事跟前面'封赐归汉'的故事在三国故事里面都流传得很广。它反映了什么呢？就是在中国的民间信仰中可以把诚信看作是品评人物最基本的出发点。

从正史中记载的官员一直到民间百姓生活，诚信一直是一种默契[5]。人品的高下诚信是一块试金石。

【于丹心语】

人品的高下诚信是一块试金石。

而诚信难道仅仅是为了一种社会的付出，是为了一种外在的道德礼仪吗？真正的诚信其实是每一个普通人都可以做到的，他不仅立于社会，也能安顿[6]自我。

---

1) 放虎归山(fànghǔguīshān)：후환을 남기다，범을 놓아 산으로 돌려보내다.
2) 果不其然(guǒbuqírán)：과연，아니나 다를까，역시나.
3) 如期归来(rúqīguīlái)：(기한대로，예정대로，기일 내에) 돌아오다.
4) 韬略(tāolüè)：병법，군사적인 책략，육도 · 삼략.
5) 默契(mòqì)：묵계. 묵약默約. 밀약. 비밀 약속(조약). 구두 협정.
6) 安顿(āndùn)：① 안정시키다. ② 편안하다，평온하다.

【画外音】

诚信是健康人格的体现。一个人'心有诚意, 口则必有信语', '口有信语, 身则必有慎行'。但是事实上并不是所有的人都是谦谦君子[1]。虽然人与人之间, 相互承诺, 可是谁又能保证你所说的话都能够兑现[2]? 那么衡量一个人是否诚信的标准又是什么呢?

孔子其实也看到了他所当时遇到的那个礼崩乐坏的世象。他没有什么太多的奢望, 他认为圣人他要见着[3]也不容易, 甚至善人要见着也不容易。所以孔子有这样的感叹:

'得见有恒者, 斯可矣。' (《述而》7.26)

我只要能见着持之以恒[4]的人就很不错了。所以孔子在这里提出比诚信还要简单地一个标准, 就是能够守恒[5]。一个人能够让自己有一个恒常之心[6], 不轻易改变, 这是对于自己的诚意, 这一点做到了才能保障对别人的信誉。

【于丹心语】

恒常之心, 是对自己的诚意, 也是对别人的信誉。

如果这一点做不到的话, 人就常常陷入迷惑, 人就总会这山望着那山高, 人就会缺乏一种自我估价[7]。有一个故事说得有意思。

比如山羊, 它早上起来想去吃点东西, 哒哒哒[8]跑出来, 本来想去田里头吃点

---

1) 谦谦君子(qiānqiānjūnzǐ) : ① 행동거지가 겸손하고 단정한 사람. ② 겸허한 체하는 사이비 인격자.
2) 兑现(duìxiàn) : ① 환·어음 따위를 현금으로 바꾸다. ② 약속을 실행하다. ③ 현금 교환.
3) 见着(jiànzhāo) : 보다.
4) 持之以恒(chízhīyǐhéng) : ① 늘 견지하다. ② 끈기를 가지고 지속하다.
5) 守恒(shǒuhéng) : 변함없이 보존하다.
6) 恒常之心(héngchángzhīxīn) : 변함없는 마음. 변치 않는 마음. 항상심.
7) 自我估价(zìwǒgūjià) : 자아평가. 자기 자신에 대한 가치 평가.
8) 哒(dā) : ① (말굽 등의 소리) 다가닥 다가닥, 달가닥 달가닥. ② (총 소리 등이 계속 연이은소리) 드르륵, 다다닥

白菜，跑到一半，看到早晨初起的太阳，低低地从地平线把它的影子投得好长好长。山羊一看说，天啊，我原来如此高大，我还吃什么白菜啊？我改去那边大树吃树叶了。转身就往回跑，哒哒哒等跑到大树旁边的时候，天都到中午了，太阳在头顶上照下来一看，山羊影子特别特别小，山羊一看说哦我原来就这么渺小[1]啊，那我回去吃白菜吧。又跑回去吧，等快跑到白菜园的时候，已经到傍晚了，这时候夕阳西下影子又拉长了，山羊回头一看，好像我还是能吃树叶，再往大树那儿跑。一天的时光，就在太阳的迷惑下，让山羊一口东西没吃着[2]。其实这不像我们的人生吗？有的时候一种外在的投射、一种虚幻的假象，在某一个瞬间让你比实际要高大很多，也有某些时候让你比自己要渺小不少。一个人的心怎么样能够保持着恒常的判断？既不是妄自尊大[3]，也不轻易妄自菲薄[4]。能做到恒常孔子说不容易了，别指望见着[5]那么多的圣人善人，要能见到一个君子，能见到有恒常之心的人，在这个世界上已经很不容易了。所以守信，我们现在不一定说要做到多么高的标准，从一个最基本的出发点完成对自己内心的一份诚意的建立。

【于丹心语】

守信就是完成一份诚意的建立。

我们今天说诚信诚信，诚是信的前提。一个人如果对自己的生命都不忠诚，没有了一份真切的诚意，那么又他又怎么可能去守信？怎么对他人守信呢？

【画外音】

诚信是人与人相互信任的基础。正所谓：自尊者人尊之，自敬者人敬之，自信者人信

1) 渺小(miǎoxiǎo) : ① 매우 작다. ② 미미하다. ③ 보잘것없다.
2) 吃着(chīzháo) : ① 먹을 수 있게 되다. ② 먹게 되다.
3) 妄自尊大(wàngzìzūndà) : ① 함부로 잘난 체하다. ② 무턱대고 거만하게 행동하다.
4) 妄自菲薄(wàngzìfěibó) : ① 함부로 자신을 낮추다. ② 자신을 하찮은 사람으로 자비하다
5) 见着(jiànzhāo) : 볼 수 있다. 보다.

之。但是现代社会急功近利[1]，物欲横流[2]。当你面对种种诱惑的时候，往往就会产生迷惑，内心就会产生波动，在这种时候我们该怎么办呢？

不光我们现代人波动，孔子那时候也有这样的人。子张问'崇德，辨惑'。学生说老师怎么才能提升自己的道德，才能去辨明很多的迷惑？

子曰：'主忠信，徙义，崇德也。'(《颜渊》12.10)

说你不是想提升道德吗？我就告诉你两句话，第一叫主忠信，以自己的忠诚守信作为内心的依据，能够立住这一点。徙义，迁徙[3]的徙，就是人可以有思想的改变，可以改变一些判断，但是必须要合乎义。合乎道义的标准，去改变思想，内心主忠信，合乎道义改变思想，这不就崇德了吗？道德不就提升了吗？而道德提升之后，人才能够去辨惑。不至于像山羊那样一会儿长一会儿短。所以孔子说：

'爱之欲其生，恶之欲其死，既欲其生，又欲其死，是惑也。'(《颜渊》12.10)

这情况我们现在都有吧？爱之欲其生。喜欢一个人、喜欢一件事、喜欢一个机遇的时候，觉得好得不得了，就长长久久，千年万世，一直这样下去才好呢，这就叫：

'爱之欲其生'。

突然之间反目恨死他了，恨死这个人这件事了，恨不得马上就消失，这就叫：

'恶之欲其死'

---

1) 急功近利(jígōngjìnlì)：눈앞의 성공과 이익에만 급급하다.
2) 物欲横流(wùyùhéngliú)：물욕이 범람하다，물욕이 흘러넘치다.
3) 迁徙(qiānxǐ)：① 이주하다. ② 이전하다.

恨不得马上就死。孔子说你'既欲其生，又欲其死'，这还不迷惑啊？所以一个人不能恒常的话，失去自己内心的判断标准，就会表现出来大迷惑。我们现在总在说世象纷纭[1]，说给我一双慧眼[2]吧，让我去看清这些纷纷纭纭的世象，慧眼何在呢？它不仅关乎智慧，还关乎一个人的自我判断和内心恒常的力量。要想对世界守信，对他人守信，先要看看能对自己的生命忠诚守信吗？这是你辨惑的前提，所以孔子从来是把崇德辨惑连在一起的。提高道德是分辨迷惑另外一种方式，这两个是捆绑相生[3]的。这里提出的主忠信是一个理念，但是它永远不是孤立的。它一定是跟其它的各种理念相辅相成[4]的。

所以我现在经常听到有些朋友问，说《论语》里面我记住哪一句话就够了？或者是对我现在的生活，哪一句话就能够有直接的引导？其实很多经典，需要融会贯通[5]。它永远不会提出来，哪一句话或者一个理念就能够让你说终身安身立命，只靠这一点吗？

虽然孔子也会说，有这么一句话的话，就是恕字，其恕乎，有这么一个字，可能可以终身行之，但是你想想，在这种宽恕的背后，那是需要多少信仰？需要多少能力？需要多少融会贯通？所以其实孔子提出来的都是微言大义[6]。有一些话说出来看似简单，但是它都有一些内在的逻辑关系，它在内在的很多道德上，都是相辅相成的。

还有很多话呢表现在他朋友的眼里：

'有子曰，信近于义，言可复也。'(《学而》1.13)

我们每天都生活在语言环境里。我们的人际交往都在说话，我们都在承诺。

---

1) 纷纭(fēnyún)：① 분분하다. ② 많고 어지럽다. ③ 많고 난잡하다.
2) 慧眼(huìyǎn)：① 혜안. ② 예리한 안목. ③ 사물을 분별할 줄 아는 통찰력.
3) 捆绑相生(kǔnbǎngxiāngshēng)：함께 상생하다. 궁합이 잘 맞다, 상생하다.
4) 相辅相成(xiāngfǔxiāngchéng)：① 서로 보완하고 도와서 일을 완성하다. ② 서로 도와서 일이 잘 되어 나가도록 하다.
5) 融会贯通(rónghuìguàntōng)：여러 가지 도리와 사리에 통달하다.
6) 微言大义(wēiyándàyì)：간단하지만 심오한 말로 대의를 이야기하다.

但是你说出来的话一定能兑现吗？是你答应别人的事言之凿凿[1]就一定做得到吗？那要看看你说的这个话离道义有多远？'信近于义'，如果离道义很近的话，'言可复也'，这句话可兑现的可能性就会高一点。因为一个人能不能守住信誉一定跟他的道德感是相关的。

【于丹心语】

一个人能不能守住信誉，一定跟他的道德感相关。

人生是一个复杂的系统，社会中不断地出现种种的挑战。一个人要去做的时候，光有一种道德在心中是不够的，它一定是一个完善的体系。

【画外音】

在现实生活中，真正做到诚信，确实是不容易的。诚信不仅需要道德感，还需要有社会责任感，有时候甚至需要勇气。

我们今天去看历史，为什么有很多历史叫做'信史'[2]？就是因为在历史上有很多史官，他们可能用自己的生命保护了历史的真相，一步一步传承下来，这是中国历史真正的传统。我们站在今天得以[3]不迷惑，那是有很多人的鲜血保护了史册。

北魏的时候曾经有这么一个故事，北魏的司徒[4]崔浩[5]和中书侍郎[6]高允[7]，两

1) 凿凿(záozáo)：① 명확하다. ② 확실하다.

2) 信史(xìnshǐ)：기록이 정확한 역사.

3) 得以(déyǐ)：…할 수 있다.

4) 司徒(sītú)：옛날의 관명官名. 주대周代의 '육경六卿', 한대漢代의 '三公'의 하나. 후에 '호부상서户部尚書'의 다른 이름으로 쓰임.

5) 崔浩: 최호(?~450), 북위시대의 한인으로 사도(司徒)를 역임하였다. 특히 학문에 뛰어나고, 천문·술수에 능하여 전쟁에 많은 공을 세웠다. 태무제 429년에 국사편찬의 책임을 맡아 집필하던 중에 북위의 선비족 조상들의 불명예스러운 사실을 기록하다. 선비족의 분노로 처형되었다.

6) 中书侍郎：: 中书省의 정2품 벼슬. 중서시랑평장사中書侍郎平章事의 준말임.

7) 高允: 고윤(391~487)은 자가 伯恭이고 발해인이다. 아버지가 丞相參軍을 하였던 명문귀족 출신으로 경서에 통달하고, 특히 천문·술수에 능통하였다. 최호와 함께 국사편찬에 임하여 같이

个人奉命撰写北魏当时的国史，叫做《国记》。写好以后呢《国记》就被镌刻[1)]在碑上。那么很多鲜卑[2)]人自己看了自己的民族历史，发现把祖先最早发迹的那些故事，包括很多巧取豪夺[3)]的事情都记载得太详细、太清楚了。这些人就觉得祖先有些不堪[4)]，这个应该为尊者讳[5)]，怎么能都给写出来呢？所以有一些挑唆[6)]的人呢，就跟当时北魏的太武帝拓跋焘[7)]来进谄言[8)]说你看这个史官真不好，为什么把这些事都写出来了？拓跋焘盛怒之下，就把崔浩给逮捕[9)]了。那崔浩逮了以后接下来要逮捕的人就是中书侍郎高允。

偏偏呢太武帝的儿子，当时的太子叫拓跋晃。拓跋晃呢是曾经跟高允念过书，学过经典的。他知道这件事情以后非常害怕，想保护自己的老师，就把高允请到东宫中住了一夜。然后跟他说：明天啊，你随我一起去上朝。如果提到《国记》的事情，你听我怎么说，我怎么说你跟着怎么说。太子是知道崔浩被捕了，但高允不知道啊。高允说：殿下出什么事了？太子也不敢说，说你跟我一起去吧。那么见到了拓跋焘，太子拓跋晃就跟他父亲说，说《国记》这件事情啊完全是崔浩一个人独断专行[10)]，他说怎么写就怎么写，高允就没参与什么意见，那个书完全是他一个人写的，所以高允这次您就给他免了罪吧。

拓跋焘呢一看高允也进殿了，就算给他一个台阶也要让他表态啊。就问他说太子说的是真事吗？你确实是不知道吗？这个时候，高允刚刚明白发生了什么事儿，他才知道崔浩被捕了。高允说其实崔浩平时很忙，他政务多，整个这本

죄에 연루되었으나 태자의 도움으로 풀려나와 후에 황제의 신임을 얻고 영화를 누렸다.

1) 镌刻(juānkè)：새기다, 조각하다.
2) 鲜卑(Xiānbēi)：고대 중국의 몽고 퉁구스계의 유목 민족, 내몽고에 있는 산 이름.
3) 巧取豪夺(qiǎoqǔháoduó)：교묘한 수단이나 힘으로 빼앗다.
4) 不堪(bùkān)：① 견딜 수 없다. ② 참을 수 없다. ③ …할 수 없다.
5) 讳(huì)：꺼리다. (거리끼는 바가 있어) 감히 말하지 않다. 꺼리어 피하다. 기휘하다. 감추다.
6) 挑唆(tiǎosuō)：① 부추기다. ② 충동질하다. ③ 꼬드기다.
7) 拓跋焘(Tuòbátāo)：탁발도. 탁발이 성, 도는 이름. 拓跋는 복성으로서 후위를 세운 성씨.
8) 谄言(chǎnyán), 谗言(chányán)：① 참언. ② 헐뜯는 말. ③ 중상 모략하는 말.
9) 逮捕(dàibǔ)：① 체포. ② 체포하다.
10) 独断专行(dúduànzhuānxíng)：남과 의논하지 않고 제멋대로 결단하여 행하다.

书他就是审核了[1]一下大纲，书稿的绝大部分都是我自己写的。

拓跋焘一听就大怒，说那你为什么要写出这么多不堪的事情呢？太子就更慌了，太子赶紧抢话[2]说，他说是因为您的盛怒把高允给吓坏了，他现在语无伦次[3]，说的都不是真话，请您一定要原谅他，他私底下曾经跟我说过说这个书完全都是崔浩写的，真的与他无关。这个时候高允说，我已经全明白了，我知道太子曾经跟我学习过经典，他是拼着命[4]要保护我。但是我不能不说真话，整个这个书稿就是我们一起写成，而且绝大多数出自我的手笔。如果说真正问罪的话，那就直接来问我好了，这件事情在私底下我从未对太子说起过，太子也从来没有问过我。高允这个话说完以后，拓跋焘一直看着他，看了他半天，最后叹了一口气说，现在我明白了，这就叫做正直。他说临死不异词[5]，作为一个史官不容易做到。但是高允做到了，就是到死都不改变说法。他说好，那么就免了你的罪作为奖赏。这在北魏历史上是一个很著名的故事，其实这种勇气何来？它来自于一种内心的忠诚。我们说的这种诚信，有的时候是需要大勇敢的。它需要一种坦荡，它其实是需要自己内心对于一种价值的坚持。

【于丹心语】

诚信需要自己内心对于某种价值的坚持。

这种价值延伸出来，已经不仅仅是自己的事情。它可以关乎更多人的利益。

【画外音】

诚信之所以是中华民族的优良传统是因为从古至今, 从官到民, 从来都不缺少这种为坚持某种价值而坚持诚信的人。那么在充满各种诱惑的现代社会面对诚信的缺失, 我们又该做些什么呢?

---

1) 审核(shěnhé) : ① 심사하여 결정하다. ② 심의하다.
2) 抢话(qiǎnghuà) : ① 말을 가로채다. ② 앞다투어 말하다. ③ 말참견하다.
3) 语无伦次(yǔwúlúncì) : ① 이야기에 조리가 없다. ② 말의 갈피를 잡지 못하다.
4) 拼命(pīnmìng) : ① 필사적으로 하다. ② 목숨을 내던지다. ③ 목숨을 버리다.
5) 临死不异词(línsǐbúyìcí) : 죽음 앞에서 말을 바꾸지 않다. 이의, 반대 의견.

《感动中国》2007年的人物里面，还有这样一个人，她的推荐理由叫做'良心医生'。这个医生叫陈晓兰，是上海一个地段[1]医院理疗科[2]的大夫。她看到了这十年中医院进的不同的医疗器材，其中有相当多是假冒伪劣[3]。有很多治疗方法因为机器是伪劣的，所以是有害于患者的。陈晓兰自己在理疗科看到了这些，她就去一一揭发[4]。十年中，经她揭发的假冒伪劣医疗器械前后多达二十几种，其中有8种国家下条文整个给废止了。

但是这10年中这个医生会付出什么代价呢？因为她触犯了医院的利益，所以医院呢就强行把她调离原来的岗位，强迫她提前退休。她自己丢了工作，那么再接下来呢，她又因为自己要去看很多的黑幕[5]，要深入到医疗器械交易的深层，所以她不惜以身试真[6]，冒着生命的危险，而被很多同行指责为叛徒[7]。就是因为她的努力，使国家不断地出台条文[8]前后7次。其实这样的人，她的这种勇敢，我们想一想，其实比北魏时候史官高允的勇敢，对我们来讲还有价值。

这已经不仅仅关乎她个人的诚信，她关乎一个社会的核心价值，她关乎别人的利益。也就是说她的良知成为整个社会风尚的一道净化剂[9]，她也成为了更多患者利益的一个保护屏障[10]。就是这样一个弱女子。其实刚才我说的陈美丽和陈晓兰，不过是普普通通2007年中国的两个弱女子。但是你能说他内心诚信的力量就单薄吗？这种力量坚强而庞大，我相信它会有非常大的反响。而这样的力量，从一个人到整个社会推展起来对于一个国家，它的立世来讲，也是以

---

1) 地段(dìduàn) : ① 구역. ② 지역. ③ 구간.
2) 理疗科(lǐliáo) : '理疗'는 '物理疗法'의 준말, 물리치료과.
3) 假冒伪劣(jiǎmàowěiliè) : 위조하였거나 품질이 저열하다.
4) 揭发(jiēfā) : ① 들추어내다. ② 적발하다. ③ 폭로하다.
5) 黑幕(hēimù) : ① 흑막. ② 어두운 내막. ③ 내막.
6) 以身试真(yǐshēnshìzhēn) : 以身试法(yǐshēnshìfǎ), ① 생명의 위험을 무릅쓰고 법을 어기다. ② 법을 알면서 고의로 어기다.
7) 叛徒(pàntú) : 반역자. 역적.
8) 出台条文(chūtáitiáowén) : 공개적으로 공문을 발송하다, 공문을 공개적으로 공포하거나 실시하다.
9) 净化剂(jìnghuàjì) : 정화제.
10) 屏障(píngzhàng) : ① 장벽. ② 보호벽. ③ 가려서 막다.

诚信作为根本。而这样的诚信我想每一个时代有每一个时代的解读，每一种文明的形态中，都有个人跟这个社会之间一种匹配的默契。保有内心的诚意，从当下的生活出发、接受现实、朴素面对，并且以一种积极乐观的态度守住信誉，通往一个未来。大概这样一种观念在任何一个时代，都有它的积极价值。

所以我想从《论语》出发，用《论语》中的诚信来引导今天的生活。结合今天生活的现实，那么最后我们会知道，孔子说的一句话，叫做：

‘德不孤，必有邻。’(《里仁》4.25)

当我们建立了自己良好的道德体系，不管是诚意、信誉、仁爱、道义，当你的道德整个提升之后，不仅是你为这个社会做出贡献，而且会有很多人都在帮助你。会有很多道德的呼应在这种感召[1]之下纷纷建立。‘德不孤，必有邻’，从我们每一个人自己的内心出发去努力，我想对一种社会普世性价值[2]的建立一定是有益处的。

---

1) 感召(gǎnzhào) : ① 감화. ② 감화시키다.

2) 普世性价值(pǔshìxìngjiàzhí) : 보편적 가치.

12. 治世之道

【画外音】

论语的治世之道, 其实並不抽象和深奥。论语记載了孔子關于治世的多次談话。孔子用通俗的語言和淺顯[1]的道理表達了他的治世理念。那么论语的治世理念是什么? 又應該怎样去具體实施。它給今天的人们带來什么样的啓迪[2]呢? 请聽北京师范大学于丹教授《论语感悟》之《治世之道》。

《论语》在很多的時候, 都談到了治世的道理, 但孔子的治世之道並不抽象和深奥。孔子一直在用最朴素的語言和最淺顯的道理, 向他的弟子们陳述治世为政的基本原則, 向我们描述他心目中的理想社会, 而他的这个理想也正是中國幾千年來的社会理想, 论语的治世理念是德政。孔子的理想社会是以道德禮樂維系[3]的和諧[4]社会。那么于丹教授对于论语的治世之道, 会有什么样的解讀和感悟呢? 孔子的德政思想到底是什么样子? 这種政治理想又該如何具體实現呢? 而论语的治世之道对于我们又有什么样的啓發呢? 请聽北京师范大学于丹教授《论语感悟》之《治世之道》。

说到孔子的思想呢, 不能不提到他治世的理念。后世一直有这(样)一句话, 叫"半部论语治天下"[5]。那《论语》里面, 到底有什么样治世的思想? 在今天相隔

---

1) 浅显(qiǎnxiǎn) : 평이하다, 간명하여 이해하기 쉽다.

2) 启迪(qǐdí) : 계발하다. 깨우치다. 인도하다.

3) 维系(wéixì) : 유지하다. 잡아매다. 틀어쥐다.

4) 和谐(héxié) : 화목하다. 잘 어울리다. 조화하다.

5) "半部论语治天下(bànbùlúnyǔzhìtiānxià)": 송宋 나대경羅大經의 《학림옥로鶴林玉露》(卷七)에 출처. 송宋나라 재상宰相이었던 조보趙普를 사람들이 학문이 깊지 않음을 조롱하면서 《論語》만 읽은 사람이라고 하자, 이를 듣고 태종太宗 좌광의趙光義가 묻자 "臣平生所知, 诚不出此, 昔以其半辅太祖(赵匡胤)定天下, 今欲以其半辅陛下致太平.(신의 평생 지식은 확실히 《논어》를 벗어나지 못했습니다. 과거에는 반절의 《논어》로 태조太祖 조광윤趙匡胤을 도와 천하를 평정하였고, 지금은 또한 반절 《論語》로 폐하를 도와 태평 천하로 만들고자 합니다)" 라고 조보趙普가 대답한 말에서 유래됨. 유가儒家 경전經典의 중요성을 강조한 말.

两千多年之后，到底还有没有价值?

其实提起儒家的政治理想，一言以蔽之[1]，就是德政。

德政

也就是说，在春秋孔子生活那个时代里，那个社会環境是很特殊的。因为它是一种宗法制[2]，大家没有现代的这种法律制度。礼乐、道德作为维系整个社会秩序最基本的核心理念。所以，那时候诸子百家在如何治世上其实有很大的分歧[3]。

从儒家这个思想渊源一脉相承[4]下去，有一个分枝，后来就发展成了法家，是主张严刑酷法[5]的。但起码呢，在還没有进入战国之前，在整个社会的矛盾还不那么激烈[6]的时候，孔子生活的春秋时代，孔子所提出的政治理想，还是一种非常美好的，以道德维系的理想。

我们今天其实评价起孔子的一生，会覺得呢,他这一辈子做了两件事，一件成功了，就是他的教育，

教育

因为他被奉为万世师表[7]。但另一件失败了，就是他的治世，

治世

因为他的理想不行于天下，他是奔走在各个诸侯国之间，向各个君王去游

---

1) 一言以蔽之(yīyányībìzhī)：一言蔽之，한마디로 개괄하다.
2) 宗法制(zōngfǎzhì)：宗法制度(zōngfǎzhìdù). 종법제도.
3) 分歧(fēnqí)：① 불일치. ② 어긋나다. ③ 엇갈리다
4) 一脉相承(yīmàixiāngchéng)：一脉相传，한 계통으로 이어 내려오다.
5) 严刑(yánxíng)：엄형，엄한 형벌. 酷法(kùfǎ)：혹법，가혹한 법률，악법
6) 激烈(jīliè)：① 격렬하다. ② 치열하다. ③ 격하다.
7) 万世师表(wànshìshībiǎo)：만세의 모범，사표，본보기.

说[1]，但是結果怎么样呢？这一件事情从当时到后世，给他的评价绝大多数都是否定的。

那我们在今天，再提孔子的治世思想，到底有多大的现实价值呢？我们来看看他怎么理解？他怎么提倡[2]这个德政？孔子对于政治，他有这样一个说法，他说：

'道之以政[3]，齐之以刑[4]，民免而无耻。道之以德，齐之以礼，有耻且格[5]。'(《为政》2.3)

这话什么意思呢？'道之以政'，如果治世仅仅用政治权术[6]在那儿治理的话，再加上一个整齐[7]大家的法度，就是'齐之以刑'，以刑法来加以约束。以政治加以管理，以刑法加以约束好不好呢？挺好，能达到个底线[8]，叫做'民免'。免什么呢？就是老百姓能够安安定定地免去很多的刑罚。但是呢，也有个后遗症[9]。就是民免，但是'无耻'，仅仅是在行为上免予刑罚，这不足以树立他们的廉耻之心[10]。就是人的荣辱观[11]，光靠政治和刑罚是确立不起来的。

第二句话就是孔子的一个理想。他说如果'道之以德'，我们如果用道德来进行管理，'齐之以礼'，用礼仪法度这些东西进行统一的约束。那么，老百姓呢,不仅知道有'羞耻之心'[12]而且呢他能够遵循正道[13]，这就叫做'有耻且格'。

就是能够归附遵守[14]正道大礼。这是孔子的理想。这样一个道德我们放在今

1) 游说(yóushuì)：유세하다.
2) 提倡(tíchàng)：① 제창하다. ② 부르짖다.
3) 道(dào)：인도하다.
4) 齐(qí)：정돈하다, 정연하다, 가지런히 하다.
5) 格(gé)：이르다, 다다르다, 즉 선한 경지에 이르다는 의미.
6) 权术(quánshù)：① 권모술수. ② 권술.
7) 整齐(zhěngqí)：① 고르다. ② 가지런하다. ③ 정연하다.
8) 底线(dǐxiàn)：① 골라인. ② 풋라인. ③ 밑정. ④ 최대한계.
9) 后遗症(hòuyízhèng)：후유증.
10) 廉耻(liánchǐzhīxīn)：염치. 부끄러운 마음.
11) 荣辱观(róngrǔguān)：영예와 치욕에 대한 관념.
12) 羞耻之心(xiūchǐzhīxīn)：부끄러운 마음.
13) 遵循正道(zūnxúnzhèngdào)：정도를 따르다. 바른 길 따르다. 정당한 도리에 따라.
14) 归附(guīfù)：귀순하다, 따르다, …를 따르다. 遵守(zūnshǒu)：준수하다, 지키다.

天来看，今天的社会是有法制的社会，法制是这个社会的基础底线。也就是说，它保障了公众的权力、保障了公众的安全。那么，道德是什么呢？道德其实是在法制底线上对于公民自律、社会核心价值这样的一些提升。也许在孔子那个时候，没有法制为底线，单纯提倡以德治之，他一定是失败的。

所以有的时候啊，圣贤经典中的一些道理随着整个时代的变化，有些东西会过时，有些会因为我们文明秩序的发达、社会的进步、多元保证的增加，反而比在他那个时候更有朴实的意义。我想以德治国这样一个思想，在有了法制的基础保护之下，其实更有它的价值。这就是孔子在当时提出来，但是在当时已经很失败了的这种德治的思想。

【画外音】

'其身正，不令而行。其身不正，虽令不从。'(《子路》13.6)

这是孔子关于治世的基本要求。为政者一定要清正廉洁[1]、以身作则[2]。只有这样德政才会有一个正确的起点。孔子向来是鼓励弟子从政为政的，并且还经常前往考察指导。而其中一个重要考核指标[3]就是看看学生们能不能做到以身作则。

所以孔子教的这些子弟啊，他们也都曾经去过很多地方，也都做过一些小官。

那么，在观点上记载了一个故事[4]，说是子路(呢)曾经去做蒲县[5]的县宰[6]。做了一段时间呢，这个孔子正好路过去看一看学生。他先远远地进了蒲县的县境，四下[7]一看说：子路这个人不错啊！一看他就是谦恭[8]有礼的、尽心竭力的[9]。好啊，真不错！又往里走了一段进了县城，四下一看说：哎呀！子路这个治理这

---

1) 清正廉洁(qīngzhèngliánjié)：청렴하고 공정하다. 청렴결백하다. 청렴하다.
2) 以身作则(yǐshēnzuòzé)：솔선수범하다. 몸소 모범을 보이다.
3) 考核指标(kǎohézhǐbiāo)：심사 기준. 심사목표.
4) '孔子三夸子路'에 관한 내용은《孔子家语·辩政第十四》에 보인다.
5) 蒲县(púxiàn)：포현.
6) 县宰(xiànzǎi)：현의 장관.
7) 四下里(sìxiàli)：사방, 주변, 각처.
8) 谦恭(qiāngōng)：겸손하고 공손하다.
9) 尽心竭力(jìnxīnjiélì)：마음을 다하다, 성의를 다하다.

个地方做得不错啊，一看他就是诚实有信而且他能够身体力行[1]。不错啊，真是不错！再往里走呢走进了他的县衙[2]，进了衙门再看一眼说：我一看就知道子路观察仔细，做事果断。不错啊，真是不错！

那孔子大赞了三通之后，陪他一起来的子贡就越来越奇怪。子贡就说问老师啊：你到现在你还没有见着子路呢，你都一路上夸[3]了他三遍了，你到底为什么啊？孔子说：你看，我们一进入这个县境就发现两边的田地都耕种得整整齐齐、沟渠[4]挖得很深、道路非常通畅[5]，这当然说明他谦恭有礼，能够调动[6]百姓。所以大家才会尽心竭力，刚一进来就看到这已经很具规模了，做得很好了！

他说我们再往里走进了县城，你看见的房屋整整齐齐没有破败[7]、树木都很茂密[8]，这当然说明他这个人为人笃诚有信、以身作则，率领了民风，不是轻浮[9]的，没有那种华丽的浮夸[10]的这样一种风气。他说你看府衙里[11]居然很清闲[12]，也没有什么人来告状[13]，而且府衙里面的这些衙役[14]，都在尽心地做自己的事情，这当然说明子路在这儿他一定是观察仔细做事果断，所有的诉讼都处理完了，不是成天有人在这儿闹事打官司[15]。他说你看到这些，觉得我夸他三遍还为过

1) 身体力行(shēntǐlìxíng) : 몸소 체험하고 힘써 실행하다.
2) 县(xiànyá) : 고을 관청.
3) 夸(kuā) : 칭찬하다. 자랑하다. 과장하다. 허풍치다.
4) 沟渠(gōuqú) : 도랑, 하수도.
5) 通畅(tōngchàng) : ① 막힘이 없다. ② 원활하다. ③ 유창하다.
6) 调动(diàodòng) : ① 옮기다. ② 이동하다. ③ 동원하다.
7) 破败(pòbài) : ① 무너지다. ② 퇴락하다. ③ 실패하다.
8) 茂密(màomì) : ① 밀생하다. ② 빽빽이 무성하다. ③ 울울창창하다.
9) 轻浮(qīngfú) :① 경망스럽다. ② 방정맞다. ③ 경박하다.
10) 浮夸(fúkuā) : ① 과장하다. ② 허풍 떨다. ③ 자만하다.
11) 府衙(fǔyá) : 관청.
12) 清闲(qīngxián) : ① 한가하다. ② 조용하고 한적하다. ③ 한적하다.
13) 告状(gàozhuàng) : ① 고소하다. ② 기소하다. ③ 일러바치다.
14) 衙役(yáyi) : 아역. 아속衙屬. 관아官衙에서 부리던 하인. 청대清代 각 관청에서 잡역에 종사한 사람. '토공土工'(변사자 매장인), '개두丐头'(거지 단속인), '포갑铺甲'(구역 내 순시인) 따위를 총칭함.
15) 打官司(dǎguānsi) : 소송을 걸다.

吗?[1)]

当然这个故事不见于《论语》，但是它从一个侧面反映了孔子的这种为政思想。桃李不言下自成蹊[2)]，真正的政绩不一定要表现在奏折上[3)]，不一定一个人说我做了哪些事，推行了哪些措施[4)]，真正的措施会落实在效果上。你去看效果，当然就知道他是怎么样来做的。所以，在孔子这里看到的就是一切用事实说话，一个好的治世之道是会反映在国泰民安，百姓的这种利益上的。当然这种故事呢，如果我们说孔子的学生到底做出了多少政绩不可考，但是我们的史书里面还是记载了很多中国为官的官员，他们是怎么做的？其实儒家的思想在他们的治世之道中一脉相承[5)]。

---

1) "子路治蒲三年，孔子过之，入其境，曰：'善哉由也，恭敬以信矣。'入其邑，曰：'善哉由也，忠信而宽矣。'至廷曰：'善哉由也，明察以断矣。'子贡执辔而问曰：'夫子未见由之政，而三称其善，其善可得闻乎?'孔子曰：'吾见其政矣。入其境，田畴尽易，草莱甚辟，沟洫深治，此其恭敬以信，故其民尽力也。入其邑，墙屋完固，树木甚茂，此其忠信以宽，故其民不偷也。至其庭，庭甚清闲，诸下用命，此其言明察以断，故其政不扰也。以此观之，虽三称其善，庸尽其美乎?'"(《孔子家语·辩政第十四》)(자로가 포 고을을 다스린지 3년이 되었다. 공자가 어느 지방을 가다가 그 지방을 지나가게 되었다. 그 지방 경계에 들어서자 공자가 이렇게 말하였다. '착하구나, 유(자로)여. 공경해서 미덥게 했구나.' 그 고을에 들어서자 공자는 또 이렇게 찬사를 보냈다. '착하구나, 유여. 충성과 믿음으로 너그럽게 했구나.' 마침내 공자는 자로가 거처하는 곳에 이르렀다. 공자가 여기에서 다시 자로를 칭찬하였다. '착하구나, 유여. 분명하게 살펴서 판단했구나.' 자공이 말고삐를 잡고 물었다. '선생께서는 자로의 정치하는 것을 보지도 않고 세번씩이나 착하다고 칭찬하시니 무엇이 착하다는 말씀입니까?' 공자가 말하였다. 나는 그의 정치를 보았다. 이 지방경계에 들어서니 전답이 묵은 것이 없으니 이것은 그가 공경으로 미덥게 정치를 한 까닭에 백성들이 힘을 다하게 된 것이며, 읍에 들어서서 보니 주택들이 견고하고 숲에 나무가 무성하니 이것은 그 충성과 미더움으로 너그럽게 다스린 때문에 백성들이 각박하지 않게 된 것이며, 여기에 이르러보니 뜰안이 밝고 한가하며 모든 하속들이 명령대로 움직이니 이것은 분명하고 자세히 살펴서 판단한 때문으로 그 정치가 어지럽지 않게 된 것이다. 이로 미루어 본다면 비록 세번이나 그 착함을 칭찬했다 해도 오히려 그 아름다움을 다 말하지 못했다 하겠다.)

2) 桃李不言，下自成蹊(táolǐbúyán, xiàzìchéngxī)：복숭아와 오얏은 말이 없으나, 그 아래에는 저절로 길이 생긴다. 덕을 갖추면 저절로 사람들이 따른다. '蹊(xī)：지름길 혜, 小路.

3) 奏折(zòuzhé)：상소문. 상주문. 명청明清대에 신하가 황제에게 올리던 글로, 첩장帖裝에 써서 올린 데서 붙여진 명칭임, 折子(zhézi).

4) 措施(cuòshī)：① 조치. ② 대책. ③ 시책.

5) 一脉相承(yīmàixiāngchéng)：一脉相传(한 계통으로 이어 내려오다).

大家都知道晏婴[1]，这在历史上是名相。他在齐国做大夫的时候身正廉洁[2]，一直自己是乘着破车，劣马[3]拉车上朝或者是退朝都是这样的一种做派[4]。齐景公看在眼里就很奇怪，就问他说是不是给你的奉禄[5]太低啊？你为什么就这样破车劣马上朝退朝呢？

晏婴说：仰仗[6]现在这么一个很好的时代，我自己的家室都能安顿、我的朋友也都有依靠，生活一切都不错。有这样的破车劣马可以依托着我每天来工作我已经很知足。那齐景公越想觉得这么一个大夫高官这么说一说是不是谦辞[7]啊？退朝以后呢，齐景公就专门找了最华丽的车马派一个叫梁丘据[8]的人去给他送去。梁丘据去送车马，送到晏婴府上，晏婴退回来。再送去再退回来。如是者三，退了三次以后齐景公就有点挂不住[9]了，就把晏婴找来说你是什么意思啊？如果你一定(要)坚持廉政，不坐华丽的车马那你是不是逼着寡人也不再坐这样的车马了？

---

1) 晏婴(yànyīng) : 중국 춘추시대春秋時代 제齊 나라의 정치가로 이름 영嬰, 자字는 중仲. 시호諡號는 평平, 일반적으로 평중平仲이라고도 불리며, 안자晏子라고 존칭尊稱되기도 한다. 내주萊州의 이유夷維(지금의 산동성山東省 내주시萊州市 평리점平里店) 출신. 제齊 나라 영공靈公과 장공莊公, 경공景公 3대에 걸쳐 몸소 검소하게 생활하며 나라를 바르게 이끌어 관중管仲과 더불어 훌륭한 재상宰相으로 후대後代에까지 존경을 받았다. 재상宰相이 된 뒤에도 한 벌의 옷을 30년이나 계속해서 입을 정도로 검소하게 생활하여 백성의 존경을 받았다고 한다. 여기에서 '안영호구晏嬰狐裘'라는 말이 비롯되었는데, 이는 고관高官이 매우 검소하게 생활하는 것을 나타낸다. 그리고 벼슬에 있으면서 어떤 상황에서도 충간忠諫과 직언直言을 하는데 머뭇거리지 않았으며 의롭게 행동하여 이름을 떨쳤다. 장공(莊公)이 신하인 최저崔杼에게 살해당했을 때에도 두려워하지 않고 신하로서 도리를 다해 곡(哭)을 하며 문상問喪을 하는 용기를 보였다. 때문에 사마천은《사기》에서 안영에 대해 "만일 안자가 아직 살아있어 내가 그를 위해 말채찍을 잡고 그의 수레를 몰 수 있다면 정말로 영광스러운 일이다." 하고 칭송하였다. (네이버 지식백과)

2) 身正廉洁(shēnzhēngliánjié) : ① 바르고 청렴결백하다. ② 바르고 청렴하다.

3) 劣马(lièmǎ) : 노둔한 말, 허약한 말, 불량한 말.

4) 做派(zuòpài) : 틀을 차리다. 가식하다. 거드름 피우다. 젠체하다.

5) 奉禄(fènglù) : 월급. 봉록.

6) 仰仗(yǎngzhàng) : ① 기대다. ② 의지하다. ③ 의뢰하다.

7) 谦辞(qiāncí) : ① 겸손한 말. ② 겸손하게 사양하다.

8) 梁丘据(Liángqiūjū) : 성은 양구梁丘, 이름은 거據. 춘추春秋 제齊나라의 대부大夫, 제齊 경공景公의 총애를 받음.

9) 挂不住(guàbuzhù) : ① 걸 수 없다. ② 걸리지 않다. ③ 몹시 부끄러워 견딜 수 없다.

这次晏婴很推心置腹地[1]跟他说，他说其实今天我们是一个很好的时代，在这样一个治世里，老百姓是要衣食富足。但是富足之后最怕的是他们没有这种廉政之心，不能够以一种清廉正直来立世的话光有外在的奢华是不能够让一个清明世道长久的。他说那些驷马[2]拉的高头大马[3]，那些个华丽的车盖，说您可以坐得，其他的高官也可以坐得，但只不过是我自己不想这样做。因为国家委我重任[4]，我要下临百官。如果我不能以身作则的话，我怎么样去要求别人清廉呢？他说我有这样一个基本的破车劣马代步[5]就已经够了。这样的话我心中最担忧就的是老百姓的浮夸[6]，我必须要做到这一点。

晏婴的口碑在中国的历史上流传很广。其实他就完成了，孔子刚才说的这样一个朴素的道理：身正，他的政令就一定会是畅达[7]的。所以孔子多次有过这样的言论，

子曰：'苟正其身矣，于从政乎何有？不能正其身，如正人何？'（《子路》13.13）

他说'苟正其身'，假如一个人端端正正，让自己的身心品格清正廉洁，'于从政乎何有?'在做政治这件事上，治世管理上你觉得还有什么难的吗？这事不就做到了吗？但是如果一个人他自己身不能正的话，他又怎么样去正别人呢？所以以道德而建立治世的体系，这是孔子一再坚持的德政的理想。因为大家知道中国的文人是'学而优则仕'[8]，真正知识通达之后，不是拿来

1) 推心置腹(tuīxīnzhìfù)：남을 믿고 성의를 가지고 교제하다, 정성껏 대하다.
2) 驷马(sìmǎ)：사마. 한 수레를 끄는 네 필의 말, 또는 그 수레.
3) 高头大马(gāotóudàmǎ)：① 커다란 말. ② 몸집이 큰 사람. ③ 덩치가 큰 말
4) 委重任(wěizhòngrèn)：중임을 맡기다. 중책을 맡기다.
5) 代步(dàibù)：① 걸음을 대신하다. ② 말·자동차 따위를 타다. ③ 탈 것.
6) 浮夸(fúkuā)：① 과장하다. ② 허풍 떨다. ③ 자만하다.
7) 畅达(chàngdá)：① 유창하다. ② 명확하게 뜻이 통하다. ③ 막힘이 없이 잘 통하다.
8) "子夏曰：'仕而优则学，学而优则仕.'"(19. 13)(자하가 말하였다. 벼슬을 하면서도 여력이 있으면 배울 것이고, 배우면서도 여력이 있으면 벼슬을 할 것이다.)

炫耀[1)]的，而是要能够为国家、社稷[2)]、百姓做点事情。

【于丹心语】

真正知识通达之后，不是拿来炫耀的，而是要能够为国家、社稷、百姓做点事情。

中国太多太多所谓的文人，只不过是失意的政治家，而太多的政治家，只不过是得意的文人。

【画外音】

在《论语》里面问政的言论很多，孔子的回答也很多。其中孔子的另一个重要观点就是治世为政一定要做到勤勉尽责、忠于职守。儒家的这种思想影响了无数代人，在许多人身上都有体现，其中也包括苏东坡。[3)]

子张问政，也是问老师怎么样去治理这个世道？老师的回答只有八个字，

子曰：'居之无倦，行之以忠。'（《颜渊》12.14）

'居之无倦'，一个人在做官的时候、安闲的时候心中不要有任何的倦怠[4)]之意，时时要让自己是勤勉的、努力的、工作着的。'行之以忠'，去推行你政令、去做事的时候要保持着忠心耿耿[5)]，做事尽心竭力、做到'居之无倦、行之以忠'这就够了。那么别的人呢再继续问，子路问政，

子曰：'先之劳之，请益，曰无倦。'（《子路》13.1）

---

1) 炫耀(xuànyào)：① 비치다. ② 자랑하다. ③ 뽐내다.

2) 社稷(shèjì)：① 지신과 곡신. ② 사직. ③ 국가.

3) 苏东坡：소식蘇軾 북송시대 문학가(1037. 1. 8～1101. 8. 24.)，자는 자첨子瞻，호 동파거사東坡居士.

4) 倦怠(juàndài)：① 나른하다. ② 권태롭다. ③ 기운이 없다.

5) 忠心耿耿(zhōngxīngěnggěng)：① 지극히 충성스럽다. ② 충성심에 불타다.

子路说老师啊:怎么样来治世呢? 老师说了四个字:'先之劳之'。说你要想管理好一方水土[1], 老百姓肯定要做点事, 对吧! 不管是修道路修房屋这些基本的市政建设, 大家挺劳苦吧? 那不要紧, 你身先士卒[2], 你在他们之先你先去做到这些事情, 这叫'先之劳之'。老百姓就不以为疾苦了。因为你很勤政大家愿意来跟你一起做事。

子路觉得太简单了, 说'请益', 你再给我多说点啊。老师也很吝啬[3], 多说了俩字说:'无倦', 就是坚持这么做, 不要懈怠[4]。不要让自己疲疲塌塌[5]的取得一点政绩就居功自傲了[6], 心就倦怠下来了。保持无倦, 一直前行。可以说这样的一种心情, 这是在一个在治世之中'居安思危'[7]。但其实有很多地方官在当时的这种政治秩序中是无安可居的。也就是说只有居危者思危, 居安者思进, 那么其实才能够让这个政治秩序一直在勤勉之中保持着一种平静的态势。

孔子这样一种道德理想, 这样一种勤奋的清廉的理想, 其实在太多太多中国文人的身上都有应验[8]的故事。

再说一个文人苏东坡。苏东坡从密州[9]迁到徐州[10], 正好赶上大水泛滥[11]。当时

---

1) 一方水土养一方人(yīfāngshuǐtǔyǎngyīfāngrén) : 그 지방의 풍토는 그 지방의 사람을 기른다.
2) 身先士卒(shēnxiānshìzú) : ① 몸소 병사들의 앞에 서다. ② 앞장 서서 군중을 이끌다.
3) 吝啬(lìnsè) : 인색하다.
4) 懈怠(xièdài) : ① 게으르다. ② 태만하다. ③ 경솔하다.
5) 疲疲塌塌(pípitātā) : ① 애매모호하다. ② 생각이나 태도가 분명하지 않은 모양. ③ 오래 계속되는 모양.
6) 居功(jūgōng) : 공로가 있다고 자처하다. 自傲(zì'ào) : 오만하게 굴다, 오만하다.
7) 居安思危(jūānsīwēi) : 편안한 처지에 있을 때에도 위험할 때의 일을 미리 생각하고 경계하다. 于安思危, 居安如危.
8) 应验(yìngyàn) : ① 효험이 있다. ② 들어맞다. ③ 영험하다.
9) 密州 : 현재의 산동성山東省 제성諸城. 북송北宋 희녕熙寧 八年에 소동파가 밀주密州의 지주知州로 임명됨. 지주는 송宋대 주州의 장관으로 '權知某軍州事'의 준말이었으나, 명청明清 시대에는 정식 명칭으로 쓰임.
10) 북송北宋 희녕熙寧 十年(1077) 四月에서 원풍元豊 二年(1079)三月까지 서주徐州에서 1년 11개월 동안 지주知州를 지냄. 서주徐州는 지금의 강소성江蘇省 서주시徐州市, 옛날의 '팽성彭城'.
11) 泛滥(fànlàn): ① 범람. ② 나쁜 사물이 제한 없이 유행하다. ③ 범람하다.

的水呀已经在一个叫曹村的地方决堤了[1]。决堤之后就直逼[2]他的徐州城。城里面一些富人就都纷纷地逃出来想要躲避洪水逃荒[3]去了。他自己拄[4]着手杖出城跟所有的人讲了一句话:他说有我在，洪水绝不至于冲垮[5]了城池，请大家都回去吧!

大家回去以后，他自己又拄着拐杖到了驻城的军中，他说现在请大家一起来为百姓做事。不要说是这么一个驻城军队，就算现在是皇家禁军[6]也要出来我们一起做事，赶快筑堤[7]保护这座城。那么接待他这个头目[8]看了他很感动说:太守你自己不怕道路泥泞[9]，这么高的年纪拄着拐杖亲自来到这里，我们大家又何敢辞命? 所有的人穿着短衣、光着脚、杠起[10]工具，一路冲出来，当时筑起一个东南向的大堤就保住了他的城池。

所以我们现在说起苏东坡都觉得他是一个卓越的艺术家，觉得他是一个大文豪。但其实这些人在历史上都是有政绩的。而在中国文化中，受道德濡染[11]越深他在从政的理想上会越坚持德政的这种本体思想。

【画外音】

德政是孔子的理想, 也是中国历代治世为政者的理想。但是德政怎样才能够真正实现呢? 它有没有具体的实施方法呢?

孔子的学生跟他有一段很长的对话，子张去问他(说):

1) 决堤(juédī) : 제방이 터지다.
2) 直逼(zhíbī) : ① 육박하다. ② 계속 다가오다. ③ 점점다가오다.
3) 逃荒(táohuāng): 기근 등으로 인해 황폐된 곳을 떠나다.
4) 拄(zhǔ):(지팡이로) 몸을 의지하다, 지탱하다.
5) 冲垮(chōngkuǎ) : 돌파하다, 쓸어 무너뜨리다, 무너뜨리다.
6) 皇家禁军(huángjiājìnjūn) : 왕실금군.
7) 筑堤(zhùdī) : 제방을 쌓다.
8) 头目(tóumù) : ① 두목. ② 수령. ③ 우두머리.
9) 泥泞(nínìng) : ① 진창. ② 질퍽거리다. ③ 질퍽거려 걷기 어렵다.
10) 杠起(gàngqǐ) : 메어 올리다 전용어 출관(出棺)하다.
11) 濡染(rúrǎn) : ① 물들다. ② 스며들다. ③ 물들이다.

'何如斯可以从政矣? 子曰, 尊五美, 屏四恶, 斯可以从政矣.'《尧曰》20.2)

老师怎么样具体的措施就能够把治世这件事情完成好呢? 五件好事, 提倡尊崇起来, 四样恶事能够摒弃[1]掉, 被抑制住, 政治风气就会好了。那子张当然想知道哪五美? 先来说说五美。孔子就给他说了这样五件事,

子曰 : '君子惠而不费, 劳而不怨, 欲而不贪, 泰而不骄, 威而不猛.'《尧曰》20.2)

这是五美。'惠而不费'这个意思就是一个治世的有权利的人他要去恩惠百姓, 但是又不要过多地破费自己。因为任何一个时代执掌权柄[2]的人, 他拿着是国家给他的经费。也就是说从事治理世道不是单纯地做慈善, 不是说就拿着经费没完没了[3]地给老百姓总给他们派大红包[4], 老百姓一定认为政治就好吗? 一方面要给大家恩惠, 但另一方面不要过分地破费自己, 这叫'惠而不费'。

那怎么才能做到呢? 这个利益从何而生呢? 子张很奇怪, 孔子是怎么解释呢? 他就说了这样一段话, 他说 :

子曰 : '因民之所利而利之, 斯不亦惠而不费乎.'《尧曰》20.2)

因'民之所利', 选择老百姓能够得到利益的时机和地方去引导他们得到利益, 这不就惠而不费了吗? 也就是说与其给他钱不如让他自己去创造财富, 给他扶持[5]、调动[6]他的积极性, 使大家能够全盘搞活[7]得到他们应得的利益。这你不就是又给了他恩惠, 自己又不破费吗? 所以这是关于'惠而不费'。

---

1) 摒弃(bìngqì) : ① 버리다. ② 포기하다. ③ 배제하다.
2) 权柄(quánbǐng) : 권력, 권병.
3) 没完没了(méiwánméiliǎo) : ① 한도 없고 끝도 없다. ② 끝이 없다.
4) 红包(hóngbāo(r)) : 상여금, 보너스.
5) 扶持(fúchí) : ① 부축하다. ② 돕다.
6) 调动(diàodòng) : ① 동원하다. ② 옮기다. ③ 인사이동.
7) 搞活(gǎohuó) : ① 활기를 띠게 하다. ② 생기 있게 하다. ③ 활기차게 하다.

第二点呢，叫做‘劳而不怨’。我们今天这个时代也是一个职业化的时代，大家都有工作，不能说福利[1]社会就让所有的老百姓都歇着不干活吧。总要有劳作，如何做到劳而不怨？又干了活，大家欢欢喜喜没有抱怨，容易吗？怎么才能做到呢？孔子的解释是：择可劳而劳之，又谁怨？

什么叫可劳？就是你要选准了可劳作的那个时机。比如说春耕秋收[2]，这个时候是大家愿意干活的。你不要逼着大家大冬天的去大兴土木[3]，这没有必要吧。再比如说大家可能衣食丰足，没有后顾之忧了[4]你再让他去修个建筑啊，或者是再去改善改善更多的这种设施啊他是愿意的。但是在他温饱[5]没有满足的时候，你逼着他去服劳役或者是去征兵打仗[6]，那老百姓肯定会抱怨吧。

所以时间要挑对了、他的心情要配合好、要有他的积极性，这就叫‘择可劳’。这个时机而劳之，让他自己劳得其所，他愿意这样去付出，并且他会乐在其中，又谁怨？你说谁还会抱怨呢？这是关于第二点劳而不怨。

第三点呢叫‘欲而不贪’。我们过去一说就总会有一个误读，认为儒家是教人清心寡欲[7]，没有任何欲望。一个君子无欲则刚[8]，对这个世界没有任何的欲望，他才是一个真君子吗？其实孔子说的是人可以有欲望，但不要过分贪婪[9]。这是符合人性的，这是一个客观的陈述。孔子说：

‘欲仁而得仁，又焉贪？’（《尧曰》20.2）

今天我们有一个词叫求仁得仁[10]，对吧？说人是有欲望的，但是要看你的欲

---

1) 福利(fúlì)：① 복리. ② 복리를 증진시키다. ③ 복지.
2) 春耕秋收(chūngēngqiūshōu)：봄갈이와 가을 수확.
3) 大兴土木(dàxīngtǔmù)：대규모로 토목공사를 하다.
4) 后顾之忧(hòugùzhīyōu)：뒷걱정. 뒷근심.
5) 温饱(wēnbǎo)：배불리 먹고 따뜻하게 옷 입는 생활. 의식이 풍족한 생활.
6) 征兵打仗(zhēngbīngdǎzhàng)：징병하여 전쟁하다.
7) 清心寡欲(qīngxīnguǎyù)：마음을 깨끗하게 하고 욕심을 제거하다.
8) 无欲则刚(wúyùzégāng)：사욕私欲이 없다면 의연毅然해질 수가 없다.
9) 过分贪婪(guōfèntānlán)：매우 탐욕스럽다, 만족할 줄 모르다, 끝이 없다.
10) 求仁得仁(qiúréndérén)：① 소원 성취하다. ② 원하던 것을 얻다. ③ 소원대로 되다.

望引领你向何方去？如果你的欲望的指引往仁爱之处去，而得仁又焉贪？还会有很多贪欲吗？你去引导他的欲望而不是压制他的欲望，这就够了，这叫欲而不贪。

那么第四点，叫'泰而不骄'。怎么做到呢？孔子说：

'君子无众寡，无小大，无敢慢，斯不亦泰而不骄乎。'（《尧曰》20.2）

说在一个真君子的心里，他看别人不在乎你这件事情是多是少、是小是大，这叫无众寡、无小大。对什么人什么事都不敢怠慢[1]。不要看到说这个人是一个精通事理的四五十岁有沧桑[2]的人来问你事情你就重视，一个十来岁的孩子问你事情你可以忽略吗？如果一个人做到无众寡、无小大，对什么人都不怠慢，这就叫'泰而不骄'。

最后一点叫做威而不猛。真君子他是威严端庄的，但是他并不凶悍[3]、并不凶猛。孔子说：

'君子正其衣冠，尊其瞻视[4]，俨然人望而畏之，斯不亦威而不猛乎。'（《尧曰》20.2）

他说一个真君子出门见人做事的时候，他的衣冠是整整齐齐的，眼光中有一种磊落[5]，眉宇之间[6]有一种坦然[7]，你对人有一种尊敬。那让别人俨然[8]一望就心生敬畏。这样的敬畏其实是一种深刻的尊重，并不是一种惧怕。它跟你的权势无关、跟你的地位无关、跟你的财富无关，它关乎一个人的品德和尊严。有些人他可能很从容，但看完了以后就让人尊敬，这样的人就是孔子所说的'威

1) 怠慢(dàimàn)；① 태만하다. ② 소홀히 하다. ③ 냉대하다.
2) 沧桑(cāngsāng)：파란만장한 삶. 세상의 온갖 풍파.
3) 凶悍(xiōnghàn)：① 흉포하다. ② 사납고 흉악하다. ③ 흉맹하다.
4) 瞻视(zhānshì)：① 바라보다. ② 바라보는 눈매.
5) 磊落(lěiluò)：① 많다. ② 복잡하다. ③ 용모가 준수하다.
6) 眉宇之间(méiyǔzhījiān)；용모. 생김새. 겉모습. 외모.
7) 坦然(tǎnrán)：마음이 편안한 모양. 마음이 안정되어 있는 모양.
8) 俨然(yǎnrán)：엄숙하고 위엄이 있다, 가지런하다, 장엄하다.

而不猛'。他不需要有一种外在凌厉猛烈[1]的气势，富于攻击性。真君子从不攻击他人，他只拓展[2]自己。

【于丹心语】

真君子从不攻击他人，他只拓展自己。

所以这就是孔子所说的叫做五美。

他说你如果要是把这五美都做到了，'惠而不费'、'劳而不怨'、'欲而不贪'、'泰而不骄'、'威而不猛'。那你想想这个社会的风气是不是就会好起来？大家都在努力地工作，但是没有过多的贪欲。大家都蓬勃[3]向上自己的内心是有尊严的，而外在大家都是和气的，这还不美吗？

【画外音】

虽然孔子所说的这五美好像只是对于君子的要求。其实，这也正是孔子对于整个社会的理想。如果每个人都能做到五美，那么，良好的社会风气和理想的德政还会远吗？而孔子认为需要远离的'四恶'又都是些什么呢？

那么子张又接着问他说，你还没有说那四恶是什么呢？不是还有四样不好的东西要摒弃吗？孔子说：第一：

'不教化而杀谓之虐。'(《尧曰》20.2)

不先去给社会有一种教化天下。教习教化，在这里是什么意思呢？就是要给大家一种社会道德风气的树立，要先用一种好的思想风尚去在社会上普及。如果你都没有去教，来了以后就说现在社会怎么这么不好啊？世风日下[4]、伤风败

1) 凌厉猛烈(línglìměngliè) : 맹렬하다, 세차다. 치열하다.

2) 拓展(tuòzhǎn) : 넓히다, 확장하다, 개척하다.

3) 蓬勃(péngbó) : ① 왕성한 모양. ② 활기 있는 모양. ③ 왕성하다.

4) 世风(shìfēng) : 사회 풍조, 세상의 기풍, 사회 기풍. 日下(rìxià) : 천하, 온 세상, 현재.

俗[1]，抓几个带头[2]的先把他杀了，看起来是杀一儆百[3]。但是孔子说如果你不实施教化直接就去杀的话，这就叫做虐。就是你暴虐[4]百姓，这是不好的。第二样叫做：

'不戒视之谓之暴.'（《尧曰》20.2）

戒，是告诫。提前告诫[5]告诉你要做什么事情。不戒视之，眼睛的这个视，看的这个视，视之表示急切要成功，立刻就要成功。事先不告诫，你要做什么不做什么，而上来急功近利[6]，说我们马上要树立一个什么样的典型，要做一件什么样的事情，把什么事情就要做好，马上就要做，孔子说这叫做暴。你有前期铺垫[7]吗？就好像大家经常开玩笑说有人说，哎呀我要吃三个馒头我就能饱了，前两个我不吃了，直接吃第三个馒头吧。那没有前两个馒头垫底[8]你吃的永远是第一个。急功近利这就是一种暴行，这是不好的事情。第三个恶呢，叫做：

'慢令致期[9]谓之贼.'（《尧曰》20.2）

什么叫贼？慢令致期，就是事先呀不督促[10]，到最后赶工期。事先说，哎呀，大家都从从容容地给大家一件事情去做吧。然后过了几天，就声色俱厉[11]地说，

1) 伤风败俗(shāngfēngbàisú)：풍속을 문란케 하다.
2) 带头(儿)(dàitóu(r))：① 앞장서다. ② 선두에 서다. ③ 솔선수범하다.
3) 杀一儆百(shāyī jǐngbǎi)：① 한 사람을 죽여서 여러 사람을 경계하다. ② 일벌백계하다.
4) 暴虐(bàonüè)：폭학하다. 포악하게 굴다.
5) 告诫(gàojiè)：① 훈계하다. ② 경고를 주다. ③ 경고하다.
6) 急功近利(jígōngjìnlì)：눈앞의 성공과 이익에만 급급하다.
7) 铺垫(pūdiàn)：침대 위에 까는 침구, 깔다, 복선을 깔다.
8) 垫底(儿，子)(diàndǐ(r, zi))：① 밑에 깔다. ② 주재료로 쓰다. ③ 공복을 채우다.
9) 慢令致期(mànlìngzhìqī)：뒤늦게 명령을 하면서 일의 기일만을 다투다.
10) 督促(dūcù)：① 감독 · 독촉. ② 재촉. ③ 독촉하다.
11) 声色俱厉(shēngsèjùlì)：화가 나서 목소리와 얼굴빛이 모두 사납다.

你们怎么都这么没有责任心啊？怎么这么多天了还没有完成啊？今天下午必须得完活，四点钟必须得都交上来。就这样的话，你对人是不负责的，你在一开始为什么不交待工期呢？如果开始是慢令，你怠慢了自己的法令，没有给大家做出明确的规定，那么，后面就不要致期，还专门要限定期限。你这样是陷别人于不义，当然就是贼。第四恶：

'犹之与人也，出纳之吝谓之有司。'（《尧曰》20.2）

'与'是给予，'犹之与人'，同样是给人钱财，该出手，该给大家的时候，不要吝啬，要真正有恩德厚待于人。如果说，什么事情大家都做好了，尽心竭力，而最后去发放钱财的时候，同样是怎么也要给，开始犹豫[1]了。能少给给点吧！能够不给的要不就不给了吧！这样一琢磨[2]，出手不大方。孔子说，出纳吝啬这叫有司。有司是一种小官，就差不多相当于一个管财务的这种小头目。他说真正治理世道，做大政治的人，他出手不会像一个不上台面[3]的有司一样，那么吝啬。他一定要用他的奖赏，兑现[4]他的诺言，去厚待于人。他做不出那种出手不体面的事，如果那么做的话是第四恶。

这段话很长，但是这段话里面他掰开[5]了揉碎[6]了讲了很多的道理，他回答了子张什么是好的政治？怎么样做能够让很多的风气真正建立起来。大家会对孔子的理想呢多多少少会大家都会有些置疑[7]，认为过分理想化。但是他有他自己一套理想化的推导[8]，就是他需要时间、需要纯朴的民心、需要稳定的社会风气、需要从容地建立。当然外在的这些条件也都是他假想出来的前提，但是他

---

1) 犹豫(yóuyù) : ① 주저하다. ② 망설이다. ③ 머뭇거리다.
2) 琢磨(zhuómó) : ① 갈다. ② 사색하다. ③ 닦다.
3) 上台面(shàngtáimiàn) : 세상에 얼굴을 내놓다, 상당한 지위를 차지하다, 대중 앞에 서다.
4) 兑现(duìxiàn) : ① 환 · 어음 따위를 현금으로 바꾸다. ② 약속을 실행하다. ③ 현금 교환.
5) 掰开(bāikāi) : ① 쪼개다. ② 나누다. ③ 분해하다.
6) 揉碎(róusuì) : ① 비벼 부수다. ② 망가뜨리다.
7) 置疑(zhìyí) : ① 회의하다. ② 의심하다.
8) 推导(tuīdǎo) : 유도해 내다.

一直在坚持着他这样一个循环的理想。在他这个理想中有很多细节我们不能全盘地[1]照搬[2]。我们在任何一个时代都不可能指望着一个乌托邦[3]的来临，但是他会有一些推导的逻辑，给我们启发。

真正经典的意义，从来都不是放之四海而皆准的一种宗旨性[4]指导，而是在思维方式上对后人永远保有启发。

【于丹心语】

真正的经典从来都不是一种宗旨性指导, 而是在思维方式上, 对后人永远保有启发。

那么这样的一种为政思想真正做下去的话，身体力行，于细微处会见出功夫[5]。

【画外音】

于丹教授认为《论语》的治世之道, 离我们每个人其实并不遥远。两千多年前孔子没有实现的理想, 今天我们却能够体验到它的温暖。只要我们不断完善自我, 就都能够为当今的和谐社会尽心尽力。同时也会寻找到一条美好的人生之路。

也许在孔子所处的春秋时代，他的道德理想施于政治，以美德风行天下，这是一个不切实际的幻想。但是当整个文明的脚步走过了两千多年，在我们今天这样一种复合的秩序之下，在有了法制为准绳[6]这样一种制度保障的社会基础之上，可能道德的力量比任何一个时代更发挥了它自己的功能。也许我们在今天，站在今天去看古人，我们能够获得的启发会更多，我们从中得到的内心的那种信任和温暖可能不同于他那个时代。也就是说，没有必要刻舟求剑[7]，没

1) 全盘地(quánpándi) : 전체적으로. 전면적으로.
2) 照搬(zhàobān) : ① 답습하다. ② 모방하다. ③ 옮겨놓다.
3) 乌托邦(wūtuōbāng) : 유토피아. 이상향.
4) 宗旨性(zōngzhǐxìng) : 주지성. 종지, 목적.
5) 功夫(gōngfu) : ① 노력. ② 시간. ③ 틈. ④ 솜씨 · 재주
6) 准绳(zhǔnshéng) : ① 기준. ② 표준. ③ 근거.
7) 刻舟求剑(kèzhōuqiújiàn); ① 각주구검. ② 미련해서 사태의 변화를 무시하는 어리석은 행

有必要墨守成规[1]，没有人说孔子在历史上是一个成功的政治家，但并不妨碍他的这些理想作为温暖的种子延续到我们今天的信任之中，让我们自己在自己的行为体系中，由这个启发去完善发达，获得一个更为有效的人生之路。

동을 하다.

1) 墨守成规(mòshǒuchéngguī) : ① 종래의 규칙 · 관례 따위를 묵수하다. ② 낡은 틀에 매달리다.

13. 忠恕之道

【画外音】

论语中有許多道理, 如果簡而言之, 就是一句话'夫子之道, 忠恕而已', 孔子認为忠恕二字乃是做人最根本的出發點, 但是當自己怀才不遇[1]时怎么忠於事业? 當受到别人傷害时如何寛恕[2]为怀? 我们現代人應該怎样理解忠恕二字呢?请繼續關注北京师范大学于丹教授为我们讲《论语感悟》之《忠恕之道》。

俗话说, 做事先做人。《论语》中关于做人的道理有许多, 但曾子说其实只有一条, '夫子之道, 忠恕而已'。于丹教授認为中心为忠如心为恕。忠恕二字的前提就是要知道自己的心在哪里。现代社会有太多的评判标准, 如果我们的心迷失了方向, 就根本无法判断自己行为的对错。特别是当自己有一颗忠诚于事业的心, 却总是怀才不遇, 无人赏识[3]时, 该怎么做才为忠? 我们自己将心比心[4], 善待他人, 却被别人恶意伤害时, 该如何做才为恕? 如果我们真正做到了忠恕二字, 生活会不会变得更美好呢?

我们大家在今天这个时代, 都面临着一个问题, 就是外在的迷惑[5]太多, 变化太多, 千变万幻[6]里面有什么是以不变应万变的自己心裏的依據到底在哪儿?

有一次呢, 孔子给学生上课, 他跟他的学生曾子曾参说:他说'参乎, 吾道一以贯之'。他说你知道吗? 我自己做人做事的道理, 有一个以不变应万变的, 一以贯之, 根本的出发点。曾子就心领神会[7], 说'唯', 我明白, '子出', 孔子走了。

---

1) 怀才不遇(huáicáibúyù) : 재능이 있으면서도 펼 기회를 만나지 못하다.
2) 宽恕(kuānshù) : 너그러이 용서하다.
3) 赏识(shǎngshí): 재능 · 가치 등을 칭찬하다. 찬양하다. 알아주다.
4) 将心比心(jiāngxīnbǐxīn) : ① 자기 마음으로 남의 마음을 헤아리다. ② 처지를 바꾸어 생각하다.
5) 迷惑(míhuo) : ① 시비를 가리지 못하다. ② 미혹되다. ③ 판단력을 잃다.
6) 千变万幻(qiānbiànwànhuàn) : 변화무쌍하다.
7) 心领神会(xīnlǐngshénhuì) : 마음 속으로 깨닫고 이해하다.

这个門人底下的那些同学就问他，说老师说的到底是什么啊？那一以貫之的到底是什么啊？曾子就給他们解释了一句话说：

'夫子之道，忠恕而已矣.'（《里仁》4.15）

也就是说，孔子这一生做人做事最根本的出发点这个道理就是忠恕二字。何为忠？何为恕呢？宋代朱熹先生解释忠恕两个字说得很好，非常簡單，他说：

尽己之谓忠，推己之谓恕。

也就是说尽自己的心是忠，用自己的心推及他人，就是恕。他还进一步说，你看这两个中国字覺得很有意思，'中心为忠，如心为恕'。也就是说真正看见自己内心的标准，良知在哪里？是非在哪里？自己心里装着的判断是什么？这是忠。而如心呢？就是将他人心比如自己心，用自己心跟他人换位[1]思考，这样的话你就变得宽容了。所以叫做中心为忠，如心为恕，但是这两个字，都有一个前提[2]，就是你得知道自己的心在哪里？如果我们没有了自己的心，那这个世界上我们可比的标准太多了。

今天你看一看你邻居家的生活是一个可比的标准；广告上的生活是一个可比的标准；报纸上写的某个家庭的报道，也是一个可比的标准。也就是说纷纷纭纭的这个世界上峥嵘万象[3]，但是，自己的心在哪儿呢？

也許今天会有很多人说，我们已经过了那个忠于君主的时代，我们今天还提这种忠吗？我们过去不是经常讲起來，历史上有那些忠臣都是愚忠[4]，我们还需要吗？其实想一想中心为忠，我们就会知道这个概念永不过时[5]。因为真正的忠诚，不是忠诚于外在的一个标准，也不是忠诚于哪一个人、哪一个制度。

1）换位(huànwèi)：지위나 직을 바꾸다，위치를 바꾸다.

2）前提(qiántí)：① 선결 조건. ② 전제 조건. ③ 전제.

3）峥嵘万象(zhēngróngwànxiàng)：매우 다양하고 매우 심한 만상，온갖 사물의 드러난 형상.

4）愚忠愚孝(yúzhōngyúxiào)：오직 한마음으로 충효에 힘쓰다.

5）永不过时(yǒngbúguòshí)：영원하여 단지 한 시기에 지나지 않는 것이 아니다.

他忠诚的就是内心的道德判断，良知[1]何(所)在?

【于丹心语】

真正的忠诚，是内心的道德判断。

我看到過有一个有意思的故事，是一个賣花的故事。簡簡單單的一家小花店，他想招聘一个营业员來賣花，来应聘的有三个小姑娘。第一个女孩是專門学花藝出身的(一个)职业学校的毕业生，所以她了解很多专业知识。第二个女孩，在其他花店干过很长时间，有過好多实践经验。第三个小姑娘，什么都不知道从来没有接触过花卉[2]，她就是一个待业[3]的女孩。

花店的女主人，把这三个女孩都留下了。看一星期，看她们怎么卖花？第一个女孩，因为是学她園藝[4]出身，所以她非常专业化，只要来了什么客人，她就要諮詢[5]一下：您给谁送花？是給父母长辈，給同学朋友，还是給自己的恋人？你是选择一个什么纪念日，那我给您解释一下有花語[6]。每一种花是代表什么？几朵花代表什么？花与花的相配，组合出来的语言是什么？她用自己的专业去做就很多人都很喜欢她，业绩[7]不错。

第二个女孩，因为专门卖过花，她就会从利润[8]上，从花店的收益上考虑更多，所以她很精细[9]。大家知道，搬运花卉的时候，有好多花会折了，损了，很多花朵就掉了。这个女孩在插花的时候，总是会拿牙签[10]把断了的花再插到花

---

1) 良知(liángzhī) : ① 양지. ② 양심.
2) 花卉(huāhuì) : ① 화훼. ② 화초. ③ 화초를 제재로 한 중국화.
3) 待业(dàiyè) : 취직을 기다리다.
4) 园艺(yuányì) : 원예.
5) 咨询(zīxún) : 자문하다, 상의하다, 의논하다.
6) 花语 : 꽃 말.
7) 业绩(yèjì) : 영업업적.
8) 利润(lìrùn) : 이윤
9) 精细(jīngxì) : ① 세밀하다. ② 정교하다. ③ 세심하다.
10) 牙签(yáqiān) : ① 이쑤시개. ② 도서의 표지. ③ 메뚜기.

泥上，这样的话她会节约成本[1]。

第三个女孩子，其实她也不懂花语，也没有卖花经验，但是这个女孩子是一个本性特别清纯[2]善良的孩子。所以她看到那些残花败朵的时候，她也舍不得扔掉[3]，但是她也不会把它用牙签再插回去。她就总是站在花店门口，看见早晨有上学的小孩，她就会把那些残破[4]了的花，一个一个放在他们的小手里；晚上有散步的老人，她会也捧着一把花出去給他们發这些残破的花朵。

那这个花店的主人，看過一星期以后，最后他决定留下的是第三个女孩子。其实，在我们所面对的职业里，有时候专业的技巧，甚至你为一个职业，所筹谋[5]的利润，都不是最重要的，所以第三个女孩看起来，从客观资质上来讲，比前两个人都差，但是她有一颗心在，这就是一种中心为忠。

【画外音】

这是一颗善良而忠诚的心，她舍不得扔掉折枝[6]的花朵，但也不用这些花去卖钱。她懂得送人玫瑰，手留余香。[7] 但也许有人会说，这个女孩子运气好，她遇到了伯乐[8]。如果我的忠心，无人赏识又該怎么办？

其实，每一个人从自己的内心出发，去看待自己和他人的关系，世界是變化的，要求自己的心灵，永远有定力。对自己保持一个正确的估价[9]，你的忠诚度才能不减，这就是《论语》为什么一直说：

---

1) 成本(chéngběn)：원가 · 원금
2) 清纯(qīngchún)：① 청순하다. ② 깨끗하고 순수하다. ③ 깨끗하다.
3) 扔掉(rēngdiào)：① 내버리다. ② 방치하다. ③ 던져 버리다.
4) 残破(cánpò)：파괴되다. 훼손되다. 残损(cánsǔn)：① 파손되어 완전하지 못하다. ② 불구. ③ 결손.
5) 筹谋(chóumóu)：① 방법을 강구하다. ② 방법을 생각하다. ③ 모색하다.
6) 折枝(zhézhī)：가지가 꺾이다.
7) "送(赠)人玫瑰，手留余香"：인도 속담. 장미를 선물한 손은 오랫동안 향기를 머금는다. "The roses in her hand, the flavor in mine."
8) 伯乐(Bólè)：백락. 춘추 시대(春秋時代) 진(秦)나라 사람. 말을 잘 감별한 사람. 후에 인재를 잘 발견하여 등용하는 사람을 비유함.)
9) 估价(gūjià)：① 치다. ② 매기다. ③ 평가.

'君子求诸[1]己, 小人求诸人.' (《卫灵公》15.21)

一天到晚在这个社会上，求他人给一个机会，给个岗位，提携[2]一下这么奔忙[3]的人。不是说不对，固然要抓住机遇[4]，但是一个根本的出发点，知道自己是什么人嗎?

总会有被人误会的时候，总会有怀才不遇的时候。中国历史上多少文人的感慨，就是生不逢时[5]，没有得遇明君贤主[6]啊！在这个时候内心是会动摇的，再看到自己的心会觉得我对于自己生命的这份忠诚有人了解吗？我的这份忠诚能够嫁接[7]到社会上进入一个职业岗位吗？这时候心是惶惑[8]的。

但是,《论语》裏面一直在提倡:

'君子病无能焉, 不病人之不己知也.' (《卫灵公》15.19)

真君子他心中所患的是自己无能，担心就是自己没本事，从不担心别人不了解自己。所以这话还有一种表述，叫做

'不患无位, 患所以立, 不患莫己知, 求为可知也.' (《里仁》4.14)

不要发愁，现在社会上，没有让你去尽忠的那个职位。真正要发愁的是你有安身立命[9]自己那个本事吗？如果有了这个本事的话，早晚有你的位子。也不要发愁现在没有人了解你，真正要发愁的是你有什么资本，让别人真了解你

1) 诸(zhū) : 之于의 합음으로 ~에서의 뜻으로 쓰인다.
2) 提携(tíxié) : ① 손잡고 가다. ② 데리다. ③ 돌보다.
3) 奔忙(bēnmáng) : ① 바쁘게 뛰어다니다. ② 분주히 지내다. ③ 분망하다.
4) 机遇(jīyù) : 좋은 기회.
5) 生不逢时(shēngbúféngshí) : ① 좋은 때를 타고나지 못하다. ② 운이 나쁘다.
6) 明君贤主(míngjūnxiánzhǔ) : 현명한 군주.
7) 嫁接(jiàjiē) : 접목, 접붙이기, 접목하다.
8) 惶惑(huánghuò) : 두렵고 당혹해하다.
9) 安身立命(ānshēnlìmìng) : 근심 없이 생활하다.

啊？如果眞有的话，那么总会有一天，‘莫愁前路无知己，天下谁人不识君’[1]？

有一个说法很好，年轻人问老者，说你看这一片沙滩，无垠[2]的小沙粒有这么多，我就像沧海一粟[3]一样，你说我在这个世界上，怎么样才能够显示出自己的价值？然後老人捡了一粒沙子，说你觉得这就是你吧？‘啪’一撒手掉到沙堆里了，说你还能給我找着吗？他说那當然找不着，满沙滩全都是沙子。老人就从怀里掏出一颗珍珠，‘啪’掉在地下，说你能给我捡起来吗？他说那当然，因为不同所以就捡起来了。老人跟他说，那你就明白了，你怎么就不能自己先做成一颗珍珠，那你还怕别人捡不起来你嗎？

其实这些故事都在告诉我们一点，就是《论语》里所说的根本的道理：

‘人不知而不愠[4]，不亦君子乎。’（《学而》1.1）

人不了解你，你就一定暴跳如雷[5]吗？一定要着急辩解吗？一定要向世界证明吗？别人不了解你，你也不愤怒[6]，这才是君子的情怀。孔子自己是怎么做的呢？

‘不怨天不尤人，下学而上达。’（《宪问》14.35）

自己通过去学习，去修炼，一切从自己的生命中寻找建立的依据。而不要动

1）唐 高适《别董大》：‘千里黄云白日曛，北风吹雁雪纷纷。莫愁前路无知己，天下谁人不识君？’(하늘 가득 황혼에 태양도 어둠에 덮이고，북풍 불어와 기러기도 눈 맞으며 남쪽으로 날아가네. 앞날에 자신을 알아주는 이 없다고 걱정마오. 세상에 누가 그대를 몰라주리오.) ‘董大’는 董庭兰을 가리킨다.

2）无垠(wúyín)：① 한이 없다. ② 끝이 없다. ③ 무한하다.

3）沧海一粟(cānghǎiyīsù)：① 창해일속. ② 큰 바다에 던져진 한 알의 좁쌀. ③ 광대한 것 속에 극히 작은 것.

4）愠(yùn)：화내다. 원망하다.

5）暴跳如雷(bàotiàorúléi)：① 우레와 같이 펄쩍 뛰며 노발대발하다. ② 노발대발하다. ③ 크게 성질내다.

6）愤怒(fènnù)：① 분노. ② 분노하다. ③ 성내다.

不动就抱怨，说这是老天不给我机会；动不动就去埋怨[1]，这是别人挡了我的路。我们的心真做到不怨天，不尤人，那是不容易的。也就是说，不在外在的客观的标准上去寻找理由，而在内心建立起来自我估价，这就是一颗心的所在。只有这样的一颗心，真正建立起来了自我的判断，这种忠诚跟着就有了。

【画外音】

要想保持一颗忠诚的心，不仅要在内心建立起正确的自我价值判断，还要不断地修正自己的不足和失误。人非圣贤，孰能无过。当我们发现自己的失误和不足的时候，应该采取什么态度呢？

其实，儒家的经典就是教给我们这样一种由自省，认知，这样一个方式，找到生命建立，这样的一条可行之路。有很多人知道自己不好，看见了自己的过错，但是文过而饰非[2]，所以孔子就感慨，他说：

'已矣乎[3]！吾未见能见其过，而内自讼[4]者也。'（《公冶长》5.27）

他说算了吧，我还真没见着那个看见自己错了就认认真真反躬自省[5]，从内心给自己一场诉讼[6]，去检讨自己，看看自己有什么不足，认认真真这么想的人，他说我好像没有见到。

也就是说，我们总是觉得看到一件事情自己错了，或者能力不及，追悔[7]，然后就想为自己掩饰[8]，想让自己心里好受一点。所以就说这是偶然的一个事故[9]，

1) 埋怨(mányuàn)：불평하다. 원망하다.
2) 文过饰非(wénguòshìfēi)：과실을 감추다, 잘못을 가리다, 잘못을 감추다.
3) 已矣乎：어떤 결과가 마음에 들지 않을 때 내는 탄식, 즉 아서라, 됐다.
4) 讼(sòng)：나무라다. 책망하다.
5) 反躬自省(fǎngōngzìshěng)：스스로 반성하다.
6) 诉讼(sùsòng)：법률 소송(하다). 재판(을 걸다). 알리다.
7) 追悔(zhuīhuǐ)：후회하다.
8) 掩饰(yǎnshì)：① 덮어 숨기다. ② 속이다. ③ 가리다.
9) 偶然(ǒurán)：우연하다, 우연스럽다, 우연히. 事故(shìgù)：사고, 의외의 손실이나 재화, 원인.

如果不是誰誰偶然进来了，或者誰誰誰給我搗亂了，誰誰誰工作上失了一个環節[1]，怎么会導致这样呢？ 也就是说不自觉地就把这些理由推到别人身上。我们缺少那種内(心)自讼的能力。就是自己内心保持着一種深刻的、理性的、不推卸[2]的檢討。

所以我曾經看到一些管理典籍上说，现在国际上有一些大公司，在一周五天的工作日里面，会专门有一天給这个公司定为叫无借口[3]日。说五天要让你都不找借口，好像挺难。但是我们一定要有一天，不管你出了什么样的闪失[4]，都不要找借口。从这一天開始，培养一种良好的职业习惯。其实这样的习惯成了自然，也就达到了孔子所说的那个境界：

'躬自厚, 而薄责于人, 则远怨矣。' (《卫灵公》15.15)

也就是说一个人内心温柔敦厚，有所涵养，保持着一种反躬自省的能力，薄责于人。先自己厚道了，对别人的责怪就少了。

【于丹心语】

自己的心厚道了, 对别人的责怪就少了。

这样的话，就会远离别人的抱怨，则远怨矣。自己也不抱怨了，别人也不抱怨了，这实际上就已经从忠推到了恕。

【画外音】

孔子有一个学生, 可能觉得做人的道理太多了, 记不住, 於是就请教孔子, 希望能用一个字来概括所有的道理, 而且可以受用终生。孔子就给了他一个字, 这就是恕。为什么一个恕字可以終生受用呢?

---

1) 环节(huánjié) : 환절, 일환, 부분.

2) 推卸(tuīxiè) : ① 전가하다. ② 회피하다. ③ 남에게 덮어씌우다.

3) 借口(jièkǒu) : 구실로 삼다, 핑계로 삼다, 빙자하다.

4) 闪失(shǎnshī) : ① 의외의 손실. ② 뜻밖의 실수. ③ 뜻하지 않은 사고.

其实我们平时有一句俗语说：

这个世界上哪个不议论人，哪个又不被人议论。

大家都会在私下里飞短流长[1]。孔子的学生里頭也有这样的人。比如说子贡，'子贡方人'。什么叫方？比方的方。就是指他比方人物，议论短长[2]。那么他老师说了一句话：

子曰：'赐也贤乎哉，夫我则不暇。'（《宪问》14.29）

赐是子贡的名字，老师叫他，说赐你就已经很贤达了是吧？你已经贤达到这个份上[3]可以去指点他人的短长，品评人物。那你老师我还没做到，'夫我则不暇'。暇是闲暇[4]的意思。也就是说我现在还没有这个闲工夫，我還沒有贤达到可以去品头论足[5]，议论他人短长。我要是有点闲工夫，还得先看看自己做得怎么样了。

这个话说的呢多少有一点挑剔责备[6]的意思，说你都贤达成这样了，你都可以去看别人的不是了，你自己真的这么完美了吗？这句话也是我们每个人可以问问自己的。我们可能也没有达到七十二贤人的境界，但是我们的眼睛，往往是会盯[7]别人的短处。有的時候看别人的短处，就反衬[8]了自己的长处。我们议论他人不幸的时候，自己的幸福感就得到了满足和延伸[9]。其实有的时候，我们

---

1) 飞短流长(fēiduǎnliúcháng)：① 이러쿵저러쿵하다. ② 이것저것 낭설을 퍼뜨리다.
2) 议论(yìlùn)：의론하다, 비평하다, 의론. 短长(duǎncháng)：장단, 장점과 단점, 우열.
3) 这个份儿上(zhègefènrshǎng)：이 지경이 되다.
4) 闲暇(xiánxiá)：① 틈. ② 짬. ③ 여가.
5) 品头论足(pǐntóulùnzú)：① 할 일 없는 사람들이 멋대로 부녀자의 용모를 평가하다. ② 사소한 잘못을 들추어내다.
6) 挑剔(tiāotī)：들추다, 가리는 것이 많다, 까다롭다. 责备(zébèi)：책하다, 꾸짖다, 탓하다.
7) 盯(dīng)：똑바로 쳐다보다. 주시하다.
8) 反衬(fǎnchèn)：그 반대면을 묘사함으로써 정면을 표현하다.
9) 延伸(yánshēn)：① 뻗다. ② 뻗어 나가다. ③ 확대되다.

议论他人的不幸，往往不是抱着一种沉痛的悲悯，而是在这种放大之中，让自己的内心得到一种自足的宣泄[1]，这样的动机善良吗?

我们有时候总在挑剔地看，誰今天又失败了，誰誰多不好啊，言外之意[2]就是你看看我就比他强多了，我是一个完美顺当[3]的人。其实，这可能就远离了孔子所说的'恕'。由忠到恕，由自己的心推到他人的心，其实无非就是这么一个将心比心的过程。

'己所不欲，勿施于人。'(《卫灵公》15.24)

这句话为什么会流传得很广？大家都觉得是这么个道理，但是总在提醒，但也总做不到。恕，为什么要提倡？就是因为它难。这个恕出发点是将心比心，而后我们才会宽容。

其实要说起來今天的这个社会，我们先要说不是两千多年前所有的道德标准，都适用于今天，宽恕是有前提的。今天我们的社会，其实有两条无形的线，一条是以法律为核心的制度线，它是保底的；另外一条是以伦理为核心的道德线，它是提升的。如果说什么样的事情打破了底线，伤害了公民的自我权利，甚至危及(到)我们的生命，危及(到)我们的尊严，那都要诉诸[4]法律。但是在法律这条线上，能够用道德去解决的，能够让我们说服[5]自己心灵的这个部分，其实才属于我们的恕道。也就是说，恕道不是无边的，我们永遠不要以为恕道能够到法律的线之下。所以在可控的空间之内，我们的心如何宽容？宽容源自于理解。

【于丹心语】

宽容源自于理解。

---

1) 宣泄(xuānxiè) : ① 누설하다. ② 물길을 트다. ③ 물을 빼다.

2) 言外之意(yánwàizhīyì) : ① 언외의 뜻. ② 암시하는 말.

3) 顺当(shùndang) : 순조롭다, 순당하다, 뜻대로 되다.

4) 诉诸(sùzhū) : 호소하다, 행사하다.

5) 说服(shuōfú) : ① 설복하다. ② 설득하다. ③ 납득시키다.

这种理解就是看一看他人的境遇和自己的生活。有很多事情，就算是一个不幸的发生，一种伤害摆在那里，怎么做呢？

【画外音】

怨，就是要善待别人，就是己所不欲，勿施于人。但是当别人不能善待自己，特别是受到别人的伤害时，我们该怎么办呢？是应该以眼还眼，以牙还牙[1]，还是应该宽恕为怀？

孔子曾经说过：

'以直报怨。'(《宪问》14.34)

用一种正直、坦荡让它过去。在最短的时间内让它化解是最好的方式，而不是纠缠不休。

大家知道古希腊[2]神话里面，有一个大力士海格里斯[3]。有一个章節讲，海格里斯有一次在路上碰到一个小袋子，在一个很窄的山路上静静地躺在那儿，挡路了。他走过去時候顺便踢了它一脚[4]，想要把这个路清出来。没想到踢了一脚，这个小袋子膨胀[5]了一下，大了，也不動。海格里斯就生气了，上去又踢了它几脚，后来这个袋子越踢越大。那么海格里斯就找了一个大棒子就開始打，打到最后，这个袋子就大到把这条路给塞满了[6]。

你说这是个什么袋子？

这个时候，路边出来了一个哲人，静静地跟他说：大力士啊，你不要再跟它

---

1) 以牙还牙(yǐyáhuányá)：以眼还眼，以牙还牙로 눈에는 눈，이에는 이，즉 원한은 원한으로 써 갚는다.

2) 希腊(Xīlà)：그리스，수도는 '雅典'.

3) 海格里斯：그리스 신화에 나오는 최고의 영웅. 제우스와 알크메네 사이에서 태어난 아들로 어려서부터 제우스의 부인 헤라의 미움을 받아 여러 박해를 받았으며，자유를 얻기 위해 열두 가지 어려운 과업을 처리하였다. 로마 신화의 헤르쿨레스(Hercules).

4) 踢一脚(tīyījiǎo)：발로 차다.

5) 膨胀(péngzhàng)：① 팽창하다. ② 부풀어 오르다. ③ 부풀다.

6) 塞满(sāimǎn)：① 가득 채우다. ② 가득 쑤시다.

较劲[1]了，这个袋子的名字叫仇恨[2]袋。

仇恨袋。

这个世界上只有仇恨是这样的东西。当它出现在你路上的时候，你置之不理[3]把仇恨扔在一边，你根本不碰它，它也就那么大了，它不会给你造成更大的障碍。逐漸你走遠了，它就被忘记了。但是如果你跟它较劲，你越踢它、越打它，仇恨袋的原理就是越摩擦越大，最后它会封死[4]了你人生整条[5]道路。这是一个古希臘的神话。

我们今天想一想，当人的这一生有太多太多要走的路，有太多太多遠大梦想的時候，仇恨袋其实在我们行走的每个路口都若隐若现[6]，关键是你一定要过去较这个劲吗?

有一个故事就是说一个特别嫉妒[7]，特别贪婪成性[8]的人。有一天，他遇到了上帝。上帝说，我给你一个机会，你想要什么我就给你什么。你就開口吧。但是我有一个前提，就是我给你一份，我就给你周围的邻居两份，你要吧。这个人就是因为贪婪自私成性，而且他这辈子就嫉妒他周围所有的邻居。他先想说，我要田产，但是一想，我就算要了一千亩，那他们不是一家就有两千亩了吗？这不行！想想说我要金钱，但是想我要是要了一千万，他们不是有两千万了吗？還不行！想想说要美女，我要是要了一个，他们不都有两个了吗？那更不行！想来想去就这種嫉妬仇恨導致他最后把这一个唯一的机会，他表达为

1) 较劲(儿)(jiàojìn(r))：① 온 힘을 내다. ② 힘을 들이다. ③ 분발하다.
2) 仇恨(chóuhèn)：① 원한. ② 증오.
3) 置之不理(zhìzhībùlǐ)：내버려 두고 상관하지 않다.
4) 封死(fēngsǐ)：① 틀어막다. ② 봉살. ③ 포스 아웃.
5) 整条(zhěngtiáo)：전체. 온통.
6) 若隐若现(ruòyǐnruòxiàn)：① 보였다 안 보였다 하다. ② 보일락말락 하다.
7) 嫉妒(jídù)：① 질투하다. ② 샘내다.
8) 贪婪(tānlán)：매우 탐욕스럽다, 만족할 줄 모르다, 끝이 없다. 成性(chéngxìng)：습성이 되다, 버릇이 되다, 습성.

什么呢？他咬牙切齒地[1]跟上帝说：那你把我一个眼珠子挖出来吧！他想这样的话，他周围的人就都被挖出两个眼睛。

其实这是一个故事嗎？我们再想想，如果我们有神话一般的机会，眞的遇上这種機会，我们首先想的是一种完美的建设，还是复仇[2]？人生不可能没有磕磕绊绊[3]，不可能沒遇到过一些对头仇家，但是我们真的把一生用来摩擦仇恨袋吗？我们真的会把这一个机会表达为你剜掉[4]我的一只眼睛吗？听起来很可笑，但自己想想，有时候我们真的在做这样的事情。但是，这个可以允诺[5]你美好的机会，滑过[6]之后，万劫不复[7]，可能此生永不再来。所以，你的心态可能就决定了你拥有的是新一轮的仇恨、抱怨、缺失、遗憾和残缺。

【画外音】

中国人常说，多一个朋友多一条路，多一个仇人多一堵墙[8]。当心中充满仇恨时，生活就成了地狱。所以孔子以一个恕字，來包括了所有的道理。但为什么这个恕字並不容易做到呢？是怎么原因令我们常常覺得生活中充滿了痛苦呢？

美国曾经有一位心理学家艾丽斯[9]，他提出过一个理论，叫情绪困扰[10]理论。他说：一个人的负面情绪的产生，引起人生巨大的困扰，往往不是因为事件本身，而是因为人的信念。信念又源自什么呢？源自于你对事件的判断。但遗憾的是，人往往从一些片面的判断出发，夸大了负面情绪和痛苦，所以这种负面的情绪就产生了，它形成了一种困扰。也就是说判断导致信念，信念导致情绪，

---

1) 咬牙切齿(yǎoyáqièchǐ)：격분하여 이를 갈다，몹시 화를 내다，이를 물고 갈다.
2) 复仇(fùchóu)：① 복수하다. ② 원수를 갚다.
3) 磕磕绊绊(kēkebànbàn)：① 어기적어기적 걷는 모양. ② 말을 더듬거리는 모양.
4) 剜掉(wāndiào)：깎다.
5) 允诺(yǔnnuò)：① 승낙하다. ② 윤허하다. ③ 허락하다.
6) 滑过(huáguō)：스쳐지나가다.
7) 万劫不复(wànjiébúfù)：① 영원히 되돌아오지 않다. ② 영원히 회복되지 않다.
8) 堵墙(dǔqiáng)：울타리. 담. 장벽.
9) 艾丽斯：Albert Ellis(1913-2007)，ABC理論.
10) 困扰(kùnrǎo)：괴롭힘. 성가심. 혼란.

情绪导致困扰。

判断导致信念，信念导致情绪，情绪导致困扰。

所以在艾丽斯这个理论中，并不是事件本身造成了人的困扰。同样的事件，不同的判斷会导致不同的情绪投入。所以忠恕之道其实一以貫之，是什么呢?就是一个人如果对自己的心都不能宽容的话，那何谈宽容别人呢？如果你跟自己都较劲，有很多事情都过不去的话，那你看这个世界，肯定处处都是狭窄[1]的。

有一个故事说得好，说有一个人过新年，想买双新鞋，出去去各个鞋店挑。他是一个完美主義者，觉得这个鞋店的款式不好，那个鞋店的价钱太贵，等到款式价钱都合适又没有他的号码了。所以挑了一整天，一双好鞋没挑着[2]。到了黄昏无比郁闷[3]地往家走的時候，迎面过来了一个坐轮椅[4]的人。他看一看说这个人连脚都没有，他是没有这烦恼，他用不着去挑鞋了。这挑了一整天没挑着鞋的人站在那里心裏突然明白了一种侥幸[5]:就是人生还有鞋可挑，何必要那么挑剔呢？你总归能找到自己的鞋，相比于那些连鞋都没有权利去挑的人来讲，你總歸是幸运的!

所以人看这个世界，抱着什么样的角度呢？我们往往是在一种片面的情绪里，夸大了自己的痛苦。所以要对别人能实行恕道，对他人、对世界有宽容之心，前提是放弃跟自己的这种较劲。有很多时候，人总会看见不曾拥有的，而对眼前拥有的一切会忽略。

有一个年轻小伙子，跟一个白发苍苍的老哲人诉苦[6]，说你看我现在年轻，我也没有资历[7]，也没有财富，也没有好的职业。我在世界上一无所有[8]，你说

---

1) 狭窄(xiázhǎi) : ① 비좁다. ② 편협하다. ③ 좁고 한정되다.
2) 挑着(tiǎozhāo) : 고르다.
3) 无比郁闷(wúbǐyùmèn) : 마음이 매우 답답하고 괴롭다. 거북하다. 불편하다.
4) 轮椅(lúnyǐ) : 휠체어.
5) 侥幸(jiǎoxìng) : 요행. 운이 좋다.
6) 诉苦(sùkǔ) : ① 괴로움을 하소연하다. ② 클레임을 걸다. ③ 진정서를 제출하다.
7) 资历(zīlì) : ① 자격과 경력. ② 이력.
8) 一无所有(yīwúsuǒyǒu) : ① 아무 것도 없다. ② 전혀 없다.

我这一辈子人生多(么)苍茫[1]啊! 老人说好, 那现在如果有交换条件, 什么都給你, 砍你一根手指头给你一千块钱, 你干吗? 小伙子说:不干啊! 那給你更多, 砍你一只手给你一万块钱呢? 他说那我也不干啊! 说如果让你现在马上变到80岁给你一百万呢? 他说那我更不干了! 老人说现在马上让你就死给你一千万? 小伙子勃然大怒[2], 说我都死了, 我要一千万干嘛啊? 老人说, 那好, 你现在的资产已经超过一千万了。

你想想所说的那一切, 不都没在你身上发生吗? 而你还如此年轻啊。其实, 怎么看自己的生命, 建立自己这样一个心灵的坐标, 是你能不能对世界抱有希望和宽容的前提。每一个生命有机缘在这个世界上走到今天, 走到我们目光的相遇, 这都是一种值得感恩的机缘[3]。

其实恕道里面包含了一种深刻的渊源, 就是感恩之心。

【于丹心语】

恕道里面包含着一种深刻的渊源, 就是感恩之心。

感恩二字又都从心旁。也就是说, 我们的心中现在由于过于匆忙动荡[4], 把太多的东西看成是本分, 而不是情分。如果人看到什么都是本分, 那就没有感激。如果看到世界上情分更多, 那就会有一种珍重之心。

所以忠恕里面是包含感恩之心的。这種感恩就是对現在朴素的寻常的一个给予。自己当下的日子, 这一个此刻自己身边的人, 抱有一种深深的珍重和淡淡的感怀。这样的一种心情会讓我们对世界更加宽和。

【画外音】

如果我们经常心怀感恩之情, 就会更容易理解别人, 也就更愿意宽恕别人。现代社会

---

1) 苍茫(cāngmáng) : ① 넓고 멀어서 아득하다. ② 창망하다. ③ 망망하다.

2) 勃然大怒(bórándànù) : 크게 성을 내다, 대노하다.

3) 机缘(jīyuán) : 기회와 인연.

4) 匆忙(cōngmáng) : 매우 급하다. 총망하다. 매우 바쁘다. 动荡(dòngdàng) : 출렁이다. 동요하다. 일다.

竞争激烈, 人们常常抱怨人际关系紧张, 人与人之间的沟通越来越困难。如果我们真正懂得了忠恕之道, 是不是就容易和别人沟通了呢?

我们回过頭想想, 现在书店里頭有多少什么人际沟通的交往[1]的技巧, 什么人際交往多少问啊。老在说现代社会人与人之间, 都住上水泥丛林[2]了, 一个一个单元门都关得紧紧的, 不像大杂院的时代, 大家都嘻嘻哈哈在一起。各家各戶干什么大家都知道, 每一个人越来越封闭了, 人跟人的沟通越来越艰难了。其实, 真正艰难的永远不是物理的障碍, 而是心灵上的樊篱[3]。

那么这个樊篱何在呢? 在于我们自己的苛刻[4]和挑剔;在于我们自己缺一种推己及人的恕道。如果你老看别人的不好, 你眼神中就隐隐地带着不屑[5], 你能够有一种真正的坦率忠诚[6]去面对他吗? 你肯定是做不到的! 但人跟人的沟通有时候就这么简单。

我们曾經看到過很多这样的故事。一位文学大家, 他匆匆忙忙走在路上的時候, 遇到一个老乞丐, 在寒风里跟他伸手乞讨[7]。他就摸遍[8]身上上上下下, 想要掏出點錢來給这个老人, 但偏偏[9]他那天身上分文[10]沒有, 他都摸遍了發現掏不出一个铜板。看見那个老乞丐一直在瑟瑟[11]寒风里伸着手, 他就特别内疚地[12]握着他手, 他说:兄弟啊, 我真是对不起你, 我今天没带钱。那个老乞丐就陡

---

1) 沟通交往(gōutōngjiāowǎng) : 왕래 교류하다. 서로 소통하다. 서로 통하다.
2) 水泥丛林(shuǐnícónglín) : 도시의 빌딩숲.
3) 樊篱(fánlí) : ① 울타리. ② 울. ③ 사물의 제한.
4) 苛刻(kēkè) : ① 가혹하다. ② 너무 지나치다. ③ 모질다.
5) 不屑(búxiè) : ① …할 가치가 없다. ② 하찮게 여기다. ③ 경시하다.
6) 坦率(tǎnshuài) : 솔직하다, 정직하다, 담백하다. 忠诚(zhōngchéng) : 충성스럽다, 충실하다, 성실하다.
7) 伸手乞讨(shēnshǒuqǐtǎo) : 손을 뻗어 구걸하다, 손을 내밀어 구걸하다다. 구걸하다.
8) 摸遍(mōbiàn) : 온 몸을 샅샅이 뒤지다(찾다).
9) 偏偏(儿)(piānpiān(r)) : 마침. 공교롭게. 뜻밖에.(공교롭게도 기대에 어긋날 경우에 쓰임.)
10) 分文(fēnwén) : ① 약간의 돈. ② 푼돈. ③ 적은 돈.
11) 瑟瑟(sèsè) : 찬바람이 솔솔 부는 모양, 떠는 모양, 가벼운 소리.
12) 内疚(nèijiù) : 멍, 매듭, 맺힌 데.

然[1]一震，他看着这个衣冠楚楚的[2]绅士，他说：老哥，你是叫了我一声兄弟吗？他说这我已经知足了。今天我心已經很滿意了，这比你给我什么我都高兴。

其实有的时候，我们也许不以这样的方式在世界上乞讨。但是我们隐隐[3]地在各种地方都希望得到一种肯定，希望别人给你这样一种关怀。其实这是什么呢？恕道，有时候仅仅就是一个真诚的沟通。

【于丹心语】

恕道, 有时候, 仅仅就是一个真诚的沟通。

有时候它很简单。所以这样的话，就会导致你对很多事情以一种乐观的态度，而不是以一种仇恨的态度去面对。人生有的时候，遇上好机遇，可能会被坏心情放走[4]；遇上不好的機遇一个人保持好心情也总会等到好的转机。

所以阿拉伯[5]的传说中，有这样的故事。说两个朋友出门，在外面兩个人远行过程中。过去，阿拉伯商人都要走过漫漫商旅[6]之途穿越沙漠，难免就会有一些争执磕碰[7]。有一天争执起來了，一个人就愤怒地打了另一个人。那个人想想也很郁闷，就在流沙上写下了'今天我的朋友打了我'。

两个人又往前走。到了深更半夜[8]，暴风雪来了，他的朋友先醒了，赶紧推醒他，说咱俩赶紧逃生！两个人到了一个温暖安全的地方，躲在大石头后面。这个人又拿出小刀在石头上刻了一句话说：'今天我的朋友救了我'。

他的朋友说：那我打你的時候，你怎么寫在沙子上；我叫了你这么一声，就刻

---

1) 陡然(dǒurán) : 갑자기, 돌연, 뜻밖에.
2) 衣冠楚楚(yīguānchǔchǔ) : 옷차림이 깔끔하고 훌륭하다.
3) 隐隐(yǐnyǐn) : ① 분명하지 않는 모양, 은은하게. ② 근심하는 모양. ③ (차 · 대포 등의)소리가 요란하다.
4) 放走(fàngzǒu) : ① 놓아주다. ② 놓치다.
5) 阿拉伯(Ālābó) : 아랍. 아라비아.
6) 商旅(shānglǚ) : 행상, 여상, 도부 장수.
7) 争执(zhēngzhí) : 고집을 부리며 양보하지 않다, 논쟁, 의견의 충돌. 磕碰(kēpèng) : 충돌하다, 물건이 서로 부딪치다, 사람과 물건이 서로 부딪치다.
8) 深更半夜(shēngēngbànyè) : ① 심야. ② 깊은 밤. ③ 한밤중.

在石头上了？这个人说：在这个世界上，其实所有这些伤害我们是要抒发一下，但写在沙子上就算了，反正风一吹流沙就平了，这是要被遺忘的。但是别人对你的好，这是要铭刻[1]的，刻在石頭上它永远就留在心里。这个世界上所有的过往，有过伤害，但也有過很多的恩典。我们以什么样的心去面对呢？就看你把哪些写在流沙上，把哪些刻在石头上？

我们铭刻的与遗忘的往往不同。有些人生用来铭刻仇恨，所以他就遗忘了所有的幸福；有些人生用来铭刻幸福，所以他的心只能充满感恩。

【于丹心语】

人生用来铭刻仇恨，就会遗忘所有的幸福。人生用来铭刻幸福，心里就会充满感恩。

所以何为忠恕？这样的道理從两千多年前，夫子一以贯之，走到我们每个人的心里。说简单了是'忠诚自己，善待他人'。以这样的心走出去，不管这个世界再纷乱、再迷茫，我们每一个普通人也会有一以贯之的道理。这样的一生，相信也能把握在自己的手里，因为有我们的一颗心在。

1）铭刻(míngkè)：① 각명. ② 늑명. ③ 문자를 금석에 새기다.

14. 仁爱之道

【画外音】

论语中出現次數最多的兩个字就是仁爱。因为孔子認为仁爱是做人的根本, 那麼孔子所提倡的仁爱究竟是指什麼? 我们常常说'讓世界充滿爱', 这个爱是不是孔子所提倡的仁爱呢? 孔子的仁爱思想对于我们今天的社会有什麼重要的意義。请繼續觀注北京师范大学于丹教授为我们讲《论语感悟》之《仁爱之道》。

仁愛是儒家思想的核心内容, 孔子認为仁愛是做人的根本。孔子不僅是一个仁愛的宣傳者同時也是一个仁愛的实踐者。孔子提出:人只要能做到'恭、寬、信、敏、惠'这五點就可以稱之为志士仁人。于丹教授認为仁愛不僅是一種人格情怀[1], 同時也是一種非常具體的行为方式。我们可以通過後天的修身克己來補足, 從而不斷地提升和完善自己。那麼我们現代人來说應該如何理解仁愛? 于丹教授又会給我们哪些建議呢。请繼續觀注北京师范大学于丹教授为我们讲《论语感悟》之《仁愛之道》。

今天我们来聊聊《论语》里的仁爱之道, 其实两万多字的《论语》, 翻下來'仁'这一个字, 被提到前後有109處。可以说仁爱的思想, 是儒家哲学里基石[2]下的基石, 重点中的重点。

那究竟什么是仁爱呢? 说起來簡單。学生问什么是仁? 老师只回答了两个字:爱人。

爱人

就是一种发自内心的善意去对人好。但就这两个字, 体会起来有很深很深的

---

1) 情怀(qínghuái):기분. 감정. 심정. 심경.

2) 基石(jīshí): ① 초석. ② 주춧돌. ③ 주추로 괸 돌.

道理。民间有个说法，你别看这个字就四画，单立人一个二，所以叫做二人成仁。什麽意思呢?就是仁爱，它从来不是一个单立人状态下自我的状态。孤独的、自我的、封闭的这个环境下是谈不到仁爱的。仁爱一定是你旁边还有一个别人，俩人在一起的關係中能看出是否仁爱?

有一个故事说得好。

说有一个村子里面，有一个盲人。这个盲人只要是夜晚出來，他走到哪兒别人都知道。因为他有个習慣，就是他只要是夜晚出門，他一定打一盏灯笼[1]。所以这个村子的人都習慣于在黑暗行走。唯一看见有灯笼的地方，就知道是这个瞎子[2]出来了。後來有外地来的人看到了这一点，就唏嘘感慨[3]。说你们这个瞎子的品德太好了，他自己是没有光明黑暗之分的，但你看他深更半夜[4]出来，他总要操心[5]别人看得见亮看不见亮，他总要为别人打一盏灯笼。这个人多高尚啊。所以就去表揚他。就跟他说你真了不起! 你为甚麽能堅持不懈[6]，每天打一盏灯笼出來呢? 这个瞎子淡淡地说了一句话:他说因为我是瞎子，我不希望别人撞到[7]我，我打灯笼也是为我自己。

其实我们大家想一想，这就是人行走于这个世界的道理。打一盏灯笼客观上是给别人照亮[8]了路，其实主观上也给自己规避了[9]很多风险[10]。我们誰敢说在这个世界上在这个布满了苍茫[11]的世界上，我们都是明眼人[12]吗? 我们都能洞

---

1) 一盏灯笼(yīzhǎndēnglong) : 한 초롱. 한 등롱. 打灯笼(dǎdēnglong) : 초롱을 켜다.
2) 瞎子(xiāzi) : ① 장님. ② 속이 덜 찬 열매. ③ 봉사.
3) 唏嘘(xīxū) : 탄식하다, 훌쩍이다, 훌쩍거리다. 感慨(gǎnkǎi) : 감개, 감개하다.
4) 深更半夜(shēngēngbànyè) : ① 심야. ② 깊은 밤. ③ 한밤중.
5) 操心(cāoxīn) : ① 마음을 쓰다. ② 걱정하다. ③ 애태우다.
6) 不懈(búxiè) : 게을리하지 않다, 태만하지 않다, 해이하지 않다.
7) 撞到(zhuàngdào) : 부딪치다. 들이받다.
8) 照亮(zhàoliàng) : ① 밝게 비치다. ② 밝혀주다. ③ 빛을 내다.
9) 规避(guībì) : ① 교묘하게 회피하다. ② 계획적으로 피하다. ③ 피하다.
10) 风险(fēngxiǎn) : 위험.
11) 布满(bùmǎn) : 가득 널리다. 苍茫(cāngmáng) : 넓고 멀어서 아득하다, 창망하다, 망망하다.
12) 明眼人(míngyǎnrén) : ① 눈썰미가 있는 사람. ② 눈이 밝은 사람. ③ 식견이 있는 사람.

悉[1]一切事项，规避一切风险吗？有時候就为了让别人方便，打着灯笼别人看見路了，躲开[2]你了，你自己的风险其实也就没有了。

所以仁爱是什么？有的时候，仁爱是一种身体力行，点点滴滴[3]身边的行为。

【画外音】

仁爱是孔子儒家思想的核心内容。同时，这一思想，也贯穿[4]了他的政治，教育，伦理[5]，文化主张的诸多方面，尤其是在做人的问题上。在孔子看来，仁爱是做人的根本，那么，什么样的人才可以称得上志士仁人[6]呢？

孔子有些解释也很平实，他可以直截了当[7]告诉你，怎么做算做到仁爱。子张问'仁'。学生子张问他，老师你給我说说'仁'怎么能做到？孔子说，有五者行于天下，五点你要是做到了，仁就算是做到了。然后张问说，那请问之，老师讲讲哪五條？老师说：

'恭，宽，信，敏，惠。'（《子张》17.06）[8]

我们一一來说。第一就是恭敬的恭，为什么要恭呢？孔子说：

'恭则不侮。'（《子张》17.06）

---

1) 洞悉(dòngxī)：① 통찰하다. ② 명찰하다. ③ 분명하게 알다.
2) 躲开(duǒkāi)：① 비키다. ② 피하다. ③ 물러서다.
3) 点滴(diǎndī)：낱낱의 물방울, 사소, 약간.
4) 贯穿(guànchuān)：① 관통하다. ② 꿰뚫다. ③ 연결되다.
5) 伦理(lúnlǐ)：윤리.
6) 志士(zhìshì)：큰 뜻을 품은 사람, 지사, 절조 있는 사람. 仁人(rénrén)：어진 사람.
7) 直截了当(zhíjiéliǎodàng)：① 단도직입적이다. ② 시원시원하다. ③ 단순 명쾌하다.
8) "子张问仁於孔子。孔子曰："能行五者於天下为仁矣。""请问之。"曰："恭，宽，信，敏，惠。恭则不侮，宽则得众，信则人任焉，敏则有功，惠则足以使人。"(17. 6) (자장이 공자께 인에 대하여 물었다. "다섯 가지를 천하 어느 곳에서나 행할 수 있는 것이 인이다." "그것을 여쭈어 보아도 좋겠습니까?" "공손 · 관대 · 신용 · 민첩 · 은혜이다. 공손하면 모욕을 당하지 않고, 관대하면 많은 사람들의 지지를 받고, 신용이 있으면 남이 일을 맡기고, 민첩하면 공적을 올리고, 은혜로우면 사람을 부릴 수 있게 된다.")

这个话就大有深意了。翻译出来就是，一个人对世界、对他人保持必恭必敬[1]的态度，那他的生命，就不会轻易招致侮辱[2]。我们想是这个道理嗎?

真正的恭，永远与敬相连。也就是说，能够对别人恭的人，他是一种松弛[3]柔软的。就好像一種道理。你比如说去弓箭[4]店去買一把弓的话，有人会看到橱窗里[5]最漂亮的良弓，卖弓永远都是拉开的，那个弓滿滿的，弓弦拉起來的。非常漂亮，撑[6]在那儿。剩下的都在墙上那么一把一把挂着，不拉开当然不漂亮。

如果有客人去说老板，我一定要买你橱窗里展的那个最好的良弓。我就要那个展品，因为就它漂亮，它一直繃[7]在那兒拉在那兒給大家看見，它最飽滿的最完善的一種狀態。你看挂在墙上都疲疲沓沓的[8]这样的我不要。一个負責任老板会悄悄告訴这个人说你别要那个展品了。它那弓弦天天那麼绷着，你真买回去一拉，它顶多能射出40米。你看墙上那些都很松弛，都在这兒養着。你同样用那么大力气它可以射出90米，为什么? 因为它不绷着。

我们的生命也是一样。有些人生是为标签兒[9]活着的，我们要别人的那种尊重，有时候表现为一种攻击性，我们老要绷出一副完美的姿態。这样的人，有的时候反而会容易招致一些攻击，甚至是羞辱[10]。因为我们过于挑剔[11]，这還不用说在一个团队、在工作里，在你对客戶、对社会的時候，你想想就是你回家，比如你劳累了[12]一天，晚上进家门，家里或者是媽媽或者是太太在厨房炒菜，

---

1) 必恭必敬(bìgōngbìjìng) : 매우 공손한 태도를 취하다.
2) 招致(zhāozhì) : 불러 모으다. 일으키다. 초치하다. 招致(zhāozhì) : 불러 모으다, 일으키다, 초치하다.
3) 松弛(sōngchí) : 느슨하다, 헐겁다, 늘어지다.
4) 弓箭(gōngjiàn) : 화살. 활과 화살.
5) 橱窗(chúchuāng) : 진열창. 쇼윈도. 진열장.
6) 撑(chēng) : 펴다. 열다. 벌리다. (팽팽히) 당기다.
7) 绷(bēng) : 묶다.
8) 疲疲沓沓 疲疲塌塌(pípitātā) : ① 애매모호하다. ② 생각이나 태도가 분명하지 않은 모양. ③ 오래 계속되는 모양.
9) 标签(儿)(biāoqiān(r)) : ① 상표. ② 라벨. ③ 꼬리표.
10) 羞辱(xiūrǔ) : ① 치욕. ② 모욕. ③ 치욕을 주다.
11) 挑剔(tiāotī) : ① 들추다. ② 가리는 것이 많다. ③ 까다롭다.
12) 劳累(láolèi) : ① 지치다. ② 피곤해지다. ③ 피로하다.

看见你回来了，高高兴兴端上[1]一盘菜，说你尝尝今天这菜怎么样?

你可能是很挑剔的人。你吃了一口，很不高兴说，哎哟，今天这个菜怎么做这么咸啊？打死卖盐的了[2]？那你想人家心裏咯噔[3]一下，可能人家忍一下端出第二盘菜，那你尝尝这个。你又吃了一口，说哎哟[4]，今天这菜炒老了！以后等我进门再炒，别悶[5]在鍋里。人家可能想想又端第三盘菜，你还没拿筷子呢瞟一眼[6]就说，这俩菜怎么搭配[7]在一起，这个不对，炒错了！

你看如果你对每一盘菜都这么挑剔，那脾气再好的人，再是你的亲人，最后只有把围裙[8]一甩[9]，那这顿饭你别吃了。你想想这样绷着的人一定会换来自己的尊重吗?

什么叫恭则不侮？这个世界上凡人凡事，没有功劳还有苦劳。尊重一点别人的辛苦，同样是这样一个不完美的饭，如果你进门高高兴兴招呼老人，招呼孩子洗手，说闻见香味了，大家赶紧上桌，其实可以吃得很快乐。其实这就是我们对世界的态度，形成了世界对我们的态度。他人的面容永远是我们表情的一面镜子。你和颜悦色[10]，别人就笑语春风[11]；你怒目相向[12]，别人对你就怨气冲冲[13]。所以我们想得到世界什么待遇，就以恭敬之心去面对他人。

---

1) 端上(duānshǎng) : 받쳐들어내다.

2) '打死卖盐的' : '소금 파는 사람을 죽이든지 했어야지.'라는 말로 매우 음식이 짜다는 말.

3) 咯噔(gēdēng) : 갑자기 꺾어지거나 구부러지거나 빠지거나 또는 기운이 없어지거나 하는 모양. 쿵쿵 뚜벅뚜벅.

4) 哎哟(āiyō) : ① 아야! 어머나! 어이구! 아이고!. ② 놀람. ③ 고통.

5) 闷(mèn) : ① 답답하다. 갑갑하다. ② 공기를 통하지 않게 하다. 밀폐하다. 꼭 닫다(덮다). ③ (집안에) 틀어박히다. 두문불출하다.

6) 瞟眼(piǎoyǎn) : 곁눈질하다.

7) 搭配(dāpèi) : ① 배합하다. ② 결합하다. ③ 안배하다.

8) 围裙(wéiqún) : ① 앞치마. ② 에이프런. ③ 행주치마.

9) 甩(shuǎi) : 흔들다. 휘두르다. 흔들리다. 뿌리치다. 뿌리다. 내던지다. 벗다. 벗어버리다.

10) 和颜悦色(héyányuèsè) : 상냥스러운 얼굴, 환한 얼굴, 웃음어린 얼굴.

11) 笑语春风(xiàoyǔchūnfēng) : 봄바람같은 웃음, 기쁜 표정.

12) 怒目相向(nùmùxiāngxiàng) : 눈을 부라리고 서로 쳐다보다, 눈을 부릅뜨고 서로 쳐다보다, 눈에 노기를 띠고 서로 쳐다보다.

13) 怨气冲冲(yuànqìchōngchōng) : 노기등등하다, 노기충천하다, 잔뜩 화가 나서 식식거리다.

【于丹心语】

如果想得到别人的尊重, 就要以恭敬之心去面对他人。

第二点叫: '宽则得众'。

恭敬之心自然会带来宽和的态度。宽可不容易啊, 禅诗里有一句说得好, 叫:

'眼内有尘[1]三界[2]窄, 心头无事一床宽'。

眼睛要是被一点尘埃[3]蒙住了, 就是给你三界, 你都觉得活得很郁闷[4]。但心头要没事, 坐在自家的床上, 觉得天宽地阔。所以宽与窄, 跟你现在住的是60平米, 还是200平米关系不是太大; 跟你怎么看这个生活, 关系很大很大。你怎么來解釋这个世界呢? 所以同样的生活, 不同的解释。

有一个故事很有意思, 说大家都在尋找。有一个小镇, 他们德高望重[5]的智者坐在村口, 看见来来往往的人, 都在跟他打听, 寻找同样的目標。就寻找世界上最好的居住地。

先过来一个人说, 我想问问你们小镇适不适合我居住? 我原来那个小镇不好, 镇上的人都是自私的, 狭隘[6]的, 每一个人都是飞短流长[7]的, 他们都不完美, 人人都有缺点。我在那里面有无数的磕磕碰碰[8], 全都是仇人, 我已经住得特别不耐烦[9]了。所以, 我一定要找一个特别美好的, 每一个人都是道德君子的地方。那老人听了听说, 那对不起, 我们这个镇上住的人, 跟你原来那地方人一样, 你接着往前找吧! 这个人很失望, 又急忽忽往前去找。

---

1) 尘(chén) : ① 티끌. 먼지. ② 속세.
2) 三界(sānjiè) : 佛教의 欲界 · 色界 · 无色界.
3) 尘埃(chén'āi) : ① 먼지. ② 티끌. ③ 더러움.
4) 郁闷(yùmèn) : ① 마음이 답답하고 괴롭다. ② 거북하다. ③ 불편하다.
5) 德高望重(dégāowàngzhòng) : ① 덕성과 명망이 높다. ② 덕망이 높다.
6) 狭隘(xiá'ài) : ① 협애하다. ② 지세의 폭이 좁다. ③ 좁고 한정되다.
7) 飞短流长(fēiduǎnliúcháng) : ① 이러쿵저러쿵하다. ② 이것저것 낭설을 퍼뜨리다.
8) 磕磕碰碰(kēkēpèngpèng) : 서로 부딪치다. 서로 충돌하다.
9) 不耐烦(búnàifán) : 참을 수 없다. 견딜 수 없다.

第二个人又过来了，说我也在找一个最好的小镇。他说我原来(住的)那个镇就特好，但是我不得已[1]搬出来，我很怀念我那个地方。那个镇上的人都是温柔善良的，大家都是朴实的，人际之间都很温暖，都互相来往，我在那儿人缘一直都很好。但是現在不得已離開了，我心裏面充滿眷戀[2]，我就想还找一个那样的地方。这老人就跟他说，那你找对了，我们鎮上的人跟你原来镇上一样，你就住这儿吧!

其实你说这个故事说明什么呢？这个老人守着的是同一个镇子。那他对第一个人说是啊，我们这儿的人就像你看見的那样,全是有毛病的人;他对第二个人说是啊，我们这个镇上人，就像你期待的那样，全是谦谦君子[3]。其实说的就是我们每个人。每一个人的身上都包含着或多、或少、优与劣种种的特点，就看你用什么的态度去解释它。一个心宽的人看的世界一定是不同的。

我曾經在一个女性杂志上，看见一个特别好的标题，叫上帝开着一家美容店。它说女人都怕衰老，都希望自己漂亮，希望自己青春常驻[4]。它说告诉你一个秘密，那就看你去没去过上帝的美容店。

它说上帝那个美容店管什么的呢？不管这个女人穿得衣服是不是很昂贵[5]，但是他让你一定很得体[6]。不管这个女人是不是长得很漂亮，但是他让她脸一定有微笑。他也不管这个女人身材是不是一定很漂亮、很好看，但他要求这个女人待人一定是温和的，优雅的，谦恭的。所以这个美容店是既给人美容，又给人礼仪的。所以那个文章就说如果你曾经去过上帝的美容店，你去的多了，那么久而久之你就会是一个青春不老的女人。

这个说法其实也在印证这个道理。就是你对别人宽和，你会换来世界给你

---

1) 不得已(bùdéyǐ) : ① 부득이하다. ② 마지못하다. ③ 하는 수 없이.

2) 眷恋(juànliàn) : 그리워하다, 사모하다, 미련을 두다.

3) 谦谦君子(qiānqiānjūnzǐ) : ① 행동거지가 겸손하고 단정한 사람. ② 겸허한 체하는 사이비 인격자.

4) 常驻(chángzhù) : 상주하다.

5) 昂贵(ángguì) : ① 물건 값이 비싸다. ② 물가가 등귀하다. ③ 높다.

6) 得体(détǐ) : ① 틀에 꼭 맞다. ② 신분에 걸맞다. ③ 제격이다.

的一个回馈[1)]。

【于丹心语】

你对别人宽和, 就会换来世界给你的一个回馈

这个回馈是什么呢? 你到处都会拥有朋友, 人家就会喜欢你, 这就叫做'宽则得众'。

【画外音】

当你怀着一颗恭敬之心, 抱着一种宽和的态度, 去对待他人的时候, 你不仅可以得到对方的尊重, 同时也会得到别人的肯定。这就是孔子的仁爱思想, 对于人的自身修养的提升。但是, 在竞争日趋激烈[2)]的今天, 机会对每个人来说, 都是难得的。光有修养是不够竞争力的, 那么, 我们还应该具备哪些素质[3)]和能力呢?

恭和宽, 这意味着人的修养。仅仅有修养能够在世界上安身立命[4)]吗? 我们还得有职业生涯。所以第三点叫信。孔子说:

'信则人任焉。'(《阳货》17.06)

就是谁有信用, 就会有更多的人任用这种守信之人。用今天话说, 你的职业生涯就宽广, 老有人给你机遇[5)]。

我自己在大学教书十几年, 这个感受很深。经常有我们往届[6)]的学生回来跟老师聊天, 说自己现在在外面的发展。我就很惊讶地[7)]发现, 现在发展最好的

---

1) 回馈(huíkuì) : ① 귀환. ② 반응. ③ 보답.
2) 日趋激烈(rìqūjīliè) : 나날이(날로, 더더욱) 격렬하다(치열하다, 격하다).
3) 素质(sùzhì) : ① 흰 바탕. ② 밑바탕. ③ 자질.
4) 安身立命(ānshēnlìmìng) : 근심 없이 생활하다.
5) 机遇(jīyù) : ① 찬스. ② 좋은 기회. ③ 시기.
6) 往届(wǎngjiè) : ① 전회. ② 전번. ③ 지난번.
7) 惊讶(jīngyà) : ① 놀랍고 의아하다. ② 경아하다. ③ 의아해하다.

那些学生，后劲兒[1]最大的学生，往往不是当年的专业尖子[2]。我们有時候在四年裏面，甚至研究生三年裏面一直拿奖学金，排在第一第二的孩子一到单位就不融合，为什么?恃才傲物[3]啊！觉得我当年是保送[4]上的研究生，你凭什么分配我跟本科生干一样的活啊？不重视我，我就跳槽了[5]。有些专业资质平平，但是为人笃诚守信[6]，他到一个地方能做到用他的名字守住他的信誉。给一件事就做好，给一件事就做好，扎扎实实[7]、一步一个脚印[8]，领导就不断地给他机会。这样的话一路走下来，三年两年看不出，五年八年、十年二十年，你就会发现：诚信人品[9]，永远比专业技术重要的多。因为这个社会，走出大学校门的时候有一部分专业知识就已经过时了。专业是需要不断更新的，但是人品和信誉，在一个公民社会里永远是人格的基石[10]。

【于丹心语】

人品和信誉，永远是人格的基石。

是不是守信譽，篤誠，敬业[11]，苦干[12]就够了？不行，還要有智慧。
这就是第四点，叫做'敏则有功'。

---

1) 后劲(hòujìn)：후에 나타나는 기운이나 작용, 뒤끝, 후반의 노력.
2) 专业(zhuānyè)：전공, 전문, 학과. 尖子(jiānzi)：갑자기 곡조가 높아지는 부분, 특출한 인물, 발군의 인재.
3) 恃才傲物(shìcáiàowù)：자기의 재능을 믿고 남을 깔보다(업신여기다).
4) 保送(bǎosòng)：보증 추천하여 보내다.
5) 跳槽(子)(tiàocáo(zi))：① 원래의 구유를 버리고 다른 구유에 뛰어들다. ② 직업을 바꾸다.
6) 笃诚守信(dǔchéngshǒuxìn)：돈독하게 신용을 지키다.
7) 扎扎实实(zhāzhashíshí)：① 견실하다. ② 빈틈없이 단단하다. ③ 착실하다.
8) 脚印(儿)(jiǎoyìn(r))：① 발자국. ② 족적.
9) 诚信(chéngxìn)：신용을 지키다, 성실, 신용. 人品(rénpǐn)：인품, 인격, 사람의 풍채 · 외관.
10) 基石(jīshí)：① 초석. ② 주춧돌. ③ 주추로 괸 돌.
11) 敬业(jìngyè)：자기가 맡은 일에 대하여 진지하게 책임지다, 학업이나 일에 전심전력하다.
12) 苦干(kǔgàn)：괴로움을 참고 힘껏 일하다, 매우 열심히 하다.

'敏则有功。'(《阳货》17.06)

这句话说得很簡單。谁敏锐[1]、敏捷[2]? 谁就能建功立业[3]。我们人人都在做功，但有人做的是无用功。谁敏锐、敏捷呢? 你總能从不经意[4]地方获得灵感的火花[5]呢?

美国曾經有过一个穷困潦倒[6]的画家。他到最贫困的时候，已經連买油漆[7]啊买画布[8]，买彩色颜料啊钱都没有了。那麼他只能好在街上给人画广告。后来他流落[9]到堪萨斯州[10]，在一座教堂里面给人修修补补画壁画。这个时候他晚上已经惨[11]到只能住在一个破败的车库里。那车库里面唯一的生命就是有只小耗子[12]，这小耗子经常吱吱呀呀[13]地在他身邊跑來跑去。他觉得孤独，所以跟小耗子也是挺好的朋友。

就在这个时候呢有一个偶然的機遇[14]就落在他身上。恰好好莱坞[15]要推一部动画片，寻找[16]主创的设计师[17]。他就画呀画呀，画了四稿五稿都推翻了[18]。他自

1) 敏锐(mǐnruì) : 예민하다, 날카롭다, 빠르다.
2) 敏捷(mǐnjié) : 민첩하다.
3) 建功(jiàngōng) : 공을 세우다. 立业(lìyè) : 사업을 일으키다, 창업하다, 재산을 모으다.
4) 不经意(bújīngyì) : 주의하지 않다, 조심하지 않다.
5) 火花(huǒhuā) : ① 불꽃. ② 불똥. ③ 스파크.
6) 穷困(qióngkùn) : 곤궁하다, 빈곤하다, 어렵다. 潦倒(liáodǎo) : 초라하게 되다, 영락하다, 가난하게 되다.
7) 油漆(yóuqī) : 페인트. 물감.
8) 画布(huàbù) :유화를 그리는 캔버스.
9) 流落(liúluò) : ① 유랑하다. ② 영락하여 타향을 떠돌다. ③ 떠돌다.
10) 堪萨斯州(kānsàsīzhōu) : 캔자스(Kansas) 시티.
11) 惨(cǎn) : 비참하다. 끔찍하다. 처참하다. 참담하다.
12) 耗子(hàozi) : 쥐.
13) 吱吱呀呀(zhīzhīyāyā) : 찍찍.(쥐 소리)
14) 机遇(jīyù) : 찬스, 좋은 기회, 시기.
15) 好莱坞(Hǎoláiwū) : 할리우드.
16) 寻找(xúnzhǎo) : 찾다.
17) 主创设计师(zhǔchuàngshèjìshī) : Chief designer. designer-in-chief. 주요 담당 설계사.
18) 推翻(tuīfān) : 뒤집다. 전복시키다. 번복하다.

己坐在车库里面，晚上咬着[1]画笔、盯着[2]画纸，覺得已经走到穷途末路[3]的時候那个小老鼠[4]又蹲[5]在他画案上，两只小眼睛亮晶晶地[6]看着他。他看着这个小耗子，脑子里面突然跳出一个造型，落在笔下就是米老鼠[7]。所以这个人就是大名鼎鼎的[8]迪斯尼[9]先生，也就是说米老鼠灵光乍现[10]，车库里的一只小耗子，成就了这么一位大师，成就了这个卡通形象。

敏是什么？敏是抓住无所不在[11]的机遇。

敏不仅仅是表现在这样一种敏锐、敏捷上，还表现在日常经常绷起来的神经上[12]，表现在一个人对自己生命的自省，对环境的观察能够防微杜渐[13]。

美国康乃尔大学[14]，做过一个著名的试验。就是把反应极其敏捷的青蛙，啪一下 扔在一个滚油[15]的锅里。这个青蛙敏捷到什么程度，啪一跳[16]，它能够从油锅里迅速跳出来逃生，居然可以不被烫死。但是，如果把它放在这个锅里，锅里面盛满了冷水，和它平時的河水是一样的，然后在锅底下用不易察覺的温度，輕輕地加溫加溫，这个青蛙就在里面待着，毫无[17]知觉。等到变成一锅热水的时候，它已经浑身瘫软[18]，没有什么行动能力了。等到一锅滚水的時候，这

1) 咬着(yǎozhe)：咬着牙. 이를 악물다.
2) 盯着(dīngzhe)：주시하다. 똑바로 보다.
3) 穷途末路(qióngtúmòlù)：① 궁지에 빠지다. ② 막다른 골목에 처하다.
4) 老鼠(lǎoshǔ)：쥐.
5) 蹲(dūn)：쪼그리고 앉다. 웅크려 앉다.
6) 亮晶晶(的)(liàngjīngjīng(de))：반짝반짝 빛나는 모양.
7) 米老鼠(Mǐlǎoshǔ)：미키 마우스.
8) 大名鼎鼎(dàmíngdǐngdǐng)：① 명성이 높다. ② 이름이 높이 나다.
9) 迪斯尼(Dísīní)：디즈니(Disney). 迪斯尼乐园：디즈니랜드(Disneyland).
10) 灵光乍现(língguāngzhàxiàn)：갑자기 영감이 떠오르다.
11) 无所不在(wúsuǒbúzài)：① 없는 곳이 없다. ② 어디나 다 있다. ③ 유비쿼터스(ubiquitous)
12) 神经(shénjīng)：신경.
13) 防微杜渐(fángwēidùjiàn)：나쁜 일이 아직 경미할 때 더 이상 커지지 못하게 방지하다.
14) 康奈尔大学：Cornell University. 뉴욕주의 코넬대학.
15) 滚油(gǔnyóu)：기름이 펄펄 끓다.
16) 跳(tiào)：(껑충) 뛰(어 오르)다. 도약하다.
17) 毫无(háowú)：조금도 …이 없다, 조금도 …없다.
18) 浑身(húnshēn)：온몸, 전신. 瘫软(tānruǎn)：힘이 빠져 녹초가 되다, 맥이 풀리다.

个青蛙就会燒死在这锅水里面。

这是一个什么实验呢？就是人的敏，不光反映在瞬间的应变上，还反映在防微杜渐整个日常生活的察省之中。

【于丹心语】

敏，不光反映在瞬间的应变上，还反映在防微杜渐上。

能够一生都保持着这样一种态度的人，'敏则有功，他是能够建功立业的。

第五一个道德，叫做惠，就是恩惠的惠。孔子说：

'惠则足以使人。'（《阳货》17.06）

这句话很像说給团队领导的，就是说一个人有慈惠之心，面对你所有的下属，你才有足够的资格去使用得动别人。無非是精神价值上，不断地肯定下属；物质利益上，能够与他们分享。那你就能够得忠臣死士[1]，能够用得动人[2]。什么叫慈惠之心呢？有的时候，就是看小節[3]還是大局[4]？有这样一种心态，就能够得到一个团队真正的敬重和尊重。所以惠则足以使人，有恩惠之心，他能够带得起这个团队来。

孔子说恭，宽，信，敏，惠这五点如果都做得到的话，仁，基本上可以做得到了。我们看'仁'，真的很难吗？它有的时候，就是一种行为方式，而这种行为方式，会给我们生活带来一些改变。

一个真正有仁爱之心的人，他可以以此安身立命。

【于丹心语】

一个真正有仁爱之心的人，他可以以此安身立命。

1）忠臣(zhōngchén)：충신. 死士(sǐshì)：죽음을 각오한 군사, 대의를 위해 목숨을 내놓은 무사.

2）动人(dòngrén)：감동적이다, 감동시키다, 감동시키는.

3）小节(xiǎojié)：소절, 사소한 일, 대수롭지 않은 일.

4）大局(dàjú)：① 대세. ② 대국. ③ 전반적인 정세.

因为有了仁爱，你才知道怎么跟人打交道。孔子说：

‘唯仁者能好人, 能恶人.’ (《里仁》4.3)

也就是说一个人有了仁爱，并不是做好好先生[1]，而是他去真正分出来什么才是真正的好人？什么是真正的恶人？他心中的是非判断，其实是明确的。

孔子甚至還说过：

‘乡原[2], 德之贼也.’ (《阳货》17.13)

什么叫乡原？乡原就是指那些好好先生，谁都不得罪，你觉得这种人好吗？孔子说，这才是‘德之贼’。就是因为有这样经常和稀泥[3]，没有是非标准的人，才纵容了[4]不好事情的发生。我们不要以为孔子提倡忠恕之道，提倡宽容善良，就毫无节制。真正的仁爱，一定是有准则的。

真正的仁爱，一定是有准则的。真正的仁爱，一定是能够是非恩怨都在眼前分明的。所以能够疾恶如仇[5]的人，才是心中有大仁爱的人，这是有是非，这就叫能好人，能恶人。

所以有仁爱在心，一个人不会被表面现象所蒙蔽，他是让你一个人人格性命可以建设扩大气象的一个根本依托[6]。那这样的东西怎么来呢？

【画外音】

仁爱不仅是一种人格情怀, 同时也是一种非常具体的行为方式。这样的一种大气度大智慧並不是与生具來的, 而是后天修身克己的结果。那么我们应该怎样提升自己的修养

1) 好好先生(hǎohǎoxiānshēng) : 무골호인.
2) 乡原(xiāngyuán) : 향원은 근명하고 후덕한 사람처럼 보이는 위선자를 가리킨다.
3) 稀泥(xīní) : ① 흙탕물. ② 진창. ③ 진흙.
4) 纵容(zòngróng) : 방임하다. 내버려 두다. 용인하다. 눈감아 주다.
5) 疾恶如仇(jíèrúchóu) : 나쁜 일이나 나쁜 사람을 원수처럼 증오하다.
6) 依托(yītuō) : ① 의지할 곳. ② 의지. ③ 지주.

并逐渐地完善自己的人格呢。

儒家的经典，就有这样一个道理。它既给你一个辽阔境界，同时它也给了你到达那个境界的可行之路，一切都在点滴[1]之中。所以《论语》有意思，就有意思在它是课堂笔记，它有很多问答，它把学生的迷惑都呈现出来了。

'樊迟[2]从游于舞雩[3]之下, 曰, 敢问崇德, 修慝[4], 辨惑.' 《颜渊》12.21)

樊迟跟着老师游于舞雩台下，大家聊怎么提升道德修养。樊迟说老师我问三件事，第一是崇德，崇高的崇，道德的德。就是一个人怎麽样提高自己的道德修养境界？第二叫修慝，一个人怎麽样修改改正自己的邪恶之心？第三件事叫辨惑，怎麽样能够给我一双惠眼[5]，让我去伪存真[6]？于迷惑之中有所分辨。

这三件事很难，所以老师感慨，'子曰：善哉问'，问的好啊：

子曰: '善哉问, 先事后得非崇德与? 攻其恶, 无攻人之恶, 非修慝与? 一朝之忿, 忘其身以及其亲, 非惑与?' 《颜渊》12.21)

首先老师说'先事后得非崇德与'，一个人遇到任何一件事，都好好地先去做事，把它做到位、做彻底、做完美，而后得。然后再去计较自己的名誉，报酬[7]，

---

1) 点滴(diǎndī) : ① 낱낱의 물방울. ② 사소. ③ 약간.

2) 樊遲 : 춘추 시대 노魯나라 사람. 제齊나라 사람이라고도 한다. 공자의 제자로, 이름은 수須이고, 자는 자지子遲다. 공자보다 36살 연하이다. 일찍이 계씨(季氏)에게 벼슬하였고, 공자의 수레를 몰았다는 기록이 《논어 · 위정편》에 나온다. 농사짓는 법이나 채소 가꾸는 법 따위를 공자에게 물어 소인(小人)이라는 비난을 듣기도 했다. 재치는 없었어도 비교적 성실하고 순박한 성격의 소유자였다. 송나라 진종眞宗 대중상부大中祥符 2년(1009) 익도후益都侯에 추봉되었다. (네이버 지식백과)

3) 舞雩(wǔyú) : 노魯나라 기우를 지냈던 단대壇臺이다. 지금의 곡부현曲阜縣에 있다.

4) 修慝(xiūtè) : 자신의 잘못을 반성하다.

5) 慧眼(huìyǎn) : 혜안. 영안靈眼.

6) 去伪存真(qùwěicúnzhēn) : ① 가짜를 버리고 진짜를 남기다. ② 진위를 가려내다. ③ 진위를 밝히다.

7) 名誉(míngyù) : 평판, 명성, 명예. 报酬(bàochou) : 보수, 사례금, 사례비.

对这个事情付出應得的那些回饋，这叫先事而后得。所有的事你都先尽心去做，然后再想你的所得，这样不就提高自己的道德境界了吗？很簡單，我们都会遇得上。

孔子又提出第二个，怎么叫修慝？改正自己的缺点呢？老师说：

'攻其恶, 无攻人之恶, 非修慝与'? (《颜渊》12.21)

这话说得更朴素。'攻其恶'，这个'其'就是指你自己的，'惡'就是指那些不好的地方，缺點啊、短處啊你自己认认真真地把它改了。但改正过程中，就看着自个儿[1]，别老看着别人的毛病，'无攻人之恶'，别指指点点说你看他还不如我呢，他比我干得更差劲[2]。领导一批评，总有人在那儿比，你凭什么处分我呀？谁谁谁还不如我呢。孔子说你先别看他的不好，你先改自己。其实这就叫'见贤思齐'，见不贤要内自省，别跟那不賢比,誰更不賢。如果能做到这一点的话，这还不是修慝吗？你不就改正自己了吗？

再说第三点，'辨惑'。人为什么会迷惑？跟人一时火起，丧失理性是很有关系。所以孔子说：

'一朝之忿, 忘其身以及其亲, 非惑与'? (《颜渊》12.21)

他没告诉你怎么辨惑，他先告诉你什么是惑？就是人一时之愤，突然之間火冒三丈[3]。这时候，人是没有理性可言的。人连自个儿都忘了，忘其身。这个時候覺得生命也不要了，就为一个误会，可能大打出手[4]，这一時我们按民间的说法叫昏了头[5]了，迷了窍[6]了。有火成这样的時候，那也他不想自己家里，上有高

1) 自个儿(zìgěr)：① 자기. ② 저절로. ③ 스스로.
2) 差劲(chàjìn)：좋지 않다, 정도가 낮다, 형편없다.
3) 火冒三丈(huǒmàosānzhàng)：화가 머리끝까지 치밀다.
4) 大打出手(dàdǎchūshǒu)：싸움을 대판 벌이다.
5) 昏头昏脑(hūntóuhūnnǎo)：① 정신이 얼떨떨하다. ② 멍멍하다. ③ 어리벙벙하다.
6) 迷窍(míqiào)：분별력을 없애다, 사람의 마음을 빼앗다.

堂老母，下有未成年的孩子，可能人就大打出手了。这就不仅忘其身，而且还会连累[1]到你的亲人，这还不是迷惑吗?

所以也就是说人如果心里一直有一个理性是非的判断，就不至于出现这种冲动。所以你看孔子教的課程很有意思:

'子以四教，文行忠信'。(《述而》7.25)[2]

他是用平时做人的道理，回答学生的疑问啊，点点滴滴，潜移默化[3]，就告诉你怎样去修养一个君子之了。

【画外音】

其实论语讲了很多做人的道理，这些道理都围绕着一个词'仁爱'。孔子不仅是一个仁爱的宣传者，同时也是一个仁爱的实践者。但是孔子生活的时代，毕竟是在两千多年前，而当今社会是一个提倡充分张扬个性的时代，现代人的价值判断，也在发生变化。那么，孔子的仁爱思想，对于我们现代人来说，又会带来什么样的人生启示呢?

那么仁爱会带来什么? 最终它会带来我们一种生命的状态。我们每个人终其一生[4]，点点滴滴的穿越[5]，其实自己的评价都是我在什么样的状态之中。真正的仁人志士，不是那种从书斋到办公室看起来担当天下，永远铁青着脸[6]，穿着职业装的人。真正内心有仁爱的人，一定有他的亲人，有他的朋友。他热爱山川河流，热爱四时风物，他热爱跟别人在一起的欢乐时光，而他那种柔软的情怀，可以无所不在，去感染所有的人，这才是一种真正的仁爱。

因为仁爱是在人間的一种态度的流露[7]。

---

1) 连累(liánlěi) : ① 연루하다. ② 말려들다. ③ 관련하다.
2) "子以四教 : 文、行、忠、信。"(《论语 · 述而》)
3) 潜移默化(qiányímòhuà) : 모르는 사이에(은연중에) 감화(感化)하다.
4) 终其一生 : 일생동안 한 일에 몰두하다. 완성하다.
5) 穿越(chuānyuè) : ① 통과하다. ② 넘다. ③ 지나가다.
6) 铁青着脸 : 얼굴이 새파랗게 질리다.
7) 流露(liúlù) : ① 무의식중에 나타내다. ② 숨김없이 사실대로 나타내다. ③ 드러내다.

【于丹心语】

仁爱是一种态度的流露。

在流光陶冶[1]之下，我们人人都是难免感伤的。像李白所说的：

'弃我去者, 昨日之日不可留, 乱我心者, 今日之日多烦忧[2].' (《宣州谢朓楼饯别校书叔云》[3]

我们总是这样迎来送往[4]，活在流光之中。那我们以什么样的态度去面对呢? 孔子有这样一句话，他说：

'知之者不如好之者, 好之者不如乐之者'. (《雍也》6.20)

---

1) 陶冶(táoyě) : 질그릇을 굽거나 쇠붙이를 불리다, 훈육하다, 연마.

2) 烦忧(fányōu) : ① 근심하다. ② 걱정하다.

3) 《宣州谢朓楼饯别校书叔云(선주의 사조 누에서 교서 숙운을 전별하다)》 '叔云'은 '李云' 혹은 '李华'.
   棄我去者 : 날버리고 가는 사람
   昨日之日不可留 : 어제는 말리지 못하고
   乱我心者 : 내 마음을 어지럽게 하는 사람
   今日之日多煩憂 : 오늘은 근심이 많아라
   長風萬里送秋雁 : 만리 긴 바람에 가을 기러기 보내나니
   對此可以酣高樓 : 이러한 때 높은 누각에서 술취하기 좋아라
   蓬莱文章建安骨 : 봉래의 문장과 건안의 풍골. ('蓬莱'는 東漢의 장서藏书 지역인 동관東观을 가리킴.)
   中間小謝又清發 : 중간에는 소사가 있어 또 맑아진다. ('小謝'는 '謝朓'를 '謝靈運'은 '大謝'라 함.)
   俱怀逸興壯思飛 : 뛰어난 흥취 함께 품고 굳센 생각 일어나
   欲上青天攬日月 : 푸른 하늘에 올라 해와 달을 잡으리라
   抽刀斷水水更流 : 칼을 뽑아 물을 끊어도 물은 다시 흐르고
   舉杯消愁愁更愁 : 술잔 들어 근심을 씻어도 수심은 더욱 수심이 된다
   人生在世不稱意 : 사람이 이 세상 살면서 세상과 뜻 맞지 않으니. ('稱(chèn)心'은 '称心如意'의 뜻.)
   明朝散髮弄扁舟 : 내일은 산발한 머리로 일엽편주 타고서 놀아보리라

4) 迎来送往(yíngláisòngwǎng) : 보내기도 하고 맞이하기도하다.

也就是说我们这一辈子，总要选择做点事，但是这里面有三个不同的层次，你看看你自己在哪个层次上。

首先是知之者，对你的职业，行业[1]，你有了解，这容易。现在去读一个专业、拿一个文凭、考一个资格证这都叫知之者。这是第一级。你能掌握技能。

比这个高一个层次的是叫好之者。就是你真正热爱它，你愿意把自己的生命投入其中、你愿意废寝忘食[2]、你愿意把自己连工作之外的休闲时间都投入进去。这样的人呢固然在这个事业中，可以完整地去实现自己，但这种生命未免沉重[3]。你可能会忘记这个世界的风花雪月[4]，你可以牺牲了很多跟家人闲度的流光，就是因为你好知。

但这个境界不是最高的。最高的境界叫好之者不如乐之者。就是在这样一个事业投入过程之中，你感受到生命被提升的大欢乐。也就是说在这里面你人心是舒展的，你是被成全的，你享受这个过程，你不仅创造事业，而且创造自己。在点点滴滴之间，每天你能够感受到世界对你的一种善意，你那种欢腾[5]之心，会把你带到一个愉悦的境界之上。

其实，仁爱者永远不是提倡我们总要去杀身成仁，那是指极端状况之下。人在这个世界上，如果说苦难不来临的时候，人没必要刻意去寻找。但是苦难来临的时候，人心可以坦然不畏惧。那么在我们的常态生活里，仁爱之心就是让我们保有这样一种跟世界的关系。既不是一种完全的对抗，也不是一种完全的妥协，而是用自己的态度跟世界生成一种融洽[6]。

【于丹心语】

仁爱之心就是用自己的态度跟世界生成一种融洽。

---

1) 行业(hángyè)：① 직업. ② 업무. ③ 업무 분야.

2) 废寝忘食(fèiqǐnwàngshí)：① 침식을 잊다. ② 어떤 일에 전심전력하다. ③ 매우 노력하다.

3) 沉重(chénzhòng)：① 무겁다. ② 심각하다. ③ 중대하다.

4) 风花雪月(fēnghuāxuěyuè)：화조풍월(花鳥風月). 문학의 대상인 자연 경물.

5) 欢腾(huānténg)：기뻐 날뛰다, 매우 기뻐하다.

6) 融洽(róngqià)：① 사이가 좋다. ② 조화롭다. ③ 융화하다.

就像那个著名的寓言。同样的一锅沸水[1]，你投进去三样东西，会产生三种不同的结果。扔里一个生鸡蛋，煮啊煮啊，煮出來最后鸡蛋是流质的、軟的[2]、生的那个鸡蛋变成坚硬的了。这是我们一种状态，柔软的人心被世界磨砺[3]了，最后变得毫无知觉很迟钝[4]了。

第二是把一根坚硬的胡萝卜扔进去，煮啊煮啊，最后捞[5]出来以后软塌塌的[6]，这是我们第二种态度。人心原来是刚强的，是青涩的[7]，有梦想的，最后妥协了，化在这个熱水里，已經失去自我了。

而第三种，是你投入茶叶，你看看会怎麼样？茶叶在滚水之中煮啊煮啊，最后水也不是水了，干茶叶也不是茶叶了，而成为了一锅茶水。你跟世界之间生成一种全新的[8]价值。

什么是仁爱呢？仁爱就是改变我们生命的状态，以这样一种欢乐和信念去面对世界，在世界跟自我之间建立一种和谐的关系。需要为社会、为国家去承担使命的时候，临大节[9]而不亏，而在生活常态之中保持我们新的欢愉。这样的态度，我想每个人都能做到。

孔子曾经说：

'仁远乎哉？我欲仁，斯仁至矣。'《雍也》7.20)

他说仁爱离我远吗？我想要做到仁爱的时候，念头一动，'斯仁至矣'，仁爱就来到我的心中了，我的生命就被仁爱充满了。

我希望这样一句话，是孔子越过两千年流光，说给我们每一个子孙后人的。

---

1) 沸水(fèishuǐ)：① 끓는 물. ② 물을 끓이다.
2) 流质(liúzhì)：① 유동식. ② 소화되기 쉽도록 만든 유동체의 음식물. ③ 유동식의.
3) 磨砺(mólì)：① 날카롭게 갈다. ② 연마하다. ③ 예리하게 갈다.
4) 迟钝(chídùn)：① 둔하다. ② 굼뜨다. ③ 무디다.
5) 捞(lāo)：건져내다.
6) 软塌塌(的)(ruǎntātā(de))：① 나른하다. ② 무력해지다.
7) 青涩(qīngsè)：풋풋한 과일. 순진한 행동.
8) 全新(quánxīn)：완전히 새롭다.
9) 大节(dàjié)：일의 핵심. 不亏(búkuī)：어긋나지 않다.

就在今天、就在此刻，就是我们每一颗心对自己说：‘仁远乎哉？我欲仁，斯仁至矣’。当你真正信任了这件事的时候，仁爱就在这一刻，来到我们生命之中，我们被仁爱充满，我们自己跟这个世界都会变得更好。

해석 부분

論語心得

논어심득 / 논어의 체득

1. 군자의 도(君子之道)

【내레이션】

공자는 말하길 "군자는 마음이 평화롭고 너그럽다. 소인은 언제나 걱정에 싸여 초조해 한다君子坦蕩蕩, 小人長戚戚."고 하였습니다. 공자는 제자를 교육할 때 종종 군자와 소인으로 옳고 그름의 시비를 가렸습니다. 그렇다면, 어떤 사람이 군자이고 소인일까요? 우리는 어떻게 군자와 소인을 분별할 수 있을까요? 우단于丹 교수는 또 《논어》 중 군자와 소인에 대한 구분을 어떻게 해석할까요?

여러분은 《논어》를 읽으면서 자주 등장하는 훌륭한 사람의 기준이 되는 두 글자 '군자'를 발견할 수 있습니다. 사실 이 표현은 한 사람의 됨됨이를 표현할 때 "그 사람은 성품이 군자와 같다"는 식으로 오늘날 우리도 자주 말하는 한 가지 기준이죠. 그러나 대관절 어떤 사람이 군자일까요? 오늘 우리가 토론할 주제는 《논어심득論語心得》의 《군자의 도君子之道》 입니다.

【내레이션】

'군자'란 공자의 마음 속에 가장 이상적인 인격의 기준입니다. 《논어》의 2만여 글자 중 '군자'라는 두 글자는 100여 번 등장합니다. 설사 오늘날 사람들이 여전히 군자가 되길 희망한다 해도 어떻게 해야 군자가 될 수 있을까요? 북경사범대학 우단 교수님께서 우리를 위해 우단교수의 《논어심득論語心得》 중 《군자의 도》에 대해서 강의해 주시겠습니다.

사실 우리는 공자가 군자에 대해 말했던 언어, 정의, 표현을 종합해보면 군자가 되기 위한 몇 개의 요구사항을 발견할 수 있습니다. 첫 번째 기준은 군자는 마음이 원만하고 넉넉하며, 자신을 갈고 닦는 수양을 하고 난 후, 태연자약한 모습을 나타낼 수 있어야 합니다. 즉 군자의 힘은 인격과 내면內面에서 시작합니다. 여러분도 알다시피 인격과 풍격은 깊은 상관관계에 있습니다. 우리는 한 사람의 풍격을 다음과 같이 말할 수 있습니다.

文質彬彬, 然後君子. (《論語 · 雍也》 6.18)
문채와 실질이 적절히 조화된 뒤라야 비로소 군자이다.

세상과 다투지 않고 사람을 공경하는 도량이 있다면 이런 풍격적인 역량은 반드시 자신의 인격에서 옵니다. 공자에게 사마우司馬牛란 제자가 있었는데 공자에게 질문하였습니다.

【내레이션】

선생님, 군자는 어떤 사람입니까?
군자는 마음에 근심이 없으며 두려움이 없는 것을 말하는 것이다.
아, 근심과 두려움이 없다면 바로 군자입니까? 이는 너무 간단한 일이지 않은가요……

제자는 그렇게 생각하지 않아 한 번에 알아듣지 못했습니다. 너무 간단하다고 생각하여 다시 물었죠.

不憂不懼, 斯謂之君子矣乎. (《論語 · 顔淵》 12.4)
걱정하지 않고 두려워하지 않으면 군자라고 할 수 있습니까?

'이러면 군자입니까?'라고 묻자 공자는 담담하게 그에게 말했습니다.

內省不疚, 夫何憂何懼. (《論語 · 顔淵》 12.4)
안으로 자신을 돌아보아 거리낌이 없다면 무엇을 걱정하고 무엇을 두려워하겠느냐?

보통사람들이 하는 말로 하자면, '늦은 저녁에 누가 문을 두드려도 놀라지 않는다.'는 것입니다. 한 사람이 저녁 내내 근심 없이 푹 자는 것이 '내성불구內省不疚'인거죠. 사람이 마음 속으로 자기의 행위를 반성하고, 자기가 사회에서 했던 모든 행동들에 대해 양심의 가책을 느끼는 일이 없다면 이것이 바로 근심하지 않고 두려워하지 않는 것입니다. 공자가 보기에 '내성불구內省不疚, 부하우하구夫何憂何懼'가 바로 군자의 기준인 것입니다. 그렇다면 이 기준은 쉽다면 쉬우며 우리가 모두 다 해 낼 수 있는 것입니다. 하지만 어렵다고 생각한다면 '지고지상至高至上'의 기준인거죠.

일찍이 제자들에게 강의할 때 공자는 이 문제에 대해서 제자들과 심도 있게 대화한 적이 있습니다. 공자는 '군자에게는 세 가지의 도가 있다君子之道三'라 했습니다. 군자가 되기 위해서는 세 가지를 달성해야 하는데, 공자 자신은 겸손하게 스스로도 '아직 이를 할 수 없다無能焉'고 하였습니다. 하여튼 공자 자신은 이를 할 수 없다고 했는데, 이 세 가지는 어떤 것일까요? 바로 아래 세 가지입니다.

> 仁者不憂, 知者不惑, 勇者不懼'. (《論語 · 憲問》 14.28)
> 어진 자는 걱정이 없고, 지혜로운 사람은 미혹되지 않고, 용감한 사람은 두려워하지 않는다.

복잡 다양한 세상을 살아가는 현대인에게 있어서 진정으로 필요한 것은 먼저 편안한 마음을 가질 수 있어야 하고, 인자한 넓은 도량을 가져야 하고, 모든 걱정 · 근심 · 두려움 · 우환 등이 없어야 하는 것입니다. 이 모든 것들은 어디에서 올까요? 바로 어진 마음에서 오는 것이고, 스스로가 너그럽기 때문에 세부적인 자질구레한 일에 신경을 쓰지 않게 되고, 계산적인 사람이 아닐 수 있는 거죠. 당신은 이미 마음 속에 큰 뜻을 품고 있으니 속세가 가져다주는 조그마한 득실에 얽매일 필요가 없다는 것입니다.

두 번째, 지혜로운 자는 미혹되지 않는다는 '지자불혹知者不惑'을 달성해야 합니다. 한자의 구성을 보면 매우 흥미로운 사실을 발견할 수 있습니다. '혹惑'자는 '미혹迷惑'이라는 뜻으로, 윗부분은 '혹은或者'이라는 뜻의 '혹或'이고 아랫부분은 '심心'자입니다. 그렇지요? 사실 '혹은或者'은 수학에서 '확률'이라고도 하는 데 무슨 뜻이냐면 '이렇게도 되고 저렇게도 된다'는 것이죠. 이것이 바로 '혹은或者'입니다. 세상사 많은 선택의 순간, 이렇게 해도 되고 저렇게 해도 될 때, 자신이 이 '마음心'에 의존할 수 있음이 충분한가를 봐야하는 것이죠. 만약 마음에 판단력을 가지고, 굳건한 신념이 있으며, 명확한 판단을 내릴 수 있다면, 당신은 세상의 많은 선택에 압박되어 좌절되지 않을 것입니다. 현재 우리들에게 비유하자면, 우리의 고통은 선택할 것이 없는 것이 아니라, 선택할 것이 너무 많다는 것에 있습니다. 그래서 공자가 '과함은 미치지 못하는 것과 같다'고 하였습니다.

過猶不及. (《論語 · 先進》 11.16)
과함은 못 미치는 것과 같다.

반세기도 채 지나지 않은 이전에는, 대부분 사람들이 한 직업에서 평생 일할 수도 있었고, 결혼 생활도 평생 동안 큰 변동이 없었습니다. 거주지 또한 평생 동안 대부분 한 울타리 안에서 생활해 왔습니다. 그러나 오늘날은 선택할 것이 너무 많고, 보이는 것이 너무 많고 넓습니다. 이는 번잡한 시대가 가져온 미혹인거죠. 그렇다면 어떻게 해야 할까요? 우리는 세상이 나를 좌지우지하게 해서는 안 되고, 자신의 마음으로 선택하는 능력을 키우는 것이 더욱 중요한 거죠. 이것이 바로 스스로를 '지혜로운 사람智者'으로 만드는 것입니다.

세 번째, 용기 있는 자는 두려워하지 않는다는 '용자불구勇者不懼'입니다. 이 세상에는 아주 많은 두려움, 공포, 무서움이 있습니다. 이런 모든 것들이 압박하여 올 때, 우리는 '용감한 사람 둘이 싸우게 된다면 지혜로운 사람이 이긴다.兩强相遇勇者勝'라는 속담을 기억해야 할 것입니다. 다시 말해, 자신이 심리적으로 용감히 맞설 수 있고 유쾌한 심정을 유지하고 있으며, 용감하게 앞으로 나아갈 수 있다는 자신감을 가질 때, 우리는 자연스럽게 두려운 마음이 사라질 것입니다.

그래서 공자는, 진정한 군자란 '마음 속으로 인仁, 지智, 용勇을 갖추어 세상의 걱정憂, 미혹惑, 두려움懼을 적게 하는 것이다'라 하였습니다. 그리고 공자 자신은 '바로 이것을 실천하지 못했다'고 했습니다. 그러자 공자의 제자인 자공이 웃으며 말하기를 "선생님은 당신 자신을 말씀하시고 계십니다夫子自道爾. 선생님께서 말씀하신 세 가지는 바로 선생님 본인을 말씀하시는 것입니다. 마찬가지로 선생님 같은 분 만이 진정으로 몸소 실천이 가능하십니다. 그래서 이런 느낌을 말씀하실 수 있는 것입니다."라 하였습니다. 사실 이것이 바로 그가 말한 군자인거죠. 공자가 우리에게 말한 사람이 되는 기준은 사실상 무엇인가요? 공자는 우리에게 고대의 성인과 현인을 추구하도록 하지도 않았고, 우리에게 후세에 큰 이름을 남기도록 하지도 않았으며, 가장 현실적인 것부터 말하고 있는 것입니다. 바로 자기 자신을 스스로 수양하는 것에서부터 시작하여야 진정한 군자가 될 수 있다는 것입니다.

【우단 심어】

바로 지금 자기 자신을 스스로 수양하는 것에서부터 시작하여야 진정한 군자가 되는 것이다.

그래서 어떤 사람이 군자일까요? 군자는 바깥세상을 지나치게 탓하지 않고, 제한된 시간과 정력을 스스로의 마음을 다스리는데 사용합니다.

躬自厚而薄責于人，則則遠怨矣. (《論語 · 衛靈公》 15.15)
스스로 자신에게 엄중하게 책망하고 남에게는 가볍게 책망한다면 원망은 멀어지게 된다.

자신에게는 엄격하게 하고, 다른 사람에게는 좀 너그러워야 합니다. 오늘날 우리는 자주 사람들에게 너그러워야 한다고 말합니다. 너그러움이란 무엇인가요? 너그러움은 절대 무능한 것이 아닙니다. 그 사람의 됨됨이의 인격이 다른 사람의 잘못을 포용하고 가엾게 여기는 것입니다. 다른 사람의 입장에서 너그럽게 생각하고 덜 꾸짖으면 남 탓을 덜 하는 것이 바로 군자입니다. 진정한 군자는 그의 당당함이 내면에서 밖으로 나오는 인격의 힘입니다. 그래서 군자는 누구를 원망하거나 비통해 울부짖지 않는다 했습니다. 이것이 바로 공자가 말한 '하늘을 원망하지 않고 사람을 탓하지 않는다.'는 것입니다.

不怨天，不尤人. (《論語 · 憲問》 14.35)
하늘을 원망하거나, 사람을 탓하지 않는다.

하늘이 나에게 기회를 주지 않았다고 원망하지 않고, 이 세상에서 나를 알아주는 사람이 없다고 원망하지 않는 것입니다. 사람이 이러한 경지에 도달할 수 있을까요? 어려운 일일 것입니다.

【내레이션】

사실상, 우리는 종종 주변 사람이 사회의 불공평함을 이야기하는 것을 들을 수 있습니다. 자신은 재능과 능력이 있는데도 기회가 주어지지 않는다고 원망합니다. 우단교수는 《논어》에서는 학습에 대하여 매우 흥미롭게 언급하고 있다고 하였습니다. 《논어》에서 공부하는 학생은 두 부류가 있는데, 하나는 군자가 되기 위한 '君子学'이고, 다른 한 부류는 소인배의 학습 태도인 '小人学'이라 하였습니다. 그렇다면 공부에서도 군자와 소인의 구분이 있을까요?

공자는 말하기를 '옛날 사람들은 자신을 위하여 공부하였는데, 지금 사람은 남을 위하여 공부한다.'고 하였습니다.

古之學者爲己, 今之學者爲人. (《論語 · 憲問》 14.24)
옛날 사람들은 자신을 위하여 공부하였는데, 지금 사람은 남을 위하여 공부한다.

사실 이 관점은 후대 유학의 큰 스승인 순자荀子의 〈권학편勸學篇〉에서 더욱 발전되고 연구되었습니다. 고지학위기古之學者爲己란 무엇일까요? 진정으로 학문을 존중하고 숭상하는 사람은, 옛날의 전통적인 학풍은 정신세계를 바로 세우기 위한 것이라고 말합니다. 사람이 학문을 하는 이유는 진정으로 무엇을 위한 것일까요? 오늘날 우리가 어렸을 때부터 성인이 되어서도 공부하는 이유는 바로 일종의 행복한 삶을 영위할 수 있는 능력을 갖추기 위한 것이고, 자신으로 하여금 일종의 지식과 교양을 갖출 수 있도록 하며, 그래서 결국 이 사회에 쓸모 있는 충실한 일반 백성이 되고자 하는 것입니다. 그러면서 자신은 이 세상에서 편안한 삶을 추구하고자 하는 것입니다. 결국 학습이란 일정한 지식을 쌓은 다음 자아세계自我世界를 세우고 한층 더 향상시키고자 하는 것입니다.

그렇다면 '남에게 보이기 위한 학문爲人之學'이란 무엇일까요?

이는 좀 배워서 하나의 도구로 삼고자 하는 것입니다. 예를 들어, 공부를 해서 문장을 쓰거나, 승진을 위하고, 기능을 갖추어 직업을 찾고자 하는 것입니다. 이는 바로 여러한 지식과 학문을 이용하여 타인을 기쁘게 하고자 하는데 사용하는 것입니다. 이 사회에서 자신이 하나의 이득을 추구하고자 하는 것이 바로 공자가 말한 '다른 사람을 위한 공부爲人之學'라는 것입니다. 그래서 공자는 어느 날 자하에게 단도직입적으로 말했습니다.

汝爲君子學, 不爲小人學. (《論語 · 雍也》 6.13)
너는 군자 학문을 해야지 소인 학문을 해서는 안 된다.

'군자다운 학문君子學'이란 무엇일까요? 우리에게 배움이란 이익을 초월하여, 너무 실용적인 것만을 추구하지 말고 수양을 쌓는 것을 생각해야 한다는 것입니다. 사람은 내심적 수양이 바탕이 되어야 냉정하고 침착하며 여유로울 수가 있습니다. 자신이 목표로 한 위치를 정확하게 인식하여야만이 변화무쌍한 이 세상에서 각종 희열과 슬픔에서도 냉정을 잃지 않을 수 있습니다. 이것이 바로 공자가 우리에게 말한 표준에 대한 명확한 구별입니다. 군자란 무엇인가요? 군자는 절대 앞에 놓여 있는 이익에 집착하지 않습니다. 군자는 언제나 자신의 내심의 성찰을 통한 완전한 사람이 되고자 합니다. 군자는 목표는 절대 터무니없이 높거나 먼 것이 아닙니다.

우리는 알고 있습니다. 공자는 절대 군자는 반드시 누구누구를 닮아야 한다고 말하지 않습니다. 공자가 말하는 군자는 언제나 자신에게 있어 가장 좋은 사람이 되라는 것입니다. 자신이 정한 목표점을 향하여, 천천히 눈앞에 있는 것부터 한 발짝씩 실천해 나가, 지금부터 당장 학습을 통하여 자신이 마음 속에 담고 있는 최선의 자아를 실천하는 것입니다.

문득 다음과 같은 이야기가 생각납니다.

어느 작은 골목에 세 집이 각각 재봉점裁縫店을 개업했습니다. 이들은 모두 자기 가게에 손님이 가장 많기를 바랐습니다. 그래서 모두 자신의 가게 명칭을 가장 크게 하고자 최선을 다했습니다. 그래서 첫 번째 재봉점은 '이 도시에서 가장 뛰어난 재봉실'이라고 쓴 커다란 간판을 내걸었습니다. 이를 본 두 번째 재봉점은 그 집보다 더 크게 하고자, '전국 최고의 재봉실'이라고 더 큰 간판을 써서 걸었습니다. 세 번째 재봉점은 '그럼 난 전 세계 최고의 재봉실이라는 간판을 내걸어야 한단 말인가?'라는 생각을 하였습니다. 그는 한참을 고심한 끝에 결국 아주 작은 간판을 내걸었습니다. 그

랬더니 그 골목의 손님들은 모두 그의 가게로 몰려들었습니다. 그리고 다른 가게는 썰렁하게 찾는 사람이 없었습니다. 어떤 간판을 내걸었기에 손님이 모두 그의 가게만 찾은 것일까요? 세 번째 재봉점의 간판에는 이렇게 쓰여 있었습니다. '이 골목에서 가장 뛰어난 재봉실'입니다. 그는 시선을 바로 가장 현실적인 눈앞에 두어 당장에 필요한 실질적인 것부터 했던 것입니다.

【내레이션】

자신의 일을 성실히 이행하고 선량한 사람이 되는 것, 이것이 《논어》에서 말한 군자의 첫 번째 조건입니다. 그러나 선량한 사람이라고 다 군자라 부를 수 있을까요? 우단 교수는 선량한 사람이 되는 것만으로는 군자와는 아직도 상당한 차이가 있다고 하였습니다. 군자가 되기 위해서는 또 하나의 조건이 필요하죠. 이 또 다른 기준은 어떤 것일까요?

첫 번째 조건은 단지 선량한 사람이 되는 것입니다. 그러나 두 번째 조건은 위대하면서 고상한 사람입니다. 군자는 가슴에 큰 꿈을 지니고, 즉 광활하고 원대한 꿈을 품고 있어야 합니다. 이러한 넓고 큰 뜻을 가지고 있는 군자는 당장 눈앞에 놓인 일들을 마음에 두지 말아야 합니다. 공자는 "선비가 편안하게 살기만 생각한다면 선비라고 하기는 부족하다."라 하였습니다.

士而懷居, 不足以爲士. (《論語 · 憲問》 14.2)
선비가 편안하게 살기만 생각한다면 선비라고 하기는 부족하다.

만약에 어떤 한 사람이 매일 자신의 살 집만을 생각한다면 어떻겠습니까? 자신이 살아가는 것만을 생각한다면 어떻게 되겠습니까? 이러한 사람은 진정한 군자라 말할 수 없을 것입니다. 공자의 제자인 증자曾子도 "선비는 도량이 넓고 의지가 굳세야 한다. 책임은 무겁고 갈 길은 멀기 때문이다. 어짊을 자신의 소임으로 삼으니 어찌 무겁지 않으랴? 죽고 나서야 그만둘 수 있으니 역시 먼 길이 아니겠는가?"라 하였습니다.

士不可不弘毅, 任重而道遠. 仁以爲己任, 不亦重乎? 死而後已, 不亦遠乎. (《論語 · 泰伯》 14.2)

선비는 도량이 넓고 의지가 굳세야 한다. 책임은 무겁고 갈 길은 멀기 때문이다. 어짊을 자신의 소임으로 삼으니 어찌 무겁지 않으랴? 죽고 나서야 그만둘 수 있으니 역시 먼 길이 아니겠는가?

이러한 책임감은 훗날 중국 유가의 "천하의 흥망이 필부에게도 책임이 있다天下興亡匹夫有責"이라는 말로 변천했습니다. 생각해 보면, 중국인이 이상적으로 생각하고 있는 인격은 매우 흥미롭습니다. 유가와 도가는 철저하게 분리되었던 것이 아니라, 심지어 첨예하게 대립되는 두 학문의 계파가 아니라, 본래 인격의 이상적인 양 극단인 것입니다. 임어당林語堂 선생의 말을 빌리면, 중국의 개개인의 사회적 이상은 유가儒家에 두고, 개개인의 자연 인격의 이상은 도가道家라고 하였습니다. 이러한 현상은 맹자에 나오는 "출세했을 때는 세상을 구하기 위해 노력하고, 곤궁할 때는 자기 수양을 게을리 하지 않는다."라는 말로 대변될 수 있습니다.

達則兼濟天下, 而窮則獨善其身. (《孟子·盡心章句上》)
출세했을 때는 세상을 구하기 위해 노력하고, 곤궁할 때는 자기 수양을 게을리 하지 않는다.

사람이 자신의 이상을 실현할 때에는 세상을 구하기 위하여 해야 할 자신의 역할이 무엇인가를 생각하고, 매우 어려운 일을 당하여 곤궁해 처하게 되었을 때에도 자기의 인격 수양을 게을리 하지 않아야 진정한 군자의 모습이라고 할 수 있습니다. 군자는 곤경에 처했을 때 끊임없이 더욱 더 완벽해지려고 노력하며, 진정으로 자신의 꿈이 이루어졌을 때에야 비로소 다른 사람을 도울 수 있는 것입니다.

공자 이후, 중국 고대 당송唐宋시대의 명사들은 아무리 궁핍한 처지에 놓여 있어도 항상 천하를 마음에 두고 만민을 걱정하는 마음을 잊지 않고 있음을 볼 수 있습니다. 이는 매우 불가사의한 일이 아닐 수 없습니다. 예는 들어, 두보杜甫의 〈모옥위추풍소파가茅屋爲秋風所破歌〉라는 시가 있습니다. 그렇지요! 두보가 자신의 집에 대하여 말했습니다.

八月秋高風怒號, 卷我屋上三重茅. (〈茅屋爲秋風所破歌〉)

팔월이 지나 가을이 깊어지니 바람이 성난 듯 불어대서, 세 겹 띠 이엉이 말려 날아가 버렸네.

이렇게 빈곤하고 초라하게 되었을 때, 그는 마음 속으로 무엇을 생각하게 되었을까요? 바로 '어떻게 대저택의 수많은 방을 지어, 천하의 가난한 선비들이 흥을 다해 놀게 하리'라고 생각한 것입니다.

安得廣厦千萬間, 大蔽天下寒士盡歡颜. (〈茅屋爲秋風所破歌〉)
어떻게 대저택의 수많은 방을 얻어, 천하의 가난한 선비들이 흥을 다해 놀게 하리.

생각한 것은 더 많은 좋은 방에 많은 사람들이 살게 하는 것입니다.

다시 범중엄范仲淹을 예로 들자면, 범중엄은 사람이 설령 강호에 묻혀 세상을 등지고 살아 높은 대궐에서 살지 못한다 할지라도 자기 자신은 '천하의 걱정이 있으면 먼저 나서 걱정하고, 천하의 기쁜 일이 있으면 후에 기뻐하겠다.'고 하였습니다.

先天下之憂而憂, 後天下之樂而樂. (〈岳陽樓記〉)
천하에 걱정이 있으면 먼저 나서 걱정하고, 천하에 기쁜 일이 있으면 후에 기뻐하겠다.

그럼 이러한 심경은 모두 어떤 것인가? 바로 '군자대지君子大志'입니다. 이러한 포부와 이러한 넓은 안목은 《논어》가 계속해서 우리에게 강조하는 내용이기도 합니다. 그래서 공자는 말했습니다.

君子懷德, 小人懷土, 君子懷刑, 小人懷惠. (《論語 · 里仁》 14.11)
군자는 덕을 생각하고, 소인은 땅을 생각하며, 군자는 형벌을 생각하고, 소인은 보답을 생각한다.

이는 무슨 의미일까요? 군자와 소인이 매일 마음 속에 두고 있는 일은 서로 다릅니다. 군자는 매일 스스로의 도덕에 대해서 생각합니다. 나의 도덕은 또 어떻게 고쳐졌을까? 그러나 소인은 땅을 생각합니다. 매일 자기 집을 걱정하고, 그는 '천하의 가난한 선비들이 살 큰 집大蔽天下寒士'를 생각하지 않습니다. 그가 생각하는 것은 모두 내가 어떻게 방 하나를 더 살까, 어떻게 하면 복지 아파트 하나를 더 이용해 볼까, 또한 어떻게 하면 매매용 주택 하나를 더 구해볼까, 매일 매일 먹고 사는 의식주 밖에 생각하지 않습니다. 이러한 물질적 생활만을 추구하는 사람은 공자나 유학파들이 일컫는 소인들이 가지는 마음이라고 여겨집니다. 당연히 이게 크게 틀렸다는 이야기는 아닙니다. 그러나 만약 사람의 마음이 이런 사소한 이익에만 한정되어 있고 도덕적 관념이 없으면 매우 위험합니다. 이렇게 하면 어떤 결과가 초래하게 될까요? 바로 다음 문구에서 말하는 '군자는 형벌을 생각하고, 소인은 은혜만 생각한다君子懷刑, 小人懷惠'는 것입니다. 군자는 법률을 존중해 왔으며, 여기에서 말하는 형刑은 바로 형법을 말하는 것으로 또한 한 국가의 규율이자 표준입니다. 군자가 형벌을 생각한다는 것은 그의 마음 속에는 시종일관 규율이나 법을 벗어나지 않고 사회적 제도를 존중합니다. 이는 마치 우리 모두가 육교를 이용하고, 횡단보도를 지나가고, 빨간불을 기다리는 것처럼, 이런 것들은 얼핏 보기에는 우리의 생활에 약간의 제한을 주는 것 같지만, 이런 제약들은 우리가 이를 준수하는 전제하에 일종의 사회의 암묵적 약속을 형성할 수 있게 하고, 이래야 사람을 존중할 수 있고, 스스로의 안전을 보장할 수가 있습니다. 이것이 바로 군자가 법을 생각한다는 것입니다. 그러나 소인은 어떠한가요? 보답만을 기대합니다. 이 보답이란 작은 선심이며 자그마한 이득을 말합니다. 또한 기회를 노리고 이득을 꾀하는 것이 한 두 차례는 가능할지언정, 그러나 그 속에는 반드시 숨겨진 위험요소들이 있어 큰 손해를 부르게 됩니다. 초록불과 빨강불 사이에 노랑불이 켜질 때, 뛰면 된다고 하여 빨리 뛰어 지나가는 순간, 차들이 순간적으로 브레이크를 밟아 내가 지나가도록 한다면, 이를 두고 나에게 득이 된다고 생각할 수도 있습니다. 그러나 이렇게 하다보면 언젠가는 큰 화가 그 속에 도사리고 있어 자신에게 미칠 수 있다는 것은 우리 모두 마음 속으로 다 알고 있습니다. 그래서 소인은 큰 안목이 없다는 것이고, 작은 이익을 앞다투어 차지하려는 사람들이라는 것입니다.

【우단 심어】

소인은 큰 안목이 없고, 작은 이익을 앞다투어 차지하려는 사람들이다.

그럼 다시 군자얘기로 돌아와서, 오늘날 군자가 된다는 것은 우리에게 강조하고 있는 '변함없는 마음恒心'에서 시작해도 괜찮겠습니다. 변함없는 마음, 이 말은 쉽지 않은 말입니다. 우리가 살고 있는 사회가 지금은 너무나 많은 선택할 수 있는 것들로 인하여, 우리를 흥분시키고, 좋아하게 하고, 격한 감정激情을 가지게 합니다. 우리는 이러한 많은 선택들 중에서 이리저리 더 가치 있는 것들을 찾습니다. 오늘날 우리는 모두 똑똑한 사람들입니다만, 그러나 우리의 결점은 무엇일까요? 실속 없이 겉만 화려한 선택 중에 진정한 변함없는 마음, 이 변함없는 마음이 군자가 되기 위한 전제 조건입니다. 우리에게 좀 더 변함없는 마음과 굳건한 신념을 가지게 한다면, 이는 우리가 군자의 기준에 좀 더 가까워지게 된다는 것입니다.

사실 모든 사람이 사회에 막 들어설 때에는, 모두 포부를 품게 됩니다. 큰 업적을 세울 수 있기를 바라고, 사회에 하나의 어떤 성과를 내놓을 수 있기를 바랍니다. 그러나 이러한 환상들은 곧 바로 비누거품처럼 하나하나 사라지게 됩니다. 왜일까요? 우리가 가지고 있는 변함없는 마음의 광채만으로는 우리들이 계속 해 나갈 수 있도록 하기에는 부족하기 때문입니다. 그러므로 군자는 반드시 모두 '일정한 생산이 없어도 변함없는 마음이 있다. 無恒産, 有恒心'라는 높은 경지에 오를 수 있는 것은 아닙니다. 그러나 만약 우리가 굳건한 신념을 가지고 있고, 광활한 안목을 가질 수 있다면 군자가 되는 일은 멀지 않을 것입니다. 이것이 두 번째 기준입니다.

공자는 또한 세 번째 기준이 있다고 했습니다.

【내레이션】

우단 교수는 《논어》에서 말하는 군자는 결코 너무 높아 바라만 보고 오르지 못하는 높은 산이 아니라고 했습니다. 군자는 사실상 영원한 우리의 이웃이며, 우리의 친구입니다. 군자의 세 번째 기준은 바로 우리들로 하여금 동료나 친구들 사이에서 군자와 소인의 차이를 변별해 낼 수 있도록 합니다. 도대체 세 번째 기준은 무엇일까요?

진정한 군자의 세 번째 기준은 일을 잘 처리하는 것입니다. 그의 인간관계는 친화적이고 우호적이어서, 단체 생활에 잘 협력하고 일을 잘 되게 한다는 것입니다. 그래서 공자는 일찍이 군자와 소인은 큰 차이점이 있다고 했습니다.

矜而不爭, 群而不黨. (《論語 · 衛靈公》 15.22)
긍지를 가지나 다투지 않으며, 무리를 이루나 파벌을 짓지 않는다.

군자는 잘 어울립니다. 그는 많은 사람들 모임에서 다툼을 한 적이 없습니다. 다른 사람들과 많은 분쟁을 하거나 고집을 부리려 하지 않습니다. 그는 자부심으로 가득 차 있어 항상 긍지를 지니고 있지만, 결코 작당하여 사리사욕을 꾀하지는 않습니다. 당黨이란 무엇인가요? 현대 사회에서 사용하고 있는 말이 당동벌이黨同伐異입니다. 즉 같은 파끼리는 한 패가 되고 다른 파는 배척하는 것입니다. 바로 서로 작당하여 사리사욕을 꾀하는 것입니다. 군자는 즉 작당을 하여 사리사욕을 꾀하려 하지 않습니다.

君子和而不同, 小人同而不和. (《論語 · 子路》 13.23)
군자는 두루 어울리되 같지 않고, 소인은 부화뇌동하되 조화를 이루지 못한다."

이는 어떤 기준을 말하는 것일까요? '화이부동和而不同', 많은 사람들이 함께 있으면, 우리들의 관점은 반드시 같지가 않을 것입니다. 우리가 자신의 관점을 말할 때, 진정한 군자는 남의 말을 경청하고, 그리고 모든 사람의 관점의 합리성을 이해하려 합니다. 그러면서도 자신의 관점을 능히 견지할 수 있습니다. 이것이 '화이부동'입니다. 공자는 또 말했습니다.

君子周而不比, 小人比而不周. (《論語 · 爲政》 2.14)
군자는 화합하나 비교하지 않고, 소인은 비교하고 화합하지 않는다.

이는 무슨 개념을 말하는 것일까요? '주周'는 많은 사람들이 같이 하는 것이고, 모두에게 주도면밀하고 세심한 것입니다. 진정한 군자는 친구가 많건 적건 간에, 그는 공기 중의 산소마냥 친구들에게 항상 유쾌함을 느낄 수 있게 하고, 스스로 자신이 잘났다고 떠벌리지 않고, 그는 모든 사람들이 다 보호를 받을 수 있게 합니다. 그러나 소인은 어떤가요? '비교比'합니다. '비比', 이 상형자는 두 개의 같은 형태인 '비匕' 자가 함께 쓰여 이루어진 자입니다. 즉 소인은 하나의 소집단을 만들고, 다른 사람의 마음을 헤아리지 않는다는 것입니다. 예를 들어 파티가 열렸을 때, 진정한 군자는 주변의 가깝고 먼 사람에게 모두 편안한 느낌을 줍니다. 그러나 도덕적 기준이 좀 낮은 소인은 파티에 와서 가장 의기투합이 잘되는 사람만 찾습니다. 그리고 한 구석에 가서 속닥속닥거립니다. 그는 당신과의 관계가 매우 좋다고 생각하게 합니다. 하지만 이러한 소인배는 다른 사람의 감정을 헤아리지 못합니다. 그래서 우리는 군자를 '두루두루 친하고 비교하지 않는다.周而不比'라고 하는 것입니다. 이런 사람들은 이미 앞에서 언급하였듯이, '군자는 너그럽고 당당하지만, 소인은 조급하고 불안하다. 君子坦蕩蕩, 小人長戚戚'는 것입니다. 왜 이러한 비교比가 나오게 되었을까요? 왜 패거리 지어 사리사욕을 챙기게 되었을까요? 그것은 바로 그 사람 자신이 속닥속닥 몰래 소곤거리는 습성을 가지고 있기 때문에, 다른 사람들도 같이 속닥거리기를 원합니다. 군자는 이러한 것들을 중요하게 생각하지 않습니다. '너그럽고 당당한' 군자의 눈은 모든 사람을 다 헤아려 살펴봅니다. 모든 사람이 전부 기뻐하는지 즐거운지를 생각합니다. 이러한 사람이 바로 의기 당당한 군자인 것입니다.

중국이 전통적으로 줄곧 주장해온 고전의 미는 일종의 화합의 미美입니다. 화합이란 다른 소리와 다른 관점이 있다는 사실을 전제로 하여, 다른 사람에 대한 일종의 관용을 베푸는 것이고 융합하는 것입니다. 이것이 바로 '군자의 도君子之道'입니다. 군자는 항상 일을 잘 처리할 줄 압니다. 그래서 공자는 일찍이 아래와 같은 생동감 있는 표현을 하였습니다.

君子易事而難說(悅)也, 小人難事而易說(悅)也. (《論語 · 子路》 13.25)
군자와는 일을 쉽게 할 수 있으나 기쁘게 하기는 어렵고, 소인은 일을 어렵게 하나 쉽게 기쁘게 할 수 있다.

군자는 일을 쉽게 처리하나 그를 기쁘게 하기는 어렵습니다. 일을 모두 함께 할 수 있고 또한 일을 잘 해냅니다. 그러나 이렇게 일을 하는 동안에도 그는 기쁘거나 슬픈 내색을 하지 않습니다. 그에게 작은 선심을 주었다고 해서 쉽게 곧바로 당신에게 파란 불을 켜주고 후문을 활짝 열어주지는 않습니다.

說(悅)之不以道, 不說(悅)也. (《論語 · 子路》 13.25)
도리가 아닌 것으로 기쁘게 하려 하면, 기뻐하지 않는다.

그를 기쁘게 하고 싶어서, 만약에 도리에 맞지 않는 것으로 뇌물을 바친다거나, 그에게 개인적인 어떤 혜택을 준다고 해도 그는 기뻐하지 않습니다.

及其使人也, 器之. (《論語 · 子路》 13.25)
그 사람에게 일을 시킬 때, 그 사람의 기량에 따라 하도록 한다.

군자는 당신에게 일을 시킬 때 당신의 기량에 맞게 적절한 위치에 배치를 합니다. 우리가 알다시피 사람마다 자신이 가지고 있는 전문분야가 있습니다. 사람마다 모두 장단점을 가지고 있기 때문에 그 자신의 능력이 모자라는 부분이 있습니다. 진정한 군자는 다른 사람에게 강제로 일을 시키지 않고, 상황을 잘 살피고 헤아려 그 사람이 가지고 있는 능력에 따라 적절한 용도에 맞게 쓴다는 것입니다. 이것이 '그릇에 맞게 사람을 쓴다器之.'는 것입니다. 당신을 가장 알맞은 자리에 놓아 당신을 난처하게 만들지 않습니다. 이러한 사람은 일 처리를 잘하나 당신이 그 사람을 기쁘게 하기는 어려울 것입니다. 이 사람이 바로 군자입니다.

그럼, 반대 상황을 한번 살펴볼까요. 《논어》에서 이런 서사 방식은 매우 쉽게 이해할 수 있는데, 왜냐면 군자와 소인을 자주 함께 비교하여 설명하기 때문입니다. 상반된 각도로 보여주면서 무엇이 소인인가를 알게 해줍니다. "소인은 어렵게 일을 하나 쉽게 기쁘게 할 수 있다小人難事而易說(悅)也."라 했습니다. 소인은 특별히 쉽게 기쁘게 할 수 있고, 비위를 맞출 수 있습니다. 그러나 일을 하기는 매우 어려운 사람입니다. 생각해 보세요. "일하기는 어려우나 쉽게 기쁘게 할 수 있다難事而易說"는 이 다섯 글자가 얼마나 생동감 있게 잘 그려내고 있습니까? 우리 주위에는 이런 종류의 사람들이 많이 있습니다. 예를 들어, 당신이 그에게 약간의 작은 선심을 베풀거나, 작은 도움을 주거나, 그의 비위를 맞추어 보십시오. 술 한 잔 사주거나 혹은 사우나에 가거나, 혹은 안마를 한번 시켜 주게 되면 이 사람은 매우 쉽게 기뻐합니다.

이렇게 쉽게 남에게 유혹 당하는 사람과 같이 일을 할 수 있겠습니까? 이런 사람하고 같이 일을 하기는 어렵습니다. 왜냐하면요? 당신이 그 사람을 기쁘게 한 이러한 방식은 도리에 어긋나기 때문이기도 합니다. 그래서 공자는 "비록 도리가 아닌 것으로 기쁘게 하더라도 기뻐한다. 悅之雖不以道悅也"라고 말했습니다. 당신이 그에게 비위를 맞춰주는 방식이 비록 도리에 어긋날지라도 그는 기뻐합니다. 그렇다면 당신이 잠시 그 사람의 환심을 얻게 된 이후에 당신은 그 사람이 앞으로도 계속하여 당신에게 초록 불을 켜줄 것 같은가요? 실제로 사람을 쓰게 되었을 때, '사람을 쓰게 되면 모든 것을 갖추기를 원한다. 及其使人也, 求備焉'는 것입니다. '비備'는 '모든 것을 갖추다'의 '비備'입니다. 무슨 뜻입니까? 무리해서라도 완전무결하기를 요구하는 것입니다. 이때는 이미 당신은 온 힘을 쏟아 부었고, 많은 돈을 쓰고 줄을 대어서 관계를 맺었을 것입니다. 그래서 결국 어느 날 일을 하게 되었을 때, 당신은 그가 당신에게 평탄대로를 펼쳐 줄 것이라고 생각하십니까? 이때 그 사람은 무리한 요구를 하면서 완전무결하기를 바랄 것입니다. 그래서 그는 당신이 여기에 충분치 않고, 저기는 기준에 맞지 않는다고 생각하기 시작할 것입니다. '당신은 왜 이렇게 밖에 하지 못하는가! 좀 더 잘할 수 없어요!'라고 요구할 것입니다. 이런 요구들을 계속하여서 상대방을 아주 힘들게 하며, 난처하게 만듭니다. 이것이 군자와 소인의 차이입니다.

【내레이션】

《논어》에서는 우리에게 군자는 반드시 아주 선량하고 고상하고 화기애애한 사람이라고 말합니다. 우단 교수는 군자는 또 하나의 중요한 기준이 있다고 하였는데, 그것은 바로 개인의 언행입니다. 즉 말하는 것과 일을 하는 기준인 것이죠. 그렇다면 군자의 언행은 과연 어떠해야 될까요?

이것이 바로 공자가 말하는 군자입니다.

先行其言, 而後從之. (《論語 · 爲政》 2.13)
그 말하고자 하는 것을 먼저 행하고, 그런 후에 따르게 하는 것이다.

군자는 스스로 말하고자 하는 것을 먼저 말하지 않고, 말하고 싶은 게 있으면 먼저 가서 일을 행한다 했습니다. 이것이 '말하고자 하는 것을 먼저 행한다先行其言.'는 것입니다. 일을 다 처리하고 난 후 그 다음에서야 말을 꺼내는 것입니다. 무슨 일을 하고자 한다면 지금 바로 일을 하라는 것입니다. 공자에게 있어서는, 그런 큰 소리 치는 사람, 즉 말만 번지르르하게 하는 사람은 인자한 사람이 드물다 하였습니다.

巧言令色鮮以仁. (《論語 · 學而》 1.3, 17.17)
아부를 잘하고 잘 바꾸는 사람 중에는 인을 행하는 사람은 적다.

만약에 어떤 사람이 말만 번지르르하게 한다면, 이런 사람은 마음 속의 진정한 인의를 많이 소유하지 못합니다.

어떤 사람이 인의를 갖춘 사람이며, 어떠한 사람이 군자인가요? 공자는 말했습니다.

剛毅木訥, 近仁. (《論語 · 子路》 13.27)
강하고, 의지가 굳으며, 소박하고, 어눌한 사람이 인에 가깝다.

어떤 사람은 마음이 굳고, 강인하며, 겉으로 목석 같고 어눌하며, 말은 많이 하지 않을 수 있습니다.

敏于行而訥于言. (《論語 · 里仁》 4.24)
행동에 민첩하고 말은 어눌하다.

군자는 행위는 각별히 민첩할지언정, 차라리 말을 할 때는 매우 신중하게 합니다.

모두가 알고 있는, 서양의 《성경》에는 한 가지 금언이 있습니다. 이 세상에는 다시 되돌릴 수 없는 세 가지 일이 있다고 했습니다. 그것은 쏜 화살과, 내뱉은 말, 놓쳐버린 기회라 하였습니다. 실제로 이미 내뱉은 말은 엎질러진 물과 같아서, 다시 주워 담을 수 없습니다. 그래서 군자는 말하기 전에 차라리 먼저 행동으로 옮기는 것입니다. 이것이 바로 공자가 말하는 기준인 것입니다.

耻其言而過其行. (《論語 · 憲問》 14.27)
말이 행동보다 지나침을 부끄럽게 여긴다.

지금도 우리는 '언과기행言過其行'이라는 고사성어를 씁니다. 어떤 사람이 행동보다 말이 더 많다면 군자는 이를 부끄럽게 생각합니다. 따라서 군자는 반드시 다른 이들과 조화를 이루고 화합하며 상호 간의 일을 도모하고, 이 세상 모든 일이나 개인의 가치를 존경합니다. 이러한 마음을 가지고서 자신의 일을 태연하게 잘 해냅니다. 군자의 힘은 행동이 가진 힘이지 말이 갖는 힘이 아닙니다. 하지만 진정한 군자에게는 모든 것을 융합하고 이치에 통달한 다음에도 더 높은 경지가 있습니다. 군자는 여태껏 한 가지 고정된 직분, 작은 역할에만 안주하지 않았습니다. 그들은 유동적이며 시대에 발맞춰 진보합니다. 군자는 급변하는 사회 속에서 상황에 맞게 변화하고 조정해 나아갑니다. 끊임없는 진보로 말미암아 더 좋은 지위를 차지할 수 있게 되는 것입니다. 이것이 공자가 말한 네 글자 '군자불기君子不器'로 압축할 수 있습니다.

군자는 이 세상에서 하나의 고정된 그릇으로 존재하지 않습니다. 군자는 하나의 그릇만이 아닙니다. 사실상 그릇이란 무엇이죠? 요구에 맞추어서, 규격에 맞게 하나의 직분에 종사하는 것입니다. 직업주의職業主義보다 한층 더 높은 경지는 이상주의理想主義입니다. 군자는 행위 자체가 아닌, 그 행동을 하게 되는 배경과 동기를 중요시합니다. 매우 이상한 사실이 있습니다. 인간이라는 동물은 사유를 통해 행동을 결정하는 동물이라는 것입니다. 즉 사유가 모든 행동을 결정한다는 것입니다. 우리가 우리 사회에서 매일 매일 하는 일들은 서로 비슷비슷한데 어째서 그에 대한 해석은 각기 다른 것일까요?

저는 일찍이 15세기에 한 종교철학자가 쓴 책 한 권을 보았습니다. 이 책은 그가 청년시절에 겪은 이야기로, 그의 일생을 바꿔 놓았습니다. 청년은 태양 빛이 작열하는 어느 더운 날, 대규모 공사를 하는 지역을 지나가게 되었습니다. 모든 인부들이 땀을 비 오듯 흘리며 벽돌을 나르고 있었습니다. 청년은 그 사람들이 무엇을 하고 있는지 알 수 없었기 때문에 다가가서 한 사람에게 물어보았습니다. '선생님, 여기서 무슨 작업을 하고 계신 건가요?' 그 인부는 매우 퉁명스럽게 대답하기를 '이보게, 보면 모르나? 힘들게 벽돌을 나르고 있지 않은가?' 청년은 아직도 사람들이 무슨 일을 하고 있는지 알 수 없었습니다. 그래서 두 번째 인부에게 다가가 물어보았습니다. '선생님, 무슨 일을 하고 계신 건가요?' 이 사람의 태도는 첫 번째 사람보다 훨씬 부드러웠습니다. 그 인부는 손에 쥔 벽돌을 가지런히 쌓아올리며, 청년을 슬쩍 바라보고는 말했습니다. '나는 벽을 쌓고 있다네.' 청년은 또 세 번째 인부에게 다가가 물었습니다. '선생님, 무슨 일을 하고 계신 건가요?' 그 인부의 얼굴에는 줄곧 온화한 기운이 감돌았습니다. 그는 손에 쥐고 있던 벽돌을 내려놓고, 고개를 들어 땀을 닦으며 자랑스럽

게 말했습니다. '이보게, 지금 나에게 묻는 건가? 나는 지금 교회를 짓고 있다네.'

사실상 이 세 사람은 모두 똑같은 일을 하고 있습니다. 하지만 그들이 갖고 있는 생각은 각기 다릅니다. 저는 첫 번째 사람을 비관주의자라고 부릅니다. 오늘날 우리가 하는 모든 일에는 이유가 있고, 이런 일들이 우리의 생활을 힘들게 하는 고역苦役이라고 생각합니다. 그렇지요! 우리는 모두 대가를 치러야 할 일이 있기 마련이고, 따르는 작금의 고통이 확실히 존재하고 있습니다. 저는 두 번째 사람은 직업주의자라 생각합니다. 당신도 알다시피 벽을 쌓는 것은 부분적 성과물입니다. 이는 당신이 받는 월급이거나, 직분이거나, 직위에 해당됩니다. 당신이 차지하고 있는 직분에 어긋나지 않는 이른바 직업의 최저 선에서 벗어나지 않는 것입니다. 하지만 이 이상의 어떤 목표를 추구하지 않습니다. 이 경지는 무엇인가요? 공자가 말한 '그릇器'의 경지인 것입니다. 자신에게 맞는 그릇에 맞추어 사는 것입니다. 세 번째 사람은 이상주의자라 생각합니다. 이는 당신의 눈앞에 있는 벽돌 하나, 땀 한 방울이 성스러운 교회가 된다는 것으로 인식하는 것입니다. 당신이 최종적으로 이루고 싶은 꿈이 있다면, 그 꿈을 향해 밑바닥부터 이루어가는 과정 속에서, 당신의 한 걸음걸음이 모두 가치가 있다는 것입니다. 당신이 지불하는 이러한 대가는 결국 꿈을 이루게 할 것입니다. 꿈을 향해 달려가는 여정에서 당신이 하는 일들은 결코 하나의 그릇 역할에만 불과한 것이 아닙니다.

사실 '군자불기君子不器'는 아주 간단한 네 글자에 불과합니다. 하지만 그 네 글자 속에 담겨있는 의미는 심오합니다. 우리는 앞에서 이미 언급한 군자가 갖추어야 할 몇 단계를 융합한 후에, 우리가 진정 스스로 해야 할 일을 하게 되었을 때, 눈앞에 당면한 일에 만족하고 끝낼 것이 아니라, 그 일의 배후나 동기를 생각해 보아야 합니다. 우리의 삶과, 꿈, 자신 스스로와 관련된 이 사회의 좌표 속에서 자신만의 교회를 세울 수 있어야 합니다. 아마도 자신의 힘으로 교회를 세울 수 있다면, 우리의 꿈을 뒤덮고 있는 교회로 말미암아 각자의 꿈을 완성할 수 있을 것입니다.

【우단 심어】

당신은 꿈을 위해, 밑바닥부터 꿈을 이루기 위한 여정을 걷고 있다.

모두가 알고 있듯이, 증자曾子는 '일삼성호기日三省乎己'라 했습니다. 매일 자신을 여러 번 반성하는 것을 말합니다. 무엇을 반성한다는 것인가요? 여기 몇 가지가 있습니다.

첫 번째는 '누군가를 위해 일을 하는데 충심을 다 하였는가爲人謀而不忠乎'입니다. 말하자면 사회에서 맡은 역할과 주어진 일을 할 때 진정으로 자신의 직분에 충실하였는지를 묻는 것입니다.

두 번째는 '친구와 교제할 때 진실하였는가與朋友交不信乎'를 묻는 것입니다. 이것은 사회에서 맡은 역할과 친구와의 사귐 사이에 있어서 서로 조화롭게 잘 이끌어 가는지, 진정 충심으로 정성을 다 했는지, 약속한 것을 잘 지켰는지를 말하는 것입니다.

증자가 말한 세 번째 표준은 매우 귀엽습니다. 바로 '배운 것을 복습하였는지 傳不習乎'입니다. 당신은 배운 지식을 복습했습니까? 이것은 학습상의 목표입니다. 어떤 사람이 오늘도 또 진일보 하였는지, 마음의 새로운 경지를 개척하였는지, 당신의 능력을 향상시켰는지를 묻는 것입니다. 이는 사실 군자가 매일 세 번 스스로를 돌아보는 기준입니다.

이로부터 알 수 있듯이, '군자'는《논어》속에서 가장 많이 등장하는 중요한 단어입니다. 군자라는 단어 속에 담긴 의미는 소박함과 온화함, 조화로움입니다. 이는 이천여 년 전 고대 성현들의 경전 속에 있는 것만이 아니라, 사실은 우리의 현실 속에 있고, 우리의 선택 속에 존재하며, 우리 모두의 마음 속에 존재하는 것입니다. 따라서 이러한 의미에서 볼 때, 우리는 모두 군자가 될 수 있는 것입니다.

2. 심령(정신)의 도心靈之道

【내레이션】

모든 사람들은 세상을 살다 보면 원망스럽거나 뜻대로 안 되는 일이 있습니다. 이러한 원망과 뜻대로 되지 않는 일을 계속해서 마음에 담아두고 키우게 된다면, 영원히 이 번민 속에 갇히게 될 것입니다. 어쩌면 우리에게는 원망스런 현실을 바꿀 힘이 없거나 인생의 역경을 피해 갈 힘이 없을지도 모릅니다. 그러나 우단교수는 말합니다. 《논어》의 핵심 가운데 하나는 '마음의 힘은 무한하다'는 것입니다. 원망스럽고 힘든 일을 겪을 때 마음가짐만 달리 가지면 우리는 새로운 삶을 살게 될 것입니다. 2천여 년 전의 《논어》가 과연 현대인의 마음 속 응어리를 풀어줄 수 있을까요? 우단교수의 《논어심득論語心得》 중 《심령(정신)의 도心靈之道》 편을 들어주시기 바랍니다.

오늘 주제는 '인생 길어야 백년, 누군들 회한이 없겠는가?'입니다. 평생 살아가는 동안 사람들은 누구나 유감스러운 일을 겪게 되죠. 《논어》에도 유감스러운 일에 대한 내용이 있을까요? 당연히 많죠. 생각해보세요. 공자는 제자가 3천명에다가 수제자만 72명이었는데 이 많은 제자들은 모두 각자의 고민이 있었습니다. 그들은 인생의 회한에 대해 어떻게 이야기했을까요? 제자 사마우司馬牛에게도 한 가지 고민이 있었습니다.

【FLASH】

휴, 우리 집은 아들이 저뿐입니다.

난 형이 세 명 있습니다.

우리는 형제가 다섯입니다.

우리는 8형제죠, 일명 팔대천왕이라 불러요.

남들은 다 형제가 있는데, 왜 나만 형제가 없을까? 한 명이라도 있으면 좋겠다. 왜일까 왜? 정말 우울하다.

그러자 친구인 자하子夏가 그를 달래며 말했습니다. 자하의 이름은 상商입니다. 자하가 말합니다.

> 司馬牛憂曰: "人皆有兄弟, 我獨亡."
> 子夏曰: "商聞之矣: '生死有命, 富貴在天.' 君子敬而無失, 與人恭而有禮, 四海之內, 皆兄弟也. 君子何患乎, 無兄弟也?" (《論語 · 顔淵》 12.5)
> 사마우가 근심하여 자하에게 말하였다. "남들은 다 형제가 있는데, 나만 홀로 없습니다."
> 자하가 말하였다. "내가 듣건대 생사生死는 천명天命에 있고, 부귀는 하늘에 달려 있다고 합니다. 군자가 경건하여 도리를 잃음이 없고, 남과 사귐에 공손하여 예를 지키면 온 세상 사람이 다 형제인데 군자가 어찌 형제가 없음을 근심하고 있습니까?"

이 말은 공자가 직접 한 것이 아니지만 《논어》에서 강조하는 가치관을 대표적으로 보여 줍니다. 사람은 먼저 자신이 처한 삶의 고민에 직면해야 한다는 것이지요. 이해할 수 없는 문제에 마주쳤을 때 어떻게 해야 피해를 최대한 줄일 수 있을까요? 바로 문제에 얽매여 '왜 재수 없게 하필이면 나에게 일어난 거야?'라며 그것만 생각하지 않는 것입니다.

사실, 문제를 푸는 첫 번째 태도는 먼저 사실을 인정하는 것입니다. 최대한 빨리 이 사실을 받아들이는 거죠. '그래 좋아, 이는 일종의 운명이야, 그래 알겠어, 이 유감스런 일이 있는 줄 알아!'

그 다음 태도는 무엇일까요? 자신의 능력을 최대한 발휘해 유감스런 부분을 채우는 것입니다. 이것이 바로 자하가 친구에게 한 말 중 두 구절인 '군자경이무실, 여인공이유례君子敬而無失, 與人恭而有禮'입니다. 여기서 '경'이란 단정하고 진실한 마음에서 나오는 태도를 말합니다. 그러면 세상 사람들이 당신을 존경하게 되죠. 그리고 우리는 어떤 일에서든 작은 실수라도 하지 않도록 노력해야 합니다.

또 하나는, 다른 사람들과 함께 일할 땐 공손하고 예를 갖춰야 합니다. 공경하는 마음가짐으로 깍듯이 예를 갖추는 거죠. 진정으로 남들을 존중하는 것이죠. 여러분이 정말로 실수를 줄이고 남을 더 존중한다면 세상 사람들 모두가 형제나 다름없게 될 것입니다. 그러니 군자가 형제가 없다고 걱정할 필요가 있을까요?

【내레이션】

우단于丹 교수는 현실에서 자신에게 부족한 점을 먼저 인정하고 부단한 노력으로 부족한 점을 바꿔야 한다고 말합니다. 이것이 바로 《논어》가 말하는 삶의 불완전함을 대하는 태도입니다. 하지만 현대인들은 '한 자녀 시대'에 살고 있기에 형제가 없다는 것이 삶의 회한悔恨이 되지는 않습니다. 대신 우리의 삶에는 여전히 부족한 점들이 도사리고 있습니다. 만약 생활 속의 부족한 점을 받아들이지 못하면 어떠한 결과를 가져오게 되는 것일까요?

사실 우리가 이런 유감스런 일을 키우기만 한다면 문제는 한없이 커질 것입니다.

인도 시인 타고르가 남긴 유명한 말이 있습니다. '당신이 만약 달을 잃어버렸다고 운다면, 별마저 잃어버리게 될 것입니다.' 다시 말해, 자기 인생에서 부족한 점만 보고 계속 그것만 되풀이 한다면 문제점이 얼마나 커지게 될까요? 심지어 이 문제는 자신의 삶을 갉아먹는 어두운 그림자가 될 수도 있습니다. 이 그림자는 당신의 마음 속에서 극단적으로 말하면 우리의 생명을 갉아먹는 해가 되는 것입니다.

제가 예전에 어느 잡지에서 봤던 이야기입니다. 영국의 유명한 테니스 스타 짐 길버트에 관한 이야기였어요. 그녀는 어린 시절 뜻밖의 사건을 경험했습니다. 바로 어머니를 따라 치과에 간 것인데요, 사실 뭐 별일 아닌 거죠. 아시겠지만 이가 상하면 심장병을 유발할 수도 있는데, 어머니는 검사를 안 해서 몰랐던 모양입니다. 소녀는 어머니를 따라서 신나게 치과에 갔는데 일생일대의 충격적인 사건을 목격하게 됩니다. 어머니가 치과 의자에서 심장마비로 돌아가신 것이지요.

이 충격이 소녀의 마음 속에 얼마나 크게 자리 잡았을까요. 그녀는 심리 치료를 받지 않았고 평생 그 충격을 치료해야겠다는 생각도 안 했습니다. 그냥 문제를 계속 피하기만 했었지요. 그래서 그녀는 이가 아파도 절대 치과에 가지 않았습니다. 시간이 흘러 그녀는 유명한 테니스 선수가 됐고, 풍요로운 생활을 누리고 있었습니다. 그러던 어느 날 이가 너무 아파서 도저히 참을 수 없게 되자 가족들이 의사를 집으로 부르는 게 어떠냐며 설득했습니다. 집으로 개인 변호사와 주치의를 부르고 가족들도 함께 있어줄 테니 제발 이를 치료하자고 타일렀습니다. 결국, 해변의 호화 별장에서 의사가 옆에서 수술도구를 정리하다 그녀를 봤더니 그녀가 이미 사망한 게 아닙니까? 치료하기도 전에 이유 없이 죽은 것이지요.

당시 런던의 각 신문사들은 이 사건을 보도하면서 다음과 같은 평론을 덧붙였습니다. 수년 동안 오래된 걱정이 그녀를 죽음으로 내몰았다. 이 얼마나 무서운 걱정입니까. 이것이 바로 마음 속에 도사리고 있는 심리적 암시의 힘입니다. 그녀 인생에서 단 한 번의 크나큰 충격, 그 후유증이 놀라울 만큼 커져 결국 그녀의 목숨까지 앗아가게 된 것입니다.

사실 이런 극단적인 사태는 우리 주변에서 드물지만 우리는 모두 살면서 불행한 일을 겪지 않을 수는 없습니다. 불행한 사건이 때로는 일종의 자기 자신에 대한 암시가 될 수 있다는 것입니다.

다들 들어보신 얘기겠지만, 사람이 분노하거나 걱정할 때 호흡측정기로 날숨을 분석해 보면 회색빛을 띠고 이산화탄소가 더 많아진다고 합니다. 우울한 기분이 내분비까지 변화시키는 것이지요. 이것은 우리의 생명에까지도 영향을 줍니다. 그럼 어떻게 그것을 보충할 수 있을까요? 어떻게 해야 마음 속의 걱정을 정확히 파악하고 이 걱정을 변화시킬 수 있을까요? 마음가짐의 변화는 놀라운 힘을 가질 수 있습니다.

【내레이션】

우단 교수는 말합니다. 일상생활 속에서 어차피 불행을 피할 수 없다면 어떤 마음가짐으로 이것에 대처하는가가 중요합니다. 즉, 마음가짐을 바꿔 문제를 대하면 완전히 다른 삶을 누릴 수 있다는 것입니다. 우리는 모두 아름다운 꿈을 가지고 있습니다. 작은 사건을 계기로 마음가짐이 바뀔 수 있고 여러분은 완전히 다른 삶을 누릴 수 있습니다.

제가 책에서 본 다른 우화寓話를 말씀해드리겠습니다. 작은 마을에 몹시 가난한 여자아이가 있었습니다. 아버지는 돌아가셨고 어머니와 수공예품을 만들어서 생계를 유지했어요. 그녀는 어느덧 열여덟 살이 되었습니다. 그동안 너무 가난했던 나머지 예쁜 옷과 장신구로 치장해본 적이 없었습니다. 그래서 자격지심에 자신이 못생겼다고 생각했죠. 자신감이 없는 것이 그녀 삶의 회한悔恨인 것이지요.

열여덟 살이 되던 해의 크리스마스에 어머니는 처음으로 20달러를 주며 말했습니다. '네가 번 돈이니 이걸로 크리스마스 선물을 사도록 해.' 그녀는 너무나 행복했습니다. 그렇지만 자신 있게 선물을 사러 나갈 용기가 없었어요.

그래서 돈을 손에 쥐고서는 사람들을 피해 담벼락에 붙어 조심스레 걸어갔습니다. 거리의 사람들은 모두 자기보다 행복한 것처럼 보였죠. 그녀는 마음 속으로 한탄하며 말했습니다. '난 마을에서 가장 못생기고 가난한 사람이야.' 가는 길에 몰래 짝사랑하던 청년을 보았습니다. 그녀는 씁쓸하게 생각했어요. '오늘 밤 무도회에서 그의 파트너는 누구일까? 누군지 몰라도 정말 행복하겠어.'

그녀는 이렇게 중얼거리면서 사람들을 피해 상점에 도착했습니다. 문을 들어서자마자 눈에 확 들어오는 물건이 있었는데 바로 비단으로 만든 아름다운 꽃 장식 머리핀이었습니다.

멍하게 서 있는데 점원이 그녀를 불렀습니다. '이리로 오세요, 갈색 머리가 아주 예쁘네요. 연녹색 머리핀을 골라 꽂아 드릴게요.' 그녀가 가격표를 보니 16달러였습니다. '너무 비싸서 못 사요. 안 살래요. 하지만 점원은 벌써 머리핀을 꽂아주고는 거울을 한번 보라고 말했습니다. 거울을 본 순간 그녀는 깜짝 놀라고 말았습니다. 머리핀 하나 했을 뿐인데 자신이 너무 예뻐 보이는 것이었어요. 순식간에 천사처럼 예쁘고 빛이 났죠. 자신의 이런 모습은 처음이었습니다. 그녀는 놀라며 이렇게 예뻐질 수 있는데 당장 사야지라고 생각했어요. 그래서 기분 좋게 흥이 나서 돈을 꺼내고서는, 머리핀을 사겠다고 했습니다. 그녀는 4달러를 거슬러 받고, 들뜬 기분에 흥이 나서 얼른 뒤돌아 밖으로 뛰어나오는데 마침 가게로 들어서던 노신사와 꽝하고 부딪쳤습니다. 어렴풋이 노신사가 자신을 부르는 소리가 들렸지만 그녀는 신경도 쓰지 않고 날 듯 뛰어나갔습니다.

가는 길에 그녀는, "나에게 어떻게 이런 놀라운 변화가 생기게 됐지?"라고 중얼거렸습니다. 자신도 모르게 마을의 번화가로 달려갔습니다. 사람들이 모두 놀란 눈빛으로 자기를 보는 게 느껴졌습니다. 수군대는 소리도 들렸습니다. '우리 마을에 이렇게 예쁜 아가씨가 있었네. 누구네 집 딸일까? 왜 아직까지 몰랐지?' 바로 이때, 짝사랑하던 그 청년을 다시 만났습니다. 그 청년도 놀란 표정으로 소녀에게 말을 걸었어요. '오늘 저녁 크리스마스 무도회에서 저의 파트너가 되어주시는 영광을 저에게 주시겠습니까?' 소녀는 매우 기뻤습니다. 그녀는 생각 끝에 이번만 사치하는 셈 치고 남은 4달러도 아낌없이 자신에게 투자하기로 했지요. 그래서 다시 발길을 돌려 상점으로 돌아갔어요.

그녀가 상점에 들어서자 노신사가 미소를 지으며 서 있는 게 보였습니다. "네가 돌아올 줄 알았다"라고 그가 말했습니다. "아까 나와 부딪힐 때 꽃장식이 떨어져서 찾으러 올 때까지 기다리고 있었다."

이 이야기는 여기서 끝납니다.

정말 동화 같은 이야기지요. 소녀의 회한悔恨이었던 자괴감이 정말 머리핀 하나로 사라진 걸까요? 사실은 되살아난 자신감 덕분에 사라진 것입니다. 우리에게는 이런 드라마틱한 순간이 없을지도 모릅니다. 모든 사람의 인생에 동화 같은 행운이 찾아오기는 힘듭니다. 하지만 이러한 이야기는 우리에게 깨우침을 줍니다.

사실 소녀의 이야기 중 많은 부분이 공자의《논어》속 관점과 일치합니다.

공자가 말하기를, 사람은 마음으로 어떤 마음을 쓰느냐에 따라, 자신의 깨달음으로 세상의 많은 이치를 깨우칠 수 있다고 합니다. 다시 말해, 진정한 군자는 태연하고 침착한 마음을 통해 삶 속의 많은 고민을 해결할 수 있다는 것입니다.

【우단 심어】

용감한 사람이란 자신의 힘으로 회한悔恨을 해결하는 사람이다.

이것의 전제는 무엇일까요? 바로 우리가 마음 속으로 현실 속 많은 그림자들을 지나치도록 심각하게 여기지 않는 것입니다. 자신이 어두운 그림자 속에 있다는 사실을 인정하지 않는 겁니다.

인도 시인 타고르는 이런 말을 했습니다. "먹구름이 스스로 태양을 가려놓고서는 날씨가 안 좋다고 원망을 한다."는 것입니다. 많은 경우에 우리의 마음이 스스로 태양을 가리죠. 우리는 득과 실을 너무 따집니다. 공자의 가치판단 체계에서 득실에 지나치게 집착하는 자는 비부鄙夫라고 폄하되었습니다. 남 앞에 내세울만한 것이 없는 수준이 낮은 사람인 것이지요. 비부가 무엇인가 하면 소인과 비슷한 말입니다. 공자는 일찍이 이렇게 말했습니다.

鄙夫可與事君也與哉. 《論語 · 陽貨》 17.15)
소인배와 함께 임금을 섬길 수가 있는가.

이러한 사람과 당신은 국가대사를 의논하고 임금을 섬길 수 있습니까? 안됩니다. 이러한 사람은 이득이 없었을 때는 상관없지만, 이 이익을 얻고 나서 다시 이를 가져간다면 참지 못합니다. 다시는 가난한 삶을 살 수 없는 것이지요. 그래서 자신의 이익을 더욱 오랫동안 누리고 그것을 잃지 않기 위해 수단과 방법을 가리지 않습니다.

다시 처음으로 돌아가서 얘기하자면, 삶에 회한이 없는 사람이 어디 있겠습니까? 만약 당신이 넓고 여유로운 마음과 마음 속 깨달음의 힘으로 이런 회한을 메울 수 있다면 정정당당하고 투명하고 용감한 사람이 될 수 있습니다. 이것이 바로 공자가 제창한 경지입니다.

仁者不憂, 智者不惑, 勇者不懼. (《論語 · 憲問》 14.28)
인자는 걱정을 하지 않고, 지혜로운 자는 미혹되지 않으며, 용자는 두려워하지 않는다.

모든 근심걱정과 유혹, 두려움이 눈앞에 있을 때, 자신의 마음을 더 넓고 인자하게 가지고 더욱 지혜롭고 현명하게 대처하고 더 용감하게 행동한다면 모든 문제가 해결되는 게 아닐까요?

그러므로 용감한 사람이 되려면 자신의 힘으로 삶의 회한을 해결해야 합니다. 물질의 득과 실에 기대어 알량한 자부심을 얻어서는 안 되죠. 이것이 바로 《논어》에서 주장하는 인생관입니다.

【내레이션】

용기란 무엇일까요? 사람들은 큰 인仁과 큰 지智는 실천하기가 매우 힘들지만 용감한 사람이 되는 것은 쉬울 것이라 여깁니다. 그렇다면 우단 교수가 말하는 용기는 무엇일까요? 단지 필부의 용기만으로 인생의 회한을 풀 수 있을까요? 《논어》에서는 용기에 대해 어떻게 정의하고 있을까요?

알다시피, 공자의 제자 가운데 매우 솔직하고 용감한 자로子路가 있었습니다. 그는 용기와 관련된 일에 특히나 관심이 많았는데 공자가 예전에 그를 비꼰 적이 있었기 때문입니다. '세상에서 도가 통하지 않고 나의 사상이 실행되지 않는다면 배를 띄워 멀리 강과 바다로 나가겠다. 그때 내가 데리고 갈 사람은 바로 자로다.' 자로는 너무 기뻤습니다. 스승님이 그런 힘든 때에 나만 데리고 가신다니. 하지만 공자는 다시 이렇게 덧붙였어요. '사실 자로는 용기를 빼면 아무것도 없으니 내 곁에 두는 것이다.' 자로는 정말 용감하기는 합니다. 그러나 그의 용기에는 내면적인 수양이 부족했던 것입니다. 어느 날, 그는 용기에 대해서 공자에게 물어보러 갑니다.

子路曰 : 君子尚勇乎? (《論語 · 陽貨》 17.23)
자로가 물었다. "군자는 용감한 마음을 숭상하는 겁니까?"

즉, 군자가 반드시 용기를 숭상해야 하는 것인지 대답해 달라는 것이지요. 공자는 명확한 정의를 내려주었습니다.

子曰 : 君子義以爲上, 君子有勇而無義爲亂, 小人有勇而無義爲盜. (《論語 · 陽貨》 17.23)
공자께서 말씀하셨다. "군자는 의를 숭상한다. 군자가 용맹만 있고 의가 없으면 난을 일으키고, 소인은 용맹만 있고 의가 없으면 도적이 될 것이다."

공자는 군자가 용기를 숭상하는 것은 맞지만, 그러나 여기에는 제약과 전제조건이 따른다고 말했습니다. 전제조건은 한 글자로 말하면 바로 '의義'입니다. 군자의 용기는 '의'가 앞서는 용기일 때만 진정한 용기라 할 수 있는 것입니다. 만약 이 글자가 없으면 군자는 용기를 가지고 난을 일으키게 됩니다. 용기는 큰 혼란을 야기할 수 있기 때문이죠. 이런 상황이 소인에게 발생하면 더 큰일입니다. 소인에게 '의'가 없으면 도둑이나 강도가 되어 도둑질이나 하게 됩니다. 오늘날 도둑과 강도를 보세요. 용감하지 않다고 할 수 없죠. 집을 털고 재물을 뺏을 뿐 아니라 살인까지 저지릅니다. 아주 용감한 행위지요? 다시 말해, 도덕적 제약이 없는 용기는 세상에서 가장 큰 재앙인 것입니다.

【우단 심어】

도의에 어긋난 용기는 세상에서 가장 큰 재앙이다.

그러면 '도의道義'란 무엇일까요? 군자의 용기가 진정으로 숭상하는 것은 무엇일까요? 바로 마음 속의 제약입니다. 그래서 《논어》에도 다음과 같은 유명한 구절이 있죠.

子曰 : 以约失之者鲜矣. (《論語 · 里仁》 4.23)
공자께서 말씀하셨다. "제약이 있으면 잃은 것이 거의 없다."

마음 속의 제약이 있는 사람이 사회적으로 실수하는 일은 극히 적다고 합니다. 다시 말해서, 우리는 마음 속으로 자주 자신을 돌아보고 날마다 세 번 반성해야 한다는 것입니다. 오늘 잘한 일과 잘못한 일이 뭔지 스스로 물어보는 것이지요. 주변에서 어진 이를 보면 그와 같아지려고 생각하고 어질지 못한 이를 보면 스스로 반성하는 기회로 삼아 자신의 행동을 반성해 보는 것입니다. 이게 바로 제약입니다. 다시 말해서, 아까 말한 것처럼 인생에 회한이 있듯이 사람의 행동에도 아쉬움이 있기 마련인데, 자신의 과오를 반성하고 고칠 수 있다면 그것이 유교에서 말하는 '진정한 용기'인 것입니다. 이런 용기야말로 군자의 용기입니다.

군자의 용기에 대해서 소식蘇軾은 〈유후론留侯論〉에서 다음과 같이 설명했습니다.

"옛날의 호걸은 범인보다 뛰어난 기개를 지니고 있었다. 인간의 감정으로 도저히 참을 수 없는 일이 있을 때에 필부는 욕을 당하면 칼을 빼어 들고 몸을 던져 싸우는데 이를 용기라고 부르기에는 부족하다. 큰 용기를 가진 자는 급박한 일에 처해도 놀라지 않고 이유 없이 욕을 당해도 화를 내지 않는다. 그 이유는 그가 품은 포부가 크고 뜻이 심히 원대하기 때문이다." (蘇軾〈留侯論〉)

무슨 뜻일까요? 진정한 호걸의 마음의 용기가 어떤 경지인지 설명한 것입니다. 보통사람을 능가하는 뛰어난 기개로 인간의 감정으로 참을 수 없는 일을 참는 사람들은 넓은 도량이 있는 것입니다. 그러니 누가 용감한 사람일까요? 한신韓信은 가랑이 사이를 기는 치욕을 참아내고 훗날 유방劉邦을 도와 천하를 평정하는 대업을 이루게 됩니다. 한신은 욕을 당하면 칼을 빼들고 싸우는 보통 사람들과 달랐습니다. 순간에

욱해서 화를 폭발하는 사람은 큰일을 할 수 없습니다. 다시 말해서, 자신이 정말 누군지를 안다면 이런 용기는 기개로 나타나기도 하고 이성의 제약 아래 마음 속 자신감과 침착함으로 나타나기도 하죠. 이것이 바로 힘입니다.

【우단 심어】

용기란 때론 이성의 제약 아래 마음 속 자신감과 안정감을 뜻한다.

소식蘇軾은 용기에 대해 설명하면서 진정한 큰 용기란 갑자기 어떤 일이 닥치더라도 마치 태산이 눈앞에서 무너져도 눈 깜짝 않는 것처럼 급박한 일이 들이닥쳐도 놀라지 않는 것이라 했습니다. 큰일이 생겼어도 침착하게 상황에 대처할 수 있는 것이지요. 이유 없이 욕을 당해도 화내지 않는 것은 매우 힘듭니다. 생각해 보세요. 우리 스스로 남에게 예의 바른 도덕군자가 될 수는 있습니다. 그런데 나는 남에게 피해를 주지 않으려 노력하는데 남들이 자꾸 나를 괴롭히고 이유 없이 종종 해를 입게 된다면 화내지 않을 수 있을까요?

우리는 의외의, 심지어 어이없는 피해를 당하면 두 가지 태도를 보일 수 있습니다. 어떤 사람이 월요일에 이유 없이 폭행당했다고 칩시다. 그는 다음날 친구들에게 전화를 걸어서는 하소연하기 시작합니다. 열 명 이상에게 이야기합니다. 이야기를 반복할 때마다 계속 얻어맞는 셈인 것이지요. 수요일이 되면 울화가 치밀어 화나서 회사 못 가겠다고 합니다. 결국 파출소로 가서 놈을 신고하고서는 다시 친구를 찾아가 어째서 이런 일이 생겼나 한탄합니다. 목요일에는 기분이 더 나빠져서는 가족들과 말다툼을 합니다. '내가 왜 맞은 것인지 말해봐' 일주일이 이렇게 지나가 버립니다. 이것은 무엇을 의미할까요? 바로 매일 얻어맞았다는 얘기입니다.

물론, 우리는 나쁜 일이 생겼을 때 피해를 최대한으로 줄일 수 있습니다. 가능한 한 빨리 그 일이 지나가도록 하는 것입니다. 더욱 가치 있는 일을 찾아 부정적인 영향을 없애는 겁니다. 이를 실천한다면, 당신은 더 가치 있는 삶 속에서 더 많은 귀중한 시간과 더 즐거운 마음으로 더 많은 일을 할 수 있게 됩니다. 다시 말해서, 덕과 인이 있는 사람만이 진정한 마음의 용기를 실천할 수 있는 것입니다. 당신의 마음이 아름답기 때문에 무슨 일에도 평온한 마음을 가질 수 있는 것이지요.

【우단 심어】

덕과 인이 있는 사람만이 진정한 마음의 용기를 실천할 수 있다.

【내레이션】

우단교수는 이 이야기를 통해 우리에게 말합니다. 사람은 세상을 살면서 뜻대로 되지 않거나 불합리적인 일들을 수없이 겪게 됩니다. 비록 우리 개인의 힘으로 사회를 변화시킬 수는 없지만 용감한 마음으로 자신의 마음과 태도를 바꿀 수는 있습니다. 우단 교수는 한 사람의 생활 태도와 내면세계는 서로 영향을 주고받는다고 여깁니다. 마음 속에 무엇을 담고 있느냐에 따라 보이는 것도 다르다는 것입니다.

다들 아시겠지만, 송나라 필기문학 중에 매우 재미난 고사가 실려 있습니다. 그 유명한 소식의 일화입니다. 소식蘇軾은 불인佛印이라는 친한 벗이 있었고 그는 늘 불인蘇軾과 어울렸죠. 두 사람은 함께 참선도 하고 좌선도 했습니다. 하지만 불인은 순진해서 소식에게 매번 당하기만 했습니다.

【내레이션】

소동파(蘇東坡): 눈 좀 크게 뜨고 날 좀 보게. 여기 앉아있으니 내가 무엇처럼 보이는가?
불인(佛印): 거기 앉아있으니 마치 부처님 같네.
소동파: 하하, 거기 앉아있는 자네는 무엇처럼 보이는 줄 아나? 자네는 한 무더기 쇠똥 같네.

소식은 스님에게 이긴 후 기뻐하며 집으로 돌아가 당시 재원才媛인 여동생 소소매蘇小妹에게 자랑했습니다. "불인은 오늘도 당했어. 함께 가부좌 틀고 참선을 하다가 내가 뭐처럼 보이냐고 물었지. 불인은 솔직하게 내가 부처님처럼 보인다고 대답했는데 나는 웃으며 말했지. 자네는 뭐처럼 보이는 줄 아냐고. 거기 앉아 있으니 쇠똥 같다고 말했어."

소식의 여동생이 냉소하며 말하기를, "오라버니는 그 정도 깨달음으로 무슨 참선을 한다 하십니까. 참선하는 자가 가장 중요시하는 것이 무엇인지 아세요? 바로 '견심견성見心見性'입니다. 마음에 있는 것이 눈에 보이는 법입니다. 불인 스님이 오라버니를 부처님 같다고 했으니 그 사람 마음에는 부처님이 있다는 것이고 오라버니는 불인 스님이 쇠똥 같다 했으니 마음에 뭐가 있는지 생각해 보세요."

이 이야기는 누구에게나 적용할 수 있습니다. 생각해 보세요. 누구나 똑같은 생활을 합니다. 이 넓은 세상에서 큰 차이는 없습니다. 하지만 어째서 누구는 기쁘고 행복하게 살고 누구는 매일 비난과 원망을 하며 사는 걸까요? 원망하는 사람들의 삶은 정말 그렇게 힘들고 고단한 걸까요? 반쯤 남은 술병이 똑같이 놓여 있다고 합시다. 비관주의자는 '이 좋은 술이 반병밖에 안 남았네.'라고 하지만, 낙관주의자는 '이 좋은 술이 반병이나 남았어.'라고 합니다. 표현과 심리상태가 다른 이유는 보는 시각의 차이에 있습니다. 긍정적인 시각은 덕과 인에서 나오는 대범한 용기 덕분이지요. 그러므로 오늘날 같은 경쟁 시대에서는 마음 속 용기가 역사상 그 어느 때보다 더 중요합니다. 이런 마음가짐을《논어》에서는 다음과 같이 말합니다.

君子泰而不驕, 小人驕而不泰. (《論語 · 子路》13.26)
군자는 태연하지만 교만하지 않고, 소인은 교만하지만 태연하지 못하다.

이것은 공자가 자주 사용하는 문장 구조입니다. 군자와 소인의 태도를 비교, 대조하는 방식입니다. 태연하되 교만하지 않다는 것은 군자는 큰 뜻이 있고 마음이 안정되고 용감하기 때문에 태도가 침착하고 의연한 것을 뜻합니다. 하지만 교만하지는 않죠. 그렇다면 소인은 어떨까요? 소인은 자랑을 늘어놓습니다. 말끝마다 자랑일 뿐 아니라 심지어 남을 비난합니다. 침착하고 의연한 태도를 찾아볼 수 없습니다. 우리는 자부심과 자만심을 잘 구별해야 합니다. 사람은 살면서 자부심이 없으면 안 되죠. 하지만 자만심은 절대 금물입니다. 소인은 겉모양을 꾸며서 자만심을 가지나 군자는 굳건한 기개에서 자부심을 느낍니다.

【우단 심어】

군자는 굳건한 기개에서 자부심을 느낀다.

군자의 자부심은 결코 밖으로 떠벌린다고 드러나는 것이 아닙니다. 이것이 바로 '태이불교泰而不驕'입니다. 사실 이와 같이 태연한 삶의 힘은 동양 문화에서 계속 말해오던 것입니다.

저는 일찍이 일본 스즈키 다이세츠鈴木大拙의 책에서 어떤 이야기를 읽었습니다. 일본 에도시대의 이야기입니다. 다들 아시겠지만, 일본은 참선할 때 '다선일체茶禪一體'를 중시합니다. 차를 마시는 다도 자체가 참선의 과정입니다. 당시 유명한 다사茶師가 있었는데, 이 사람은 명성이 자자한 주인을 모시고 있었습니다. 어느 날 주인이 도성에 가서 처리할 일이 생겼는데 다사와 오래 떨어져 있는 것이 아쉬워서 말했어요. "나와 함께 가세. 매일 차를 우려 주게." 당시는 낭인浪人과 무사들이 판치는 시기였습니다. 두려워진 이 사람은 주인에게 말했습니다. "전 무술도 못하는데 길에서 무슨 일이 생기면 어떻게 하지요?" 주인은 "무사처럼 입고 칼을 차고 다니면 된다. 같이 가자"라고 말했습니다. 이 사람은 할 수 없이 무사 복장으로 주인을 따라나섰습니다.

도성에 도착하자 주인은 일을 보러 나가고 이 사람은 혼자 바깥 구경을 하고 있었습니다. 그런데 정말로 낭인과 대면하게 되었습니다. 낭인은 먼저 다가와 시비를 걸었어요. "그대도 무사인가? 그럼 검술을 겨뤄 봅시다." 그는 솔직하게 자신은 "다사이며 무술을 할 줄 모른다."고 했죠. 그러자 낭인은 더 심하게 굴었습니다. "무사도 아니면서 무사복장을 하고 무사를 욕되게 했다. 마땅히 나와 겨루고 내 검에 죽어 마땅하다." 그도 생각해보니 맞는 말 같았습니다. 그래서 말했습니다. "주인이 시킨 일을 다 끝내지 못했으니 잠깐 시간을 주시오, 오늘 오후 이 연못에서 다시 봅시다." 낭인은 생각해보더니 "꼭 나와야 한다."며 허락해줬어요.

다사茶師도 얼른 돌아갔습니다. 그는 곧장 도성에서 가장 유명한 도장으로 달려갔어요. 문 앞에는 검술을 배우는 사람들이 장사진을 치고 있었습니다. 시간이 없어서 그들을 헤치고 곧장 대무사大武士 앞으로 갔습니다. 그리고는 가장 무사답게 죽는 법을 알려달라고 부탁했어요. 대무사는 깜짝 놀랐습니다. "사람들은 살기 위해 이곳을 찾는데 죽는 법을 묻는 사람은 당신이 처음이오. 이유가 무엇이오?"

그가 말하였습니다. "저는 다사입니다. 차를 우리는 것만 알지요. 하지만 오늘 결투 신청을 받아 피할 수 없게 됐습니다. 저는 위엄 있게 죽고 싶습니다."

대무사가 말했습니다. "당신이 그렇게 유명한 다사라니 좋소, 그럼 차 한 잔만 우려 주시오."

다사는 생각해보니 생전에 마지막으로 우리는 차여서 슬퍼졌습니다. 그래서 매우 정성스럽게 차를 우렸습니다. 그는 침착하게 산에서 떠온 샘물이 작은 화롯불에서 끓는 것을 보며 차분하게 찻잎을 넣고 세차 후 차를 걸러냈습니다. 차를 조금씩 따라서는 대무사에게 바쳤습니다. 대무사는 그 과정을 쭉 지켜보았습니다. 그러고 나서 차를 한 모금 마시고 말하기를, "지금껏 마신 차 중에서 가장 훌륭하오. 그리고 보아하니 그대는 죽지 않을 것이오."라고 하였습니다.

다사가 말했습니다. "저에게 가르쳐주실 게 있습니까?"

대무사가 대답했습니다. "가르쳐 줄 것은 없소. 그저 차를 우리는 마음으로 그 낭인을 대하시오. 이것만 기억하면 되오."

다사는 돌아갔습니다. 약속장소에는 낭인이 벌써 와서 다사를 기다리고 있었습니다. 낭인은 기세등등했습니다. 바로 검을 뽑으며 말했습니다. "돌아왔군, 이제 검술을 겨뤄볼까?"

다사는 계속 대무사의 말을 되뇌며 생각했습니다. 차를 우리는 마음으로 그를 상대하겠다. 다사는 여유 있게 미소를 띤 채 상대방을 응시했죠. 그리고 침착하게 모자를 벗어서 단정하게 옆에 벗어놓고 입고 있던 큰 외투를 벗어 곱게 잘 개어서 모자 밑에 두었습니다. 그는 여전히 미소를 띤 채 끈으로 안쪽 옷소매를 단단히 묶고 다시 바짓가랑이도 꽉 묶었죠. 머리부터 발끝까지 옷매무새를 가다듬는 모습이 아주 여유로워 보였습니다. 낭인은 볼수록 당황스럽고 두려워졌습니다. 그의 무공이 얼마나 깊은지 알 수가 없었기 때문이죠. 다사의 눈빛과 미소에 흠칫해 마음이 불안해진 것입니다.

다사는 모든 준비를 마치고 마지막으로 칼을 뽑았습니다. 휙 하며 칼을 공중에 휘두르고 기합소리와 함께 멈춰 섰습니다. 이제 더는 무엇을 해야 할지 몰랐지 때문이지요.

그가 멈추자 낭인은 털썩 무릎을 꿇더니 말했습니다. "제발 목숨만 살려 주십시오. 당신은 제가 만난 무사 가운데 무공이 가장 뛰어난 분입니다."

【내레이션】

우단 교수는 이 이야기를 통해 마음의 힘은 무한하다는 것을 보여줍니다. 복잡 다변한 사회에서 각양각색의 사람들을 대하면서 우리는 종종 대처 방법을 몰라 헤매곤 합니다. 하지만 침착하고 차분한 마음가짐과 마음의 용기만 있으면 우리는 강해질 수 있고 용감함을 드러낼 수 있습니다. 그래서 무술을 못하는 다사도 마음 속의 용기와 침착한 태도로 기세등등한 일본 낭인을 이길 수 있었던 것입니다.

이 이야기에서 어떤 무공이 이겼나요? 바로 마음 속의 용기입니다. 침착하고 태연한 기세이지요. 그러므로 무공은 결코 중요한 것이 아닙니다. 무공은 하나의 기교에 불과합니다. 무공과 같은 기교 및 지식을 획득하는 과정에서 우리는 스스로 마음을 열고 깨달음을 얻을 수 있고, 그 깨달음을 통해 삶을 변화시킬 수 있습니다. 자신이 어떤 스타일인지 알면 가능하죠. 만약 당신의 마음이 확 트이고 어질고 너그러우며 솔직함이 있고 용기가 있다면 만나는 사람들 모두 좋은 인연이 될 겁니다. 모든 사람들이 당신에게 조언을 아끼지 않겠지요. 그러나 당신이 이런 사람이 아니라면 아무리 차별 없는 교육을 제창하던 공자라도 가르침이 안 통하는 사람을 힘들게 쫓아다니며 가르쳐주지는 않을 것입니다. 그래서 공자는《논어》에서 다음과 같이 말했습니다.

子曰: 可與言而不與言, 失人; 不可與言而與之言, 失言. 知者不失人亦不失言. (《論語 · 衛靈公》 15.8)

공자께서 말씀하셨다. "더불어 말할 만한 상대인데도 대화를 하지 않으면 그 사람을 잃고, 더불어 말할 필요도 없는 사람과 말을 하면 그 말을 잃게 된다. 참으로 지혜로운 사람은 사람을 잃지도 않고 말을 잃지도 않는다."

당신이 도리를 이야기해도 될 사람인데 그에게 말을 해주지 않는다면 당신은 그 사람을 잃는 겁니다. 반대로, 말이 안 통하는 사람에게 말해 실언하는 것도 좋지 않습니다. 만약 당신이 생각 없고 인품 나쁜 사람을 만났다면 죽어라 쫓아다니며 말해줘 봤자 미안하지만, 당신은 괜한 말만 한 것입니다. 그래서 공자는 지혜로운 이는 사람도 잃지 않고 실언하지도 않는다고 했습니다.

똑똑한 사람은 말이 통할 사람을 절대 놓치지 않지만 '쇠귀에 경 읽기' 같이 안 통하는 사람을 붙잡고 늘어지지도 않습니다. 그러므로 사람을 잃지 않고 실언하지 않는 것이 맞습니다. 기회는 항상 준비된 사람에게 온다는 것을 알 수 있습니다. 자신이 열린 마음으로 세상을 대할 때 비로소 세상의 모든 일을 통해 깨우침을 얻을 수 있을 것입니다. 깨우침을 통해 회한을 메울 수 있게 되는 것이지요. 이것이 바로《논어》에서 말하는 평탄하고 너그러운 마음의 경지입니다.

논어는 우리가 걸어가야 하는 삶의 지표를 제시해 주고 있습니다. 따라서 그 안의 한 구절만 취해 제멋대로 해석하거나 경직된 마음으로 이해해서는 안 됩니다. 옛 성현들의 사상의 정수는 우리의 삶에 흡수해야 합니다. 그것이 당신의 핏속을 흐를 때 느끼게 되는 기쁨이야말로 고전에 대한 최고의 존경입니다.

3. 처세의 도處世之道

【내레이션】

《논어》가 2000여 년 동안 사라지지 않고 전해져 온 것은, 사람의 마음 속 본성에 대한 이해가 담겨있기 때문입니다. 현대 사회에서 사람과 사람 사이의 관계는 더 가까워졌다고도, 더 멀어졌다고도 할 수 있습니다. 어떻든 간에 인간관계는 모든 사람이 반드시 직면해야 하는 문제입니다. 그렇다면 현대의 삶에서 우리는 어떻게 처세의 정도를 파악할 수 있을까요? 우단의《논어심득論語心得》중《처세의 도處世之道》에 대해 들어보도록 하겠습니다.

현대 사회에서 사람과 사람 사이의 관계는 더 가까워졌다고도, 더 멀어졌다고도 할 수 있습니다. 어떻든 간에 인간관계는 모든 사람이 반드시 직면해야 하는 문제입니다. 공자는 '과유불급過猶不及'이라고 말하였습니다.

공자는 일을 하는데 도가 지나친 것은 달성하지 못한 것과 같은 효과를 갖는다고 보았습니다. 그렇다면 현대의 삶에서 우리는 어떻게 처세의 정도를 파악할 수 있을까요? 불공정한 대우를 받게 되었을 때 우리는 어떠한 마음가짐을 가져야 할까요? 자기와 가까운 사람을 대할 때 우리는 어떤 원칙을 가져야 할까요? 복잡한 사회 환경에서 우리는 어떻게 해야 좋은 인간관계를 유지할 수 있을까요? 북경사범대학 우단교수의《논어심득》중《처세의 도》에 대해 들어보도록 하겠습니다.

《논어》는 우리에게 처세하는 방법, 사람됨의 규범을 알려주고 있습니다. 이러한 도리들은 때로는 소박하기도 합니다.《논어》는 딱딱한 책이 아닙니다.《논어》가 가르쳐 주는 방법들은 융통성을 지니기도 합니다.《논어》는 일을 처리하는 원칙과 원칙의 정도를 파악하는 방법을 가르쳐 줍니다. 오늘날 우리는 어떤 일은 반드시 해야 한다, 하지 말아야 한다, 무슨 일은 좋다, 나쁘다는 것에 대해서 늘 말합니다. 어떤 일을 판단할 때 좋고 나쁨을 분별하기가 쉽지 않을 때가 많습니다. 다만 언제 이 일을 하는지 또는 이 일을 어느 정도까지 하는지에 따라 다를 뿐입니다. 사실 대부분의 일에는 반드시 척도가 있습니다. 공자는 무작정 원칙을 갖지 않을 것을 주장하거나 인애의 마음으로 모든 것을 관용해야 한다고 주장하는 사람이 아닙니다.

공자의 제자가 공자에게 질문했습니다.

或曰：以德報怨何如？(《論語 · 憲問》 14.34)
누군가가 말하였다. "덕으로써 원수를 갚는 것이 어떻습니까?"

덕으로써 원수를 갚는다는 이 말이 우리는 낯설지 않습니다. 살면서 이런 사람에 대해서 자주 이야기합니다. 다른 사람이 그 사람에게 그렇게 잘못했어도, 그 사람은 다른 사람에게 그렇게 잘해준다는 겁니다. 우리가 생각할 때, 공자는 분명 이러한 인성을 칭찬했을 것 같습니다. 그런데 뜻밖에 공자는 그에게 반문합니다.

子曰：何以報德？(《論語 · 憲問》 14.34)
공자께서 말씀하셨다. "무엇으로써 덕을 갚을 것인가?"

공자는 덕으로써 원수를 갚았다면, 더 이상 무엇으로써 다른 사람의 은혜에 보답할 것인지, 다른 사람이 그에게 잘 대해줄 때 그는 또 어떻게 해야 하는지에 대해 묻습니다. 질문을 마친 후 공자는 자신의 답안을 내놓습니다.

以直报怨, 以德报德. (《論語 · 憲問》 14.34)
곧음으로써 원수를 갚고, 덕으로써 덕을 갚아야 한다.

공자는 만약 어떤 사람이 너를 저버리고 너에게 잘못했다면, 너는 너의 정직함과 강직함으로써 그 일을 대처해야 하지만, 너에게 은덕과 자비를 베풀었던 사람에게는 너의 은덕과 자비로움으로 보답해야 한다고 말합니다. 사실 이러한 이치는 언뜻 듣기에 우리가 알고 있는 공자의 철학과는 다른 것 같지만, 공자도 원칙이 있었습니다. 공자는 "덕으로써 원수를 갚으라."고 주장하지 않았습니다. 그가 제시한 원칙은 바로 곧음으로써 원수를 갚으라는 것, 정직함으로써 이 모든 것에 대응하라는 것입니다.

【우단 심어】

공자는 덕으로써 원수를 갚으라고 하지 않았다. 그가 제시한 원칙은 바로 곧음으로써 원수를 갚으라는 것이다.

공자는 여기에서 우리에게 삶의 효율성과 인격의 존엄성을 제시합니다. 물론 공자는 원수를 원수로 갚으라고 주장하지 않았습니다. 복수가 복수를 낳는데 언제 끝이 나겠습니까.

만약 영원히 악의로써, 원한을 가지고 살해함으로써 다른 부도덕을 대면한다면, 이 세상의 순환은 악순환이 될 것이고 끝이 없을 것입니다. 우리 자신이 대가를 치르는 것이 아니라, 자손들의 행복 또한 영향 받을 수 있습니다. 그러므로 "덕으로써 원수를 갚는다."라는 것은 마찬가지로 취할 바가 못 됩니다. 다시 말하자면, 많은 은덕을 쌓고 많은 자비를 베풀어서, 이미 당신을 저버린 일에 대해 이런 불필요한 자애로움으로 대응한다면, 이것도 인생을 낭비하는 것입니다.

이 양자 간에는 또 다른 세 번째 태도가 있습니다. 바로 당신의 공정함과 솔직함으로, 강직하고 당당한 인격으로 태연하게 이 모든 것을 대면하는 것입니다. 이것은 덕도 아니고 원수도 아닙니다.

공자의 이러한 태도로부터 유추하여, 우리의 생활 속 많은 일들에까지 적용할 수 있습니다. 인생은 유한하고 우리의 삶에는 끝이 있습니다. 우리의 유한한 감정과 유한한 재능을 반드시 사용해야 하는 가장 적절한 곳에 두어야 합니다.

【우단 심어】

인생은 유한한 것이다. 이 유한한 감정은 가장 적절히 사용할 곳에 두어야 한다.

요즘 우리는 자원과 에너지원의 낭비를 막아야 한다고 말합니다. 이 지구상에서 낭비된 자원은 이미 너무나 많습니다. 하지만 우리가 환경보호에 관심을 가질 때, 주의를 두지 못한 부분이 하나 있습니다. 그것은 바로 마음의 여건이 황폐해지고, 우리 자신의 생명에너지가 낭비되고 있다는 것입니다. 분명 오늘날은 물질적으로 풍족해졌습니다. 하지만 심리적 생태生態는 이에 따라 바뀌고 활기차게 발전되고 있는 것은 아닙니다. 오늘날 원한, 보복, 이러한 갖가지의 것들, 더 나아가 첨단 과학기술의 범죄가 사라졌습니까? 때로는 발전할수록 더욱 심각해지기도 합니다. 이러한 상황에서 어떻게 마음 자원의 낭비를 막을 수 있을까요? 바로 우리가 어떤 일을 대면할 때, 신속하게 판단하여 스스로에게 가장 가치 있는 방식을 선택하는 것입니다.

【내레이션】

"선생님, 만약에 아주 인의仁義 한 사람이 우물에 빠졌다면 선생님도 같이 뛰어드시겠습니까?"

"왜 우물에 따라 들어가느냐? 무슨 일을 하든지 머리로 생각을 해야 하는 거야."

재아宰我라는 제자가 공자에게 물었습니다.

仁者, 虽告曰, '井有仁焉', 其从之也? (《論語·雍也》 6.26)
어느 어진 사람이 말하기를, '우물에 어진 사람이 빠졌소.'라고 한다면, 우물에 따라 들어가겠습니까?

재아가 공자에게 낸 어려운 문제를 보세요. "선생님께 한 가지 여쭙겠습니다. 만약 아주 인의한 사람이 있는데, 누군가가 달려와 말하기를, 어느 인한 자가 우물에 빠졌다고 합니다. 그러면 선생님도 뒤따라 빠지시겠습니까?" 즉 "우물에 인한 사람이 빠졌다井有仁焉"는 것입니다. "우물 안에 더 현명하고 후덕한 사람이 있는데 따라 들어가시겠습니까?"

그러면 어떻게 해야 할까요? 공자가 제자에게 묻습니다.

子曰 : 何爲其然也? 君子可逝也, 不可陷也; 可欺也, 不可罔也. (《論語·雍也》 6.26)
공자께서 말씀하셨다. "어찌 그렇게 하겠는가. 군자를 가게 할 수는 있으나 빠지게 할 수는 없으며, 합리적인 일로 속일 수는 있지만, 아무 이유도 없는 일로 미혹시킬 수 없다."

참 잘 말했습니다. 공자가 말하기를, "왜 그렇게 해야 하는가? 어진 사람이 우물에 빠졌다고 해서 왜 너도 아무런 원칙 없이 따라 들어가야 하는가? 그것이 군자의 행동인가?"라고 합니다. 군자도 많은 함정을 다 피해가기는 힘들 겁니다. 군자 역시 다른 이에게 속을 수 있지요. 하지만 군자의 마음은 혼란스러워지지 않습니다. 다시 말하면, 사람은 자기 자신에게 속아선 안 된다는 것입니다. 잠시 판단력이 흐려져 충동적으로 삶에 아무런 효율도 없는 바보짓을 해서는 안 된다는 것입니다. 이것은 공자가 부끄럽게 여기지 않았습니다. 공자는 융통성 없이 인한 자가 우물 속에 있다고 해서 당장 따라 뛰어 들어가야 한다고 말하지 않았습니다. 오히려 이해가 안 간다는 듯이 왜 그렇게 해야 하는지 묻습니다.

그러므로 우리는 볼 수 있습니다. 공자가 우리에게 알려주는 것은, 사람의 행동에는 반드시 정도와 원칙이 있어야 하며 기준을 파악해야 한다는 것입니다. 요즘 세상에서는 아주 어려운 일이지요.

【내레이션】

우리는 생활 속에서 자주 이런 어려움을 겪습니다. 부모가 아이를 세심하게 돌보고 사랑하는 것이 왜 아이들에게는 반감을 일으킬까요? 아주 가까운 친구 사이에서 왜 서로에게 상처를 줄까요? 상사나 동료와 가까워지려고 좋은 마음으로 어렵게 애썼는데 왜 보답을 얻지 못하는 것일까요?

어떻게 하면 좋을까요? 공자는 '과유불급過猶不及', 이 네 글자를 늘 강조합니다. '과유불급'은 그가 제시한 많은 예시에 유기적으로 스며들어 있습니다.

여러분은 일하면서 여러분의 상사를 대하게 됩니다. 모든 아랫사람들은 분명 충성과 열의로 상사를 대해야 할 것입니다. 사적으로도 잘 지내고 공적으로 업무도 잘 하고 일도 잘 해야겠지요. 맞습니다.

이외에도 우리는 누구나 친구가 있습니다. 친구를 대할 때 친구의 마음을 헤아리는 것은 당연한 일입니다. 심지어 어떤 사람들은 친구와의 의리를 위해 위험을 무릅쓸 수 있다고 말하기도 합니다. 그렇다면 이러한 관계 속에서, 상사를 대하는 것이든 친구를 대하는 것이든 정도가 존재할까요?

공자가 제자들과 토론을 벌인 적이 있습니다. 마지막으로 자유라는 제자가 이러한 말을 꺼냅니다.

子游曰 : 事君数, 斯辱矣 ; 朋友数, 斯疏矣 (《論語·里仁》 4.26)
자유가 말하였다. "임금을 섬길 때 자주 뵈면 욕을 당하고, 친구 간에 자주 만나면 멀어진다."

무슨 뜻일까요? 지나치게 가깝다는 것이지요. 상사와의 관계가 지나치게 가까우면 모욕을 자초할 날이 머지않았다는 것입니다. 친구와의 관계가 너무 가까우면 둘 사이가 멀어질 날이 가까웠다는 것이지요.

이건 무슨 말인가요? 《논어》의 모든 글귀에는 철학이 담겨 있는데요. 사실 이것은 바로 철학적 관계입니다.

여러분들께서 이런 철학적 우언을 알고 계신지 모르겠네요. '호저의 철학豪猪的哲學'이라고 합니다. 호저 한 무리가 있었습니다. 호저는 일종의 야생돼지인데, 몸에 긴 가시가 돋아나 있는 야생돼지입니다. 이들 무리가 함께 겨울을 나고 있었습니다. 그들은 늘 겪는 어려움이 하나 있었는데요. 함께 있을 때 어느 정도의 거리가 가장 좋을까 하는 것이지요. 조금 멀리 있자니 겨울이라 춥습니다. 서로에게 온기를 나누지 못하니, 다들 서로에게 가까이 다가갑니다. 결국 가까워졌다 싶으면 서로의 가시에 찔립니다. 그러면 다시 멀어지기 시작합니다. 하지만 더 멀어지면 또 추위를 느끼게 되고, 또 다시 온기를 나누고 싶어서 다시 접근합니다. 가까이 다가가 또 상처를 입게 되고 다시 멀어집니다. 몇 번의 시행착오 끝에 마침내 가장 적절한 거리를 찾아냅니다. 그것이 바로 서로를 다치게 하지 않는 전제 하에 무리의 온기를 유지하는 거리이지요.

【우단 심어】

가장 적절한 거리는 서로를 다치게 하지 않으면서도 온기를 유지할 수 있는 거리이다.

오늘날의 이 사회를 봅시다. 원래 여러 가구가 모여 살던 뜰이 모두 아파트가 되었습니다. 한 집에서 만두를 빚으면 열 집 모두에게 나눠주던, 그런 일은 이제 없어졌습니다. 함께 설날을 지내면서 한 상에는 어른들이, 한 상에는 아이들이 다 같이 모여 있는 모습은 이제 없습니다. 같은 아파트 같은 동에 3-4년 동안 살아도 누가 사는지 알지 못하고 이웃이 누구인지도 모릅니다.

사실 오늘날의 이 사회에서 물질적인 부분이 전체적으로 발달함에 따라, 인간관계의 어려움이 점점 더 많아지고 있습니다. 이런 어려움이 많아지면 어떻게 될까요? 우리가 의지하는 친구들의 부담이 더 커지게 됩니다. 왜냐하면 주변 사람과의 관계가 보편적으로 삭막해졌다고 느끼게 되면서 가까운 친구들이 자신에게 더 잘해줘야 한다고 생각하는 것이지요. '내가 그 친구에게 얼마나 잘해주는데. 나는 그 친구와 좀 더 가깝게 지내야 해. 집에 어떤 사적인 일이 생겼고, 부부싸움을 했다는 것을 왜 나에게 말해주지 않지? 내가 가서 화해시켜 줄 수 있는데.' 사실 오늘날 많은 사람들이 이러한 생각을 가지고 있습니다. 이런 생각을 가진 사람은 자유가 하는 이 말을 들어봐야 합니다. "임금을 섬길 때 자주 뵈면 욕을 당하고, 친구 간에 자주 만나면 멀어진다.事君數, 斯辱矣；朋友數, 斯疏矣." 너무 가까운 것은 멀어짐의 시작입니다. 이는 즉 호저의 가시가 다른 이를 찔러 다치게 하는 것과 같지요.

자공이 공자에게 어떤 사람이 좋은 친구인지를 물었습니다. 공자는 이렇게 대답했습니다.

> 忠告而善道之, 不可則止, 無自辱焉. (《論語·顔淵》 12.23)
> 충심으로 말해 주고 잘 인도하되, 받아들여지지 않으면 그만두어서 스스로 욕되지 않도록 해야 한다.

이렇게 하는 사람이 바로 좋은 친구입니다. 친구에게 잘못된 점이 있으면 잘 충고해 주어야 합니다. 충고해 주었는데 '안 되면 멈춥니다.不可則止' 그 친구가 충고를 듣지 않으면 그만 두고 더 이상 말하지 않습니다. 계속 말하면 모욕을 자초하게 됩니다. 그러므로 좋은 친구에도 정도가 있습니다. 무슨 일이든지 다 떠맡으려 해서는 안 됩니다. "나에게 맡기면 너에게 행복한 미래를 선사할게."라고 어느 누구도 남에게 이러한 약속을 해줄 수 없습니다.

【내레이션】

《논어》는 우리에게 경고합니다. 친구사이이든 동료사이이든 간에 어느 정도 거리를 유지해야 하고, 멀고 가까움의 정도를 알아야 한다고 말입니다. 그렇다면 가장 가까운 가족을 대할 때는 무한정 가깝게 지내도 되는 것일까요? 부모와 자식 사이, 남편과 아내 사이에서도 적당한 거리가 필요할까요?

심리학에서 이러한 정의를 본 적이 있습니다. 현대인의 인간관계에 '비애행위非愛行爲'라는 것이 있다고 합니다. 무엇을 '비애행위'라고 할까요? 사랑이라는 명분으로 가장 가까운 사람에게 사랑이 아닌 성질의 약탈을 하는 것이지요.

이러한 행동은 대개 부부 사이, 연인 사이, 모자지간, 부녀지간에 발생합니다. 세상에서 가장 가까운 사람들이지요. 부부나 연인 사이에 어떤 사람들은 종종 이렇게 말합니다. "나는 너를 사랑하기 위해 무엇을 포기했어." "이 가정을 위해서 내가 오늘 어떻게 했어." "그러니까 너는 나에게 어떻게 해줘야 해." 부모는 자식에게 보통 이렇게 말합니다. "봐라. 내가 너를 낳고 나서, 일도 못하고 몸도 다 망가졌다. 모든 것을 희생한 것은 바로 너를 위해서이다. 그런데 너는 왜 공부를 열심히 안 하니?" 이 모든 것들을 통틀어 '비애행위'라고 합니다. 왜냐하면 이것은 사랑이라는 이름으로 행해진 강제적인 억압이니까요. 자기의 뜻에 맞추어 다른 사람들을 시키려고 하죠.

부모에 관해 쓴 책을 본 적이 있어요. 영국의 심리학 여성 박사가 쓴 책입니다.

첫머리에 아주 좋은 말이 씌어있었습니다. "이 세상의 모든 사랑은 집결을 최종 목적으로 합니다. 모든 사랑의 관계에서 모두들 끝까지 함께 있기를 원합니다. 이 세상에서 단 한 가지의 사랑만이 분리를 목적으로 합니다. 그건 바로 자식에 대한 부모의 사랑입니다." 저자는 "진정으로 성공적인 부모의 사랑은, 최대한 빨리 아이를 독립적인 개체가 되게 하는 것입니다. 자신의 삶에서 분리할수록 성공적입니다."라고 하였습니다. 이런 의미에서 말하자면, 거리와 독립을 이해하는 것은 인격에 대한 일종의 존중입니다. 이러한 존중은 가장 친밀한 사이에서도 유지되어야만 합니다.

【우단 심어】

거리와 독립은 인격에 대한 존중이다. 가장 친밀한 사이에서도 유지되어야 한다.

부모가 자식을 대할 때이든 오래된 부부 사이이든 일단 이러한 존중이 사라지고 정도를 넘어서면, 《논어》에서 말한 '자주數'의 단계까지 이르게 됩니다. 모든 것이 지나치게 가까우면, 서로 독립적이지 못한 정도로 가까우면 문제가 잠재하게 됩니다. 서로 멀어지게 되고, 심하면 관계가 틀어지게 되는 것도 머지않을 것입니다.

《논어》가 가르쳐 주는 인애의 마음이란 무엇일까요? 처음부터 평등과 이성에 근거한 태도로써 모든 사람을 존중하는 것입니다. 약간의 한도, 약간의 여지를 남겨두는 것이지요. 이 점은 선종禪宗에서 말하는 경계와 매우 유사합니다. 선종에서 말하는 인간 세상에서의 가장 좋은 경계는 무엇일까요? "꽃은 완전히 만개하기 이전, 달은 완전히 차오르기 이전花未全開月未圓"이라는 이 말과 같습니다. 꽃이 일단 완전히 피면 금세 시들 것이고, 달이 완전히 둥글어지면 곧 기울게 됩니다. 꽃이 덜 피고, 달이 덜 차야 마음 속에 기대감이 남아있지요. 친구 간의 도리, 가족 간의 도리 역시 이와 같습니다. 거리를 조금 남겨두었을 때 서로 얽매이지 않고 자유롭습니다.

【내레이션】

우단 교수는 친구를 대할 때이든 가족을 대할 때이든 정도가 있어야 하며 적당한 것이 가장 좋다고 합니다. 그렇다면 일을 할 때는 열심히 할수록 좋을까요? 본분의 일이든 본분 밖의 일이든 모두 많이 할수록 좋은 것일까요? 일을 할 때에도 정도가 있어야 할까요?

子曰: 不在其位, 不謀其政. (《論語 · 憲問》 14.26)
공자께서 "그 자리에 있지 않으면 그 정사를 꾀하지 않는다."라고 하셨다.

이 말을 우리에게 맞게 환원시켜 보면, 무슨 말인지 이해할 수 있습니다. 즉 주제넘게 나서지 말아야 한다는 것입니다. 어떤 위치에 있을 때는 자기의 본분을 다하되, 자신의 직위를 넘어 서서 하지 말아야 할 일을 해서는 안 된다는 것입니다. 그 자리에 있지 않으면 그 일을 도모하지 마세요. 이것이 바로 전제입니다. 자신이 그 자리에 있으면 그 일을 도모해야 합니다. 자신이 마땅히 해야 할 소임을 먼저 다 해야 하지, 우선은 다른 사람의 일에 신경 쓸 일이 아니지요. 그래서 우리 사회에 사실 잘된 일이 더 잘되는 금상첨화 같은 일은 많은데, 급할 때 도움을 주는 일은 드뭅니다. 많은 사람들이 다른 사람을 위해 신경을 쓰는데, 이것은 금상첨화와 같은 일입니다. 그러나 자신의 직무에서 자신의 본분을 말하자면, 이 연결 고리는 이 부분에 있어서는 영원히 남에게 도움 주기만 하는 일이 됩니다.

그래서 많은 구절들은 여러분이 좀 더 적극적인 입장에서 이해를 해야 좀 더 적극적인 가치를 얻어낼 수 있을 것입니다. 그래야 자리가 무엇인지, 일이 무엇인지, 어떻게 해야 좋은지를 알 수 있습니다.

그렇다면 그 자리에서 어떻게 그 일을 도모해야 할까요?

子曰 : 君子之於天下也, 無適也, 無莫也, 義之與比. 《論語·里仁》 4.10)
공자께서 말씀하셨다. "군자는 천하의 일에 있어 이렇게 해야만 한다든지, 이렇게 하지 말아야 한다든지 하는 것 없이 의를 따를 뿐이다."

이 얼마나 거리낌 없고 당당한 태도입니까. 군자가 천하를 대하고 어떤 일을 할 때, 미리 마음 속으로 결정하여 얇고 두텁고 친숙하고 생소한 것을 따지지 않습니다. 자신이 마음에서 정한 기준인 단 하나의 기준이 있습니다. 바로 '의'라는 한 글자입니다.

무엇을 '의를 따를 뿐이다義之與比'라고 할까요? '의義'로써 비교 기준으로 삼고, '의'로써 법칙으로 삼는 것입니다. '이렇게 해야만 한다든지, 이렇게 하지 말아야 한다든지無適也, 無莫也' 두텁거나 얕거나, 멀거나 가깝거나, 친하거나 소원하거나 하는 것도 없습니다. 이런 것들은 모두 중요치 않습니다. 바로 자신의 기준에 입각해 일을 합니다.

【내레이션】

처세의 도에서 가장 중요한 문제는 정도를 잘 파악하는 것입니다. 그렇지 않으면 "과유불급"이 됩니다. 하지만 우단 교수는 처세에서 더 중요한 것은 우리 자신의 말과 행동의 정도를 파악하는 것이라고 말합니다. 우리는 매일 말을 하고 매일 일을 해야 합니다. 《논어》에는 언행의 정도에 대한 어떤 권고들이 담겨있을까요?

우리가 전에 여러 차례 말을 하였듯이 공자는 아첨하는 사람들을 한결같이 싫어했습니다. 매우 언변이 좋고 과장하여 말하는 사람을 두고 공자는 "어진 사람이 드물다鮮矣仁."라고 말했습니다.

子曰: 巧言令色, 鲜矣仁. (《論語 · 學而》 1.3) (《論語 · 陽貨》 17.17)
공자께서 말씀하셨다. "말을 좋게 하고 얼굴색을 잘 꾸미는 사람치고 어진 사람이 드물다."

이러한 사람들 중에는 인의의 마음이 있는 사람이 적어, 진정한 어진 자를 찾을 수 없습니다. 공자가 권장하는 모습은 무엇일까요? 적극적으로 행동해야 합니다. 무언가를 하는 데 민첩하고, 끝까지 해내고, 효과적으로 해야 하지만, 말은 조심히 해야 합니다. 반드시 말을 하는 데 있어 신중해야 하고, 자기가 할 수 없는 일은 말하지 않아야 합니다. 여기에서 매우 중요한 점은, 공자가 왜 '말을 신중히 할 것을 강조하였을까' 하는 것입니다. 말에 신중하다는 것, 말을 할 때 조심해야 한다는 것도 역시 정도입니다. 사람들이 하는 말을 빌려 쓰자면, 화는 입으로부터 나온다고 하지요. 그렇게까지는 아니어도 최소한, 말이 많으면 실수하기 쉽다고 하지요. 말이 많아지면 언젠가는 알맞지 않은 부분이 있게 됩니다. 이 점은 처세에서 조심해야 할 점입니다.

【내레이션】

"선생님, 저는 관리가 되고 싶습니다. 어떤 점을 주의해야 하는지 알려주세요."

"귀는 열고 입은 닫아라. 말을 적게 하고 원망을 적게 해라. 일할 때는 머리로 많이 생각하면 후회가 적을 것이다. 그러면 너의 관직은 안정적일 것이다."

공자에게는 자장子張이라는 제자가 있었습니다. 자장은 벼슬하는 법을 배우려 하였습니다. 무엇이 '간록干祿'일까요? 관리가 되어 사회에서 직무를 맡는 것입니다. 자장이 선생님께 가서 어떻게 해야 될지 가르침을 청합니다.

子曰 : 多聞闕疑, 愼言其余, 則寡尤; 多見闕殆, 愼行其余, 則寡悔. 言寡尤, 行寡悔, 祿在其中矣. (《論語 · 述而》 2.18)
공자께서 말씀하셨다. "많이 들으면 의심난 것이 적어지고, 그 나머지만 신중히 말하면, 허물이 적을 것이다. 많이 보면 위험스런 일이 적어지고, 그 나머지만 신중히 행하면, 뉘우치는 일이 적을 것이다. 말할 때 허물이 적고, 행할 때 후회가 적으면, 봉록은 바로 그 속에 있다."

천천히 보도록 합시다. 아주 재밌는 말입니다. '다문궐의多聞闕疑'는 즉 많이 들으라는 겁니다. 우선 적게 말하고 많이 들으라는 거죠. 귀는 열어두고 입은 우선 닫아두라고 합니다. 많이 들으세요. 많이 들으면 마음 속에 의문 나는 것들이 적어집니다. 다른 사람의 경험을 들으세요. 자신이 몸소 체험하고 실행한 것은 직접경험입니다. 그러나 다른 사람이 겪었던 시행착오와 그 사람이 경험했던 굴곡을 듣는 것은 간접경험입니다. 간접경험을 많이 들으면 마음 속의 의문이 점점 줄어듭니다. 하지만 들은 후에도 그 나머지만 신중히 말해야 합니다. 이러한 것들을 알게 되고 나서도 그 밖의 다른 것도 적게 말해야 합니다. 최대한 말을 줄여야 허물이 적습니다.

怨天尤人. (《論語 · 憲問》 14.35)
하늘을 원망하고 남을 탓하다.

하늘을 원망하고 사람을 탓합니까? 탓하는 것도 일종의 원망하는 것이고 질책하는 것입니다. 공자는 만약 많이 듣고 말을 적게 한다면 많은 원망을 줄일 수 있다고 합니다. 다음 구절은 '다문궐태多聞闕殆'입니다. 생각만 하고 배우지 않으면 위태로워집니다. 사람이라면 미혹되곤 하지 않습니까. 많이 보면 미혹은 줄어들게 됩니다. 미혹됨이 많은 것은 견문이 넓지 못하고 견식이 너무 적기 때문이지요. 우물 안의 개구리는 동그란 조그만 하늘만 볼 뿐, 무엇이 드넓은 하늘이고 광활한 바다인지를 알 수 있겠어요? 그러니 밖으로 나가 보아야 합니다. 많이 보면 볼수록 마음 속의 미혹도 줄어듭니다. 그런 다음 일할 때 미혹되는 것 외의 것을 신중하게 행해야 하고 여전히 조심해야 합니다. 이 조심함에 대해 《논어》에서는 '깊은 연못가에 다다른 듯, 살얼음을 밟는 듯如臨深淵, 如履薄冰'이라고 개괄하여 말했습니다. 어떤 일을 하기 전에 마치 깊은 연못가에 서 있는 것처럼, 살얼음 위를 걷는 것처럼 조심해야 하는데, 이를 '심행기여愼行其余'라고 합니다.

즉 많이 생각하고 많이 보라는 것입니다. 그러나 말과 행동에 있어서도 '세 번 생각한 후에 행동하라'는 말을 실천해야 합니다. 이렇게 하면 무슨 장점이 있을까요? 후회가 적습니다. 자신의 마음에 후회가 줄어드는 거죠.

나중에 후회해도 소용없습니다. 후회하는 때는 이미 모든 상황이 끝난 상태입니다. 그래서 공자는 제자에게 말합니다. "지금 너는 아직 관리가 되지 않았으니 내가 알려주겠다. 나가서 많이 듣고, 많이 보아라. 신중하게 말하고 신중하게 행동해라. 그렇게 할 수 있겠느냐?" 그렇게 한 뒤에는 "말할 때 허물이 적고, 행할 때 후회가 적으면, 봉록은 바로 그 속에 있다.言寡尤, 行寡悔, 祿在其中矣." 만약 말 속에 질책과 원망을 줄이고, 행동 속에 후회할 만한 일을 줄이면, 관직에 나가서 일을 할 때 봉록이 그 안에 있으니, 성공할 수 있습니다. 이렇게 간단합니다.

【우단 심어】

많이 사고하고, 많이 생각하고, 많이 보아라.
질책을 줄이고, 원망을 줄이고, 후회를 줄여라.

생각해 봅시다. 이 얼마나 실용적인 말입니까? 바로 오늘날 우리들의 일을 지도해 주는 말이 아니겠습니까? 우리가 해야 할 일이 바로 '말할 때 허물을 줄이고, 행할 때 후회를 줄이는 것입니다言寡尤, 行寡悔.' 이 여섯 글자를 실천하는 일이 쉽지는 않습니다.

인터넷에서 짧은 이야기를 하나 본 적이 있습니다. 성격이 고약한 남자 아이가 있었어요. 아침부터 저녁까지 집에서 성질을 부렸습니다. 아주 제멋대로 행동하고 가족들과 툭하면 다투고요. 어느 날 아이 아빠가 방법을 생각해 냈습니다. 아이를 집 뒤뜰 울타리 옆으로 데려다가 말했어요. "아들아. 이렇게 하자. 앞으로 가족들에게 화를 한 번씩 낼 때마다 울타리에 못을 하나씩 박아라. 네가 화를 얼마나 내는지 스스로 보렴." 아이는 생각했어요. '겁날 게 뭐 있어? 해보지 뭐.' 아이는 한바탕 다투고는 탕, 못을 하나 박았어요. 한바탕 소리 지르고는 탕, 또 못을 박았어요. 하루가 지날 쯤 아이가 보니 "아이고. 못이 한 무더기구나."라는 말이 절로 나왔습니다. 본인도 미안한 생각이 들었습니다. 아빠가 말했습니다. "보아라. 자제해야겠지? 하루에 몇 번이나 나쁜 말을 하고, 가족들에게 화를 냈니?" 그러면 어떻게 자제해야 할까요? 아빠가 말했습니다. "네가 참고 하루 동안 화를 내지 않으려 노력하고, 네가 하루 종일 한 번도 화를 내지 않을 수 있다면, 박았던 못을 하나 빼도 좋다." 이미 쉴 새 없이 화를 내 이렇게 많은 못을 박았는데, 생각해 보니 화 한 번이 못 하나이고, 이제는 온종일 화를 내지 않아야 겨우 하나를 빼낼 수 있다니. 얼마나 어렵습니까? 그렇게 해서 참는 법을 배웠습니다. 끊임없이 참는 것이 정말 어렵다고 느껴졌어요. 하지만 아이는 못을 다 뽑고 싶어서 참고 또 참았습니다. 결국 울타리 위의 모든 못을 다 뽑았을 때, 문득 참는 법을 배웠음을 느꼈습니다. 이제는 화를 내지 않을 수 있었어요. 그래서 진심으로 기뻐하며 아빠를 찾아갔습니다. "아빠, 가서 보세요. 울타리에 박힌 못을 다 뽑았어요. 저 이젠 화내지 않아요."

아빠가 아들을 따라 울타리 옆으로 왔습니다. 아빠가 다시 아들에게 말합니다. "얘야, 좀 보렴. 울타리 위의 못은 다 빠졌다만, 이 구멍들은 여기에 영원히 남아있을 거야. 네가 가족과 친구에게 화를 한 번 내는 것은 그 사람 마음에 구멍 하나를 뚫는 것과 같아. 못을 뽑는 것처럼 너는 사과를 할 수는 있겠지만, 그 구멍은 영원히 없앨 수 없단다."

이것은 어떤 우언일까요? 사실 이것은 《논어》를 풀어 읽도록 해줄 수 있는 이야기입니다. 무엇을 '언과우, 행과회言寡尤, 行寡悔'라고 할까요? 행하기 전에 생각해 보세요. 못을 박은 후에 다시 빼내어도, 울타리는 이미 회복되지 못합니다. 어떻게 이 순간을 인내하여, 후에 있을 상처를 만들지 않을 수 있을까요? 이것은 바로 공자가 말한 이 말과 같습니다.

人無遠慮, 必有近憂. (《論語 · 衛靈公》 15.12)
사람이 멀리 생각함이 없으면, 반드시 가까운 때에 근심이 있다.

사람이 당장의 일을 할 때, 설령 그것이 충동적으로 하는 일이라 해도, 뒤에 어떻게 될지를 우선 생각해야 합니다. 이것이 공자가 자공에게 한 말입니다.

先行其言而後從之. (《論語 · 爲政》 2.13)
군자는 말에 앞서 행동하고, 후에 자신이 행동한 바를 말한다.

조용히 더 많이 행동하고 빈말을 내뱉지 말아야 합니다.

【내레이션】

머리로 생각한 후 말해야 하고, 결과를 고려한 후 행동해야 합니다. 이것은 사람 사이의 처세에서 더 중요한 일입니다. 하지만 우단 교수는 복잡다단한 현대사회에서 다양한 인간관계를 잘 유지할 때, 더 중요한 것은 스스로 예의를 아는 것이라고 하였습니다. 중국은 예로부터 예의국가라는 아름다운 칭호가 있었습니다. 그렇다면 공자가 말하는 예절은 무엇일까요?

공자가 예절을 갖출 때 꼭 다른 사람 눈에 보이게 했던 것은 아니에요. 그저 공자는 예절을 행했습니다. 예를 들어 공자가 관리, 상복 입은 사람, 맹인 앞을 지날 때에는 나이가 아무리 어리다 해도 반드시 멈춰 섰습니다. 만약 꼭 지나가야 하면 종종걸음으로 뛰어서 지나갔습니다. 이러한 사람들을 만날 때, 일종의 존중을 표한 것입니다. 관직이 있는 사람에게는 반드시 존중을 표해야 합니다. 그런데 상복을 입은 사람이나 맹인은 어디에 속할까요? 요즘 표현으로 하자면 약자입니다. 집안에 일이 있거나 신체가 온전하지 못한 이러한 약자들을 대할 때, 관리에게와 마찬가지로 존중함을 가져야 합니다. 그 사람들 곁에서 너무 오래 폐를 끼치지 말아야 합니다. 그들의 상처를 건드리지 말고 조용히 곁을 지나가는 것이 바로 예의입니다. 공자는 이렇게 할 수 있었습니다. 그래서《논어》에 이렇게 기록되어 있습니다.

> 鄕人飮酒, 杖者出, 斯出矣. (《論語 · 鄕黨》 10.13)
> 마을사람과 술을 마실 때, 지팡이 짚은 사람이 나간 다음에 자리를 떠나셨다.

다 같이 술을 마십니다. 마실 때 얼마나 기분 좋습니까. 거리낄 것도 없고 떠들썩하고 사람들 모두 들락날락합니다. 그런데 공자는 굳이 모든 지팡이 쥔 사람들, 즉 노인들이 다 나간 후에야 자기도 나가는 겁니다. 노인이 나가지 않았으면 그 뒤에 섰습니다. 절대로 노인을 앞서나가려고 하지 않았습니다. 이것은 무엇일까요? 사실 이건 가장 사소한 예절일 뿐입니다. 그래서 저는《논어》의 기록도 귀엽다고 느껴질 때가 있습니다. 여러분은 이렇게 생각하실 수도 있습니다. '성인의 이러한 점까지 기록할 필요가 있을까? 반드시 그래야 하는 것도 아닌데. 누구나 다 아는 도리인데 성현을 너무 과장하는 거 아닌가? 왜 이런 일까지 기록으로 남겼지?' 사실 소위 성현의 행동거지가 이렇게 소박한 것입니다.

【내레이션】

"선생님 저는 군자가 되고 싶습니다. 우수하고 사회에 공헌하는 사람이 되고 싶습니다. 제가 무슨 일을 해야 할까요?"

"너 스스로를 잘 수련하면 된다."

"네? 저 자신만 수련하면 사회에 공헌할 수 있다고요? 어떻게 그게 가능합니까?"

"너 자신을 잘 수련하면 자연히 다른 사람을 도울 수 있고 사회에 도움을 줄 수 있지."

이것이 바로 군자는 어떤 사람인가에 대한 자로의 질문입니다. 물론 다른 학생도 군자에 대해 물었었는데, 학생이 달라지면 공자는 다른 대답을 했습니다. 이번에는 공자가 자로에게 이렇게 대답했습니다. 매우 간단합니다. '수기이경修己以敬' 네 글자입니다. 자신을 수련하는 것, 평안하고 고요한 마음을 품고 엄숙하고 공경하는 태도를 가지는 것이 '수기이경'입니다. 자로는 듣고 나서 어안이 벙벙해졌습니다. 이 네 글자면 군자가 될 수 있다고? 그래서 이어서 묻죠. "이와 같을 뿐입니까?如斯而已乎"자로는 하찮게 생각했습니다. "이것만 하면 된다는 말입니까?" 공자는 보충하여 말해주었습니다. "수기이안인修己以安人". 참 좋은 말입니다. 자신을 수련하는 것은 자신을 위해서가 아닙니다. 그것은 다른 사람을 편안하게 해주기 위해서죠. 다시 말하자면, 내가 나아지고 난 후에, 다른 사람을 헤아려서 다른 사람을 도울 힘이 있는 것입니다. "이것으로 됐지?" 자로는 여전히 안 되겠는지 또 묻습니다. "이와 같을 뿐입니까?如斯而已乎" 이거면 충분합니까? 이번에는 공자가 정식으로 이야기를 합니다. "이것으로 아직 부족해? 너는 무엇을 하고 싶은 것이냐."

그래서 공자가 자로에게 말합니다.

修己以安百姓, 修己以安百姓, 堯舜其猶病諸. (《論語 · 憲問》 14.41)
자기 자신을 닦아 백성을 편안하게 해주어야 한다. 자기 자신을 닦아서 백성을 편안하게 하는 일은 요임금과 순임금도 힘들어했으리라.

요임금, 순임금마저도 이 일을 잘하지 못했다는 것입니다. 자기 자신을 잘 수련하고 마음을 잘 다스리면, 도덕적 지조로 백성을 안정시키고 남을 도울 수 있다는 것이지요. 이것은 요임금, 순임금마저도 근심했던 일입니다. "病之乎", 즉 이 일을 어떻게 해야 할지 몰라 근심했다는 겁니다. "이것으로도 충분하지 않다고 생각하느냐."

【내레이션】

우리는 사회가 불공평하다고 원망하는 말, 처세가 어렵다고 원망하는 말을 종종 듣습니다. 우단 교수는 하늘을 원망하고 남을 탓하는 것보다 스스로를 반성하는 것이 낫다고 생각합니다. 만약 우리가 진정으로 정도를 알고 언행을 신중히 하며 항상 예의를 갖추고 자신을 수양할 수 있으면, 많은 걱정을 덜어낼 수 있을 것이고 자연히 처세의 도리를 알게 될 것입니다.

모두 되돌아봅시다. 왜 《논어》에는 이러한 따뜻하고 신선하고 소박하고 일상적인 이야기들이 가득할까요? 《논어》가 우리에게 먼저 알려주는 것은 어떻게 천하를 다스리느냐가 아니라, 먼저 자신을 어떻게 수양하느냐 입니다. 자기를 잘 닦는 것은 사회와 국가를 책임지는 첫 번째 전제입니다. 그리고 이 수련의 과정에서 수도승의 마음이 아니라 낙관적이고 밝으며 미래에 대해 희망을 품는 태도를 가지라는 것이지요.

子曰: 發憤忘食, 樂以忘憂, 不知老之將至. (《論語 · 述而》 7.19)
공자께서 말씀하셨다. "발분하여 먹는 것도 잊어버리고, 즐거워서 걱정도 잊어버린 가운데, 늙음이 장차 닥쳐오는 것도 알지 못한다."

공자가 말하길, 나는 발분하여 노력할 때에는 밥 먹는 것을 잊어버렸고, 큰 기쁨을 보았을 때, 어떤 일을 할 수 있을 때에는 고뇌와 근심을 잊을 수 있다고 했습니다. 그렇게 노력하고 큰 기쁨과 행복을 만드는 가운데, 늙음이 서서히 다가오는지조차도 몰랐다고 말했습니다. 이것이 바로 중국 문인계층에 대한 묘사 중 하나입니다.

그러므로 유가학파들은 결국은 일종의 '도'를 깨달은 사람들입니다. 다시 말하자면, 그들이 양성한 이러한 사람들은 문화적 사명을 담당하는 특수계층입니다. 범중엄范仲淹이 말한 "천하의 근심을 먼저 걱정하고 세상의 즐거움보다 나중에 즐긴다.先天下之憂而憂, 後天下之樂而樂"라는 것이지요.

일종의 사회적인 역할이 있지만, 이 전제는 또한 소박합니다. 자기 자신에서부터 시작하는 것입니다. 다시 말해 모든 것은 자신을 닦고 수양하는 것으로부터 시작합니다. 낙관적이고 적극적인 마음을 가지고 생활 속의 모든 정도를 파악해서, 자신을 남을 기쁘게 하는 사람으로 만드는 것이지요. 자신의 기쁜 마음을 태양에너지로 만들어 세상을 비추고 남을 따뜻하게 만들며, 가족과 친구에서부터 더 넓은 사회에 이르기까지 자신에게서 기쁨과 위안의 이유를 얻을 수 있게 하는 것입니다. 이것은 제가 생각하기에 단지 《논어》만의 도덕적 이상이 아닙니다. 똑같이 21세기에도 적용될 수 있습니다. 똑같이 우리 인격의 큰 기쁨이 있는 곳입니다. 왜냐하면 다른 사람의 기쁨, 세상의 기쁨은 자신을 수양하는 지혜와 하나가 될 수 있기 때문입니다. 이것이 《논어》가 오늘날 우리에게 주는 가장 큰 귀감이며 경험으로 얻은 결실일 것입니다.

【내레이션】

공자께서 이르시기를, "군자는 마음이 넓고 여유 있지만, 소인은 항상 근심으로 가득 차 있다. 孔子曰：君子坦蕩蕩，小人常戚戚(《論語·述而》7.37)"라고 하였습니다. 공자는 제자들을 가르칠 때 종종 소인과 군자를 나누어 옳고 그름을 명백히 가렸습니다. 그렇다면 어떤 사람이 군자이고, 어떤 사람이 소인일까요? 우리는 어떻게 군자와 소인을 분별할 수 있을까요? 우단 교수는 또 어떻게 《논어》의 군자와 소인에 대한 정의를 설명할까요? 우단의 《논어심득》을 시청해 주시기 바랍니다.

4. 이상의 도 理想之道

【내레이션】

“수신修身, 제가齊家, 치국治國, 평천하平天下”는 중국인들의 전통적인 도덕이상입니다. 《논어》에서 공자와 제자들이 ‘이상理想’에 관해 나눈 이야기 속에서, 공자는 이상이 높고 원대할수록 훌륭한 것이라고 생각하고 있지 않았습니다. 오히려 정말로 중요한 것은 마음의 실천 능력과 신념이라고 했습니다.

우단 교수는 이상의 크기와 상관없이 모든 이상을 실현할 수 있는 기초는 마음의 진실한 체득을 찾아내는데 있다고 주장하고 있습니다. 마음의 체득은 언제나 외재적인 성과보다 더 중요하기 때문입니다. 그렇다면 오늘날 우리는 이상이 지니고 있는 함축적 의미를 어떻게 이해해야 할까요? 경쟁이 치열한 현대 사회에서 공자의 관점과 현대인이 추구하고자 하는 ‘이상’ 사이에 모순점이 존재하진 않는 것일까요? 북경사범대학 우단 교수의 《논어심득論語心得》을 통해, 그녀가 말하는 《이상의 도理想之道》에 대해 들어보십시오.

실제로 《논어》를 펼쳐보면, 하나하나 담백하고 간결한 글귀 속에서 심오하게 집약된 진리가 온통 빛을 발하고 있습니다. 공자는 다음과 같은 말을 합니다. “설령 삼군三軍의 장수를 빼앗을 수 있다 해도, 필부匹夫의 뜻을 빼앗을 수는 없다.” 이 구절은 중국 민간에 널리 퍼져 있는 말로, 한 사람의 이상은 그 사람의 일생의 발전과 노력을 결정한다는 의미를 담고 있습니다. 그러나 오늘날의 시선으로 바라보았을 때 가장 중요한 것은, 우리가 지향하는 최고의 이상이 얼마나 높고 고상한가가 아니라 현재 어떤 ‘시작점’을 가지고 있느냐에 달려 있다는 것입니다.

종종 우리에게 부족한 것은 원대한 계획이나 포부가 아닌, 그 계획과 포부를 실현하기까지 그 길을 한 걸음 한 걸음 걸어 나가는 성실함입니다. 그래서 공자는 제자들을 가르치면서, 제자들과 자주 이야기를 나누곤 했습니다. 이번 이야기의 주제는 ‘너희들의 이상을 편하게 말해 보라’는 것이었습니다.

이 이야기는 《논어》에서는 비교적 긴 단락에 속합니다. 〈스승을 모시고 앉아서侍坐〉는 《논어》에서 찾아보기 힘든 완전한 단락을 이루고 있는데, 공자와 제자들이 함께 모여 '이상'에 대해 허심탄회하게 나눈 이야기를 담고 있습니다. 어느 날, 공자의 제자 자로, 증석, 염유, 공서화 네 사람이 스승을 모시고 앉아 있는데, 공자가 아주 편안하게 얘기합니다.

以吾一日長乎爾，毋吾以也. (《論語 · 先進》 11.26)
내가 너희보다 하루라도 나이가 많다고 해서, 어려워하지 마라.

"내가 너희들보다 나이가 몇 살 많다고 해서 지나치게 어려워하지 말고, 오늘은 자유롭게 이야기들 해 보거라. 나는 너희들이 평상시에 '나를 알지 못한다.居則曰不吾知也' 라고 하는 말을 자주 들어왔다" 사실 이것은 오늘날 수업 시간에 만나볼 수 있는 학생들의 모습과도 매우 유사합니다. 항상 "사람들은 내 높은 뜻을 알지 못해. 내 마음속 생각을 그 누가 정말로 이해할 수 있을까?"라고 말하는 학생들처럼 말이지요. 그래서 스승님께서는 '만일 혹 너희들을 알아준다면, 무엇으로써 말하겠느냐?如或知爾, 則何以哉'라는 《논어》의 구절처럼, '오늘 내가 만일 너희들의 이상을 들어보고 싶다고 한다면, 너희들은 어떤 말을 하겠느냐?'라는 질문을 건네셨던 거지요. 스승님의 이런 말씀을 듣고, 공자의 제자 자로가 대답을 하게 됩니다. 자로는 성격이 매우 급하고 경솔한 사람이었습니다. 《논어》에서 '자로가 경솔하게 대답했다.子路率爾而對曰'고 말하고 있는 것처럼, 자로는 서둘러 일어서서 다음과 같이 대답 합니다.

【내레이션】

선생님, 제가 생각하는 이상은 이런 모습입니다. 저에게 외적의 침입으로 인한 환난과, 식량 부족의 위기에 처한 큰 나라가 주어진다면, 저는 3년 만에 그 나라를 부강하게 만들어 백성들의 의식주를 풍족하게 할 뿐만 아니라 모든 백성들이 신념을 갖고, 예의를 알도록 할 수 있습니다.

이 말을 듣고, 우리는 이런 생각을 해보게 됩니다. 예악禮樂과 치국治國을 중요시하는 공자에게서, '위험으로부터 백성을 구해 안전하게 만들어 주는' 것으로 나라를 구제한 업적을 가지려한 제자가 어떠한 평가를 받을 수 있을까요? '공자께서는 웃음을 지으셨습니다.夫子哂之'라는 표현처럼, 담담하지만 조금은 달갑지 않은 공자의 반응을 그 누구도 예상하지는 못했을 것입니다. 그런 다음 두 번째 제자에게 '염구야, 너는 어떠하냐.求爾如何'라는 질문을 건넵니다. 염구라는 제자에게 질문을 할 때는, 제자의 이름을 부른 뒤에 그의 생각을 묻습니다. 염구의 태도는 앞의 자로에 비해 훨씬 겸손했습니다. 그래서 감히 대국의 큰일에 대해서는 함부로 말하지 않았지요.

【내레이션】

제가 그리는 이상은 이렇습니다. 조그만 나라를 다스려, 3년 안에 백성들의 의식주를 풍족하게 할 수 있습니다. 그러나 백성들에게 신념을 가지고, 예의를 알도록 하는 것은 저보다 훌륭한 군자가 해야 할 것입니다.

제가 나라를 다스리게 되어, 역시 3년의 시간이 주어진다면, 3년 안에 그 나라의 '백성들을 풍족하게 만들 수 있습니다.可使足民' 다시 말해, 백성들의 의식주는 풍족하게 할 수 있지만 예의에 관한 일은 자신이 해낼 수 없으니, '예악의 일은 군자를 기다릴 것입니다.如其禮樂以俟君子'라고 대답합니다. 모든 백성의 마음을 올바르고 가지런하게 변화시키고자 한다면, 백성들이 나라에 대한 신념을 갖게 하고, 예악이 흥성한 나라를 만드는 일들은 자신보다 더 뛰어난 군자가 오기를 기다리겠다는 말을 하고 있는 것이지요. 염구의 말이 끝났지만 공자는 그 대답에 대한 호불호를 나누지 않았습니다.

뒤이어 세 번째 제자에게 '적아, 너는 어떠하냐?赤爾何如'라는 질문을 합니다. 공서화의 이름을 부르면서, '공서적아, 너는 어떤 이상을 가지고 있느냐?'라는 질문을 건네셨던 거지요. 공서적은 한 층 더 겸손하게 '답하기를, 능히 해낼 수 있다고 말씀드리는 것이 아니라 (앞으로) 배우고자 하는 것입니다.對曰非曰能之願學焉'라는 대답을 하게 됩니다. 공서적은 먼저 '저는 어떤 일을 능히 해낼 수는 없지만'이란 말로 자신의 태도를 밝히면서 '지금 저는 배우고자 하는 것만을 말씀 드리겠습니다'라고 대답했던 것입니다.

【내레이션】

제가 꿈꾸는 이상은 이렇습니다. 예의에 관련한 일 가운데 자그마한 역할을 맡을 수 있었으면 합니다. 일을 주관하는 분을 도와, 제 능력이 닿는 일을 할 수 있다면 그것으로 충분합니다. 나라를 다스리고, 백성을 관리하는 일은 저는 감히 말할 수 없습니다.

세 제자의 태도는 뒤로 갈수록 더욱 겸손하고 온화해지고 있습니다. 세 사람이 꿈꾸는 이상은 모두 각기 자신의 '시작점'에 근접해 있었고, 궁극의 목표(바람)가 아니었기 때문에 세 명의 제자들이 말한 이상의 폭이 조금씩 줄어들게 된 것입니다. 여기 아직 자신의 이상을 이야기하지 않은 한 사람이 남아 있습니다. 스승님께서 또 다시 다음과 같은 질문을 건넵니다. 점아 너는 아직 말을 하지 않았구나. 네가 바라는 이상은 어떠하냐? 이때까지 증점은 아무 말도 하지 않았습니다. 《논어》는 묘사가 매우 사실적이지요. 바로 그 때 모두에게 가장 먼저 들려온 소리는 점차 잦아들던 악기 연주 소리였습니다. 《논어》에서는 이를 '거문고 소리가 잦아들었다.鼓瑟希'라고 묘사하고 있습니다. 사실 증점은 조금 전까지 계속해서 온 마음을 담아 거문고를 연주하고 있었던 것입니다. 그러다 스승의 부름을 들은 그의 거문고 소리는 점차 잦아들었고, 마지막에는 '딩鏗爾'하는 소리를 내며 곡조 하나를 완전히 마무리 짓습니다. 마치 《비파행》에서 '곡조를 마치며 네 줄의 현을 가로 그었네.'라고 읊은 것처럼 하나의 곡조를 완전히 끝맺고서, 당황하거나 서두르지 않고 비파를 내려놓은 뒤에야 몸을 바로 세웠던 것입니다. 여기서의 '몸을 세웠다.作'는 어떤 의미일까요? 옛날에는 학생들이 스승님께 수업을 받거나 다함께 이야기를 나눌 때, 자기 자리에서 자신의 발뒤꿈치 위로 무릎을 꿇고 앉아 있다가 스승님께서 질문을 하시면, 굽혔던 무릎을 세우며 공경하는 마음을 표현하곤 했는데, 이것을 '몸을 세웠다'라고 합니다. 그리하여 비파를 한 곳에 두고, 매우 공손한 태도로 몸을 곧게 펴고 스승님의 물음에 대답하려 했던 것입니다. 이와 같이 짧은 묘사를 통해 우리는 무엇을 엿볼 수 있을까요? 바로 증점은 침착하고 여유로운 사람이며, 일하기 전에 모든 준비를 끝마치는 사람이라는 점입니다. 그는 서둘러 대답하지 않고 흥미롭게 자신의 이야기를 이어갑니다. 이러한 까닭에 증점은 자리로 나아가면서, 첫마디 말을 꺼내며 스승의 의견을 먼저 여쭙니다.

【내레이션】

스승님, 저는 다른 세 명의 문생들과는 생각이 조금 다른데, 말씀 드려도 되겠습니까?

무슨 상관이 있겠느냐? 사람마다 뜻이 다르니 말해도 무방하다.

그제야 증점은 비로소 침착하게 자신의 이야기를 시작합니다. '3, 4월 말경 아름다운 봄 경치가 한창일 때, 새로 지은 봄옷을 입고, 어른 대여섯 명과 아이들 예닐곱 명과 더불어 기수에서 목욕하고, 무우에 올라 시원한 바람을 쐬며 노래를 부르며 돌아오는 것이 자신의 이상이다.'라는 대답을 합니다. 다시 말해, 아름다운 봄경치가 짙어진 시절에 깔끔한 새 옷을 단정하게 차려입고, 좋은 벗 몇몇과 한 무리의 제자들 그리고 아이들을 데리고, 모두 함께 이제 막 기수를 타고 흘러내리기 시작한 봄빛 물로 몸을 깨끗하게 씻고, 무우에 올라 봄바람에 몸을 적시며, 노래를 부르면서, 자기 자신만의 '마음의 의식'을 치르고자 했던 것이지요. 대지의 기운이 열리고 만물이 소생하는 계절에 몸을 맡긴 채, 천지와 함께 활기 넘치는 시절을 맞아, 마음을 정갈히 하는 의식을 마치고, 모두 함께 즐겁게 노래를 부르며 돌아오는 것이 바로 증점의 이상이었던 것입니다.

증점의 말이 끝나자, 여태까지 어떠한 태도도 보이지 않으셨던 스승님께서 크게 찬탄하면서, "나는 증점이 말한 것을 인정한다.吾與點也"라는 말씀을 꺼냅니다. 이는 네 사람이 각기 자신의 이상을 이야기하는 동안, 스승님께서 말씀하신 유일한 한 마디였습니다. 그리고 제자들은 모두 밖으로 나갑니다. 세 명의 제자가 밖으로 나가고, 증점은 그 뒤에 남아 있었는데, 스승님께 다음과 같은 질문을 합니다.

夫三子者之言何如? (《論語 · 先進》 11.26)
저들 셋의 말이 어떻습니까.

스승님께서는 저 세 사람이 이야기 한 것에 대해 어떻게 생각하십니까? 라는 질문에, 공자는 아주 미약하게 증점의 말을 저지하시면서, 평가를 내리지 않고자 했기 때문에 공자는 다음과 같이 말합니다.

亦各言其志也已矣. (《論語 · 先進》 11.26)
또한 각자 자신의 뜻을 말한 것일 뿐이다.

'모두 각기 자신의 생각을 이야기한 것일 뿐이다'라는 공자의 대답을 듣고도 증점은 끝까지 물러서지 않고 스승님께 계속해서 질문을 올립니다.

夫子何哂由也? (《論語 · 先進》 11.26)
스승님께서는 어찌하여 자로의 말에 웃으셨습니까?

"스승님께서는 어째서 자로의 말이 끝나고 냉소를 지으셨는지요?"라는 증점의 질문에, 공자는 더 이상 대답하지 않을 수 없게 되었습니다.

爲國以禮, 其言不讓, 是故哂之. (《論語 · 先進》 11.26)
나라를 다스리는 일은 예로써 다스리는 것인데, 그 말에 겸양이 없었기 때문이다. 그래서 웃은 것이다.

공자가 한 말의 요지는 다음과 같습니다. "만일 네가 정말로 나라를 다스리고자 한다면, 가장 중요한 것은 예의와 법치로써 나라를 다스리는 것이지, 강제적인 제도와 시책을 사용하는 것이 아니다. 만일 네 마음 속에 《논어》에서 말하는 삶의 도리인 온화溫和, 양순良順, 공손恭遜, 검약儉約, 사양辭讓을 지니고 있다면, 밖으로 드러나는 모든 제도와 시책이 융통성 있게 적용될 것이니, 이것이 곧 한 사람의 '시작점'인 것이다. 그런데 자로는 이야기를 할 때 너무도 경솔하게 다른 사람들을 제치고서 웅대하고 큰 이상을 말했는데, 그 말에 겸양이 없었으니, 조금의 사양지심辭讓之心도 지니지 않았던 것이다. 그래서 내가 자로의 말에 웃은 것이다. 자로는 내면으로부터 이러한 공경의 마음이 부족했기 때문이다."

【우단심어】

우리에게 부족한 것은 웅대하고 커다란 이상이 아니다. 단지 이상을 실현하기 위한 길을 걸어가는 성실함이다.

이어서 다른 두 제자에 대한 평가를 살펴보겠습니다.

> 唯求則非邦也與?
> 安見方六七十，如五六十而非邦也與? 《論語 · 先進》 11.26)
> 염구가 말한 것은 나라를 다스리는 일이 아닙니까?
> 어찌 사방 육칠십 리나 오륙십 리의 땅을 나라가 아니라고 하겠는가?

염구가 말한 것은 나라를 다스리는 것이 아니냐는 증점의 질문에, 공자는 "사방 둘레 육칠십 리 혹은 오륙십 리, 심지어 그 보다 더 작은 크기의 땅이라 해서 '나라'라 부를 수 없단 말인가?"라고 대답합니다. '참새처럼 아무리 작은 동물이라 할지라도 오장육부를 모두 갖추고 있다'는 말과 같은 의미인 셈이죠. 땅의 크기와 상관없이 이미 나라를 다스려야겠다는 말을 내뱉었다면, 무엇보다 먼저 마음 속에 거울 하나를 두고서 자기 자신을 반성하고 되돌아보는 것이 선행되어야 합니다. 자기 자신의 학문수양이나, 사람 됨됨이가 그 일을 해낼 수 있는지를 살펴봐야 한다는 의미겠지요. 그런데 공자의 제자들은 이러한 단계를 빠뜨렸기 때문에, '그렇다면 그것은 나라를 다스리는 것이 아니란 말인가?'라는 대답을 했던 것입니다.

뒤이어 세 번째 제자인 공서화는 '예의'를 배우고 싶다고 대답합니다. 물론 공서화는 매우 겸손한 태도로 이야기 한 것입니다. 그러나 공자는 다음과 같이 말합니다.

> 唯赤則非邦也與?
> 宗廟會同，非諸侯而何，赤也爲之小，孰能爲之大? 《論語 · 先進》 11.26)
> 공서화가 말한 것은 나라를 다스리는 일이 아닙니까?
> 종묘의 제사와 회동이 제후의 일이 아니고 무엇이겠느냐? 공서화의 일이 작다고 하면 누구의 일을 크다고 하겠느냐?

공자는 "공서화가 말한 예의에 관한 일들이 작은 것이라 할 수 있겠는가? 공서화가 하고자 하는 일이 작은 것이라면, 누구의 일을 크다고 하겠는가?"라고 대답합니다. '예의'는 물론 그 무엇보다 중요한 것입니다. 모든 사람의 삶을 처음부터 끝까지 관철할 뿐만 아니라, 한 국가에 있어서도 가장 중요한 일이니까요. 그렇다면 공자가 세 제자의 말은 은근히 부정하고, 증점의 말을 지지하고 있는 태도를 통해서 우리는 무엇을 엿볼 수 있을까요? 공자는 우리에게 인생의 '시작점'을 제시해 주고 있습니다.

다시 말해 우리의 일상 생활방식이 최종의 목표(이상)인 국가 통치나 종묘 제사 등을 연결지어주는 '브리지 역할'을 해줄 수 있다는 얘기지요.

【내레이션】

《논어》는 우리에게 이상의 크기를 떠나서 자신의 내적 깨달음이 그 무엇보다 중요하다는 것을 가르쳐 주고 있습니다. 우리는 누구나 자신만의 이상을 가지고 있습니다. 그러나 우리는 정신없이 바쁜 업무 속에서 자신의 이상을 좇아보지만, 종종 마음의 소리를 놓쳐버리곤 합니다. 마음의 소리와 스스로가 추구하는 이상 사이에는 어떤 연관성이 존재할까요?

우리는 이처럼 분주하게 반복되는 업무 리듬 속에서 얼마나 많은 시간과 공간을 할애하여, 마음 깊숙한 곳에 내재하고 있는 '바람'을 바라보았을까요? 가끔은 마음 속에 내재하고 있던 진실하고도 은밀한 마음의 소리로 가득 채워질 때도 있지만, (결국) 우리가 바라보는 것은 사회적 위치일 뿐입니다.

예전에 이런 이야기를 들은 적이 있습니다. 본인에게서 우울증의 전조 증세가 보인다고 생각하던 사람이 있었는데, 그 사람은 하루하루가 너무나 불행했습니다. 그래서 의사를 찾아가 이야기를 합니다. "매일 퇴근이 무서워요. 일을 할 때는 괜찮은데, 집에만 가면 두렵고 당혹스러워져요. 제가 정말로 원하는 것이 무엇인지 모르겠어요. 내 삶 속에서 어떤 일을 선택하고, 어떤 일을 버려야 할지 도무지 모르겠어요. 저녁이 될수록 점점 더 두렵고 스트레스가 커져요. 그래서 밤에도 잠을 이루지 못합니다. 이대로 가다간 우울증에 걸릴 것 같아요. 이런 증상은 밤새 이어지다가 다음날 아침 출근 시간이 되어서, 일을 시작하면 말끔히 사라져요. 어떻게 하면 좋을까요?" 그의 하소연을 조용히 듣고 있던 의사 선생님께서 그 사람에게 한 가지 건의를 합니다. "이곳에는 아주 유명한 희극 배우가 한 분 계시는데, 그 분은 매일 공연을 하세요. 그분의 공연은 정말 최고입니다. 모두들 그 사람의 공연을 보는 동안 실컷 웃고, 모든 시름을 잊곤 한답니다. 선생님께서도 그 분의 공연을 한 번 보시는 건 어떨까요? 공연을 보고나서 우울증의 전조 증상에 변화가 있었는지 다시 이야기를 나눠보고, 다른 치료방법을 상의해 보도록 하지요."

의사 선생님의 말씀이 끝나고, 그 사람은 한동안 말이 없었습니다. 한참 후에야 고

개를 든 그가 의사 선생님을 바라보았는데, 그의 얼굴은 온통 눈물범벅이었습니다. 다시 한참이 지나고 그 사람이 의사 선생님에게 이렇게 대답합니다. "제가 바로 그 희극 배우입니다."

그냥 꾸며낸 이야기인 것 같지만, 이런 이야기들은 오늘날 우리의 삶 속에서 흔히 일어나는 일입니다. 여러분도 함께 생각해 보세요. 사람들이 각기 자신의 역할에 익숙해진 채로, 자기가 맡은 역할을 즐겁게 연기하면서, '이것이 바로 나의 이상이다. 이것이 바로 성공한 직업이다'라고 생각했다면, 바로 그 순간에 존중받을 수 있는 본인의 '마음 속 바람'은 과연 몇 개나 될까요? 자기가 맡고 있는 역할이 차지한 공간 외에, 본인의 마음을 인식할 수 있는 공간을 얼마나 남겨두었나요? 이것이 바로 수많은 사람들이 직장에서의 역할을 버리고 떠났을 때, 오히려 더욱 불안해 하고 당황해 하는 이유입니다.

【우단 심어】

성공한 직업이 꼭 당신이 마음 속으로 꿈꿔왔던 이상은 아니다.

아주 흥미로운 이야기를 하나 본 적이 있는데요. 아직 추운 겨울이 다가오지 않은 늦가을의 어느 밭두렁에 자그마한 들쥐 세 마리가 분주하게 겨울나기 준비를 하고 있었습니다. 첫 번째 들쥐는 필사적으로 먹이를 모아, 각종 곡식의 이삭과 벼이삭을 한 차례 또 한 차례 동굴로 옮겨 놓았고, 두 번째 들쥐는 필사적으로 추위를 막을 만한 물건들을 찾아, 볏짚이나 목화솜 등을 동굴로 옮겨 놓았습니다. 그런데 세 번째 들쥐는 계속해서 밭두렁을 이리저리 돌아다니고 있었어요. 하늘을 바라보기도 하고, 땅을 내려다보기도 하고, 누워있기도 하면서 말이지요. 이를 본 다른 들쥐들은 분주하게 일을 하면서도 세 번째 들쥐를 나무랍니다. "넌 왜 그리 게으르니! 추위를 막지도 않고, 겨울나기도 준비하지 않고, 그러다 정말 겨울이 닥쳐오면 어쩌려고 그러니?" 하지만 세 번째 들쥐는 아무런 해명도 하지 않았습니다.

겨울이 다가오자, 세 마리 들쥐는 좁은 동굴에서 겨울을 나는 동안 먹이도 걱정하지 않을 만큼 충분하고, 추위를 막을 물건들도 충분한 것을 알았지만, 매일매일 하는 일 없이 지내다보니 마음이 허전하고 무료해졌습니다. 그러다 모두가 견디기 힘든 지경에 이르자, 세 번째 들쥐가 다른 두 마리 들쥐에게 이야기를 들려주기 시작했습니다. 어느 가을 오후 밭두렁에서 한 아이를 만났는데 그 아이가 무엇을 하고 있었는지, 또 어느 가을 아침에 연못가에서 한 노인을 보았는데, 그 노인이 무엇을 하고 있었는지 말이지요. 세 번째 들쥐는 사람들이 어떤 이야기를 나누었는지, 새들이 어떤 노래를 부르고 있었는지를 모두 기록해 두었다고 했습니다. 그제야 들쥐들은 세 번째 들쥐가 자신들을 위해 겨울을 나기 위한 '따스한 태양'과도 같은 것을 준비하고 있었음을 깨닫게 됩니다. 다시 말해, 겉으로 보기엔 아무런 의미도 가치도 없어 보였던 것이 어느 순간 다른 누군가의 마음 속에 평온하고 안정된 '시작점'을 심어 줄 수도 있다는 것을 의미하고 있습니다.

【우단 심어】

겉으로는 아무런 가치가 없어 보이는 것도 누군가에게 평온하고 안정된 '시작점'을 제시해 줄 수 있다.

모든 외재적인 의식들은 마음의 평온을 위한 것입니다. 이런 평온함은 세상의 질서변화와 계절, 자연 경치, 풍월을 민감하게 인식해야만 가능해 집니다. (하지만) 이것은 지금 우리에게는 매우 사치스러운 일이 되어 버렸습니다. 지금은 현대화가 이루어지면서 계절을 거스르는 일들이 지나치게 많이 일어나고 있기 때문인데요. 무더운 여름이 되면 집안에 있는 에어컨에서 시원한 바람이 살랑살랑 불고, 추운 겨울이 되면 집안에 있는 보일러 덕에 봄날처럼 따뜻하고, 봄이 되면 여름에나 볼 수 있을 만큼 큼지막한 채소들이 비닐하우스에 자라고 있어서, 식탁위에 오색채소가 차려지곤 하는 일들이 그렇습니다. 이렇게 삶 전체가 심플해지고 편리하게 변해가고 있을 즈음, 우리는 과연 이에 대한 아쉬움을 느끼고 있을까요? 이 같은 아쉬움은 시간이 지나가면서 우리 마음에서 퇴색되고 말 것입니다. 우리는 이미 이 세상에서 사계절의 변화가 가져다주는 물의 흐름과도 같은 질서가 우리 마음 속에 어떤 반응을 불러일으킬 수 있는지 조차 인식하지 못하고 있습니다. 바꿔 말하면, 자연스러운 삶속에서 자신의 마음을 인식함에 있어서, 마음을 더욱 안정되고 편안하게 해서, 격렬하고 거대한 크기의 외적 형식을 버리고 보다 더 평온하고 안정된 마음의 소리에 귀를 기울일수록, 더 많은 마음의 소리의 근거들을 찾게 될 것이라는 의미인 셈입니다. 이것은 여러분이 각자 사회에서 맡은 역할에 진출했을 때, 그 역할을 맡아서 잘 해낼 수 있도록 하기 위한 것입니다.

【내레이션】

치열한 경쟁이 일고 있는 현대인의 삶 속에서, 우리는 과연 자신의 마음을 들여다 볼 수 있을까요? 우단 교수는 어떠한 일을 성취할 수 있는지 여부는 얼마나 높은 목표를 세웠느냐에 있지 않다고 하였습니다. 마음 속에 안정된 이념이 있는지, 자신을 통제할 수 있는지에 달려 있다고 했습니다. 하지만 안정된 이념이 우리 삶의 이상을 실현할 수 있도록 해줄까요?

〈스승을 모시고 앉아서侍坐〉란 짧은 글을 읽고 상당수의 사람들이 놀라고 의아해 했습니다. 전통적으로 《논어》에서 보여주어 왔던 '입지立志'에 대한 해석에 어긋났기 때문인데, (예컨대) 증자가 입지에 대해, '선비는 마음이 넓고 뜻이 굳세야 할 것이니, 그 책임은 무겁고 길은 멀기 때문이다.士不可不宏義, 任重而道遠'라고 말했던 것과는 달랐기 때문입니다.

하지만 잘 생각해보면 그것은 삶의 '대도大道'나 사회적 이상에 내재되어 있는 근본 바탕입니다. 만일 누군가가 마음의 안정과 자아의 통제를 제대로 하지 못한다면, 사회에서 맡은 역할은 그저 허울 좋은 이름일 뿐, 마음의 인식을 통한 역할의 성장은 기대하기 어렵게 될 것 입니다. 《논어》에는 굉장히 의미심장한 대화가 한 단락 등장합니다. 바로 제자인 자공이 스승에게 건넨 질문인데요.

【내레이션】

"스승님, 어떠한 사람이라야 지식인이라 할 수 있는지요? 많이 배워야만 지식인이라 할 수 있는 것인지요?"

"학력이 있다고 해서, 지식이 있는 것은 아니다. 지식인은 반드시 예절과 염치를 알고, 스스로 검속하고 단속할 줄 아는 자이다."

모두 알고 있듯이, '士'는 중국의 지식계층을 말합니다. (그렇기 때문에) 아주 숭고한 명예임에 틀림없습니다. 일정한 자산이 없어도 변치 않는 마음을 지니고 있는, 세상에서의 자기소임이 정해진 계층이지요. 그렇기 때문에 자공은 스승에게 어떻게 해야만 '士'라 불릴 수 있는지를 물었던 것입니다. 그러자 공자는 이렇게 대답합니다.

> 行己有恥, 使於四方, 不辱君命, 可謂士矣. (《論語 · 子路》 13.20)
> 처신함에 부끄러움을 알고, 사방에 사신으로 갈 적에 임금의 명을 욕되게 하지 않으면, 士라 할 수 있다.

공자가 말하는 최고의 기준이라는 것은, 일을 처신함에 있어 예절과 예의가 무엇인지를 알고 있는가 하는 것 입니다. 다시 말해 자신의 행위를 검속하고 마음을 결연하게 하고 됨됨이를 굳세게 하는 것의 기준이 되는 것이지요. 이와 같은 사람이 사회에 진출하게 된다면, 그는 사회를 위해 일하게 될 것입니다. 공자가 이야기 하고 있는 것은 내적 수양을 이루고 나면, 하루가 멀다 하고 자기 세계에만 빠져 지내지 말고, 반드시 세상 밖으로 나아가 어떤 사명을 지녔는지 상관없이 임금의 명령에 욕되게 하지 말아야 한다는 것입니다. 이것은 쉬운 일은 아닙니다. 어떤 사명이 주어진다 해도 자신에게 맡겨지는 일이라면 모두 잘해낼 수 있는 것일까요? 그렇기 때문에 공자가 말한 최고의 기준은 '네가 세상 밖으로 나아가서 군명君命에 욕되게 하지 않을 수 있다면, 士라 할 수 있다'였던 것입니다.

제자들은 이와 같은 기준이 지나치게 높다고 생각했기 때문에, 곧바로 다시 질문을 합니다. '감히 그 다음 등급을 여쭈어도 되겠습니까?敢問其次' 즉, 저희들에게 한 단계 낮은 등급의 기준을 말씀해 주실 수 있으십니까?라는 질문을 했던 거지요. 한 등급 낮은 기준은 다음과 같습니다.

> 宗族稱孝焉, 鄕黨稱弟焉. (《論語 · 子路》 13.20)
> 가족과 친척들이 효성스럽다고 칭찬하고, 마을 사람들이 공손하다고 칭찬하면 된다.

이것은 바로 '효제지의孝悌之義'를 말하는 것입니다. 가족 친지들이 효자라고 여기고, 마을 사람들이 형제처럼 여긴다면, 모든 사람들에게 친절하고 온화하게 대할 수 있고, 윤리도덕의 빛을 발산하여 사랑의 힘을 빌려 주변을 화합하도록 하여, 선조를 욕되게 하지 않을 수 있다는 것입니다. 사실《논어》는 윤리도덕을 기본 시작점으로 삼고 있으며 윤리도덕이 고스란히 담겨있는 글이기 때문에, 한 단계 아래에 해당하는 기준을 이런 형태의 인간으로 규정지었던 것입니다. 자공이 다시 이어서 질문을 합니다. '감히 다음 등급을 여쭙겠습니다.敢問其次', 세 번째 등급의 기준을 묻고 있습니다. 어떤 사람이라면 억지스럽게라도 그 범주 안에 포함시킬 수 있겠습니까? 라는 질문에 공자가 내놓은 대답은 우리에게 매우 익숙한 말이었습니다. 여러분도 그 대답을 듣고 나면, 이렇게 높은 기준이 세 번째 등급에 해당하나 싶어서 어안이 벙벙할지도 모르겠습니다.

> 曰 : 言必信, 行必果, 硜硜然小人哉! 抑亦可以爲次矣. (《論語 · 子路》 13.20)
> 공자께서 말씀하셨다. "말은 미덥게 하고 행동은 과감하게 하는 것은 옹졸한 소인의 일이나, 그래도 그 다음은 될 수 있다."

'말에는 기필코 신용이 있어야 하고, 행동은 기필코 결단력 있어야 한다.'라는 것은, 말은 한 번 내뱉으면 수레를 끄는 네 마리의 말로도 그 뒤를 쫓을 수 없으니 조심하고, 어떤 일에 있어서 기필코 그 일을 해내고자 하는 것을 의미하는데, 이와 같은 사람을 '옹졸한 소인'이라고 말하고 있습니다. '옹졸하다硜硜然'는 것은 무엇을 말하는 것일까요? 이미 뽑아든 칼과 당겨진 활처럼 조급한 모습을 형용한 것입니다. 일의 잘못된 결과를 따져보지도 않고, 과정(방법)을 따져보지도 않은 채 반드시 이 일을 해내겠다고 하는 사람을 간신히 세 번째 등급에 포함시켰던 것이지요. 다시 말해 자신과의 약속을 실천에 옮길 수 있는 사람을 말한 것입니다.

오늘날의 시각에서 생각해 보면, 세 번째 등급 역시 매우 높은 기준이라 할 수 있습니다. 오늘날에는 말에는 반드시 신용이 있고, 그 말을 반드시 실천에 옮기려고 하는 사람들이 과연 몇 명이나 될까요? 공자의 제자들 역시 이와 같이 생각했던 것 같습니다. 자공 역시 이 세 가지의 기준이 지나치게 높다고 생각하였기 때문에 또 다시 질문을 합니다. '오늘날 정치에 종사하는 자들은 어떠합니까?今之從政者何如', 스승님께서는 오늘날 정치에 종사하는 자들이 이 세 번째 등급에 포함될 수 있다고 생각하시는지를 여쭈었던 것이지요. 결론적으로 공자는 다음과 같은 대답을 합니다.

噫! 斗筲之人何足算也. (《論語 · 子路》 13.20)
아! 한 말이나 한 말 두 되짜리 그릇밖에 안 되는 자들을 어떻게 그 범주에 넣을 수 있겠느냐?

공자는 당시 제후국의 위정자들을 안중에도 두지 않았기 때문에, 그들을 '士'의 기준에서 아주 멀리 떨어져 있는 자들이라 여겼던 것입니다. 위 이야기에서 언급하고 있는 것처럼 상세하면서도 각기 다른 기준은, 우리사회의 일자리에서 노련하게 맡은 바의 일을 잘 해내는 사람들의 자질을 묘사하고 있는 것입니다.

그럼, 최고 등급의 기준이었던 '임금의 명을 욕되게 하지 않아야 한다.不辱君命'에 대해 이야기를 나눠보도록 하겠습니다. 여기서 우리는 가장 낮은 등급의 기준을 떠올리지 않을 수 없지만, '옹졸함'은 우리가 채택해서는 안 되는 기준입니다. 군명을 욕되게 하지 않으려면, 그 어떤 제한이나 조건에 상관없이 융통성 있게 일처리를 해내야 하니까요. 이와 같이 하기 위해서는 많은 용기와 지혜, 사랑, 정의를 필요로 합니다. '임금의 명을 욕되게 하지 않는다.'라는 말은 전국 시대 조趙나라의 한 사람을 떠오르게 합니다. 바로 인상여藺相如가 그 주인공입니다.

여러분도 《사기史記 · 염인열전廉藺列傳》에서 다음과 같은 이야기를 읽어보셨을 거예요. 인상여는 화씨벽을 온전하게 조나라로 환수해 왔을 때나, 면지에서의 회담沔池會에서도 모두 군왕의 명에 욕되지 않는 처세를 했던 인물입니다. 사실상 이것은 굉장히 어려운 일이지요. 조나라 왕이 값진 화씨벽을 손에 넣게 되자, 진나라 왕은 그 화씨벽을 빼앗을 심산으로 조나라 왕에게 다음과 같이 이야기 합니다. "우리나라의 열다섯 개 성읍을 내줄테니, 화씨벽을 우리에게 가져 오시오." 하지만 조나라 왕은 잔악무도한 진나라에 화씨벽을 내어주면, 결코 되돌려주지 않을 것임을 간파하고 있었습니다.

인상여는 "우리가 가지 않는 것은 도리에 어긋나니, 제가 화씨벽을 들고 진나라로 가서, 만일 진나라가 성읍을 내놓지 않는다면 제 목숨을 걸고 화씨벽을 지키겠습니다. 제가 살아 있는 한 화씨벽은 무사할 것입니다"라고 말하고는, 진나라로 떠나게 됩니다. (진나라에 이르자) 진왕은 궁궐에 아무렇게나 잔치를 벌여놓고 인상여를 초대했는데, 진왕의 곁에서는 대신들과 여인들이 희희낙락하며 한껏 잔치를 즐기고 있었습니다. 왕은 인상여에게 화씨벽을 보여 달라고 했습니다. 왕은 화씨벽을 보고난 뒤에, "천하의 가장 아름다운 옥이다"라고 하면서 대신들과 여인들에게도 그것을 보도록 했고, 모두 화씨벽을 돌려가며 구경합니다. 인상여는 이런 모습을 지켜보면서 진왕이 화씨벽을 존중하지 않는 것은 조나라가 존중받지 못하는 것과 같다는 사실을 깨닫게 됩니다. 결국 화씨벽을 조나라로 다시 가져가는 것 역시 어려운 일임을 직감하게 됩니다. 그리하여 인상여는 왕 앞에 나아가 "화씨벽은 흠이 있습니다. 제게 옥을 내어주시면 흠이 있는 곳을 짚어드리겠습니다"라고 말합니다. 이에 진왕은 화씨벽을 다시 인상여의 손에 돌려주게 됩니다. 화씨벽을 손에 넣은 인상여는 몇 걸음 뒤로 물러나, 기둥에 기대어 거칠게 성을 내며, 화씨벽을 꼭 붙들고 서서 진왕에게 다음과 같이 말합니다. "왕께서는 이런 장소에서 화씨벽을 받으셨지만, 우리 조나라는 진나라로 떠나오기 전, 정례수복을 올리고 보름 간 재계를 하며 진나라를 향한 존경의 뜻을 보였습니다. 왕께서는 제가 받들고 온 옥을 함부로 신하들과 여인들에게 보이셨으니, 이와 같은 태만한 태도는 진나라가 진정으로 성읍과 화씨벽을 맞바꿀 의도가 없었음을 깨닫게 해주었습니다. 만일 진정으로 이 화씨벽을 얻고자 하신다면 왕께서도 보름동안 재계하고 정례수복을 올린 뒤에, 먼저 우리 조나라에게 진나라의 성읍을 떼어 주셔야만, 화씨벽을 다시 내놓겠습니다. 만일 이와 같이 하지 않으신다면, 제 머리와 화씨벽이 동시에 진나라 궁궐 기둥에 처박혀질 것입니다." 진왕은 인상여의 말을 듣고 겁을 내며, 그의 말에 곧바로 응수하고는 서둘러 인상여의 말대로 예의식을 치릅니다. (하지만 인상여는) 설령 진나라 왕이 자신의 말대로 예의식을 거행했다 하더라도, 자신과의 약속을 이행하지 않을 것이라고 판단하고, 자기 가족을 시켜 밤새 화씨벽을 조나라로 옮기도록 하고, 본인은 진나라에 남아 최후의 결정을 기다리게 됩니다. 마지막으로 인상여는 진왕에게 진정으로 성읍을 내어줄 마음이 없었음을 알고 있었다는 말과 함께, 화씨벽은 이미 조나라로 되돌려 보냈다고 이야기 합니다. 이것이 바로 인상여가 '군왕의 명을 욕되게 하지 않았던' 경우입니다. 면지에서의 회담도 이와 마찬가지였습니다.

이와 같은 이야기는 중국의 인자仁者나 지사志士에게서, 혹은 고전 속에서 어렵지 않게 찾아볼 수 있는 예시입니다. 돌변하는 상황 속에서 어떤 방식을 통해 자신이 맡은 바의 일을 해낼 수 있느냐 하는 것은, 사실상 완숙하고 숙련된 사람들이 '자신의 직책'을 이행하는데 있어서 생각해 봐야 할 문제입니다.

이런 예시들을 일일이 언급하지 않는다 해도 조금만 시선을 돌려보면, 어떻게 하면 두려움이 사라지고 평온하고 안정되어, 당혹스러움을 비껴갈 수 있을지를 발견할 수 있게 될 것입니다. 이것은 각자의 마음 속에서 하나의 부호를 찾아내 기탁한다면 가능해질 수 있습니다. 여기서 말하는 부호는 모두가 공인하는 커다란 이상이라고 할 수도 없으며, 모두가 공인하는 권세나 재물, 감정이라고 할 수도 없습니다. 다만 자기만의 '다빈치 코드'를 가지고 있다거나, 자기만의 '생명의 사슬' 속에 반드시 존재하고 있는 소중한 자기만의 그 무엇이라고 말할 수 있겠지요. 이와 같은 부호를 찾아내기만 한다면, 스스로가 의지할만한 근거와 마음의 근원지를 찾을 수 있게 될 것입니다.

【내레이션】

우단 교수는 말합니다. 이상은 모두가 공인하는 권세나 재물을 의미하는 것이 아닙니다. 한 사람이 평생토록 가장 많이 의식하는 것, 곧 '마음의 기탁'을 의미하는 것이라고 했습니다. 그러나 사람들은 무엇 때문에 이상을 좇으려는 것일까요? 이상의 도理想之道는 또 우리의 삶에 어떤 영향을 미칠까요?

《논어》에서 말하고자 하는 원대한 이상은 사실상 모두 순수한 '시작점'에 놓여 있습니다. 우리는 사유의 힘이 세상에서 가장 위대한 것임을 인식해야 합니다. 바꿔 말하면, 공자가 자주 언급했던 '士로써 편안하게 거처하는 것을 생각한다면, 士라 할 수 없다.士而懷居不足以爲士'라는 말처럼, 한 사람이 자신의 의식주만을 생각한다면, 군자나 선비가 될 수 있는 자격이 부족하다는 의미가 됩니다. 중국의 지식인들이 바랐던 것은 사치스러운 삶이 아닌, 여유롭고 한가로운 '마음의 사치'였던 것입니다.

그리하여 공자가 먼 곳에 나갔을 적에 다음과 같이 말을 한 적이 있습니다.

子欲居九夷. (《論語 · 子罕》 9.14)
나는 구이에 살고 싶구나.

공자는 자신의 정치이상이 천하에 시행되기를 바랐던 탓에, 아직 발전을 이룩하지 못한 곳으로 가고자 했던 것입니다. 떠나기 직전, 제자들은 공자를 만류하며, "그 곳은 외지고 척박한 땅입니다. 그렇게 누추한 곳에서 어찌 머무르고자 하십니까?"라고 말합니다. 그렇다면 공자는 어떻게 대답 했을까요? 공자는 담담하게 대답합니다. "군자가 거처하는데 무슨 누추함이 있겠느냐!" 이와 같은 말은 후대로 계속 전해져, 당唐대 유우석이 쓴 〈누실명陋室銘〉에 까지 이어졌습니다. 모두에게 익숙한 작품이지요. 〈누실명〉에서는 어떻게 묘사되고 있을까요?

> "산은 높아서 명산이 아니라 신선이 살면 이름을 얻고, 물은 깊어서 영험한 것이 아니라 용이 살면 영험하나니. 이 누추한 집은 오직 나의 향기로운 덕이 있을 뿐. 섬돌 따라 푸른 이끼, 주렴을 푸르게 비추는 풀빛. 훌륭한 선비들과 담소 나누고, 비천한 자들 왕래하지 않으니, 거문고 뜯고 금강경 암송하기에 제격이로다. 음악 소리 귀를 어지럽히지 않고, 관청의 문서 읽는 노고가 없으니, 남양 땅 제갈량의 초려요, 서촉 땅 양웅의 정자로다. 공자도 말하였지, '군자가 거처하는데 무슨 누추함이 있겠는가?'"

이처럼 아주 짤막한 〈누실명〉이라는 작품 속에는, 고금古今의 명사들의 단출하고 소박한 주거 환경에 대한 해석이 모두 드러나 있습니다. 함께 담론을 나누었던 것은 모두가 공인하는 '이상'과 '마음의 기탁'이었을까요? 만일 모두 함께 음악을 연주하며 서로 교유하는 가운데, 마음이 서로 통했거나, 모두가 공인하고 있었던 큰 틀 속에 공통적인 이상이 존재했다면, 이와 같은 '누추함'은 전혀 중요하지 않았을 것입니다. 그렇다면 진정한 '이상'이란 무엇일까요? 이상지도理想之道는 우리에게 하나의 '시작점'을 제시해 주었고, 마음을 즐겁게 만들 수 있는 바탕을 일정 부분 마련해 주었습니다. 다시 《논어》로 돌아가서, 〈스승을 모시고 앉아서侍坐〉편을 진지하게 살펴보면, "나는 증점의 말을 인정한다."라는 찬탄 섞인 구절에서, '만세의 사표萬世師表'였던 성인이 자신의 마음 속에 '기수에서 목욕하고, 무우에 올라 바람에 몸을 적시고, 봄이 한창인 시절에 노래를 읊조리며, 즐겁게 집으로 돌아오고자 했던' 생활방식을 언제나 품고 있었음을 알 수 있는데, 이러한 언급들은 장자가 말했던 '홀로 천지와 더불어 정신을 왕래하였다'와 매우 유사하다는 것을 알 수 있습니다. 다시 말해, 옛 성현들은 가장 먼저 개인의 '가치 좌표' 위에 서서 스스로의 마음 속 바람을 마주한 뒤에, 웅대하고 큰 뜻을 품고 세상으로 나아가 자신의 업적을 이루었던 것이지요. 우리는 모두 커다란 인생좌표를 만들어 놓고, 저기 먼 미래에 대비할 시작점을 스스로 찾아내거나, 자신의 결점을 명확히 아는 데서 시작해 마음의 지혜를 완성해서, 공자 앞에 앉아 있었던 평온하고 고요한 제자가 되길 바라고 있습니다. 천년 세월의 다양한 변화를 겪어온 지금, 평온하고 안정된 공자의 얼굴을 떠올리고, 우리를 자연 속으로 데려다 주고자 했던 그의 격려를 생각하며, 하루하루 바쁘게 돌아가는 시간 속에서 잠시라도 스스로에게 '마음의 의식'을 치를 수 있는 틈을 내주어보십시오. (그렇다면) 분열성 인격 장애를 일으켰던 희극배우처럼 자기 내면을 정면으로 바라보지 못하는 지경에는 이르지 않을 것입니다.

오늘날과 같이 고도로 발달한 문명사회(탈산업화 사회)에서 이와 같이 인생 좌표를 조절할 수만 있다면,《논어》는 천년 이전부터 존재했던 부드럽고 온화한 사상의 역량과, 평온하고 안정된 맑은 이념을 (우리에게) 전수해 줄 것이며, 우리 개개인의 마음을 돌아볼 수 있도록 격려해 줄 것이고, 신념을 가질 수 있는 근거를 마련해 줌으로써 우리의 '이상'에 튼튼한 뿌리를 마련해 줄 것입니다.

5. 인생의 도 人生之道

【내레이션】

공자孔子는 그의 일생을 "나는 열다섯 살에 배움에 뜻을 두었다. 서른 살에는 한 인간으로서 굳게 설 수 있었다. 마흔 살에는 판단에 혼란스러움이 없었다. 쉰 살에는 하늘이 나에게 부여한 삶의 의미를 알았다. 예순 살에는 귀로 들어오는 모든 말을 편안히 받아들일 수 있었다. 일흔 살에는 마음이 하고자 하는 대로 행동해도 올바른 도리를 벗어나지 않았다吾十有五, 而志于學, 三十而立, 四十而不惑, 五十而知天命, 六十而耳順, 七十而從心所欲, 不踰矩"로 정리하였습니다. 북경사범대 우단于丹 교수는 이러한 인생의 좌표는 대표성이 있지만, 절대적인 것은 아니라고 말합니다. 인생에는 생리적 연령, 심리적 연령, 사회적 연령이 있습니다. 진정으로 효율적인 삶은 이삼십 때에 미리 사오십 때의 경지를 깨달을 수 있게 합니다. 그렇다면 '서른 살에는 한 인간으로서 굳게 설 수 있었다.三十而立'에서 '서다立'는 무엇일까요? '마흔 살에는 판단에 혼란스러움이 없었다.四十不惑'에서 어떤 면에서 '혼란스러움이 없었다.不惑'고 했을까요? '쉰 살에는 하늘이 나에게 부여한 삶의 의미를 알았다.五十知天命'에서 '천명天命'은 무엇을 가리킬까요? 무엇을 '예순 살에는 귀로 들어오는 모든 말을 편안히 받아들일 수 있었다.六十而耳順'이라고 할까요? '일흔 살에는 마음이 하고자 하는 대로 행동해도 올바른 도리를 벗어나지 않았다.七十而從心所欲, 不踰矩'는 인생 최고의 경지에 도달한 것일까요? 공자孔子가 말한 인생의 경지에 대한 구분은 현대인들에게 어떤 의미가 있을까요? 우리는 그 안의 진정한 의미를 이해할 수 있을까요? 북경사범대 우단于丹 교수의《논어심득論語心得》중《인생의 도人生之道》를 들어봅시다.

예로부터 지금까지 시간에 대한 한탄은 우리가 본 가장 많은 탄식입니다. 이러한 탄식은《논어》에서도 예외가 아닙니다. 공자孔子가 강 위에서 말하였습니다.

子在川上曰 : 逝者如斯夫. (《論語 · 子罕》 9.17)
공자께서 냇가에 계실 때 말씀하셨다. "흘러가는 것이 이와 같구나."

이는 아주 익숙한 말이며, 아주 함축적인 표현입니다. 그러나 이 속에는 얼마나 많은 세월의 풍파가 있습니까? 유우석劉禹錫(772－842)이 다음과 같이 말하였습니다.

人世幾回傷往事, 山形依舊枕寒流. 〈西漢山懷古〉
인생에서 몇 번 옛일에 아파하나요?
산은 예전처럼 차가운 강물 베고 누웠어라.

'청산은 늙지 않으나, 사람 마음 속의 슬픔은 예부터 지금까지 냇물처럼 끊임없이 오간다.川流不息'. 이것이 바로 유명한 장약허張若虛의 〈춘강화월야春江花月夜〉이 이유 없이 한 질문과 같습니다.

江畔何人初見月, 江月何年初照人.
人生代代無窮已, 江月年年只相似.
不知江月待何人, 但見長江送流水.
강가에서 누가 처음으로 달을 보았고,
강 위에 있는 달은 어느 해부터 처음으로 인간을 비춰주었는가?
인생은 대대로 이어져 끝이 없지만,
강 위의 달은 해마다 비슷할 뿐이네.
강 위의 달은 누구를 기다리고 있는지 아무도 모르겠지만,
보이는 건 흐르는 물 보내는 장강뿐이네.

천지의 유유함과 강산의 정情과 같이, 자연이 가지고 있는 변화 중에서 모든 사람, 보잘 것 없는 한 사람, 한 순간에 없어지는 생명 중에서, 우리는 어떠한 인생 계획을 가질 수 있을까요? 대부분은 공활하고 아득하게 생각됩니다. 어떤 때에는 계획을 했어도, 많은 것을 잃어버렸다는 생각에 아쉬움이 많이 남아 있을 것입니다. 공자孔子는 흐르는 물을 보면서 탄식하며, 자기 자신에게, 그의 학생에게, 후세들에게 이러한 묘사를 했습니다. 그가 말하였습니다.

吾十有五, 而志于學, 三十而立, 四十而不惑, 五十而知天命, 六十而耳順, 七十而從心所欲, 不踰矩. (《論語 · 爲政》 2.4)
나는 열다섯 살에 배움에 뜻을 두었다. 서른 살에는 한 인간으로서 굳게 설 수 있었다. 마흔 살에는 판단에 혼란스러움이 없었다. 쉰 살에는 하늘이 나에게 부여한 삶의 의미를 알았다. 예순 살에는 귀로 들어오는 모든 말을 편안히 받아들일 수 있었다. 일

흔 살에는 마음이 하고자 하는 대로 행동해도 올바른 도리를 벗어나지 않았다.

이것은 대략적인 인생의 좌표입니다. 이러한 좌표에는 몇 개의 단계가 있으며, 인간이 해야 할 일이 특별히 강조되었습니다. 오늘, 우리는 성인聖人이 묘사한 인생의 도人生之道가 우리들에게 도대체 얼마나 큰 본보기로 삼을 가치가 있는지 한번 들여다봅시다.

사람의 일생은 긴 시간 속에서 빌려온 한 단락의 시간에 불과합니다. 세월이 흘러감에 따라, 우리의 생명이 어떤 모양으로 새겨지며, 그 모양이 영구히 남게 되고, 우리의 묘지명이 됩니다. 사람마다 자기의 이상理想을 묘사할 이유가 있겠지만, 모든 인간의 사회화 과정이 시작되면서 부터, 자연인自然人에서 사회규칙의 제약을 받은 사람으로 변합니다. 이것이 바로 학습學習의 시작점입니다.

공자의 '열다섯 살에 배움에 뜻을 둠.十有五而志于學'은 그의 시작점이라 할 수 있고, 또한 그가 자신의 학생들에게 하는 일종의 요구이기도 합니다. 공자는 늘 말하였습니다.

我非生而知之者, 好古, 敏以求之者也. (《論語 · 述而》 7.20)
나는 나면서부터 알고 있었던 사람이 아니라, 옛것을 좋아하여, 재빨리 그것을 탐구한 사람이다.

그는 태어날 때부터 많은 일을 아는 사람은 없을 거라고 했으며, 나는 단지 옛 사람들이 경험한 일에 대해 흥미를 가지면서 줄곧 근면하게 열심히 공부를 했던 것뿐이라고 했습니다. 그래서 공자孔子는 나 같은 사람, 나같이 어질고 정의의 마음이 있는 사람은 적지 않지만, 나처럼 공부를 좋아하는 사람은 드물다고 했습니다. 이것이 바로 그가 열다섯 살에 공부에 뜻을 두었을 때의 마음입니다.

오늘날 우리는 우리의 사회가 학습형 사회라는 것을 알게 되었고, 학습에 관하여, 국제 사회에 보편적으로 사용되는 아주 좋은 표준이 있습니다. 그런데 어떤 학습이 좋은 학습입니까? 행위를 변화시키는 학습입니다. 이것은 사실 우리의 옛 기준을 뒤집는 것입니다. 과거의 사람들은 생각의 변화를 가져오는 것이 좋은 학습이라고 생각하였습니다. 예를 들자면, 하나의 관점, 하나의 이론, 설령 근거 없는 소문이라도 귀로 듣고 입으로 말한 것이 다시 타인에게 전할 수 있다면 이것이 바로 학습입니다. 그러나 오늘날은 사람의 전체적인 가치체계의 재형성을 유도하고, 행위방식이 더욱 효율적이고 간편하고, 사회요구에 잘 부합하는 것이 비로소 좋은 학습입니다. 그래서 공자孔子가 2천여 년 전에 제시한 간단한 학습요구 기준은 바로 '배운 것을 실제로 활용學以致用' 하는 것입니다.

오늘날 우리의 정보사회에서 배울 수 있는 것은 너무 많습니다. 지금의 아이들은 열다섯 살에 공부에 뜻을 두는 것이 아니라, 다섯 살보다 더 빨리 학습을 하게 됩니다. 그런데 무엇을 배울까요? 많은 아이들은 원주율을 외울 수 있고, 많은 자리의 수를 외우고, 많은 아이들은 사람들 앞에서 긴 고대 시문을 외울 수 있지만, 원주율을 외워서 그의 삶에 도움이 되었습니까? 오늘날의 학습 중에서 공자孔子가 말한 것과 같이 자신을 위한 학문爲己之學이 실제로 얼마나 활용이 될까요? 그래서 정보사회에서 우리가 직면한 비애悲哀는 '지나치면 미치지 못한 것과 같다過猶不及'입니다. 지나치면 미치지 못한 것과 같다過猶不及, 이 네 글자도 《논어》에서 나왔으며, 《논어》에서는 모든 좋은 것은 그에 해당하는 정도가 있다고 생각합니다. 탐내면서 소화를 못시켜도 자신의 머릿속을 컴퓨터 메모리처럼 복사를 하는 것보다, 일정한 지식을 통달해 자신의 삶에 융합시키는 것이 낫다고 봅니다.

우리는 학교에서의 교육은 규범화된 길이가 있다고 말합니다. 그러나 길이는 정확하지만, 넓이는 정해지지 않았다고 할 수 있습니다. 사람마다 정해진 시간 속에서 무엇을 배울 수 있는지에 대해서는, 아마도 공자孔子와 같은 학습과 사고의 결합방식이 우리들에게 좋은 깨달음이 될 것입니다. 이러한 시간을 걸어보아야, 이러한 경험을 쌓아보아야, 점점 승화될 수 있고, 느낀 점도 있어서, 그가 말한 '서른 살에는 한 인간으로서 굳게 설 수 있습니다.三十而立'

【내레이션】

'서른 살에는 한 인간으로서 굳게 설 수 있다三十而立'는 우리에게 아주 익숙한 말입니다. 거의 모든 젊은이들은 '서다而立'의 나이가 되면, 자신에게 스스로 섰는지를 물어봅니다. 그렇다면 어떻게 해야 스스로 섰다立고 할 수 있을까요? 차가 있고, 집이 있고 혹은 어떠한 직위에 올라가면 섰다而立고 할 수 있을까요? 서다而立의 나이는 사람의 인생에 어떠한 중요한 의미를 가지고 있을까요?

서른 살에 한 인간으로서 굳게 서다三十而立에 대해서 한번 이야기 해 봅시다. 서른이라는 나이는 현대 사회에서 심리적인 독립의지가 뒤로 많이 밀린 시대이며, 서른 살에도 남자애, 여자애라고 불립니다. 그렇다면 인간은 이 세상에서 어떠한 서는而立 것이 있을까요? 서다立는 어떠한 역할을 담당하고 있을까요?

우리는 철학계에서 철학자 헤겔이 '정正, 반反, 합和' 세 단계를 제시하였고, 인류가 최초로 받아들인 교육이며, 인간의 신념은 정正이라는 것을 다 알고 있습니다. 사람들은 초등학교를 다닐 때, 심지어 초등학교를 다니기 전에도, 많은 동화를 보고, 해는 밝고, 꽃은 빨갛고, 사람 마음은 선하고, 세상은 빛으로 가득하고, 왕자와 공주는 결국엔 함께 살고, 이 세상은 슬픔이 없다는 것을 압니다. 이것이 바로 정正의 단계입니다. 그러나 열 몇 살이 지나면 우리가 자주 말하는 사춘기가 나타납니다. 이십 세가 조금 넘어 사회에 막 들어서면, 이 세상 모든 것이 내 마음대로 안 된다는 것을 느끼게 되고, 성인成人 세계에 속았다는 것을 느끼고, 이 세계가 비열하고, 저질과 사기로 가득 찼다고 느끼게 됩니다. 이때의 청춘의 성장에는 특유한 처량함이 있어, 이때가 되면 사람은 반항을 표현합니다. 이것이 바로 우리가 자주 말하는 역반응 심리입니다.

서른에 이르면, 서른 살은 사실 인생의 합和의 단계가 되어야 합니다. 십 대처럼 광명하지도 않고, 이십 대처럼 모든 것이 처량하지도 않습니다. '서른 살에는 한 인간으로서 굳게 서다三十而立의 서다立'는 우선 '내적인 서다立'이며, 그 후에 서다立는 외적인 사회 좌표에서 자신에게 주는 하나의 기호가 됩니다. 내적인 심적 독립의 입장에서 말하자면, 무엇이 좋은 학습일까요? 모든 공부를 자기 자신에게 사용하는 것입니다. 이것은 중국문화에서 요구하는 학습방식 중의 하나입니다. 사람은 어떻게 이러한 융합의 경지에 도달할 수 있을까요?

중국인들의 학습에는 두 가지 방법이 있습니다. 하나는 '내가 육경을 해석하는 방법我注六經'이고, 다른 하나는 '육경이 나를 해석하는 방법六經注我'입니다. '내가 육경을 해석하는 방법我注六經'은 매우 힘들며, 흰 머리가 될 때까지 경서經書를 읽어야 하며, 머리가 하얗게 될 때 까지 모든 책을 읽은 후 평評과 주注를 달아야만 이 모든 것을 이해할 수 있습니다. 그러나 더욱 높은 단계는 '육경이 나를 해석하는六經注我'의 경지입니다. 진정한 학습은 모든 책을 융합한 후, 이를 인용해서 자신의 삶을 해석하는 것입니다. 즉, 서른이라는 나이는 중국 옛 사람의 문화 좌표 중에 있으면서 자기 자신을 세우는 나이입니다.

【우단심어】

서른 살三十而立은 정신적인 자기 자신의 믿음을 세우는 것이다.

이는 더 이상 외적인 것들과 대립하지 않고, 융합과 발전을 형성시킵니다. 태산泰山 위의 '바다가 다하면 하늘이 언덕이 되고, 산의 절정에 오르면 내가 봉우리가 된다.海到盡頭天做岸, 山登絶頂我爲峰'의 대련對聯과 같습니다. 이것은 중국인들의 산천에 대한 느낌이며, 이 뜻은 정복이 아니고, 산천이 자신을 향상시키는 것입니다. 바다가 끝에 도착하면, 푸른 하늘이 언덕이 되어 경계가 없습니다. 사람이 산봉우리에 도착하면, 내가 높은 산을 발밑에 밟고 있다고 과장되게 말하는 것이 아니라, 자신이 이미 산봉우리 중 하나가 된 것입니다. 이게 바로 육경이 나를 해석六經注我하는 경지입니다. 그래서 서른 살에 한 인간으로서 굳게 서다三十而立는 공자가 학생들에게 소박하고 간략한 생활의 방식을 가르친 것이라고 할 수 있습니다. 걱정을 해서는 안 되는 많은 일들은 신경을 쓰지 않고, 눈앞의 일을 잘하는 것입니다. 공자가 신과 귀신을 거의 언급하지 않았다는 것을 우리는 다 알고 있습니다.

子不語怪·力·亂·神. (《論語 · 述而》 7.21)
공자께서는 괴이한 일과 폭력과 패란한 일과 귀신에 관한 일을 말씀하지 않으셨다.

학생이 이러한 일을 물어 볼 때, 그는 늘 회피하는 태도를 취했습니다. 어떤 학생이 그에게 귀신과 신령에 대해서 물어 본적이 있습니다. "선생님, 하늘에 귀신과 신령이 있습니까? 그 귀신과 신령들은 도대체 어찌된 일입니까?" 선생님은 그에게 담담하게 "인간으로서의 일도 너는 제대로 알지 못하면서, 왜 귀신에 관심 갖느냐?"라고 말했습니다.

未能事人, 焉能事鬼? (《論語 · 先進》 11.12)
마땅히 사람을 섬기는 일도 제대로 하지 못하면서 어찌 귀신을 섬기겠는가?

인간의 일들을 당신은 잘 섬겼습니까? 당신의 공부는 먼저 검소해야 합니다. 눈앞의 일부터 시작하여, 인간관계를 배우며, 귀신을 생각하지 마십시오. 이후, 그는 또 아주 오묘한 질문을 했습니다. "선생님, 사람이란 결국은 죽게 되는데, 그러면 죽음이란 어찌된 일입니까?"선생님은 또 담담하게 그에게 "생에 대한 일도 너는 아직 잘 모르면서, 왜 죽음에 대해 알고자 하느냐?"라고 말하였습니다.

未知生, 焉知死? (《論語 · 先進》 11.12)
삶을 모르는데, 어찌 죽음을 알겠느냐?

'삶을 모르는데, 어찌 죽음을 알겠느냐?未知生, 焉知死?' 이 문구는 우리에게 깨우침을 줍니다. 당신의 학습 초기에, 먼저 우리의 생명에서 가장 잘 이해할 수 있는 것부터 학습하고 그것을 세워가야 하지, 나이를 초월해서 너무 아득하여 다다르지도 못하고, 현묘하여 이해도 안 되는 것을 생각하지 말아야 합니다. 이렇게 조금 조금씩 배우기 시작하면, 설 수 있는 나이가 되었을 때, 비로소 진짜로 자립할 수 있는 것입니다. 따라서 서른 살에 한 인간으로서 굳게 서다三十而立에 대한 저의 이해는 외적인 사회기준으로 자신이 이미 어느 정도 성공하였느냐를 평가하는 것이 아니고, 내재적인 마음의 기준으로 자신의 생명에 대해 명확한 자체 반성이 시작되어야 하고, 태연자약한지를 평가해야 한다는 것입니다. 자신이 종사하는 일에 자신감과 확고함을 가지기 시작해야 합니다.

나는 중국의 많은 문인들이 공명과 이익을 목적으로 추구하지 않았다는 것을 알고 있습니다. 유종원柳宗元의 시詩가 잘 말해 줍니다.

獨釣寒江雪. (柳宗元〈江雪〉)
홀로 추운 강 눈 속에서 낚시를 하다.

우리 한번 생각해 봅시다. 이렇게 쌀쌀한 겨울날에, 우리의 시야 속의 그 도롱이 삿갓을 쓴 고독한 노인이 낚은 것은 무엇일까요? 겨울에 물고기를 낚아 올리는 사람은 없습니다. 그는 눈을 낚으러 갔던 것입니다. 이것이 바로 위진魏晉 사람들이 말하는 당신이 친구를 방문하러 갈 때, 하루 밤에 산을 넘고, 계곡을 지나, 산을 넘어, 물 건너 친구의 집 앞까지 왔지만, 문도 두드리지 않고 돌아서 가는 것을 말합니다. 왜일까요? 나는 친구가 그리워서 흥에 겨워 왔다가, 내가 도착해서 흥을 만끽했으니, 다시 돌아간다는 것을 말합니다. 다시 말하자면, 공명과 이익을 떠나서, 내심으로부터 원하는 일을 한다는 것이 서다立의 기준일 것이며, 자신의 일생에 대한 행위에 어떠한 규칙이 있는지를 인증하는 것입니다. 이러한 규칙이 사라져, 또 10년을 지나면, '마흔 살에는 판단에 미혹되지 않는다.四十而不惑'에 이릅니다.

【내레이션】

우단于丹 교수는 사십 세에 이르면 모든 사람이 미혹되지 않는 것은 아니라고 말합니다. 현대 사회에는 변수가 넘치고, 사십 세의 사람들은 위로 부모님이 계시고, 아래에는 어린 자식들이 있으며, 또한 업무의 스트레스도 엄청 큽니다. 이러한 환경 속에서, 우리는 어떻게 해야 두렵지 않고 당혹하지 않을까요?

우리는 미혹惑이라는 개념에 관련해서, 《논어》의 여러 장면에서 서술한 것을 본적 있습니다. 소위 '어진 사람은 걱정을 않고, 지혜로운 사람은 미혹하지 않고, 용감한 사람은 두려워하지 않는다는 것仁者不憂, 智者不惑, 勇者不懼입니다.(《論語 · 憲問》14.28)' 어떻게 하면 마음 속으로부터 두려움을 이겨낼 수 있을까요? 이는 큰 지혜가 필요합니다. '서다而立'에서 '미혹되지 않는다.不惑'까지는 인생에서 최고로 좋은 시간입니다. 사람의 30살 이전은 더하기 법으로 사는 것으로, 사회에서 끊임없이 여러 가지 자격, 학습 경험, 자산, 감정, 명예 등을 수집합니다. 이 모든 것은 모두 더하기 법입니다. 물질적인 것이 많을수록 사람은 더욱 쉽게 미혹되는 것입니다.

【우단 심어】

물질적인 것이 많을수록, 사람은 더욱 쉽게 미혹됩니다.

어떻게 해야 미혹되지 않는 마흔 살이 될 수 있을까요? 이는 바로 서른 살 이후에는 빼기 법으로 생활을 시작해야 한다는 의미로, 자기 마음 속에서 진짜로 필요하지 않는 것은 버려야 합니다. 우리의 마음 속은 새집과 마찬가지로, 금방 이사 들어갔을 때는 모든 가구와 장식품을 새집에 들여 넣고 싶지만, 나중에 보니 집이 골목길과 같아, 자신이 들어갈 공간이 없어, 물건으로 고역살이가 되는 것과 같습니다. 때문에 빼기 법을 배우면서, 사귀기 싫은 친구는 빼버리고, 하고 싶지 않은 일은 거절하고, 심지어 벌기 싫은 돈으로 인하여 굽실거리면서 굴욕을 당하지 않아도 됩니다. 과감히 버릴 수 있을 때에야, 사람은 비로소 불혹의 상태에 가까워진 것입니다. 무엇을 '미혹되지 않는다不惑'라 할까요? 사람이 이 세상의 수많은 불공평, 타격, 유감스러운 점에 직면하고 있을 때, 왜 이렇게 불공평 하는지에 대해서 집착하며 질문하지 않고, 이런 자리에서 자신이 있어야 할 위치를 신속히 실현하는 것이 바로 '미혹되지 않는다不惑' 입니다.

현대 철학가 풍우란馮友蘭 선생은 '옛 나라를 열어서 새로운 운명을 돕고, 높고 낭랑하며 분명한 도리에서 제일은 중용이다闡舊以邦輔新命, 極高明而道中庸'라고 하였습니다. 중용中庸의 도리란 고명함高明이 절정에 달한 이후입니다. 다시 말하자면, 중국 옛 사람들이 말하는 '찬란함이 절정에 달한 후에 평범함으로 돌아온다絢爛之極而歸於平淡'는 것입니다. 찬란하고 화려함이 진짜로 있었다면, 당신이 이십대, 삼십대일 때 분발하고 의기양양 했다면, '미혹되지 않는다.不惑'를 지나갈 때 침착하고 태연자약할 수 있을 것이다.

사람이 삼사십 때가 사회에 유용하게 사용될 때입니다. 그렇다면 이어서 오십 세가 되면, 뜻이 아주 깊은 '하늘의 명을 안다知天命'라는 말이 있습니다.

【내레이션】

공자가 말하는 天命을 안다는 것은 무엇을 가리킬까요? 사람들은 자주 운명을 이야기합니다. 운명 속에 있는 것이면 언제든 있을 것이고, 운명 속에 없는 것이면 억지로 구할 수 없다고 합니다. 설마 공자는 50세가 되면 운명을 하늘에 맡겨야 한다고 생각하는 것일까요? 우단于丹 교수는 50세에 천명을 안다는 것이 운명을 하늘에 맡기라는 의미가 결코 아니라고 생각합니다. 그렇다면 공자가 말하는 하늘의 명天命이란 도대체 무엇일까요?

무엇이 '하늘의 명天命'일까요? 공자 자신이 말한 바가 있습니다. 인생의 일정한 시기에 도달하면, 배우고자 하고, 학습하고자 합니다. 일정한 경지에 이르면, 사람은 반드시 '평범한 지식을 배워 그 중에서 깊은 뜻을 이해下學而上達'(《論語·憲問》14.35) 해야 합니다. 다시 말하자면, 무엇이 자신의 '하늘의 명天命'인지를 알 수 있어야 하는 것입니다. 방금 전에 우리가 말했듯이, 공자의 이런 사상 속에서는, 늘 '괴이한 일과 힘을 쓰는 일과 문란한 일과 귀신에 관한 일怪力亂神'에 관련된 것은 주장하지 않았습니다. 그러면 그가 보는 하늘의 명天命은 어떤 것일까요?

> 不怨天, 不尤人, 下學而上達, 知我者其天乎. (《論語·憲問》14.35)
> 하늘을 원망하지 않고, 다른 사람을 탓하지 않으며, 아래로는 人事를 배우고, 위로는 天理에 도달하니, 나를 알아주는 것은 저 하늘뿐이구나.

그는 여태껏 하늘을 원망한 적 없고, 다른 사람을 탓한 적이 없으며, 천명天命이 나를 이렇게 만들었고, 다른 사람에게 책임을 떠넘겨, 다른 사람이 나를 이렇게 만들었다고 말하며 원망하지 않았습니다. 내가 배우려는 것은 바로 위로 도달上達하는 것이며, 하늘과 서로 통하는 도리에 도달하는 것입니다. 여기에서 '나를 알아주는 것은 하늘일 뿐知我者其天乎'이라는 것은 '하늘과 땅의 큰 도天地大道'의 규칙을 가리키며, 자신을 어떻게 하면 대도大道에 부합하게 할 수 있는지를 말하는 것입니다.

'하늘을 원망하지 않고, 다른 사람을 탓하지 않는다不怨天不尤人'라는 말은 현재 우리가 늘 하는 말입니다. 불과 여섯 자이지만 쉽습니까? 한 사람이 이 말대로 할 수 있다면, 그것은 그 사람이 발산할 수 있는 수많은 불평, 책망을 자신의 마음 속 깊이 묻어둔다는 것입니다. 더 이상 다른 사람에게 책임을 미루지 않는다는 것은 당신이 당신 스스로에게 회피하는 많은 이유를 아주 적게 줄이는 것을 의미합니다.

그렇다면 공자孔子는 왜 이렇게 할 수 있다고 말했습니까? 자기 자신 한 사람의 내심의 완벽과 자아의 체득 그리고 도리에 부합하려 추구하는 당신이, 이 사회에서 타인에 대한 요구와 타인에 대한 책망보다 더 중요하기 때문입니다. 공자가 말하였습니다.

君子上達,, 小人下達. (《論語 · 憲問》 14.23)
군자는 天理에 따르니 나날이 고명하게 되고, 소인은 사욕을 추구하게 되니 나날이 더럽혀지게 된다.

소인만이 사람 사이의 분쟁에서 이것저것 낭설을 퍼뜨리고, 소인만이 항상 자신을 힘들게 하며, 누군가가 자기에게 불리하게 한다고 말하지만, 군자는 가능하면 자신의 마음에 도에 대한 기준을 만듭니다. 이러한 큰 도大道가 바로 그가 말하는 천명天命이며, 많은 기교를 부릴 필요도 없습니다. 이것이 바로 공자孔子가 말한 것입니다.

不知命, 無以爲君子也 ; 不知禮, 無以立也 ; 不知言, 無以知人也. (《論語 · 堯曰》 20.3)
천명을 모르면 군자가 될 수 없고, 예를 모르면 사회에 나설 수 없으며, 말을 잘 알아듣지 못하면 그 사람을 알 수 없다.

여기에서는 '명을 알다知命'와 '예를 알다知禮'와 '말을 알다知言'의 세 가지의 경지를 말했습니다. 인생의 성장은 실은 거꾸로 되었습니다. 우리 모두가 먼저 '말을 알다知言'를 했습니다. 타인과 말하고 공부하는 과정에서 이 사회를 알면서 사람을 알게 되어 다른 사람에 대해서 알게 됩니다. 그러나 사람을 알게 된 후 타인을 탓하지 않을 거라는 보장은 없고, 당신도 남을 원망할 것입니다. 왜냐하면, 사람마다 '한 자의 길이라고 해도 짧다고 할 때가 있고, 한 치의 길이라고 해도 길다고 할 때가 있다.'尺有所短, 寸有所長'는 점에서, 길고 짧음 사이에 서로 충돌이 생기는 것입니다. 그 다음 경지는 '예를 알다知禮'입니다. 예의를 알게 되면, 자립할 수 있습니다. 다시 말하자면, 사람이 자아를 설립한 후에는 원망이 많이 적어질 것입니다. 더 높은 단계는 '명을 알다知命'이며, 바로 공자가 말하는 군자로서 설립한 자체 순환 체계이므로, 그의 내심에는 일종의 침착한 힘이 있어 외부에 대항할 수 있는데, 이것이 바로 '명을 알다知命'는 것입니다.

【우단 심어】

천명天命을 안다는 것은 마음 속에 일종의 확고한 신념이 있어, 외부에 대항할 수 있는 것을 말합니다.

그래서 50세가 되어야 천명天命을 알고, 즉, 이 시기가 되면 기본적으로 하늘을 원망하지 않고, 남을 원망하지 않게 됩니다. 공자孔子가 말하는 이 경지에 도달하면, 이것이 바로 마음 속의 확고한 신념입니다.

장자莊子의 〈소요유逍遙遊〉 중에서도 이와 같은 서술이 있었습니다.

> 擧世而譽之而不加勸, 擧世而非之而不加沮, 定乎内外之分, 辯乎榮辱之竟, 斯已矣.〈逍遥遊〉
>
> 온 세상이 모두 그를 예찬한다 해서 이로 인해 더욱 분발하고 노력하지 않을 것이고, 온 세상이 모두 그를 비난한다고 해서 이로 인해 낙담하지 않을 것이며, 내부와 외부의 분수를 정확히 정하고, 영예와 치욕을 분별할 줄 안다면, 이것으로 충분하다.

이것이면 충분합니다. 무슨 의미일까요? '온 세상에서 당신을 찬성하고 격려하면서擧世而譽之', 당신에게 앞으로 한 걸음 더 나가라 권면할 때, 당신은 나아가지 않았습니다. 여기서 '권면勸'은 격려의 뜻을 가진, 앞으로 한 걸음 더 나아가라는 뜻입니다. 다른 사람들이 격려와 충동질을 하면서, 좀 더 하라고 할 때에도, 그는 "나는 할 수 없습니다."라고 말했습니다. '온 세상에서 당신을 가책하고 비난하며擧世而非之'모두가 당신에게 잘못했다고 할 때, 마음을 주저하지 않고 유지하는 것이, 바로 내부와 외부의 분수를 정하는 것입니다.

천명天命을 알게 되었을 때, 우리는 김용金庸의 무협소설 중에서 나오는 '홀로 외로이 패하기를 구한다獨孤求敗'의 경지를 떠올리게 됩니다. 중국 무협소설에서 우리는 늘 소년 협객이 처음으로 사회에 발을 들일 때, '천하무쌍天下無雙' 하고, 비교할 바가 없이 날카로운 '청봉보검靑鋒寶劍'을 사용하는 것을 볼 수 있습니다. 이때 "쏴쏴!" 풍기는 보검의 기운과 퍼져나가는 광채가 바로 한 사람의 찬란한 절정입니다.

그가 무예에 점점 정진하고, 30살이 되어 몸을 의탁하고 정착하여 한 종파를 세우고, 우두머리가 되고, 혹은 강호에서 유명한 협객이 되었을 때, 이 사람은 오히려 날을 세우지 않은 무딘 검을 사용할 수 있습니다. 지금 그에게는 날카로움의 의미가 중요하지 않는 것은, 그의 내공이 아주 깊고 강하기 때문입니다.

이 사람은 40살이 되어, 이미 강호를 뒤흔드는 대협객大俠客이 되어, 이미 모든 종파를 초월하여, 도의의 화신으로 되었을 때, 이 사람은 나무 꼬챙이 하나를 사용할 것입니다. 다시 말해서, 금속과 같은 예리함과 재질은 그 사람에게는 중요하지 않기 때문에, 이와 같은 외적인 물건만 있으면 되는 것입니다.

이 사람이 진정한 최고의 경지에 도달했을 때, 홀로 외로이 패하기를 구한다는 '獨孤求敗'의 경지는 무엇일까요? 한 번의 패배를 원한다고 해도 뜻대로 되지 않을 것입니다. 왜냐하면, 이때 이 사람의 손에는 무기가 없지만, 십팔기 무예가 이미 전부 이 사람 몸에 융합되었기 때문입니다. 다시 말하자면, 이 사람이 손만 내밀어도 검의 기운이 뻗어나갈 수 있으며, 두 주먹을 휘두르면 구리 망치가 되고, 모든 무예가 전부 이 사람의 마음 속과 그의 사지에 스며들었다고 말할 수 있습니다. 적들은 왜 그런 사람의 공격을 받아내지도 못하고 파헤치지도 못할까요? 그것은 그 사람이 도대체 얼마만큼의 무예를 익혔는지 모르기 때문입니다. 따라서 융합하여 관통하는 경지는 늘 중국 문화가 숭상하는 최고의 경지입니다. 소위 '하늘의 명을 안다知天命'는 것은 사실은 백인백색과 인간 학습의 도리를 최종적으로 융합에 이르도록 승화하는 것입니다. 이런 경지에 도달하면, 공자는 '예순 살에는 귀로 들어오는 모든 말을 편안히 받아들일 수 있다六十而耳順'라고 합니다.

【내레이션】

말 그대로, 耳順이란 어떤 말도 귀담아듣는다는 것입니다. 그러나 현실에서 우리는 늘 마음에 거슬리는 일에 부딪치고, 귀에 거슬리는 말을 듣게 되고, 심지어 불합리한 일들을 목격합니다. 60세가 넘는 노인 사이에서도, 의견의 충돌은 피하기가 어렵습니다. 그러면 우리는 어떻게 해야 진정으로 耳順을 행할 수 있을까요?

공자는 예순 살에는 귀로 들어오는 모든 말을 편안히 받아들일 수 있어, 어떤 말을 듣더라도, 누가 뭐라고 말하더라도, 말의 도리가 있다고 느낀다고 했습니다. 이것은 바로 자신의 천명天命에 대해 알게 된 것입니다. 이러한 전제 아래에서 비로소 다른 사람을 최대한 존중해 줄 수 있습니다.

무엇이 귀로 들어오는 모든 말을 편안히 받아들일 수 있다耳順일까요? 어떤 일이든지, 당신은 그 존재하는 이유가 있을 것이라 느낄 것입니다. 어떤 말을 듣던지, 당신은 말하는 사람의 입장에서 그가 왜 그렇게 말을 하는 것인지를 이해할 것입니다.

이러한 귀로 들어오는 모든 말을 편안히 받아들일 수 있다耳順의 경지를 중국문화에서는 '세상을 비탄하고 백성의 질고를 불쌍히 여기다悲天憫人'라고 표현을 합니다. 일종의 연민하는 마음이고, 진정하게 모든 사람의 출발점과 이익을 알려고 하고 이해하려는 것이며, 일종의 포용包容이고, 몸으로 체험하여 이해하는 것입니다.

【우단 심어】

'귀로 들어오는 모든 말을 편안히 받아들일 수 있다耳順'는 것은 '세상을 비탄하고 백성의 질고를 불쌍히 여기다悲天憫人'는 것으로 이해와 포용입니다.

다시 말하자면, 당신이 수많은 사람을 만났을 때, 사람들은 자신만의 생활방식으로 자신을 나타내며, 우리는 그것에 대해서 놀라고 의아해 할 이유가 있습니다. 그러나 당신의 체계가 그들의 체계를 이해하고, 그들이 어떠한 생활과정을 통해 오늘까지 왔는지를 알게 되면, 이해가 많이 될 것입니다. 공자孔子는 어떻게 그 많은 학생들을 모두 '소질에 맞추어 교육因材施教'을 할 수 있었을까요? 이것은 사실 높은 경지입니다.

"두 조각의 구름이 같은 높이에서 마주쳐야, 비로소 비가 된다."는 속담이 있습니다. 그 높이가 높아도 낮아도 안 됩니다. 그러면 귀로 들어오는 모든 말을 편안히 받아들일 수 있다耳順한 사람은 어떨까요? 구름이 오천 미터이든 오백 미터이든, 그는 늘 그의 높이와 위치 그리고 그의 생각을 이해할 수 있습니다.

귀로 들어오는 모든 말을 편안히 받아들일 수 있는耳順 사람이 되려면, 우선 자기 자신을 비교할 수 없는 넓이로 만들어야 하고, 서로 다른 높이를 아우를 수 있도록 만들어야 합니다. '미련해서 사태의 변화를 무시하는 어리석은 행동을 한다.刻舟求劍'거나, '융통성이 없는守株待免' 것처럼, 자신의 기준을 한 곳에 계속 머물게 하면 안 됩니다.

이러한 관점에서 중용中庸을 해석하면, 더욱 적절할 것일지도 모릅니다. 중용中庸은 모든 외적인 지식을 배운 후 획득한 내적인 수양과 제련입니다. 이러한 수양과 제련은 우리가 말하는 초등학교와 중학교 때 늘 하던 물리 실험과 같습니다. 선생님은 연필 한 자루를 주고, 원 한 개를 그려 7등분으로 나눈 후, 7가지 색으로 칠하고, 연필 끝으로 찔러서, 7등분한 원을 고속 회전시키면, 흰색이 나타납니다. 이런 흰색은 바로 극도로 찬란한 이후의 현상입니다. 이것은 외적인 천지天地의 도리가 자신의 마음 속에서 융합한 것입니다. 이러한 경지에 도달한 후, 비로소 공자孔子가 말한 '일흔 살에는 마음이 하고자 하는 대로 행동해도 올바른 도리를 벗어나지 않음七十而從心所欲, 不踰矩'에 이를 수 있습니다.

【내레이션】

모든 사람들이 70세가 되면, '누구나 마음이 하고자 하는 대로 행동해도 올바른 도리를 벗어나지 않는다.從心所欲而不踰矩'는 것처럼 할 수 있을까요? 우리는 꼭 70세가 되어야 만 개인이 추구하는 최고의 경지에 도달할 수 있을까요? 우단于丹 교수는 인생은 괴롭고 짧으니, 70세까지 기다린다는 것은 너무 늦다고 생각합니다. 그러면 우리는 어떻게 하면 하루빨리 인생의 최고 경지에 도달할 수 있을까요?

저는 옛날에 이런 이야기를 들은 적이 있었습니다. 한 절에서 화강암으로 아주 정교롭게 조각한 불상을 모시고 있어, 날마다 많은 사람들이 와서 경배를 하였다고 합니다. 불상으로 가는 계단은 불상과 같은 소재인 화강암입니다. 어느 날, 계단들은 화가 나서, 불상에게 항의를 하였습니다. "우리는 원래 형제였으며, 같은 산에서 왔는데, 왜 사람들은 우리는 밟고, 당신에게는 경배를 합니까? 당신은 뭐가 그리 대단하십니까?"라고 물으니, 불상은 계단들에게 담담하게 한마디 하였습니다. "당신들은 칼로 네 번만 깎이고 오늘의 자리까지 왔지만, 나는 수 천만 번의 칼로 깎이고 나서 겨우 불상이 되었다."고 말했습니다. 그래서 우리가 본 공자孔子가 묘사한 인생의 경지는, 뒤 쪽으로 갈수록 마음을 강조하여, 마음이 침착하게 되고 온화하게 됩니다. 침착함이 오기 전에, 얼마나 많은 단련과 검증을 받고, 심지어 수 천만 번의 칼로 깎이는 과정을 겪었을 것입니다. 이러한 외적인 과정을 걸쳐야 만이 자기의 마음을 굳게 세울 수 있습니다.

공자孔子가 말한 이러한 인생역정에 대한 묘사는, 오늘날 우리에게는 서로 다른 이정표의 거울이 되어, 자신의 마음이 세워졌는지, 판단력을 잃었는지, 천지대도天地大道에 통했는지, 포용과 연민으로 타인을 이해할 수 있는지, 마음이 가는대로 행동을 할 수 있는지를 비추어 봅니다. 단지 이러한 배려로는 부족하며, 인생은 지극히 짧기 때문에, 가속화된 현대사회에서 우리에게 70세까지 기다리라고 하는 것은 너무나도 늦습니다. 사람은 생리적인 연령이 있고, 심리적인 연령이 있으며, 사회적인 연령이 있습니다. 진정한 효율적인 삶은 20대 혹은 30대, 혹은 40대와 50대에 깨달을 수 있는 것을 미리 깨닫게 하여, 혹은 우리가 40대에 마음이 하고자하는 대로 행동을 할 수 있는 침착함이 있을 지도 모릅니다. 현대사회에서는 사람들에게 많은 스트레스를 주지만, 자기 마음 속에서 가치체계를 효율적으로 세운다면, 스트레스를 생명의 반작용의 힘으로 변화시킬 수 있다고 봅니다.

【우단 심어】

마음의 가치체계를 세운다면, 스트레스를 생명의 반작용의 힘으로 변화시킬 수 있습니다.

영국 과학자가 실험을 발표한 적이 있는데, 이것은 우화가 아니고 실제 존재했던 실험입니다. 그들은 호박과 같은 평범하고 저렴한 식물의 생명력이 얼마나 강한지를 알기 위해서 실험을 했습니다. 수많은 작은 호박에다 저울추를 더해, 그가 견딜 수 있는 최대한 무게를 알고자 하였습니다. 눌러서 깨져도 안 되고, 성장이 안될 만큼 눌러서도 안 되고, 그가 성장할 수 있는 전제 아래에서 최대한 많은 추를 올리는 것입니다. 서로 다른 호박들에게 서로 다른 저울추를 올렸고, 그 중 한 개에 가장 많은 추를 달았습니다. 하루에 몇 그램부터 하루에 몇 십 그램, 몇 백 그램, 몇 천 그램을 올리기도 하였습니다. 이 호박이 다른 호박들과 별 차이 없이 컸을 때까지 추를 올렸습니다. 호박이 익었을 때, 이미 몇 백 근의 저울추가 호박을 누르고 있었습니다. 마지막 실험은 추를 올린 호박과 다른 호박을 칼로 잘라 어떤 상황인지를 확인하는 겁니다. 추를 올리지 않은 호박들이 '푹'하고 갈라졌을 때, 추를 올린 호박들은 칼이든 도끼든 전부 튕겨 나갔습니다. 마지막에는 전기톱으로 호박을 잘랐는데, 호박의 껍질의 강도는 이미 다 큰 나무통과 같았습니다.

이것은 어떤 실험이었을까요? 이것은 바로 오늘날 우리의 생명에 대한 실험입니다. 이것은 바로 현대인들이 처해 있는 외적인 환경과 우리 자신의 내적인 반작용의 힘에 대한 가장 좋은 묘사였습니다. 이런 스트레스가 있는 환경에서, 남들보다 먼저 성숙되지 않을 이유가 있을까요?

'분초를 다투다只爭朝夕'는 말은 현대에 더욱 적합하지 않을 수가 없습니다. 만년은 너무 길고, 70년도 너무 깁니다. 《논어》를 공부하고, 경전을 공부하여, 모든 고대의 성인과 현인의 경험은 최종적으로 한 개의 진리이며, 우리의 생명을 이러한 지혜의 빛의 밑에서 효율성을 높이고 과정을 줄이는 것입니다. 우리로 하여금 군자의 어진 마음으로 사회의 도의에 부합하는 기준을 세우는 것입니다. 자신의 마음에 대해서든, 사회 직장에 대해서든, 부끄러움이 없이 이러한 인생의 최고 경지에 하루빨리 앞당겨서 도달할 수 있으면 좋을 것입니다.

제가 생각하기에, 성현聖賢의 의미는 먼 옛날에 간략한 언어로 인생의 도리를 짚어준 것이라고 생각합니다. 후세의 자손들을 보며, 혹은 미개하고, 혹은 자발적이고, 혹은 아프고, 혹은 즐겁게, 자기만의 효율성을 세워, 민족의 영혼으로 합쳤습니다. 고전적인 정신의 힘을 현대의 규칙 아래에서 유효한 성분으로 융합시켜야 합니다. 그리고 우리 모든 사람들이 진정으로 유용한 인생을 세우도록 하여야 합니다. 이것이 바로 《논어》가 우리에게 준 가장 큰 의미입니다.

6. 교우의 도交友之道

【내레이션】

우리는 유류상종, 같은 무리끼리 모인다는 말을 알고 있습니다. 《논어》에서는 교우交友에 대한 명확한 기준이 있습니다. 도움을 주는 벗이 세 종류가 있고, 손해를 끼치는 벗도 세 종류가 있습니다. 그렇다면 우리는 어떻게 좋은 벗과 나쁜 벗을 구별할 수 있을까요? 벗은 우리들의 생활과 일에 어떤 영향을 미칠까요? 북경사범대 우단于丹 교수님이 우리를 위해 강연한 《논어심득論語心得》을 주목해 주십시오.

사람들은 늘 집에서는 부모님을 의지하고, 밖에서는 친구를 의지해야 한다는 말을 합니다. 사회 환경에서 친구는 가장 중요합니다. '물건은 종류별로 모으고物以類聚', '사람은 무리로 나눠집니다人以群分.' 당신의 친구들을 보면, 당신의 그림자를 찾을 수 있습니다. 우단于丹 교수는 《논어》 중에는 친구를 사귀는 데에 있어서 아주 명확한 기준이 있다는 것을 우리에게 알려 주었습니다. '익자삼우益者三友', '손자삼우損者三友'라고 합니다. 즉 유익한 친구가 세 부류가 있고, 손해되는 친구가 세 부류가 있다는 것입니다. 이 세 부류의 유익한 친구의 기준은 무엇일까요? 우리의 생활과 사업에 어떤 도움을 줄 수 있을까요? 또한 세 부류의 손해되는 친구는 어떤 모습일까요? 우리의 인생에 어떤 영향을 미칠까요? 우리는 어떻게 유익한 친구와 손해되는 친구를 구별할 수 있을까요? 우단于丹 교수의 《심득논어論語心得》 중 《교우의 도交友之道》를 들어보십시오.

오늘 우리가 이야기할 화제는 《논어》 중의 교우의 도交友之道입니다. 사람의 일생에 있어서 어떤 친구가 있었는지는 그 사람의 인품을 직접적으로 반영합니다. 유익한 친구는 한권의 책과 같아 당신의 모든 세계를 열어줍니다. 다시 말하자면, 우리가 늘 말하는 '물건은 종류별로 모으고物以類聚', '사람은 무리로 나누어집니다人以群分.' 사람에 상관없이 그 사람의 사교 범위만 관찰해도, 외재적인 환경 조건으로 그 사람의 내심의 가치 취향을 알아낼 수 있습니다.

그러면 《논어》에서는 어떤 친구를 사귀라고 권장할까요? 아주 간단합니다. 공자는 '세상에서 친구를 사귀는 데에는 유익한 벗도 세 가지 유형이 있고, 해로운 벗도 세 가지 유형이 있다'고 말하였습니다. 세 종류의 유익한 벗은 정직한 사람, 신실한 사람, 견문이 많은 사람입니다. 공자는 또 세 종류의 해로운 벗이 있다고 하였는데, 아첨하는 사람, 부드러운 척을 잘하는 사람, 말 잘하는 사람인데, 이 세 종류는 해롭다고 하였습니다.

> 益者三友, 損者三友. 友直, 友諒, 友多聞, 益矣. 友便辟, 友善柔, 友便佞, 損矣. (《論語・季氏》 16.4)
> 유익한 교우도 세 가지 유형이 있고, 해로운 교우도 세 가지 유형이 있다. 정직한 사람, 신실한 사람, 견문이 많은 사람을 벗하면 유익하고, 아첨하는 사람, 부드러운 척을 잘하는 사람, 말 잘하는 사람을 벗하면 해롭다

우선 유익한 친구를 얘기 해보자면, 익자삼우益者三友와 같은 '정직한 친구友直', '신실한 친구友諒', '견문이 많은 친구友多聞'를 말합니다. 다시 말하자면, 이러한 친구는 우선 인간성이 정직하여야하며, 마음에 거리낌이 없어야하고, 올곧고 비굴하지 않아야 합니다. 알랑거리지 않고, 밝은 인격을 가지고 당당한 기세가 있어야 좋은 친구라고 할 수 있습니다. 이러한 친구의 인격은 당신의 인격을 비추어 비교하며, 당신이 나약할 때 용기를 줄 수 있고, 당신이 망설일 때 결단력을 줄 수 있기 때문에 유익한 친구입니다.

두 번째는 '신실한 사람友諒'이며, 너그러운 친구라고 할 수도 있습니다. 사실 너그러움은 일종의 미덕으로 볼 수 있으며, 이 세상에서 제일 깊이가 있는 미덕美德 중의 하나라고 할 수 있습니다. 우리의 실수로 잘못을 저지르거나, 타인에게 상처를 주었을 때, 가끔은 과도한 질책이나 비판으로 해결하는 것보다, 너그러움으로 해결하는 것이 그 효과가 더 오래갈 수 있다는 것을 알 수 있습니다.

【우단 심어】

과한 질책은 너그러운 힘보다 효과가 오래가지 못한다.

사실 우리의 마음을 힘들게 하는 것은 다른 사람으로부터 원망을 받아야 하는데, 오히려 그 사람으로부터 너그럽게 용서를 받는 것입니다. 그래서 좋은 친구는, 우리

에게 마음으로부터 자아 반성하는 힘을 더해 줍니다. 너그러운 친구는 우리가 타락하거나, 자기 자신을 방임하지 않도록 하고, 다른 사람들의 포용 속에서 자신의 결함과 부족함을 찾을 수 있게 합니다. 때문에 너그러운 좋은 친구가 있다면, 그는 인격으로서의 마음이며, 그는 연민이며, 그는 이 세상의 모든 꽃과 모든 나뭇잎이며, 그는 모든 풀과 모든 나무에 대한 배려 중에 반영된 빛입니다. 이것이 두 번째 좋은 친구입니다.

세 번째는 '견문이 많은 친구友多聞'입니다. 선진先秦 시대에서는 지금처럼 컴퓨터가 있는 것도 아니고, 발달한 정보망과 천지를 뒤덮을 만한 매체도 없었습니다. 그 당시의 사람들은 듣고 보고자 할 때 어떻게 했을까요? 가장 간단한 방법은 좋은 친구를 사귀는 것입니다. 친구가 읽은 책을 간접적으로 해서 나의 직접적인 경험으로 전환해 주면 됩니다. 우리가 망설이고 방황하여 주저할 때, 친구의 넓은 견식과 박식을 참고로 하여, 자신이 하는 선택에 도움을 주면 됩니다. 그래서 박식한 친구를 사귄다는 것은 한 권의 사전을 펼친 것과 같습니다. 우리는 늘 다른 사람들의 경험에서 자신이 참고할 수 있는 것을 얻을 수 있습니다. 이것은 바로 공자가 말씀하신 세 종류의 좋은 친구이며, 이들은 정직한 친구友直, 신실한 친구友諒, 견문이 많은 친구友多聞입니다.

【내레이션】

《논어》중의 익자삼우益者三友란 정직한 친구, 신실한 친구, 견문이 많은 친구를 말하는 것입니다. 이것이 바로 공자孔老夫子가 말씀하신 세 종류의 좋은 친구입니다. 그렇다면 공자가 말씀하신 세 종류의 나쁜 친구는 어떤 사람들일까요?

공자는 또 세 종류의 나쁜 친구가 있는데, '아첨하는 친구友便辟', '부드러운 척을 잘하는 친구友善柔', '말 잘하는 친구友便佞'로서, 이 세 종류의 친구들과 벗하면 해롭다고 말했습니다. 이것이 바로 '해로운 세 친구損者三友'입니다. 이들은 어떤 사람들일까요?

우선 무엇이 '아첨하는 친구友便辟'일까요? 바로 성격이 급한 친구를 말하는 것입니다. 물론 사람마다 생활환경이 다름으로, 부딪치는 상황들도 다를 것입니다. 어떤 일을 부딪쳤을 때, 당신이 멍해 있는데, 친구가 먼저 분노하면서, "이 일은 이렇게 하면 안 돼."라고 말할 수 있습니다. 요즘 세상에서 우리는 늘 다음과 같은 현상을 봅니다.

청소년 범죄 중 많은 부분은 패싸움에서 생긴 것이고, 패싸움을 하다가 실수로 인명 사고를 내면, 이 아이는 노동을 통해 교육을 하는 판결을 받습니다. 사실, 인명 사고는 대부분 한명의 아이가 개인적인 행위로 저지르는 경우는 아주 적고, 한 무리의 아이들이 휩쓸려 함께 저지르는 일입니다.

제가 중국 법률제도 프로그램을 평의할 때 겪은 일인데, 한 아이가 상대방을 때리거나 심지어 상대방을 실수로 죽였을 때, 그 아이는 상대방이 누구인지도 모르는 상황을 많이 봤었습니다. 그 아이는 무엇 때문에 싸우러 갔을까요? 바로 친구 사이의 의리 때문에, 친구가 다 같이 가서 싸우자고 말했기 때문에, 반드시 가야만 한다고 느낀 것입니다.

사실, 이렇게 성질이 급한 친구를 만나면, 그는 폭탄의 도화선처럼 주변 친구들의 마음 속에 있는 분노를 불 붙일 수 있는데, 대부분의 경우 이러한 분노는 아무런 이유가 없고, 대부분 맹목적인 의리입니다. 성인들의 세계에서 우리는 패싸움으로 인한 대가를 모두 치러야 하는 것은 아니지만, 한 사람이 분노에 불을 붙이면, 우리에게는 나쁜 점만 있을 뿐, 그다지 좋은 점은 없습니다. 나쁜 친구 중에서 왜 폭력적인 감정을 첫 번째로 놓았을까요? 맹목적인 열정은 되돌릴 수 없는 결과를 일으킬 수 있기 때문입니다. 좋은 친구 사이에서는 이성을 먼저 앞세워야하며, 친구에게 어떻게 해야 위험이 없는 생활을 유지할 수 있는지를 알려주어야 합니다.

저는 외국에 이런 이야기가 있다는 것을 들은 적이 있습니다. 한 부유한 과부에 대한 이야기입니다. 이 할머니는 거액의 재산을 가지고 있는데, 운전기사 한 명을 채용하고 싶어, 전국적으로 모집 광고를 내면서 운전 기술이 제일 좋은 사람이 누구인지를 한 번 찾아보려고 했습니다. 할머니는 수많은 응모자 중에서 고르고 또 골라 드디어 세 사람을 뽑아서, 그녀 앞에 세워놓고 그들에게 똑같은 문제를 질문하였습니다. 당신들의 기술을 시험해 보려고 하는데, 만약 앞면에 절벽이 있다면, 절벽과 얼마나 떨어진 곳에다가 내차를 주차할 수 있습니까? 첫 운전기사는 "저는 기술이 좋기 때문에 차를 절벽과 일 미터 떨어진 곳에 안전하게 정지시킬 수 있습니다."라고 했습니다. 두 번째 운전기사는 지는 게 싫어서 "저는 저 사람보다 기술이 좋아, 절벽과 십 센티미터에 떨어진 곳에 정차할 수 있고, 게다가 정확하게 멈출 수 있습니다."라고 했습니다. 세 번째 운전기사는 "저는 저분들과 달리 절벽이 보이면 멀리서부터 차를 멈출 겁니다."라고 했습니다. 할머니는 세 번째 사람을 채용했습니다. 이 세상에서 기술은 언제나 최종적인 보장이 될 수 없기 때문입니다. 사람이 위험을 피하는 이성적인 행동이 비로소 그의 근본성의 전제가 될 수 있습니다. 다시 말하자면, 세 번째 사람이 채용된 것은 잘난 척 해서가 아니라 그의 현명함 때문입니다.

두 번째는 '부드러운 척을 잘하는 친구友善柔'입니다. 이것은 성격이 특별히 포악한 친구가 아니라, 이와 상반된 아주 우유부단한 성격의 친구입니다.

우리는 과도한 우유부단함은 생명 에너지를 허비하는 것과 마찬가지인 것을 알 수 있습니다. 사직서를 내려는 생각을 했습니다. 당신이 "기회가 되면 난 사업을 하겠다."혹은 "난 다른 회사로 바꿀 겁니다."라고 친구에게 묻는다면, 그 친구는 "잘 좀 생각해 봐, 지금 직장도 좋은데, 만약 다른 회사로 간다면 모든 것을 다 잃게 될 수도 있다."고 말할 것입니다. 주변에 많은 친구들은 이런 중요한 시기에 우리에게 제약하는 힘을 주어, 당신으로 하여금 "내가 한 걸음 물러서자.", "더 신중하자."라고 느끼게 합니다.

한국에는 이런 형태의 묘사가 있습니다. 세상에 아주 이상한 물건이 있는데, 그의 앞면에는 머리카락이 자라는 반면, 뒤통수는 대머리입니다. 이것이 당신을 마주보고 올 때에는, 얼굴 전체가 머리카락 때문에 분명하게 볼 수 없기 때문에, 그것이 도대체 무엇인지에 알 수 없습니다. 당신이 한참 생각에 빠져 옆으로 지나가는 순간, 당신은 갑자기 그 형체가 확실하게 보여, 손으로 뻗어 잡았는데, 뒤통수에 머리카락이 없는 것을 발견합니다. 그러나 그는 이미 벌써 지나가 버렸습니다.

이것은 무엇일까요? 그 이름은 바로 기회입니다. 이 세상에서 기회란 바로 이런 괴물입니다. 기회가 마주보고 올 때에는, 마음 속에 항상 의심을 품고 있지만, 떠나갈 때에는 영원히 잡지 못합니다. 착하고 부드러운 친구는 당신 주변의 기회를 놓치게 합니다. 우리는 이 세상의 많은 일들은 당신이 그것을 하느냐 안 하느냐에 달려 있는 것이 아니고, 당신이 그것을 언제 하는 것이 비로소 쓸모가 있는지에 달려있다는 것을 발견하였습니다.

사실, 생활 중의 많은 것들은 유효기한이 있습니다. 통조림 캔 하나, 사탕 한 알은 좋은 물건일까요? 아닐까요? 십 년, 팔 년을 묵혀둔 것을 좋은 물건인지 안 좋은 물건인지 묻는 것이 아닙니다. 유효기한이 지나면 독약으로 변합니다. 우리의 일생에는 해야 할 일이 아주 많기 때문에, 과도하게 우유부단한 친구의 영향으로 당신의 사고에 방해가 되지 않았으면 합니다. 이런 친구들이 너무 많으면, 또한 일종의 해가 됩니다.

세 번째는 '말 잘하는 친구友便佞'입니다. 이는 제일 나쁜 친구입니다. 여러분들도 영신지설佞臣之說을 알고 있을 것입니다. 佞은 마음 속으로 음흉한 꿍꿍이를 품고, 속셈이 있으며, 온갖 수단과 방법을 가리지 않고 자신의 이익만 챙기는 소인배입니다. 말 잘하는 친구란 마음 속에 음흉한 꿍꿍이를 품고 있는 친구입니다.

이들은 진정한 소인배들이며, 엉큼한 심리를 가지고 있는 사람들입니다. 그러나 이런 사람들은 늘 착한 모습으로 꾸밉니다. 그들의 마음 속에는 늘 속셈이 있기 때문에, 다른 사람을 대하는 열정은 속셈이 없는 사람보다 몇 십 배 더 높을 수도 있습니다. 때문에 자칫해서 이들에게 이용을 당하면, 당신은 당신 스스로에게 멍에를 쓰게 하는 것입니다. 당신이 비참하고 침통한 대가를 치르지 않는다면, 그 친구는 절대로 당신을 놓아 주지 않을 것입니다. 이 또한 우리 자신의 안목과 사람을 알고 일을 논하는 능력을 검증하는 겁니다.

세 가지 유형의 유익한 벗과 해로운 벗은 당신에게 우리가 평생 한 모든 일들 중에서, 반드시 친구가 당신 마음의 좌표가 되어야 한다는 것을 말하고 있습니다. 이런 기준은 나쁜 일이 아직 경미할 때, 더 이상 커지지 못하게 방지하는 역할이 있을 수도 있습니다. 친구가 반드시 큰 착오를 저지른다고 할 수는 없지만, 설령 조그만 징조라도 있으면, 나의 친구가 된 이 사람은 나중에라도 나에게 위험을 줄 수 있습니다.

【내레이션】

《논어》중의 손자삼우損者三友는 성격이 급한 친구, 우유부단한 친구, 마음 속에 음흉한 꿍꿍이를 품고 있는 친구들입니다. 이러한 친구는 절대 사귀지 말아야하며, 그렇지 않으면 우리는 막심한 대가를 치를 것입니다. 그러나 좋은 사람인지 나쁜 사람인지는 얼굴에 쓰여 있지 않습니다. 우리는 어떻게 해야 좋은 친구만 사귀고 나쁜 친구를 멀리 할 수 있을까요?

공자의 모든 윤리의 핵심은 '인仁' 한 글자입니다. 그러면 도대체 무엇이 인仁일까요? 그의 학생 번지樊遲는 선생님에게 "인仁이란 무엇입니까?"라고 물어본 적이 있는데, 선생님께서는 '애인愛人'이라는 두 글자로 답하였습니다. 타인을 진정으로 사랑하는 것이 인仁입니다. 학생은 또 "지혜智慧란 무엇입니까?"라고 물었습니다. 선생님께서는 또 두 글자 '지인知人'으로 답을 하였습니다. 다른 사람을 이해는 것이 바로 지혜입니다. 따라서 우리가 어떻게 좋은 친구를 사귈 수 있는지에 대해서는 인仁과 지智가 있는지를 보아야 합니다. 우리의 마음 속에는 타인에 대한 사랑이 있어야 친구를 사귀려는 소망이 있게 됩니다. 우리가 다른 사람을 판단하는 능력이 있고, 인품이 있는 좋은 친구를 사귀게 될 수 있는 것은 교우에 있어서 일종의 능력입니다. 따라서 진정한 친구를 사귀려면, 소망과 능력이란 두 가지 전제가 있어야 합니다. 소망이란 우리에게 인仁이 있는 것이고, 능력이란 바로 우리에게 지智가 있는 것입니다. 이는 우리가 친구를 사귀는 데에서 품질을 보장할 수 있는 최저의 선입니다. 이런 의미에서 보았을 때, 좋은 친구 하나를 사귄다는 것은 좋은 생활을 개척하였다는 것입니다.

사실, 우리의 친구는 때로는 우리의 거울과 같으며, 우리는 그들의 생활 속에서 자신의 그림자를 볼 수 있습니다. 그러나 때로는 무심한 사람도 있습니다. 늘 친구들과 어울리면서 자기반성을 하지 않는다면, 당신은 무엇이 좋고 나쁜지를 모르는 것입니다.

여러분도 알다시피, 《사기史記》 중에 〈안자열전晏子列傳〉라는 글이 있습니다. 안자晏子에게는 한 명의 마부가 있었는데, 그는 아주 재미있는 사람이었습니다. 제齊 나라 재상宰相의 마차를 몰게 되었다니, 대단한 영광이라고 생각했습니다. 마부는 아주 멋있게 생겼고, 키도 훤칠하고, 용모도 훌륭했습니다. 그러나 제나라 재상宰相인 안영晏嬰은 알다시피 팔다리가 짧고, 몸집이 작은데다 용모도 아주 추해, 보기에 초라할 지경입니다. 마부는 자기의 자리가 아주 좋다고 생각했습니다. 자기는 앞에 타고, 안자는 뒤에 타고, 자기는 앞에 앉아 몸집이 거대한 말을 몰며 위풍당당한데, 안자晏子는 마차 안에만 앉아 있기 때문에, 자신의 직업이 너무 좋고, 비할 바 없이 영광스럽다고 생각했습니다. 그러던 어느 날, 집에 돌아 온 마부는 마누라가 훌쩍거리면서 보따리를 싸들고 친정집으로 간 것을 알게 되었습니다. 그는 너무 의아스러워 원인을 물어보니, 부인은 더 이상 참지 못하겠으니 당신을 떠나야겠다며, 당신과 함께 있는 것이 너무나 치욕스럽다고 말했습니다. 마부는 너무 놀라 "당신 봐봐! 내가 근사하지 않은가요?"라고 물었습니다. 부인은 "당신은 무엇이 근사하다고 생각하시나요? 안영晏嬰처럼 세상을 다스리는 인재도 겸손하게 뒷자리에 앉아있으면서 조금도 떠벌리지 않는데, 당신은 기껏해야 마차나 모는 마부에 불과합니다. 당신은 이것을 대단한 영예로 생각하고, 의기양양해 하는 모습이 전부 얼굴에 드러나 있으니, 이것이 바로 내 인생 최대의 치욕이에요. 안자晏子와 같은 분과 매일 함께 있으면서도, 그분을 당신 생명의 본보기 좌표로 삼지 않는 당신께 절망이 생겼습니다."라고 말했습니다. 이 이야기가 퍼진 후, 안영晏嬰은 그 마부를 불러 "자네에게 이렇게 훌륭한 부인이 있다니, 자네의 부인을 보아서라도 자네에게 더 좋은 직위를 주어야겠네."라고 하면서, 오히려 마부를 승진 시켰습니다.

이것은 어떤 이야기인가요? 우리 주변에 많은 사람들의 생활 방식과 매일 일을 처리하는 태도는 모두 우리의 거울이 됩니다. 그래서 《논어》 중에서는 평화롭고, 겸손하고, 타인과 사이가 좋은 친구들을 사귀라는 권장을 하였습니다. 이것이 원칙입니다.

【내레이션】

물건은 종류별로 모으고, 사람은 무리로 나뉜다는 속담이 있습니다. 친구란 우리 자신의 거울과도 같습니다. 자신이 어떤 사람인지에 따라, 친구도 비슷한 사람으로 사귀게 됩니다. 우단于丹 교수는 《논어》 중에서 세 종류의 좋은 친구와 세 종류의 나쁜 친구 이외에, 교우의 원칙이 있다고 하였습니다. 이 원칙들은 어떤 것일까요?

《논어》에서는 지금껏 부자와 권세가 있는 사람을 사귀라고 주장하지 않았습니다. 여러분들도 아시다시피 중국에는 전원산수田園山水 시파詩派가 있습니다. 도연명陶淵明은 전원시파를 창시하였습니다. 도연명의 생활은 어떠했을까요? 그는 극히 초라했지만, 아주 즐거운 사람이었습니다. 〈남사은일전南史隱逸傳〉에 도연명은 음률을 모른다고 적혀있습니다. 그는 음악에 대해 아예 모르지만, 소금素琴이라고 부르는 악기 하나가 있었는데, 악기에 줄이 없는 나무판이었습니다. 나무판에 악기 줄도 없는데 어떻게 연주할까요? 그는 친구들이 방문할 때, 매번 마치 친구들의 의중을 깨달은 것처럼, 그 나무판을 만지작거리기 시작합니다. 이 금琴을 생동감이 넘치게 연주하며, 늘 감정에 북받쳐 통곡하며, 목이 메기도 합니다. 자신 내면에 지니고 있는 슬픔을 모두 그 안에 담습니다. 그 내용을 진짜 알아듣는 친구들은 그것으로 인하여 감동을 받습니다. 도연명은 이런 선이 없는 금琴을 가지고, 영혼이 담긴 음악을 연주하며, 연주하다 흥이 나서 기쁠 때이면 친구들을 보고 "나는 이미 너무 많이 마셔서, 술이 취하여 잠이오니, 자네들은 그만 돌아가게나."라고 말합니다. 나는 이미 과음하였으니, 너희들은 가라는 말에도 친구들은 득실을 따지지 않고 가는 걸로 끝입니다. 이는 즐거운 날의 한 형태로, 이는 지혜로운 자들에게는 이렇게 해도 이해를 하지만, 소인배들에게는 이렇게 말하면 안 됩니다.

나는 대만의 유명한 산문散文 작가인 임청현林淸玄 작가가 쓴 산문을 본적이 있습니다. 그의 친구가 그에게 "내 서재에 걸어 놓을 글을 써주세요. 아주 간단하게 써야 하고, 매일 봐서 쓸모가 있는 글을 써 주시기 바랍니다."라고 말했습니다. 그는 한참 생각한 끝에 손이 가는대로 '상상일이常想一二'이라는 글을 썼습니다. 그 친구는 이해가 되지 않아, 왜 이 네 글자인지를 물어봤습니다. 임청현은 바로 그에게 "사람들은 늘 이 세상에 여의찮은 일이 십에 팔구이며, 말할 만한 일은 십에 이삼밖에 안 된다고 말합니다. 그렇다면, 설령 이 세상에서 여의찮은 일이 십에 팔구라고 해도, 적어도 한두 가지 마음에 드는 일은 있지요. 저는 당신에게 많은 도움을 주지는 못해도, 제가 당신에게 알려 줄 수 있는 것은 늘 이 한두 가지를 생각해보라는 것입니다. 즐거운 일들을 생각하면서, 즐거움의 빛을 더 크게 하고 마음 속의 불쾌한 것을 억제해 보십시오. 이것이 바로 친구로서 당신에게 할 수 있는 제일 좋은 일이라고 생각합니다."라고 설명을 해주었습니다.

【우단 심어】

즐겁게 살고 생명을 즐기는 안빈낙도하는 친구를 사귀자.

나는 서양의 우화 하나를 알고 있습니다. 옛날에 한 국왕이 있었는데, 날마다 침울했으며, 호사스러운 나날을 지내면서도, 여전히 즐겁지 않았습니다. 천하에 가장 귀한 보물, 미녀, 사치스러운 생활 등 그에게 모자라는 것이 없었지만은, 그를 즐겁게 해줄 수가 없었습니다. 그는 어떻게 했을까요? 그 후 어의가 한참을 검사 끝에 처방을 내렸는데, 대신들을 시켜 전국적으로 가장 즐거운 사람을 찾아, 그 사람의 셔츠를 가져다 왕이 입으면 즐거워진다고 말했습니다. 신하들은 바로 전국 각지를 돌아다니면서, 드디어 최고로 즐거운 사람을 찾았는데, 신하들은 셔츠를 가져올 수 없다고 왕에게 보고했습니다. 왕은 "왜 못 가져오느냐? 나는 즐겁고 싶으니, 반드시 셔츠를 가져와야 한다."고 말했습니다. 그러자 신하들은 아주 즐거워하는 그 특별한 사람은 너무 가난해서 셔츠 한 벌도 없이 상반신을 드러내놓고 다닌다고 왕에게 말했습니다.

사실 이 우화는 우리에게 하나의 해답을 던져주고 있습니다. 다시 말하자면, 생활에서 마음 속으로 부터 진정으로 즐거워하는 것은 물질적인 생활과 반드시 밀접한 관계가 있는 것은 아닙니다. 《논어》는 어떤 시대이었을까요? 그 당시에는 물질적인 생활이 지극히 빈궁한 시대입니다. 그 시대의 진정한 즐거움의 힘은 어디에서 나왔을까요? 사실은 마음 속에서 왔고, 교육하고 양성하는 것에서 왔고, 순수한 동경憧憬의 마음에서 왔습니다.

【내레이션】

우리 모두는 즐거운 친구를 사귀고 싶어 합니다. 그러나 우단 교수는 친구를 사귀는 데에 세 가지 심리적인 원칙이 있어야 한다고 생각합니다. 만약 이런 원칙을 위반한다면, 당신은 환영을 받지 못한 존재가 되고, 그 누구도 당신과 친구가 되는 것을 원하지 않을 것입니다. 그렇다면, 이 세 가지 중요한 원칙은 무엇일까요?

그러면 이런 유쾌한 친구를 사귀는 것 이외에, 공자는 또 여러분에게 한 가지의 도리를 주었습니다. 그것은 바로 친구를 사귀는 과정에서의 존경尊敬과 척도尺度입니다. 좋은 친구라면 한데 뭉치라는 의미인가요? 우리는 요즘에 두 사람이 사이가 좋으면, 반드시 바지를 같이 입는다고 하는데, 이런 것이 좋은 친구일까요? 이 세상에서 분별이 없고 척도가 없는 일들은 과유불급過猶不及과 같은 것입니다. 과유불급은 《논어》에서 중요한 철학 사상입니다. 이것은 교우交友의 도道뿐만 아니라, 모든 원칙에서 나타납니다. 따라서 진정한 좋은 친구는 분별이 있어야 합니다. 이것이 바로 공자孔子가 말한 내용입니다.

侍于君子有三愆. 言未及之而言, 謂之躁. 言及之而不言, 謂之隱. 未見顏色而言, 謂之瞽. (《論語 · 季氏》 16.6)
군자를 모실 때 세 가지 과오가 있으니, 묻지 않은 말을 먼저 말하는 것을 조躁라고 이르고, 물었는데도 말하지 않는 것을 은隱이라고 이르고, 얼굴을 보지 않고 말하는 것은 고瞽라고 한다.

당신이 군자君子를 진정한 친구로 사귄다면, 당신의 마음 속에는 세 가지 원칙이 있어야 합니다. 언제 말을 할지, 언제 말을 하지 않을지, 당신 스스로 척도가 있어야 합니다.

첫째, 묻지 않은 말을 먼저 말하는 것을 조躁라고 합니다. 아직 거기까지 이야기 하지 않았는데, 나서서 먼저 말하는 것은 성급함을 나타내는 것입니다. 이것은 한 사람의 조급함을 나타내므로 좋지 않습니다.

【교우원칙1】

말을 가로채지 마라.

사람마다 공동 이야기 거리가 있을 것이니, 모든 사람들이 새로운 화제를 기대할 때까지 듣다가, 당신이 자연스럽게 말을 시작하는 것이 좋습니다.

우리 모두는 너나없이 속마음을 세상에 알리고 싶어 하는 것이 있을 것입니다. 그렇지 않으면 어떻게 블로그가 생길 수 있었겠습니까? 사실 블로그는 개인의 속마음을 절실하게 다른 사람에게 보여 주는 것입니다. 그렇다면 옛날에 블로그가 없을 때에는, 사람들은 주로 말로 전했고, 따라서 여러 사람이 모인 자리에는 늘 말을 가로채가는 사람이 있었습니다. 지금도 친구들과 모인 자리에서 가끔 갑자기 뛰쳐나와서 최근에 사냥하러 갔다 왔다, 나는 승진했다는 등으로 말을 가로채가는 것을 발견할 수 있습니다. 혹은 여자들의 모임에서는 내 남자친구가 어쩌고저쩌고, 우리 집 아이는 어떻고 라고 합니다. 이것이 전부 그녀들이 아주 말하고 싶어 하는 화제입니다. 그러나 이런 화제들은 모든 사람들의 관심사일까요? 한 사람이 말을 할 때, 다른 사람의 화제를 말할 권리를 박탈했다는 것을 의미합니다. 일정한 시간 속에서 이야기를 하다보면, 한사람이 주도하기 때문에, 그 화제에 대한 말이 다 끝나기 전에 가로채는 것은 좋지 않습니다. 그러나 또 다른 극단적이 것도 있습니다. 두 번째 상황은 물었는데도 말하지 않는 것을 은隱이라고 합니다. 다시 말하자면, 화제를 이미 어떤 상황까지 말했으면, 당신은 자연스럽게 말을 이어가면서 해야 하는데, 반대로 더듬거리고, 숨기고 가리고, 의미가 전부 전달되지 못해, 마음 속에 있는 말을 사람들에게 하지 않는다면, 이런 친구는 사람들의 마음에 거리감을 주기도 합니다.

【교우원칙2】

할 말이 있으면 숨기지 마라.

화제가 자연스럽게 여기까지 왔는데, 당신은 왜 말을 하지 않는 건가요? 내가 지금 말을 한다면, 그들의 화젯거리에 오르는 것은 아닌가라고 생각하며, 나는 내 자신을 보호하여야 하고, 혹은 고의적으로 진중하게 행동하고, 또는 다른 사람들의 비위를 맞추기도 합니다. 요컨대, 우리는 모임에서 종종 이런 사람들을 마주치게 됩니다. 본인이 말을 해야 할 이야기에 대해서 말하지 않는 것은, 또한 좋은 것은 아닙니다. 다음은 세 번째 상황입니다. 바로 오늘날 일반인들이 말하는 눈치 없는 사람입니다. 공자孔子는 "얼굴을 보지 않고 말하는 것은 고瞽라고 한다."고 말했습니다. 여기서 말한 고瞽의 뜻은 아주 강합니다. 이 글자의 뜻은 무엇일까요? 바로 소경이라는 뜻입니다. 다른 사람들의 안색조차 파악하지 않고, 바로 말을 하는 것을 맹인이라고 합니다.

【교우원칙3】

눈을 감고 함부로 말하지 마라.

당신은 다른 사람들이 어떤 말을 하기 원하는지를 한번 살펴보고, 가장 적절한 말을 할 수 있는지를 확인해 보세요. 이 때, 당신은 마음의 준비도 필요하고, 상대방을 잘 알아야 합니다. 사실, 친구 사이에는 항상 존경과 주저함이 있어야 합니다. 친구뿐만 아니라, 더 친한 친인척을 포함해, 부부 사이와 부모와 자식 사이에도 주저함이 없을까요?

사실 성년이라면 그 누구나 삶속의 영광과 말 못할 괴로움이 있을 겁니다. 진정한 친구라면 상대방의 영광을 끊임없이 크게 하는 반면, 그의 괴로움은 영원히 건드리지 않아야 하는데, 이것은 눈치가 있어야 하는 부분입니다. 따라서 그가 무엇을 좋아하는지, 무엇을 싫어하는지를 알아야 합니다. 물론 이것은 남의 비위를 맞춰주는 것과는 다릅니다. 이것은 당신이 친구에게 온화하고 우호적인 분위기를 만들어 주고, 그가 계속 당신과 소통해 나가게 하는 것과 연관되어 있습니다.

세계의 역사적 인터뷰 기록에는 다음과 같은 유명한 내용이 있습니다. 미국 할리우드에서 〈바람과 함께 사라지다〉를 촬영한 후, 비비안 리(Vivien Leigh)는 단번에 유명해졌습니다. 이 영화는 오스카상에서, 열 한 개 부문에서 상의 후보로 지명을 받았습니다. 이 영화는 무한한 영광을 가지고 유럽에서 처음으로 상영할 때, 비비안 리가 타고 있는 비행기가 런던 비행장에 착륙할 즈음, 수많은 기자들이 에워싸며 그녀를 기다리고 있었습니다. 눈치 없는 기자 한 사람이 제일 앞으로 달려갔습니다. 그는 아주 열정적으로 나선식 계단에서 막 내려오는 비비안 리에게 첫 질문을 했습니다. "당신은 이 영화에서 어떤 역을 맡았습니까?"이 한마디에 비비안 리는 몸을 돌려 다시 기내로 들어가 다시는 나오지 않으려고 했습니다.

이것은 무엇에 속할까요? 당신은 상대방에 대해 아무것도 모른다는 것입니다. 아무것도 모르는 상황에서 이런 말을 하는 것은 소경과 같습니다. 사실 우리 모두의 소원은 인생을 더욱 효율적으로 보내고, 친구들과 함께 있어서 더 좋아지는 것입니다. 그러면 어떻게 해야 더 좋아질 수 있을까요? 바로 좀 더 조용히 다른 사람의 마음을 보살피는 것입니다. 이것이 바로 공자孔子께서 말씀하신 다른 사람을 아는 것이 바로 지혜라고 말하는 것입니다. 다른 사람의 속마음을 잘 알아야 그들이 가지고 있는 진짜 좋은 것과 그의 가장 효과적인 것을 발휘 시킬 수 있습니다. 때문에 그의 학생 자공子貢은 선생님에게 물어본 적이 있습니다.

"선생님, 친구란 무엇입니까?"

"상대방에게 진심으로 우러난 충고를 차근차근 잘 말해주면 되는데, 만약에 상대방이 듣기 싫어하면, 너도 더 이상 말하지 마라. 스스로 굴욕을 자초하지 말라."

선생님은 그에게 "충심으로 일러주어 잘 인도하되, 안 되겠으면 그만두어라. 이 일로 인하여 스스로 욕을 당하지 말아라.忠告而善道之, 不可則止, 無自辱焉." (《論語 · 顏淵》12.23)라고 말했습니다. 좋은 친구라면, 충고는 반드시 해야 하지만, 충고라는 좋은 약은 반드시 맛이 쓸까요? 따끔하게 경고하여 깨닫도록 해야 합니까? 흥미진진하게 말할 수도 있으니, 이것을 잘 인도한다善道라고 합니다. 목소리와 표정을 아주 사납게 할 필요는 없고, 이야기를 잘 했는데 통하지 않으면, 그만하는 것이 좋습니다. 반드시 알아야 할 점은 말이 통하지 않으면 그만해야 하는 것이며, 굴욕을 자초하지 말아야 합니다. 이것이 바로 친구 사이의 분별을 파악하는 것입니다. 친구 사이라고해서 상대방을 쥐어 잡고, "너 반드시 이렇게 저렇게 해야 해."라고 말하면 안 됩니다.

사실, 이전에는 부모가 선택한 결정이라면 당신은 무조건 해야 했습니다. 그런데 지금 사회에서는 부모를 포함하여 아이들에게 어떤 요구도 제시하지 못합니다. 모두가 존경을 받을 가치가 있습니다. 당신의 충고를 상대방에게 잘 얘기하는 것이 당신의 책임을 다하는 것입니다. 이것이 바로 좋은 친구입니다.

좋은 친구라면 도에 지나치는 일은 절대 하지 않습니다. 친구를 대한 태도도 지나치지 말고, 또 친구를 꼬드겨서 지나친 일을 하게 하지 말아야 합니다.

이게 바로 공자孔子가 "어떤 친구가 좋은 친구입니까?"에 대한 답입니다. 좋은 친구는 우리 주변에서 우리를 영원히 또렷하고 맑은 이성으로 위험을 멀리 하게 하는 사람이며, 또한 즐거운 마음으로 우리를 당당하고 즐겁게 생활을 대하게 하는 사람입니다.

【내레이션】

사람들은 집에서는 부모님을 의지하고, 밖에서는 친구들을 의지해야 한다는 말을 자주 합니다. 이를 통해서 알 수 있듯, 친구는 사람의 일생에서 매우 중요합니다. 사람은 연령에 따라서 사귀는 친구도 서로 다릅니다. 우리는 어떻게 해야 연령에 따라 유익한 친구를 사귈 수 있을까요? 우단于丹 교수는 인생에 세 가지의 고비가 있다고 하는데, 이 세 가지의 큰 고비는 무엇일까요? 우리는 또 어떻게 이 고비들을 편하게 넘길 수 있을까요?

공자孔夫子는 사람의 한평생을 70-80년이라고 보았을 때, 꽤 긴 것 같다고 말했습니다. 그러나 단계를 나누어, 단계마다 힘든 고비가 하나씩 있다고 치면, 사람의 일생에는 세 개의 큰 고비가 있습니다. 고비를 잘 넘기면 일생에 큰 문제가 없습니다. 이 세 가지 고비는 무엇일까요? 소년시기에는 혈기가 아직 정해지지 않아서, 여색을 경계해야 합니다. 중년에는 혈기 왕성하여 싸움을 경계해야 합니다. 노년에 들어서면 혈기가 쇠약해져, 물욕을 경계해야 합니다.

君子有三戒. 少之時, 血氣未定, 戒之在色. 及其壯也, 血氣方剛, 戒之在鬪. 及其老

也, 血氣旣衰, 戒之在得. (《論語・季氏》 16.7)
군자에게는 세 가지의 경계할 일이 있다. 젊을 때는 혈기가 아직 안정되지 않았으니 경계할 것이 성욕에 있고, 장성하여서는 혈기가 한창 왕성하니 경계할 것이 싸움에 있고, 늙어서는 혈기가 이미 쇠잔하였으니 경계할 것이 이득, 즉 물욕에 있다.

젊은 시기의 사람들은 혈기가 안정되지 않은 때라서, 쉽게 충동하고, 그 어떤 생각이라도 모두 성숙하지 못한 시기이기 때문에, 이때는 성욕을 경계해야 합니다.

젊을 때 경계해야 하는 것은 성욕입니다.

그렇다면, 이 시기에 친구들은 대부분 감정에서 문제가 생기는데, 같거나 어긋난 의견이 나타날 것입니다. 우리가 대학교에서 학생들의 문제점을 늘 보다시피, 대부분 문제는 연애에서 생기는 것입니다. 따라서 혈기가 안정되지 않았을 때, 마음 속의 감정 문제를 큰 일이라고 생각해, 잘 처리해야 합니다.

이 고비를 넘기고 중년에 오면, 우리는 이것을 혈기가 왕성할 때라고 합니다. 가정도 안정되고, 직장도 안정되고, 사회 계층, 친구, 월급 대우까지 포함해서 거의 안정된 시기에 이릅니다. 그러면 무엇을 생각할까요? 더 좋고, 더 큰 공간을 얻기 위해, 아귀다툼을 하는 것입니다. 따라서 공자孔子는 싸우는 것을 경계해야 한다고 합니다.

중년기에 경계해야 하는 것은 싸움입니다.

사람이 중년에 들어서면 최대한 경계해야 할 것은 남들과 싸우는 것입니다. 이때 다른 사람과 싸우(경쟁)는 것보다 반대로 자신을 더 높이 요구하는 것이 낫다고 봅니다.

인도 대시인 타고르는 "나는 제일 좋은 것을 선택할 수 없습니다. 나는 제일 좋은 것으로 나를 선택할 수밖에 없습니다."라고 말하였습니다. 그가 선택한 것은 일종의 기다리는 태도입니다. 이것은 어떤 관념일까요? 다시 말하자면, 당신이 남과 싸우는 것보다 자신의 능력과 싸우는 것이 낫다는 말입니다.

【우단 심어】

남과 싸우는 것보다 자신의 능력과 싸우는 것이 낫다.

만약에 당신이 생각하는 더 높은 월급, 더 좋은 직위, 더 좋은 학교로 말하자면, 왜 당신은 못 들어갔을까요? 그렇다면 당신 자신이 아직 부족한지 아닌지 생각해 보기 바랍니다. 만약에 당신이 당신을 단련하는 시간을 거치고, 당신 자신을 조금 더 좋게 만들었다면, 그러한 기회는 당신을 선택할 수 있을지도 모릅니다. 그래서 싸움을 경계할 때에는 친구 사귀는 것을 더욱 신중하게 여겨야 합니다. 우리는 주변에서 자꾸 당신을 꼬드기면서, 당신에게 "아무개가 너보다 강하다고 생각하니? 왜 걔는 저 자리를 차지하고 있지? 네가 생각하기에 걔가 너의 제일 큰 걸림돌이 된다고 생각하지 않니? 너는 지금 당장 저 사람을 옮겨 버려야 돼."라고 말하는 친구들을 발견할 수 있습니다. 따라서 중년에는 평상심平常心을 가지고 있는 친구를 사귀어야 합니다.

왜 중국에는 "군자 간의 사귐은 담백하여 물과 같다君子之交淡如水"라는 말이 있을까요. 만약에 중년에 그런 담담하고 공리功利를 벗어난 친구를 사귈 수 있다면, 그 친구는 영원히 당신 주변에서 위로가 되고, 안식처가 될 것입니다. 만약 당신의 친구가 당신을 아귀다툼하라고 부추기지 않는 사람이라면, 이는 이미 큰 행운이라고 봅니다.

노년에 들어서면요? 공자孔子의 말을 따르면 노년은 혈기가 쇠약해진다고 합니다. 사람이 나이가 들면, 전반적인 생명의 신체적인 증상과 당신의 심리상태에 이르기까지, 이미 온화한 상태로 향하고 있습니다. 러셀이 말한 것처럼, 급격한 물살의 강물이 첩첩이 이어진 산을 뚫고 드디어 바다로 흘러 들어가게 되었는데, 평온해지고 끝없이 넓은 광경을 보여줍니다. 이러한 상황에서 사람은 경계해야 할 것이 더 남아 있을까요? 공자孔子는 한 가지가 더 있는데, 금기해야 할 것은 물욕得입니다. 바로 당신이 얻은 것들입니다.

노년기에 경계해야 하는 것은 물욕입니다.

이 안에는 아주 깊은 의미가 있습니다. 사람의 일생은 항상 덧셈으로 생활해 왔지만, 그러나 일정한 단계에 올라가면 뺄셈으로 생활하게 됩니다. 사람은 젊었을 때에는 우정을 얻어야 하고, 돈을 얻어야 하고, 감정을 얻어야 하고, 공훈을 얻어야 하는

데, 많은 것을 얻은 다음에, 만약에 버리는 것도 배우지 못한다면, 막 이사한 새집처럼 물건으로 꽉 차있는 것과 같습니다. 당신의 마음이 얻은 것으로 인하여 가득 채워졌다면, 마지막에는 얻은 것으로 인하여 피곤하게 될 것입니다. 다시 말하자면, 당신이 얻은 것은 당신의 삶 속에서 가장 큰 짐이 될 것입니다. 우리는 늘 어르신들이 한 자리에 모여 앉아 이야기하는 것을 볼 수 있는데, 무엇을 얘기하는 걸까요? 대부분은 모두 원망입니다. 원망하는 것은 사실은 모두 그들이 얻은 것들입니다. 예를 들자면, 아들과 딸에 대한 원망인데, "내가 너를 애기 때부터 똥오줌 치우면서 고생하면서 키웠는데, 지금 너희들은 자기 일만하고, 효도는 하지 않고, 와 보지도 않아 마음이 너무 상하다."고 말합니다.

또는 "현재 사회 발전이 얼마나 합리적이지 않은지 한번 보세요! 우리가 혁명에 참가할 때 우리는 한 달에 겨우 몇 십 원 받았는데, 내 손녀를 보세요, 외국 투자기업에 들어가자마자 한 달에 3~4천 위안(중국화폐)을 벌어요. 당신이 생각하기에 이것이 나이 많은 간부들에게 공평하다고 생각하나요?"라고 말하며 원망도 합니다. 만약에 계속 이런 말만 한다면, 당신이 얻은 것은 당신의 삶에서 말 못할 고통으로 변합니다. 사람이 얻은 게 있으면, 잃은 것으로 근심하기 때문입니다. 사람은 얻은 이후에 얻은 것으로 인하여 원망하게 됩니다.

전체적으로 보았을 때, 《논어》에서 '교우의 도交友之道'를 전문적으로 말하는 부분은 많지 않습니다. 그러나 우리에게 지혜智慧를 주었고, 친구 하나를 선택하는 것은 일종의 생활 방식을 선택하는 것과 같습니다. 어떤 친구를 사귈지 보다, 먼저 자신이 어떤 친구와 잘 맞는지, 자신이 어떤 인생 좌표에 서 있으며, 어떤 지혜가 있는지, 어떤 재능이 있는지, 자신이 친구들 사이에서 좋은 효과를 일으키는 요소인지 아니면 게으른 요소인지, 자기 자신은 유익한 존재인지 아니면 유해한 존재인지 보아야 합니다. 따라서 좋은 사람 한 명은 씨앗 한 알과 같습니다. 그는 전반적인 친구 그룹을 활성화시킵니다. 다시 말하자면, 자신의 신심을 닦고 교양을 쌓는 것은 좋은 친구를 사귀는 전제조건입니다. 좋은 친구를 사귄다는 것은, 자기 자신에게 최고로 친절한 세계를 펼쳐 놓은 것과 같아, 자기 자신에게 빛나는 일생을 가지게 합니다.

7. 천지인의 도 天地人之道

【내레이션】

《논어》에 서술된 것은 공자孔夫子가 생활 속에서 행했던 처세의 경험이며, 제자들에 대한 가르침입니다. 송宋 나라 건국재상인 조보趙普는 자기는《논어》의 절반으로 천하를 다스렸다며 자랑했으니, 옛날 사람들이《논어》를 지극히 추앙했음을 알 수 있습니다. 실은《논어》중의 많은 고전 어구들은 많은 사람들의 귀에 익은 것입니다. 그러나 우리는 그 내포된 의미를 진정으로 이해하는 걸까요? 옛사람들이 나라를 다스리는 근본으로 숭배해온《논어》는 우리 현대인들에게도 어떤 실제적인 의미가 있을까요? 북경사범대학 우단于丹 교수는 이천 여 년 동안 중국사회의 사상을 통치해온 이 유가儒家 경전經典은 현대인들이 조화로운 사회를 구축하고 좋은 인간관계를 세우는데 여전히 따뜻한 권고를 준다고 생각합니다. 우단于丹 교수의《논어심득論語心得》중《천지인의 도天地人之道》를 주목해 주십시오.

공자孔夫子의《논어》를 우리가 반드시 존경해야 한다고 생각하지 마시기 바랍니다. 우리는《논어》가 너무 심오하고, 도달하기가 어려운 위치에 있다고 생각합니다. 그 중에 비밀은 얼마나 있을까요? 세상에서 진정한 진리는 언제까지나 소박한 것입니다. 마치 태양이 매일 동쪽에서 떠오르는 것처럼, 마치 봄에 파종하고 가을에 수확하는 것처럼,《논어》가 우리에게 알려주는 것은 언제까지나 가장 간결한 것들입니다.

《논어》의 진정한 이치는 우리가 어떻게 해야만 비로소 우리의 마음이 필요로 하는 즐거운 생활을 할 수 있을까라는 것을 알려 주는 것입니다. 쉽게 말하자면, 저는《논어》를 우리의 현재의 관점에서 보았을 때, 아주 소박하면서 인륜을 기점으로 사람들에게 현대 생활에서 마음의 즐거움을 찾는 것을 가르쳐 주고, 현대의 일상생활의 질서를 익숙하게 하여, 개인의 목표를 찾게 하는 한권의 어록이라 생각합니다.

《논어》는 아주 간단합니다.《논어》는 이천 오백 년 전에 공자가 서당에서 학생들을 가르칠 때 부분 부분으로 서술한 강의 내용입니다. 그의 제자들이 이 내용들을 편찬하여 나중에《논어》가 된 것입니다. 그래서《한서漢書 · 예문지藝文志》에서는 다음과 같은 정의가 있습니다.

《論語》者, 孔子應答弟子時人, 及弟子相與言而接聞於夫子之語也. 當時弟子各有所記, 夫子既卒, 門人相與輯而論纂, 故謂之論語. 《漢書 · 藝文志》
《논어》란 공자가 제자들과 그때의 사람에게 대답하고, 제자들과 서로 교제하며 한 말과 공자에게서 직접 들은 말이다. 당시에 제자들은 문답에 대해 기록을 했고, 공자가 죽은 후, 제자들은 정리한 내용을 한데 수집해서 만든 것을 《논어》라고 불렀다.

다시 말하자면, 제자들이 묻고 그가 대답할 때, '제자들과 서로 교제하며 한 말과 공자에게서 직접 들은 대화'를 말하는 것입니다. 사람들은 서로 묻고 답하며, 이렇게 말이 오고 갔습니다. 바로 이러한 묻고 답하는 과정에서의 한두 마디의 말이 전해져 온 것입니다. 그 당시에 제자들은 각자 기록한 내용들이 있었고, 공자가 죽은 후, 그의 제자들은 기록한 내용들을 수집 정리해서 편집한 것이기에 《논어》라고 불렀습니다. 사람들이 이러한 말과 의견들을 모아서 만든 것이 《논어》가 된 것입니다. 그래서 우리가 지금 보고 있는 《논어》는 깊은 논리성이 없고, 《논어》에서 장편의 대론大論의 이야기와 치밀한 논술도 없는 것을 느낄 수 있습니다. 《논어》는 아주 간단하고 쉬운 말들로 구성되어 있습니다.

【내레이션】

제자 : 선생님, 몇 마디 더하실 수 있으신지요. 계속 그렇게 두세 마디로 말씀하시면, 저희가 필기를 어떻게 합니까?

공자 : 나는 본래 아무것도 말하고 싶지 않았다.

제자 : 선생님께서 아무 말도 안 하시면, 저희는 무엇을 필기할까요?

그래서 선생님은 무엇을 대답했을까요? 공자가 말하였습니다.

天何言哉. 四时行焉, 百物生焉, 天何言哉? (《論語 · 陽貨》 17.19)
하늘은 언제 말을 한적 있었느냐? 그러나 사계절은 계속 돌아오고, 만물은 늘 자라는데, 하늘은 언제 말을 한적 있었느냐?

이것이 바로 교육입니다. 그의 선생님은 그에게 "봐봐, 옛날부터 그러하듯 하늘은 위에 있는데, 말을 하더냐? 말을 하지 않아도 봄, 여름, 가을, 겨울 4계절은 계속되고, 바람과 비가 알맞게 오지 않더냐? 지구의 만물도 성장하고 있지 않느냐? 하늘이 말하나 너 한번 봐라!"라고 말했습니다. 《논어》의 태도는 무엇일까요? 바로 소박하고 따뜻한 말과 행동으로 모범적인 생활 태도로 제자들에게 영향을 준 것입니다. 모두가 알다시피, 공자孔夫子의 일생에 3천 제자弟子三千가 있고, 그중 72명의 현인賢人이 탄생했습니다. 이들은 모두 한 알의 씨앗과 같이, 생활의 지혜를 널리 전파했지만, 쓸데없는 장황한 문장과 거시적인 언론에 의존하지 않았습니다.

《논어》가 최종적으로 전달한 것은 하나의 태도입니다. 《논어》에서 공자孔夫子가 제자들을 교육시키거나, 세상 도리를 강의할 때, 큰소리치며 낯빛이 달라진 적이 전혀 없었던 것을 알 수 있습니다. 그는 늘 부드럽고 유도하는 방식을 따르며, 상의하는 어투였습니다. 이러한 태도는 그의 개인을 대표한 것이 아니라, 중국인들의 철학관을 반영한 것입니다. 우리는 무엇 때문에 공자를 성인聖人이라 부를까요? 성인聖人의 의미는 이 땅에서 행동 능력이 가장 강하고, 매력 있는 인격을 가진 사람입니다.

【우단 심어】

공자孔子가 우리에게 가져다 준 것은 대지에서 자라는 신념이다.

이러한 사람은 반드시 우리의 생활에서 자연적으로 성장해서 변화한 것이지, 하늘에서 떨어진 것이 아닙니다. 천지개벽으로 세상을 만들었다는 이야기를 하자면, 옛날 가장 이른 시기 때, 중국의 창세기創世記는 어떻게 왔을까요? 반고盤古가 천지개벽을 한 것입니다. 그러나 이러한 천지개벽은 서방 신화에서 나오는 것처럼 갑작스럽게 일어난 것은 아닙니다. 예를 들어, 도끼를 들어 '팍!' 하고 찍어 갈라지면서 금빛이 사방을 비춰 어떠한 천지만물들이 출현했다는 것은 중국인들의 서술적인 느낌은 아닙니다. 중국인들의 습관적인 서술은 《삼오역기三五歷紀》에서 묘사한 바와 같이, 여유롭고 부드러우며 동경할 만한 긴 과정입니다. 《삼오역기三五歷紀》는 다음과 같이 말하였습니다.

天地混沌如雞子，盤古生其中，萬八千歲，天地開闢，陽清為天，陰濁為地，盤古在其中，一日九變，神於天，聖於地，天日高一丈，地日厚一丈，盤古日長一丈，如此萬八千歲，天數極高，地數極深，盤古極長.《三五歷紀》
천지가 계란같이 혼탁하였다. 반고가 그 속에서 나오니, 만팔천 년이다. 천지가 개벽하여 양陽이 맑아 하늘이 되고, 음陰은 탁해 땅이 되나니, 반고는 그 가운데 있다. 하루에 아홉 번 변하였다. 하늘보다 신령스러웠고, 땅보다 성스러웠다. 하늘은 매일 한 장씩(10척) 높아지고 땅은 매일 한 장씩 두터워져 반고도 매일 한 장씩 커졌다. 이렇게 만팔천 년에 걸쳐, 하늘은 더 높을 수 없을 정도였고, 땅은 더 깊을 수가 없을 정도였으며, 반고도 더 자랄 수 없을 정도로 컸다.

천지가 혼돈하여 계란과 같고, 아주 크며 매우 조용했다고 합니다. 반고盤古는 그 중에서 태어났지만, 얼마나 그 속에 있었을까요? 일만 팔천 년입니다. 천지가 개벽을 위해서 일만팔천 년이 지나고, 천지가 열리었는데, 고체가 "팍!"하고 갈라진 것이 아니라, 기氣가 두 줄기로 나뉜 것입니다. '양陽이 맑아 하늘이 되고, 음陰은 탁해 땅이 되었다'는 것을 다시 말하자면, 양기는 상승하여 우리의 푸른 하늘로 변하였고, 탁기는 하강하여 우리 발밑의 토지로 변하였고, 반고는 그 중간에 있었습니다. 그러면 천지개벽이 끝난 것이 아닌가요? 그러나 이런 성장은 이제 막 시작한 것입니다. 중국인들은 변화를 중요하게 생각하기 때문에, 일일구변一日九變이라 했고, 새로 탄생한 아기처럼, 매일 미묘하게 변화하고 있습니다. 이러한 변화는 최종적으로 경계에 도달했습니다. '하늘보다 신령스럽고, 땅보다 성스럽다.神於天, 聖於地'의 여섯 글자는 중국인들의 인격과 이상을 말하는 것입니다.

좋은 인격을 가진 사람은 반드시 이상주의적인 하늘을 가져야하며, 당신에게 날 수 있는 날개를 주어, 세계에서의 많은 규칙과 장애물에 타협하지 않게 합니다. 그러나 한편으로 견실하고 진지한 능력이 있어야하고, 이 땅에서 자기의 행위를 확장할 수 있어야 합니다. 이상理想만 있고 토지가 없으면 몽상주의자夢想主義者이지, 이상주의자理想主義者가 아닙니다. 토지만 있고 하늘이 없는 사람은 실질주의자이지 현실주의자가 아닙니다. 이상주의와 실질주의는 사실 우리의 하늘과 땅입니다.

공자孔夫子라는 성인은 반고盤古와 같습니다.

【우단 심어】

이상주의와 실질주의는 우리의 하늘과 땅입니다.

이 이야기를 계속하자면, 그 후에 하늘과 땅은 계속 움직였는데, 하늘은 매일 한 장씩(10척) 높아지고, 땅은 매일 한 장씩 두터워졌습니다. 반고盤古는 어떨까요? 하루에 한 장씩 크는 것과 같이, 반고盤古도 하늘과 땅처럼 한 장씩 커서 클 수 있을 때까지 컸으며, 이렇게 만팔천 년을 컸습니다. 또 만팔천 년을 자랐습니다. 마지막에 하늘은 더 높을 수 없을 만큼 높고, 땅은 더 깊을 수 없을 만큼 깊었으며, 반고盤古도 아주 컸습니다. 이것이 바로 중국인들이 왜 천 · 지 · 인을 삼재三才라 하는가의 이유입니다. 사람의 의미는 하늘과 땅과 같습니다. 여러분들은 서방 신화를 잘 알고 있을 겁니다. 그들은 늘 격정, 감정, 신비와 같은 인상이 있다는 것을 발견할 수 있을 겁니다. 그러나 중국이 강조하는 것은 일종의 엄숙하고, 이성과 온유돈후한 미美를 강조합니다. 이것이 바로 공자孔夫子 성인의 자세입니다.

공자孔夫子가 후세에게 전한 이런 형상 중에서 많은 부분은 학생들이 그의 선생(공자)에 대해 추가한 것들입니다. 그러나 이보다 더 많은 부분은 공자孔夫子가 전달하고자 하는 마음 속內心에 가득한 힘입니다. 이것이 바로 맹자孟夫子가 "나는 나의 바르고 큰마음을 잘 키운다.我善養我浩然之氣"라고 한 것입니다. 즉, 천지의 기氣가 한 사람의 마음 속에 응집 되었을 때, 그는 비로소 이와 같이 강대하게 될 수 있습니다.

【내레이션】

우단于丹 교수는 《논어》의 핵심은 하늘의 광대함과 땅의 두터움의 정수를 사람의 마음 속에 융합시킨 것이라고 생각했습니다. 천 · 지 · 인이 완벽한 일체가 되어, 사람의 힘은 비할 바 없이 강대해졌습니다. 현대 시대에서도 중국인들은 천시天時, 지리地利, 인화人和가 국가 번창과 사업 성공의 토대라고 말합니다. 이것은 《논어》 사상의 정수가 우리 현대인에게 주는 깨달음이 아닐까요?

다시 말하자면, 중국인이 생각하는 천인합일天人合一이란 무엇일까요? 하늘과 땅이 우리에게 준 힘을 영원히 잊지 말아야 합니다. 한사람의 자연에서의 조화로움을 말하는 겁니다. 우리는 지금 조화로운 사회를 만드는 것을 제창하고 있습니다. 그러면 진정한 조화는 무엇일까요? 조화에는 골목 안 이웃 간의 조화뿐만 아니라, 당신과 생물 사이에, 동물과의 일종의 경외, 순응, 묵계, 대지 만물과 조화롭고 즐겁게 공동으로 성장하는 힘이 있습니다. 우리가 이러한 힘을 추출하고 구축하는 것을 배운다면, 우리는 공자孔夫子와 같은 큰 뜻을 가질 수 있습니다. 그래서 공자가 《논어》에서 더 많이 드러낸 것은 색깔에 있어서는 아주 부드러운 것으로, 일상의 도리를 알려주었지만, 그의 마음 속은 아주 장엄하며, 강대한 힘을 가지고 있습니다. 그러면 어떤 힘일까요? 바로 신념信念의 힘입니다.

공자孔夫子는 신념을 아주 중요하게 여기는 사람입니다. 그의 학생 자공子貢이 공자에게 다음과 같은 질문은 했습니다.

【내레이션】

자공 : 선생님, 우리가 선생님께 이렇게 많이 배운 것은 나중에 큰 벼슬을 하기 위해서입니다. 어떤 조건을 구비해야 나라를 다스릴 수 있습니까?

학생A : 그래! 아주 중요한 큰 문제구나. 빨리 필기장을 가져와 적자.

학생B : 내가 두꺼운 필기장 세 개를 가져왔어요. 상세하게 필기 할 수 있습니다.

공자 : 세 가지면 충분하다. 첫째, 강대한 군대. 둘째, 풍족한 양식. 세 번째, 국가에 대한 국민의 믿음.

이를 '자공이 정치를 묻다.子貢問政'라고 합니다. 정치를 하려면 무엇이 필요할까요? 한 국가가 안정되고, 정치가 평온하려면, 몇 가지 사항이 필요할까요? 사람들은 보통 수없이 많은 말이 필요하지 않을까라고 생각하지만, 선생님은 아주 간단하게 말했습니다.

足兵足食民信之矣. (《論語 · 顔淵》 12.7)
군비를 충분히 하고, 식량을 풍족히 하고, 백성을 믿게 하는 것이다.

"내가 너에게 세 가지를 알려주겠다."라고 말하였습니다. "첫 번째는 국가 기구로, 반드시 강대한 병력을 확보해야 한다. 두 번째는 풍족한 식량으로, 먹을 것과 입을 것이 풍족해야 한다. 세 번째는 국민의 국가에 대한 믿음이 있어야 한다." 그는 이 세 가지면 충분하며, 아주 간단하다고 말하였습니다. 그러나 이 학생은 세 가지가 너무 많다고 투정을 부렸습니다.

子貢曰 : 必不得已而去, 于斯三者何先. (《論語 · 顔淵》 12.7)
자공子贡이 말하였다. "반드시 한 가지를 빼버린다면, 세 가지 중에서 어떤 것을 먼저 뺄 수 있을까요?"

"만약에 내가 꼭 한 가지를 빼버린다면, 세 가지 중에서 어떤 것을 뺄 수 있겠습니까?"선생님은 서두르지 않으면서, "군사를 버려라. 병력이 없는 것을 두려워할 필요는 없다. 사람은 어찌되었든 밥은 먹어야 하고, 또 믿음도 있어야 한다."라고 했습니다. 자공子貢은 아직 안 된다며, 또 질문을 했습니다.

必不得已而去, 於斯二者何先? (《論語 · 顔淵》 12.7)
꼭 한 가지를 더 빼버린다면, 두 가지 중에서 어떤 것을 빼버릴까요?

"남은 두 가지 중에서 하나를 더 빼주세요."라고 하자, 선생님은 "음식을 버려라." 라고 아주 진지하게 그에게 말을 했습니다. "차라리 식량을 버려라."그리고 선생님이 다음과 같이 말하였습니다.

自古皆有死, 民無信不立. (《論語 · 顔淵》 12.7)
사람은 언제나 죽음을 피할 수 없으나, (식량이 없으면 굶어 죽을 뿐이지만) 백성들의 믿음을 잃어버린 나라는 망할 것이다.

공자는 "식량이 없으면 기껏해야 굶어죽는 것인데, 지금까지 죽지 않는 사람을 본 적 있느냐? 가장 무서운 것은 죽음이 아니라, 한 나라가 믿음이 없어진 후의 붕괴되고 흐트러지는 것이다."라고 했습니다.

정치政治는 무엇일까? 정치란 사람들에게 반드시 물질문명을 통해 발전된 삶을 누리게 하는 것이 아니고, 단지 하나의 지표일 뿐입니다. 진정으로 마음 속으로부터 생긴 안정감과 정권에 대한 인정은 모두 믿음에서 오는 것입니다. 이게 바로 공자孔夫子의 신념입니다. 그는 믿음의 힘은 충분히 한 나라를 똘똘 뭉치게 할 수 있다고 생각했습니다.

【우단 심어】

믿음의 힘은 충분히 한 나라를 똘똘 뭉치게 할 수 있다.

며칠 전에, 저는《리더스 다이제스트》에서 새로운 견해를 보았는데, 21세기의 세계 각 나라의 생활수준의 좋고 나쁨을 평가할 때, 옛날처럼 간단한 기준이 아니라고 말하고 있습니다. 모두 GDP를 알고 있습니다. 중국의 GDP증가 속도는 지속적인 성공 추세를 보이면서, 해마다 높아지고 있습니다. 지금은 또 하나의 GNH라는 새로운 개념이 생겼는데, 이것은 무엇일까요? 바로 'GROSS NATIONAL HAPPINESS'의 약칭이며, 국민의 총 행복지수입니다. 한 나라가 진짜로 부강한지를 평가하려면, 단순하게 국민생산총액의 증가만 보아서는 안 되고, 국민들의 마음 속의 안정과 행복감을 보아야 합니다. 다시 말하자면, 이 사회에서 안정감을 느낄 수 있는지 즐거운지 진정으로 자기의 생활에 대해서 인정을 하는지 만족하는지 등입니다. 이 지표에 관하여 중국에서는 아주 재미있는 수치가 나왔습니다. 중국은 지난 세기 80년대(1980년) 말에 국제 조사에 참가한 적 있었는데, 그때 중국의 행복지수는 그다지 높지 않았고, 64%를 조금 넘는 것으로 나타났습니다. 1991년도에 다시 국제 조사에 참가하였는데, 물질문명의 향상과 수많은 개혁에 따라 행복 지수도 높아져, 73%쯤에 도달했습니다. 그러나 1996년도에 다시 조사했을 때, 이 지수는 68%로 떨어졌습니다. 이는 사람을 혼란스럽게 하는 일이 되었습니다. 다시 말하자면, 현재 사회의 물질문명이 최대한 번성을 이루었을 때, 현대인들은 더욱 복잡한 심리적인 혼란에 빠질 수 있다는 것입니다.

【내레이션】

손님A : 에이, 요즘은 성가셔 죽겠어요. 아내와 날마다 다퉈요.

사장B : 이사 갈 예정 아니었어요? 곧 새집에서 살게 되어 기뻐할 시간도 모자란데, 무슨 다툼은?

손님A: 그 새집 때문이죠. 나는 북쪽에 있는 집을 사자고 합니다. 풍수도 좋고 공기도 좋으니까요. 아내는 기어코 남쪽에 있는 집을 사려고 해요. 방값도 싸고 교통도 편리하다고요.

사장B: 만약에 당신들이 계속 옛 집에 산다면, 싸우지 않았겠죠.

여러분들도 공감이 되실 겁니다. 오늘날 우리의 혼란은 선택여부가 너무 많아서입니다. 우리는 이것을 선택할 수 있고, 저것도 선택할 수 있어, 곤궁에 빠진 겁니다. 누구나 고단한 삶은 싫어합니다. 그러나 상대적일 때, 예를 들어 그다지 만족스럽지 않은 상황에서라면, 우리는 오늘날의 즐거움을 느낄 수 있을까요? 모두들 자기의 마음에 물어 보세요, 우리가 편안할 수 있을까요? 이러한 점에서 우리는《논어》에 다시 돌아가, 이천오백 년 전의 물질생활은 얼마나 빈궁했을지 한 번 돌아봅시다. 그때는 어떤 시대였나요? 공자孔夫子는 그의 제자를 평가한 적 있는데, 여러분들도 알고 있는 것과 같이, 바로 그가 제일 좋아하는 제자 안회顔回입니다.

賢者回也, 一簞食, 一瓢飮, 在陋巷; 人不堪其懮, 回也不改其樂在.《論語 · 雍也》6.11)
어질구나! 회는. 한 그릇의 밥과 한 바가지의 물로 누추한 마을에 살면서도. 다른 사람들 같으면 그 근심을 이기지 못할 것을, 회는 그 즐거움을 고치지 않으니.

이 말은 무슨 뜻일까요? '한 그릇의 밥一簞食'은 집에 양식이 아주 적어 곡식 창고를 채우지 못하고, 겨우 밥 한 그릇 지을 쌀을 뜻하는 것입니다. '한 바가지의 물一瓢飮'은 물바가지에 마실 수 있는 만큼의 물이면 족하다는 것입니다. 어떤 곳에서 살까요? 누추한 마을에 아주 허름하고 작은 곳에서 삽니다. 이 모든 것에 대해서, 사람들은 선택할 여지가 없고, 삶이란 이런 것이라고 말할 것입니다. 어려운 것은 이러한 생활 속에서 어떻게 견뎌왔는지가 아니라, 삶에 대한 그의 태도이고, 이것을 '회는 그 즐거움을 고치지 않는다.回也不改其樂在'라고 합니다. 그러나 다른 사람들은 어떨까요? 공자는 '다른 사람들 같으면 그 근심을 이기지 못한다.人不堪其懮'라고 했고, 사람들이 모두 이것 때문에 괴로워하고, 이것을 원망할 때, 안회顔回는 그의 낙관적인 태도를 바꾼 적이 없었습니다. 그래서 공자는 또 한 번 '어질구나! 회는.賢者回也'이라고 반복을 하며, 이것이 바로 진정한 어진 덕행賢德이라고 감탄한 것입니다. 다시 말하자면, 어떠한 물질적인 환경에서도 마음의 태연함과 안정을 바꾸지 않는 것입니다.

우리 한번 생각해 봅시다. 오늘 우리가 이런 말을 들으면, 마음이 아주 따뜻합니다. 왜냐하면 우리가 겪은 고달픔이 너무 많았기 때문입니다. 우리의 물질생활은 확실히 향상되고 있지만, 사람들은 점점 만족스럽지 못합니다. 왜냐하면 우리 주변에는 벼락부자들을 흔히 볼 수 있기 때문에, 마음의 평행을 잡지 못하는 사람이 있습니다. 그러면 왜 이런 현상이 있는 걸까요? 우리의 눈은 외부적인 것을 너무 많이 보고, 내면의 마음을 너무 적게 보았기 때문입니다.

【우단 심어】

우리의 눈은 외부적인 것을 너무 많이 보고, 마음을 너무 적게 본다.

사람의 시력은 두 가지 기능을 가지고 있습니다. 하나는 외부를 향해서 끊임없이 세계를 개척하는 것이고, 또 하나는 내면을 향해서 끊임없이 마음을 깊게 발견하는 것입니다. 공자孔夫子가 우리에게 준 행복의 비결은 당신 마음의 안정을 찾는 것입니다. 따라서 오늘날의 변함없는 마음과 확고한 의지는 사람에게 있어서 무엇일까요? 그것은 우리가 망망하고 광활한 세계에서 조그마한 일이라도 이루게 할 수 있는, 마음 속의 원칙과 최소기준입니다. 기적은 종종 단호하게 견지하면서 이루어집니다. 어떤 기적은 가장 영리하고 가장 총명한 사람이 이룰 수 있는 것은 아닙니다.

나는 인터넷에서 이야기 하나를 본적 있습니다. 작은 개구리 한 무리가 있었는데, 하루는 밖에서 놀다가, 구름 속으로 높이 솟은 철탑을 보았습니다. 작은 개구리들은 "저 탑 꼭대기에 오를 수 있을까?"라는 기발한 생각이 문득 들었습니다. 작은 개구리들은 이 생각에 감화되어 "올라가자! 올라가자!"라고 말하며 올라가기 시작했습니다. 이들은 올라가면서 햇볕에 쪼이어 숨이 가빠 툴툴거리기 시작하자, 의심을 하는 친구들이 생기고, "우리가 멍청하지?" "우리가 뭐 하러 가는 거지?" "왜 올라가지?""이건 누구 생각이야?"라고 말하였습니다. 이런 말들을 하면서, 한 마리가 멈추면 뒤따라서 세 마리가 멈추고, 이어서 다섯 마리, 열 마리가 멈추게 되었습니다. 개구리들은 점차 멈추었을 뿐만 아니라, 자신의 생각을 비웃으면서 "바보처럼 뭐하는 거지."라고 말했습니다. 이때 개구리들은 이상한 것을 발견했습니다. 제일 작은 개구리 한마리가 아직도 올라가고 있는 것입니다. 게다가 속도도 빠르지 않고, 조금씩 위로 오르고 있는 것입니다. 개구리들은 눈만 휘둥그렇게 뜨고 아무 말도 못 하고 그만 쳐다보고 있었습니다. 드디어 그는 느릿느릿한 속도로 혼자서 탑 꼭대기에 올랐습니다. 그가 내려온 후에 다른 개구리들은 정말로 감탄했습니다. 도대체 어떤 힘으로, 왜 너 혼자서 올라갔냐고 물어보았습니다. 그러고 나서 개구리들은 갑자기 모든 것을 깨달았습니다. 여러분들이 이 답을 알고 나면 상상 밖이라고 생각할 수도 있습니다. 이 작은 개구리는 귀머거리였습니다. 이 작은 개구리는 다른 개구리들이 움직이는 것만 보았지, 다들 의논하고 있을 때, 그 개구리는 듣지 못했기 때문에, 다른 개구리들이 계속 올라오고 있는 줄만 알고, 혼자서 흔들흔들 거리면서 계속 올라간 것이 나중에 기적처럼 정상에 오른 것입니다.

지금의 부모들은 아이들이 모두 총명하기를 바라고 있는데, 총명聰明이란 무엇일까요? 바로 '귀가 영민하고 눈이 좋은 것입니다耳聰目明.' 그러나 사실은, 이 세상에서 가끔은 신념은 있지만 그다지 총명하지 않는 사람이 되는 것도 일종의 선택입니다. 우리는 지금 너무 총명하기 때문에, 총명聰明으로 인해 오히려 피해를 입게 됩니다. 우리는 왜 남들의 선동에 넘어가는 걸까요? 왜 잘 올라가다가 자신을 의심하는 걸까요? 우리 마음 속에 신념이 없었기 때문입니다. 어떤 일이라도 내가 반드시 해낼 수 있다고 말하는 사람은 없습니다. 그래서 사람들은 선동에 넘어 가는 이것은 유가儒家에서 큰 금기입니다.

【내레이션】

사람들은 모두 즐겁고 행복한 생활을 보내길 희망합니다. 우단于丹 교수는 행복하고 즐거움이란 일종의 느낌으로, 가난하거나 부유함과 관계없이 마음과 연계되어 있다고 봅니다. 《논어》 중에서 공자孔夫子는 천지인天地人을 하나로 합한 넓은 마음으로, 그의 학생들에게 생활 속의 즐거움을 어떻게 찾을 것인가를 말해 주었습니다. 공자孔子의 이런 유가儒家 사상의 전승은 역사상의 수많은 유명한 문인과 시인들에게 커다란 영향을 주었습니다.

이러한 유가사상이 일맥상통으로 전승되어 내려왔기 때문에, 후에 역사상에서 이러한 문인들이 아주 많이 나타나게 되었습니다. 여러분들도 알다시피 동진東晋 시대 때 중국에 전원시파田園詩派가 있었으며, 유명한 대시인이 출현하였는데, 여러분도 잘 알고 있는 도연명陶淵明입니다. 이 사람의 의미와 가치는 무엇일까요? 도연명의 가치는 그의 시 중에서 가상적인 전원을 꾸민 것에 있는 게 아니고, 더욱 중요한 것은 그가 모든 사람들의 마음 속에 행복한 땅樂土를 생기게 한 것이며, 그가 아주 행복한 삶을 보낸 것입니다. 그는 늘 "나는 전원田園으로 돌아가서 살 거야."라고 말했습니다. 그는 작은 벼슬을 한 적 있었고, 83일 동안 팽택彭澤의 현령을 맡은 적이 있습니다. 그러나 안 되겠다는 생각을 하게 된 것은 하나의 작은 일이 그를 불쾌하게 했기 때문입니다. 그가 현령을 맡아 일하는 동안, 어느 날 상부에서 업무를 시찰하러 온다며, 독우督郵(관명)가 여기로 올 것이니, 그한테 정장 차림으로 나와야한다고 했습니다. 다시 말하자면, '현령은 반드시 정장으로 장관을 알현해야 한다.應束帶見之'는 것인데, 허리띠를 착용하고, 관복 차림으로 만나야 하는 것입니다. 오늘날의 양복차림에 넥타이를 매고 상급을 면회하는 것과 같은 겁니다. 이 일을 도연명은 할 수 없었던 것입니다. 그는 "나는 다섯 말의 쌀 때문에 마을의 아들놈에게 굽힐 수 없다."고 말하면서 관직의 인장을 풀고 갔습니다. 그는 인장을 던지고, "나는 집에 간다."라고 한 것입니다. 집으로 돌아갈 때, 그는 〈귀거래혜사歸去來兮辭〉를 썼습니다. 그는 지난 생활에 대해서 말하였습니다.

既自以心為形役，奚惆悵而獨悲.
지금까지 나 스스로 마음을 몸의 노예로 삼았네. 어찌 한탄하며 홀로 슬퍼하리오.

아주 잘 표현한 것입니다. '마음을 몸의 노예로 삼다.以心爲形役'란 말의 의미는 무엇일까요? 나의 신체가 나의 마음의 주인이 되어, 나의 신체가 마음을 노예로 삼은 것입니다. 다시 말하자면, 내가 마음에게 괴로움을 주었고, 억울한 일을 당하게 하였고, 아부를 하게 하였고, 알랑거리게 한 것이 기껏해야 내가 좀 좋은걸 먹고, 좀 좋은데서 살면서, 나의 몸이 행복을 누리게 하는 것뿐입니다. 그러나 나는 나의 마음이 아주 큰 괴로움을 당하게 했습니다. 그래서 그가 말하였습니다.

悟已往之不諫, 知來者之可追.
지난 날 그 잘못을 고치지 않았음을 깨달았고, 미래의 일에 대해서는 아직 추구할 수 있다는 것을 알았다.

"지나간 일들이 잘못 되었다는 것을 알았고, 미래가 아직 남아 있기 때문에, 그래서 나는 다시 돌아간다. 그래서 나는 나의 전원田園으로 돌아왔다."라고 말했습니다.

【내레이션】

자공: 만약에 한사람은 아주 빈천하지만 아첨하지 않은 반면에, 다른 한사람은 아주 부귀하지만 교만하지 않다면, 선생님께서 보기에는 어떻습니까?

공자: 음. 괜찮아. 그러나 최고의 경지는 빈천에 만족하는 사람이고, 그 속에서 즐거움을 느끼는 것이다.

그의 학생, 자공子貢이 또 물어 본적이 있습니다. 자공이 말하였습니다.

貧而不諂, 富而不驕, 何如?(《論語 · 學而》 1.15)
선생님, 빈천하지만 아첨하지 않고, 부귀하지만 교만하지 않는다면, 어떻습니까?

"만약 한사람은 아주 빈천하지만 아첨하지 않고, 다른 한사람은 아주 부귀하지만 교만하지 않다면, 선생님께서 보기에는 어떻습니까?" 이것은 분명 좋다고 말하라고 선생님에게 억지 부리는 것입니다. 아주 너그럽고 부드러운 선생님은 "가능하다."라며, "그것도 괜찮다."라고 말씀하셨습니다. 그러나 더 높은 경지가 있다고 하시면서 말하였습니다.

未若貧而樂, 富而好禮者也. (《論語 · 學而》 1.15)
가난하면서도 즐거워하고 부유하면서도 예를 좋아하는 사람만 못하다.

선생님은 "최고의 경지란 한사람이 가난한 가운데 평안하고安於貧賤, 다른 이에게 아부하지 않을 뿐더러 원망도 하지 않는 것이다."라고 했습니다. 그의 마음에는 아주 청량한 즐거움이 있어, 이런 즐거움은 그의 생명에서 여전히 빼앗아 갈 수 없습니다. 여러분들 생각해 보세요. 이는 얼마나 큰 자부심인가요. 한사람이 빈천貧賤한 역경에서도 존엄 있는 생활을 유지하고, 자기만의 즐거움이 있는 것입니다. 여기에서 말하는 것은 도연명과 같은 은자隱士들을 말하는 겁니다.

【내레이션】

공자孔夫子는 학생들에게 '가난한 생활을 하면서도 편안한 마음으로 도를 즐겨 지키라安貧樂道'고 가르쳤습니다. 그러나 현대 사회에서 경쟁은 이렇게 치열하고, 모든 사람들이 자신의 일을 발전시키려고 노력하고 있습니다. 수입이 많고 적음은 거의 한사람의 성공 여부를 판단하는 표지가 되었고, 안빈낙도安貧樂道는 현대인들의 눈에는 노력하지 않으려는 모습으로 보일 수도 있습니다. 그러면 이런 사회 환경에서 우리는 어떻게 행동해야 할까요? 아주 간단하면서도, 현대 사회에서 영향력을 가질 수 있는 처세의 도리는 없을까요? 사실 2,000여 년 전에, 공자의 학생이 이미 비슷한 질문을 했었습니다. 한 글자를 평생 사용하기 원했습니다. 이 글자는 무엇일까요? 공자는 또 어떻게 대답했을까요?

공자가 학생들과 교류 할 때, 학생들이 지나칠 정도로 선생에게 물었던 질문입니다. 자공이 늘 선생님을 괴롭혔습니다. "선생님, 저의 한평생동안 저에게 도움이 될 한 글자를 말해주십시오."선생님에게 물었습니다.

有一言, 而可以终身行之者乎. (《論語 · 衛靈公》 15.24)
평생 신봉할 수 있는 말 한마디가 있습니까?

"선생님! 제가 평생을 준수해야 하는 한 글자를 알려 주세요. 어떤 한 글자로 지금까지의 배움을 축약할 수 있을까요?"선생님은 아주 너그럽고 부드러우면서 상의하는 어투로 말씀하셨습니다.

其恕乎. (《論語 · 衛靈公》 15.24)
용서恕이다.

서恕는 용서할 서입니다. "만약에 그런 글자가 있다면, 서恕이다."라고 했습니다. 그리고 선생님은 이 용서에 여덟 자의 해석을 달았습니다. 이 여덟 글자를 내가 말하면 여러분들은 다 알겁니다. 사실은 성인이 말한 겁니다.

己所不欲, 勿施於人. (《論語 · 衛靈公》 15.24)
자기가 하기 싫은 것을 남에게 강요하지 마라.

충서忠恕란 무엇일까? 관용寬容은 무엇일까? 내가 하기 싫은 일을 남에게 강요해서 시키지 마십시오. 당신이 평생 이것만 지킨다면 이것으로 충분하고, 이 경험이 바로 당신을 평생 평안하게 살게 하는 것으로 충분합니다. 이게 바로 선생님이 그의 학생에게 알려준 말입니다. "《논어》의 반절로 천하를 다스린다."라고 한 말이 무슨 의미일까요? 가끔은 몇 글자만 배워도 평생 유용하게 사용할 수 있습니다. 그래서 진정한 성인聖人은 《천자문千字文》을 외우라는 말을 하지 않습니다. 그렇게 많은 기억을 해야만 비로소 인생을 잘 안다고 할 수 있을까요? 한 단어만 기억해도 어느 때는 충분합니다. 조금 너그럽게 받아들이기 바랍니다. 그래서 그의 학생 증자曾子도 말하였습니다.

夫子之道, 忠恕而已矣. (《論語 · 里仁》 4.15)
선생님의 도는 충忠과 서恕뿐입니다.

"제 선생님의 평생의 진정한 도리는 바로 충忠과 서恕뿐입니다."바로 이렇게 간단합니다. 그러나 관용寬容이라는 것은 가끔은 쉽지 않는 일인데요! 우리 사회에서 많은 일들이 일어나지만, 우리의 마음은 편치 않은 경우가 있습니다. 우리 마음 속의 곤혹들은 많든적든 대부분 자기 자신을 고통스럽게 하는 것입니다. 가끔은 일이 지나간 후에도 여전히 우리는 그것을 생각하면서, 그 일이 나에게 깊은 상처를 줬다고 생각합니다. 그리고 계속해서 스스로 그것을 곱씹으며 매번 그것으로부터 상처를 받습니다. "이 괘씸한 일을 내가 어떻게 용납할 수 있겠어!"라고 늘 생각합니다. 매일 아침에 일어나서 생각하는 것은 어떻게 되갚아줄 것인지 입니다. 이 고통을 매번 되새길 때마다 당신이 받는 상처도 더 깊어집니다.

불교에 재미있는 이야기가 있습니다. 한 어린 스님과 늙은 스님이 있었는데, 하루는 탁발하기 위해서 산에서 내려왔습니다. 걷고 걷다가 강가에 도착했는데, 어린 스님은 막 불교에 입적을 해서 무슨 일이든 공손하게 스승님을 쳐다보고 있었습니다. 이때 한 여자가 강을 건너려 하자, 스승은 여자에게 강을 건너려고 하느냐고 물어보고, 당신을 내가 업어 건네주겠다고 말하였습니다. 여자를 업고 강을 건넜습니다. 어린 스님은 눈만 휘둥그렇게 뜨고 업고 지나가는 것을 쳐다만 보았습니다. 여자는 늙은 스님에게 고맙다고 인사하고, 스승은 어린스님을 데리고 계속 갔습니다. 어린 스님은 감히 물어 보지 못하고, 속으로만 "스승이 왜 그러지?"라고 생각했습니다. 이렇게 약 20리를 걷다가, 어린 스님은 너무 답답해 끝내 참지 못하고 물었습니다. "스승님! 우리는 출가한 사람인데, 사부님은 어떻게 여자를 업어 강을 건너 줍니까?" 그의 스승은 담담하게 그에게 말했습니다. "나는 그 여자를 업어 강을 건넌 후 금방 내려놓았지만, 너는 그 여자를 20리를 업고도 아직 내려놓지 않았구나."

이 도리는 공자孔夫子가 여러분에게 가르쳐준 것과 같이, 마땅히 내려 놓아야할 때는 내려놓아야 한다는 것입니다. 사람이 조금 너그러워지는 것은 자기에게 끝없는 공간을 마련해 주는 것과 같습니다.

【우단 심어】

조금 너그러워지는 것은 자기에게 끝없는 공간을 마련해 주는 것이다.

어떤 일을 계속 마음 속에 두고 내려놓지 못할까요? '어진 사람은 도리에 따라 행하고 양심에 거리낌이 없으므로 근심을 하지 않는다.仁者不憂'는 것은 무엇일까요? 당신의 도량을 무한하게 크게 한다면, 많은 일들은 자연스럽게 작아질 것입니다. 우리의 객관적인 생활에서, 한 사람이 직업을 잃는 일을 당하거나, 이혼을 당하거나, 친구에게 배반을 당하거나, 가까운 사람이 세상을 뜬다거나, 이런 일들은 누구든지 마주칠 수 있는데, 이런 일들이 당신에게 큰일입니까? 작은 일입니까? 이것은 객관적인 기준이 없습니다.

1센티 되는 상처가 있는데, 큰 상처일까요? 아니면 작은 상처일까요? 만약에 이 상처가 응석둥이 여자아이에게 생긴 것이라면 큰 상처일 것이므로, 한 주 내내 호들갑

떨며 계속 아프다하고, 계속 약 바르고, 계속 눈을 떼지 못할 것입니다. 그러나 덜렁거리는 젊은이가 친구들과 축구하다 다리에 상처가 났다면, 상처가 생겼을 때부터 나을 때까지 모를 수도 있습니다. 그냥 상처일 뿐입니다. 따라서 우리 마음이 응석부리는 여자아이인지 애송이 젊은이인지는 우리의 수련에 따라서 성취되는 것입니다. 이게 바로 공자孔夫子의 뜻이고, 당신이 해낼 수 있다고 알려주는 것입니다. 기껏해야 자기가 하기 싫은 일을 남에게 강요하지 말고, 자기가 즐거워하는 일은 더 많이 하고, 이 사회에서 더 많이 사람을 돕는 것입니다.

【내레이션】

《논어》는 우리에게 사람 됨됨이에 있어 들어 올릴 수도 있고 내려놓을 수도 있어야 할뿐만 아니라, 자기 능력껏 도움이 필요한 사람에게 도움을 주어야 한다고 말합니다. 우리는 자주 '다른 이에게 장미꽃을 주면 내 손에 향기가 남는다.'라고 말합니다. 받는 것보다 주는 것이 우리 마음에 더 행복감을 가득하게 합니다.

'어짊仁'과 '서恕'는 핵심으로써, 이는 공자의 유가 이론에서 최고의 정수입니다. 용서恕 이외에 또 한 글자가 있는데 바로 어짊仁입니다. 그의 학생 번지樊遲가 선생님에게 공손하게 물어본 적이 있습니다. "선생님, 무엇이 어짊仁입니까?" 선생님은 담담하게 대답했습니다. "다른 사람을 사랑하는 것을 어짊仁이라 부른다." 번지樊遲는 생각하다 또 물었습니다. "무엇이 지혜智입니까?"선생님은 또 담담하게 "지인知人, 다른 사람을 아는 것知人이 지혜이다."라고 말했습니다. 우리가 생각해 보면, 얼마나 간단한 것인지 알 수 있습니다. '다른 사람을 돌보고 사랑하는 것이 인자仁慈'이고, '다른 사람을 아는 것이 지혜智慧'입니다. 이렇게 간단합니다.

【우단 심어】

다른 사람을 돌보고 사랑하는 것이 인자仁慈이고, 다른 사람을 아는 것이 지혜智慧이다.

때문에 공자孔夫子는 인仁을 해석할 때, 어진 사람은 인애仁愛의 마음이 있는 사람이라고 했습니다.

己欲立而立人，己欲達而達人，能近取譬，可謂仁之方也.《論語 · 雍也》6.30)
자신이 나서고 싶은 자리가 있으면 다른 사람을 그 자리에 내세우고, 자신이 가고 싶은 곳이 있으면 다른 사람을 그곳에 보낸다. 가까운 것을 통하여 깨달음을 얻을 수 있다면, 그것이 바로 인에 이르는 방법이라고 할 수 있다.

우리 모두는 자신이 서기를 원합니다. 당신이 이 세상에서 발붙이고 살고 의지할 곳이 있으려면, 당신은 다른 사람을 입신하게끔 해야 합니다. 당신이 일어날 수 있도록 도와주어야 합니다. 우리 모두는 발전하고 싶어 합니다. 우리 자신이 발전하려면, 다른 이도 발전하게 해야 합니다. 이렇게 한다면, 당신은 '가까운 것을 통하여 깨달음을 얻는다.能近取譬'라 할 수 있습니다. 즉, 당신과 가장 가까운 곳에서, 당신 눈앞에 보이는 이 사람이 거리에서 일이 있을 때, 당신이 허리를 좀 굽히거나 손을 좀 들어주면, 그 사람을 도와 줄 수 있습니다. 이것이 인에 이르는 방법입니다. 이게 바로 인의仁義의 방법이고, 인의仁義의 비결입니다. 인仁의 진정한 핵심은 바로 주변에서 그 일을 하는 것입니다.

대학 시절에 영어 교과서에서 보았던 톨스토이가 썼다는 우화가 생각납니다. 한 국왕이 있었습니다. 그는 날마다 세 개의 가장 궁극적인 철학 문제를 생각하고 있었습니다. 이 세상에서 어떤 사람이 가장 중요할까? 어떤 일이 가장 중요할까? 어떤 시간에 일을 하는 것이 가장 중요할까? 이 세 가지 궁극적인 문제를 심사숙고 하여도, 대답할 수 있는 신하도 없었습니다. 그 후 어느 날, 그는 답답해서 평복 차림으로 민간에 가서 이리 저리 돌아다니기로 했습니다. 아주 외진 곳으로 가서, 결국에는 한 낯선 노인 집에 투숙하게 되었습니다. 국왕이 문을 두드리자마자, 바로 들어오라고 해서 그는 들어갔습니다. 한밤중에 그는 시끄러운 소리에 깨났습니다. 온 몸이 피투성인 사람이 뛰어 들어오자, 노인은 국왕을 맞이했던 담담한 어투로 말했습니다. 그는 나를 쫓는 사람이 있다고 말했습니다. 노인은 잠시 여기서 숨어 피하라고 했습니다. 국왕은 겁에 질려 잘 수가 없었습니다. 잠시 후 추격병들이 들어와 이쪽으로 뛰어온 사람이 있는지 물었고, 노인은 모른다고 했습니다. 집에는 다른 사람은 없다고 말했습니다. 추격병들은 한참 시끄럽게 하다가 갔습니다. 그러고 나서 그 사람은 핏자국을 깨끗이 씻고, 감사를 표시하고 떠나자, 노인은 문을 닫고 계속해서 잠을 잤습니다. 다음날 국왕은 불안해하면서 노인에게 왜 그 사람을 묵게 했는지, 목숨을 잃을 재앙에 말려들 수 있는데 무섭지 않았는지, 왜 그를 그냥 그렇게 떠나게 했는지 물어봤습니다. 노인은 담담하게 그에게 말했습니다. "이 세상에서 제일 중요한 사람은 바로 지금 당신이 도움을 주어야 할 사람이고, 당신과 가장 가까이 있는 사람입니다. 가장 중요한 일은 지금 당장 실행하여야 하고, 빨리 그 일을 처리 하는 것입니다. 가장 중요한 시간은 지금이며, 조금도 지체할 수 없습니다." 국왕은 갑자기 모든 것을 깨달았고, 노인이 자기의 세 가지 궁극적인 문제를 해결해 주었습니다.

이 이야기는《논어》를 해석해 주기도 합니다. 공자도 좋고, 장자도 좋고, 도연명과 소동파도 좋고, 타고르에 이르기까지, 동서고금의 성현聖賢의 의미는 무엇일까요? 바로 그들의 생활 경험을 통하여, 우리 모두에게 유용한 도리를 총정리해주는 것입니다.

성현聖賢의 말씀은 벽돌과 같이 쉽게 변하는 것은 아닙니다. 확대경을 들고 사전을 넘기며, 문구가 어렵고 까다로워 읽기도 부자연스럽고, 도대체 무슨 말을 하려고 하는 것인지 알 수 없는 그런 벽돌과 같은 고서가 아닙니다. 만약에 폼을 잡고 있으면 그건 진정한 성현이 아닙니다. 성현의 가치는 아주 오래전 그들의 가치 있는 생활 경험들이 세상의 온갖 풍파를 뚫고 오늘날까지 전해져, 우리를 여전히 따뜻하게 하는 것이며, 아주 오래 전에 말 없이 우리가 여전히 그들의 말 중에서 이익을 얻는지 웃으시면서 쳐다볼 뿐입니다.

論語感悟

논어감오 / 논어의 깨달음

8. 효경의 도 孝敬之道

【내레이션】

효경은 중화민족의 미덕美德 중 하나입니다. 공자孔子는 효는 사람의 근본 도덕이라고 생각하였습니다. 따라서 사람들은 늘 '모든 선행 중에서 효가 첫째다.百善孝爲先'라고 말합니다. 그렇다면 효孝라는 글자가 무엇 때문에 그렇게 중요할까요? 전통적인 효도가 현대 사회에서도 적용될 수 있을까요? 자녀와 부모 사이에 모순이 발생할 때, 우리는 어떻게 처리하여야 할까요? 또한 효孝를 어떻게 이해할까요? 북경사범대 우단于丹 교수의《논어의 깨달음論語感悟》중의《효경의 도孝敬之道》를 계속해서 주목해 주십시오.

중국의 유가儒家 문화에서는 특히 '효도孝道'를 제창하고 있습니다. 공자孔子는 효孝는 사람의 근본 도덕이라고 생각하였습니다. 따라서 중국의 전통문화에서는 '모든 선행에서 효가 첫째다.百善孝爲先'라고 제창합니다. 그러나 '아버지는 아버지다워야 하고, 자녀는 자녀다워야 하고父父子子, 임금은 임금다워야 하고, 신하는 신하다워야 한다.君君臣臣'라는 봉건 사회에서 발전해 온 효도가, 이천 여 년 후의 오늘에서도 아직 중요할까요? 하루가 다르게 발전하는 현대 사회에서 자녀와 부모 사이에서 성장 환경과 사물을 인지하는 차원이 서로 다르기 때문에, 불가피하게 세대 차이와 모순, 그리고 충돌이 생기기 마련입니다. 이러한 상황에서 우리는 어떻게 해야 효孝라고 할 수 있을까요? 공자孔老夫子는 이천 여 년 전에 살았던 사람입니다. 그 시대의 효도에 관한 준칙이 우리 현대 사회에도 여전히 적용될 수 있을까요? 현대인들은 또한 효도를 어떻게 이해해야 할까요? 북경사범대 우단 교수의《논어의 깨달음論語感悟》중《효경의 도孝敬之道》강의를 계속해서 주목해 주십시오.

여러분 안녕하세요!

우리 민족(중국)에게는 하나의 미덕美德이 있는데 그것이 바로 '효경孝敬'입니다. 그러나 진정한 효孝는 무엇일까요? 아마 자녀들마다 자기들만의 방법이 있을 것입니다. 중국 민간에서는 모든 선행 중에서 효가 가장 첫째百善孝爲先라는 말이 있습니다. 모든 것은 효孝로부터 시작합니다. 우리의 가장 깊은 혈육 간의 정이기 때문에, 그 누구도 회피할 수 없습니다. 효도에 관해서 민간에서는 '마음을 봐야하고, 행동은 따지지 않는다.論心不論迹'라는 또 하나의 표현이 있습니다. 모든 효자들이 충족한 금전과 높은 직위를 가져, 자기 뜻대로 사랑을 물질적인 조건으로 바꾸어 부모님께 드릴 수 있는 것은 아니기 때문입니다. 가끔은 아주 큰 소원이지만, 행동으로 전하면 아주 작은 일이라서 보잘것없는 정도이기도 합니다. 많은 학생들이 공자에게 효란 무엇이냐고 물어본 적 있습니다. 자유子游가 효에 대해서 질문을 했습니다.

> 子曰：今之孝者，是謂能養，至於犬馬皆能有養，不敬何以別乎.（《論語・爲政》2.7）
> 공자께서 말씀하셨다. "오늘날의 효도란 단지 부모를 먹여 살릴 수 있는 것을 말한다. 개와 말에 이르기까지도 모두 먹여 살리는 일이 있을 수 있으니, 공경하지 않는다면 무엇으로 개나 말과 구별할 것인가?"

자유子游는 선생님에게 "효란 무엇입니까?"라고 물었습니다. 선생님은 "부양이란, 많은 사람들은 집안 노인들을 먹여 살릴 수 있다고 하고, 우리는 지금 노인을 부양할 수 있다고 늘 말하는데, 이것이 효인가?" 공자孔子는 또 되물으면서, "개나 말처럼 동물들도 모두 그들의 본심이 있다. 우리 모두가 알다시피, 새끼양은 무릎을 꿇고 젖을 먹으면서 어미의 은혜를 알고, 새끼까마귀는 자라서 어미에게 먹이를 되물어다 준다. 다시 말하자면, 동물들은 모두 본심을 가지고 있다. 개와 말도 자기를 키운 사람을 알고 있는데, 그렇다면 그것을 효라 할 수 있을까?" 따라서 공자는 아주 심오한 명제命題를 제기했습니다. "존경심이 없으면 무슨 차이점 있느냐?"라고 말하였습니다. 만약에 당신이 부모님들에게 단지 먹고 입는 것에는 걱정근심이 없게 하고, 당신의 마음 속에는 부모에 대한 깊은 존경이 없으며, 당신의 마음이 담겨있지 않다면, 이를 효라 할 수 있을까? 따라서 중국인들은 효라고 말할 때, 늘 효경孝敬이라고 말합니다. 효는 행동行이고, 경敬은 마음心입니다. 중요한 것은 우리 마음 속에 부모님에 대한 깊은 공경심이 있는지 입니다. 다른 학생이 효란 무엇인지를 물었습니다. 자하子夏가 공자에게 물었습니다.

子曰 : 有事, 弟子服其勞, 有酒食先生饌, 曾是以爲孝乎. (《論語 · 爲政》 2.8)
공자께서 말씀하셨다. "일이 있으면 젊은이(자식)가 하고, 술과 음식이 있으면 연장자(부모)가 먹고, 어찌 이렇게 하는 것을 효도라고 여기느냐?"

자하子夏가 선생님에게 효가 무엇인지를 물으니, 공자는 또 한 가지의 현상을 말하였습니다. "일이 있으면 젊은이들이 한다."라고 선생님은 말했습니다. 모든 해야 할 일들 혹은 잡일이나 외재적으로 할 수 있는 일들은 자식들이 서로 하는 것입니다. 젊은이들 모두 서로 앞 다투어 일을 하려하면, 일이 금방 해결됩니다. '술과 음식이 있다.有酒食'의 의미는 물질 조건이 풍부하지 않은 상황에서, 먹을 것이 있는 것도 아주 중요한 기준이 됩니다. '어른들이 먼저 드시다.先生饌'라는 것은 나보다 연장자들을 먼저 드시게 하는 것인데, 이렇게 하면 효도하는 건가요? 이런 것이 효라고 할 수 있는 건가요? 이전에는 효라고 생각했는데, 또 "너는 이것이 효라고 생각하느냐?"라고 되묻습니다.

자유子游와 자하子夏가 효를 묻는 내용을 통해, 선생님은 사람들이 보편적으로 생각하는 효의 행위는 일을 잘 하면서 부모님을 봉양하는 것이라고 자세히 서술하였습니다. 무슨 좋은 일이 있으면 예의를 갖추어 부모님께 먼저 권하고, 수고해야 할 일이 있으면 자신이 먼저 알아서 하는 것들을 사람들은 효라고 생각했지만, 공자孔子는 이런 것이 효孝냐고 물었습니다.

저는 《논어》 중에서 공자가 사용한 몇 개의 되묻는 반어의문문을 아주 좋아합니다. 다시 말해서, 이러한 것을 다하면 효라고 할 수 있을까요? 공자는 너그러운 사람입니다. 그는 모든 사람에게 반드시 어떻게 해야 한다고 특별히 요구하지 않으며, 그가 제일 중요하게 여기는 예의도 이것에 포함됩니다. 한번은 재아宰我가 선생님에게 "선생님, (이) 영전을 지키는데 3년이나 지켜야하는 것이 너무 긴 것 같습니다. 한번 생각을 해보십시오. 군자가 3년 동안 예절과 의식도 하지 않고, 아무 일도 하지 않아야 됩니까?"라고 질문을 했습니다. 공자가 그에게 대답하길 "영전을 일 년 지킨 뒤, 네가 흰 쌀밥과 밀가루를 먹고, 비단 옷을 입으면 속이 편안하겠느냐?"라고 물었습니다. 재아宰我는 "저는 마음이 편합니다. 편안하지 못할게 없습니다."라고 답을 하니, 공자는 그에게 여섯 글자를 알려주었습니다.

今汝安, 則為之. (《論語・陽貨》 17.21)
네 마음이 편하거든 그렇게 해라

“네가 스스로 편안하다고 느끼면 그렇게 하면 돼. 특별히 일부러 애쓸 것은 없다.” 라는 말을 듣고 재아宰我는 갔습니다. 그가 간 뒤 선생님은 아주 감개해 했습니다. 공자孔子는 “한 아이가 태어난 후 3년이 되어서야 부모의 품을 떠날 수 있네. 그렇지 않은가?”라고 했습니다. 한 아이가 태어난 이후에, 우리는 그 아이를 품에 안고, 세살 때 까지 안고 있어도 어떤 부모들은 슬퍼해하며 아이가 크면 안고 있을 수 없다고 말합니다. 아이를 돌(한 살)까지만 품에 안고 귀찮아하는 부모는 거의 없습니다. 내가 너를 언제까지 안고 있어야 끝이냐? 너를 3년이나 더 안고 있어야 한다니 너무 성가시다는 부모는 아주 적은 편이고, 대부분은 안고 안아도 부족한 편입니다. 따라서 공자가 천하의 일반적인 상례는 모두 3년이라 말한 것 역시 어느 정도 이치가 있습니다. 왜냐하면 아이는 3년이 되어야 부모의 품에서 떨어질 수 있기 때문입니다.

【내레이션】

중국의 고대古代 시기에는 아버지 혹은 어머니가 살아 계실 때는 효경孝敬을 해야 하며, 세상을 떠난 후에는 3년 동안 상복을 입어야 했습니다. 이 3년 동안에는 마음을 깨끗이 하고 욕심을 버리며, 소박한 생활을 해야 하고, 결혼을 금하고, 관직을 금하고, 장사를 금하는 것을 효도라고 하였습니다. 비록 이러한 3년 동안 상복을 입는 규정은 현대사회에 적용되지 않지만, 이를 통해 중국은 고대에 효도를 중요하게 여겼다는 것을 알 수 있습니다. 그러면 중국 전통문화에서 무엇 때문에 효도를 중요하게 여겼을까요? 또한, 왜 모든 선행 중에서 효가 가장 첫째라고 할까요?

현재, 우리는 늘 효경孝敬은 미덕美德 중의 하나라고 말을 하는데, 그것은 본능은 아닙니다. 그러나 우리가 명제를 바꾸어, 즉 부모가 자녀에 대한 사랑을 말해보면, 이를 미덕이라고 한 사람이 있나요? 그것은 본능입니다.

이런 이야기가 있습니다. 한 남자 아이가 어려서부터 한 그루의 큰 나무 옆에서 놀았다고 합니다. 이 큰 나무는 아주 높고, 과일들도 주렁주렁 열리는 사과나무였습니다. 예쁘고 아주 많은 달콤한 과실들이었습니다. 이 아이는 날마다 이 나무를 맴돌며, 때로는 나무에 올라가 과일을 따서 먹기도 하고, 때로는 나무 밑에서 잠을 자기도 하고, 때로는 나무 잎도 줍고, 때로는 칼날이나 기와조각 같은 것으로 나무에다 낙서도 했습니다. 이 나무도 이 아이를 아주 사랑하고 아이를 단 한 번도 원망한 적 없이 날마다 아이와 놀아 주었습니다.

이렇게 놀다 아이는 어느새 커서 한동안 오지 않았습니다. 아주 긴 시간이 지나서 아이가 다시 찾아 왔을 때, 이미 소년으로 자란 후였습니다. 나무는 그 아이를 매우 그리워했고, "왜 나하고 같이 안 놀아?"라고 아이에게 물었습니다. 아이의 얼굴에는 처음에는 슬픔이 있었지만 금세 냉담해지면서 귀찮다는 듯이, "저는 이미 컸어요. 당신과 놀기 싫어졌어요. 저에게는 지금 고급스런 장난감이 필요하고, 공부도 해야 하고, 학비도 필요해요."라고 말했습니다.

큰 나무는 "얘야, 미안하다. 나는 장난감으로 변할 수도 없는데. 이렇게 하는 것이 어떨까? 네가 나의 과일을 모든 따서 팔면 장난감도 살 수 있고 학교도 갈수 있어." 라고 말했습니다. 이 말을 듣고, 아이는 너무 기뻤습니다. 그는 과일을 모두 따고 나서 즐겁게 돌아갔습니다. 이후, 아이는 매년 과일 딸 때만 급하게 왔고, 평소에는 나무와 같이 놀 시간이 없었습니다. 이렇게 아이는 학업을 마치고, 그는 또 오랫동안 오지 않았습니다.

이렇게 몇 년이 흘러 아이는 청년이 되었고, 그가 다시 나무를 찾아 왔을 때, 나무는 더 늙어버렸습니다. 큰 나무는 "그렇게 오랫동안 오지 않았는데, 여기서 좀 놀다 갈 수 있겠니?"라고 물었습니다. 아이는 "저는 지금 가정을 꾸리고 사업을 일으켜야 하는데, 제가 놀 마음이 있겠어요? 제겐 가정을 꾸릴 집도 없고, 집을 지을 돈도 없는데."라고 했습니다. 큰 나무는 "얘야! 언짢아하지 말거라. 네가 나의 모든 가지를 자르면, 너의 집을 지을 수 있을 거야."라고 말하자, 아이는 기뻤습니다. 그는 나무의 가지를 모두 잘랐고, 자기의 가정을 이루었습니다.

이렇게 또 오랜 세월이 지난 뒤, 이 아이가 다시 왔을 때, 근심에 찬 얼굴로 나무 밑을 서성거렸습니다. 아이는 "저는 이 세상에서 큰일을 해야 하는데, 이 세상의 바다는 이렇게 광대해요. 멀리 가려고 하는데, 배조차도 없어서 제가 어디를 갈 수 있겠어요?"라고 말했습니다. 큰 나무는 그 말을 듣고 "얘야, 조급해 하지 말거라. 네가 나의 나무줄기를 베어서 배를 만들어라."라고 말했습니다. 그 말을 들은 아이는 바로 기뻐했습니다. 그는 나무줄기를 베어 큰 배를 만들어 바다로 나갔습니다.

또 아주 길고 긴 세월이 흘렀습니다. 이 큰 나무는 말라죽기 직전의 뿌리만 남았습니다. 이 때, 이 아이가 돌아왔습니다. 아이는 이 때 나이가 상당히 들었습니다. 그가 나무 밑에 돌아왔을 때, 큰 나무는 "얘야! 미안하구나. 나는 지금 너한테 줄 과일도 없고, 올라갈 나뭇가지도 없어. 너는 나하고 놀기가 더 싫겠구나."라고 말했습니다.

이 아이는 큰 나무에게 "사실은 지금 저도 이미 늙어서, 과일이 있어도 씹을 수도 없고, 나뭇가지에 올라갈 수도 없어요. 저는 세상에서 돌아왔어요. 저는 지금 나무뿌리를 찾아 옆에서 함께 지내며 쉬고 싶어요. 너무 힘들어요. 저는 당신과 함께 놀려고 왔어요."라고 말했습니다. 이 늙은 나무뿌리는 아주 기뻐했고, 이 때 어린 시절의 아이 모습을 보았습니다.

이 이야기를 생각해보면, 이 이야기는 바로 우리의 부모와 우리 자신의 일생입니다.(미안합니다! 잠시 쉬겠습니다.)

【내레이션】

부모의 자녀에 대한 사랑은 이 늙은 나무와 같이 사심이 없고, 전부이며 영원한 것이고 보답을 바라지 않는 것입니다. 세상에 얼마나 많은 부모들이 자녀를 위해 평생 심혈을 쏟아 부었는데, 자녀들은 부모들의 마음을 이해할 수 있을까요?

이 이야기가 잔혹하게 느껴지겠지만, 사실은 자식의 일생은 부모한테서 많은 기회를 얻은 것이 아닌가요? 부모들이 내어준 것은 자기의 생명을 바쳐 자녀들을 부추겨 준 것입니다.

【우단 심어】

부모들이 내어준 것은 자기의 생명을 바쳐 자녀들을 부추겨준 것입니다.

미국의 이야기인데, 아주 재미있습니다. 한 남자 아이가 있었는데, 어려서부터 척수회백질염에 걸렸습니다. 그래서 어릴 때부터 다리를 절었고, 게다가 그 병으로 인해 치아도 가지런하지 못해 보기가 안 좋았습니다. 아이는 어릴 때부터 냉대를 받았고, 마을의 꼬마 친구들도 그 아이가 절름발인데다 잘생기지도 않아 누구도 그와 함께 하지 않았습니다. 하루는 그의 아버지가 묘목을 한 묶음을 가지고 와서 자녀들에게 "너희들 한 사람마다 묘목 하나씩 가져다가 심어라. 그 후에 누가 제일 잘 심었는지 한번 보자. 제일 잘 심은 사람에게 선물을 사줄게."라고 말했습니다. 그 아이도 형, 누나들과 함께 묘목을 받아서 심었습니다.

이 아이는 자주 냉대를 받았기 때문에, 자포자기를 하는 마음이 있었습니다. 때문에 묘목에게 한두 번 물을 주고 냉정한 생각이 들었습니다. "에이, 신경 안 쓸 거야. 나무가 아예 빨리 죽는 게 나을 거야. 나 같이 남들이 싫어하는 아이가 선물을 받으려 해도, 나무 역시 나를 위해 할 수 없을 거야." 그래서 아이는 더 이상 묘목에게 물을 주지 않았습니다. 그런데 나무가 하루하루가 다르게 다른 사람이 심은 것보다 더 잘 자라는 것을 보았습니다. 아이가 심은 나무는 아주 빨리 자랐고, 잎사귀도 파릇파릇하고 산뜻하게 자라 튼튼한 작은 나무로 큰 것입니다. 그래서 아이의 아버지는 계속해서 "맙소사! 아들아, 너는 크면 식물학자가 되려나 보다. 아들아, 너 진짜 천재야, 너의 나무는 어쩌면 이리도 잘 자라냐?"라고 늘 칭찬했습니다. 때가 되었다는 생각이 든 아버지는 "얘들아, 너희들이 모두 보다시피, 나무들 중에서 이 아이가 심은 나무가 제일 좋구나. 나는 이 아이에게 선물을 사 줄거야."라고 하며, 그는 아이가 가장 좋아하는 선물을 사 주었습니다.

이 아이는 이후에 점점 격려를 받았고, 그는 이것은 하늘의 뜻이라고 생각했습니다. 어느 날 밤에 그는 잠을 이루지 못했습니다. 그는 식물은 밤에 자란다는 책에 있는 내용이 생각나, 밤에 나무에 물을 더 주어야겠다고 생각했습니다. 그가 뛰어나왔을 때, 그는 놀랍게도 아버지가 나무 밑에서 한 바가지 한 바가지 나무에게 물을 주고 있는 모습을 발견하게 되었습니다. 그는 홀연히 그의 아버지가 매일 밤중에 나와서 아이를 위해 조용히 나무를 키웠다는 것을 알게 된 것입니다. 이 나무는 아버지가 아이의 마음 속에 심어준 하나의 이미지이고, 아이가 자기 자신을 믿게 하는 것이었습니다.

이 장면을 본 후, 아이의 생명에 대한 태도가 완전히 바뀌었습니다. 그 후, 아이는 식물학자가 되지는 않았지만, 미국 대통령이 되었고, 그가 바로 프랭클린 루스벨트입니다.

한번 생각해보면, 이것이 바로 부모의 자녀에 대한 사랑입니다. 제가 한 잡지에서 이런 글을 본적 있습니다. "신이 아이를 인간에게 보낼 때, 그들에게 늘 아주 많은 축복을 주었습니다. 항상 아이들에게 '가거라. 세상에 가서 창조하라! 너희들은 이 세상에서 생명의 성장을 누릴 수 있어. 일생의 성장 과정 중에서 무한한 기적이 있을 것이며, 이 사회를 위해 눈부시게 창조해라. 얼마나 좋은 인간들이냐, 가거라!"라고 말했습니다.

이 작은 생명들은 아주 불안해 했습니다. 그들은 "아! 다들 우리를 보고 세상이 좋다고 하는데, 인간 세상에 많은 추한 면도 있고, 끝없는 경쟁도 있고, 발버둥치는 것도 있다고 들었어. 우리가 진짜 인간세계에 가서 성장 과정에서 이러한 일들을 당하게 되면, 하늘에 있지 않아 신의 보호를 받지 못하는데, 어떡하죠?"라고 했습니다.

신은 "걱정 말거라. 작은 생명이 내려가기 전에, 우리는 미리 천사를 내려 보낸다. 작은 생명마다 모두 특정한 천사가 기다리고 있단다. 그 천사는 자기 일생동안, 충성을 다해 아이를 대할 것이다. 가장 어두울 때 아이에게 광명을 주고, 가장 추울 때 아이에게 따뜻함을 줄 것이다. 어떤 위험이 닥치더라도 천사는 자기의 목숨을 걸고 필사적으로 아이를 보호할 것이다."라고 했습니다.

이 말을 듣고, 아이들은 마음을 놓으며, "우리가 어떻게 자기의 천사를 찾을 수 있어요?"라고 물었습니다. 신은 "아주 간단해. 너희들이 '엄마'라고 부르면 바로 나타날 것이다."라고 말했습니다.

【내레이션】

자녀에 대한 부모의 사랑은 말로는 다하지 못합니다. 이것이 아마도 중국 전통 문화에서 효도를 중요하게 여기는 원인일 수도 있습니다. 그렇다면 자녀들은 생명을 주시고 보호를 해 주신 우리의 부모님들을 어떻게 대해야 할까요?

세상에서 고립된 현상, 고립된 기준은 없습니다. 우리는 모두 마음으로 그것을 추측합니다. 만약 우리가 입장을 바꿔서 생각을 해본다면, 부모가 세상을 떠난 후에 일 년 동안의 효도나, 삼 년 동안의 효도를 침이 마를 정도로 말하는 것보다, 부모님들이 살아 계실 때 우리가 티끌만큼이라도 더 잘하는 게 낫다고 봅니다.

부모와 자녀 간의 관계는 부모님이 하루라도 살아 계신다면, 그의 마음에 자녀들을 염려하지 않을 수가 없습니다. 그러나 자녀들이 부모한테 늘 하는 말은 "엄마, 요즘에 엄마를 뵈러 가지 못했어요. 너무 바빠요."라고 말합니다. 바쁘면, 가끔은 바빠서 잊을 수도 있습니다. 가끔은 바쁘지만 취사선택할 수 있습니다. 즉, 중요한 것을 선택하고 부차적인 것을 포기할 수 있습니다. 그렇다면 무엇이 중요한 것일까요? 인권이 중요할 때에는 사업이 제일 중요하고, 다음으로는 친구들의 기쁨이 중요하다고 느낍니다. 이때, 부모는 흔히 소홀하게 되는 대상이 되며, "어서 가서 일 봐. 바쁘면 급하게 집에 오지 말고, 전화 한통 주면 돼. 네가 잘 있다는 것만 알면 된다."라고 늘 말하기 때문입니다. 그러나 자녀들은 늘 이런 말을 진짜로 생각하고, 부모님들은 자녀가 잘 있는 것을 알고, 자녀들은 부모님의 건강하다는 것만 알면 된다고 생각합니다.

그렇다면 부모님은 어떤 태도로 대해야 할까요? 어느 때는 일생의 성장과정에서 자녀들도 똑같이 커 갑니다. 아이들이 크면, 부모들과 모순도 있을 수 있고, 충돌도 있을 수 있습니다. 아이들은 어려서부터 부모님에게 반항심을 가지고 있으며, 세대차이가 있습니다. 아이가 성인이 되어 사람 됨됨에 대한 부모의 기준도 전부 모두 맞는 것은 아닙니다. 부모들이 틀렸을 때, 아이가 부모와 진짜 충돌이 생겼을 때, 어떻게 해야 할까요? 공자는 이런 건의를 했습니다.

> 子曰 : 事父母幾諫, 見志不從, 又敬不違, 勞而不怨. (《論語 · 里仁》 4.18)
> 공자께서 말씀하셨다. "부모를 섬김에 있어서는 부모님에게 잘못이 있으면 부드럽고 완곡하게 간하며, 부모님이 나의 간언을 따르지 않음을 알더라도 또한 공경하고 부모님의 뜻을 어기지 않으며, 힘이 들더라도 원망하지 않는다."

부모를 섬길 때, 자녀로서 부모를 대할 때, 만약에 의견이 맞지 않아 통하지 않거나, 심지어 부모님이 틀린 부분이 있다고 생각할 때, 자녀는 제안할 수 있고, 이런 말을 해야 합니다. 그러나 부드럽고 완곡하게 간해야합니다幾諫. 기幾는 무슨 뜻일까요? 바로 자녀는 반드시 자기 자신을 억제하고 가볍게 부드러운 방식으로 조심스럽게 말씀을 드린다는 뜻입니다. 우리가 도리道理를 설명할 때, 도리 자체가 어떤지는 중요하지 않지만 표현 방식은 아주 중요합니다.

【우단 심어】

도리 자체가 어떤지는 중요하지 않지만, 표현 방식은 아주 중요합니다.

우리는 어떤 표현방식으로 아주 좋은 도리를 잘 통하게 전달할 수 있을까요? 이런 일들은 우리가 인간관계의 준칙을 볼 때, '당신과 동료들은 어떻게 말을 해야 하나요?', '당신과 친구들은 어떻게 말을 해야 하나요?'와 같이 말하는 것들입니다. 거의 어떤 사회소통 사전에서도 부모와 어떻게 말을 해야 하는지에 대해서는 가르쳐주지 않습니다. 왜냐하면 부모는 가족이라고 생각했기 때문입니다. 부모님과 말을 할 때에도 방식이 필요합니까? 아이들은 밖에서 수모를 당했고, 불평이 있다고 말하고 싶어 합니다. 사람이 무서워하거나 힘들 때 늘 "아이고! 어머니"라고 합니다. 이때 '내가 왜 엄마에게 화를 못내?'라는 생각을 하고, 집에 돌아가서 "내가 엄마한테도 화를 내지 못해?", "내가 엄마한테 투정부리며 원망하는 것도 안 돼?"라고 생각하는 것입니다. 그러나 나와 가장 가까이 있는 사람이 항상 나의 화풀이 쓰레기통이 되고, 어느 때는 상처를 받기도 합니다.

공자는 '가장 가까운 사람일수록 반드시 다치게 해서는 안 된다.'고 아주 간단한 도리를 말했습니다. 좋은 말을 좋게 하면 안 되나요? '부드럽고 완곡하게 간해야합니다幾諫'라는 것은 심하지 않고, 부드럽게 말하라는 것입니다. 그러나 어떤 부모는 들을 수 있지만, 어떤 부모는 듣지 않을 수도 있고, 자기 생각을 고집하는 결과가 있을 수도 있는데, 이를 '부모님이 나의 간언을 따르지 않음.見志不從'이라고 합니다. 나의 의견을 듣지 않으면 어떻게 할까요? 또한 '공경하고 부모님의 뜻을 어기지 않습니다.又敬不違' 자녀로서 마음 속에 존경을 품어야 합니다. 많은 일들에 대해서, 당신이 꼭 부모를 반대해야 하는 것은 아닙니다. 당신은 마음 속에서 그 일에 대해서 걱정하고 심지어 원망할 수 있습니다. 이를 '힘이 들더라도 원망하지 않는다.勞而不怨'라고 합니다. 당신은 그 일에 대하여 계속 고민하고 걱정하지만, 공자孔子는 '깊은 원망을 가지지 말라'고 우리에게 권합니다. 부모에게 무슨 원망이 있겠어요. 우리는 마음 속에서 걱정하는 것을 '힘이 들다勞'라고 하지만, 부모를 원망하지 않는 것입니다. 이것이 바로 자녀와 부모 사이에 의견이 일치하지 않을 때, 성인聖人이 제시한 의견입니다.

여러분은 마음을 놓아도 됩니다. 공자는 한 번도 반드시 어떻게 해야 된다고 요구하지 않았습니다. 재아宰我가 삼년을 지키기 싫어하니, 공자는 일 년이 네 마음이 편하다면, 그리해도 된다며 말했습니다. 하물며 이천 여 년 뒤의 우리에게 반드시 어떻게 해야 된다고 강요하지는 않을 것이며, 공자는 단지 의견을 제의했을 뿐입니다. 그러나 많은 자녀들에게 이 의견은 의미심장한 뜻이 있습니다.

【내레이션】

자녀와 부모 사이에 생활 습관이나 사물에 대한 견해에서 반드시 서로 다른 점이 많이 있기 때문에 모순과 충돌이 생기는 것은 피하기 어렵습니다. 어느 때는 자녀들이 좋은 마음에서 부모님을 위하여 무언가를 해드렸는데, 부모님은 오히려 상당히 불쾌해 할 때가 있습니다. 이런 상황에서 우리는 과연 어떻게 해야 할까요?

중국 민간에는 효순孝順이라는 말이 있는데, 효순孝順은 순종하는 것이 효도라는 것입니다. 많은 경우에, 우리의 효심은 곧 거역하지 않음에 있습니다. 물론 어떤 자녀와 부모의 충돌은 아주 중대한 옳고 그름의 문제에 속하지만, 우리 모두 사람의 현재 마음 속에 통계를 해보면, 진정으로 부모님과 자녀 사이에 생긴 충돌 중에 몇 개의 중대한 옳고 그름의 문제가 있었나요? 도덕에 관련되고, 국가 대의에 관련되는 일들은 결코 소수입니다. 대다수의 충돌은 서민들의 말로 하자면, 닭털과 마늘 껍질 같은 사소하고 보잘 것 없는 일 때문이고, 아주 많은 충돌에서 부모님은 불쾌해하고, 자녀들은 억울해하는데, 그 원인은 바로 효심에서 나왔습니다.

우리 자녀들은 부모님과 충돌이 아주 쉽게 생기는데, 그 원인은 부모가 더 좋은 생활을 했으면 좋겠다는 마음에서 생긴 겁니다. 예를 들어, "엄마는 이따위 병과 통을 왜 모아 놓고 있어요? 이 먹다 남은 음식은 왜 버리지 않고 아껴둬요? 왜 할인한 채소하고 과일만 사는 거예요? 우리 집 생활수준이 이런 처지가 아니에요. 지금은 많이 좋아졌는데 아직도 옛날 못 살았을 때 습관은 그대로예요. 엄마는 좀 잘 살면 안돼요? 고치면 안돼요?" 우리는 이런 말들을 늘 합니다. 우리는 가끔 아빠한테, "제가 아빠를 모시고 서양요리 대접하러, 식당에 가서 맛있는 요리를 사드리는데, 계속 아까워서 못 드시고서는 배불리 드시지 못했다고 하며, 집에 와서 벽 한구석에 쪼그리고 앉아 면이나 드시고, 이런 것은 모두 옛날 농촌에 계실 때의 생활 습관이니 이제는 좀 고치면 안 되나요? 지금 현재의 생활에 적응하면 안돼요?" 우리는 늘 이런 말들로 부모님에게 나무랍니다. 자녀들이 불효한다고 말할 수 있을까요? 이것은 우리의 마음인데, 공자가 말하였습니다.

又敬不違. (《論語 · 里仁》 4.18)
또한 공경하고 부모님의 뜻을 어기지 않는다.

다시 말하자면, 우리가 그대로 따라야 하는 건가요? 거역하지 않아야 될까요? 사람마다 오늘까지 걸어오는데, 각자 자신의 역사 흔적을 가지고 있으며, 모든 사람들은 자기의 습관으로 자신을 형성시킨 것입니다. 만약 할머니의 병과 깡통을 주워 모으던 세월이 없었더라면, 아마 오늘날 자녀들의 생활은 없었을 것입니다. 만약 아버지가 집의 벽 한 구석에서 면 한 그릇을 먹는 절약이 없었다면, 그 농촌 마을을 떠나지 않았더라면, 오늘날의 아파트도 없었을 것입니다. 그래서 가끔은 진정으로 부모님을 사랑한다는 것은 부모님의 모든 습관을 포용하고 존중한다는 것이 포함되어 있습니다.

【우단 심어】

진정으로 부모님을 사랑한다는 것은 부모님의 모든 습관을 포용하고 존중하는 것입니다.

우리가 말하는 것은 중대한 옳고 그름의 문제에서 반드시 자녀들이 원칙을 포기해야 한다는 것은 아닙니다. 그러나 중대한 옳고 그름의 문제가 아니고, 따지지 않아도 될 경우, 자녀들은 부모님에 대해 더 많이 알아주고, 그들이 더 많이 자기들의 방식대로 즐거운 나날을 보내게 하는 것이 가장 좋은 것일 수도 있습니다.

【내레이션】

힘이 들더라도 원망하지 않거나勞而不怨, 또한 공경하고 부모님의 뜻을 어기지 않는又敬不違 것이 모두 공자孔夫子의 효도에 관한 준칙입니다. 그러나 공자孔老夫子는 어찌하든 이천여 년 전에 살았던 사람입니다. 공자의 효도에 관한 모든 준칙이 오늘날 우리 현대사회에도 적용이 될까요?

오늘 우리《논어》속의 효에 관한 많은 묘사들을 생각해 봅시다. 이것들이 오늘날의 기준에 모두 부합된다고 볼 수는 없습니다. 왜냐하면, 그 시대의 생활환경이 현재의 우리와 너무도 다르고, 더 중요한 것은 사회토대와 종법제도宗法制度도 다르기 때문입니다. 모두가 알겠지만,《논어》에서는 다음과 같은 행위를 제기한 적이 있습니다.

子爲父隱, 父爲子隱. (《論語 · 子路》 13.18)
자식은 아비의 나쁜 일을 숨기며, 아버지는 아들의 죄악을 숨긴다.

만약에 가족 중 누군가가 잘못을 저질렀다면, 예를 들어 작게는 양 한 마리를 훔치고, 심지어 이것보다 더 큰일을 저질렀을 때, 감추고 말하지 말아야겠다는 태도는 오늘날에는 제창할 가치가 없습니다. 그러나 그 사건의 숨겨진 도리를 추리해서 판단한다면, 우리에게 여전히 적용이 되는 도리가 있습니다. 공자는 다음과 같이 말했습니다.

父母在, 不遠遊, 遊必有方. (《論語 · 里仁》 4.19)
부모님이 생존해 계시면 멀리 나가지 않으며 부득이한 일이 있어서 나가게 되면 반드시 미리 행방을 말씀드려야 한다.

오늘날의 아이들은 어릴 때부터 큰 뜻을 세워 바다 건너 타지로 유학을 갑니다. 부모가 계실 때라고 어찌 멀리 떠나지 않을 수가 있을까요? 물론 옛날에도 부득이한 일이 있어서 나가게 되면 반드시 미리 행방을 말씀드려야 한다游必有方는 말을 했습니다. 만약 당신이 진짜 자신의 포부가 있고, 자기가 해야 할 큰일이 있다면 떠나도 되지만, 떠난 후 부모님에게 어떤 설명이 있어야 합니다. 다시 말하자면, 부모님 곁을 지키고 있다고 해서 진정한 큰 포부를 품은 것은 아닙니다.

여러분도 다 아시는 태사공太史公 사마천司馬遷은 일생에서 아주 긴 시간을 사용하여 세상을 돌았습니다. 그러나 아버지 사마담司馬談께서 병으로 위급할 때, 밖에서 10년간 떠돌아다니던 그가 드디어 돌아왔습니다. 그가 돌아온 이유는 사관史官의 뜻을 이어받기 위해서였습니다. 사마담司馬談이 사마천司馬遷과 현재의 시대에서 역사를 진정하게 이어 내려가는 사관이 없고, 그러한 철학의 내용과 이치를 이해하고 사적들을 제대로 기재할 수 있는 사관史官이 없는 것을 걱정하고 있을 때, 사마천은 다음과 같이 말했습니다.

小子何敢讓焉?
소자가 어찌 감히 사양하겠습니까?

이 사명이 나의 몸에 떨어졌습니다. 그래서 사마천이 대작을 쓸 수 있었고, 그가 '자연과 인간의 상호관계를 연구하고, 고금의 변화를 꿰뚫어, 일가를 이룬'《사기史記》를 완성할 수 있었던 것은 문학·역사·철학을 통달하였기 때문입니다. 이 안에는 단순하게 그의 가정과 국가에 대한 책임만 있었던 것이 아니라, 이전 세대의 사관 사마담의 부탁도 있었기 때문입니다. 소위 부득이한 일이 있어서 나가게 되면 '반드시 미리 행방을 말씀드려야 한다.遊必有方'란, 이러한 여러 곳을 돌아다닌 경험은 인생 식견의 성장이며, 이것은 그의 아버지에게 보답할 수 있는 최대의 기쁨이고 위안입니다.

【내레이션】

부득이한 일이 있어서 나가게 되면 반드시 일정한 처소가 있어야 한다遊必有方라는 말은 먼 곳으로 가야할 경우에 반드시 명확한 목표와 방향이 있어야 한다는 것입니다. 집에서 부모님 시중을 드는 것이 효도이지만, 먼 곳으로 나가 경험을 하며 지식과 재능을 키우는 것 또한 부모님에게는 아주 큰 안위입니다. 사마천司馬遷이 10년 동안 밖을 두루 돌아다니며 사회에 대해 깊은 인식과 이해를 가질 수 있었기 때문에, 비로소 아버지 사마담의 유지를 계승하여 천고불후의 명작《사기史記》를 완성할 수 있었습니다.

그래서《논어》중에서도 이러한 내용을 언급했습니다. 누가 진정으로 효도하는 자녀인가? 자녀는 간단하게 부모를 섬기고, 부모를 부양하는 것뿐만 아니라, 더욱 중요한 것은 부모님의 뜻을 널리 알리는 것입니다.

【우단 심어】

진정한 효도에서 더욱 중요한 것은 부모님의 뜻을 널리 알리는 것입니다.

그의 포부를 진정으로 세상에 큰 도리로서 행하게 하고, 사회를 위해 책임을 담당하며, 유용한 일을 하는 것입니다. 고대의 성현들의 가르침은 우리에게 먼 곳을 떠돌아다니는 자신의 영혼을 돌아오게 하고, 따스하고 소박한 곳으로 돌아오게 합니다. 즉 이러한 기초적인 도리를 잊지 않게 하는 것이라고 생각합니다. 이러한 도리들이 왜 중요할까요? 왜 효가 그리 중요할까요? 공자는 다음과 같이 말했습니다.

君子務本, 本立而道生. 孝弟也者, 其爲仁之本與. (《論語・學而》 1.2)
군자가 근본에 힘쓰는 것은 근본이 수립되어야 도가 생기기 때문이다. 효제라는 것은 바로 인의 근본이리라.

공자孔子는 '군자는 근본에 힘쓰다君子務本'라고 말하였는데, 근본本이 무엇일까요? 중국 한자 '本'을 보면, 나무 '木'자 밑에 '一'를 첨가한 글자가 바로 본本입니다. '一'의 위치는 어디에 있나요? 바로 나무뿌리입니다. 따라서 무엇을 본本이라고 부르나요? 바로 나무의 뿌리입니다.

인생은 가지와 잎이 무성한 큰 나무와 같이 성장할 수 있지만, 그 모든 원천은 뿌리에서 옵니다. 때문에 많은 것들은 근본에 주력務本해야 합니다. 근본이 확고하면, 그 나무는 잘 자랄 것입니다. 효가 공자의 어록에서 바로 이런 근본 도덕으로 존재하고 있습니다. 오늘날 우리는 이미 종법宗法 봉건사회와 멀리 떨어져 있습니다. 오늘날의 사회에서 부자父子와 같은 관계는 군신 관계의 대응으로 존재하지 않지만, 효孝가 이미 한물 간 것인가요? 법률이 공평 타당한 오늘날의 사회에서 효는 사람의 근본이 되지 않는 걸까요?

【내레이션】

공자孔子는 효孝를 인생의 근본 도덕으로 여기기 때문에, 유교 문화에서는 모든 선행 중 효가 첫째라고 제창합니다. 그러나 유교 문화의 기초는 봉건제도이기에, '아비는 아비다워야 하고, 자녀는 자녀다워야 하고父父子子, 임금은 임금다워야 하고, 신하는 신하다워야 한다.君君臣臣'는 봉건 사회에서 발전해 온 효도가, 오늘 우리 사회에서 사람의 근본 도덕이 될 수 있을까요? 우리 현대인들은 효도를 어떻게 이해해야 할까요?

오늘에 이르러, 우리가 뒤돌아서 마음을 가라앉히고, 우리의 핵심 도덕이 무엇인지를 한번 생각해 봅시다. 한사람이 자기와 가족 사이의 모든 문제를 원활하게 처리한다면, 전체 사회에 대하여 자기도 모르게 거대한 힘으로 영향을 끼치게 될 겁니다.

그래서 사회제도가 변했다고 하더라도, 오늘날 효孝가 사람의 근본이 아닐까요? 이 생각은 아마 변하지 않을 겁니다. 공자孔子는 "군자는 근본에 힘쓰는 것君子務本"이라고 말했습니다. 사람은 영원히 가짜를 버리고 진짜만 남기며, 제일 순박한 곳에서 사람의 핵심가치를 보여줄 수 있습니다. 그렇게 된다면 판단력이 떨어진 상황에서도 혹은 너무 혼란하게 걷지 않을 것입니다. 우리는 이 세상에서 휘황찬란한 것들을 많이 만들 수 있지만, 발밑의 출발점을 잊어서는 절대 안 됩니다.

부모의 자녀에 대한 마음은 영원히 '자식이 천리를 가면 어머니는 걱정을 한다.'와 같습니다. 오늘 이 세상에서는 부모들의 자녀에 대한 걱정은 '아이가 공부 잘하는지, 충분히 정직한 사람인지, 집을 장만할 돈은 있는지, 자녀가 타는 차가 싸구려라서 동료들의 웃음거리가 되지 않는지, 자녀의 자녀가(손자/손녀) 어떤 교육을 받고 있는지' 입니다. 자녀의 걱정에 대한 부모의 마음은 하나만이 아닙니다. 우리가 예로 들 수 있는 것은 너무 많습니다. 그러나 자녀로서 자기 자신에게 부모들을 그렇게 많이 걱정하는지 물어보세요.

《논어》의 간단하지만 심오한 대의는 늘 가장 간단한 한마디 말을 사용하여, 우리에게 심오한 도리를 알려주었습니다. 그러기에 일생에서 한 걸음 한 걸음 걸어오며 사소한 일을 포함해, 부모들이 할 수 있는 것은 항상 숨겨져 있는 작은 일들이고, 평생 동반해주는 것입니다. 부모들은 아이들 때문에 싫증난다는 말을 하지 않을 것이며, 부모들은 아이들 앞에서 공치사를 하지도 않을 것입니다. 《논어》를 펼쳐보면, 효孝에 관한 내용들이 아주 많지만, 마지막으로 말하는 한 마디는 우리 모두가 꼭 기억해야 된다고 생각합니다. 그것은 바로 다음과 같습니다.

父母之年不可不知也, 一則以喜, 一則以懼. (《論語・里仁》 4.21)
부모님의 연세는 알고 있지 않으면 안 된다. 부모님의 연세를 알고 있으면 한편으로는 부모님의 장수하심을 알게 되어서 기뻐할 수 있기 때문이고, 한편으로는 부모님의 늙어 가심을 알게 되어서 두려워할 수 있기 때문이다.

이럴 때, 자녀로서 우리는 "부모님의 생신이 언제지?" "올해 연세는 어떻게 되셨지?"를 자신에게 물어봐야 합니다. 사람마다 확실하게 대답할 수 있는 것은 아닙니다. 우리는 간혹 어르신들은 애들처럼 생신을 지내는 것을 좋아하지 않고, 어르신들은 한살 더 드는 것이 좋을 것도 없을 거라고 생각합니다. 이것이 바로 '하나는 기쁨이고, 다른 하나는 두려움이다一則以喜, 一則以懼'라고 말하는 것입니다. 기쁨喜은 부모님께서 장수하며 천수를 누릴 수 있기에 자녀들이 효경할 수 있는 기회가 있어 기뻐하는 것이고, '다른 하나 두려움一則以懼'은 연세가 또 한해 높으셨으니, 생명의 시간이 앞으로 흐르는 세월에 가까워졌다는 것입니다. 따라서 이제 우리는 부모님을 모시고 효도를 다할 수 있는 시간이 얼마나 남았는지요? 우리의 소원을 얼마나 더 이룰 수 있을까요? 우리들의 마음 속에서의 부모님의 연세父母之年는 영원히 두려움이 기쁨보다 큽니다. 왜냐하면 이것은 우리가 할 수 있는 것이 너무 적고, 부모님이 줄 수 있는 것이 너무 많기 때문입니다. 때문에 이 세상에서 제일 깊은 슬픔은 '자식이 부모에게 봉양하고자 하나 부모는 기다려 주지 않는다.子欲養而親不待'라고 하는 것입니다.

【우단 심어】

이 세상에서 제일 깊은 슬픔은 '자식이 부모에게 봉양하고자 하나 부모는 기다려 주지 않는다.子欲養而親不待'라고 하는 것입니다.

만약 진짜 그런 날을 맞이한다면, 그때 가서 우리가 가슴을 치고 발을 구르며, 눈물 콧물을 비 오듯 흘리고, 부모들이 살아 계실 때 말대꾸를 적게 하고, 부모님을 위해 한 가지 일을 더 했더라면 얼마나 좋았을까! 라며 후회한들 이미 다 지나간 일이 됩니다. 그래서 부모들이 살아 계신다는 것이 자녀들에게는 행운이라 할 수 있습니다. 이 세상의 자식들의 마음은 이 시각에 우리 부모들의 연세를 생각해 보고, 아직 남아있는 시간 동안에 우리의 마음이 할 수 있는 것이 무엇인지를 생각해 보십시오. '하나는 기쁨이고, 다른 하나는 두려움一則以喜, 一則以懼'이라는 것은 이 세상의 자녀들의 마음이니, 우리 모두가 기억해야 됩니다. 혹시 오늘부터 우리 부모들이 즐거워하신다면, 우리 자신의 마음도 위로가 됩니다.

여러분, 감사합니다.

9. 지혜의 도 智慧之道

【내레이션】

인간 세상에는 큰 지혜도 있고 작은 지혜도 있습니다. 사람들은 모두 작은 지혜뿐만 아니라, 인생의 큰 지혜를 가질 수 있기를 희망합니다. 그러면 진정한 지혜란 무엇일까요? 유가儒家 경전《논어》 중에서, 지혜는 곳곳에서 볼 수 있습니다.《논어》는 우리에게 왜 지혜를 가져야하는지 알려줍니다. 사람들이 지혜를 얻을 수 있는 방법과 길은 또 어떤 것이 있을까요? 북경사범대학 우단于丹 교수의《논어의 깨달음論語感悟》의《지혜의 도》를 들어주시기 바랍니다.

긴 세월동안,《논어》는 풍부한 지혜를 담은 보물창고로 인식되었고, 보물창고의 문을 열 수 있는 열쇠만 가질 수 있다면, 사람들은 그 중에서 무궁한 지혜와 힘을 얻을 수 있습니다.《논어》에서 공자와 그의 제자들은 역사와 현실로부터 지혜라는 큰 열매를 사색하고 정리했을 뿐만 아니라, 지혜를 얻을 수 있는 경로와 방법을 끊임없이 탐구 했습니다. 우단 교수는《논어》가 우리에게 무엇이 최종적인 지혜인가를 알려 주었을 뿐만 아니라, 우리에게 지혜를 얻을 수 있는 방법을 알려 주었다고 말합니다. 그렇다면 무엇이 진정한 지혜일까요? 사람들이 지혜를 소유하고자 하는 목적은 무엇일까요? 우리가 어떻게 해야 진정한 인생의 지혜를 얻을 수 있을까요? 북경사범대학 우단于丹 교수의《논어의 깨달음論語感悟》 중《지혜의 도》를 들어주시기 바랍니다.

오늘 우리는《논어》에서 지혜에 대한 주제를 가지고 이야기를 해 봅시다.《논어》는 처음부터 끝까지 문장의 여기저기에 지혜가 가득합니다. 지혜란 문장의 글자와 글자 사이에 무궁무진하게 넘쳐나 그 곳에서 배어있는 것이지, 우리가 찾아볼 수 있는 한 두 마디의 경구警句에 있는 것은 아니다. 더 많은 경우 지혜는 일종의 사고방식입니다. 때문에《논어》에서는 늘 가장 소박한 말로 지극한 진리를 지적해서 밝힙니다.

번지樊遲가 선생님에게 지혜智가 무엇인지 물었을 때, 선생님은 지인知人이라는 두 글자로 답했습니다.

知人. (《論語 · 顔淵》 12.22)
사람을 아는 것이다.

다시 말하자면, 오늘날에 이 세상에서, 당신이 천체물리학을 알고, 생물화학을 알지라도, 큰 지혜를 가지고 있지 않다면, 당신은 단지 지식만을 가지고 있는 것입니다. 진정한 지혜란 단지 한 가지 기준 뿐이고, 그것은 바로 사람의 마음에 대하여, "당신이 어떤 판단력을 가지고 있느냐?" 입니다.

【우단 심어】

진정한 지혜는 당신이 가지고 있는 사람 마음에 대한 당신의 판단력입니다.

모호함이 가득한 이 세상에서, 진정으로 심오한 지혜는 언제나 우리가 차분하게, 각각의 사람 및 그 사람이 살아왔던 역사와 대면하여, 그 사람의 영혼의 한 개 한 개의 결을 따라 마음 속 깊은 곳에 숨어 있는 즐거움과 슬픔 그리고 마음의 소망까지 들어갑니다. 그러면 "사람을 안다知人란 무엇일까요?" 학생은 선생님에게 "사람을 안 다음에 무엇을 해야 합니까?"라고 물었습니다. 선생님은 다음과 같이 말했습니다.

擧直錯諸枉, 能使枉者直. (《論語 · 顔淵》 12.22)
곧은 것을 들어서 굽은 것 위에 놓으면 굽은 것을 곧게 만들 수 있다.

바로 이 10글자입니다. 우리는 사람을 안 다음에 무엇을 해야 할까요? '곧은 것을 들다擧直'는 정직하고 재능이 있고 선량하며 사회의 기본 가치에 부합하는 사람들을 발탁하여, 그들에게 좋은 공간을 만들어 주는 것입니다. 착錯은 그들을 어떠한 위치에 있게 하는 것입니다. 어떤 위치에 놓을까요? 왕枉의 위입니다. 왕枉이란 바로 복잡한 것이고, 정직하지 못 하고 심사가 고상하지 못한 사람들을 뜻합니다.

다시 말하자면, 현명하고 사리에 통달한 사람, 선량한 사람, 같은 핵심 가치에 부합하는 사람들을 그리 선량하지 못하고 자기 자신의 이익만 챙기는 사람들 위에 있게 하는 것이며, 이것은 기준입니다. '굽은 것을 곧게 만들 수 있다能使枉者直.'는 이 기준은 더욱 온화합니다. 다시 말하자면, 인성에는 절대적인 선과 악은 없습니다. 그 어떤 사람이라도 나무랄 떼 없이 완전무결하고 착한 사람이라 할 수 없는 것처럼, 그 어떠한 사람이라도 처음부터 끝까지 하늘에 사무치는 죄가 크고 많아 용서할 수 없는 악랄한 소인이라 할 수 없습니다. 인성 중의 각종 요소들은 서로 다른 토양과 온도 그리고 환경, 공간에서 혹은 선하게 혹은 악하게 하나의 환경의 작용 아래에서 내보내어지는 것입니다.

자기 스스로 공부한 것, 다른 사람들이 그에게 준 기회, 이 모든 것은 힘을 형성하고 있습니다. 무엇을 '굽은 것을 곧게 만들 수 있다.能使枉者直'라고 할까요? 한 사람이 그리 고상하게 표현하지 못하거나, 혹은 그의 방법이 조금 야박해서 심지어 비열할 수 있습니다. 그러나 당신이 그 사람과 함께 있을 때, 당신이 사람의 마음을 알았을 때, 당신은 그에게 당신하고 협력하고 함께하는 이 기간, 또는 당신과 함께 있는 이 공간에서만이라도, 굴곡진 사람을, 다시 말하자면 심사가 바르지 못하고 잔머리를 굴리는 사람을 좀 더 정직하고 솔직하게 할 수 있는 힘이 있습니까? 이것이 바로 '굽은 것을 곧게 만들 수 있다能使枉者直'는 것입니다.

이런 속담이 있는데, 참으로 옳습니다. 인생의 진정한 성공이란 운이 좋아 손에 좋은 카드를 쥔 것이 아니라, 나쁜 카드를 가졌지만, 그것을 잘 이용해 이기는 것입니다. 삶의 교제 중에서, 인생의 진정한 성공은 지금까지 삶의 길에서 만난 사람들이 다행스럽게 모두 신사들일 때가 아니라, 만난 사람들이 아직 신사까지는 되지 못하고, 당연히 반드시 소인배는 아닐지라도, 이런 사람들과 교제할 때 그들에게 인성의 따사로움과 착함을 보여주고, 당신이 그 사람들에 대한 이해와 너그러운 포용을 보여주어, 그 사람들의 아름다운 면을 더 많이 나타나게 하는 것입니다. 무엇 때문에 사람을 알아야知人 할까요? 공자孔子는 바로 "이러한 목적을 위해서다."라고 말했습니다.

【내레이션】

《논어》는 우리에게 진정한 지혜는 사람을 아는 것知人이라고 알려주었습니다. 정직한 힘으로 주위에 영향을 주고, 사회에 영향을 주기 위해서입니다. 그렇다면 어떻게 해야 사람을 알 수 있을까요? 한 사람을 관찰하고 이해하는 제일 효과적인 방법은 또 무엇일까요?

그러면 어떻게 해야 사람을 알 수 있을까요? 공자孔子는 다음과 같이 말했습니다.

視其所以, 觀其所由, 察其所安, 人焉廋哉, 人焉廋哉. (《論語・爲政》 2.10)
그 사람이 하는 행동을 보고, 그 사람이 걸어온 길을 살피고, 그 사람이 어떤 것에 만족을 느끼는지를 관찰한다면, 그의 사람 됨됨이를 어디다 숨기랴, 그의 사람 됨됨이를 어디다 숨기랴!

진정으로 한 사람이 일을 하는 것을 본다는 것은 일의 물리적인 과정을 보는 것이 아니라, 그의 심리상의 안정을 보는 것입니다. 이것이 바로 우리에게 '그 사람이 하는 행동을 보는視其所以' 것의 출발점을 주었습니다. 다음으로는 '그 사람이 걸어온 길을 살피는觀其所由' 과정을 주었으며, 마지막으로 '그 사람이 어떤 것에 만족을 느끼는지를 관찰한다면, 그의 사람 됨됨이를 어디다 숨기랴察其所安, 人焉廋哉'라는 종착점을 주었습니다. 그러면 그 사람은 어느 곳으로 가서 숨길까요? 수廋는 숨기다의 의미입니다. 이러한 과정을 거쳐서 그 사람의 마음을 분석한다면, 그 사람은 더 이상 어떻게 자기를 숨길 수 있겠습니까?

이것이 바로 공자孔子가 '사람을 아는 것이 중요하다'고 알려준 것뿐만 아니라, 방법까지 알려준 것입니다. 당신은 바로 언제든 정지된 위치에서 한 사람의 언행을 관찰하지 말아야 한다는 것입니다. 말의 일부분만 취하여 제멋대로 사용하여, 누구누구가 무슨 말을 했고, 그래서 그 사람은 어떤 사람이라고 말하면 안 됩니다. 그 사람의 말을 들을 뿐만 아니라, 그 사람의 행동도 보아야 합니다. 그 사람의 행동을 보는 것은 결과를 얻기 위해서가 아니라, 동태적인 과정이 되는 것입니다.

그래서 한 걸음 더 나아가 말하자면, "한 사람을 어떻게 관찰할 것인가?" 한 사람의 과실을 보십시오. 왜냐하면 사람들의 과실은 최종적으로 모두 분류할 수 있습니다. 말하자면,

人之過也, 各於其黨. 觀過, 斯知仁矣. (《論語・里仁》 4.7)
사람의 과실은 각각 그 부류에 따라 결정된다. 과실의 성질을 보면 곧 그 사람의 인의 정도를 알 수 있게 된다.

당黨이란 '작당하여 사리사욕을 꾀하는 부류'를 말합니다. 모든 사람의 과실은 모두 어떠한 부류에 귀속시킬 수 있다는 것입니다. 때문에 공자는 "과실의 성질을 보면

곧 그 사람의 인의 정도를 알 수 있게 된다.觀過, 斯知仁矣"고 말했습니다. 한 사람의 과실을 보면, 그 사람이 어진 사람인지를 알 수 있습니다. 이는 우리에게 한걸음 더 나아간 한 방법을 알려 준 것이며, 일의 과정을 볼 뿐만 아니라, 이 사람의 과실도 보아야하는 것입니다.

여러분도 톨스토이의 명언을 알고 있을 겁니다. 행복한 가정은 모두 비슷하지만, 불행한 가정은 각각 다른 불행이 있습니다. 어떤 의미에서 말하자면, 우리가 이 세상에서 행한 대부분의 선행들은 거의 비슷합니다. 그렇지 않나요? 어르신을 부축하고 어린이를 보호하거나 혹은 서로 양보하고 겸손하여 충성스럽고 믿음적인 도를 행하는 것, 사회의 많은 기본가치는 거의 같은 동일한 모습입니다. 그러나 사람들의 과실은 각양각색으로 기이하며, 하나 뿐만이 아닙니다. 과실에서 사람의 진정한 마음을 볼 수 있습니다. 사람 일생이란 끝없이 유구한데, 과실이 없는 사람이 있을까요? 참된 군자君子는 과실이 없는 것이 아니라, 과실 중에서 그의 마음을 통찰하는 것입니다. 어떤 사람은 연약해서 잘못을 하지만, 어떤 사람은 쉽게 사람을 믿어서 잘못을 합니다. 많은 사람들의 실수는 착함에서 왔습니다.

공자孔子는 과실의 성질을 보라고 했습니다. 당신은 그 사람이 인의仁義한 사람인지를 알 수 있습니다. 이것은 사람을 보는 방법 중 하나입니다. 그래서 이런 관점은 아주 재미있고, 시간을 초월해, 다른 시대에 적용되어, 당신으로 하여금 이해할 수 있게 합니다. 사람들이 과실을 마주했을 때, 어떻게 관찰해야 할까요? 아주 중요한 두 가지가 있습니다.

첫 번째는 과실이 생긴 후의 태도입니다. 공자의 말을 따르면 아래와 같습니다.

君子過而勿憚改. (《論語・學而》 1.8)
군자가 잘못을 했으면, 서슴없이 고쳐라.

틀렸으면 틀린 것이고, 고치는 것을 두려워하지 마십시오. 실수를 했음에도 고치지 않으면, 진짜 실수가 됩니다. 틀렸음에도 고치지 않으면 진짜 과실입니다. 그래서 이것은 첫 번째 중요한 점이며, 잘못한 것은 잘못한 것이고, 바로 고치는 것입니다.

두 번째로 진정한 군자에게는 세 글자가 있는데, '잘못을 두 번 저지르지 아니한다.不貳過' 입니다. 오늘날의 말로는, 같은 실수를 두 번 다시 하지 않는다는 것입니다. 사람의 한 평생에 잘못을 할 수 있지만, 잘못에도 품위가 있고, 고급스러워야 한다고 봅니다. 우리는 매번 같은 잘못을 반복하면 안 됩니다. 서로 다른 일 또는 상황에서 실수를 할 수 있으나, 당신은 교훈을 기억해야 하고, 같은 곳에서 두 번 다시 넘어지면 안 됩니다. 때문에 한 사람의 과실을 관찰하는 것이 한 사람의 장점을 관찰하는 것보다 더 깊고, 사람의 마음을 더 잘 알 수 있다고 하지 못할 바가 아니죠?

【내레이션】

우단于丹 교수는 말합니다. 공자가 우리에게 진정한 지혜란 사람을 아는 것이라는 것을 알려 주었을 뿐만 아니라, 사람을 아는 방법은 온전한 과정을 통해 사람을 관찰해야 한다는 것을 알려 주었습니다. 그러나 그 중 중요한 방법은 그 사람이 잘못을 범한 뒤 어떻게 행동하는가를 보는 것입니다. 이렇게 하면 더욱 효과적이고 더 깊게 볼 수 있습니다. 그렇다면 우리가 사람을 관찰하는 목적은 무엇일까요? 우리가 이와 같은 진정한 지혜를 파악하고자 하는 목적은 또 무엇일까요?

큰 지혜를 얻어서 무엇을 하려는 걸까요? 우리가 여기서 이것저것 말하고 인물 평가나 하려는 것은 아닙니다. 진정으로 큰 지혜를 얻으려고 하는 것은 쓸모가 있기 때문입니다.

【우단 심어】

진정으로 큰 지혜를 얻으려고 하는 것은 쓸모가 있기 때문입니다.

여러분도 자로子路를 알 것입니다. 자로는 용감함이 뛰어나지만, 계략이 좀 모자라는 사람입니다. 한번은 자로가 선생님에게 질문을 했습니다.

子行三軍, 則誰與? (《論語 · 述而》 7.11)
선생님께서 삼군을 통솔하시게 된다면 누구와 함께하시겠습니까?

"만약에 지금 선생님더러 군사를 이끌고 전쟁터로 나가라고 하면, 선생님은 누구를 선택해서 동행할 건가요?"라고 물었습니다. 자로子路는 선생님과 같은 학자가 병사를 거느리고 싸우라하면 반드시 용맹한 사람을 선택할거라고 생각했습니다. 결과는, 선생님은 그에게 말했습니다.

> 子曰：暴虎馮河，死而無悔者，吾不與也. 必也臨事而懼，好謀而成者也. (《論語・述而》 7.11)
> 공자께서 말씀하셨다. 나는 맨손으로 호랑이를 때려잡고 걸어서 강을 건너다가, 죽어도 후회하지 않는 사람과는 함께하지 않는다. 반드시 일에 임하면 두려운 듯이 신중하며, 차분하게 잘 계획하여 일을 성취하는 사람이라야 한다.

무엇을 '맨손으로 호랑이를 때려잡고 걸어서 강을 건너다暴虎馮河'라고 할까요? 폭력의 폭暴과 호랑이의 호虎입니다. 빙馮 자는 말 두필을 말하며, '…에 의지하다'의 뜻입니다. 하河는 큰 강을 뜻합니다. 폭호暴虎란 맨손을 뜻하며, 아무런 외재적 무기도 없이 호랑이와 격투하는 것입니다. 무송武松처럼 눈이 치켜 올라가고 이마가 흰 커다란 호랑이를 주먹으로 치는 것을 폭호暴虎라고 합니다. 빙하馮河는 도도한 큰 강을 말하며, 강 위에는 다리도 없고, 강에는 배도 없습니다. 그러나 이 사람은 감히 맨몸으로 헤엄쳐서 건너가려고 합니다. 이렇게 하려는 뿐만 아니라, 그는 가슴을 치며 큰 소리로 "나는 죽어도 후회하지 않고, 두렵지 않아. 나는 용감함과 나의 용기는 나를 이렇게 할 수 있도록 충분하게 지탱해 줘서, 나는 결과를 생각 할 필요가 없어."라고 말합니다. 이는 용감한 사람입니다. 만약에 한 사람이 삼군의 진영 앞에서 이렇게 입장을 밝힌다면, 어쨌든 공자는 그런 사람하고 동행하지 않을 것이고, 나는 이런 사람을 쓰지도 않을 것이라고 말하였습니다. 그러면 공자는 어떤 사람을 쓸까요? 그는 여덟 글자로 기준을 말했습니다.

> 必也臨事而懼，好謀而成者也. (《論語・述而》 7.11)
> 반드시 일에 임하면 두려운 듯이 신중하며 차분하게 잘 계획하여 일을 성취하는 사람이라야 한다.

이 말은 무슨 뜻일까요? '일에 임하면 두려운 듯이 신중하다臨事而懼'란, 일을 앞두면 마음에 반드시 두려움이 있음을 알아야 합니다. 한 번 생각해 보면, 요즘 지도자들이 임무를 내릴 때, 부하들의 눈치를 많이 봅니다. 당신은 두 가지 유형의 사람을 만날 수 있습니다. 첫 번째 종류의 사람은 대충 듣고는 가슴을 치며, "염려 마십시오! 24시간을 42시간으로 생각해서 일하겠습니다. 반드시 임무완수를 하겠습니다. 제가 서약을 할 것이니, 임무완수를 못하면, 저에게 책임을 물으십시오. 모든 책임은 제가 지겠습니다."라고 말합니다. 두 번째 종류의 사람은 상세히 들은 후, "당신이 말한 이 일은 너무 커서 시간을 좀 주시면 돌아가서 관련 자료를 수집하고, 잘 연구해 타당성이 있는 방안을 생각해 보고, 최대한 완성하겠습니다."라고 말합니다. 이런 두 가지 태도를 가진 사람이 당신 앞에 있으면 어떤 사람을 선택할건가요? 두 번째 사람이 '일에 임하면 두려운 듯이 신중臨事而懼'한 사람입니다. 그는 진짜 두려운 것을 아는 사람입니다. '차분하게 잘 계획하여 일을 성취한다.好謀而成'는 것은 무엇일까요? 자기의 일을 신중하게 받아 자신의 지혜를 잘 운용하여, 빈틈없이 계획을 짜서 집행 과정을 검토하여서, 성공할 때까지 치밀하게 하는 것을 말합니다. 공자가 "네가 나에게 어떤 사람을 선택하겠느냐고 물어보았느냐? 나는 이런 사람을 쓸 것이다."라고 말했습니다.

오늘날 우리사회에서는 대부분 외재적인 시끄러움을 말할 때가 많습니다. 왜냐하면 밖의 소리는 점점 높아지기 때문입니다. 결심을 내리는 사람과 가슴을 치는 사람의 소리는 모두 큽니다. 우리가 그들이 진짜로 깊은 연못가에 다다른 듯, 살얼음을 밟는 듯 중요히 여기는지 알 수 있을까요? 우리가 그 일의 타당성을 생각할 수 있을까요?

프랑스에서 지능시험 문제 하나를 낸 적이 있습니다. "만약 루브르 박물관이 불행히도 화재가 나서, 이 때 당신은 그 속에서 그림 한 폭만 선택해 가져갈 수 있다면, 당신은 어떤 그림을 가져갈 것인가요?"라는 문제입니다. 사람들은 서로 답을 했는데, 거의 90% 이상은 '모나리자'에게 집중이 되었고, 내가 가져간다면 반드시 이 그림을 가져간다고 말했습니다. 그러나 그 문제는 프랑스의 당시의 작가인 쥘 베른이 대상을 수상하게 되었습니다. 그러면 쥘 베른의 답은 무엇이었을까요? "나는 안전출구에서 제일 가까운 그림을 가져가겠다."라고 답했습니다.

루브르 박물관에 가본 사람들은 '모나리자'가 어디에 있는지 다 압니다. 2층 로비에 위치하고, 그리 크지 않은 그림입니다. 한번 상상을 해보면, 만약에 진짜 불이 났다면, 짙은 연기 속에서 사람들은 황급히 밖으로 뛰어 나갈 건데, 당신이 사람들을 거슬러 2층에 올라가 '모나리자'를 찾는다면, 그림도 만져보기 전에 불에 타서 죽었을지도 모릅니다. 그래서 사람들은 이런 상황에서, 첫 번째 마땅히 해야 할 행동은 안전 출구를 찾아야 합니다. 그 다음으로 손에 쉽게 닿을 수 있는 그림 아무거나 떼어 내어 밖으로 들고 나가는 것입니다. 이것이 큰 지혜입니다. 가슴을 치며 큰소리치는 것이 그의 품격을 대신할 수 없습니다. 큰 지혜는 이런 것이 아닙니다. 큰 지혜와 잔머리의 차이는 가끔 태도에서 나타납니다.

【우단 심어】

큰 지혜와 잔머리의 차이는 가끔 태도에서 나타납니다.

따라서 이 세상에서 사람을 안다知人란 무엇일까요? 우리는 큰 지혜와 작은 지혜 중에서 어떤 것을 믿어야 할까요?

【내레이션】

우리가 늘 하는 말 중 '사람을 잘 알아보고 적재적소에 쓴다.知人善任'라는 말이 있습니다. 서로 다른 사람의 성격에 따라서 다르게 대해야 하며, 되도록 그들 각자의 장점을 발휘시켜야합니다. 우리의 생활 중에, 성격이 급하고, 힘만 세고 꾀가 없는 사람도 있고, 별로 고상하지 않은 사람도 많습니다. 사회는 진공상태가 아니기 때문에, 이런 사람들과 왕래하지 않을 수 없습니다. 그렇다면, 우리는 그 사람들과 어떻게 지내야 할까요?

우리는 '사람을 안다知人'는 것에 대해서 말하였습니다. 결국은 이 세상에서 큰 지혜를 가지고 있는 사람은 소수입니다. 그러면 잔머리를 가진 사람들을 모두 쓰지 말까요? 잔머리를 가진 사람들은 아무것도 하지 말아야 할까요? 《논어》를 마지막 페이지까지 펼쳐보고, "아이고, 이리 좋은 군자의 덕이 있구나. 그런데 소인배들은 어떻게 할까요? 소인배들을 반드시 멀리해야 할까요?" 진정으로 사람을 아는知人 사람은 서로 다른 사람을 서로 다른 위치에 배치합니다.

【우단 심어】

진정으로 사람을 아는知人 사람은 서로 다른 사람을 서로 다른 위치에 배치합니다.

큰 지혜와 잔머리, 군자와 소인배에 대해서, 공자孔子는 다음과 같이 말했습니다.

君子不可小知, 而可大受也; 小人不可大受, 而可小知也. (《論語 · 衛靈公》 15.34)
군자는 아는 것이 쩨쩨해서는 안 되지만 맡은 일은 커도 괜찮고, 소인은 맡은 일이 커서는 안 되지만 아는 것은 쩨쩨해도 괜찮다.

이 말은 무슨 의미일까요? 사람마다 모두 자기 위치가 있다는 것입니다. 진정한 군자는 어떤 사람일까요? 공자가 늘 말하는 기준을 따르면 다음과 같습니다.

敏於行而訥於言. (《論語 · 里仁》 4.24)
행동하는 데 있어서는 민첩하고, 말하는 데 있어서는 더듬거린다.

공자는 군자란 말수가 적고, 허풍을 떨지 않는 사람이라고 생각하였습니다. 그래서 그는 다음과 같이 말했습니다.

剛毅木訥, 近仁. (《論語 · 子路》 13.27)
강剛은 덕성이 견고하여 욕심에 사로잡히지 아니하고, 의毅는 강인하여 하기 어려운 것을 능히 하고, 목木은 성행이 질박하여 화미한 것을 삼가고, 눌訥은 말이 영민하지 못하고 늦어 묵중하므로, 모두 인仁에 가깝다.

이 사람의 말재주는 좋지 않을 수 있지만, 그의 내심은 강인하고 과감합니다. 이런 사람은 큰일을 맡을 수 있습니다. 즉, 당신이 중대한 임무를 그에게 주어, 그에게 감내하라고 하면, 그 사람은 생명을 바치면서라도 꼭 완성할 겁니다.

그러면 이런 사람은 단점이 없을까요? 역시 단점이 있습니다. '아는 것이 쩨쩨해서는 안 된다不可小知'입니다. 잔머리를 굴리는 일로 그를 시험하지 말아야합니다. 그러나 오늘날 우리사회에서는 잔머리를 써서 일을 해야 하는 것이 많습니다. 많은 상업

거래 중에서, 늘 거래처와 소통해야 하는데, 말주변이 뛰어나고, 누구에게나 두루 곱게 보이는 방법으로 처세하고, 심지어 필요할 때 봉투까지 넘겨주면서 아부도 떨어야 하는 것이 잔머리에 속하는데, 진정한 군자에게 맡기면 반드시 일을 망칠 수 있어, 절대 못할 것입니다. 그러면 어떻게 할까요? 이 일을 할 수 있는 사람이 있습니다. 공자는 "소인은 맡은 일이 커서는 안 되지만 아는 것은 쩨쩨해도 괜찮다小人可小知而不可大受"라고 말했습니다. 공자가 말하길, "당신이 진짜로 사람들을 잘 쓰면, 그에게 장점도 있을 것입니다. 말 재주가 좋고 접대도 잘하며, 눈치도 잘 살핍니다. 이러한 사람들은 이런 일들을 잘 할 수 있지만, 일처리를 잘 했다 하더라도 이런 사람들에게 큰일을 맡겨서는 안 됩니다. 요령이 지나치게 좋고, 바람에 따라 노를 젓는 사람에게는 비록 잔머리가 있더라도 큰일을 맡기기에는 적절하지 않는 것입니다." 따라서 왜 사람을 안다知人라고 했을까요? 지인知人은 사람을 쓰기 위해서입니다. 다시 말하자면 사람을 잘 알아야 그 사람을 적합한 위치에 배치할 수 있기 때문입니다.

아주 재미있는 실험이 있습니다. 입구가 큰 유리병 두 개에 하나는 꿀벌 5마리를 넣고, 또 다른 유리병에는 파리 5마리를 넣습니다. 병 두 개를 전부 밑바닥 쪽을 빛이 있는 방향으로, 병 입구는 어두운 쪽으로 향하게 하고, 이들이 어떤 선택을 하는지 살펴봅니다.

꿀벌의 생태환경과 질은 파리보다 훨씬 수준 높습니다. 왜냐하면 꿀벌들은 협력의 힘으로 꿀을 만들기에 조직적인 규율이 있고 논리적입니다. 그들은 빛이 있는 쪽이 출구라고 고집을 피웁니다. 꿀벌들은 밑바닥 빛이 있는 쪽으로 계속 날아가고, 부딪쳐도 또 반복을 했기 때문에, 결국 꿀벌 5마리는 모두 부딪혀서 죽었습니다.

머리 없는 파리는 무엇을 말하는 걸까요? 파리 5마리는 마지막으로 모두 살아서 날아갑니다. 왜냐하면 파리는 꼭 빛이 있는 쪽으로 나는 것이 아니라, 이리저리 부딪히다가, 어느 방향이든 우연히 나가게 된 것입니다.

이 실험은 무엇을 설명하는 걸까요? 우리는 우리 자신의 판단으로 모든 좋은 일은 꼭 어느 수준이 높은 인물이어야 완성할 수 있다고 말할 필요는 없습니다. 자신을 알고, 다른 사람을 이해한 후에, 자신과 다른 사람의 위치를 정확하게 배치해야 합니다. 이것이 진정으로 지혜를 이해한 후의 결과입니다.

다시 말하자면, 지혜란 결국은 쓸모가 있어야 한다는 것입니다. 이 세상에서 무엇으로 사용할 것인가? 이것은 우리 자신에게 달렸습니다.

【내레이션】

우단 교수는《논어》가 우리에게 진정한 지혜를 얻으려면 반드시 하나의 독특한 방법을 장악해야 한다고 가르치고 있다고 말합니다. 타고난 자질을 불문하고, 사람마다 모두 공부하여야 할 뿐만 아니라 깨달아야 합니다. 이 세상 모든 사물들을 연계시켜 종합적으로 관찰해야 하고, 복잡한 일을 간단한 일로 잘 귀납해야 합니다.

그러면 이러한 지혜는 어디에서 올까요? 공자孔子는 우리에게 방법론도 가르쳤습니다. 그는 사람의 지혜는 우선 당신이 배우려면 배울 수 있다고 말했습니다. 왜냐하면 많은 사람들은 배우지는 않고 추측만 하기 때문입니다. 공자는 다음과 같이 말했습니다.

蓋有不知而作之者, 我無是也. 多聞, 擇其善者而從之; 多見而識之; 知之次也. (《論語・述而》 7.28)
아마 잘 알지도 못하면서 지어내는 사람이 있는 모양인데, 나는 이런 일이 없다. 많이 듣고 그 가운데 좋은 것을 골라 그것을 따르며, 많이 보고 그것을 외워두는 것은, 지식 탐구에 있어서 버금가는 좋은 방법이다.

공자는 "지식도 별로 없고, 큰 지혜도 없으면서, 터무니없이 추측하기만 좋아하는 그런 사람들이 있다"고 말했습니다. 그는 "어쨌든 나는 그런 일을 안 할 것이고, 기껏해야 내가 가서 많이 듣다가, 좋은 것을 들었으면 따라 배우면 된다. 내가 가서 많이 보다가, 좋은 것이 있으면 기록해 둔다. 물론 이런 지혜는 바로 아래 단계의 지혜이지만, 이렇게 하면 나는 끊임없이 성장할 것이다."라고 말하였습니다. 왜 바로 아래 단계라 말했을까요? 왜냐하면, 공자는 인간이 지혜를 얻는 것에 네 개의 등급이 있다고 보았습니다.

첫 번째는

生而知之者. (《論語・季氏》 16.9)

나면서부터 아는 사람

두 번째는 그가 말하길,

學而知之者. (《論語・季氏》 16.9)
배워서 아는 사람

세 번째는,

困而學. (《論語・季氏》 16.9)
곤경에 처해서 배우는 사람

마지막은 아래와 같습니다.

困而不學. (《論語・季氏》 16.9)
곤경에 처해도 배우지 않는 사람

이미 곤경에 빠져있는데도 배우지 않으면, 그저 가진 운명 그대로 살아갈 수밖에 없을 것입니다. 위의 네 가지 등급을 듣기에는 구분하기 쉽겠지만, 사람들이 제일 쉽게 의문이 생길 수 있는 것이 첫 번째입니다. '나면서 안다生而知之'란 무엇일까요? 누구는 태어나면서부터 경험 시스템을 가지고 나오는 건가요? 개인적으로 '나면서 안다生而知之'란 바로 깨달음이 좋은 사람을 말하는 것이라고 이해를 했습니다. 다시 말하자면, '배워서 안다學而知之'는 하나 배우면 하나를 아는 사람입니다. 공자가 말하는 소위 '나면서 안다生而知之'는 아마도 탁월한 깨달음을 가진 사람으로, 하나를 보면 열을 안다는 사람을 뜻하는 것입니다. 많은 일들을 연관시켜서 생각한다는 것은 비교적 높은 단계라고 볼 수 있습니다.

오늘날 우리의 사회에서, 지식은 물론 아주 중요합니다. 지금 이 시대는 지식이 폭발하는 시대이나, 지식보다 더 중요한 것은 경험이고, 경험보다 중요한 것은 지혜입니다. 경험 중에서, 깨달음이 제일 중요하다고 봅니다.

다시 말하자면, 우리 자신의 이러한 깨달음을 바탕으로, 우리의 경험을 어떻게 승화시킬까요? 우리의 경험을 승화시켜, 우리의 생명 시스템 중에서 다른 사람이 대체할 수 없는 지혜를 제공합니다. 이것이 바로 한 사람이 자신의 깨달음을 바탕으로 한 성숙과정입니다. 이러한 높은 단계로 성숙하고 싶다면, 어떻게 해야 할까요? 이 세상의 많은 사물을 연계시켜서 보아야 합니다.

1979년 12월 에드워드 로렌츠가 워싱턴 미국 지식학회의 연차 총회에서 유명한 견해를 제기했었습니다. 즉, '이 세계의 과학은 어떤 연대관계가 있을까? 브라질에 있는 나비 한 마리의 날갯짓이 미국 텍사스에 토네이도를 일으킬 가능성이 있다.'라는 것입니다. 이것이 바로 나중에 사람들이 말하는 '나비효과'입니다.

무엇 때문에 나비의 날갯짓이 산을 사이에 두고 바다를 건너 머나먼 곳에까지 토네이도를 일으킬 수 있을까요? 이 세상의 숨결이 서로 관련 있고, 모든 일들은 미묘한 연관이 있기 때문입니다. 이런 것을 보지 못한다면 당신의 깨달음은 부족하다는 것입니다. 그래서 우리의 경험은 가끔 복잡한 문제를 쉽게 푸는 방법을 알려주기도 합니다.

중국 건국 초기의 아주 재미있는 개인적인 소개를 보았던 기억이 납니다. 그 당시에 중국은 구소련에서 생산한 아주 복잡한 기계를 받았는데, 이 기계를 연구하려니, 모든 엔지니어들은 실색을 했습니다. 얽히고설킨 관이 약 백 개가 있었기 때문입니다. 이쪽 끝에는 엄청 많은 관의 입구이고, 저쪽 끝에는 엄청 많은 관의 출구인데, 중간의 그 많은 관들의 구조는 어떻게 된 것인지, 어떤 것들이 연결되어 있는지는 아무도 몰랐습니다. 기계를 더 이상 뜯어서는 안 될 상황이었습니다. 이 기계는 도대체 어찌된 영문일까요? 모든 엔지니어들은 이 기계를 놓고 함께 머리를 짜 봤어도 그 구조를 알지 못했습니다.

이때 연구소 경비 할아버지가 오시더니, 두 가지 물건을 이용해 문제를 금방 해결했습니다. 하나는 할아버지 손에 든 담뱃대이고, 다른 하나는 수위실에서 수시로 작은 칠판에 기록하는 분필이었습니다. 할아버지는 담배를 크게 한 모금을 빨아들인 후, 아무 관이나 잡고 그 구멍에 대고 연기를 뿜으니, 관의 다른 한쪽에서 연기가 나오기 시작했습니다. 할아버지는 그 양쪽에 모두 '1'자를 표기했습니다. 할아버지는 또 담배를 크게 한 모금을 빨아들인 후 관의 구멍에 뿜으니 관 저쪽에서 연기가 나왔습니다. 할아버지는 관 양쪽에 모두 '2'자를 썼습니다. 이런 방법으로 최종 백여 개 관의 상대를 모두 정확하게 알아내었습니다.

이를 무엇이라고 할까요? 이것은 지식이 아닙니다. 이것은 경험의 토대 위에서 깨달음을 혼합하여야 비로소 발생할 수 있는 실용적인 결과입니다. 그럼 큰 지혜란 무엇일까요? 지식은 큰 지혜가 생길 수 있게 하는 기초가 될 수 있습니다. 그러나 지식이 반드시 지혜를 직접 유도한다고 할 수는 없습니다.

진짜 지혜가 있는 사람은 외재적인 것은 배울 수 있지만, 내적인 것은 양성이 있어야 합니다.

【내레이션】

우단于丹 교수는 지식을 지혜로 전환시키려면, 깊은 사고와 마음 속의 양성이 필요하다고 생각합니다. 이러한 과정은 쌀로 술을 만드는 것과 같이 엄격한 절차와 규칙이 필요합니다. 만약 전심전력으로 몰두하는 것이 마치 술을 빚는 것 같아 반드시 일정한 온도를 유지한다면, 주관과 유심唯心은 술을 빚을 때 절대 해서는 안 되는 것입니다. 그러면 이천 년 전의 공자는 어떻게 했을까요?

공자는 하나의 경지에 도달하게 되었는데 이는 진짜 쉽지 않은 일입니다. 이 경지를 '자결사子絶四'라고 합니다. 공자는 이 네 가지를 기본적으로 모두 철저히 막았습니다. 어떤 네 가지는 무엇일까요?

毋意、毋必、毋固、毋我. (《論語 · 子罕》 9.4)
자기 마음대로 결정하지 않으셨고, 틀림없이 그렇다고 단언하지 않으셨고, 고집하지 않으셨으며, 따라서 아집을 부리는 일이 없으셨다.

'의意'란 주관적인 억측입니다. 즉, 어떤 일이든, 확실한 증거가 없이 머리를 조금 짜내어 바로 이 일은 어떤 일이라고 말하는 것입니다. 이런 일들은 그는 근본적으로 하지 않습니다.

두 번째 일은 '무필毋必'입니다. 반드시의 필必입니다. 다시 말하자면, 그는 필연적인 기대를 가지고 있지 않습니다. 즉 반드시 나의 생각대로만 따라야 하고 그 일은 반드시 어떤 결과가 있을 것이어야 한다는 것 말입니다.

세 번째 글자는 '고固'이며, 고집의 고固입니다. '무고毋固'란 자기 의견만 고집하지 않는다는 뜻입니다. 이 일의 규칙성을 진짜로 존중하고, 그의 변화를 존중하며, 그 다음에 객관적인 방향을 찾아야하지, 고집을 부리지 않는다는 것입니다.

네 번째가 제일 어려운 '무아毋我'입니다. 마지막에는 자신을 잊는 경지에 이르러 객관적인 사실에 대한 판단을 완성하는 것입니다. 외재적인 학습도 있고, 마음 속의 철저한 깨달음도 있어, 내외가 하나로 되었을 때, 사실상 우리의 생활 속에는 현실적인 방법도 필요합니다. 따라서 공자는 다음과 같이 말했습니다.

> 吾有知乎哉? 無知也. 有鄙夫問於我, 空空如也, 我叩其兩端而竭焉. (《論語 · 子罕》 9.8)
> 내가 아는 것이 있는가? 나는 아는 것이 없다. 그러나 한 촌사람이 나에게 물어왔는데, 내가 아무것도 모른다면, 그 질문의 시작과 끝을 완전하게 묻고 그 후에 그것을 힘닿는 대로 가르쳐준다.

공자가 말합니다. 당신이 만약에 나에게 '지혜가 있을까요?'라고 묻는다면, 실은 나는 지혜가 없습니다. 그렇지만 당신은 내가 일 처리를 어떻게 하는지 지켜봐야 합니다. 촌사람有鄙夫, 어떤 업종이든 상관없이 거친 사람이 있기 마련입니다. 그가 와서 체력적인 능력이 필요하거나 기술을 사용해야 한다는 말을 하면, 나는 안 해보았기 때문에 '아무것도 답을 줄 수 없습니다.空空如也.' 모든 것을 다 알고 능한 사람은 없습니다. 그러나 한 가지 방법이 있는데, 바로 어떤 일이 생기더라도, '그 질문의 시작과 끝을 완전하게 묻고 그 후에 그것을 가르쳐주는 데 힘을 다한다.我叩其兩端而竭焉'라는 것입니다. 다시 말하자면, 어떤 일을 직면하더라도 사람은 그 일의 틀에서 벗어나야 하는 것입니다. 그 일의 과정 중 너무나 세세한 것에 집착을 해서 벗어나지 못해서는 안 된다는 것입니다. 어떤 일이든 자신에게 가장 좋은 결과는 무엇인지, 최악의 경우는 무엇인지를 물어봐야 합니다. 그렇지요! 당신은 그 결과를 받아들여야 하기 때문입니다. 예를 들어, 일자리가 있다고 반드시 할 것입니까? 아니면 포기할 것입니까? 도대체 어떻게 하고 어디에서 출발하여야 하는지 선택의 기로가 눈앞에 있습니다. 즉 가장 좋은 결과는 무엇이고, 최악의 결과는 무엇인가일 따름입니다. 이것이 바로 '그 질문의 시작과 끝을 완전하게 묻다叩其兩端'입니다. 즉, 양쪽 끝의 최고의 경지를 물어 본 후, 총체적으로 보는 것입니다.

재미있는 이야기 하나를 해보겠습니다. 독일의 한 초등학교 수업시간에 장난이 엄청 심한 한 남학생은 강의를 열심히 들어 본적이 없었습니다. 선생님은 정말 그가 성가시었습니다. 선생님은 그 아이를 조용하게 하려고, 별로 문제를 그에게 주었습니다. 선생님은 아무 생각 없이, "너 저기 앉아서 계산해 보아라. 1 더하기 2, 더하기 3, 더하기 4, 더하기 5, 더하기 6, 이렇게 백까지 더해 답이 얼마인지?"라고 말했습니다.

선생님은 몸을 돌려 계속 강의를 했는데 몇 분 지나지 않아, 아이는 일어나서 "5,050입니다."라고 말했습니다. 선생님은 깜짝 놀라면서, 어떻게 계산했냐고 물었습니다. 아이는 '1'에 100을 더하면 101이고, 2에 99를 더하면 101이고, 3에 98을 더해도 101입니다. 이렇게 앞뒤를 더하고 중간 50하고 51을 더해도 101입니다. 마지막으로 101이 50개이면, 5,050이 아닌가요?"라고 말했습니다. 이 아이가 바로 소문난 대 수학자 가우스gauss입니다. 이것은 아주 간단한 양쪽 끝을 다루는 방법입니다. 우리가 찾은 가장 간결하고 세련된 방식입니다.

우리의 생활에서는 사람은 쉽게 이미 정해진 논리에 따라서 갑니다. 우리는 그 틀에서 벗어날 수 있을까요? 진정으로 최선과 최악에 대해서 알아보아야, 틀에서 벗어날 수 있습니다. 사람은 어떤 때는 이러한 생각을 가지게 되는데, 문제의 세부적인 것에만 너무 많은 심려와 섬세함을 허비할 필요는 없다고 봅니다.

무엇이 방법일까요? 지혜에 관해, 사람들이 스스로 철저히 깨달아야 하지만, 그래도 방법을 찾을 수는 있습니다. 지식을 축적하고 지혜를 우리의 승화할 수 있는 이러한 경지로 삼아 사람마다 자신의 마음에 따라 앞으로 간다면, 자기만의 의지할 수 있는 것을 찾을 수 있습니다. 어떤 직업에 종사하고, 어떤 학문을 배우든지, 가장 좋은 경지는 무엇일까요? 공자는 다음과 같이 말했습니다.

知之者不如好之者, 好之者不如樂之者. (《論語 · 雍也》 6.20)
어떤 사실을 아는 사람은 그것을 좋아하는 사람만 못하고, 좋아하는 사람은 즐기는 사람만 못하다.

이것은 세 가지의 다른 단계입니다. 오늘날 '어떤 사실을 아는 사람知之者'이 되기는 힘들지 않습니다. 우리가 한 가지 지식을 배우거나, 졸업증 하나를 따거나, 전공을 공부하는 것은 아주 간단한 일입니다. 전공에 대한 졸업증을 취득하면, 그 전문 업계에 진입할 수 있는 통행증을 취득한 것이라고 보면 됩니다. 당신은 이런 증명서를 들고, 나는 이미 어떤 사실을 아는 사람知之者라고 할 수 있는데, 이것은 최저 단계입니다. 이보다 더 높은 단계는 '그것을 좋아하는 사람好之者'입니다. 이 직종에 대해 나는 생명으로 몰입할 수 있는 흥미가 있고, 부지런히 탐구해, 이 사업에 자신의 열정과 영감을 끊임없이 주입하고 최종적으로 이 업계를 활성화하겠다는 것이 '그것을 좋아하는 사람好之者'입니다. 일반 사람들은 '그것을 좋아하는 것好之'이 그렇게 몰입할 수 있는 쉬운 일이 아니라고 느껴질 것입니다. 그것을 좋아하는 사람好之者의 몰입은 물론 깊고 묵직하지만, 가끔은 지나친 신중함은 불가피합니다. 어떤 사람은 일생의 정력, 심지어 휴식 시간까지 모두 거기에 투자하는 것입니다. '그것을 좋아하는 사람好之者', 우리가 늘 이들을 칭찬하는 말은 '매우 고심하고 심혈을 기울인다.'입니다. 이것이 최고단계인가요?

공자의 말대로라면, 최고의 경지는 '좋아하는 사람은 즐기는 사람만 못하다好之者不如樂之者'이라고 합니다. 다시 말하자면, 그 안에서 즐기는 것입니다. 생명이 그 직업 중에서 넘나드는 것은 큰 향유입니다. 이 과정 중의 모든 시간을 마음 속으로 즐기는 겁니다. 그가 받은 것은 소득도 아닌, 실적도 아닌, 칭찬도 아닌, 자기 생명 중의 큰 기쁨입니다.

한 철학가가 있는데, 매일 사람과 세상의 관계를 생각하고 있었습니다. 한 번은 주제가 아주 큰 강연을 맡아서 그는 고민에 빠졌고, 이 관계를 어떻게 정리해야 할지 몰랐습니다. 그가 한참 강연 준비를 하고 있는데 그의 몇 살짜리 어린 아들은 계속 옆에서 장난을 쳤습니다. 그는 아이를 어떻게 할 줄 몰라 고민 중에 손이 닿는 대로 잡지 한 권을 집어 펼쳐보았습니다. 갑자기 잡지 뒷면의 알록달록한 세계지도를 보게 되어 그 페이지를 찢어 여러 조각으로 만들어 바닥에 버린 후, 아이에게 비닐 테이프를 주면서 이걸 제대로 맞춰 붙이면 아들에게 돈 5원을 주겠다고 했습니다. 이렇게 조그만 애가 이걸 맞추려면 적어도 두 시간은 걸릴 거라고 생각해 조금이라도 조용하겠지 라고 생각한 것입니다. 그런데 30분도 지나지 못하고, 아이는 테이프로 덕지

덕지 붙인 지도를 들고 와서 다 붙였다고 말했습니다. 철학자는 테이프로 붙인 지도를 보고 크게 놀랐습니다. 틀림없이 정말 잘 붙인 것입니다. 그러나 아이는 아직 지리 개념이 없는데 어떻게 맞춘 것일까요?

그 아이는 배시시 웃으면서 붙인 지도를 뒤집어서 보여주었습니다. "아빠, 여기에 사람 얼굴 사진이 있는 것을 보고, 사람 얼굴을 따라서 맞붙였어요. 사람 얼굴 사진이 정확하면, 그 세계지도도 어느 정도 정확합니다."라고 말했습니다. 철학가는 순간에 깨달았습니다. 그는 이튿날 강연 제목을 정하게 되었습니다. 제목은 '한 사람이 정확하다면, 그의 세상도 어느 정도 정확합니다.'

이러한 태도를 알게 된다면, 이것이 생활 속의 최고의 지혜입니다. 이러한 지혜는 마음 속에서부터 일어나고, 생명에서 그칩니다.

10. 학습의 도學習之道

【내레이션】

“칼은 갈지 않으면 녹슬고, 사람은 공부하지 않으면 낙후된다.”라는 속담이 있습니다. 현대 사회는 이미 끝없는 배움의 시대에 들어섰다고 말할 수 있습니다. 그렇다면 이렇게 많은 정보 속에서 우리는 어떻게 지식을 선별할 수 있을까요? 어떠한 공부방법이 가장 효과적일까요? 《논어》에서 주장하는 심도 있는 학습방법은 도대체 어떻게 실현될 수 있을까요? 북경사범대학 우단于丹 교수의 《논어의 깨달음論語感悟》의 《학습의 도學習之道》 강연을 계속해서 주목해 주십시오.

《논어》에는 수많은 소중한 인생의 지혜가 있으며, 몸을 수양하는 것부터 나라를 다스리는 것까지 포함되어 있습니다. 우단 교수는 이러한 지혜는 학습을 통해 모두 배울 수 있다고 생각합니다. 그러나 학습의 효과는 사람에 따라 서로 다릅니다. 《논어》는 어떻게 공부하는 것이 가장 효율적인지를 말해줄 뿐만 아니라, 어떠한 지식이 우리의 인생을 드높여주는지 알려줍니다. 오늘날 사회의 급속한 발전과 변화 속에서 우리는 끊임없이 공부해야만 세상의 발걸음과 같이 할 수 있습니다. 그렇다면 어떻게 해야 공부의 효율을 높일 수 있을까요? 복잡하고 광대한 정보 속에서 우리는 어떻게 지식을 선별할 수 있을까요? 또 배운 지식은 어떻게 사용해야 우리 자신의 가치를 실현할 수 있을까요? 북경사범대학 우단于丹 교수의 《논어의 깨달음論語感悟》 중 《학습의 도學習之道》 강연을 주목해 봅시다.

여러분 안녕하십니까!

《논어》에는 수많은 지혜가 있다는 것을 우리는 이미 언급했습니다. 지혜는 사람 마음 속에서 어떻게 성숙되었는가? 아주 중요한 한 가지 방법은 바로 후천적인 공부입니다. 그러나 모든 사람들은 배움의 열망이 있으나, 공부의 질은 같지 않습니다. 어떤 사람이 진정으로 배움의 효율을 나타낼 수 있을까? 이 안에는 깊은 의미가 있습니다.

이 세상에 많은 개념들은 한 글자의 차이로 크게 차이가 납니다. 사람이 원대한 포부를 갖는 것은 좋은 일이지만, 야망을 품고 있다면 그다지 좋지 않습니다. 사람이 이상理想이 있는 건 잘못은 아니지만, 공상空想의 자리에서 머물고 있다면 허황된 꿈밖에 안 됩니다. 어떻게 해야 이상을 행동으로 옮기는 경지까지 생각이 미칠 수 있을까? 그것은 바로 배워야 하는 것입니다. 그래서 옛날에 공자孔子는 이런 말을 했습니다.

群居終日, 言不及義, 好行小慧, 難矣哉! 《論語 · 衛靈公》 15.17)
여럿이 하루 종일 함께 지내면서, 말이 의에 이르지 않고, 작은 지혜만 즐겨 행한다면, 곤란하도다!

그가 말하기를, "때로는 사람들이 온종일 모여서群居終日, 다른 사람이 보기에 자주 왕래하며 왁자지껄하고, 얘기를 나누면서 무엇이든 배울 수 있는 것처럼 보이지만, 그들이 항상 하는 말들이 요점에 미치지 못하는 것을 '말이 의에 이르지 않다.言不及義'"라 하였습니다. 그리고 이 사람들은 '잔머리를 굴려 우쭐대는 것을 호행소혜好行小慧'라고 하며, 이런 알량한 지혜와 어리숙한 똑똑함, 그리고 작은 기교는 모두 다 큰 지혜는 아닙니다. 만약에 이렇게 된다면 이 사람들은 너무 힘들 거라고 공자孔子는 말했습니다. 당신이 그들의 생활수준을 한층 더 높여주고 식견을 더 넓혀 준 뒤, 또 다시 높은 경지에 이르게 한다는 것은, 정말로 힘든 일일 것입니다. 그래서 말하는 사람이 많거나 적거나 신경 쓰지 않고, 늘 함께 모여서 말하고 의논하는 것이 반드시 큰 지혜가 있다고 할 수 있습니까? 반성하지 않고, 늘 의논만 한다면, 의논하는 것은 필요 없는 정보의 낭비일 수도 있습니다.

여러분들이 알고 있는 소크라테스는 웅변가이면서 철학자입니다. 어떤 사람이 그를 찾아가 강연의 기술을 배우고자 하였습니다. 어느 학생은 "나는 기초가 아주 튼튼해."라며, 소크라테스의 방문을 들어선 이후에, 끊임없이 말을 시작했습니다. 그는 "보십시오, 제가 용기를 내어 이곳에 온 것은 선천적으로 언어재능이 뛰어나기 때문입니다. 저는 말도 유창하게 잘 하고, 사고 판단도 빠르며, 어떤 일이라도 잘 파악할 수 있어서, 저의 기초는 아주 훌륭하죠!"라고 말했습니다. 소크라테스는 그를 보면서 "당신은 학비를 두 배로 내야겠어요."라고 말했습니다. 그 학생은 "왜요?"라고 물었고, 소크라테스는 "말을 어떻게 하는지를 가르치기 전에, 당신에게 우선 혀를 관리하는 방법부터 가르쳐야 하기 때문입니다."라고 말을 했습니다. 당신은 끊임없이 말하는 것이 반드시 큰 지혜라고 믿습니까?

옛날에 늘 과묵한 철학자 한 명이 있었는데, 어느 날 그의 친구가 의기양양한 표정으로 뛰어와서 그에게 "너에게 매우 중요한 소식을 알려줄게. 지금 바로 너에게 알려줘야겠어."라고 말하였습니다. 철학자는 그를 막으면서 "어떤 소식이던 말하기 전에 3개의 거름망을 거쳐야 해." "첫 번째, 이 소식이 확실한 것이니?"라고 묻자, 그는 잠시 멍한 표정을 지으며, "그렇게 생각해본 적이 없고, 확실하지 않아."라고 대답을 했습니다. 그 철학가는 웃으면서 "두 번째, 이 소식은 선의善意의 소식이니?"라고 묻자, 그는 생각하고 또 생각했습니다. 이어서 철학자는 그에게 세 번째로 거쳐야할 단계를 물었습니다. "이 소식은 참으로 그렇게 중요하니?" 그 친구는 한참 생각하더니 "그렇게 중요하지 않는 것 같아."라고 말했습니다. 철학자는 "세 개의 거름망을 거쳤어. 너는 이 소식을 말하지 않아도, 너 스스로 괴롭다고 느끼지 않을 거야."라고 했습니다.

【내레이션】

이 세 가지 거름망은 우리가 지식을 선택하는 기준이 됩니다. 오직 진실하고 호의적이며 중요한 정보만이 우리의 생명을 투자하면서 배울 가치가 있습니다. 또 이렇게 공부를 해야만 우리의 삶의 질을 향상시킬 수 있습니다. 그렇다면 우리는 이러한 소중한 지식을 어디에서 배울 수 있을까요?

오늘날 공자孔子에 대해서 사람들은 그를 '지덕이 가장 높은 선생이며 만세萬世의 모범'이라고 말합니다. 많은 사람들은 저에게 이런 질문을 합니다. "공자와 우리의 시대는 너무나도 멀고, 그 당시에 물질적으로 빈곤하였는데, 공자의 사상체계는 어떻게 형성되었습니까? 그는 어디에서 배웠습니까?" 이 질문은 그 당시의 사람들도 물어본 적이 있습니다. 공자孔子에게 묻기 쉽지 않아, 그의 학생들에게 물었습니다.

衛公孫朝問於子貢: "仲尼焉學?" (《論語 · 子張》 19.22)
위나라 공손조가 자공에게 "중니는 어디서 공부하셨습니까?" 하고 물었다.

"당신의 선생님은 이렇게 많은 지식들을 어디에서 배우셨는지 물어봐주십시오." 제자 자공子貢은 어떻게 대답했을까요? 자공子貢은 대답하였습니다.

> 文武之道, 未墜於地, 在人. 賢者識其大者, 不賢者識其小者, 莫不有文武之道焉. 夫子焉不學? 而亦何常師之有? (《論語・子張》 19.22)
> 문왕과 무왕의 도가 아직 땅에 떨어지지 않고, 사람에게 남아 있어, 어진 이는 큰 것을 알고, 어질지 못한 이는 작은 것을 압니다. 이런 식으로 문왕과 무왕의 도를 가지고 있지 않은 사람이 없으니, 선생님께서는 어디선들 배우지 아니하겠습니까? 또한 어찌 정해진 스승이 있겠습니까?"

자공子貢은 어떻게 대답했을까요? 그가 말하길, "문왕과 무왕의 도는 고대의 선현으로부터 전해 내려온 것으로 치국치세治國治世의 도리부터 경세치용經世致用의 학문까지, 아직 땅에 떨어지지 않았고, 오늘날까지 이르면서 실전失傳되지 않았으며 소실되지 않았습니다. 어디에 있을까요? 모두 사람의 몸에 있고, 우리의 조상이나 윗사람의 이어받음繼承에 있습니다." 다시 말하자면, 옛날부터 지금까지의 죽간竹簡에 새긴 것 뿐 아니라, 종이에 쓰인 것, 손에 의해 쓰여진 문자까지 이를 모두 학문學問이라 부릅니다. 사람의 행실, 가치관, 판단, 습관, 예의와 풍속, 이러한 모든 것이 지식과 도덕의 계승입니다. 따라서 이것들은 모두 사람의 몸에 있습니다. 단지 사람마다 표현이 다를 뿐입니다. '어진 이는 큰 것을 안다賢者識其大者'는 즉 격조格調가 높고, 현명하고 사리에 통달한 사람이 표현하고자 하는 것은 바로 도리道理 안의 큰 부분입니다. 그릇이 작고, 깨달음이 모자란 사람도 있습니다. 당신은 그 사람이 도리道理를 모른다고 말할 수 있습니까? 그들은 도리道理의 작은 부분을 나타냅니다. 그렇다면, 큰 부분도 배울 수 있고, 작은 부분 역시 배울 수 있습니다. 그래서 사람들이 자공子貢에게 "당신의 선생님은 어디서 배웠습니까? 仲尼焉學"라고 물었을 때, 자공子貢은 "어디선들 배우지 아니하겠는가? 夫子焉不學"라고 말을 했습니다. 사람이 만약 눈과 귀를 연다면, 모든 것이 학습입니다.

【우단 심어】

사람이 눈과 귀를 연다면, 모든 것이 학문이라는 것을 발견할 수 있습니다.

공자의 사상체계는 어디에서 왔을까요? 그는 사람들에게 배운 것입니다. 그는 그저 배우기만 했을까요? 그는 종합적으로 깨달았고, 결국 스스로의 체계를 만들었습니다. 그래서 이 시대의 도리는 일정한 규칙이 없고, 배움에도 반드시 정해진 스승이 없습니다. 즉, 다양한 사람과 자연물을 스승으로 삼고, 서로 다른 사람에게 도리를 배워야 합니다. 공자가 말하였습니다.

三人行, 必有我師焉. (《論語 · 述而》 7.22)
세 사람이 길을 가면, 그 중에 반드시 나의 스승이 있다.

선한 사람한테서 좋은 점을 따라 배우고, 선하지 않는 사람은 스스로 마음의 경계를 두고 행동을 조심하는 것 또한 자신의 스승이 되는 것이 아닌가요? 그래서 책으로부터 배우는 것보다 세상에서 배우는 것이 좋습니다. 만약 이러한 배움의 깨달음이 있다면, 모든 곳에서 배울 수 있습니다. 어떻게 배울 수 있을까요? 어떤 사람에게 배울까요? 공자孔子는 또 이런 말씀을 하셨습니다.

不恥下問. (《論語 · 公冶長》 5.15)
자신보다 못한 사람에게 묻는 것을 부끄럽게 여기지 않는다.

무엇이 '下'인가요? 우리는 때때로 논리의 시작점을 바꿔야 합니다. 반드시 높고 낮음高下이라고 부를 필요가 없습니다. 생각의 각도와 사고의 방식을 바꿔봅시다. 지식, 지위, 계층을 떠나, '고高'와 '하下'를 간단하게 살펴보면, 나이입니다. 어른은 반드시 어린아이를 훈계할 자격과 권리가 있습니까? 아이의 관점은 우리에게 또 다른 생각의 좌표를 제시해 줄 수 없습니까?

1978년 때, 노벨상을 받은 70여 명이 한 자리에 모여, 파리에서 성대한 모임을 가졌습니다. 이렇게 많은 노벨상 수상자들이 한자리에 모인 성대한 모임이기에, 많은 언론에서 그들에게 공통적인 질문을 하였습니다. "이렇게 대단한 지성인인 당신들은 도대체 어느 대학, 어느 연구실에서 인생의 가장 중요한 것을 배웠습니까?" 모두가 가장 가치 있는 답이라고 생각한 것은 무엇일까요? 그들의 대답은 유치원이었습니다.

어느 과학자가 말하였습니다. “저는 유치원에서 어떤 일이든 다른 사람과 함께 나누고, 사람은 제도와 규칙을 준수해야 한다”고 배웠다고 하였습니다. 밥 먹기 전에는 손을 씻어야 하고, 점심이 되면 잠을 자야 하고, 사람을 대할 때는 겸손과 예의가 있어야 하고, 만약 스스로 조심하지 않아 실수를 한다면, 사과하는 법을 배워야 합니다. 그는 이러한 도리들 모두 유치원에서 배웠다고 했습니다.

오늘날 이 시대에는 배워야 할 것들이 너무 많습니다. 만약에 우리가 유치원으로 돌아간다면, 많은 도리들은 매우 간단해질 것입니다. 그러나 이것은 일종의 소박한 사고방식에 불과합니다.

한 아이가 집으로 뛰어 들어오면서, 기뻐서 소리를 지르며 아빠에게 말했습니다. “아빠, 그거 아세요? 사과 안에 별이 있어요. 원하는 만큼 아주 많이 들어 있어요.” 그의 아빠는 또 동화童話라는 생각에 얼버무리며 “나도 알아, 나도 알아!”라고 말하였습니다. 아이가 “아니에요. 반드시 아빠에게 보여 줘야겠어요!”라며 아이는 사과 하나를 가져와 사과의 허리를 잘랐습니다. 지금 상상해 보십시오. 사과의 절단면은 진짜 하나의 별입니다. 아이는 사과를 가로로 잘라냈으며, 그의 아빠는 눈앞에서 하나, 하나의 별이 사과 안에서 튀어나오는 것을 보고 휘둥그레 쳐다보았습니다. 우리 어른들은 어떻습니까? 사과를 먹을 때 항상 세로로만 자릅니다. 가로로 자르는 것에 익숙하지 않기 때문에, 어른들은 사과 안에 별이 있다는 것을 동화가 아닌 사실이라고 생각하지 못합니다.

무엇이 ‘자신보다 못한 사람에게 묻는 것을 부끄럽게 여기지 않는다.不耻下問’ 일까요? 우리는 종종 선대를 본받고, 때로는 후대 사람들도 본받아야 합니다. 때로는 아이들의 사고방식은 어른들의 스승입니다. 그래서 불치하문不耻下問은 반드시 자신보다 학력이 얕고, 지위가 낮은 그런 사람에게 가르침을 요구하는 것은 아닙니다. 많은 경우, 사고방식의 전환은 우리에게 더 많은 것을 배울 수 있도록 합니다.

【내레이션】

만약 겸손한 학습태도와 발견에 능숙한 눈이 있다면, 어디에서나 지식을 발견할 수 있습니다. 도가道家의 대표적인 인물 장자莊子는 ‘도는 똥이나 오줌에도 있다道在屎溺’라고 말하였습니다. 다시 말하자면, 아주 보잘 것 없는 사물에도 도리가 담겨 있다는 뜻입니다. 그렇다면 우리는 이 도리를 어떻게 배워야 하며, 고정불변의 방법은 없을까요?

道在屎溺. (《莊子 · 知北遊》)
도는 똥이나 오줌에도 있다.

그렇다면 이렇게 많은 것을 배운 이후, 또 하나의 문제를 질문해야 합니다. 바로 우리는 어떤 방법으로 배워야 하는 가입니다. 배움이란 것은 연상聯想을 두려워하지 않습니다. 하나를 배우면 열을 압니다. 공자의 교육방법은 '상대에 따라 가르치는 방식因材施教'입니다. 그래서 같은 질문이라도 얻는 답은 모두 다릅니다.

子路問 : 聞斯行諸?
子曰 : 有父兄在, 如之何其聞斯行之? (《論語 · 先進》 11.22)
자로가 "들으면 바로 행해야 합니까?"라고 물었다.
공자는 "부모형제가 있는데, 어찌 바로 듣자마자 행할 수 있는가?"라고 답했다.

자로子路가 스승에게 묻기를 "어떤 일을 들으면, 바로 가서 행해야 합니까?聞斯行諸" 스승이 말하기를 "아버지와 형제가 있는데, 감히 바로 행동으로 옮길 수 있느냐? 너는 부모도, 형제도 있는데 그들에게 가르침도 청하지 않고, 머리로 생각하지도 않고, 그들과 상의하지도 않고, 바로 할 수 있겠느냐? 적절치 않은 것 같다!"라고 하였다. 자로子路가 돌아가자, 염유冉有가 또 와서 물었습니다.

冉有問: 聞斯行諸?
子曰: 聞斯行之. (《論語 · 先進》 11.22)
염유가 "들으면 바로 행해야 합니까?"라고 물었다.
공자는 "들으면 바로 행하여라."라고 답했다.

"어떤 일을 들으면 바로 행해야 합니까?"라는 같은 질문에, 공자는 "들으면 바로 행하여라!聞斯行之"라고 단호히 말했습니다. 세 번째 학생인 공서화公西華가 이 이야기를 듣고, "두 사람의 문제는 같은데, 왜 한 사람에게는 부모형제가 있으니 그리하지 말라 하시고, 다른 한 사람에게는 바로 그렇게 하라고 하시는지? 저는 들으면 들을 수록 어리둥절합니다. 스승님! 왜 그렇습니까?"라고 묻자, 스승은 대답했습니다.

子曰: 求也退, 故進之. 由也兼人, 故退之. (《論語 · 先進》 11.22)
공자가 말하길, "염유冉有는 위축된 성격을 가지고 있어 그를 격려한 것이고, 자로子路는 신중하지 못해서 그를 억제하기 위해서이다."라고 하였다.

그가 말하기를, 염유冉有는 겁이 많고 나약하며 잘 위축되는 품성을 가지고 있어, 어떤 일을 하던 우유부단하여 결정을 내리지 못하고, 항상 뒷걸음질 치니, 그에게 어떤 일을 마주하면 어떻게 할 것인지 격려해주고, 바로 가서 하게끔 도와야 합니다. 이것이 바로 나아감進입니다. 그에게 전진할 수 있는 결정의 힘을 준 것입니다. 자로子路라는 사람은 용맹하고, 두 사람 몫을 하는 사람입니다. 어떤 일이든 다른 사람을 간과하니, 이런 사람에게 신중하고, 깊이 생각하게 하고, 모든 일을 짐작하고 다시 확인하게 합니다. 그래서 그에게는 거두어 억제하는 힘을 준 것입니다. 이것이 바로 공자孔子의 교육방식입니다.

이 세상에 있는 서로 다른 사람에게 같은 질문을 했을 때, 각각 다른 답을 얻을 수 있습니다. 이것은 바로 사람의 주체가 다르기 때문입니다. 그래서 우리는 가끔 궁극적인 물음에 직면하게 됩니다. 예를 들어, 인생의 최종적 가치는 무엇인가? 사람은 왜 살아가야 하나? 어떠한 인생을 성공한 인생이라고 하나? 어떤 삶을 아름답다고 하나? 어떤 의미에서 말하자면, 이러한 본질적인 질문이 개인의 인생과 결합하지 않는다면, 그것은 영원히 거짓된 질문일 뿐입니다. 이 세상에 천명의 사람이 있으면, 천 종류의 행복이 있기 때문에 사람들의 태도도 각각 다를 것입니다.

진정한 배움이란 무엇일까요? 한 가지 비결은 우선 자신의 주체를 드러내고, 자신의 주체를 이용해서 자신의 인생 중 가장 부족한 경험을 배우는데 이용하는 것입니다.

【우단 심어】

진정한 배움은 자신의 주체를 이용해서, 인생 중 가장 부족한 경험을 배우는 것입니다.

만약에 우리가 지금 의학적인 검사를 한다면, 의사는 비타민 한 병을 모든 사람에게 처방할 수는 없습니다. 왜냐하면, 어떤 이는 이런 원소가 부족하고, 또 어떤 이는 저런 원소가 부족하여, 사람마다 모두 자기 스스로의 결핍된 것을 보고, 유기적으로 보충을 해야만 비로소 생명의 균형을 맞출 수 있기 때문입니다. 사람의 마음과 사상은 모두 이러한 균형이 필요합니다. 먼저 스스로가 어떤 사람인지 보아야 합니다. 어쩌면 우리는 공자孔子와 같은 스승이 없을 수도 있습니다. 이 세상 어디에 '정해진 스승常師'이 있습니까? 만약 우리 자신의 마음 속에 이러한 깊은 생각이 있다면, 스스로도 균형을 완성할 수 있습니다.

이런 이야기가 있습니다. 한 집에 성격이 전혀 다른 두 아이가 있었는데, 한 아이는 한없이 낙관적이고, 한 아이는 한없이 비관적이었습니다. 그의 아버지는 걱정 끝에 환경으로 그들을 변화시키려고 결정했습니다. 그는 낙관적인 아이를 마구간에서 혼자 지내게 하며 문을 잠갔습니다. 비관적인 아이는 새로운 장난감으로 둘러쌓은 방에서 지내게 했습니다. 반나절이 지나고 하늘이 어두워질 무렵, 아버지는 비관적인 아이가 기뻐하는지 보았더니, 아이는 장난감 속에 앉아서 눈물 가득한 얼굴로 장난감은 하나도 열어보지 않았습니다. 그의 아버지는 그 아이에게 "왜 놀지 않고 있어?"라고 물었더니, 아이는 장난감을 가지고 놀기만 하면 모든 장남감이 부서질 수 있기 때문에, 어떤 것을 먼저 열어야 할지 몰라서 오후 내내 속상했다고 말했습니다. 그 후, 아버지는 마구간으로 가서 낙관적인 아이를 보았더니, 온 몸에 말똥을 묻히고 아주 좋아하면서 말똥 속을 뒤적거리고 있었습니다. 아빠가 아이에게 무엇을 찾고 있었는지 물어보자, 아이는 말똥 속에 망아지 한 마리가 있을 거라는 생각이 들어서, 오후 내내 찾고 있었다고 했습니다.

한번 생각해 보세요. 이것이 바로 두 가지의 태도입니다. 사람은 이 세상에서 그가 가지고 있는 외적인 것으로 그의 생활수준을 결정하는 것이 아니라 그의 내재되어 있는 마음의 방향으로 생활의 수준을 결정합니다. 서로 다른 학생, 서로 다른 개인이 세상을 향해 공부할 때에는 장점을 키우고, 단점을 피해야 합니다. 어떤 의미에서 말하자면, 우리는 결점을 완전히 극복할 수 없습니다. 그래서 우리는 장점과 단점을 잘 결합하여 균형을 이루어야 합니다.

【내레이션】

학습의 방법과 내용은 늘 사람에 따라 다릅니다. 끝없이 장점을 취하고 단점을 보완하여 자신을 완성시켜 간다면, 우수한 학습자입니다. 그러나 공부를 말하면 우리는 절로 괴로움이라는 말이 떠오릅니다. 소위 말해 '배움의 바다는 끝이 없으니 괴로움을 배로 삼아 나아가야 한다.學海無涯苦作舟'라고 하였습니다. 학문이 고통을 동반한다면, 우리는 왜 굳이 공부를 해야 하나요?

그렇다면 이러한 학습과정 중에서 우리는 엄청난 양의 깊이가 있거나 혹은 깊이가 없는 지식과 깨달음을 배웠습니다. 왜 배워야 하나요? 사람의 일생 중에서 이렇게 많은 것을 배워서 무엇을 해야 하나요? 공자孔子는 다음과 같이 말하였습니다.

> 誦詩三百, 授之以政, 不達. 使於四方, 不能專對. 雖多, 亦奚以爲? 《論語·子路》13.5)
> 《시경》의 시 삼백 편을 외더라도, 맡은 일을 제대로 하지 못하고, 사신으로 가서는 대처하지 못한다면, 시를 많이 외운들 무엇에 쓰겠는가?

이 말은 무슨 뜻입니까? 과거에 모두가 알다시피 《시경詩經》은 교과서 같은 역할을 했습니다. 《시경》을 통하여 풀, 나무, 새와 짐승의 이름을 알 수 있고, 가까이는 아버지를 섬기고, 멀리는 임금을 섬기라 하였습니다. 이 속에서 매우 많은 도리를 배울 수 있고, 배우고 난후에는 제후諸侯에게도 대응할 수 있게 됩니다.

공자孔子가 말하길, 만약에 어떤 사람이 '《시경》 삼백수를 거꾸로 줄줄 외우고誦詩三百' 능수능란하여, 그에게 정치적인 일이나 행정상의 업무를 맡겼는데 제대로 하지 못하고, 일 처리를 하라고 하면 어기적거리며, 속 시원하게 처리를 못하여 어떤 일도 해낼 수 없었고, 또 외교적 협상으로 일을 하라고 했을 때, 사람과 유창하게 대화하지도 못하고, 결국 협상도 그냥 그렇게 끝난다면, 공자孔子가 말한 《시경》을 모두 외웠고雖多, 그러한 학문들을 가지고 있기만 했지 무슨 쓸모가 있습니까?亦奚以爲라는 의미입니다. 이 문구는 공자孔子의 한 가지 태도를 설명하고 있습니다. 바로 학습의 실용성學以致用입니다.

> 學以致用.
> 배운 것을 실천에 옮기다.

다시 말해, 우리의 세상은 늘 변하고 있습니다. 이 세상에서 지식인들의 사명이란 무엇일까요? 바로 이런 변화 속에서 책임을 약속하는 것입니다. 당신은 무엇을 할 수 있을까요? 송나라의 장재張載가 한 말이 있습니다.

爲天地立心, 爲生民立命, 爲往聖繼絶學, 爲萬世開太天.
세상을 위하여 마음을 세우고, 백성을 위하여 도를 세운다. 옛 성인을 위하여 끊어진 학문을 잇고, 후세를 위하여 태평세월을 연다.

즉, 이 말은 마음을 천지에 크고 강대하게 세우며爲天地立心, 백성들의 삶은 당신에게 하나의 사명을 줍니다爲生民立命. 절세絶世의 학문을 전수해야 하며爲往聖繼絶學, 당신은 이것을 더욱이 발전시켜 계승해야 하며, 태평세월을 위해 길을 닦고 일을 해야 합니다爲萬世開太天. 이것이 실용 학습의 태도입니다.

그렇다면, 배운 것들은 모두 사용이 가능할까요?《시경》에는 많은 지식이 있지만, 그것은 단지 그 시대의 서적일 뿐입니다. 옛날부터 지금까지 이어지는 이 많은 지식들을, 공자의 입장에서 보았을 때, 어떻게 실천하여야 진정으로 사용하였다고 할 수 있을까요? 바로 당신이 그 지식을 필요로 하는 곳에 쓰는 것입니다.

【우단 심어】

진정으로 배운 것을 실천에 옮긴다는 것은 지식을 필요로 하는 곳에 쓰는 것이다.

지금은 책을 널리 읽어 학식이 풍부하고, 매우 높은 학위를 받은 학생들은 많이 있습니다. 그러나 이러한 학생들이 생활의 경험이 없다면, 가끔은 이러한 학문들을 활성화시킬 수 없을 것입니다.

옛날에 에디슨의 실험실에는 조수 한 명이 있었습니다. 이 조수는 유명한 대학을 졸업하고, 아주 좋은 학위와 학력으로 실험실에 오자 안하무인이었습니다. 그는 문벌이 중시되는 시대에 명문대학의 학위를 받은 것이 매우 자랑스러운 일이라고 생각했기 때문입니다. 그 후, 에디슨은 실험실에서 쉴 틈 없이 실험을 하고 있었는데, 배梨 모양의 작은 용기를 그에게 주며, 이 배 모양 유리용기의 용적을 빨리 계산해서 달라고 하였습니다. 조수는 큰 어려움에 빠졌습니다. 조수는 "이 배梨 모양을 어떻게 계산하지?"하며 고민하기 시작했습니다. 왜냐하면 아래는 동그랗고 위는 길어, 원형의 공식도 안 되고, 긴 모양의 공식도 안 되니, 그것을 계산할 공식을 찾을 수가 없었기 때문입니다. 에디슨은 바쁘게 실험을 하며 왔다 갔다 하면서, 그가 아직도 만지작거리며 여러 가지 측정기로 계산하고 있는 모습을 보면서, 결국 참지 못해 그 배梨 모양의 용기를 가져가 물을 가득 채우고 계량컵에 담아 이게 바로 이 용기의 용적이라고 말했습니다.

무엇이 '배운 것을 실천에 옮긴다.學以致用'는 것일까요? 그것은 가끔 가장 쉬운 곳에 있습니다.

【내레이션】

만약 많은 학문을 배웠는데도 작은 일하나 처리하지 못한다면, 그 많은 학문이 무슨 소용이 있을까요? 이 시대에는 학력이 필요할 뿐만 아니라, 일하는 능력이 더욱 필요합니다. 그렇다면 우리는 어떻게 책벌레가 되는 것을 피할 수 있을까요? 어떻게 하면 자신이 배운 것을 활용할 수 있을까요?

이 시대에서 배운 것을 실천한다는 것은 당신의 지능지수를 심사하는 것뿐만 아니라, 당신의 정서와 사회에 대한 적응 능력도 심사하는 것입니다. 당신은 어떻게 임기응변變通을 할 수 있을까요?

면접에 관련된 재미있는 이야기 하나가 있습니다. 사장이 비서 한 명을 채용하고자 공고를 하였는데, 3명의 면접자가 있었습니다. 한 명은 박사로 매우 높은 학력을 소지하였고, 다른 한 명은 10년 이상의 실무 경험자였고, 또 한 명은 앞에 두 사람 만큼 높은 학력도 아니고, 경험도 풍부하지 않은, 이제 막 졸업한 보통 대학생이었습니다. 그는 그의 사무실에서 면접자들을 들어오라고 하였습니다. 비서가 사장에게 "그들을 어디에 앉으라고 할까요? 앞에는 의자가 없습니다."라고 말했습니다. 사장은 그냥 이대로 하자고 하였습니다.

박사 학위를 가진 첫 번째 면접자가 들어왔습니다. 사장은 웃으면서 그에게 말했습니다. "앉으세요." 박사는 난처해하면서 사방을 둘러보았지만, 의자가 보이지 않아

"그냥 여기 서 있겠습니다."라고 하였습니다. 사장은 다시 앉으라고 말했습니다. 그러자 그는 내가 앉을 곳이 없다고 하였습니다. 사장은 그를 쳐다보고 웃었습니다. 그는 질문 몇 개를 대답하고 갔습니다. 실무경력이 많은 두 번째 면접자가 들어왔습니다. 사장은 또 말했습니다. "앉으세요." 그는 알랑거리는 얼굴로 아첨을 떨면서 겸손하게 "괜찮습니다. 서 있는 것이 습관이 되어서 괜찮습니다. 앉을 필요 없이 이대로 이야기 나누겠습니다."라고 말했습니다. 사장은 그와 몇 마디 나눈 뒤, 그를 보냈습니다. 세 번째로 학생이 들어왔습니다. 사장은 "앉으세요."라고 말했습니다. 그가 주변을 살피며 말하길, "밖에서 의자 하나 가져와서 앉아도 되겠습니까?" 사장은 그러라고 하였습니다. 그는 곧 밖에서 의자를 가지고 와 사장과 이야기를 나눴습니다. 결국 세 번째 학생이 남게 되었습니다.

이 내용이 전달하고자 하는 메시지는 무엇인가요? 첫 번째 사람은 지식은 많지만 융통성이 없고, 두 번째 사람은 경험은 많지만 오히려 그 경험에 의하여 제한되어 있습니다. 그러나 세 번째 사람은 지식과 경험 사이에서 어떻게 행동해야 적합한지 알고 있습니다.

여기서 또 한 가지 학문에 대한 개념을 말하고 있습니다. 실용적 학문을 할 때, 어떤 방법이 절대적으로 옳은 방법인지 말하지 않는다는 것입니다. 여기에서는 임기응변變通 해야 합니다. 임기응변變通은 공자孔子가 보기에 매우 높은 단계라고 생각하였습니다. 공자께서 말씀하셨습니다.

> 可與共學, 未可與適道. 可與適道, 未可與立. 可與立, 未可與權. (《論語 · 子罕》 9.30)
> 함께 배울 수는 있으나 같이 도를 향하여 나갈 수는 없고, 함께 도를 향하여 나갈 수는 있으나 같이 설 수는 없으며, 함께 설 수는 있으나 같이 융통성을 발휘할 수 없다.

여러분 한번 보십시오. 이 문장은 서로 다른 단계에 대해서 설명하고 있습니다.

첫 번째 단계는 '함께 배울 수 있다可與共學'입니다. 많은 사람들이 당신과 함께 공부할 수 있습니다. 이것은 누구에게나 열린 문이고, 매우 많은 사람들은 배우고 싶어 하고, 같이 배웁니다. 이보다 한 단계 위는 '같이 도를 향하여 나아갈 수 없다未可與適道'입니다. 반드시 제일 적합하고 도리에 통달할 수 있는 방법을 찾을 수 있는 것도 아니고, 꼭 지나가야 하는 길을 반드시 찾을 수 있는 것도 아닙니다. 비록 '함께 도를 향하여 나아갈 수는 있는可與適道' 방법을 찾았고, 생각하는 법을 알고, 길을 찾았을지라도, 한 단계 위는 '같이 굳건하게 설 수 없다未可與立'입니다. 그리고 이 방법을 배운 후 반드시 세워지는 것도 아니고, 단호히 지키고 나가야 하고, 이 개념을 세워야 합니다.

여러분은 이 단계에 이르는 것도 이미 높은 단계라고 생각하십니까? 세 번째 단계가 있습니다. 공자孔子는 말하기를, "사람은 학문을 세울 수 있고, 도리를 이해하고 이룰 수 있습니다." 그러나 이보다 한 단계 높은 것을 '같이 변통할 수 있는 것은 아니다未可與權'라고 부릅니다. 어떤 권權일까요? 바로 임기응변變通의 변통하다 · 융통하다의 權입니다. 즉, 어떤 일이 부딪쳤을 때, 우리는 자주 '임시변통의 계책權宜之計'이라고 말하는데, 이것이 바로 임기응변變通입니다. 사람은 굳게 견디는 것은 쉽지만, 융통성 있기는 어렵습니다. 유지한 후 심지어 통달하는 것은 매우 어렵습니다. 이것은 매우 높은 경지에 도달한 것입니다. 어떻게 해야 이러한 경지를 배울 수 있을까요? 임기응변變通 속에서 당신의 실현을 완성시켜야 합니다.

두 상인에 관한 옛 이야기가 있습니다. 이들은 배 한 가득 아름답게 구워진 도자기들을 가지고 큰 도시, 소비가 큰 시장에 가서 그들의 수공예도자기를 팔려고 하였습니다. 형제는 요동치고 힘든 길을 걸쳐, 배가 육지에 거의 다 왔을 무렵, 큰 폭풍을 만났습니다. 거친 파도가 한바탕 지나간 후, 두 사람은 기진맥진하였으나, 목숨은 건졌습니다. 배가 육지에 도착하고, 싣고 온 도자기를 보니, 배에 가득 실었던 도자기 수백 개 중에 완전한 것이 하나도 없고, 모두 깨져 버렸습니다. 형은 배 머리에 앉아 "이 도자기들은 모두 정성을 다해 만들고 구워낸 것인데, 도자기 위에 있는 무늬와 도안도 무척이나 아름다운 것인데, 우리가 심혈을 기울인 것이 모두 무용지물이 되었다." 라며 대성통곡을 하였습니다. "큰 도시에 왔는데 깨진 도자기를 어떻게 하나? 우리가 수리하고 붙여도 팔수가 없어." 그가 통곡을 하는 동안 그의 동생은 육지에 올라갔습니다. 그는 제일 가까운 시장을 한 바퀴 돌고 나서 이 대도시의 사람들은 아름다움에 대한 예술적 취향의 수준이 아주 높다는 것을 알게 되었습니다. 카페나 상점, 가정까지, 전부 장식에 아주 많은 신경을 쓰고 있었습니다. 그래서 그는 손에 도끼를 들고 돌아왔습니다. 돌아온 후에 그는 쿵쾅쿵쾅 거리며 깨진 도자기를 더 잘게 부숴습니다. 그의 형은 깜짝 놀란 표정으로 뭐하냐고 묻자, 동생은 웃으면서 깨진 도자기를 모자이크 타일로 바꿔 팔기로 했다고 말했습니다. 그래서 부서진 조각들을 인테리어 용품점에 팔았습니다. 도자기들의 디자인이 매우 아름답기 때문에 조각이 되고난 뒤 예술적인 느낌이 더 살아났습니다. 사람들은 규칙적이지는 않지만, 아름답다고 말하였습니다. 결국 장식품 재료로 큰 액수에 팔 수 있게 되었습니다. 이게 무엇인가요? 바로 임기응변입니다. 다시 말하자면, 온전한 상태로 다시 돌아올 수 없다면, 깨진 조각을 극대화시키는 것, 이것이 또 하나의 사고방식이 아닙니까? 다시 말하자면, 아주 큰 거울을 궁전 장식용으로 샀는데, 불행하게도 깨졌다면, 더 잘게 부수어 다이아몬드로 바꿀 수 있고, 작은 다이아몬드로 만드는 사고방식으로 궁전을 장식할 수 있습니다.

때로는 생각의 전환은 학문이 최고의 경지에 이르렀을 때 비로소 얻을 수 있는 지혜이며, 이것이 바로 임기응변입니다.

【내레이션】

사람은 임기응변 속에서 비로소 주변 환경에 따라 융통성 있게 지식을 운용해낼 수 있습니다. 그리하여 사회의 변화에 적응하고 진정으로 쓸모가 있는 사람이 되는 것입니다. 그러나 배운다는 것은 지식만 공부하는 것이 아니라, 더욱이 지혜와 인품에 대해서 배워야 하는 것입니다. 그렇다면 인품은 어떻게 배울까요? 그 분별은 무엇일까요? 만약에 제대로 배우지 않는다면 어떠한 나쁜 결과를 가져올 수 있을까요?

지식을 배우고學知識, **지혜를 배우고**學知慧, **인품을 배운다**學品德.

공자는 또 매우 가치 있는 관점 하나를 제시하였습니다. 바로 좋은 인품도 학습을 통해서 승화시킬 수 있고, 또 이를 서로 제약하여 균형을 이루게 할 수 있다고 하였습니다.

우리가 말하는 자애로운 마음은 좋은 것이죠? 자애로운 마음은 끝이 없습니까? 지혜는 좋은 것이죠? 지혜는 배울 필요가 없습니까? 믿음은 좋은 것이죠? 정직도 좋은 것이죠? 용감함도 좋은 것이죠? 강직함도 좋은 것이죠? 이 여섯 가지 도덕은 모두 좋은 것인데, 여기에 또 무엇을 배워야 합니까? 공자孔子가 자로子路에게 이렇게 말한 적이 있습니다.

有六言六蔽. (《論語 · 陽貨》 17.8)
여섯 가지 말과 여섯 가지 폐가 있다.

"너는 들어 보았느냐?" 자로子路가 "아닙니다."라고 답했다. 공자가 말하길, "멈추어라. 내가 너에게 말하리라. 너는 앉아서 내가 천천히 말하는 것을 들어라." 공자가 말하였습니다.

先說仁, 好仁而不好學者, 其蔽也愚. (《論語 · 陽貨》 17.8)
먼저 인을 말해주마. 인을 좋아하면서 배움을 좋아하지 않는 자의 폐단은 어리석음이다.

아주 자애로운 사람이 있는데, 인자함이 천하에 달하고 사람에게 잘하지만, 공부하지 않고, 생각하지 않는다면, 그 폐단은 어리석음이며, 다른 사람들에게 놀림을 당할 수도 있습니다. 예를 들면, 덕을 원한으로 보답한다면 사람들에게 놀림을 당할 것입니다. 당신은 이 사람을 어진 마음을 갖지 않았다고 할 수 있습니까? 그는 분별이 없었던 것입니다. 지혜는 좋은 것이죠? 공자가 말씀하셨습니다.

好智而不好學, 其蔽也蕩. (《論語 · 陽貨》 17.8)
지혜를 좋아하나, 배움을 좋아하지 않는 자의 폐단은 방종함이다.

어떤 사람이 똑똑하고 지혜로운데, 늘 배우지 않는다면 마지막 폐해는 이 사람이 살아가는데 매우 불안정하며 근본이 없다는 것입니다. 항상 몽상 중에서 자신의 작은 총명함을 뽐내기만 하면, 그는 늘 공중에 떠다니면서 내려오지 못할 겁니다. 신망은 좋은 것이죠? 성실하고 신용을 지킵니다. 그러나 미생포주尾生抱柱처럼 물이 차올랐는데도 도망가지도 않는 사람은 현실에 맞지 않습니다. 만약 제대로 배우지 않는다면 다음과 같습니다.

好信者不好學, 其蔽也賊. (《論語 · 陽貨》 17.8)
믿음을 좋아하나, 배움을 좋아하지 않는 자의 폐단은 다른 사람의 모함에 빠지는 것이다.

적賊은 다른 사람에게 해침을 당한다는 의미입니다. 우리는 지나치게 다른 사람을 믿고, 융통성이 없는 사람은 때로 쉽게 다른 사람으로부터 해를 입는다는 것을 알고 있습니다. 정직은 좋은 것이죠? 우리는 모두 정직한 사람을 좋아합니다. 그러나 정직한 사람이 하는 말은 때로는 듣기에 거슬립니다.

好直而不好學者, 其蔽也絞. (《論語・陽貨》 17.8)
정직함을 좋아하나, 배움을 좋아하지 않는 자의 폐단은 다른 사람을 고통스럽게 하는 것이다.

다시 말하자면, 당신이 한 말이 날카롭게 사람의 마음을 찌를 수 있어, 때로는 사람의 마음을 조이듯 아프게 합니다. 이렇게 지나치게 정직한 사람은 말을 주의하지 않는다면 말로 사람을 다치게 합니다. 노신魯迅 선생님의 글처럼, 아이가 태어난 지 한 달이 되는 축하잔치에 "이 아이는 커서 관리가 될 것이야."라는 사람이 있고, 또 "이 아이는 크면 큰돈을 벌 것이야."라고 말하는 사람도 있고, 그리고 "이 아이는 분명히 늙으면 죽을 것이야."라는 사람이 있습니다. 이 사람이 말한 것은 진실입니다. 당신은 이 사람의 말이 정직하지 않다고 말할 수 있습니까? 그러나 이 말은 듣기에 좋지 않습니다. 그리고 품성이 용감하면 좋은 것이죠? 공자孔子가 말하였습니다.

好勇不好學者, 其蔽也亂. (《論語・陽貨》 17.8)
용감함을 좋아하나, 배움을 좋아하지 않는 자의 폐단은 난폭함이다.

'용감함을 좋아하는 사람이 제대로 배우지 않는다好勇不好學者'면 그 폐단은 무엇일까요? 바로 무질서입니다. 당신은 쉽게 타인에게 이용을 당해 분쟁을 일으키게 됩니다. 왜냐하면 그가 매우 용감하기 때문에, 어떤 일이 부딪치게 되면 생각도 하지 않고, 내막도 따지지 않고, 때로는 오해가 있는 상태에서 바로 행동을 취하기 때문에, 모든 분쟁들은 이런 용기는 있으나 꾀가 없는 사람들에게서 일어나게 됩니다. 마지막으로 강직함을 말해 보겠습니다. 강직함은 좋은 것이죠?

好剛而不好學, 其蔽也狂. (《論語・陽貨》 17.8)
강직함을 좋아하나, 배움을 좋아하지 않는 자의 폐단은 거만함이다.

이런 사람은 몹시 오만할 수 있습니다. 그는 고집이 세기 때문에, 심적으로 안하무인격의 태도를 가지기 마련입니다. 그래서 우리는 이 세상의 많은 것들은 과유불급過猶不及이라고 봅니다. 인생은 좋은 주춧돌 하나를 찾았다고 해서 변함없이 끝까지 좋지는 않습니다. 우리가 가지고 있는 모든 아름다운 인품, 그가 말한 여섯 가지 아름다운 품성을 여섯 가지 아름다운 인품이라 합니다. 그러나 왜 여섯 가지 아름다운 인품이 여섯 가지 폐단을 가져왔을까요? 이유는 이것을 사용하는 환경 속에서, 우리는 사회가 준 도전과 시험을 경험하고, 인간관계에 있어서 조절하고 융통성 있게 해야 하기 때문입니다. 그래서 사람은 끊임없이 배우면서, 자기 자신을 이해해야 하고, 세상과 효과적인 관계를 세워야 합니다. 그러므로 인仁・지智・신信・직直・용勇・강剛이라 하여도, 이런 아름다운 품성은 모두 배우는 과정에서 자기 스스로의 위치와 균형을 완성시켜야 합니다.

【우단 심어】

아름다운 품성도 끊임없이 배우는 과정에서 위치와 균형을 얻는 것이 필요합니다.

배움은 영원히 굳어있는 일이 아닙니다. 정해진 스승은 없고, 어느 곳에나 배움이 있으니, 배운 학문이《시경》삼백수를 외운 후 정치도 못하고, 사신으로서 대처도 못하다면, 이러한 학문의 경지는 이미 공자孔子시대에 버려졌습니다.

진정한 배움學은, 만약에 오늘날의 일반인 모두가 자신의 마음을 활성화시키고, 통달한 큰 지혜에 위치한다면, 예부터 지금까지의 모든 지식은 우리의 경험 체계에 살아있을 것이며, 모든 성현의 지혜는 우리 스스로를 점화시켜 하나의 횃불이 되어 줄 것입니다.

11. 성신의 도誠信之道

【내레이션】

공자孔夫子는 정직하고 성실하면서 신용을 지켜야만, 비로소 사회에 안정적으로 정착할 수 있다고 여겼습니다. 만약 사람과 사람 사이에 성실과 믿음이 없다면, 세상은 혼란할 것이라고 생각했습니다. 그렇다면 사람의 성실과 믿음 여부를 판단하는 기준은 무엇일까요? 세상의 온갖 물질적 이익의 유혹을 마주했을 때, 우리는 어떻게 해야 성실과 믿음을 지킬 수 있을까요? 우리가 사는 세상의 성실의 부재不在에 대해서, 우리는 무엇을 해야 할까요?

공자孔子는 성실하고 믿음을 지키는 것은 사람으로서의 기본 원칙이라고 생각합니다. 성실과 믿음은 유가儒家 윤리사상에서 중요한 내용일 뿐만 아니라, 중국의 전통적인 미덕이기도 합니다. 성실과 믿음은 건강한 인격의 발현입니다. 성실하게 사람을 대하고, 말에 믿음이 있어야만, 비로소 타인의 인정과 존중을 얻을 수 있습니다. 따라서 넓고 심오한 중국의 전통문화에서 성실誠, 믿음信이라는 두 글자는 세상 사람들로부터 끊임없이 광범위하게 전파되고 칭송을 받습니다. 그러나 현대사회에서는 의리를 저버리는 일들이 확연히 존재하고 있으며, 심지어 타인을 속이면서 자기의 이익을 챙기는 현상도 있습니다. 성실과 믿음을 중요히 여기는 시대는 이미 지나가버린 것일까요? 세상 속의 온갖 물질적인 이익의 유혹에 직면했을 때, 우리는 어떻게 행동을 해야 성실과 믿음을 굳게 지킬 수 있을까요? 사회에서 결여된 성실과 믿음을 직면했을 때, 우리는 무엇을 해야 할까요? 어떻게 해야 모두가 성실하고 신용을 지키는 좋은 사회 환경을 만들 수 있을까요? 북경사범대학 우단于丹 교수의《논어의 깨달음論語感悟》중《성신의 도誠信之道》를 계속 주목해주시길 바랍니다.

여러분 안녕하십니까! 성실과 믿음을 지키는 것은 중국 유가 사상 중에서 가장 핵심적인 이념 중의 하나입니다.《논어》중에서 우리는 성실과 믿음에 관련된 서술을 많이 볼 수 있으며, 이것은 사람 됨됨이의 전제 조건과 인생의 기초로 신의信義를 제의한 것입니다.

공자孔子는 "사람이 신용이 없다면, 과연 무엇을 할 수 있겠는가!人而無信, 不知其可也"라고 말한 적이 있습니다.

人而無信, 不知其可也. (《論語・爲政》 2.22)
사람이 신용이 없다면 과연 무엇을 할 수 있겠는가!

신용이 없는 사람이라면, 이 세상에서 어떻게 살아가는지, 참으로 알 수 없는 일입니다. 예를 들면,

大車無輗, 小車無軏, 其何以行之哉. (《論語・爲政》 2.22)
큰 수레에 소의 멍에걸이가 없고, 작은 수레에 말의 멍에걸이가 없다면 무엇으로 그것을 운행하겠는가?

이것은 무슨 의미일까요? 소의 멍에걸이와 말의 멍에걸이는 모두 작은 못인데, 즉 큰 수레나 작은 수레를 보면 모두 대들보가 있습니다. 이 대들보를 어떻게 못으로 고정시킬까요? 수레의 양쪽과 대들보에는 모두 작은 구멍이 있어, 쐐기못을 철로 감싼 후 구멍에 꽂으면, 대들보와 수레를 연결시킬 수 있게 됩니다. 만약 수레에 이러한 대들보가 없다면, 이 수레는 분해되지 않을까요? 수레는 또 어떻게 굴러갈까요? 그러므로 공자孔子는 "만약 사람이 신용이 없다면, 수레에 대들보가 있더라도 쓸모없는 것처럼, 이 못이 없다면, 굴러가는 순간 바로 분해되지 않을까요?"라고 했습니다. 그렇다면 사람에게 신용이란 무엇일까요? 신용은 세상 살아가는데 있어서 가장 기초적인 보장이 되는 것입니다.

【우단 심어】

신용은 세상 살아가는데 있어서 가장 기초적인 보장이 되는 것입니다.

이러한 신용을 의지하여, 인생이라는 수레와 견고하게 연결시켜, 절대로 뒤집어지지 않게 합니다. 어떠한 위험과 불운을 겪더라도, 혹은 순조롭게 나아갈 때에도 신용은 당신의 속도와 효율을 보장해 줍니다. 당신이 신용이 있기 때문에 온전한 형태가 지속적으로 유지되고, 당신을 바로 설 수 있게 하기 때문에 "사람은 신용이 없다면 과연 무엇을 할 수 있겠는가?人而無信, 不知其可也"라고 말하는 것입니다. 만약에 신용이 없다면 몸과 마음을 안정적으로 붙일 수 있는 가장 기본적인 조건이 사라지는 것

입니다. 공자孔子는 다음과 같이 말하였습니다.

人之生也直, 罔之生也幸而免. 《論語 · 雍也》 6.19)
사람의 삶은 정직하다. 그것이 없이 사는 것은 요행이 (죽음을) 면한 것이다.

그가 평탄한 인생을 원하고, 어려움에서 벗어나기를 원한다면, 의지할 수 있는 것은 사람에 대한 정직함에 있습니다. 이것을 사람의 삶은 정직하다人之生也直라고 하였습니다. 정직함으로 인해서 안정적으로 정착된 인생이라면, 그 사람의 인생은 당연히 멀리 갈 것입니다. 그것이 없이 사는 것罔之生, 하지만 정직하지 못한 사람도 있고, 신용을 지키지 않는 사람도 있고, 간에 붙었다가 쓸개에 붙었다가 수단을 많이 부리며, 세상에서 잔꾀를 부리며 의기투합하는 사람들도 잘 살아가고 있지 않습니까? 그것이 없이 사는 것罔之生은 어떻게 된 것일까요? 공자孔子는 이를 모두 요행으로 모면한 것이라고 하였습니다. 그들은 많은 재난에서 운이 좋게 벗어나, 부딪히면서 겨우 살아남은 것 일뿐입니다. 정직하게 살면 재난과 위험을 당연히 피해갈 수 있습니다. 그러나 잔꾀를 부리고, 신의를 지키지 않고, 요령으로 살아간다면, 당신은 요행만으로 사는 것입니다. 사람들은 누구나 넓게 트여진 인생을 원하고, 이와 같은 도덕이념을 추구합니다. 중국의 유가사상은 먼 옛날에 제기되어 나왔는데, 현재에서도 가치가 있을까요? 가장 보편적인 현재 중국 사람들의 생활에서, 우리는 신용을 무엇으로 보아야 할까요?

【내레이션】

공자孔夫子는 정직하고 신용을 지키는 사람만이 사회에서 안정적으로 정착할 수 있다고 생각했습니다. 하지만 현대 사회에서 신의를 저버리는 사람들은 실제로 존재하고, 심지어 남을 속이면서 자기의 이익을 챙기는 현상도 있습니다. 성실을 중요히 여기는 시대가 지나간 것일까요? 우리는 신용을 어떻게 다루어야 할까요?

21세기는 시민사회입니다. 현재 우리사회에서 신용은 모든 사람에게 보이지 않는 통행증과 같습니다.

【우단 심어】

신용은 모든 사람에게 보이지 않는 통행증과 같습니다.

신용은 당신의 문서서류에 쓰여 있지 않지만, 사람들 사이에서 전해지는 평가입니다. 사회는 끊임없는 제도 교체와 환경 변화가 있지만, 인성人性에서는 반드시 현재 상태를 유지해 앞으로 닥쳐올 변화를 대응할 방법의 핵심가치가 전해져 올 것이며, 이것이 바로 우리 마음 속에서 진정한 불꽃이 됩니다. 성실은 단지 도덕 경전에서 나온 말일뿐만 아니라, 민간의 기본적인 신앙이라고도 말할 수 있습니다.

매년 설에 중국 중앙방송에서는 대형 특별 프로그램《감동중국感動中國》을 방영하는데, 올해도 예외는 아니었습니다. 제가《감동중국感動中國》의 사연을 심사할 때, 몇 가지의 사례를 보았는데, 그 중 몇몇은 매우 평범한 보통 사람들의 이야기였습니다.

강서성江西省 덕흥현德興縣에는 유가儒家의 유儒를 쓰는 종유촌宗儒村이라는 작은 마을이 있습니다. 이 마을에는 왕운림王雲林이라는 평범한 농민이 있었습니다. 2007년 초에 이 마을에서 산불이 일어났었는데, 그는 다른 사람들을 도와 불을 끄다가 목숨을 잃었습니다. 그가 죽은 후, 내용이 분명하지 않는 빚이 남았는데, 그가 다른 사람들에게 돈을 빌려 쓰고 아직 갚지 못했던 것이었습니다. 그렇다면 이 빚은 어떻게 해야 할까요? 그는 31살의 젊은 과부 진미려陳美麗를 두고 떠났습니다. 그녀는 평범한 농촌 여인이었고, 연로한 시어머니와 7살짜리 딸, 그리고 품에는 몇 개월 안 된 딸이 있었습니다. 남편이 떠난 후, 집안의 모든 부담은 그녀가 짊어지게 되었습니다. 그녀는 비통함에서 버텨낸 후, 한 가지 일을 했는데, 바로 마을에 빚을 갚는다는 공고문을 붙인 것입니다. 그녀는 "남편은 생전에 마을에서 소문이 매우 좋았는데, 그는 빚 때문에 늘 마음이 편하지 못했고, 저는 그가 다른 세상에 가서라도 편안하지 않은 것을 원하지 않기 때문에, 남은 빚은 제가 갚겠습니다. 하지만 그이가 누구에게 빚을 졌는지, 제가 확실하게 알지 못하기 때문에, 남편이 여러분들 중에서 누군가에게 돈을 빌렸다면 저를 찾아오세요."라고 담담한 설명으로 공고문을 붙였습니다. 이 공고가 나가자, 한 달 사이에 진미려陳美麗에게는 5만원(인민폐)이 넘는 빚이 생겼지만, 그 중 4만원은 아무런 증빙서류가 없는 빚이었습니다. 그러나 진미려陳美麗는 모두 인정을 하고, 혼자서 남편이 지은 양심의 빚을 조금 조금씩 갚아나갔다. 이 이야기는 엄청난 파문을 일으켰습니다. 그때 저는 진미려陳美麗에게 '채무는 증거가 있어야 하고, 양심은 셀 수 없는 가치가 있다.'라는 평을 써드렸습니다.

진미려陳美麗가 빚을 갚겠다는 이 공고문은, 바로 우리 모두의 마음의 빚을 비춰주는 거울입니다. 우리의 마음 속에 고상함, 비천 혹은 탐욕들이 있듯이, 누구나 마음속에 빚이 있습니다. 우리는 어떤 방식으로 성실과 믿음을 만들까요? 어떻게 자신의 마음 속을 확실하게 들여다 볼 수 있을까요? 나는 이 이야기를 읽고 매우 감동을 받았습니다. 사람들을 쫓아다니면서 빚을 받아내려는 것처럼, 빚을 갚기 위해서 끝까지 노력을 하는데, 생활형편도 좋지 않는 농촌 부녀자가 어떤 힘으로 이렇게까지 할 수 있었을까요? 이치를 따져보면, 그녀의 남편은 다른 사람을 도와 불을 끄다가 목숨을 바쳤기 때문에, 그가 빚을 졌다고 하더라도 빚은 이미 그의 죽음으로 다 갚은 것이라고 할 수 있지만, 그녀가 꼭 빚을 갚으려고 한 것은 자기 양심상 불안하지 않기 위해서였습니다.

【내레이션】

이 평범한 농촌 여인이 추구한 것은 자신의 양심상의 편안함이었지만, 이와 동시에 다른 사람들의 존중과 인정도 얻었습니다. 성실과 믿음은 유가儒家 윤리에서 중요한 내용일 뿐만 아니라, 중국의 전통 미덕이기도 합니다. 그렇다면 중국 몇 천 년의 전통문화 속에서 성실과 믿음誠信이라는 두 글자를 어떻게 평가해야 할까요?

우리가 《삼국연의三國演義》와 같은 이야기에서, 삼국三國의 역사상 진실한 이야기와 인물들을 포함해서, 가장 크게 보는 가치는 무엇일까요?

서기 200년, 사공司空 조조曹操가 전쟁에서 유비劉備를 물리치고, 관우關羽를 얻게 되었습니다. 조조는 관우를 엄청 좋아하고 아꼈으며, 늘 관우와 같은 충성스럽고 용감한 사람이, 위魏 나라를 위해 조조 자신 옆에서 보좌하기를 원했습니다. 하지만 조조는 관우의 얼굴과 행동에서 그가 오래 머물지 않을 것이라는 것을 알았습니다. 그래서 조조는 진심으로 그를 대하면서도, 한편으로는 자신의 장군 장료張遼를 보내 관우의 속마음을 알아보게 하였습니다. 관우는 장료에게 "조조의 은혜가 산과 같다는 것을 알지만, 저는 유비와 이미 형제를 맺어, 생사고락을 약속했으며, 유비에 대한 저의 충성은 절대 바뀌지 않을 것이며, 저는 여기에 절대 남지 않을 것이지만, 조조에게 보답을 하고나서 갈 것입니다."라고 말했습니다. 그가 이 말을 할 때는 정월이었고, 4개월 뒤 기회가 찾아왔습니다. 관우는 원소袁紹 군대의 대장인 안량顏良의 목을 베었고, 이때 조조는 관우가 이미 은혜를 갚았고 관우가 반드시 갈 거라는 것을 알았습니다. 그래서 조조는 관우에게 많은 하사품을 주었지만, 관우는 자신에게 주는 모든 하사품을 봉인 한 후, 한漢 나라로 돌아갔습니다封賜歸漢. 관우가 떠날 때 조조의 부하들은 그를 쫓아가려고 했지만, 조조는 "사람은 모두 각자 자신의 주인이 있고, 나는 관우가 반드시 가야한다는 것을 알고 있다."라고 하면서 부하들을 저지하였습니다.

왜 오늘날 공연 속의 관우關羽는 줄곧 빨간 얼굴의 용맹하고 충성스러운 모습일까요? 관우의 이러한 성실하고 믿음을 지키기 때문에 역사에서부터 소설까지, 민간에서 구전으로 내려오면서 칭송했던 것입니다. 사람들은 지금 삼국 희극을 재밋거리로 보지만, 정치 분쟁 중에서 가장 오래 전해 내려왔던 것도 바로 이러한 도덕적 함양입니다.

조조의 위나라와 유비의 촉나라의 사이는 그랬었고, 동오東吳도 이와 같았습니다. 이 이야기보다 몇 년 전에, 서기 195년에 손책孫策은 병사들을 데리고 유요劉繇를 공격하였을 때, 유요를 의지하러 찾아온 태사자太史慈라는 고향사람이 부하로 있었는데, 유요에게 태사자를 중용하라는 사람들이 많았지만, 그는 태사자를 대장군으로 임용하지 않았습니다. 유요는 그에게 적의 상황을 정찰하는 일만 시켰고, 결국 태사자는 기마병 한 명을 데리고 정찰을 하러 갔다가, 13명의 정예부대와 뛰어난 장수를 데리고 온 손책을 신정神亭에서 우연히 만나게 되어 싸움이 벌어졌습니다. 태사자는 무술 실력이 뛰어나, 손책의 투구를 빼앗았고, 손책은 태사자의 말을 창으로 찔러 다치게 하고, 태사자의 창도 빼앗았습니다. 두 사람이 차마 떨어지지 못하는 것처럼 계속 싸우고 있을 때, 양쪽 원군들이 도착해서야 겨우 떨어졌습니다.

손책의 대군은 계속해서 깊이 침투하여, 결국 태사자를 생포하게 되었습니다. 태사자를 잡은 후, 그는 태사자에게 가서 포승을 풀어주며 말했습니다.

"태사자야, 그 때, 신정神亭에서 만약에 내가 너에게 잡혔다면 너는 나를 어떻게 하였겠느냐?"

태사자가 "모르겠다."고 대답하자, 손책은 크게 웃으면서 "너의 충성심이 일반 사람보다 더 뛰어나다는 것을 나는 알고 있다. 너는 단지 현명한 주인을 만나지 못했을 뿐이야. 우리가 마침내 함께 있게 되었으니, 같이 공을 세우고 업적을 쌓자."라고 했습니다. 그래서 그는 태사자를 신속히 관직에 임명하였습니다. 유요劉繇는 이때에 이미 죽었습니다. 그의 부하 장군들을 누가 통솔하도록 물려줄 것인가? 사람들이 추천한 사람은 당시에 명사였던 화흠華歆이었습니다. 화흠은 도덕적이었지만, 전략이 부족하였고, 우유부단한 면이 있어 관직을 계속 사양하며 받지 않았습니다. 이러한 상황에서, 손책孫策은 출병해서 예장군豫章郡을 합병할 여부를 결단 내리지 못하고 망설였습니다. 그래서 손책은 태사자를 보내 탐문하도록 했습니다. 태사자가 전에 살던 곳으로 돌아간다면 분명히 돌아오지 않을 것이라고 생각했기 때문에, 거의 모든 사람들은 그의 결정에 반대했습니다. 태사자는 손책이 자신의 충성심을 알아보기 위해 보내는 것이라고 생각했습니다. 그는 혼자서 감동을 받았습니다. 손책은 태사자에게 군대를 얼마나 데려가겠느냐고 물었고, 태사자는 단지 탐문을 위해 가는 것이기 때문에 몇 십 명 정도면 충분하다고 하였습니다. 또 언제 돌아올 것인가라는 질문에 태사자는 대략 2개월 정도면 돌아 올 것이라고 하였습니다. 그래서 손책은 연회를 베풀어서 그를 송별해 주었습니다. 신하들은 이렇게 하는 것은 후환을 남기는 것이고, 부하들은 그가 돌아오지 않을 것이라고 말했습니다. 손책이 웃으면서 말했습니다. "자의子義가 만약 나를 버린다면 그는 또 누구에게 의탁할 수 있겠는가?" 하지만 태사자(자의)는 예정대로 두 달 뒤에 돌아왔고, 화흠이라는 자는 인덕은 있으나, 국가를 잘 다스리지 못한다는 것을 손책에게 알려주었습니다. "그는 참으로 그 지방을 다스릴 수 있는 군사적인 책략이 없습니다."라고 하였습니다. 그가 이러한 진실된 정보를 손책에게 알려주었으므로, 손책은 그 곳을 합병하여야겠다는 마음이 생긴 것입니다.

이 이야기와 앞에서 언급한 '하사품을 봉인한 후, 한나라로 돌아간 이야기封賜歸漢'는 삼국지의 이야기에서 널리 전해졌습니다. 그것은 무엇을 반영하고 있을까요? 바로 중국 민간 신앙에서는 성실과 믿음을 사람을 평가하는 가장 기본적인 출발점으로 여깁니다.

정사正史에 기록된 관원으로부터 민간 백성의 생활까지, 성실과 믿음은 늘 말하지 않아도 암묵적인 약속입니다. 성실과 믿음은 인품의 높고 낮음을 가르는 시금석試金石입니다.

【우단 심어】

인품의 높고 낮음에 있어서 성실과 믿음은 시금석試金石이 됩니다.

그러나 성실과 믿음은 단지 사회를 위해서 지불해야 하고, 외재적인 도덕 예의를 위해서 지불해야 하는 대가일까요? 진정한 성실과 믿음은 모든 사람이 다 할 수 있는 것이며, 그것은 사회에서 발을 붙일 수 있을 뿐만 아니라, 자아도 안정시킬 수 있는 것입니다.

【내레이션】

성실과 믿음은 건강한 인격의 표현입니다. 한 사람의 마음 속에서 진실한 뜻이 있으면, 입에는 반드시 믿을 수 있는 말이 있습니다. 입에 믿을 수 있는 말이 있다면, 몸에는 반드시 신중한 행동이 있습니다. 그러나 사실상 모든 사람들이 결코 행동거지가 겸손하고 단정하지는 않습니다. 비록 사람과 사람 사이에 서로 약속을 하지만, 당신이 약속한 것을 지킬 수 있다는 것을 누가 보증 할 수 있을까요? 그렇다면, 한 사람의 성실과 믿음 여부를 평가하는 기준은 무엇일까요?

공자孔子는 그가 살던 봉건사회에서 예법과 도덕의 규정제도가 크게 파괴당한 현상을 보았습니다. 그는 사치스러운 희망도 없었으며, 성인을 보는 것도 쉽지 않고, 심지어 착한 사람도 쉽게 보이지 않는다고 생각했습니다. 그래서 공자는 이렇게 한탄했습니다.

得見有恒者, 斯可矣. (《論語・述而》 7.26)
한결같은 마음을 가진 사람을 만날 수 있으면 좋겠다.

"내가 한결같은 마음을 가진 사람만이라도 만났으면 좋겠습니다." 따라서 공자가 여기서 성실과 믿음보다 더 간단한 하나의 기준을 제시하였는데, 바로 '한결같은 마음을 지키는 것守恒'입니다. 사람이 '변하지 않는 항상심恒常之心'이 있을 수 있다면, 이것은 자신에 대한 믿음이며, 이것을 이루어야 다른 사람에 대한 신용을 보장할 수 있습니다.

【우단 심어】

변하지 않는 마음은 자신에 대한 진심이며, 다른 사람에 대한 신용입니다.

만약 이것을 이루지 못한다면, 사람은 늘 미혹에 빠지기 쉽고, 이쪽 산에서 저쪽 산이 높다고 하며, 자신에 대한 평가가 부족할 것입니다.

재미있는 이야기 하나가 있습니다. 산양 한마리가 아침에 일어나 먹이를 찾기 위해 또각또각 뛰어 밭에 있는 배추를 먹으러 가려고 했는데, 반 정도를 뛰어가다가, 아침에 막 뜬 해가 낮은 지평선을 걸쳐 자신의 그림자를 길게 비추어 준 것을 보았습니다. 산양은 그것을 보고 "세상에, 내가 이렇게 컸다니! 배추는 무슨! 가서 나뭇잎을 먹어야겠어."라며 나무가 있는 쪽으로 방향을 틀었는데, 가다보니 시간은 정오가 되어, 해가 머리 꼭대기에서 내리 쪼여, 산양의 그림자는 아주 작아졌습니다. 산양은 이것을 보고 "아! 내가 이렇게 작았구나, 그렇다면 다시 돌아가서 배추를 먹어야겠어." 라며, 또 다시 배추밭 쪽으로 방향을 바꾸었습니다. 그러나 배추밭에 거의 도착했을 때, 이미 저녁 무렵이 되어서, 서쪽으로 지는 석양에 비춰진 그림자는 또 다시 길어져 "난 나뭇잎을 먹을 수 있을 것 같은데"라면서, 다시 나무가 있는 쪽으로 방향을 바꾸었습니다. 이렇게 하루 동안 태양의 미혹에 빠져서 산양은 한 입도 먹지 못했습니다.

이런 것이 우리 인생과 같지 않습니까? 가끔은 외적으로 비춰진 것과 허황된 환상으로, 어느 순간에는 당신을 실제보다 훨씬 크게 느껴지게 하고, 가끔은 당신을 실제보다 보잘 것 없이 작게 느껴지게 합니다. 어떻게 해야 사람의 한결같은 마음을 유지시킬 수 있을까요? 함부로 잘난 체하는 것도 안 되고, 함부로 자신을 낮춰서도 안 됩니다. 공자는 변하지 않음을 이루는 것은 쉽지 않은 일이라고 말하면서, 많은 성인聖人과 선인善人을 만나려고 하지 말라고 했습니다. 군자나 한결같은 마음이 있는 사람

한명을 만난다는 것도, 이 세계에서는 아주 어려운 일이라고 하였습니다. 그래서 우리는 신용을 지키는 기준을 그렇게 높게 하지 않고, 가장 기본적인 출발점에서부터 자신의 마음에 대한 진심을 세워 완성하는 것으로 기준을 잡습니다.

【우단 심어】

믿음을 지키는 것은 진심을 세워 완성시키는 것입니다.

오늘날 우리가 말하는 성실과 믿음에서, 성실함은 믿음의 전제조건입니다. 만약에 자신의 생명에도 충실하지 못하고, 진실한 믿음이 사라진 사람이라면, 그는 어떻게 믿을 수 있을까요? 어떻게 다른 사람에게 믿음을 지킬 수 있을까요?

【내레이션】

성실과 믿음은 사람 사이에서 서로 믿는 기초입니다. 이른바 '자신을 존중하는 사람은 다른 사람도 그를 존중하고, 자신을 존경하는 사람은 다른 사람도 그를 존경하고, 자신을 믿는 사람은 다른 사람도 그를 믿는다.自尊者人尊之, 自敬者人敬之, 自信者人信之'는 것입니다. 하지만 현대 사회에서는 눈앞의 성공과 이익에만 급급하고 물질적이 욕망만 흘러넘칩니다. 각종 유혹에 마주쳤을 때, 종종 미혹되어 마음에 흔들림이 생깁니다. 이럴 때 우리는 어떻게 해야 할까요?

우리 현대인들만 마음의 흔들림이 생기는 것이 아니라, 공자孔子가 살던 시대에도 이러한 사람들이 있었습니다. 자장子張은 '도덕을 귀하게 여기고 높이 받드는 것과 미혹을 분별하는 것崇德, 辨惑'을 물었습니다. 자장은 "어떻게 자신의 도덕을 끌어 올릴 수 있고, 많은 미혹을 분별할 수 있을까요?"라고 공자에게 물었습니다.

子曰: 主忠信, 徙義, 崇德也. (《論語・顔淵》 12.10)
공자께서 말씀하셨다. "충성과 신의를 주로 하고, 정의를 향하여 옮겨가는 것이 덕을 쌓는 것이다"

당신은 도덕을 높이고 싶지 않습니까? 내가 당신에게 두 마디만 알려주겠는데, 하나는 '성실과 신의에 힘쓰다主忠信'입니다. 자신의 성실함과 신용을 지키는 것으로 마음의 근거를 삼으면, 이 점에 대해서 굳게 세울 수 있습니다. '정의로 옮겨가다徙義'는 옮겨 가다遷徙의 사徙이며, 사람은 사상의 변화가 있을 수 있고, 판단을 변화시킬 수 있지만, 반드시 도리에 부합해야 합니다. 도의의 기준에 부합하여, 생각을 바꾸고, 마음의 성실과 믿음을 지키고, 도의에 부합하게 생각을 변화시키면 덕을 숭상하는 것이 아닌가? 그러면 도덕이 높아지는 것이 아닐까요? 사람은 도덕을 높인 후에야 미혹을 분별하여 제거할 수 있습니다. (아침 해에 비친) 산양처럼 길어졌다가 짧아졌다가 하지 않을 것입니다. 그래서 공자는 말하였습니다.

> 愛之欲其生, 惡之欲其死, 既欲其生, 又欲其死, 是惑也. (《論語 · 顏淵》 12.10)
> 사랑할 때는 그 사람이 살기를 바라다가, 미워할 때에는 그 사람이 죽기를 바란다. 생과 사를 다 바라는 것이 바로 미혹입니다.

이 상황은 현재 우리에게도 있지 않습니까? 한 사람을 좋아하고, 어떤 일을 좋아하고, 어떤 기회를 좋아할 때, 못 견딜 정도로 좋다고 생각하며, 오래오래, 천년만년 계속 이렇게 좋았으면 하는 생각이 바로 '愛之欲其生' 입니다.

> 愛之欲其生.
> 사랑할 때는 그 사람이 살기를 바란다.

그런데 갑자기 미움이 생겨 그가 싫어 죽겠고, 그 사람, 그 일이 싫어서 죽을 것 같을 때, 빨리 사라졌으면 좋겠다는 것을 '惡之欲其死'라 합니다.

> 惡之欲其死.
> 미워할 때에는 그 사람이 죽기를 바란다.

미운 상대가 바로 죽었으면 합니다. 공자孔子는 "살아 있기를 바라면서도 죽기를 바라는 것既欲其生, 又欲其死이 미혹이 아닌가요?"라고 말했습니다. 그래서 사람이 한결같지 못하다면, 자신 마음의 판단 기준을 잃어버리게 되고, 큰 미혹이 나타나게 됩니다. 우리는 지금 계속 세상의 어지러움을 얘기하고 있으며, 또 이 난잡한 세상을 바로 볼 수 있는 한 쌍의 혜안慧眼을 원하는데, 혜안은 어디에 있을까요? 이것은 지혜에 관련된 것뿐만 아니라, 한 사람이 자신의 판단과 한결같은 마음의 힘과 관련이 있습니다. 세상에 대해 믿음을 지키고, 타인에 대해 믿음을 지키고 싶다면, 우선 자신의 생명에 대해서 성실과 신용을 지킬 수 있는지를 보아야 되지 않을까요? 이것은 당신이 미혹을 분별할 수 있는 전제조건이며, 그래서 공자는 덕을 높이고 미혹을 가려내는 것은 늘 같이 해야 한다고 했습니다. 도덕을 향상시키는 것은 미혹을 분별하는 또 다른 방식이며, 이 두 가지는 서로 상생하는 것입니다. 여기서 제시한 성실과 신의에 힘쓰는 것은 하나의 이념이지만, 영원히 고립될 수는 없습니다. 이것은 반드시 다른 생각과도 상부상조相扶相助하는 것입니다.

저는 자주 친구들로부터 "《논어》에서 어떤 문장을 기억하면 가장 좋을까요?" 아니면 "어떤 문장이 현재 나의 삶을 직접적으로 인도해 줄 수 있을까요?"라는 질문을 듣습니다. 많은 경전은 여러 가지 도리와 사리에 통달해야만 합니다. 어떤 문장 혹은 어떤 생각이 당신을 평생 편한 생활을 하게 해준다는 것은 영원히 있을 수 없으며, 그 한 가지만 의지하면 살 수 있을까요?

물론 공자孔子는 이렇게도 말합니다. '바로 용서입니다其恕乎'에서의 서恕라는 글자입니다. 당신이 평생 실천해야 할 것이 될 수 있습니다. 하지만 한번 생각해 보십시오. 용서의 뒤에는 얼마나 많은 신앙과 능력, 도리와 사리를 얼마나 이해해야 할 것인가? 그래서 공자가 제시한 모든 것은 간단하지만 심오한 말로 대의를 이야기하는 것입니다. 어떤 말들은 간단한 것처럼 들리지만, 말 속에는 논리적 관계가 들어있고, 그 안에 있는 도덕에서 상부상조하는 많은 것들이 있습니다. 그리고 많은 말들은 그 친구의 눈에 표현됩니다.

有子曰 : 信近於義, 言可復也. (《論語 · 學而》 1.13)
유자가 말하였다. "약속이 의에 가까우면, 말이 실천될 수 있습니다."

우리는 언어 환경 속에서 살고 있습니다. 우리의 인간 관계는 모두 말로 연결되어 있고, 우리는 모두 약속을 합니다. 하지만 당신이 말한 것들을 확실히 지킬 수 있습니까? 당신이 다른 사람에게 확실하게 대답한 일은 반드시 지킬 수 있는 것인가요?

그렇다면, 당신이 한 말이 도덕과 정의와의 거리가 얼마나 되는지를 보아야 합니다. '약속이 의에 가깝다信近於義', 만약에 도의와 아주 가깝다면, '말이 실천될 수 있습니다言可復也', 약속을 지킬 수 있는 가능성이 더 높아진다는 말입니다. 사람이 신용을 지킬 수 있느냐 없느냐는 그의 도덕을 지키려는 마음과 연관이 있기 때문입니다.

【우단 심어】

사람이 신용을 지킬 수 있느냐 없느냐는 그의 도덕을 지키려는 마음과 연관이 있습니다.

인생은 하나의 복잡한 시스템이며, 사회에서는 각종 도전이 끊임없이 나타납니다. 사람이 무엇인가를 하려고 할 때, 마음 속에 도덕만 있어서는 부족합니다. 이는 하나의 완벽한 체계입니다.

【내레이션】

현실 생활에서 진정으로 성실과 믿음을 실천하는 것은 쉬운 일만은 아닙니다. 성실과 믿음은 도덕을 지키려는 마음이 필요할 뿐만 아니라, 사회적 책임감도 있어야 하며, 심지어 가끔은 용기도 필요합니다.

오늘날 우리가 역사를 보았을 때, 왜 많은 역사를 '신뢰성 있는 역사信史'라고 했을까요? 역사상에는 많은 사관史官들이 있었고, 그들은 자신의 생명으로 역사의 진상을 지켜왔으며, 한 발 한 발 전승하여 내려왔습니다. 이것이 바로 중국 역사의 진정한 전통입니다. 현재, 우리가 미혹을 당하지 않을 수 있는 것은 많은 사람들이 목숨으로 역사책을 지켰기 때문입니다.

옛날에 북위北魏 때 이런 이야기가 있었습니다. 북위의 사도司徒 관직을 가진 최호崔浩와 중서시랑中書侍郎 관직을 가진 고윤高允이 있었는데, 이 두 사람은 당시 북위의 국사를 쓰라는 명을 받들어《국기國記》라는 책을 지었습니다.《국기國記》가 다 작성이 되자, 바로 비석에다 새겼습니다. 많은 선비족鮮卑族 사람들이 자신의 민족 역사를 보고, 조상들이 제일 처음 일어난 자취의 이야기와 많은 교묘한 수단과 힘으로 약탈한 일까지 포함해서 아주 자세하고, 아주 정확하게 기록이 되어 있는 것을 발견했습니다. 사람들은 조상들이 참을 수 없을 것이라고 느껴서, "이는 웃어른들을 위해 감추어야지, 어떻게 이런 것을 모두 쓸 수 있단 말인가?"라고 말하였다. 그래서 부추기기 잘하는 사람들이, 당시 북위의 태무제太武帝인 탁발도拓跋燾에게 사관史官은 정말 좋지 않는 사람이고, 왜 이런 일들을 모두 다 기록했는지 이해할 수 없다고 참언을 올렸습니다. 탁발도는 화가 단단히 나서, 최호崔浩를 체포해 오라고 했습니다. 최호가 체포된 후에, 바로 다음에 체포될 사람은 바로 중서시랑 고윤高允이었습니다.

태무제太武帝의 아들은 공교롭게도 당시에 태자였던 탁발황拓跋晃이었습니다. 탁발황은 고윤高允에게 공부를 배웠고, 경전을 배운 적이 있었습니다. 그는 이 일을 알고 나서 매우 두려웠지만, 스승을 보호하고자 고윤에게 동궁東宮에서 하룻밤 묵어가기를 청했습니다. 그리고 "내일은 저와 함께 궁에 가시지요. 만약《국기國記》에 대해 언급되면 스승님은 제가 어떻게 말을 하는지 들으시고, 그대로 하시면 됩니다."라고 고윤에게 말했습니다. 태자는 최호가 체포된 것을 알고 있었지만, 고윤은 몰랐습니다. 고윤은 "태자, 무슨 일이 생긴 것입니까?"라고 묻자, 태자는 감히 말하지 못하고, "스승님 그냥 저와 함께 가시지요."라고 말했습니다. 그 후 탁발도를 만난 태자 탁발황은 그의 부친에게 "《국기》에 대한 일은 최호 혼자서 제멋대로 결정한 것이고, 고윤은 그가 쓰라는 대로 썼으며, 의견을 제시하지 않아, 그 책은 완전 최호 한 사람이 쓴 것이니, 이번에 고윤의 죄는 면하여 주십시오."라고 말했습니다.

탁발도는 고윤이 입궐한 것을 보고, 그에게 이 상황을 벗어날 수 있는 여지를 준다고 하더라도, 입장은 분명히 밝혀야겠다고 생각하고, 고윤에게 "태자의 말이 사실이냐? 네가 확실히 모르는 일이냐?"고 물었습니다. 고윤은 그때서야 어떤 일이 생겼는지, 비로소 파악이 되었고, 최호가 체포된 것을 알게 되었습니다. 고윤은 "최호는 평상시에 많이 바쁘기도 하고, 관리 업무가 많습니다. 그래서 그는 이 책의 줄거리만 심사했을 뿐, 책의 대부분은 모두 제가 썼습니다."라고 말했습니다.

탁발도는 이 말을 듣자마자, 매우 분노하면서, "그럼 너는 왜 이렇게나 많은 안 좋은 일들을 전부 기록한 것이냐?"라고 묻자, 태자는 매우 당황하면서 재빨리 말을 가로채서 "고윤은 아버님이 화를 내자 놀라서 무슨 말을 하는지 갈피를 잡지 못하고 있습니다. 그의 말은 사실이 아니니 아버님께서는 부디 그를 용서해 주십시오. 그가 사석에서 저와 말할 때는 이 책은 전부 최호가 쓴 것이라고 하였으니, 그와는 정말 관련이 없습니다."라고 말했습니다. 이 때 고윤은 어떤 상황인지 완전히 파악을 했습니다. 태자가 자신에게 경전을 배운 적이 있어서, 필사적으로 자신을 지키려고 하는 것을 알게 된 것입니다. 하지만 사실을 말하지 않을 수는 없어, "이 책은 저희가 함께 쓴 것이며, 게다가 대부분은 제가 쓴 것입니다. 만약에 정말 죄를 묻는다면 저에게 직접 물으시고, 이 일은 태자와 사석에서 말한 적이 없고, 태자께서도 저에게 물은 적이 없었습니다."라고 말했습니다. 고윤이 말을 마치자 탁발도는 그를 한참동안 계속 쳐다보다가 결국에는 한숨을 쉬며 말하였습니다. "이제 알겠다. 이것이 바로 정직正直이다. 그가 죽음을 앞에 두고도 말을 바꾸지 않는 것은 사관史官으로서 쉽지 않은 일이다. 하지만 고윤은 그것을 할 수 있었고, 죽음에 이르러서도 말을 바꾸지 않았으니, 그의 죄를 면하는 것으로 상을 내리겠다."고 말했습니다.

이는 북위北魏 역사에서 아주 유명한 이야기입니다. 이런 용기는 어디서 오는 것일까요? 이것은 마음 속의 충성에서 오는 것입니다.

우리가 말하는 이런 종류의 성실과 믿음은 어떤 때는 큰 용기가 필요합니다. 성실과 믿음에는 거리낌이 없어야 하고, 성실과 믿음에는 사실 마음 속의 어떤 가치에 대한 단호한 고수가 필요합니다.

【우단 심어】

성실과 믿음에는 마음 속의 어떤 가치에 대한 단호한 고수가 필요합니다.

이러한 가치가 확장되어 나오면, 단순히 자신만의 일이 아니게 됩니다. 이것은 더 많은 사람들의 이익과도 관계가 있습니다.

【내레이션】

성실과 믿음이 중국의 우수한 전통인 것은 옛날부터 지금까지, 관리부터 백성까지, 어떤 가치를 지키기 위해서 성실과 믿음을 지킨 사람들이 부족하지 않았기 때문입니다. 그렇다면, 각종 유혹으로 가득한 현대사회에서, 성실과 믿음의 결핍문제에 부딪쳤을 때, 우리는 무엇을 해야 할까요?

《감동중국感動中國》의 2007년 인물 중에는 또 이런 사람이 있습니다. 그녀를 추천하는 이유는 '양심을 가진 의사'이기 때문입니다. 이 의사의 이름은 진효란陳曉蘭이고, 상해 한 지역의 병원 물리치료과의 의사였습니다. 그녀는 십년동안 각종 의료기계가 병원에 들어오는 것을 보고, 그중에 많은 기계가 불법으로 만들어졌고 품질이 나쁜 것임을 보았습니다. 많은 치료법은 가짜 기계 때문에 환자에게 해를 입혔습니다. 진효란은 자신이 물리치료과에서 이런 것들을 보고, 하나하나씩 들추어냈습니다. 십년간, 물리치료실에 있는 그녀는 이런 일을 일일이 적발했습니다. 십년 사이에, 그가 적발한 가짜 물리치료기는 20여 종류에 달했고, 그 중 8종은 국가에서 공문을 보내 기계를 없애도록 했습니다.

그러나 10년 동안 이 의사는 어떤 대가를 치렀을까요? 그녀는 병원의 이익에 손해를 끼쳤기 때문에, 그녀를 원래 부서에서 전출을 시켜, 퇴직하도록 강요했습니다. 그녀는 스스로 일자리를 버렸고, 그 후에는, 더 많은 내막을 알기위해 가짜 의료기계를 거래하는 심층 속으로 깊이 들어갔습니다. 그녀는 생명의 위험을 무릅쓰면서 기계의 진위를 몸으로 테스트를 하였고, 같은 업계 사람들은 그녀를 반역자라고 비난했습니다. 그녀의 노력으로 국가에서는 공개적으로 공문을 내린 것이 약 7번 정도입니다. 이러한 사람, 그녀의 이러한 용감함은, 우리가 생각할 때, 북위의 사관인 고윤의 용감함보다 우리에게 더 많은 가치가 있습니다.

이것은 이미 그녀의 개인적인 성실과 믿음에 관련된 것이 아니라, 한 사회의 핵심가치와 관련되어 있고, 다른 사람의 이익에도 관련이 있습니다. 다시 말하자면, 그녀의 양심은 사회풍조의 정화제가 되었으며, 그녀는 더 많은 환자의 이익을 위한 보호벽을 만든 것입니다. 그녀는 약한 여성입니다. 제가 방금 말한 진미려陳美麗와 진효란陳曉蘭은 전부 2007년 중국의 평범한 두 명의 약한 여성에 불과합니다. 하지만 그녀들의 마음 속의 성실과 믿음의 힘이 약하다고 할 수 있을까요? 이런 힘은 강하고 방대하며, 저는 이 이야기가 아주 큰 반향을 불러올 것이라고 믿습니다. 이런 힘은 한 사람으로부터 모든 사회까지 이르고, 한 국가를 발전시키는 것입니다. 세상에서 자리잡는 것도 성실과 신용으로써 근본을 삼는 것입니다. 뿐만 아니라, 이런 성실과 믿음은 시대마다 시대만의 해석하는 방법이 있으며, 모든 문명의 형태에는 개인과 사회 사이에서 말하지 않고도 맺어지는 보이지 않는 약속이 있습니다. 마음 속의 성실과 믿음을 지켜서, 현재 생활에서 출발하여, 현실을 받아들이고, 소박하게 이를 마주하고, 적극적이고 낙관적인 태도로 신용을 지켜서, 미래로 나아가는 것입니다. 대개 이런 관념은 어떤 시대에도 적극적인 작용이 있습니다.

그래서 나는 《논어》에서 출발하여, 《논어》의 성실과 믿음으로 오늘날의 생활을 인도하려고 합니다. 오늘날의 생활 현실과 결합해보면 최종적으로 우리는 알 수 있습니다. 공자孔子가 말하였습니다.

> 德不孤, 必有鄰. (《論語・里仁》 4.25)
> 덕은 외롭지 않고, 반드시 이웃이 있습니다.

우리가 스스로 훌륭한 도덕체계를 세우고, 성실이든, 신용, 인애, 도의道義든 상관없이 당신의 도덕이 향상된 이후에, 당신은 이 사회를 위해 공헌할 수 있을 뿐만 아니라, 많은 사람들이 당신을 도울 것입니다. 수많은 도덕심이 있는 사람들의 반응이 이런 감동 아래 계속해서 세워질 것입니다. '덕은 외롭지 않고, 반드시 이웃이 있습니다德不孤, 必有鄰' 우리 모두 자신의 마음 속에서부터 출발하여 노력한다면, 이 사회의 보편적 가치 실현에 반드시 유익한 점이 있을 거라고 생각합니다.

12. 치세의 도 治世之道

【내레이션】

《논어》의 치세治世의 도는 결코 추상적이거나 심오하지 않습니다. 《논어》는 공자孔子의 치세에 관련된 대화를 여러 번 기록하고 있습니다. 공자孔子는 통속적인 말과 간단하여 이해하기 쉬운 도리로 그의 치세에 대한 이념을 표현했습니다. 그렇다면 《논어》의 치세 이념은 무엇일까요? 또 어떻게 그것을 구체적으로 실시해야 할까요? 이것은 오늘날의 사람들에게 어떤 깨우침을 줄까요? 북경사범대학 우단于丹 교수의 《논어의 깨달음論語感悟》의 《치세의 도治世之道》를 들어주시기 바랍니다.

《논어》는 아주 많은 곳에서 치세의 도리에 대해 말하고 있습니다. 하지만 공자孔子의 치세의 도는 추상적이거나 심오하지 않습니다. 공자는 계속해서 가장 소박한 언어와 가장 평이한 도리로, 그의 제자들에게 나라를 다스리고 정치를 하는 기본 원칙을 말하였고, 우리에게 그의 마음 속에 있는 이상적인 사회를 묘사했습니다. 그의 이 이상理想은 몇 천 년 동안 이어져오는 중국 사회의 이상이 되었습니다. 《논어》의 치세 이념은 바로 덕정德政이었습니다. 공자의 이상사회는 도덕과 예악禮樂으로써 함께 묶인 화목한 사회였습니다. 그러면 우단于丹 교수는 《논어》의 치세의 도에 대해서 어떤 이해와 깨달음을 얻었을까요? 공자의 덕정德政 사상은 도대체 어떤 것이었을까요? 이 정치이상은 어떻게 해야만 구체적으로 실현할 수 있을까요? 또 《논어》의 치세의 도는 우리에게 또 어떤 깨달음을 얻게 할 수 있을까요? 북경사범대학 우단于丹 교수의 《논어의 깨달음論語感悟》 중 《치세의 도》를 들어주시기 바랍니다.

공자의 사상을 말할 때, 그의 치세이념에 대해서 말하지 않을 수 없습니다. 후세에 이런 말이 있었습니다.

半部論語治天下. (《鶴林玉露》 卷七)
절반의 《논어》로 세상을 다스린다.

그렇다면《논어》안에는 도대체 어떤 치세의 사상이 있는 것일까요? 오늘날과 이천 여 년이나 떨어져 있는 지금도 역시 가치가 있을까요? 유가의 정치이상을 한 마디로 개괄하면 바로 덕정德政입니다.

덕정

다시 말하자면, 공자孔子가 살던 춘추春秋 시대에는 사회 환경이 아주 특수했습니다. 왜냐하면 춘추시대에는 종법제도宗法制가 있었으며, 현대와 같은 법률제도가 없었습니다. 예악禮樂과 도덕道德은 사회 질서를 유지하는 가장 기본적인 핵심 이념이었습니다. 그래서 그때의 제자백가諸子百家는 어떻게 나라를 다스리는가에 대해 아주 큰 차이점을 가지고 있었습니다.

유가儒家 사상에 뿌리를 두고 한 계통으로 이어 내려온 한 가지는 그 후에 엄한 형벌과 가혹한 법률을 주장하는 법가法家로 발전했습니다. 하지만, 아직 전국戰國 시대로 접어들기 전 모든 사회의 모순이 그렇게 격렬하지 않았을 때, 공자가 살던 춘추春秋 시대에 공자가 제기한 정치에 대한 생각은 아주 훌륭한 것이었고, 도덕으로 유지되는 정치 이상이었습니다.

우리는 오늘날 공자의 일생을 평가할 때, 그가 평생 동안 두 가지의 일을 했다고 생각할 수 있습니다. 한 가지 성공한 것은 바로 그의 교육입니다.

교육

왜냐하면 그는 만세萬世의 스승의 모범으로서 받들어지기 때문입니다. 하지만 다른 한 가지는 실패했는데, 바로 그의 치세治世입니다.

치세

그의 이상이 세상에 행해지지 못했기 때문에, 그는 분주하게 각각의 제후국들을 다니면서 각각의 군주들에게 유세遊說했습니다. 하지만 결과는 어땠을까요? 이 일은 그 당시부터 후세까지, 그에 대한 평가는 절대 다수가 부정적입니다.

그렇다면 오늘날, 다시 공자의 치세 사상을 논하는데, 도대체 얼마만큼의 현실적 가치가 있을까요? 우리는 그를 어떻게 이해해야 할까요? 그는 어떻게 이 덕정德政을 제창했을까요? 공자는 정치에 대해서 이렇게 말했습니다.

> 道之以政, 齊之以刑, 民免而無耻. 道之以德, 齊之以禮, 有耻且格. (《論語 · 爲政》 2.3)
> **정치로써 인도하고, 형벌로써 다스린다면, 백성들이 처벌은 모면할지라도 수치심이 없고, 덕으로써 인도하고, 예로써 다스린다면, 수치심도 있고 감화도 받게 된다.**

이 말은 무슨 뜻일까요? 나라를 다스림에 있어서 단지 정치적 권모술수만을 사용하고道之以政, 또 거기에다 모든 사람들의 법도를 정연하게 정리를 한 다음에, 형벌로써 속박을 가한다는 뜻입니다齊之以刑. 정치로써 관리 하고, 형벌로써 속박을 하는 것이 좋은 것일까요? 다행히, 한계선에 도달할 수 있는 것은 백성들이 처벌을 모면하는 정도民免입니다. 무엇을 피할 수 있을까요? 바로 백성들이 안정되게 살 수 있도록 많은 형벌을 면하는 것입니다. 하지만 후유증도 있습니다. 바로 백성들이 처벌을 모면民免할 수 있지만, 수치심이 없게 됩니다無耻. 단지 행동에서만 형벌을 면한다면, 이것은 그들의 부끄러운 마음을 세우는 데에는 부족하게 됩니다. 바로 사람의 영예와 치욕에 관한 관념은 정치와 형벌에만 기대어서는 정확하게 세울 수 없다는 것입니다.

'덕으로써 인도하고, 예로써 다스린다면, 수치심도 있고 감화도 받게 된다.道之以德, 齊之以禮, 有耻且格'는 바로 공자의 이상 중 하나입니다. 그가 말하기를, 만약 도덕으로 관리를 인도한다면道之以德, 예의 법도와 같은 것들로서 통일의 결속을 진행한다면齊之以禮, 그렇다면 백성들은 부끄러운 마음을 알 뿐만 아니라, 또한 정당한 도리를 따를 수 있을 것입니다. 이것이 바로 '수치심도 있고 감화도 받게 된다有耻且格'입니다. 즉 정도正道와 큰 예大禮를 지키고 따를 수 있게 되는 것입니다. 이것이 공자의 이상입니다. 우리가 이러한 도덕을 오늘날에 놓고 보면, 지금 사회는 법으로 다스리는 사회입니다. 법제法制란 이 사회 토대의 최저 기준이 되는 것입니다. 바꾸어 말하면, 그것은 공공의 권리는 보장하고, 공공의 안전을 보장하는 것입니다. 그렇다면 도덕道德이란 무엇입니까? 도덕은 사실 법제의 최저기준에서 국민 스스로의 규율, 사회의 핵심 가치와 같은 이러한 것들을 발전시키는 것을 말합니다. 어쩌면 공자의 그 시대에 법제를 최저기준으로 놓지 않고, 단순하게 덕으로서 다스리라고 제창했다면, 그것은 분명히 실패한 것입니다.

그러므로 어떤 때는, 성현聖賢들의 경전經典 중에 어떠한 도리들이 시대의 변화에 따른 것이 있고, 어떤 것들은 시대에 뒤떨어진 것도 있습니다. 어떤 것들은 우리 문명 질서의 발달, 사회의 진보, 다방면의 책임의 증가 때문에 그가 살았던 그 시대보다 더 소박하고 꾸밈없는 의미를 가지고 있습니다. 저는 '덕으로서 나라를 다스린다以德治國'라는 이상은, 법제의 기초 보호 아래에서 사실 더 많은 가치를 생각합니다. 이것은 바로 공자가 그 시대에 말한 것이지만, 당시에는 이미 이러한 덕치德治 사상은 실패하였습니다.

【내레이션】

'위정자 자신이 올바르면 명령을 내리지 않아도 저절로 시행되고, 자신이 올바르지 않으면 명령을 내려도 따르지 않는다其身正, 不令而行。其身不正, 雖令不從.' 이것은 나라를 다스리는 것에 관한 공자孔子의 기본적인 요구였습니다. 위정자爲政者는 반드시 청렴하고 공정해야 하고, 몸으로 모범을 보여야 합니다. 이렇게 해야만 덕정은 올바른 시작점을 가질 수 있습니다. 공자孔子는 줄곧 제자들을 정치에 종사하도록 북돋았습니다. 또한 항상 직접 가서 관찰하고 지도하였습니다. 그리고 그 중에서 중요한 심사 기준은 바로 학생들이 솔선수범하는지 그렇지 않는지를 보는 것이었습니다.

공자가 이렇게 가르친 제자들은 이미 많은 지역에 가서 작은 관리를 했었습니다.

이 관점에서 한 이야기를 기록했습니다. 자로子路는 일찍이 포현蒲縣에서 현장을 맡았습니다. 현장을 한 지 어느 정도의 시간이 지나고, 공자는 길을 지나가다 학생을 보러 갔습니다. 그는 먼저 멀리 포현蒲縣의 경계선으로 들어갔습니다. 사방을 보고 말하기를 "자로子路가 괜찮은 사람이구나! 그는 공손하고, 예의가 있으며 성의를 다한다. 좋다! 정말 좋다!"라고 말하였습니다. 또 안으로 한동안 걸어서 포성蒲城으로 들어갔습니다. 사방을 보고 말하기를 "아! 자로子路가 이 지방을 정말 잘 통치했구나. 그가 성실하고 신용이 있으며 또한 몸소 체험하고 힘써 실행하는 사람이라는 것을 바로 알 수 있다. 훌륭하구나! 정말 훌륭하구나!"라고 말하였습니다. 또다시 공자는 그의 고을 관청으로 들어갔습니다. 관청의 문에 들어서서 다시 한 번 보고 "나는 자로가 자세하게 관찰하고, 일처리에 과단성이 있다는 것을 바로 알 수 있다. 훌륭하구나! 정말 훌륭하구나!"라고 말하였습니다.

공자가 그렇게 세 번 크게 칭찬한 후에, 그와 함께 왔던 자공子貢은 점점 더 이상하다고 생각했습니다. 자공子貢은 선생님에게 "선생님께서는 지금까지 자로子路를 만나지 않으셨습니다. 선생님께서는 오시는 길에서 그를 세 번 칭찬했습니다. 도대체 왜 그런 것인가요?"라고 물었습니다. 공자는 "봐라. 우리가 현縣의 경계 안에 들어오자마자, 양쪽의 밭이 모두 정갈하게 갈아지고 파종되어있고, 도랑이 모두 깊게 파져있었으며, 도로가 막힘이 없이 잘 통하게 되어있는 것을 발견할 수 있었다. 이것은 당연히 그가 공손하고 예의가 있으며, 백성들을 잘 동원한다는 것이다. 그래서 모두가 마음을 다하고 있는 힘을 다하는 것이다. 들어오자마자 이러한 것들을 본 것은 이미 이 고을의 규모가 잘 갖추어져 있다는 것을 의미한다. 정말 잘 하고 있다."라고 말하였다.

그는 "우리는 또 다시 고을의 성안으로 들어갔다. 네가 본 집들은 정갈하게 정리되어 있었고, 무너진 것이 없었다. 나무들이 모두 울창했다. 이것은 당연히 자로의 사람됨이 참되고 충실하며 믿음이 있고, 솔선수범하여, 민풍民風을 잘 거느린다는 것을 설명한다. 이 민풍民風은 경박한 것이 아니고, 화려하거나 과장된 분위기가 아니다."라고 말하였다. 그가 또 "네가 관청을 보아라. 놀랍게도 조용하고 한적하다는 것을 알 수 있다. 또한 관청에 와서 고소하는 사람이 없고, 관청의 관리들은 모두 마음을 다해 자신들의 일을 하는 것을 볼 수 있다. 이것은 당연히 자로子路가 이곳에서 자세하게 관찰하여 일을 과단성 있게 처리하여, 소송들이 모두 처리되었고, 온종일 이곳에서 소란을 피우며, 소송을 거는 사람이 없다는 것을 설명해준다. 네가 이러한 것들을 봤을 때, 내가 그를 세 번 칭찬한 것이 지나치다고 생각되느냐?"고 말하였다.

당연히 이 이야기는《논어》에 나오지는 않습니다. 그렇지만 그것은 어떤 측면에서 공자孔子의 이러한 정치에 대한 사상을 반영하고 있습니다. 복숭아와 자두나무는 말이 없건만, 그 아래에는 저절로 길이 생긴다.桃李不言下自成蹊는 것이며, 진정한 정치업적은 반드시 상주문에 나타나는 것은 아닙니다. 반드시 한 사람이 "나는 어떠한 일을 했어. 어떠한 대책을 널리 시행했어."라고 해야 하는 것은 아닙니다. 진정한 대책은 효과에서 나타납니다. 당신이 효과에 대해서 살펴보십시오. 당연히 그가 어떻게 일을 했는지 알 수 있을 것입니다. 그러므로 공자가 여기에서 본 것은 바로 사실을 가지고 말하는 것입니다. 나라를 다스리는 좋은 도는 나라의 평화와 백성 생활의 안정 그리고 백성의 이런 이익에 반영됩니다. 물론 이 이야기를 근거로 하여, 우리가 공자의 학생들이 도대체 얼마나 많은 정치적 업적이 있었는지는 조사할 수 없지만, 우리의 역사서 안에는 아직 중국의 관리로 있던 많은 관원들이 기재되어 있습니다. 그들은 어떻게 했을까요? 유가儒家의 사상은 그들의 나라를 다스리는 도에서 대대로 전해져 이어 내려온 것입니다.

여러분은 모두 안영晏嬰을 알 것입니다. 그는 역사 상의 명재상입니다. 그가 제齊 나라에서 대부大夫로 일을 할 때, 청렴결백하였습니다. 그는 항상 낡은 마차를 타거나, 허약한 말이 끄는 수레를 타고 조정에 집무를 보러가거나 조정을 나왔습니다. 제齊 경공景公은 이러한 것을 보고 매우 기이하게 생각했습니다. 그리고는 묻기를 "당신에게 주는 월급이 너무 낮아서 그런 것인가요? 당신은 왜 허약한 말이 끄는 낡은 마차를 타고 집무를 보러 조정에 들어가거나 조정에서 나오는 것인가요?"

안영晏嬰은 "현재의 이러한 좋은 시대에 의하여, 저의 집은 매우 편안하고, 저의 친구들도 모두 의지할 데가 있고, 모든 생활이 아주 좋습니다. 이러한 낡은 마차와 허약한 말로 제가 매일 일을 할 수 있다는 것에 저는 이미 매우 만족합니다."라고 말했습니다. 그러자 제齊 경공景公은 이 대부大夫 고관이 말하는 것은 겸손하게 사양하는 것이 아닐까 생각했습니다. 조정에서 물러난 후, 제齊 경공景公은 특별히 가장 화려한 마차를 찾아서 양구거梁丘據를 보내서 안영晏嬰에게 가져다주게 하였습니다. 양구거梁丘據가 마차를 배달하려고 안영의 근처에 도달하였지만, 안영은 그것을 받지 않고 되돌려 보냈습니다. 다시 보냈지만, 또 다시 되돌려 보냈습니다. 같은 일이 세 번 반복되고, 세 번 되돌려 보낸 후, 제 경공은 몹시 부끄러워서 견딜 수 없어서 안영을 불러 말하기를 "당신의 행동은 무슨 뜻인가요? 당신이 청렴한 정치를 하려고 화려한 마차에 앉지 않는다면, 그것은 과인도 이러한 마차를 타지 못하도록 강요하는 것 아닙니까?"라고 물었다.

이번에는 안영晏嬰이 매우 정성껏 그에게 말했습니다. 안영晏嬰은 "사실 오늘날 우리는 아주 좋은 시대에 살고 있습니다. 이러한 치세 안에는 백성들은 옷과 먹을 것이 풍족하기를 바랍니다. 하지만 풍족해진 후에 가장 두려워지는 것은 그들에게 이러한 청렴한 정치의 마음이 없다는 것이고, 청렴과 정직으로서 세상을 바로 세우지 못한다면, 외형적인 화려함은 청명한 세상의 도를 오랫동안 지속되게 할 수 없을 것입니다."라고 말하였습니다. 그는 또 "호화로운 수레, 화려한 마차의 차양으로 말하면, 공께서는 앉을 수 있고, 기타 높은 관리들도 앉을 수 있습니다. 하지만 제 스스로는 이렇게 하고 싶지 않을 뿐입니다. 왜냐하면 국가가 저에게 중임을 맡겼고, 저는 모든 관리들을 헤아려야합니다. 만약 제가 솔선수범하지 못한다면, 제가 어떻게 다른 사람에게 청렴을 요구할 수 있겠습니까? 저는 이런 낡은 마차를 타는 것도 충분하다고 생각합니다. 제가 마음 속으로 가장 우려하는 것은 백성들이 자만하는 것이기에, 저는 반드시 이렇게 해야 합니다."고 말하였다.

안영晏嬰의 평판은 중국 역사상 매우 광범위하게 전해 내려옵니다. 그는 공자孔子가 방금 말한 이러한 한 가지 보편적인 도리인 '자신이 올바르다'는 신정身正을 완성하였습니다. 그의 이 정책 강령은 반듯이 명확하게 뜻이 통합니다. 그래서 공자는 여러 번 이러한 말을 했습니다.

子曰 : 苟正其身矣, 於從政乎何有? 不能正其身, 如正人何? (《論語 · 子路》 13.13)
공자께서 말씀하셨다. "자기 자신을 바로 잡는다면 정치에 종사하는 데 있어서 무슨 문제가 있겠는가? 자기 자신을 바로잡지 못한다면 어떻게 남을 바로잡겠는가?"

그가 말한 '자기 자신을 바로잡고苟正其身', 한사람이 매우 단정하고 스스로 몸과 마음을 청렴결백하게 한다면, 정치에 종사하는 데 있어서 무슨 문제가 있겠는가?於從政乎何有 정치적 일을 하고, 세상을 다스리는 관리에 당신이 느끼기엔 무슨 어려움이 있겠습니까? 벌써 일을 모두 한 것이 아닙니까? 그러나 만약 한 사람이 자신의 몸이 바르지 않다면 그는 또 어떻게 다른 사람을 바르게 할 수 있겠습니까? 그래서 도덕으로써 세상을 다스리는 체계를 만드는 것, 이것이 바로 공자가 거듭해서 단호하게 지키려는 도덕적 이상입니다. 왜냐하면 모두 알고 있듯이, 중국의 문인은 '학문을 닦다가도 여유가 있으면 벼슬을 합니다.學而優則仕' 진정한 지식을 통달한 후엔, 뽐내기 위해서가 아니라, 국가와 사직과 백성을 위해 일을 해야 합니다.

【우단 심어】

진정한 지식을 통달한 후엔, 뽐내기 위함이 아니라, 국가, 사직, 백성을 위해 일을 해야 합니다.

중국에는 매우 많은 문인이라고 불리는 사람들이 있지만, 그들은 뜻을 펼치지 못한 정치가에 불과합니다. 그리고 수많은 정치가가 있지만, 그들은 뜻을 이룬 문인에 불과합니다.

【내레이션】

《논어》에서는 정치에 대해 묻는 말이 매우 많고, 공자孔子의 대답 또한 많습니다. 그 중 공자孔子의 또 하나의 중요한 생각은 바로 세상을 다스리는 정치는 반드시 업무에 성실하며, 직책에 충실해야 한다는 것입니다. 유가儒家의 이러한 사상은 수많은 세대의 사람에게 영향을 주었고, 많은 사람의 삶에서 구체적으로 드러났습니다. 소동파蘇東坡 역시 그 중에 포함됩니다.

자장子張이 정치에 대해서 여쭈었습니다. 선생님께 묻기를 "어떻게 이 세상의 도리를 다스려야 합니까?" 선생님은 오직 여덟 글자로 회답했습니다.

子曰: 居之無倦, 行之以忠. (《論語 · 顔淵》 12.14)
공자께서 말하셨다. "관직에 머물 때는 태만하지 않고 집행할 때는 충성으로써 하여라."

'관직에 머물 때는 태만하지 않아야 한다居之無倦'어떤 사람이 관직에 있을 때나 한가로울 때 마음 속에 어떠한 권태로움의 뜻이 있어서는 안 됩니다. 항상 스스로를 성실하게 하고, 노력하며, 일을 해야 합니다. '집행할 때는 충성으로써 하여야 한다行之以忠'는 당신이 정치 강령을 시행하고, 일을 할 때에 충성심을 유지해야 하고, 일을 할 때에는 힘을 다하여야 합니다. 관직에 머물 때는 태만하지 않고 집행할 때는 충성으로써 한다면居之無倦, 行之以忠, 그것으로 충분합니다. 그렇다면 다른 사람에 대해서는 어떻게 할까요? 자로子路가 정치에 대해 물었습니다.

子曰: 先之勞之, 請益, 曰無倦. (《論語 · 子路》 13.1))
공자께서 말씀하였다. "백성들에게 시키기 전에 자신이 먼저 하고 나서 그들에게 일을 시켜라."라고 하셨다. 보충 설명을 청하자 "게으름 피우지 말라."

자로子路가 선생님께 "어떻게 세상을 다스립니까?" 하고 물었습니다. 선생님은 네 글자 "백성들에게 시키기 전에 자신이 먼저 하고 나서 그들에게 일을 시켜라先之勞之"라고 말하였습니다. 당신이 그 지방의 풍토를 잘 다스리고 싶으면, 백성들은 반드시 일을 해야 합니다. 맞습니다! 길을 수리하는 것이든, 집을 수리하는 것이든 이러한 기본적인 시정 건설들은 모두에게 다 힘이 듭니다. 그렇다고 걱정하지 마세요. 당신이 먼저 앞장서서 그들을 이끄십시오. 당신이 그들 앞에 서서 먼저 나서서 일을 하세요. 이것이 바로 '백성들에게 시키기 전에 자신이 먼저 하고 나서 그들에게 일을 시켜라先之勞之'라고 하는 것입니다. 백성들은 괴로워하지 않을 것입니다. 왜냐하면 당신이 매우 성실히 정치를 하여 모두들 당신과 함께 일하기를 바랄 것이기 때문입니다.

자로子路는 너무 간단하다고 느꼈습니다. 그래서 '보충 설명을 청하였습니다.請益' "나에게 더 많은 말씀을 해주십시오." 선생님 역시 인색하게 두 글자 "게으름 피우지 말라無倦"라고 말했습니다. 즉 그렇게 하는 것을 유지하면서 게으르지 말라는 것입니다. 스스로 애매모호하게 얻은 조그마한 정치적 업적으로 공로가 있다고 오만하지 말고, 마음을 느슨하고 무기력하게 하지 마십시오. 게으름 피우지 말고 계속해서 앞으로 나아가십시오. 다시 말해서, 이러한 마음은 세상을 다스리는 것 중에서 '편안할 때 위기에 대비하다居安思危'라는 것입니다. 그러나 사실 그 당시 정치 질서 속에서 매우 많은 지방 관리들은 안전하게 처신할 수 없었습니다. 다시 말하자면, 오직 위기에 처한 사람만이 위기를 생각하고, 편안하게 거한 사람만이 진보를 생각할 수 있습니다. 이렇게 해야만 줄곧 근면한 가운데에서 사회가 평온한 상태로 유지될 수 있습니다.

공자孔子의 이러한 일종의 도덕적 이상과 성실하고 청렴한 이상은, 매우 많은 중국 문인들의 신상에 꼭 맞는 이야기입니다.

문인 소동파蘇東坡에 대해서 다시 말하자면, 소동파는 밀주密州에서 서주徐州로 옮겨 왔는데, 때마침 매우 큰 물이 범람하였습니다. 당시의 물은 이미 조촌曹村의 제방을 터트렸습니다. 제방이 터진 후, 물은 그가 머무는 서주성徐州城까지 다가오고 있었습니다. 성 안의 부자들은 모두 분분히 뛰어나와 홍수를 피해 피난을 가고 싶어 했습니다. 그는 지팡이에 의지한 체, 성에서 나와 모든 사람에게 "내가 여기 있으니, 홍수는 성의 호수에 닿지 않을 것이다. 모두들 돌아가라!"라고 한마디 말을 했습니다.

모두들 돌아간 이후, 그는 또 지팡이에 의지하여 성에 주둔하는 군인들 앞에 도착하여 "모두 함께 백성을 위해 일합시다. 성 안에 상주해 있던 군인은 말할 것도 없이, 지금은 황실금군도 나와서 같이 일을 해야 하고, 재빠르게 제방을 쌓고 이 성을 지켜내야 합니다."라고 말하였습니다. 그리고 그를 영접하던 우두머리가 그를 보고 매우 감동하여 "태수께서는 어떻게 땅이 질퍽거려 걷기 어려운데 두렵지 않습니까? 이렇게 많은 나이에도 지팡이에 의지해 친히 나오셨는데 우리가 어찌 감히 목숨을 아끼겠습니까?"라고 말하였습니다. 모든 사람들이 짧은 옷을 입고, 맨발로 공구를 가지고 나와서 당시 동남향의 큰 제방을 쌓아서 성을 지켰습니다. 우리는 지금 소동파에 대해 말하길, 그는 탁월한 예술가였으며, 큰 문호였다고 말하지만, 이 사람은 역사상 정치적 업적도 있습니다. 중국문화에서 도덕道德에 깊이 스며들수록, 정치의 이상理想 역시 덕정德政을 유지하고자하는 사상이 더욱 깊이 유지됩니다.

【내레이션】

덕정德政은 공자孔子의 이상理想이며, 중국의 역대 정치가들의 이상입니다. 그러나 어떻게 덕정德政은 진정으로 실현될 수 있을까요? 그것의 구체적 실천 방법은 있습니까?

공자의 학생과 공자는 긴 대화를 나누었습니다. 자장子張이 그에게 물었습니다.

何如斯可以從政矣? 子曰: 尊五美, 屛四惡, 斯可以從政矣. (《論語 · 堯曰》 20.2)
"어떠해야 정치에 종사할 수 있습니까?" 공자께서 말씀하셨다. "다섯 가지의 미덕을 존중하고, 네 가지의 악덕을 물리치면, 정치에 종사할 수 있다."

선생님 어떻게 해야 구체적으로 세상을 다스리는 일을 완성할 수 있을까요? 다섯 가지 좋은 일을 존중하고, 네 가지 나쁜 일을 버리고 억제하면, 정치의 분위기는 좋아질 것이다. 자장子張은 당연히 다섯 가지 좋은 일이 무엇인지 알고 싶어 하였고, 다섯 가지에 대해 먼저 물었습니다. 공자는 그에게 다섯 가지 좋은 일에 대해 말했습니다.

> 子曰 : 君子惠而不費, 勞而不怨, 欲而不貪, 泰而不驕, 威而不猛. (《論語 · 堯曰》 20.2)
> 공자께서 말씀하셨다. "군자는 백성들에게 은혜로우면서도 낭비하지 않고, 백성들에게 노동을 시키면서도 원망을 사지 않고, 원하기는 하면서도 탐내지 않고, 태연스러우면서도 교만하지 않고, 위엄이 있으면서도 무섭지 않은 법이다."

이것이 오미五美입니다. '은혜로우면서도 낭비하지 않는다惠而不費'의 이 의미는 세상을 다스리는 권세가 있는 사람은 백성들에게 은혜를 베풀어야 합니다. 그러나 과분하게 스스로 낭비하면 안 됩니다. 왜냐하면 어느 시대의 권력을 장악한 사람이든, 그가 가진 돈은 국가가 그에게 준 것입니다. 다시 말해 세상을 다스리는 일에 종사하는 것은 단순히 동정심으로 하는 것이 아니고, 경영 비용을 다 쓸 때까지 한없이 백성들에게 보너스를 주는 것을 말하는 것이 아닙니다. 이렇게 한다고 백성들이 반드시 정치가 좋다고 합니까? 다시 말해서, 한편으로는 모두에게 큰 은혜를 베풀어야 되지만 다른 한편으로는 과도하게 낭비해서도 안 됩니다. 이것이 바로 '은혜로우면서도 낭비하지 않는다惠而不費'는 것입니다.

그렇다면 어떻게 해야 이룰 수 있을까요? 이런 이익은 어디서 나왔을까요? 자장子張은 매우 이상해 하였습니다. 공자는 어떻게 해석했을까요? 그는 이렇게 말했습니다.

> 子曰 : 因民之所利而利之, 斯不亦惠而不費乎. (《論語 · 堯曰》 20.2)
> 공자께서 말씀하셨다. "백성들이 스스로 이롭다고 여기는 바대로 하도록 해줌으로써 그들을 이롭게 한다면 이것 역시 백성들에게 은혜로우면서도 낭비하지 않는 것이 아니겠느냐?"

'백성들이 스스로 이롭다고 여기는 바대로 하도록 해준다.民之所利'는 것은 백성들이 이익을 얻을 시간과 기회를 선택해서 그들에게 이익을 얻도록 인도하는 것으로, 이것이 '은혜로우면서도 낭비하지 않는다.惠而不費'는 것이 아닙니까? 다시 말해서, 그들에게 돈을 주기보다는 그들 스스로 부를 창출할 수 있도록 그들을 돕고, 그들의 적극성을 도모하여 모두들 활기를 띠게 하고, 마땅히 얻어야할 이익을 얻게 해야 합니다. 이것이 바로 그들에게 은혜를 베풀고, 스스로도 낭비하지 않은 것이 아닙니까? 그래서 이것을 '은혜로우면서도 낭비하지 않는다.惠而不費'라고 합니다.

두 번째는 '백성들에게 노동을 시키면서도 원망을 사지 않는다.勞而不怨'입니다. 현재 우리 사회는 전문화된 시대로, 사람들은 모두 직업이 있습니다. 하지만 복지사회는 모든 백성들이 모두 쉬면서 일을 하지 않게 하는 것을 말하지 않습니다. 항상 노동은 필요한데, 어떻게 해야 노동을 하면서도 원망하지 않을 수 있을까요? 또한 일을 하면서도, 사람들이 매우 기뻐하며 원망하지 않을까요? 쉬운 일입니까? 어떻게 해야 이렇게 할 수 있을까요? 공자孔子는 이렇게 설명했습니다.

擇可勞而勞之, 又誰怨? (《論語 · 堯曰》 20.2)
노동을 시킬 만한 조건을 골라서 노동을 시킨다면 또 누가 원망하겠느냐?

무엇을 '노동을 시킬 만하다可勞'라고 하는 걸까요? 바로 일을 할 만한 그 시기를 잘 고르는 것을 말합니다. 예를 들어, 봄갈이와 가을 수확을 하는 이 시기에는 사람들은 일을 하려고 할 것입니다. 당신은 한 겨울에 가서 대규모 토목공사를 하도록 사람들에게 강요해서는 안 됩니다. 이것은 반드시 필요한 것은 아닙니다. 또 예를 들면, 사람들이 생활이 풍족하고, 뒷근심이 없을 때에 그들에게 건축물들을 건설하게 하거나, 많은 종류의 시설들을 고치게 한다면 그들은 그 일을 하고자 할 것입니다. 하지만 먹고 사는 것이 만족스럽지 못할 때에 그들에게 부역을 강요하거나 징병하여 전쟁을 하게 한다면, 백성들은 분명히 원망을 할 것입니다. 그러므로 시기를 잘 골라야 합니다. 그들의 마음과 잘 맞아야 하고, 그들의 적극성이 있어야 합니다. 이것이 바로 '노동을 시킬 만한 조건을 고르다擇可勞'라 말합니다. 이런 시기에 일을 하게하고, 그들이 일을 할 수 있는 곳에서 일하게 하면, 그들은 마땅히 대가를 지불하려고 할 것입니다. 게다가 그들은 일을 하는 가운데 즐거움이 있는데, 누구를 원망을 하겠습니까? 여러분들은 누가 원망 할 수 있을 것이라고 생각하십니까? 이것이 바로 두 번째 '노동을 시키면서도 원망을 사지 않는다.勞而不怨'입니다.

세 번째는 '원하면서도 탐내지 않는다.欲而不貪'입니다. 우리가 이전에 항상 잘못 이해하는 부분이 있었습니다. 우리는 유가儒家가 사람들로 하여금 마음을 깨끗하게 하고 욕심을 제거하고, 어떠한 욕망도 없게 한다고 가르쳤습니다. 군자는 욕심이 없으면 강직해진다고 하는데, 이 세상에 대해 어떠한 욕망이 없다면, 그를 진정한 군자라고 볼 수 있을까요? 공자가 말한 것은 사람은 욕망이 있을 수 있지만, 과분하게 탐욕하면 안 된다는 것입니다. 이것은 인간의 심성에 부합한 것이고, 이것은 객관적인 진술입니다. 공자가 말하였습니다.

> 欲仁而得仁, 又焉貪? (《論語・堯曰》 20.2)
> 인을 원해서 인을 얻는다면 또 무엇을 탐내겠느냐?

오늘날에 '소원대로 되다求仁得仁'라는 한 구절이 있습니다. 맞죠? 사람은 항상 욕망이 있지만, 당신의 욕망이 당신을 어떠한 방향으로 인도하는지를 잘 보아야 합니다. 만약 당신의 욕망이 인애仁愛가 있는 쪽으로 인도한다면, 인仁을 얻었는데 또 무엇을 탐하겠습니까? 여전히 더 많은 탐욕들이 있을까요? 당신이 다른 사람의 욕망을 인도해야지, 다른 사람의 욕망을 억제해서는 안 됩니다. 이렇게 하면 충분합니다. 이것이 바로 원하기는 하면서도 탐내지 않는다欲而不貪입니다.

네 번째는 '태연스러우면서도 교만하지 않는다泰而不驕'입니다. 어떻게 행할 수 있을까요? 공자孔子가 말하였습니다.

> 君子無衆寡, 無小大, 無敢慢, 斯不亦泰而不驕乎? (《論語・堯曰》 20.2)
> 군자는 사람이 많거나 적거나, 권세가 작거나 크거나 할 것 없이 감히 업신여기지 않으니, 이것 역시 태연스러우면서도 교만하지 않은 것이 아니겠느냐?

진정한 군자君子의 마음에는, 사람이 많거나 적거나, 권세가 작거나 크거나 신경 쓰지 않습니다. 이것을 '사람이 많거나 적거나, 권세가 작거나 크거나 구분하지 않는다無衆寡, 無小大'라고 합니다. 또한 어떤 일이든지 함부로 소홀이 하지 않습니다. 사리에 정통한 사십 오십 대의 노련한 사람이 당신에게 어떤 일을 물어보았을 때만 당신이 이를 중시重視하면 안됩니다. 십대의 아이가 와서 어떤 일을 물었을 때, 당신은 이를 소홀히 대할 수 있습니까? 만약에 한 사람이 보는 사람이 많든 적든, 권세가 작든

크든, 모든 사람들을 업신여기지 않는다면, 이것이 '태연스러우면서도 교만하지 않는다.泰而不驕'입니다.

마지막은 '위엄이 있으면서도 무섭지 않다威而不猛'입니다. 진정한 군자는 위엄이 있고 단정하고 장중합니다. 하지만 그는 흉악하지 않고, 또한 사납지 않습니다. 공자가 말하였습니다.

> 君子正其衣冠, 尊其瞻視, 儼然人望而畏之, 斯不亦威而不猛乎? 《論語 · 堯曰》 20.2)
> 군자는 자신의 의관을 바로하고, 사물을 바라보는 자신의 태도를 존엄하게 하여, 사람들이 쳐다보기만 해도 두려워할 만큼 근엄하나니 이 또한 위엄이 있으면서도 무섭지 않은 것이 아니겠느냐?"

그가 말하는 '진정한 군자는 밖으로 나가 사람들을 만나 일을 행할 때, 옷차림은 잘 갖추고, 시선은 올바르고, 용모는 안정되어 있는 모양'이 있는 것이 바로 다른 사람들에 대한 일종의 존경입니다.

다른 사람이 당신을 엄숙하게 바라보며, 바로 그들의 마음 속에서는 경외심이 생기게 됩니다. 이러한 경외심은 사실은 깊은 존중이고, 두려움이 결코 아닙니다. 이것은 당신의 권세, 지위, 재력과 관련이 없고, 이것은 한 사람의 인품과 존엄에 관계된 것입니다. 어떤 사람은 매우 침착하지만, 만나고 나면 다른 이로 하여금 존경하게 만듭니다. 이러한 사람이 바로 공자孔子가 말한 위엄이 있으면서도 무섭지 않다威而不猛입니다. 이것은 외재적으로 맹렬한 기세와 공격성이 풍부한 것을 필요로 하지 않습니다. 진정한 군자君子는 다른 이를 공격하지 않고, 단지 자신을 넓힐 뿐입니다.

【우단 심어】

진정한 군자는 다른 이를 공격하지 않고, 단지 자신을 넓힐 뿐입니다.

이것이 바로 공자가 말한 '다섯 가지의 미덕五美'입니다. 만약 당신이 '은혜로우면서도 낭비하지 않는다惠而不費', '노동을 시키면서도 원망을 사지 않는다勞而不怨', '원하기는 하면서도 탐내지 않는다欲而不貪', '태연스러우면서도 교만하지 않는다泰而不驕',

'위엄이 있으면서도 무섭지 않다威而不猛'는 이 다섯 가지 미덕을 모두 행한다면, 이 사회의 분위기는 더 좋아지지 않겠습니까? 사람들이 열심히 일을 하면서도, 과다한 욕심이 없고, 왕성히 자신의 마음을 진보시키는 것은 존엄이 있는 것이고, 외재적으로는 사람들이 모두 화목하다면 아름답지 않겠습니까?

【내레이션】

비록 공자孔子가 말한 이 다섯 가지 미덕은 마치 군자君子의 요건으로 느껴지지만, 사실은 바로 우리 전체 사회를 향한 공자의 이상理想입니다. 만약 모든 사람이 이 다섯 가지 미덕五美을 행할 수 있다면, 좋은 사회풍조와 이상적인 덕정德政은 여전히 멀까요? 또한 공자孔子가 생각하는 멀리해야 할 사악四惡은 또 어떤 것일까요?

자장子張은 이어서 그에게 물었습니다. "네 가지 악이 무엇인지 아직 말해주시지 않았습니다. 아직 버려야 할 네 가지의 일들이 있지 않습니까?" 공자孔子는 말했습니다. 아래는 첫 번째입니다.

不敎化而殺謂之虐. (《論語 · 堯曰》20.2)
그것을 하지 말라고 미리 가르쳐주지 않고 있다가 그것을 했다고 해서 죽이는 것은 잔학한 짓이다.

먼저 사회를 가르치지 않았습니다. '가르치다'는 여기에서 어떤 의미가 있습니까? 바로 사람들에게 사회의 도덕 풍조를 수립해야 하고, 먼저 좋은 이상적인 풍조를 가지고 사회에 보급을 해야 합니다. 만약 당신이 먼저 가르치지도 않고서, "현재의 사회는 왜 이렇게 좋지 않습니까? 사회 기풍이 날로 나빠지고, 사회 도덕을 해친다."라고 말하면서, 선두에 몇 명을 잡아 먼저 그들을 죽이면, 이것은 마치 일벌백계와 같아 보입니다. 하지만 공자孔子는 만약 당신이 가르치지 않고 바로 그들을 죽인다면, 이것을 가혹행위라고 하였습니다. 이것이 바로 당신이 백성들을 학대하는 것이며, 이는 좋지 않은 것입니다. 다음은 두 번째입니다.

不戒視之謂之暴. (《論語 · 堯曰》 20.2)

미리 훈계하지 않고 일의 성과를 보는 것은 난폭한 짓이다.

계戒는 훈계한다는 것입니다. 먼저 경고해서 당신이 어떤 일을 해야 하는지 알려주어야 합니다. '미리 훈계하지 않고 일의 성과를 보다不戒視之'의 보다視는 절박하게 성공해야 하고, 바로 무엇인가를 성공해야 하는 것을 나타냅니다. "너는 이것은 해야 하고, 이것은 하지 않아야 한다."라고 사전에 훈계하지 않고, 오자마자 눈앞의 성공과 이익에만 급급하고, 우리는 어떤 틀을 만들어야 하고, 어떤 일을 해야 하고, 어떤 일을 잘 해야 하고, 바로 시작해야 한다고 말한다면 공자孔子는 이것을 횡포라고 말했습니다. 당신은 사전에 복선(경고)을 주었습니까? 이것은 마치 우리가 자주 웃기려고 말하는 이러한 말과 비슷합니다. 한 사람이 "나는 만두 세 개를 먹으면 배가 부를 거야. 그래서 나는 앞의 두 개의 만두는 먹지 않고, 바로 세 번째 만두를 먹어야겠어." 앞선 두 개의 만두가 복선으로 깔리지 않으면 당신이 먹는 것은 언제나 첫 번째 만두입니다. 조급한 성공과 눈앞의 이익에만 급급한 것은 일종의 폭행이고, 이는 좋은 일이 아닙니다. 다음은 바로 세 번째 악행입이다.

慢令致期謂之賊. (《論語・堯曰》 20.2)
명령은 느슨하게 해놓고 갑자기 기한을 정하여 독촉하는 것은 일을 그르치는 짓이다.

어떤 것을 '그르치다賊'라고 합니까? '명령을 느슨하게 하다慢令致期'는 일하기 전에는 독촉하지 않고, 마지막에 가서는 작업 기한을 재촉하는 것입니다. 일을 하기 이전에는 침착하고 조용하게 사람들에게 어떤 일을 하라고 준 후 며칠이 지나면, 매우 사나운 목소리와 표정으로 "당신들은 어찌 이렇게 책임감이 없고, 며칠이 지났는데도 아직도 완성 시키지 않았습니까? 오늘 오후까지 반드시 완성해야 하고, 네 시에 반드시 제출해야 합니다." 이렇게 말하면, 당신은 다른 사람에게 책임이 없는 것이고, 당신은 왜 처음 시작할 때에 작업 기한을 설명하지 않았습니까? 만약에 시작할 때 규칙을 천천히 알려주고, 자신의 법령을 스스로 등한시하고, 사람들에게 명확한 규정을 주지 않았다면, 나중에 기한을 정하고, 또 기한을 제한하면 안 됩니다. 이렇게 행하는 것은 다른 사람들을 불의에 빠지게 하는 것이고, 당연히 이것은 그르치다賊 입니다. 다음은 네 번째 악입니다.

猶之與人也, 出納之吝, 謂之有司. (《論語 · 堯曰》 20.2)
어차피 사람들에게 나누어줄 것이면서 지출이 인색한 것을 유사有司와 같은 쩨쩨한 짓이다.

여與는 준다는 것입니다. 마찬가지로 '사람들에게 주다猶之與人'는 다른 사람에게 금품을 주고, 돈을 써야 하고, 사람들에게 주어야 할 때에 인색하지 말아야 하며, 진정으로 인덕이 있게 다른 사람을 후하게 대접해야 합니다. 만약에 어떤 일을 사람들이 모두 몸과 마음을 다해 행한 후에, 마지막에 돈을 나누어 줄 때가 와서 어떻게 해도 주어야 하는데, 머뭇거리기 시작합니다. 조금 덜 줄 수 있을 텐데! 안주면 그냥 안 줄 수 있는 것인데! 이렇게 생각하며, 대범하게 돈을 쓰지 않습니다. 공자孔子는 출납出納에 인색한 이러한 사람을 유사有司라고 말했습니다. 유사有司는 작은 관직으로, 재무를 관리하는 이러한 작은 지도자와 같은 것입니다. 공자는 진정으로 도道로 세상을 다스리고, 큰 정치를 행하는 사람은, 돈을 쓰는 것이 세상에 얼굴을 내놓지 않고, 인색한 창고 관리와 같지 않아야 한다고 말했습니다. 그는 포상을 가지고 그들이 말한 언약을 지켜야 하고, 후하게 사람을 대해야 한다고 말했습니다. 그들이 체면이 안 서게 돈을 쓰지 못한다면 이것이 네 번째 악입니다.

이 부분의 말이 길었습니다. 그러나 공자는 이 안에서 아주 많은 이치를 분해하고 잘게 부수었습니다. 그가 자장子張에게 무엇이 좋은 정치인지, 어떻게 해야 많은 사회적 기풍이 진정으로 세워질 수 있는지를 답하였습니다. 사람들은 공자孔子의 도리에 대해서 많든 적든 의심이 있을 수 있고, 과분하게 이상적이라고 생각할 수 있습니다. 하지만 그는 그 자신의 이상을 추진하는 방법이 있었습니다. 바로 그에게는 시간이 필요하였고, 순박한 민심이 필요하였고, 안정된 사회 기풍이 필요하였고, 여유롭게 구현되는 것이 필요했습니다. 당연히 이러한 외재된 조건들은 그의 가상에서 전제된 것이지만, 그는 지속적으로 그의 이러한 순환적인 이상을 굳건히 유지했습니다. 그의 이 이상理想에는 우리가 전반적으로 따를 수 없는 자세한 항목들이 있었습니다. 우리는 어떠한 시대에도 유토피아의 도래를 바랄 수는 없었지만, 공자가 만들고자 하는 논리에는 언제든지 우리에게 깨우침을 줄 수 있습니다.

경전經典의 진정한 의미는 어느 곳에 놓아도 들어맞는 목적이 있는 지도가 아니라,

사유방식에 있어 후세에 영원한 깨우침을 유지하는 것입니다.

【우단 심어】

경전經典의 진정한 의미는 어느 곳에 놓아도 들어맞는 목적이 있는 지도가 아니라, 사유방식에 있어 후세에 영원한 깨우침을 유지하는 것입니다.

그러면 이러한 정치사상을 진정으로 실천한다면, 몸소 체험하고 힘써 실천한다면, 작은 부분부터 능력이 나타날 것입니다.

【내레이션】

우단于丹 교수는《논어》의 치세의 도는 우리 모두와 결코 까마득하게 멀리 있다고 생각하지 않습니다. 이천 여 년 전에 공자孔子는 이상을 실현하지 못했지만, 오늘날의 우리는 그의 따뜻함을 느낄 수 있습니다. 우리가 끊임없이 자기 자신을 완성해 간다면, 현재의 화목한 사회를 위해서 전심전력을 다할 수 있으며, 동시에 아름다운 인생의 길을 찾을 수 있을 것입니다.

공자孔子가 살던 춘추시대春秋時代에, 그의 도덕이상道德理想은 정치를 위한 것이었고, 미덕美德으로써 세상에 널리 행하고자 하였는데, 이것은 현실에 부합하지 않는 환상이었습니다. 하지만 모든 문명의 발자국이 이천 년 이상 지나고, 오늘날 우리의 이러한 복합적인 질서 아래에서, 법제를 근거로 삼는 제도가 보장되는 사회 기초 위에서, 도덕의 힘은 그 어떤 시대에서보다 그 기능을 더 발휘할 수 있게 되었습니다. 또한 오늘날 우리는, 오늘날의 입장에서 옛 사람들을 보면, 우리는 더 많은 깨우침을 얻을 수 있습니다. 우리가 그 가운데서 얻게 되는 신뢰와 따뜻함은 그가 살았던 시대와 다를 것입니다. 다시 말하자면, 각주구검刻舟求劍처럼 낡은 생각을 고집하는 어리석음을 가질 필요가 전혀 없고, 묵수성규墨守成規처럼 낡은 틀에 매달릴 필요가 전혀 없습니다. 공자가 역사상에서 성공한 정치가라고 말하는 사람은 없지만, 그의 이러한 이상理想은 여전히 따뜻한 씨앗이 되어, 오늘날 우리의 믿음으로 이어지고, 자신의 행동의 체계에서, 공자의 말씀을 통해 얻은 깨우침으로 우리 스스로 완벽하게 될 수 있도록 발전하면서, 더 효율적인 인생의 길을 얻게 될 수 있습니다.

13. 충서의 도 忠恕之道

【내레이션】

《논어》에는 많은 도리道理가 있습니다. 만약 이것을 간단하게 말한다면, "공자의 도는 충서일 뿐이다夫子之道, 忠恕而已"라는 한 문장이 됩니다. 공자는 충서忠恕 이 두 글자를 사람이 되는 가장 근본적인 출발점이라고 생각했습니다. 하지만 자신이 재능이 있으나 펼 기회를 만나지 못하면 어떻게 충忠을 실현할 수 있을까요? 다른 사람에게 피해를 당했다면 어떻게 용서를 할 수 있을까요? 우리 현대인들은 어떻게 이 충서忠恕 두 글자를 이해해야 할까요? 북경사범대학 우단于丹 교수의《논어의 깨달음論語感悟》 중《충서의 도忠恕之道》를 계속 들어주시기 바랍니다.

속담에 이르기를, "일을 하기 전에 사람이 먼저 되라"고 했습니다.《논어》에서 사람이 되는 것과 관련된 도리는 아주 많지만, 증자曾子는 사실 하나만 있을 뿐이라고 했습니다. 바로 '공자의 도는 충과 서일뿐이다.夫子之道, 忠恕而已'입니다. 우단于丹 교수는 '마음이 중심에 있는 것이 충서이고中心為忠, 그 마음과 같은 것이 용서이다如心為恕' 라고 생각했습니다. 충서忠恕 이 두 글자의 전제조건은 자신의 마음이 어디 있는지를 아는 것입니다. 현대 사회에는 너무나 많은 판단 기준이 있어서, 만약 우리의 마음이 방향을 잃는다면 근본적으로 자신의 행위가 맞는지 틀리는지를 판단할 방법이 없습니다. 특히 자신이 충성으로서 일하고자 하는 마음이 있지만, 재능이 있어도 때를 만나지 못하고 자신의 재능을 알아주는 사람이 없을 때는, 어떻게 해야 충성하는 것일까요? 우리 자신이 자기 마음으로 남의 마음을 헤아리고, 남에게 착하게 대해도 다른 사람에게 악의적으로 피해를 입었을 때는 어떻게 해야 용서를 실천할 수 있을까요? 만약 우리가 진정으로 충서忠恕 두 글자를 실천하고자 한다면 우리 생활은 더 아름답게 변할 수 있을까요?

우리는 오늘날 이 시대에, 모두 한 가지 문제를 마주하고 있습니다. 밖으로 드러나 있는 미혹이 너무나 많고 변화도 너무 많아, 그 변화무쌍함 안에 있는 무엇이 현재

상태를 유지하고 내부의 진영을 공고히 하는 방법의 근거일까요? 자신의 마음의 근거는 어디에 있을까요?

한 번은 공자孔子가 학생들에게 수업을 하면서 그와 그의 학생인 증자曾子와 말하였습니다. 공자가 말하기를, "삼아, 나의 도는 한 가지로 말할 수 있다. 너는 알겠느냐? 나 자신은 사람이 되고, 일을 하는 도리에 있어서, 현재 상태를 유지하고 내부의 진영을 공고히 하는 방법이 있고, 하나로 관통하는 근본적인 출발점이 있다."라 하였습니다. 증자曾子는 마음 속으로 깨닫고 이해하여 "예. 저는 이해했습니다."공자가 밖으로 나가자子出, 공자의 문중에서 공부하는 제자들이 증자에게 묻기를, "스승님이 도대체 뭐라고 말씀하신 것입니까? 하나로 관통하는 것이란 도대체 무엇입니까?"라 하자 증자는 그들에게 한 마디로 설명하였습니다.

> 夫子之道, 忠恕而已矣. 《論語 · 里仁》 4.15)
> 공자의 도는, 충서일 뿐이다.

다시 말하자면, 공자孔子는 일생동안 사람이 되고 일을 하는 가장 근본적인 출발점, 이 도리가 바로 충서忠恕 두 글자라고 했습니다. 무엇이 충忠이고 무엇이 서恕입니까? 송宋나라 때 주희朱熹 선생이 충서忠恕 이 두 글자를 아주 간단하게 잘 설명했습니다. 그가 말하였습니다.

> 盡己之謂忠, 推己之謂恕.
> 진심으로 자신에게 최선을 다하는 것이 충이고, 자신의 마음을 미루어 남이 바라는 바를 이해하는 것이 서이다.

다시 말하자면, 자신의 마음을 다하는 것이 충忠이고, 자신의 마음을 다른 사람에게 미치는 것이 서恕이다. 주희는 더 나아가서 말하기를, 이 두 글자를 보면 아주 재미있습니다. '마음의 가운데가 충이고中心爲忠', '마음을 같게 하는 것이 서如心爲恕'입니다. 다시 말하자면, 진정으로 자신 마음 속의 기준, 양심은 어디에 있는가? 옳고 그름은 어디에 있는가? 자신의 마음 속에 있는 판단은 무엇인가를 보는 것이 충忠입니다. 그렇다면 마음을 같게 하는 것如心은 무엇일까요? 바로 다른 사람의 마음을 자신의 마음과 비교하고, 자신의 마음을 가지고 다른 사람과 위치를 바꾸어 생각하는 것, 이렇게 하면, 당신은 관용하게 될 것입니다. 그래서 '마음의 가운데가 충이고中心爲忠', '마음을 같게 하는 것이 서如心爲恕'라고 합니다. 하지만 이 두 글자 모두는 한 가지 전제가 있습니다. 바로 당신이 당신 자신의 마음이 어디 있는지를 알아야 한다는 것입니다. 만약 우리가 자신의 마음이 없다면, 이 세계에서 우리는 비교할 수 있는 기준이 너무 많아질 것입니다.

오늘 당신이 보기에 당신 이웃의 생활이 비교 기준이고, 광고에 나오는 생활이 비교 기준이고, 신문에 쓰인 어떤 가정의 기사 역시 비교의 기준입니다. 다시 말하자면, 어지러운 이 세계의 삼라만상에서, 자신의 마음은 어디에 있습니까?

오늘날 많은 사람들이 말하기를, 우리는 이미 군주君主에게 충성하는 시대는 지나갔는데, 오늘날 우리에게 이러한 종류의 충성을 아직도 제시합니까? 우리는 과거에 역사상의 충신들은 모두 충성에만 힘을 썼는데, 우리에게도 아직 이러한 충성이 필요하냐고 자주 말하지 않았나요? '마음의 가운데가 충中心爲忠'이라는 것을 생각해보면, 우리는 이 개념이 영구적이고, 때가 지난 것이 아니라는 것을 바로 알 수 있습니다. 왜냐하면 진정한 충성은 어떤 외재된 기준에 대한 충성이 아니며, 어떤 사람이나 제도에 대한 충성도 아니기 때문입니다. 공자의 충성은 바로 마음 속의 도덕적 판단이며, 양심은 어디에 있는가에 대한 것입니다.

【우단 심어】

진정한 충성은, 마음 속의 도덕적인 판단입니다.

재미있는 이야기를 들은 적이 있습니다. 바로 꽃을 파는 이야기입니다. 아주 작은 꽃집이 있었는데, 사장은 직원 하나를 고용하여 꽃을 팔고 싶었습니다. 세 명의 지원자들이 있었는데, 첫 번째 여자는 전문적으로 꽃꽂이를 배운 직업학교 졸업생이었습니다. 그래서 직업에 대한 전문지식이 많았습니다. 두 번째 여자는 다른 꽃집에서 긴 시간동안 일한 적이 있어, 많은 실전 경험이 있었습니다. 세 번째 여자는 아무 것도 모르고 화초에 대해서 접해본 적이 없는 취직을 기다리는 여자였습니다.

꽃집의 여주인은 이 세 명의 지원자를 모두 채용했습니다. 그리고 일주일 동안 그들이 꽃을 어떻게 파는지를 보았습니다. 첫 번째 여자는 원예를 배웠던 사람이어서, 아주 전문적으로 어떤 고객이 오느냐에 따라서 상담을 하고는 했습니다. "누구에게 드릴 꽃인가요?", "부모님이나 어르신에게 드릴 것인가요?", "동창 친구에게 줄 것인가요?", "아니면 연인에게 주실 것인가요?", "어떤 기념일을 선택해주시면 제가 꽃말을 알려드릴게요.", "어떤 꽃이 무엇을 대표하는지, 꽃 몇 송이가 무엇을 대표하는지, 꽃과 꽃이 서로 어울려서 조합되면 어떤 말이 되는지를 알려드릴게요." 그녀는 자신의 전공을 이용하였고, 많은 사람들이 그녀를 좋아했고, 영업실적도 나쁘지 않았습니다.

두 번째 여자는 전문적으로 꽃을 팔아봤기 때문에 이윤 상에 있어서 꽃가게의 수익에 고려하는 것이 더욱 많았습니다. 그래서 그녀는 매우 세밀했습니다. 여러분들 모두 화초를 옮길 때, 적지 않은 꽃이 꺾일 수 있고, 손상을 입을 수 있고, 많은 꽃잎이 떨어진다는 것을 알고 있습니다. 이 여성은 꽃꽂이를 할 때 항상 이쑤시개를 잘라서 오아시스에 꽂았습니다. 이렇게 해서 그녀는 원가를 절약할 수 있었습니다.

세 번째 여자는 사실 꽃말에 대해서 잘 알지 못했고, 꽃을 팔아본 경험도 없었습니다. 하지만 이 여성은 본성이 깨끗하고 선량한 사람이었습니다. 그래서 그녀는 그러한 성하지 않은 꽃을 보았을 때, 그녀는 내버리지 못했지만, 이쑤시개를 이용하여 꽃꽂이를 하지도 않았습니다. 그녀는 항상 꽃가게 문 앞에 서서 이른 아침 등교를 하는 아이들을 보며, 그녀는 그 성하지 않은 꽃을 하나하나 그들의 조그마한 손에 쥐어줬습니다. 저녁에 산책을 하는 노인들이 있으면, 그녀는 또 꽃 한 송이를 들고 나가서 그들에게 이 성하지 않은 꽃을 주었습니다.

이 꽃가게의 주인은 일주일 동안 이들을 지켜본 후, 최종적으로 세 번째 여자를 고용하기로 결정하였습니다. 우리가 마주하는 직업 안에는 어떤 때에는 직업의 기술, 심지어는 하나의 직업을 위해 예측한 이윤, 이러한 것들은 모두 가장 중요한 것이 아닙니다. 그러므로 세 번째 여자는 객관적인 자질에서 이야기 하자면 앞의 두 사람보다 모두 좋아 보이지는 않습니다. 하지만 그녀에게는 하나의 마음이 있습니다. 이것이 바로 진심으로 충성을 하는 것입니다.

【내레이션】

이것이 선량하고, 충성심이 있는 마음입니다. 그녀는 가지가 꺾인 꽃을 버리지 못했지만, 이러한 꽃을 팔아서 돈을 벌지 않았습니다. 그녀는 다른 사람에게 장미를 전해주면, 그 손 안에 향기가 남는다는 것을 알았습니다. 하지만 어쩌면 어떤 사람들은 이 여자아이는 "운이 좋은 거야. 그녀는 백락伯樂을 만난 것이야."라고 말할 수 있습니다. 만약 나의 충성심을 알아주는 사람이 없다면, 어떻게 해야 할까요?

모든 사람들은 자신의 내심에서부터 출발하여 자신과 다른 사람의 관계를 봅니다. 세계는 변화합니다. 자신의 마음을 요구하는 것은 영원히 굳건한 신념입니다. 자신에 대해서 정확한 평가를 유지하면, 당신의 충성도는 줄어들지 않게 됩니다. 이것이 바로《논어》에서 끊임없이 제기하는 것입니다.

君子求諸己, 小人求諸人. (《論語・衛靈公》 15.21)
군자는 자기 자신에게서 잘못을 찾고, 소인은 남에게서 잘못을 찾는다.

온종일 이 세상에서는, 다른 사람에게 기회를 달라고 하고, 지위를 달라고 요구하고, 이렇게 바쁘게 움직이는 사람을 돌봐달라고 합니다. 이러한 것이 틀렸다는 것은 아닙니다. 물론 기회를 잡아야 되긴 하지만, 가장 근본적인 출발점은 자신이 어떠한 사람인지 아는 것입니다.

다른 사람에게 오해를 당할 때가 있습니다. 재능과 학문이 있음에도 뜻을 펼칠 기회를 만나지 못할 때도 있습니다. 중국의 역사 상 많은 문인들이 좋은 때를 타고나지 못하고, 현명한 군주를 만나지 못한 것을 탄식했습니다. 이때에 속마음은 동요합니다. 다시 자신의 마음을 보며, '나의 자기 생명에 대한 이러한 충성을 어떤 사람이 이해할까?', '나의 이 충성은 사회의 직업 지위에 접목시킬 수 있을까?'라고 생각합니다. 이때 마음은 두렵고 당혹해 합니다. 하지만《논어》에서는 끊임없이 제기하고 있습니다.

君子病無能焉, 不病人之不己知也. (《論語・衛靈公》 15.19)
군자는 자기가 능력이 없음을 걱정하지, 다른 사람이 자기를 알아주지 않음을 걱정하지 않는다.

군자가 마음 속에 진정으로 고민하는 것은 자신의 무능함이고, 걱정하는 것은 자신의 능력이 없는 것입니다. 절대 다른 사람이 자신을 이해해주지 않는다고 걱정하지 않습니다. 그러므로 이 말은 이러한 표현도 있습니다.

> 不患無位, 患所以立, 不患莫己知, 求爲可知也. (《論語 · 里仁》 4.14)
> 자리가 없음을 걱정하지 않고, 자리가 생겼을 때 어떻게 그 자리에 설 것인가를 걱정하며, 알아주는 사람이 없음을 걱정하지 않고, 남이 알아줄 만하게 되기를 추구한다,

현대 사회에 당신이 충성을 다할 수 있는 직위가 없다고 걱정하지 마십시오. 진정으로 걱정해야 할 것은 당신이 근심 없이 생활할 수 있는 능력이 있는지, 자기 자신이 이러한 능력이 있는지입니다. 만약에 이러한 능력이 있다면, 언젠가는 당신의 자리가 생길 것입니다. 또한 현재 당신을 이해하는 사람이 없다고 걱정하지 마십시오. 진정으로 걱정해야 할 것은 당신이 다른 사람으로 하여금 당신을 이해하게 할 수 있는 무슨 자질이 있느냐 입니다. 만약 진정으로 있다고 한다면, 그렇다면 언젠가는 '미래에 나를 알아줄 친구가 없다고 근심하지 말라, 천하사람 그 누군가가 그대를 모를까 莫愁前路無知己, 天下誰人不識君'라 하게 될 것이다.

아주 좋은 표현이 있습니다. 젊은 사람이 노인에게 "이 모래사장을 보십시오. 작은 모래가 이렇게나 많습니다. 저는 큰 바다에 던져진 한 알의 좁쌀과 같습니다. 제가 세상에서 어떻게 해야만 제 자신의 가치를 내보일 수 있을까요?"라고 물었습니다. 그리자 노인이 모래 한 톨을 주웠습니다. 그리고 "당신은 이것이 당신이라고 생각하나요?"라고 말하고, '팍!' 하고 손을 놓자, 모래는 모래사장으로 떨어졌습니다. 그리고 "당신은 나에게 그것을 찾아줄 수 있나요?"라고 말하였습니다. 청년은 "당연히 못 찾죠. 모래사장에 가득한 것이 모두 모래알인데요."라고 말하였습니다. 노인은 품 안에서 진주를 꺼내어 '팍!'하고 땅에 떨어뜨렸습니다. 그리고 "주워줄 수 있나요?"라고 말했습니다. 그는 "서로 다르기 때문에 당연히 가능합니다."하고 말했습니다. 그리고는 즉시 주웠습니다. 노인은 그에게 "그렇다면 당신은 이해한 것입니다. 당신은 어찌 먼저 자신이 진주가 되지 않고, 다른 사람이 당신을 줍지 않을 것을 두려워합니까?"라고 말했습니다. 이러한 이야기는 우리에게 한 가지를 알려주고 있습니다. 그것은

바로《논어》안에서 널리 말하는 근본적인 도리입니다.

人不知而不慍, 不亦君子乎. (《論語 · 學而》 1.1)
남이 나를 알아주지 않더라도 노여워하지 않는다면 역시 군자답지 않겠느냐?

다른 사람이 당신을 알아주지 않는다면, 당신은 반드시 노발대발할 것입니까? 반드시 조급하게 변명할 것입니까? 반드시 세상을 향해 증명할 것입니까? 다른 사람이 당신을 알아주지 않아도 분노하지 않는 것, 이것이 바로 군자君子의 마음입니다. 공자孔子 자신은 어떻게 했을까요?

不怨天不尤人, 下學而上達. (《論語 · 憲問》 14.35)
하늘을 원망하지 않고 남을 탓하지 않으며, 하찮은 것에서부터 배워서 수준 높은 것에 이른다.

자신이 공부나 수련을 통해, 모든 것을 자신의 생명 중에서 판단하는 근거를 찾아야 합니다. 걸핏하면 이것은 하늘이 나에게 기회를 주지 않은 것이라고 화내고, 걸핏하면 이것은 다른 사람이 나의 길을 막은 것이라고 원망하지 않아야 합니다. 우리의 마음이 진정으로 하늘을 원망하지 않고, 사람을 탓하지 않는 것은 어렵습니다. 다시 말하자면, 외재적인 객관적 표준에서 이유를 찾지 않고, 내심에서 자신의 평가를 세우는 것이 바로 마음이 존재하는 곳입니다. 이러한 마음이 있다면, 진정으로 자신의 판단을 세울 수 있다면, 이러한 충성은 곧 이어서 바로 있게 됩니다.

【내레이션】

충성의 마음을 유지하고 싶다면, 내심內心에 정확한 자신의 가치판단을 세워야할 뿐만 아니라, 끊임없이 자신의 부족함과 실수를 고쳐나가야 합니다. 사람이 성인聖人이 아닌 이상, 그 누군들 잘못이 없겠습니까. 우리가 자신의 실수와 부족을 발견했을 때, 어떠한 태도를 취해야 할까요?

유가儒家의 경전은 우리에게 자성과 인지와 같은 방법으로 생명을 찾는 길을 가르쳐 줍니다. 많은 사람들이 자신이 좋지 않다는 것을 알고, 자신의 실수를 봅니다. 하지만 잘못을 포장합니다. 그러므로 공자는 탄식하며 말하였습니다.

已矣乎, 吾未見能見其過, 而內自訟者也. (《論語 · 公冶長》 5.27)
끝났구나! 자기의 잘못을 발견하고 속으로 자책할 줄 아는 사람을 나는 아직까지 보지 못했으니.

그는 "됐다. 나는 아직 자신의 잘못을 보고 열심히 스스로 반성하는 사람을 본 적 없다."라고 말하였습니다. 내심에서 자신에게 소송을 하고, 자신을 깊이 반성하고, 자신이 어떤 부족함이 있는지 살펴보고, 진지하게 생각하는 사람을 그는 "나는 본 적이 없는 것 같다."라고 말하였습니다.

다시 말하자면, 우리는 항상 자신이 틀리거나 혹은 자신의 능력이 이르지 못하는 것을 보면 후회하고, 덮어 숨기려고 하고, 자기 자신의 마음을 조금 편안하게 하려고 합니다. 그래서 이것은 우연한 사고이고, 만약 누가 우연히 들어오지 않았다면, 혹은 누가 소란을 피우지 않는다면, 누가 일에서 한 부분을 잃어버리지 않는다면 어떻게 이렇게 될 수 있을까라고 말합니다. 다시 말하자면, 엉겁결에 이러한 이유를 다른 사람에게 넘깁니다. 우리에게는 그러한 내심을 알리는 능력이 떨어집니다. 즉 자신의 내심은 깊고, 이성적이고, 남에게 덮어씌우지 않는 자기비판을 계속 유지해야 합니다.

저는 일찍이 기업 관리 서적에서 본적이 있습니다. 현재의 국제적인 회사에서는 주 5일제로 일할 때, 전문적으로 어떤 날을 핑계를 대지 않는 날로 정한다고 합니다. 그 5일 동안 당신이 핑계를 대지 않는 것은 아주 어려울 것입니다. 하지만 우리는 반드시 어떤 날은 당신이 어떠한 뜻밖의 실수를 하든지에 관계없이, 핑계를 대지 않아야 합니다. 이 날로부터 시작하여, 좋은 직업 습관을 배양합니다. 이러한 습관이 자연스럽게 되면, 공자가 말했던 그 경계에 이릅니다.

躬自厚, 而薄責於人, 則遠怨矣. (《論語 · 衛靈公》 15.15)
스스로 자신에게 엄중하게 책망하고 남에게 가볍게 책망한다면 원망을 멀리하게 된다.

다시 말하자면, 한 사람의 마음이 온화하고 돈후하면, 스스로를 반성하는 능력을 함양하고 유지하여, 남에게 가볍게 책망하는 것입니다. 먼저 자신에게 관대하게 하면, 다른 사람에 대한 책망도 줄어듭니다.

【우단 심어】

자신의 마음을 관대하게 하면, 다른 사람에 대한 책망도 줄어듭니다.

이렇게 한다면, 다른 사람의 원망에서 멀어지게 됩니다. 즉 원망에서 멀어지는 것입니다. 자기 자신에게도 원망하지 않고, 다른 사람에게도 원망하지 않습니다. 이것은 실제적으로 이미 충忠에서 서恕로 간 것입니다.

【내레이션】

공자孔子에게 한 학생이 있었는데, 사람이 되는 도리가 너무 많아서 기억할 수 없다고 생각했나 봅니다. 그래서 공자에게 가르침을 청하며, "모든 도리를 포괄하는 한 글자를 알려주시면 평생 그것을 사용할 수 있겠습니다."라고 말하였습니다. 공자孔子는 그에게 한 글자를 주었으니, 바로 서恕입니다. 왜 이 서恕라는 한 글자로 평생 동안 사용할 수 있을까요?

우리가 평상시에 사용하는 속어가 있습니다. "세상에 어떤 사람이 다른 사람을 논의하지 않고, 어떤 사람이 또 다른 사람에게 논의되지 않겠는가." 여러분들은 모두 암암리에 이것저것 낭설을 퍼뜨릴 수도 있습니다. 공자孔子의 학생 중에는 이러한 사람도 있었습니다. 예를 들면, 자공子貢이 있었는데, '자공子貢은 다른 사람을 비판했습니다.子貢方人'어떠한 것을 방方이라고 부를까요? 비방의 방方입니다. 바로 그가 다른 사람들을 비방하는 것을 가리키며, 장단점을 논했다는 것입니다. 그래서 그의 스승은 한 문장으로 말했습니다.

子曰 : 賜也賢乎哉, 夫我則不暇. (《論語 · 憲問》 14.29)
공자께서 말씀하셨다. "사는 잘났구나! 나는 그럴 겨를이 없는데."

사賜는 자공子貢의 이름이며, 공자가 그에게, "사賜야! 너는 이미 현명함에 도달했구나! 너는 이미 현명함에 달해서 다른 사람들의 장단점을 논하고, 사람을 품평하는 지경까지 도달했구나. 너의 스승인 나는 아직 그 정도에는 도달하지 못했다. 나는 그럴 겨를이 없다."라고 말하였습니다. 가暇는 한가하다는 의미입니다. 다시 말하자면, '나는 아직 그 정도의 한가함이 없어 사소한 잘못까지 들추어낼 수 있거나 다른 사람의 장단점을 논할 정도까지는 이르지 못했다'는 것입니다. '내가 만약 한가한 틈이 있었다면, 먼저 자신이 한 행동이 어떠한지를 먼저 살필 것'이라는 이야기입니다.

이 이야기는 어느 정도의 잘못을 들추며 책망하는 의미가 있습니다. 말하길, "너는 이미 이런 경지에 도달했구나! 너는 다른 사람들의 잘못을 볼 수 있구나. 너 자신은 정말 이렇게 완벽하냐?"라고 말하고 있습니다. 이 말은 우리 모두, 자신에게 물어볼 수 있는 것입니다. 우리는 72명의 현인의 경계까지는 도달하지 못했을 것이지만, 우리의 눈은 가끔 다른 사람의 장단점을 주시합니다. 어떤 때는 다른 사람의 단점을 보고, 그 반대를 묘사함으로써 자신의 장점으로 만들기도 합니다. 우리는 다른 사람의 불행을 논할 때, 자신의 행복감에 만족하고 더 커지기도 합니다. 어느 때에는 우리는 다른 사람의 불행을 논할 때 가끔 침통해하거나 연민을 갖는 것이 아니라, 이러한 감정의 확대 중에서 자신의 마음 속으로 자기만족의 물길을 트기도 합니다. 이러한 동기는 착한 것입니까?

우리는 어떤 때 항상 지나치게 트집을 잡기도 하고, 누가 오늘은 실패했는가, 누가 더 좋지 못한가를 봅니다. 이것이 암시하는 것은 바로 당신이 보기에 내가 그보다 더 강해서, 나는 완벽하고 뜻대로 되는 사람이라는 것입니다. 이것은 공자孔子가 말한 용서恕와는 거리가 멀 수 있습니다. 충忠에서 서恕까지, 자신의 마음에서 다른 사람의 마음까지 미치는 것은, 단지 이렇게 처지를 바꾸어 생각하는 과정일 뿐입니다.

己所不欲, 勿施於人. (《論語 · 衛靈公》 15.24)
자기가 하기 싫은 일을 남에게도 하게 해서는 안 된다.

이 말은 왜 이렇게 널리 퍼졌을까요? 여러분이 생각하기에 이 도리는, 항상 자신을 깨우치지만, 항상 실천하지는 못하는 것입니다. 용서는 왜 제창되는 것일까요? 바로 이것이 어렵기 때문입니다. 이 용서의 출발점은 입장을 바꾸어 생각하는 것이고, 그 후에야 우리는 비로소 관용할 수 있습니다.

오늘날의 이 사회를 말하자면, 우리는 먼저 이천 년도 넘는 이전의 모든 도덕기준을 말하려고 하지는 않으며, 오늘날에 활용하기에는 용서는 전제가 있습니다. 오늘날 우리의 사회는 사실 두 개의 무형의 선이 있습니다. 하나는 법률로써 핵심이 되는 제도선이고, 이것은 최저한도가 됩니다. 다른 하나는 윤리로써 핵심이 되는 도덕선이며, 이것은 위로 올라가는 것입니다. 만약 어떠한 일이 아래의 선을 파괴하고, 국민들 자신의 권리에 피해를 입히고, 심지어 우리의 생명에 위험을 미치고, 우리의 존엄성에 위험을 미친다면, 법률의 행사가 필요합니다. 하지만 법률의 이 선에서, 도덕으로써 결정할 수 있고, 우리로 하여금 자기 자신의 영혼이 이 부분을 설득할 수 있어야, 비로소 용서의 도에 속하는 것입니다. 다시 말하자면, 용서는 끝이 없는 것이고, 우리는 영원히 이 용서가 법률의 아래에 있을 것이라고 생각하지 않습니다. 그래서 제어가 가능한 공간 안에서, 우리의 마음은 어떻게 관용할 수 있을까요? 관용은 이해하는 것으로부터 나옵니다.

【우단 심어】

관용은 이해하는 것으로부터 나옵니다.

이러한 이해는 바로 다른 사람들의 처지와 자신의 생활을 보는 것입니다. 많은 일들이 있고, 이것을 불행이 발생하는 것으로 생각하면, 피해는 그곳에 놓여 있는 것입니다. 어떻게 해야 할까요?

【내레이션】

용서恕란 다른 사람을 잘 대하는 것으로, 바로 자신이 하고자 하지 않는 바를 남에게 시키지 않는 것입니다. 하지만 다른 사람이 자신을 잘 대해주지 못 할 때에, 특히 다른 사람에게 상처를 입었을 때에, 우리는 어떻게 해야 할까요? 눈에는 눈으로, 이에는 이로 해야 할까요? 아니면 너그러이 용서하는 마음을 품어야 할까요?

공자는 이렇게 말했습니다.

以直報怨. (《論語 · 憲問》 14.34)

정직함으로 원수에 보답한다.

정직을 사용하여, 평탄하게 그것을 지나가게 합니다. 끈질기게 그것을 잡아두어 쉬지 못하게 하는 것이 아니라, 가장 짧은 시간 안에 그것을 풀어가는 것이 가장 좋은 방법입니다.

모두 알다시피 고대 그리스 신화 속에는 힘이 장사인 헤라클레스라는 인물이 있었습니다. 한 구절에서 말하기를, 헤라클레스가 어느 날 길가에서 작은 주머니를 마주하게 되었습니다. 좁은 산길에서 얌전히 거기에 누워서 길을 막고 있었습니다. 헤라클레스가 길을 지나가면서 그것을 발로 한 번 찼습니다. 그는 길을 깨끗하게 하고 싶었습니다. 생각지도 못하게 발로 한 번 차자, 이 주머니는 부풀더니 커졌고, 또한 움직이지도 않았습니다. 헤라클레스는 화가 나서 올라가 발로 그것을 몇 차례 더 찼습니다. 그러자 이 주머니는 발로 찰수록 점점 더 커졌습니다. 헤라클레스는 큰 방망이를 찾아 주머니를 두들기기 시작했습니다. 다 두들겼을 때, 이 주머니는 그 길을 가득 채울 만큼 커지게 되었습니다. 이것은 어떤 주머니일까요?

이 때, 길가에서 한 철학자가 나타나서 조용히 그에게 "장사여, 당신은 더 이상 그것에 힘을 들이지 마십시오. 이 주머니는 증오 주머니입니다."라고 말했습니다.

이 세상에서 증오만이 이러한 것입니다. 그것이 당신의 길에 나타났을 때에, 당신이 내버려 두고 상관하지 않고 그 증오를 버려두면, 당신은 그것을 만날 일이 없으며, 그것이 또한 크다고 하더라도 당신에게 더 큰 장애가 되지 않습니다. 점차 당신이 멀리 가게 되었을 때, 그것 또한 잊혀 집니다. 하지만 당신이 그것과 대결하면, 당신이 차면 찰수록 때리면 때릴수록, 증오주머니의 원리는 바로 마찰이 있을수록 점점 커지는 것입니다. 결국 그것은 당신의 인생 전체의 길을 막게 됩니다. 이것이 고대 그리스의 신화입니다.

우리 생각해 봅시다. 사람의 일생에 가야 할 아주 많은 길이 있고, 아주 많은 원대한 꿈이 있을 때, 증오주머니는 사실 우리가 가야하는 매 길목에서 보일락 말락 합니다. 관건은 당신이 건너가 그것과 겨루어야 합니까?

질투가 심하고, 천성이 탐욕스러운 사람의 이야기가 있습니다. 어느 날, 그는 신神을 만나게 되었습니다. 신神은 "내가 너에게 기회를 주겠다. 네가 원하는 것을 내가 주마. 말해 보거라. 하지만 전제조건이 있다. 바로 내가 너에게 한 몫을 주면, 너의 주위 이웃들에게는 두 배가 될 것이다. 말해 보거라."라고 말하였다. 이 사람은 탐욕스럽고 이기적인 습성이 있었고, 또한 한 평생 그의 주위 이웃들을 질투했기 때문에, 그는 "내가 토지를 원하지만, 생각해보니 내가 천 평을 원하면, 그들은 한 집에 이천 평을 가지게 되는 것이 아닌가? 그럼 안 되지!"라고 생각했습니다. 또 생각하더니 "내가 돈을 원하지만, 만약 내가 천 만을 가지고자 하면, 그들은 이 천 만을 가지게 되는 게 아닌가? 더 안 되지! 만약 미녀를 가지고 싶다고 말하면 내가 한명을 원하면, 그들은 두 명을 갖게 되지 않는가? 더욱이 안 되지!"라고 말하였습니다. 계속해서 생각하더니, 이러한 질투와 증오는 그의 마지막 유일한 기회를 이렇게 초래하였습니다. 그는 왜 이렇게 행동했을까요? 그는 격분하여 이를 갈며 신神에게 말했습니다. "그렇다면 내 눈알을 파내 주십시오!" 그가 생각하기에 이렇게 하면, 그 주변의 사람들은 두 개의 눈알이 파지기 때문이었습니다.

이것은 이야기 일뿐입니까? 우리 다시 생각해 봅시다. 만약 우리가 신화와 같이 정말로 이러한 기회를 만나게 된다면, 우리가 가장 먼저 생각하게 되는 것이 아름다운 계획일까요? 아니면 복수일까요? 인생에는 일이 뜻대로 되지 않는 일이 없을 수 없고, 원수를 만나지 않을 수 없습니다. 하지만 우리는 정말로 일생을 증오주머니를 마찰하는 데에 쓸 것입니까? 우리는 정말로 이 기회를 당신을 위해 나의 한쪽 눈을 도려내는데 쓸 것입니까? 듣기에는 우습지만, 스스로 생각해 보십시오. 어떤 때에 우리는 정말 이렇게 행동하고 있습니다. 하지만 당신에게 좋은 기회를 줄 수 있지만, 기회를 놓친 후에는 영원히 되돌아오지 않습니다. 어쩌면 일생에서 영원히 돌아오지 않습니다. 그러므로 당신의 마음상태가 새로운 증오, 원망, 결함, 아쉬움과 부족함을 품고 있는 것인지를 결정하게 될 것입니다.

【내레이션】

중국인은 친구 한명 더 있는 것은 길이 하나 더 있는 것이고, 원수가 하나 더 있는 것은 벽이 하나 더 있는 것이라고 자주 말합니다. 마음 속에 원한이 가득하면, 생활은 지옥과 같습니다. 그래서 공자孔子는 이 서恕 자로 모든 도리를 포괄하였습니다. 그러나 이 서恕 자는 왜 쉽게 행할 수 없을까요? 어떤 이유에서 우리의 생활은 항상 고통으로 가득한 것일까요?

미국에 일찍이 Albert Ellis라는 심리학자가 있었고, 그는 한 가지 이론을 제기하였는데, 정서장애 이론입니다. 그가 말하길, 한사람의 부정적 감정이 만들어지면 인생의 거대한 괴로움을 일으키고, 그 이유는 보통 그 사건의 본질이 아닌 사람의 신념에 의한 것이라 말하였습니다. 신념은 또 어디서 왔을까요? 그것은 당신의 사건에 대한 판단에서 옵니다. 그러나 유감인 것은 사람들은 보통 편면적인 판단에서 출발하여 부정적 정서와 고통을 과대 포장합니다. 그래서 이러한 부정적 감정이 만들어지면, 그것이 괴로움을 형성합니다. 다시 말해서, 판단이 신념을 이끌고, 신념이 정서를 이끌고, 정서가 괴로움을 이끕니다.

판단이 신념을 이끌고, 신념이 정서를 이끌고, 정서가 괴로움을 이끕니다.

그래서 Albert Ellis의 이 이론에서 '사건의 본질이 인간의 괴로움을 만드는 것이 아니다'라고 말합니다. 같은 사건에서도 다른 판단이 다른 감정의 투입을 이끕니다. 그래서 충서지도忠恕之道는 사실 일맥상통한데 그것이 무엇이냐면, 바로 어떤 사람이 만약 자신의 마음에 대해 관대하지 못한다면, 어찌 다른 사람에 대한 관대를 이야기할 수 있을까? 만약 당신과 당신 자신이 서로 대립하고, 많은 사건들을 해결하지 못한다면, 이 세계의 모든 곳은 반드시 편협할 것입니다.

재미있는 이야기가 있습니다. 어떤 사람이 새해를 보내면서, 새로운 신발 한 켤레를 사고 싶어서, 밖으로 나가 신발가게를 돌아다니며 신발을 골랐습니다. 그는 완벽주의자였으며, 이 집의 신발은 디자인이 싫고, 저 집의 신발은 가격이 너무 비쌌습니다. 디자인과 가격이 모두 알맞은 곳에서는 또 그의 사이즈가 없었습니다. 그래서 하루 종일 신발을 골랐지만, 좋은 신발을 고르지 못했습니다. 해질 무렵 마음이 답답하여 집으로 돌아가는 길에, 맞은편에 휠체어에 앉아 있는 사람이 다가왔습니다. 그는 쳐다보고 "이 사람은 다리도 없네. 그럼 머리 아플 일도 없겠다. 신발을 찾으러 돌아다닐 필요가 없으니까."라고 말하였습니다.

하루 종일 돌아다녀도 신발을 고르지 못한 이 사람은 거기에 서서 곰곰이 생각했습니다. 마음 속에 우연히 깨달음을 얻게 되었습니다. 바로 "인생에서 고를 수 있는 신발이 있는데, 어찌 그렇게 지나치게 책망을 할 필요가 있을까? 당신은 결국 당신 자신의 신발을 찾을 수 있을 것이고, 저런 신발조차 신을 권리가 없는 사람과 비교하자면, 자기 자신이 결과적으로 행운이 가득하다는 것을 알게 되었습니다."

그래서 사람은 이 세계를 볼 때 어떤 각도로 볼까요? 우리는 자주 일종의 단편적인 면의 감정 안에서 자신의 고통을 크게 만듭니다. 그래서 다른 사람에게 용서恕의 도를 행하려면 하고 타인과 세계에 대해 관용의 마음을 가지려고 한다면, 그 전제는 자기 자신과의 경쟁을 버려야 합니다. 아주 많은 경우에, 사람들은 소유할 수 없었던 것을 바라보고, 눈앞에 가진 모든 것을 소홀히 합니다.

한 젊은이가 백발이 가득한 늙은 철학자에게 하소연하였습니다. "당신이 보기에 저는 지금 젊지만, 저는 경력도 없고 재산도 없고 좋은 직업도 없습니다. 저는 이 세상에서 쓸모없는 사람입니다. 저의 이 인생이 얼마나 망망한가요?"라고 말하였습니다. 노인은 "좋아! 만약에 네가 지금 교환할 수 있는 조건이 된다는 가정 하에, 어떤 것이든 너에게 줄 것이다. 손가락 한 마디를 자르면 내가 너에게 천 냥을 주겠다. 하겠니?"라고 말하였습니다. 젊은이가 대답하길 "안합니다."라고 대답하였습니다. "그렇다면 더 줄게, 일만 냥을 줄 테니, 네 손을 자를 수 있겠니?" 젊은이는 또 "안합니다."라고 대답했습니다. 그렇다면 "네가 곧 80세로 변한다면 백만 냥을 줄께."라고 말하였습니다. 젊은이가 말하길 "그것은 더 안합니다."라고 말하였습니다. 노인이 말하길, "그럼 네가 지금 당장 죽으면 너에게 천만 냥을 줄께"라고 말하였습니다. 젊은이는 크게 화를 내며 말하길, "내가 죽었는데, 천만 냥을 가지고 뭘 해요!" 노인이 말하길 "그럼 좋다. 네 지금의 재산은 이미 천만 냥을 넘었다."라고 말하였습니다.

방금 말한 모든 것들은 당신이 모두 다 겪지는 않잖아요? 당신은 젊습니다. 자신의 생명을 어떻게 보느냐에 따라 자신의 영혼의 좌표를 만드는 것이고, 당신이 세상을 대하는데 희망과 관용을 가질 수 있을지에 대한 전제입니다. 모든 생명은 기회와 인연이 있어 이 세상에서 지금까지 걸어왔고, 우리가 서로 만날 수 있도록 걸어왔습니다. 이 모든 것이 감사할 가치가 있는 기회와 인연입니다. 용서의 도 안에는 깊은 근원을 포함합니다. 바로 감사와 은혜의 마음입니다.

【우단 심어】

용서恕의 도 안에는 깊은 근원을 포함합니다. 바로 감사와 은혜의 마음입니다.

감사와 은혜感恩, 두 글자는 모두 마음 심心 편방을 따르고 있습니다. 다시 말하자면, 우리의 마음 속에는 지금 지나친 바쁨과 동요 때문에 많은 것들을 책임과 의무만 보고, 감정으로는 보지 않습니다. 만약 어떤 사람이 모든 것을 책임과 의무로만 본다면, 그것은 느낌이 없는 것입니다. 만약 세상에서 감정적인 것을 더 많이 본다면, 바로 일종의 고귀한 마음이 있는 것입니다.

그래서 충서忠恕 안에는 감사의 마음이 포함됩니다. 이런 감사는 현재 보편적이고 평범한 하나의 주어진 것입니다. 자기가 지금 살고 있는 세상, 이때 자신의 주변인에게 깊고 진중하고 담담한 감정을 가져야 합니다. 이러한 마음은 우리들로 하여금 세상을 대할 때 좀 더 넓고 따뜻하게 합니다.

【내레이션】

만약 우리가 자주 감사의 정을 마음에 품는다면, 더 쉽게 다른 사람을 이해할 수 있고, 더 다른 사람을 용서할 수가 있습니다. 현대사회의 경쟁이 치열하여, 사람들이 보통 인간관계가 불안하고, 사람과 사람간의 소통이 점점 어렵다고 원망을 합니다. 만약 우리들이 진정으로 충서忠恕의 도를 이해한다면, 다른 사람들과 쉽게 소통할 수 있지 않을까요?

우리 다시 생각해 봅시다. 지금 서점에 얼마나 많은 사람과의 소통과 왕래의 기술에 관련된 책이 있고, 인간관계 소통을 들먹이면서 얼마나 귀찮을 정도로 질문하고 있습니다. 항상 말하지만, 현대 사회의 사람과 사람간은 모두 빌딩숲에 살고 있고, 하나하나 건물의 문은 굳건히 닫혀 있습니다. 어수선하게 뜰에 모여 살던, 모두 같이 '하하! 호호!'거리던, 서로 집집마다 무엇을 하는지, 모두 알고 하던 시대와 다릅니다. 모든 사람들이 점점 닫히게 되었고, 사람과 사람 사이의 소통은 점점 어려워졌습니다. 진정한 어려움은 항상 물리적 장벽이 아닌, 심적인 울타리입니다.

그렇다면 그 울타리는 어디에 있습니까? 우리 스스로 모짊과 가혹함에 있고, 우리 스스로 부족한 남을 이해하고 용서하는 도에 있습니다. 만약 당신이 계속 다른 사람의 안 좋은 점만 보려한다면, 당신의 눈에는 흐릿하게 남을 경시하는 태도가 있다면, 당신은 진정으로 솔직함과 성실함으로 그를 대할 수 있습니까? 당신은 당연히 할 수 없습니다. 그러나 사람과 사람간의 소통은 때때로 이렇게 간단합니다.

우리는 이런 일들을 자주 봅니다. 대문호가 있는데, 그는 급히 길을 지나가고 있을 때, 한 늙은 거지를 만났습니다. 추운 바람 속에서 그에게 손을 뻗으며 구걸을 하였습니다. 그는 바로 몸을 위아래 샅샅이 뒤져 조금의 돈을 노인에게 주고 싶었습니다. 그러나 공교롭게도 그날의 그의 몸에는 푼돈도 없었습니다. 그는 몸을 뒤져도 동전 한 닢 나오지 않는다는 것을 알았습니다. 그 늙은 거지가 계속해서 떨며 추위 속에서 손을 뻗고 있는 것을 보고, 그는 매우 마음 아파하며 그의 손을 잡으며 말하길, "형제여! 정말 미안합니다. 오늘 내가 돈을 안 가져 왔습니다."라고 말했습니다. 그 늙은 거지는 갑자기 움찔하며, 그 옷차림이 깔끔한 신사를 바라보며 말하길, "형님! 당신은 저를 형제라고 부르지 않았습니까? 그것이면 저는 이미 충분합니다. 오늘 저의 마음은 이미 만족합니다. 저에게 무엇을 준 것보다도 행복할 것입니다."라고 말했습니다.

어떤 때에는 우리는 이런 방식으로 세상의 거지를 대하지 않습니다. 그러나 우리는 은연중에 어디에서든지 긍정을 얻고자하고, 다른 사람에게 관심을 받고 싶어 합니다. 이것이 무엇일까요? 용서는 때때로 진정한 소통입니다.

【우단 심어】

용서는 때때로 진정한 소통입니다.

때로는 그것은 매우 간단합니다. 만약 이렇게 된다면, 당신은 많은 일을 대할 때 낙관적인 태도를 갖도록 유도하고, 원한의 마음으로 대하지는 않습니다. 인생은 때로 좋은 기회를 만났는데 안 좋은 마음 때문에 놓칠 수도 있고, 좋지 않은 기회를 만났는데 좋은 마음을 지키면 좋은 기회가 올 수 있습니다.

그래서 아랍의 전설 중에 이런 이야기가 있습니다. 두 친구가 집을 나와, 밖에서 둘이 멀리 떠나는 길이었습니다. 과거 아랍 상인들은 끝없는 행상을 가는 길에 사막을 넘어가는데, 의견충돌은 피할 수 없는 일이었습니다. 어느 날은 의견대립이 일어나, 한 사람이 다른 한사람을 때렸습니다. 맞은 사람은 매우 우울하여, 사막 모래 위에

'오늘 내 친구가 나를 때렸다.'라고 썼습니다.

두 사람은 계속 앞으로 갔습니다. 깊은 밤이 되었을 때, 눈보라가 몰아쳤습니다. 그의 친구가 먼저 일어나, 바로 그를 깨우며, "우리 빨리 도망가야 해."라고 말하였습니다. 두 사람은 따뜻하고 안전한 곳에 도착하여. 큰 바위 뒤에 몸을 숨겼습니다. 이 사람은 다시 작은 칼을 꺼내어 돌에 "오늘 내 친구가 나를 구해줬다."라고 새겼습니다.

그의 친구가 말했습니다. "내가 너를 때릴 때에는 모래 위에 쓰더니, 내가 너를 깨운 것은 어찌 돌에 새기는가?" 그 사람이 말했습니다. "이 세상에서 사실 우리를 해하는 모든 것들은 토로해야 해. 그러나 모래 위에 써버리고 나면 그만이지. 바람이 불고 나면 모래는 평평해지고 금방 잊게 되지. 그러나 다른 사람이 너에게 좋게 한 것은 돌에 새겨야 해. 돌 위에 새기고 나면 영원히 마음에 남아 있게 되거든." 이 세상 모든 과거에는 아픔도 있지만, 많은 감사할 일이 있습니다. 우리는 어떤 마음으로 그것을 대해야 할까요? 당신이 어느 것을 모래 위에 쓰고, 어느 것을 돌에 새길 것인가에 달려 있습니다.

우리가 새겨야 할 것과 잊어야 할 것은 다릅니다. 어떤 인생은 원한을 새기는데 사용하여, 그의 모든 행복을 잊어버립니다. 어떤 인생은 행복을 새기어, 그의 마음에는 감사와 은혜만이 충만합니다.

【우단 심어】

어떤 인생은 원한을 새기는데 사용하여, 그의 모든 행복을 잊어버립니다. 어떤 인생은 행복을 새기어, 그의 마음에는 감사와 은혜만이 충만합니다.

그래서 충서忠恕는 무엇일까요? 이러한 도리는 2000년 전에서부터 공자는 처음부터 끝까지 일관적으로 우리 모든 사람들의 마음 속에 남겨졌습니다. 간단하게 말하자면, '스스로에게 성실하고, 남에게 착하게 대하라.'입니다. 이러한 마음으로 나아가면, 이 세계가 어지럽고 혼란스럽든 상관없이, 우리 모든 보통의 사람은 일관된 도리를 가질 수 있습니다. 이러한 일생은 자기 스스로의 손으로 잡을 수 있습니다. 왜냐하면 우리에게 이러한 마음이 있기 때문입니다.

14. 인애의 도 仁愛之道

【내레이션】

《논어》에서 가장 많이 출현하는 두 글자는 인仁과 애愛입니다. 그것은 공자孔子가 인애仁愛를 사람 됨됨이의 근본이라고 생각하기 때문입니다. 그렇다면, 공자가 제창한 인애는 무엇을 가리킬까요? 우리가 자주 말하는 '이 세상에 사랑을 가득하게 합시다.'에서 '사랑愛'은 공자가 말하는 인애일까요? 공자의 인애 사상은 오늘의 우리의 사회에 어떤 중요한 의미가 있을까요? 계속해서 북경사범대학 우단于丹 교수의《논어의 깨달음論語感悟》중《인애의 도仁愛之道》를 들어주시기 바랍니다.

인애는 유가사상의 핵심내용입니다. 공자孔子는 인애가 사람 됨됨이의 근본이라고 생각했습니다. 공자는 인애의 전파자일 뿐만 아니라, 동시에 인애의 실천자입니다. 공자는 사람이 '恭, 寬, 信, 敏, 惠'이 다섯 가지를 다 지킨다면, 인자하며 지조 있는 사람志士仁人이라고 부를 수 있다고 말했습니다. 우단于丹 교수는 인애仁愛는 인격일 뿐만 아니라, 동시에 구체적인 행동방식이라고 생각하였습니다. 우리는 후천적인 수신修身과 극기克己로 부족한 부분을 채울 수 있고, 이를 통하여 자기 자신을 향상시키고, 완성해갈 수 있습니다. 그렇다면, 우리 현대인은 인애를 어떻게 이해하여야 할까요? 우단于丹 교수는 우리에게 어떤 의견을 줄까요? 계속해서 북경사범대학 우단于丹 교수의《논어의 깨달음論語感悟》중《인애의 도仁愛之道》를 들어주시기 바랍니다.

오늘 우리《논어》의 인애지도仁愛之道에 대해서 이야기 해 봅시다. 이만 여 개의 글자로 된《논어》를 펼쳐보면, 인仁이란 글자는 모두 109차례 언급되었습니다. 인애仁愛의 사상은 유가 철학의 기초 중의 기초이고, 중점 중의 중점이라고 말할 수 있습니다. 그렇다면, 무엇이 인애일까요? 말로 하자면, 간단합니다. 학생이 '무엇이 인仁입니까?'라고 물었을 때, 공자孔子는 간단하게 두 글자로 '다른 사람을 사랑하는 것愛人'이라고 답하였습니다.

愛人. (《論語 · 學而》 1.5) (《論語 · 顔淵》 12.22)
다른 사람을 사랑하는 것

우리 마음 속에서 시작된 선량한 마음으로 다른 사람을 대하는 것은 좋은 것입니다. 그러나 이 두 글자를 이해하고 느끼자면, 아주 깊고 깊은 이치가 있습니다. 민간에는 인仁이라는 글자가 단지 4개의 획으로 되었다고 보지 말고, 사람人 하나와 일一 두 개로 이루어져, 두 사람이 인仁이 되었다는 견해가 있습니다. 무슨 의미일까요? 인仁은 지금껏 한 사람의 상태로서의 자아의 상태가 아닙니다. 고립적이고, 자기중심적이고, 폐쇄적인 이런 환경에서는 인애仁愛를 이야기 할 수 없습니다. 인애는 반드시 당신의 주변에 다른 한 사람이 있습니다. 이 두 사람이 함께 하는 관계 속에서 인애를 확인할 수 있습니다.

재미있는 이야기 하나가 있습니다. 한 마을에 맹인盲人이 있었습니다. 이 맹인은 저녁에만 돌아다녔고, 그가 가는 곳은 다른 사람들은 모두 알고 있었습니다. 왜냐하면, 그에게는 습관이 있었는데, 저녁에 돌아다닐 때 반드시 등을 켰습니다. 이 마을 사람들은 어둠 속에서 다니는 것이 익숙한데, 유일하게 등이 켜져 있는 곳을 보게 되면 이것으로 맹인이 돌아다닌다는 것을 알 수 있었습니다.

후에 외지에서 온 사람이 이런 상황을 보게 되었습니다. 매우 감개하며, "맹인의 품성이 매우 좋습니다. 그 자신은 밝음과 어두움의 구분이 없는데도, 깊은 밤에 돌아다닐 때 다른 사람들이 빛이 보이든 안 보이든 다른 사람을 위해서 항상 등을 켭니다. 이 사람은 정말로 인격이 고상합니다."라고 말하며, 그를 칭찬하였습니다. 그리고 그에게 "당신은 정말 대단합니다."라고 말했습니다. "당신은 무슨 이유로 태만하지 않고 끝까지 견지하며, 매일 등을 켜고 나올 수 있습니까?"이 맹인은 담담하게 대답했습니다. "그것은 내가 맹인이기 때문에, 다른 사람이 나와 부딪치는 것을 원하지 않습니다. 내가 등을 켜는 것은 나 자신을 위하는 것입니다."

우리 생각해 봅시다. 이것이 바로 사람이 이 세계를 살아가는 도리입니다. 등을 켜는 것은 객관적으로 말하자면, 다른 사람을 위해서 길을 밝히는 것입니다. 주관적으로도, 자기에게 많은 위험을 계획적으로 피하는 것입니다. 누가 이 세상에서, 망망함이 가득한 세상에서, 우리 모두 식견이 있는 사람이라고, 우리 모두 일체 모든 일을 분명하게 알 수 있다고, 모든 위험을 계획적으로 피할 수 있다고 감히 말할 수 있을까요? 어느 경우에는 다른 사람의 편리를 위해, 등을 켜서 다른 사람에게 길을 보이게 하여서, 당신을 피하게 하면 당신 자신의 위험도 사실 없어지는 것입니다. 따라서 무엇이 인애仁愛일까요? 어느 경우는 인애는 몸으로 체험하고 힘써 실천하는 것이고, 사소한 몸의 행위입니다.

【내레이션】

인애는 공자 유가 사상의 핵심 내용입니다. 동시에 이 사상은 그의 정치, 교육, 윤리, 문화에 관련된 주장의 여러 방면과 연결되어 있으며, 더욱이 사람의 됨됨이의 문제와 관통하고 있습니다. 공자가 생각했을 때, 인애는 사람 됨됨이의 근본입니다. 그렇다면 어떤 사람이 비로소 인자하며 지조 있는 사람志士仁人이라고 불릴 수 있을까요?

공자孔子의 어떤 해석은 까다롭지 않고 수수합니다. 그는 단도직입적으로 당신에게 어떻게 해야 비로소 인애를 하였다고 할 수 있을지 말합니다. 자장子張이 인仁을 물었습니다. 학생 자장子張이 그에게, "선생님 저에게 어떻게 인仁을 행할 수 있는지 말해주세요."라고 물었습니다. 공자가 "다섯 가지가 이 세상에 행하여지고 있는데, 다섯 가지를 네가 만약에 행하였다면, 인仁을 행한 것으로 인정할 수 있다."고 말하였습니다. 그리고 자장子張이 묻기를, "여쭙겠는데, 선생님 그 다섯 가지가 무엇입니까?" 선생님이 말하였습니다.

恭 · 寬 · 信 · 敏 · 惠. (《論語 · 陽貨》 17.6)
공손함, 관대함, 믿음직스러움, 민첩함, 은혜로움

우리 하나씩 하나씩 살펴봅시다. 첫 번째, 공경恭敬의 공恭입니다. 왜 공恭일까요? 공자孔子가 말하였습니다.

恭則不侮. (《論語 · 陽貨》 17.6)
공손하면 모욕당하지 않는다.

이 말에는 아주 큰 의미가 있습니다. 이 말을 해석하자면, 한 사람이 이 세상이나 다른 사람에게 매우 공손한 태도를 지속적으로 유지한다면, 그의 인생은 가볍게 모욕을 받을 일이 생기지 않습니다. 우리가 생각하는 것이 이런 이치입니까?

진정한 공恭은 영원히 경敬과 함께 연결되어 있습니다. 다시 말하자면, 다른 사람을 공경할 수 있는 사람은 엄하지 않고, 부드러운 사람입니다. 이런 이치와 비슷합니다. 예를 들면, 당신이 활과 화살을 파는 가게에 가서 활을 하나 사려고 하는데, 어떤 사람은 진열장에 있는 가장 아름다운 좋은 활을 볼 수도 있습니다. 파는 활은 항상 활시위가 당겨져 있고, 그 활 역시 활시위가 아주 팽팽하게 당겨져 있었습니다. 아주 보기 좋게, 진열장에 활시위가 당겨져 있었습니다. 나머지 활은 모두 벽에 하나씩하나씩 걸어 놓았습니다. 활시위를 당겨 놓지 않으니, 당연히 보기에 좋지 않았습니다.

손님이 가게 주인에게 가서, "나는 반드시 당신이 진열장에서 전시한 가장 좋은 저 활을 사겠습니다. 왜냐하면, 저 활은 아주 아름답고, 계속해서 진열장에 묶여 있었고, 활시위가 당겨있었으며, 모든 사람들이 보았기 때문입니다. 이 활은 가장 좋은 상태와 가장 완벽한 상태를 가지고 있기 때문입니다. 당신 보십시오. 벽에 걸려 있는 활은 모두 느슨하게 풀려 있습니다. 저런 활은 나는 원하지 않습니다."라고 말했습니다.

책임감이 있는 가게 주인은 조용히 이 사람에게 "당신은 저 전시품을 사지 마세요. 저 활은 매일 매일 저렇게 묶여 있습니다. 당신이 정말 이 활을 사가지고 가서 한번 활시위를 당긴다면, 아마 이 활의 화살은 잘해야 40미터 정도나 나가게 될 것입니다. 당신이 보기에는 벽에 있는 저 활이 느슨하게 되어있는 것 같아도, 저 활은 모두 저기에서 보호를 받으며 관리되고 있습니다. 당신이 동일한 힘으로 화살을 쏜다면, 90미터는 나갈 수 있습니다. 왜 그럴까요? 그 활들은 묶여 있지 않기 때문입니다."라고 말해주었습니다.

우리의 생명 역시 똑같습니다. 어떤 삶은 꼬리표를 위해서 살고 있습니다. 우리는 다른 사람들의 존중을 요구합니다. 어떤 때는 공격성으로 표현되기도 합니다. 우리는 계속해서 완벽한 태도로 묶여 있는 것을 요구합니다. 이런 사람은, 어떤 때는 반대로 아주 쉽게 공격을 스스로 불러일으키기도 합니다. 심지어는 수모를 받기도 합니다. 왜냐하면 우리가 너무 들추기 때문입니다. 이런 상황은 단체 혹은 사무실에서, 당신이 손님 혹은 사회를 대할 때는 말할 필요도 없습니다.

우리 생각해 봅시다. 당신이 집에 귀가하였습니다. 예를 들면, 하루 종일 피곤했습니다. 저녁에 집에 들어갈 때, 집에 혹은 엄마 혹은 아내가 주방에서 음식을 만들고 있고, 당신이 집에 귀가 하는 것을 보고, 즐겁게 음식을 가져오며, "당신 오늘 요리 맛이 어떤지 먹어보세요?"라고 말합니다.

당신은 아마 아주 까다로운 사람일 겁니다. 한 입 먹고 나서, 기분 나쁘게 "에이그, 오늘 요리는 어떻게 만들었기에 이렇게 짜? 소금 판 놈을 죽이든지 해야지."라고 말한다면, 아내는 기운이 쭉 빠지고, 잠시 참으며 아무 말도 하지 않을 겁니다. 두 번째 요리가 나오고, 그러면 당신은 맛을 봅니다. 당신은 다시 한 입 먹고 나서, "오늘 요리는 모두 너무 익혔어. 오늘부터 내가 집에 들어온 이후에 만들어. 솥에 덮어두지 말고. 아내는 또 세 번째 요리를 가져오고, 당신은 젓가락을 들기도 전에 흘겨보며 "이 두 개의 요리가 어떻게 함께 나와. 잘못 된 거지. 잘못 만들었어!"라고 말합니다.

만약 당신이 모든 요리에 이렇게 까다롭게 한다면, 성격이 아무리 좋은 사람이라도, 혹은 당신의 친척이라 할지라도, 마지막에는 앞치마를 내던지고, "됐어요. 먹지 말아요!"라고 말할 것입니다. 생각해 보세요. 이렇게 꽉 막힌 사람이 자기 자신에 대한 존엄을 받을 수 있을까요?

무엇을 '공손하면 모욕당하지 않는다.恭則不侮'라고 부를 수 있을까요? 이 세상의 많은 사람 많은 일들이 공로는 없고 고생만 있습니다. 다른 사람의 고생을 조금 존중합시다. 같은 이치로 이렇게 완벽하지 않은 밥을, 예를 들면 당신이 집에 들어와 기쁘게 어른들께 인사하고, 아이들을 불러서 손 씻으며, "맛있는 요리 냄새가 나네."라고 말하고, 모두 식탁에 모여 앉습니다. 이렇게 맛있게 밥을 먹을 수도 있습니다.

이것은 우리가 세상을 대하는 태도이며, 또한 세계가 우리를 대하는 태도를 형성합니다. 다른 사람의 얼굴은 영원히 내 표정의 거울입니다. 당신의 웃음어린 얼굴에 다른 사람은 봄바람 같은 웃음이 됩니다. 당신의 눈을 부라리고 쳐다보는 얼굴에 다른 사람은 당신에 대해서 잔뜩 화가 나서 식식거립니다. 그래서 우리는 세상의 어떤 대우를 받고 싶으면, 공경恭敬하는 마음으로 다른 사람을 대해야 합니다.

【우단 심어】

다른 사람의 존중을 받고 싶으면, 공경恭敬하는 마음으로 다른 사람을 대해야 합니다.

두 번째는 아래와 같습니다.

寬則得衆. (《論語 · 陽貨》 17.6)
관대하면 여러 사람의 마음을 얻는다.

공경하는 마음은 자연스럽게 너그럽고 온화한 태도를 가져옵니다. 너그러움寬은 쉽지 않습니다. 선시禪詩에 보면 이런 말이 있는데, 아주 좋습니다.

眼內有塵三界窄, 心頭無事一床寬.
눈에 티끌이 있으면 삼계가 좁고, 마음에 일이 없으면 침대도 넓다.

만약에 눈이 티끌 때문에 어둡게 되면, 당신에게 삼계(천계, 지계, 인계)를 준다고 해도, 당신은 살아있어도 답답하고 불편할 것입니다. 그러나 마음에 일이 없으면 자기 집 침대에 누워있어도 하늘이 넓고 땅이 광활한 것을 느낄 겁니다. 그래서 넓고 좁음은 당신이 현재 살고 있는 60평방미터 혹은 200평방미터와 그리 많지 않은 관계가 있습니다. 당신이 이런 생활을 어떻게 보는지와 아주 많은 관계가 있습니다. 당신은 어떻게 이 세계를 해석하십니까? 따라서 같은 생활이라도, 서로 다른 해석이 있습니다.

이야기 하나가 있는데, 참 재미있습니다. 모든 사람들이 이것을 찾고 있습니다. 한 작은 마을에 그들의 덕성과 명망이 높은 지자智者가 마을 입구에 앉아 있습니다. 이곳을 왕래하는 사람들이 모두 그에게 물어보면서, 같은 목표를 찾는 것을 보았습니다. 바로 세상에서 가장 좋은 거주지를 찾는 것입니다.

먼저 한 사람이 와서 말하길, "나는 당신의 이 마을이 내가 살기에 좋은지 묻고 싶습니다. 내가 살던 마을은 좋지 않습니다. 마을에 있는 사람들은 모두 이기적이고, 도량이 좁고, 모든 사람들이 이러쿵저러쿵 낭설을 퍼뜨립니다. 그들은 훌륭하지 않으며, 모든 사람들이 결점을 가지고 있습니다. 나는 그곳에서 무수히 부딪쳤습니다. 모두가 적입니다. 내가 살기에 정말 이미 참을 수 없을 정도입니다. 그래서 나는 반드시 특별히 아름답고, 모든 사람하나 하나가 도덕군자인 곳을 찾습니다." 그 노인이 듣고 있다가, "미안하지만, 우리 이 마을 사람들은 당신이 살던 그 마을 사람들과 같습니다. 당신은 계속해서 앞으로 가면서 다른 곳을 찾아보기 바랍니다."라고 말하였습니다. 이 사람은 매우 실망을 했고, 계속해서 급하게 앞으로 가면서 새로운 곳을 찾았습니다.

두 번째 사람이 왔습니다. 말하기를, "저 역시도 가장 좋은 작은 마을을 찾고 있습니다."라 하였습니다. 또 "제가 살던 마을은 아주 좋습니다. 그러나 어쩔 수 없이 옮겨야 합니다. 나는 그곳을 정말 그리워합니다. 그 마을에 있는 사람들은 모두 온유하고 선량합니다. 모두 소박하고, 사람과 사람 사이가 모두 온정이 넘치고, 모두 서로 왕래합니다. 저는 그곳에서 인간관계가 계속해서 아주 좋았습니다. 그러나 지금 어쩔 수 없이 떠나야 합니다. 나는 마음에 상당히 미련이 많습니다. 저는 또 그런 곳을 찾고 싶습니다."라고 말하였습니다. 이 노인은 바로 그에게 "그렇다면 당신은 잘 찾은 겁니다. 우리 마을의 사람들은 당신이 살았던 마을 사람들과 같습니다. 당신은 여기에서 사십시오."라고 말하였습니다.

이 이야기가 설명하고자 하는 것은 무엇입니까? 이 노인이 지키고 있는 곳은 동일한 마을입니다. 그러나 그는 첫 번째 사람에게 "맞습니다. 이곳에 있는 사람들은 당신이 본 것과 같이 모두 병이 있는 사람들입니다."라고 말했고, 두 번째 사람에게는 "맞습니다. 이 마을의 사람들은 모두 당신이 기대했던 것과 같이 모두 행동거지가 겸손하고 단정한 사람입니다."라고 말하였습니다.

사실 말하고자 하는 것은 바로 우리들 모두입니다. 우리들 모두의 몸에는 많든 적든 우수하고 열등한 여러 가지의 특징을 가지고 있습니다. 그렇다면, 당신이 어떤 태도를 가지고 그것을 해석하는지를 살펴봅시다. 마음이 넓은 사람이 바라보는 세상은 반드시 다릅니다.

저는 여성잡지에서 "신神이 개업하고 있는 미용실"라는 아주 특별한 제목을 보았습니다. 글에서 말하기를, 여성들은 모두 늙는 것을 두려워하며, 자기 자신이 아름답기를 희망하며, 자기 자신의 항상 청춘이기를 희망한다고 합니다. 글에서 당신에게 한 가지 비밀을 말해주고 있습니다. 바로 당신이 신의 미용실에 가본 적이 있는지 없는지를 살펴보는 것입니다.

신神의 미용실은 무엇을 관리하는 것일까요? 여인들이 입은 옷이 비싼지 혹은 그렇지 않은지에 관계없이, 신은 여인들에게 매우 잘 맞게 입으라고 합니다. 여인들이 아름답든지 혹은 그렇지 않은지에 관계없이, 신은 여인들에게 반드시 미소를 가지라고 합니다. 신은 또한 여인들의 몸매가 아름답든지, 보기에 좋든지 혹은 그렇지 않은지에 관계없이, 여인들이 사람을 대할 때 반드시 온화하고, 우아하고, 공손하기를 요구합니다. 따라서 이 미용실은 사람의 용모를 아름답게 꾸며주기도 하지만, 사람을 예의 있게 만들어 주기도 합니다. 이 글은 당신이 전에 이 신神의 미용실에 가본 적이 있다면, 당신이 가면 갈수록, 긴 시간이 지나면, 당신은 반드시 늙지 않은 청춘을 가진 여인이 된다고 말하고 있습니다.

이 생각은 이러한 이치를 증명하고 있는데, 바로 당신이 다른 사람에게 너그럽고 온화하게 한하면, 당신 역시도 세상이 당신에게 준 보답을 받을 것입니다.

【우단 심어】

당신이 다른 사람에게 너그럽고 온화하게 한다면, 당신 역시도 세상이 당신에게 준 보답을 받을 것입니다.

이 보답은 무엇일까요? 당신은 곳곳에 친구를 가질 수 있고, 사람들이 당신을 좋아합니다. 이것이 바로 '관대하면 여러 사람의 마음을 얻는다寬則得衆'입니다.

【내레이션】

당신이 공경의 마음을 품고, 너그럽고 온화한 태도를 품고, 다른 사람을 대할 때, 당신은 상대의 존중을 얻을 뿐만 아니라, 동시에 다른 사람의 인정도 받을 수 있습니다. 이것이 바로 공자의 인애仁愛 사상이며, 다른 사람에 대한 자기 수양의 발전입니다. 그러나 경쟁이 매일 매일 격렬해지는 오늘날, 기회는 모든 사람에게 얻기가 어렵습니다. 수양만 있다면 경쟁력이 부족합니다. 그렇다면, 우리는 어떤 소양과 능력을 구비해야 할까요?

공恭과 관寬은 사람의 수양을 의미합니다. 수양만 있다면 이 세상을 편안하게 지낼 수 있을까요? 우리는 직업생활을 해야 합니다. 그래서 세 번째는 신信입니다. 공자孔子가 말하였습니다.

信則人任焉. (《論語・陽貨》 17.6)
믿음직스러우면 사람들이 그에게 일을 맡긴다.

사람에게 신용이 있다면, 더 많은 사람들이 믿음을 지키는 이 사람에게 일을 맡긴다. 요즘 말로 하자면, 당신의 직업생활이 더욱 넓어지게 됩니다. 자꾸 사람들이 당신에게 좋은 기회를 줍니다.

저는 대학에서 10여 년 동안 가르치고 있는데, 많은 생각을 하게 됩니다. 졸업한 학생들이 자주 와서 선생님들과 이야기하고, 밖에서의 자기 자신의 발전에 대해서 이야기 합니다. 내가 아주 놀랍고 의아한 것은 현재의 발전이 아주 좋은 학생들, 후반의 노력이 가장 많은 학생들은, 왕왕 그 때 전공에서 특출했던 학생들이 아니라는 것을 발견하게 되었습니다. 우리들은 4년 동안, 심지어 대학원 3년 동안 계속해서 장학금을 받고, 1등이나 2등을 했던 아이들이 직장에 가면, 잘 섞이지 못합니다. 왜 그럴까요? 자신의 재능을 믿고 남을 깔보기 때문입니다. 스스로 "나는 그 때 추천으로 대학원에 들어갔던 사람인데, 당신은 무엇을 근거로 학부 졸업한 학생들이 해야 할 일을 분배해주는 거야? 당신은 나를 중요하기 생각하지 않아. 나는 직업을 바꾸어야 해." 라고 생각합니다. 그러나 어떤 경우는 전공 실력은 평범하지만, 사람 됨됨이가 성실하고 진지하며, 신의를 지키며, 어느 곳에 이르면 그의 이름을 가지고 그의 신용을 지킬 수 있도록 일을 합니다. 일 하나를 주면 잘 처리하고, 착실하게 하나하나 확실하게 해 나가면, 상사가 계속해서 그에게 기회를 줍니다. 이와 같이 생활해 간다면, 2, 3년 기간에는 보이지 않지만, 5, 8년, 10, 20년 후에는 당신은 신용을 지키는 인품이 전공 기술보다 더 중요하다는 것을 발견하게 될 것입니다. 왜냐하면 이 사회는 대학 문턱을 나가자마자, 어떤 전문 지식은 이미 시간이 지난 것도 있습니다. 전문 지식은 끊임없이 새롭게 바뀌어야 합니다. 그러나 인품과 신용은 시민사회에서 영원히 인격의 초석입니다.

【우단 심어】

인품과 신용은 시민사회에서 영원히 인격의 초석입니다.

신용을 지키고, 성실하고, 학업이나 일에 전심전력하고, 열심히 노력하면, 충분할까요? 안됩니다. 또 지혜가 필요합니다. 이것이 바로 네 번째로, '민첩하면 공로가 있다敏則有功'는 것입니다.

敏則有功. (《論語·陽貨》 17.6)
민첩하면 공로가 있다.

이 문구를 말로 하자면 아주 간단합니다. 예리하고 민첩하면, 공훈을 세우고 업적을 쌓습니다. 우리 모두는 공을 세우고 있습니다. 그러나 어떤 사람은 힘써 하지 않습니다. 누가 예리하고 민첩할까요? 당신은 항상 부주의한 곳에서부터 영감의 불꽃을 얻을 수 있습니까?

미국에 아주 가난한 화가가 있었습니다. 그가 가장 가난했을 때는 도료, 캔버스, 채색물감을 살 돈조차도 없었습니다. 그래서 그는 길에 있는 광고그림을 그려야 했습니다. 후에 그는 타향을 떠돌다가 캔자스 주에 이르렀고, 교회에서 그곳 사람들에게 벽화를 보수하여 주었습니다. 이 때 그는 이미 부서진 자동차 창고에서 머무를 정도로 비참하게 되었습니다. 자동차 창고에 있는 유일한 생명은 작은 쥐였습니다. 이 작은 쥐는 자주 찍찍대며 그의 주변을 뛰어다녔습니다. 그는 매우 고독하여, 작은 쥐와도 좋은 친구가 되었습니다.

이 때 우연한 기회가 그에게 찾아왔습니다. 마침 할리우드에서 애니메이션을 계획하려고 하였는데, 주요 담당 설계사를 찾고 있었습니다. 그는 그림을 그리고 또 그렸는데, 네 번째, 다섯 번째 스케치도 모두 거절당했습니다. 그는 혼자 자동차 창고에 앉아서, 저녁에 그림붓을 물고, 스케치북을 뚫어져라 쳐다보며, 이미 막다른 골목에 처했다고 느꼈을 때, 작은 쥐가 다시 그의 스케치북 책상에서 웅크리고 앉아서, 작은 눈을 반짝거리면서 그를 쳐다보고 있었습니다. 그가 이 작은 쥐를 쳐다보고 있을 때에, 갑자기 머리에 이미지 하나가 뛰어나왔습니다. 그림붓에서 나온 것은 미키마우스였습니다. 이 사람이 바로 명성이 높은 '월트 디즈니'입니다. 다시 말하자면, 미키마우스는 이렇게 갑자기 영감으로 떠오른 것입니다. 자동차 창고의 작은 쥐가 이 위대한 거장을 만들었고, 애니메이션의 형상을 만들었습니다.

‘민첩하다敏’는 것은 무엇일까요? 민첩하다는 어느 곳에서나 다 존재하는 기회를 잡는 것입니다. 민첩하다는 예민하고 빠른 것에서만 나타나는 것이 아니고, 평상시 팽팽하게 긴장된 신경에서도 나타나고, 한 사람의 자신 생명의 자아 반성 그리고 환경에 대한 관찰과 잘못이나 나쁜 일에 대한 생각이 채 형성되기 전에 근절하는 능력에서도 나타납니다.

미국 코넬 대학교에서 유명한 실험을 한 적이 있습니다. 반응이 극히 민감한 청개구리를 끓는 기름 솥에 던졌습니다. 이 청개구리가 어느 정도까지 민첩하냐면, 청개구리가 폴짝 뛰어 올라서, 기름 솥에서 신속하게 뛰어올라 도망쳤습니다. 놀랍게도 화상을 입지 않았습니다. 그러나 만약에 청개구리를 이 솥에 넣고, 솥에 평소의 냇물과 차가운 물을 가득채운 후에, 솥 밑에서는 관찰되지 않을 정도의 온도로 천천히 온도를 높이면, 이 청개구리는 솥 안에서 그대로 있으며, 아무런 지각을 하지 못합니다. 솥의 물이 뜨거운 물이 되었을 때는 청개구리는 이미 온 몸이 힘이 빠져 녹초가 되어, 어떤 행동 능력도 하지 못하게 됩니다. 솥의 물이 끓기 시작하면, 이 청개구리는 솥 안에서 끓는 물에 죽게 됩니다.

이것은 어떤 실험일까요? 바로 사람의 민첩성입니다. 순간의 임기응변에 반영될 뿐만 아니라, 또 잘못이나 나쁜 일에 대한 생각이 채 형성되기 전에 근절하는 능력에서도 반영되고, 반복되는 매일의 생활 중의 관찰과 반성에서도 반영됩니다.

【우단 심어】

민첩성은 순간의 임기응변에 반영될 뿐만 아니라, 잘못이나 나쁜 일에 대한 생각이 채 형성되기 전에 근절하는 능력에도 반영됩니다.

일생을 이러한 태도를 유지할 할 수 있는 사람은, 민첩하여 공로가 있습니다敏則有功. 그는 공훈을 세우고 업적을 쌓을 수 있습니다.

다섯 번째의 윤리는 은혜로움惠입니다. 바로 은혜恩惠의 혜입니다. 공자孔子가 말하길,

惠則足以使人. (《論語・陽貨》 17.6)
은혜로우면 다른 사람을 부릴 수 있다.

이 구절은 마치 단체의 지도자에게 하는 말 같습니다. 다시 말하자면, 한 사람이 자혜慈惠로운 마음이 있으면, 당신의 모든 부하를 대할 때, 당신은 비로소 충분한 자격이 있어, 다른 사람을 감동받게 하면서 움직이게 할 수 있습니다. 정신적 가치에서 부단히 부하직원을 긍정적으로 인정할 뿐만 아니라, 물질의 이익에서도 그들과 나누어야 합니다. 그렇다면, 당신은 충신과 죽음을 각오하는 무사를 얻을 수 있습니다. 다른 사람을 감동시키면서 움직이게 할 수 있습니다.

무엇을 '자혜慈惠의 마음'이라고 부를까요? 어느 때에 사소하고 작은 일을 보아야 하고, 어느 때에 전반적인 큰 그림을 보아야 할까요? 이런 마음의 자세가 있으면, 단체의 진정한 곤경과 존중을 얻을 수 있습니다. 그래서 '은혜로우면 다른 사람을 부릴 수 있다惠則足以使人.'라고 하는 것입니다. 은혜의 마음이 있으면 그는 단체를 움직이게 할 수 있습니다.

공자가 말한, 공손함恭, 관대함寬, 믿음직스러움信, 민첩함敏, 은혜로움惠, 이 다섯 가지를 모두 행할 수 있다면, 인仁은 기본적으로 행할 수 있습니다.

우리 인仁을 살펴봅시다. 정말로 행하기 어렵습니까? 인仁은 행위방식이기도 합니다. 이런 행위방식은 우리의 생활에 변화를 가져옵니다. 진정으로 인애仁愛의 마음이 있는 사람은 이로 인하여, 몸이 편하고 마음이 안정될 수 있습니다.

【우단 심어】

진정으로 인애仁愛의 마음이 있는 사람은 이로 인하여, 몸이 편하고 마음이 안정될 수 있습니다.

왜냐하면 인애仁愛가 있은 이후에, 당신은 비로소 다른 사람과 어떻게 소통해야 하는지를 알 수 있기 때문입니다. 공자孔子가 말하였습니다.

唯仁者能好人, 能惡人. (《論語 · 里仁》 4.3)
오직 어진 사람이라야 어떤 사람을 좋아할 수 있고, 미워할 수 있다.

다시 말하자면, 한 사람이 인애仁愛가 있은 이후에, 무골호인이 되는 것이 아니라,

누가 진정으로 좋은 사람인지, 누가 정말 나쁜 사람인지를 비로소 분별해낼 수 있는 것입니다. 그 마음 속의 옳고 그름의 판단은 아주 명확합니다. 공자는 심지어 이렇게도 말하였습니다.

鄕原, 德之賊也. (《論語・陽貨》 17.13)
온 고을 사람들의 칭송을 받는 두루뭉술한 사람은 덕을 해치는 사람이다.

무엇을 '향원鄕原'이라고 부를까요? 향원鄕原은 바로 무골호인無骨好人을 가리킵니다. 누구에게도 미움을 사지 않습니다. 당신은 이런 종류의 사람이 좋은 사람이라고 생각하십니까? 공자는 이런 사람이 바로 덕을 해치는 사람德之賊이라고 하였습니다. 왜냐하면 이렇게 자주 원칙 없이 두리뭉실하게 처리하기 때문입니다. 옳고 그름의 기준이 없는 사람은 좋지 않은 일들이 발생하도록 내버려 둡니다. 우리는 공자가 진실하고 너그럽게 대하는 도리忠恕之道를 제창하고, 관용과 선량함을 제창한다고 해서 절제가 없을 것이라고 생각하면 안 됩니다. 진정한 인애仁愛는 반드시 준칙이 있는 것입니다.

진정한 인애仁愛는 반드시 옳고 그름과 은혜와 원한을 눈앞에서 분별하여 판단할 수 있습니다. 그래서 원수처럼 증오할 수 있는 사람이 비로소 마음에 인애가 있는 사람입니다. 이것이 바로 옳고 그름입니다. 즉, 사람을 좋아할 수 있고好人, 사람을 미워할 수 있다惡人고 말하는 것입니다. 따라서 마음에 인애가 있는 사람은 표면적인 현상에 의하여 속임을 당하지 않습니다. 이런 사람이 당신의 인격과 생명을 크게 확대할 수 있는 근본적인 지주입니다. 그렇다면 이런 것은 어떻게 행할 수 있을까요?

【내레이션】

인애는 인격과 감정이며, 동시에 구체적인 행동방식입니다. 이러한 큰 도량과 큰 지혜는 태어나면서 가지는 것이 아니고, 후천적인 수신과 극기의 결과입니다. 그러면 우리는 어떻게 자기 자신의 수양을 높이며, 어떻게 조금씩 자기의 인격을 완성해 갈 수 있을까요?

유가儒家의 경전에는 이런 이치가 있습니다. 당신에게 넓은 경계를 줄 뿐만 아니라,

동시에 당신에게 그 경계에 이를 수 있는 길을 주기도 합니다. 이 모든 것은 아주 사소한 약간의 차이가 있습니다. 그래서 《논어》는 재미있습니다. 흥미가 있는 것은 바로 교실에서 《논어》의 문구를 적으면 많은 질문이 있고, 학생들을 미혹하게 하는 것들이 모두 드러납니다.

> 樊遲從遊於舞雩之下, 曰, 敢問崇德, 修慝, 辨惑. (《論語 · 顔淵》 12.21)
> 번지가 공자를 따라 무우 아래에서 노닐다가 말했다. "감히 덕을 높이는 일과 사악한 마음을 다스리는 일과 미혹됨을 변별하는 일에 대하여 여쭈어보겠습니다."

번지樊遲가 선생님과 함께 무우대舞雩台 아래에서 노닐다가, 어떻게 해야 도덕과 수양을 함께 높일 수 있는지 논의하였습니다. 번지樊遲가 선생님께 세 가지를 물었습니다. "첫 번째는 숭덕崇德으로, 숭고의 숭崇과 도덕의 덕德입니다. 바로 한 사람이 어떻게 자기 자신의 도덕과 수양의 경계를 높일 수 있습니까? 두 번째는 수특修慝으로, 한 사람이 어떻게 자기 자신의 사악한 마음을 고치고 개선할 수 있습니다. 세 번째는 변혹辨惑으로, 어떻게 해야 나에게 혜안慧眼을 줄 수 있습니까? 나로 하여금 거짓을 버리고 진실을 남기게 할 수 있습니까? 그리고 미혹 중에서 어떻게 분별할 수 있겠습니까?"라고 물었습니다. 이 세 가지는 매우 어렵습니다. 그래서 선생님은 감개하며 아래와 같이 말하였습니다.

> 子曰: 善哉問, 先事後得, 非崇德與, 攻其惡, 無攻人之惡, 非修慝與, 一朝之忿, 忘其身以及其親, 非惑與. (《論語 · 顔淵》 12.21)
> 공자께서 말씀하셨다. "훌륭하구나, 질문이! 일을 우선시하고 이득을 뒤로 돌리는 것이 덕을 높이는 것 아니겠느냐? 자기 자신의 나쁜 점을 공박하고 남의 나쁜 점을 공박하지 않는 것이 사악한 마음을 다스리는 것 아니겠느냐? 하루아침의 분노로 자신의 몸을 잊고 나쁜 짓을 하여 그 영향이 자기 양친에게 미치는 것이 미혹된 것 아니겠느냐?"

먼저 선생님이 말씀하기를, "일을 우선시하고 이득을 뒤로 돌리는 것이 덕을 높이는 것 아니겠느냐?先事後得, 非崇德與"사람이 어떤 일을 부딪치더라도 좋게 일을 하여야 합니다. 기준에 알맞게 하고, 끝까지 일을 마무리하고, 완벽하게 하면 그 뒤에 덕德을 얻습니다. 그 이후에 자기의 명예와 보수 그리고 이 일에 대해서 반드시 얻어야 하는 보답을 지급하는 것에 대해서 계산합니다. 이것이 바로 '일을 우선시하고 이득을 뒤로 돌리는 것先事後得' 입니다. 모든 일에 있어 당신은 먼저 마음을 다하여 잘 처리한 다음에, 당신이 얻어야 하는 것을 생각하십시오. 이런 것이 바로 자기의 도덕 경계를 완성하는 것이 아닐까요? 아주 간단합니다. 우리는 모두 부딪칠 수 있는 일입니다. 그렇죠!

공자孔子는 또 두 번째 문제에 대해서 이야기했습니다. 무엇을 '수특修慝'이라고 할까요? 자기의 결점을 고치는 것인가요? 선생님은 말씀하시길,

> 攻其惡, 無攻人之惡, 非修慝與. (《論語 · 顔淵》 12.21)
> 자기 자신의 나쁜 점을 공박하고 남의 나쁜 점을 공박하지 않는 것이 사악한 마음을 다스리는 것 아니겠느냐?

이 문구는 더 수수합니다. '자기 자신의 나쁜 점을 공박하다其惡'는 이 문구에서 '其'는 자기 자신을 가리키며, '惡'은 좋지 않은 부분, 결점, 약점을 가리킵니다. 당신 스스로 진지하게 이것들을 고치지만, 고치는 과정 중에 자기 자신을 보면서, 다른 사람의 문제를 보지 마십시오. '남의 나쁜 점을 공박하지 않는다無攻人之惡', 다른 사람을 지적하면서, "보세요. 저 사람은 나만 못해요. 그가 나보다 일하는 것이 형편없네요."라고 말하지 마십시오. 지도자가 비평하기 시작하면, 어떤 사람이 항상 그곳에서 "당신은 무슨 자격으로 나를 처벌합니까?", "누구, 누구, 누구는 아직 나보다 못해." 라고 하면서 비교합니다. 공자는 "당신은 우선 다른 사람의 좋지 않은 점을 보지 말고, 당신이 먼저 당신 자신을 고치세요."라고 말합니다. 이것이 바로 '재능과 덕을 겸비한 사람을 보면, 본받으려고 열심히 노력하다見賢思齊'라는 것입니다. 재능과 덕을 겸비하지 못한 사람을 보면, 자기 스스로를 성찰하면 됩니다. 그 현명하지 못한 사람과 누가 더 현명하지 않은가를 비교하지 마십시오. 만약에 이를 행할 수 있다면, 이것이 바로 사악한 마음을 다스리는修慝 것이 아니겠습니까. 당신 자기 자신의 잘못을 고쳐서 바르게 하는 것이 아닙니까?

다시 세 번째 '미혹됨을 변별하다辨惑'는 것을 이야기 해 봅시다. 사람은 왜 미혹될까요? 이것은 사람이 일시적으로 화가 나서, 이성을 잃는 것과 아주 깊은 관계가 있습니다. 그래서 공자孔子가 말하였습니다.

一朝之忿, 忘其身, 以及其親, 非惑與. (《論語・顔淵》 12.21)
하루아침의 분노로 자신의 몸을 잊고 나쁜 짓을 하여 그 영향이 자기 양친에게 미치는 것이 미혹된 것 아니겠느냐?

그는 당신에게 어떻게 의혹을 변별할지에 대해서는 말하지 않았습니다. 그는 먼저 당신에게 무엇이 의혹인지 말하고 있습니다. 갑자기 화가 머리끝까지 치밀었습니다. 이 때, 사람은 이성적으로 말을 할 수 없습니다. 사람은 자기 자신도, 자기 몸도 잊어버리게 됩니다. 이때는 자기 생명도 필요 없다고 생각합니다. 바로 하나의 오해 때문에 싸움이 크게 벌어집니다. 이때는 속된 말로 '정신이 얼떨떨하다.', '귀신이 쓰인 듯하다.'라고 합니다. 화가 이렇게까지 되었을 때는, 자기 집도 생각하지 않고, 위로는 노모가 계시고, 아래로는 미성년 아이가 있는데도 싸움이 크게 벌어집니다. 이는 자신을 잊어버리는 것일 뿐만 아니라, 당신의 가족까지 연루되게 만듭니다. 이것이 미혹이 아닙니까? 그래서 다시 말하자면, 사람이 만약에 마음에 옳고 그름을 판단하는 이성이 계속 존재한다면, 이런 충동은 나타나지 않는다는 것입니다. 따라서 공자가 가르친 이 수업은 정말로 의미가 있습니다.

子以四教, 文行忠信. (《論語・述而》 7.25)
공자가 네 가지를 가르치니, 문, 행, 충, 신이다.

그는 평상시 사람 됨됨이의 도리로서 학생의 의혹에 답하였습니다. 조금씩 자기도 모르는 사이에 감화가 되어, 당신에게 어떻게 수양하여 군자가 되는지 말해주고 있습니다.

【내레이션】

《논어》에는 사람 됨됨이에 대한 수많은 도리를 말하고 있습니다. 이런 도리들은 모두'인애仁愛'한 단어를 중심에 두고 있습니다. 공자는 인애仁愛를 널리 알리는 사람일 뿐만 아니라, 동시에 인애仁愛의 실천자입니다. 그러나 공자가 생활했던 그 시대는 어디까지나 2,000여 년 전입니다. 그러나 현대 사회는 개성個性을 드높이려는 시대입니다. 현대인의 가치 판단 역시 변화가 생겼습니다. 그렇다면, 공자의 인애 사상은 우리 현대인에게 말하자면, 어떠한 인생의 깨달음을 가져올까요?

그렇다면 인애仁愛는 무엇을 가져올 수 있을까요? 마지막에는 인애는 우리에게 한 종류의 생명상태를 가져옵니다. 우리 모든 사람은 한 사람의 일생의 시간을 사용해서 어떤 일을 이룹니다. 조금 조금씩 지나갑니다. 사실은 자기 자신에 대한 평가는 모두 내가 어떤 상태에 있느냐 입니다. 진정으로 인자하며 지조 있는 사람은, 서재에서 사무실까지 천하의 일을 담당하는 것처럼 보이는 사람도 아니고, 새파란 얼굴로 표정도 없는 그런 사람도 아니고, 직업복을 입은 사람도 아닙니다. 마음 속에 진정으로 인애仁愛가 있는 사람은 반드시 친족이 있으며, 그의 친구가 있고, 산천을 아주 사랑하고, 춘하추동의 풍경을 좋아하고, 다른 사람과 함께 하는 유쾌한 시간을 사랑합니다. 그의 부드러운 감성은 어느 곳에서도 볼 수 있고, 다른 모든 사람에게 전파됩니다. 이것이 바로 진정한 인애仁愛입니다. 왜냐하면 인애는 인간 세상의 한 종류의 태도가 숨김없이 사실대로 나타나는 것이기 때문입니다.

【우단 심어】

인애는 태도의 드러남입니다.

도기를 굽고, 쇠붙이를 제련하는 시간 속에, 우리 모두는 상처를 받지 않을 수 없습니다. 마치 이백李白이 다음과 같이 말한 것과 같습니다.

棄我去者，昨日之日不可留，亂我心者，今日之日多煩憂. 《宣州謝朓樓餞別校書叔云》
날 버리고 가는 사람, 어제는 만류하지 못하였고, 내 마음을 어지럽게 하는 사람, 오늘은 근심이 많아라.

우리는 항상 이렇게 보내기도 하고 맞이하며, 흐르는 세월 속에 살아갑니다. 그러면 우리는 어떤 태도로 이를 직면해야 할까요? 공자孔子는 다음과 같은 말이 했습니다.

知之者不如好之者, 好之者不如樂之者. (《論語 · 雍也》 6.20)
어떤 사실을 아는 사람은 그것을 좋아하는 사람만 못하고, 좋아하는 사람은 즐기는 사람만 못하다.

다시 말하자면, 우리의 이 일생은 어찌하든지 어떤 것을 선택을 해야 합니다. 그러나 이 안에는 서로 다른 세 가지의 단계가 있습니다. 당신 자신이 어느 단계에 있는지 살펴보시기 바랍니다.

먼저, '어떤 사실을 아는 사람知之者', 당신의 직업, 업무에 대해서 당신이 이해를 한다는 것은 쉽습니다. 지금 어떤 전공을 공부하고, 졸업증서를 가지고, 자격증 시험을 보는 것, 이것들을 '어떤 사실을 아는 사람知之者'이라고 부릅니다. 이것이 첫 번째 단계입니다. 당신은 기술을 숙달할 수 있습니다.

이것보다 한 단계 높은 사람을 '그것을 좋아하는 사람好之者'이라고 부릅니다. 바로 당신이 진정으로 그것을 사랑하는 것입니다. 당신은 당신 자신의 생명을 그것에 몰입하기를 원하고, 당신은 전심전력하여 잠자는 것도 밥 먹는 것도 잊게 됩니다. 당신은 자기 자신의 일하는 시간 외의 휴식 시간도 몰입하여 진행하기를 원합니다. 이런 사람은 물론 이런 일 중에 완전히 자기 자신을 실현할 수도 있지만, 이런 생명은 심각하고 무거움이 없을 수 없습니다. 당신은 이 세계의 바람, 꽃, 눈, 달의 아름다움을 잊어버렸습니다. 당신은 기꺼이 당신 가족과의 한가롭게 시간을 보낼 수 있는 시간을 희생했습니다. 이것이 바로 당신이 안다知는 것을 좋아하기 때문입니다. 그러나 이 경계도 가장 높은 단계는 아닙니다.

가장 높은 경계는 '좋아하는 사람은 즐기는 사람만 못하다好之者不如樂之者'입니다. 바로 이런 사업에 몰입하는 과정 중에 당신은 당신의 생명이 발전하는 아주 큰 즐거움을 느끼게 됩니다. 다시 말하자면, 이 가운데 당신의 마음은 편안하고, 당신은 일을 이루게 되고, 당신은 이 모든 과정을 즐기게 됩니다. 당신은 사업을 창조할 뿐만 아니라, 자기 자신도 창조합니다. 조금씩 매일 당신은 세계가 당신에게 향한 선한 의미를 느끼게 됩니다. 당신의 그런 기뻐 날 뛰는 마음은 당신을 기쁘고 즐거운 경계로 데려갑니다.

인애하는 사람은 우리가 우리 몸을 바쳐 인仁을 이루어야 한다고 말하지 않습니다. 그것은 극단적인 상황을 가리킵니다. 만약에 고난이 다가오지 않았을 때, 사람은 이 세계에서 반드시 일부러 무엇을 찾지 않습니다. 그러나 고난이 다가왔을 때에는 사람의 마음은 태연히 무서워하지 않을 수 있습니다. 그렇다면 우리는 일반적인 생활에서, 인애의 마음은 바로 우리로 하여금 이러한 세계와의 관계를 가지도록 합니다. 완전한 저항이 아닐지라도, 완전한 타협이 아닐지라도, 자기 자신이 태도를 가지고 세계와 조화롭게 융화하도록 만듭니다.

【우단 심어】

인애의 마음은 자기 자신의 태도를 가지고 세계와 조화롭게 융화하도록 만듭니다.

마치 유명한 우언과 비슷합니다. 같은 상황의 끓은 물에 당신은 서로 다른 세 가지의 물건을 넣으면, 세 가지의 서로 다른 결과가 나옵니다. 날계란을 넣으면, 끓고 끓다가, 마지막에 나오는 것은 반고체 형태의 부드러운 것이 됩니다. 날계란이 단단한 것으로 변합니다. 이것이 우리의 첫 번째 종류의 상태입니다. 부드러운 사람의 마음이 세상으로 인하여 날카롭게 됩니다. 마지막에는 아무런 감각도 없게 되어 무디게 됩니다.

두 번째 단단한 홍당무를 넣습니다. 끓고 끓다가, 마지막에 나오는 것은 부드럽고 연한 것입니다. 이것이 우리의 두 번째 종류의 상태입니다. 바로 사람의 마음은 원래 완강하고, 풋풋하고, 몽상적입니다. 마지막에는 타협합니다. 이런 뜨거운 물에서 녹아서, 이미 자아를 잃어버렸습니다.

세 번째는 당신은 찻잎을 넣습니다. 어떻게 되는지 보십시오. 찻잎은 끓는 물속에서, 끓고 끓다가, 마지막에 물도 물이 아니고, 마른 찻잎도 찻잎이 아닌 찻물이 되었습니다. 당신과 세계 사이에 아주 완전히 새로운 가치가 생겼습니다.

무엇이 인애仁愛일까요? 인애는 우리의 생명의 상태를 바꿉니다. 이러한 즐거움과 신념으로 세계를 대하면, 세계와 자아 사이에 화합의 관계가 만들어집니다. 사회와 국가를 위하여, 사명을 담당해야할 때가 있으면, 큰일에 부딪쳤을 때, 나의 이익을 따지지 않고, 평상시와 같은 상태에서 우리의 새로운 유쾌함과 즐거움을 유지하게 합니다. 이러한 태도를, 저는 모든 사람이 다 행할 수 있을 거라고 생각합니다. 공자孔子가 말했습니다.

> 仁遠乎哉? 我欲仁, 斯仁至矣. (《論語・雍也》 7.20)
> 인이 멀리 있단 말인가? 내가 인을 바라면 인은 곧 나에게로 다가온다.

그가 말하기를, 인애가 나와 멀리 있습니까? 내가 인애를 행하고 싶을 때, 그렇게 생각만 하면, '인은 곧 나에게로 다가옵니다.斯仁至' 인애는 우리의 마음에 오고, 나의 생명은 인애로 인하여 충만하게 됩니다.

저는 이 말이 공자가 2천년의 시간을 넘어 우리 모든 자손에게 말해주는 것이기를 희망합니다. 바로 지금, 바로 이 시간, 바로 우리의 마음에 자기 자신을 향하여, "인仁이 멀리 있단 말인가? 내가 인仁을 바라면 인仁은 곧 나에게로 다가온다."라고 말하세요. 당신이 진정 이것을 믿을 때, 인애는 바로 이 시간 우리의 생명에 다가오고, 우리는 인애仁愛로 인하여 충만하게 되고, 우리 자신과 이 세계는 모두 더욱 아름답게 변합니다.

최남규

전북대학교 중어중문학과 교수

진명호

전북대학교 중어중문학과 교수

박용진

전북대학교 중어중문학과 교수

논어 강의로 익히는

고급중국어 독해와 청취

초판 발행 _ 2017년 3월 10일

편 저 자 • 최남규 · 진명호 · 박용진
발 행 인 • 정 현 걸
발 행 • 신 아 사
인 쇄 • 토탈프로세스
주 소 • 서울시 은평구 통일로 59길 4(2F)
전 화 • 02)382-6411 · 팩스 02)382-6401
홈페이지 • www.shinasa.co.kr
E-MAIL • shinasa@daum.net
출판등록 • 1956년 1월 5일 (제9-52호)

ISBN 978-89-8396-965-1(93720)

정가 20,000원